G.M. Golinelli, *L'Approccio Sistemico Vitale (ASV) al governo dell'impresa*, Vol. II, II[a] ed.

GAETANO MARIA GOLINELLI

L'APPROCCIO SISTEMICO VITALE (ASV) AL GOVERNO DELL'IMPRESA

Verso la scientificazione dell'azione di governo

Volume Secondo

Seconda edizione

CASA EDITRICE DOTT. ANTONIO MILANI
LVMINI CEDAM
CEDAM
CASA EDITRICE DOTT. ANTONIO MILANI
2011

Seconda ristampa - 2018

Stampato da GECA S.p.a.
Via Monferrato, 54 - 20098 San Giuliano Milanese (MI)

INDICE

PARTE PRIMA

SCIENTIFICAZIONE E CONSAPEVOLEZZA NELL'AZIONE DI GOVERNO

CAPITOLO PRIMO

L'AZIONE DI GOVERNO TRA COMPETITIVITÀ E CONSONANZA

CAPITOLO SECONDO

DALL'AMBIENTE AL CONTESTO: VERSO UN MODELLO DI ANALISI PER IL GOVERNO DELL'IMPRESA

CAPITOLO TERZO

L'AZIONE DI GOVERNO TRA OTTICA DIADICA E DI CONTESTO: VERSO LA CONSONANZA E LA COMPETITIVITÀ DEL SISTEMA IMPRESA

CAPITOLO QUARTO

CONOSCENZA E GOVERNO DELL'IMPRESA

PARTE SECONDA

CULTURA DEL RISCHIO E GOVERNO DELL'IMPRESA

CAPITOLO QUINTO

I RAPPORTI TRA I SISTEMI IMPRESA E FINANZIARIO

CAPITOLO SESTO

IL RISCHIO NEL GOVERNO DELL'IMPRESA, TRA SENSO, SUPERAMENTO ED ELUSIONE DEL LIMITE

CAPITOLO SETTIMO

RISCHIO E DINAMICA EVOLUTIVA DELL'IMPRESA: VERSO UN MODELLO DI ANALISI

CAPITOLO OTTAVO

ASSETTI PATRIMONIALE E FINANZIARIO D'IMPRESA: RISCHIO E RAPPORTI INTERSISTEMICI

PARTE TERZA

LA DINAMICA EVOLUTIVA DELL'IMPRESA TRA ECONOMIA E FINANZA: VERSO LA CREAZIONE DI VALORE

CAPITOLO NONO

IL RUOLO DELLA FINANZA NELLO SVILUPPO DEL SISTEMA IMPRESA: POSSIBILITÀ E LIMITI DEL RICORSO ALL'INDEBITAMENTO

CAPITOLO DECIMO

IL GOVERNO DELL'IMPRESA TRA ORIENTAMENTO AL PROFITTO E CREAZIONE DI VALORE

PREFAZIONE ALLA SECONDA EDIZIONE

All'incirca due anni sono trascorsi dalla prima, originaria edizione di questo mio secondo volume sull'approccio sistemico vitale al governo dell'impresa (ASV), a sua volta pubblicato come completamento ed approfondimento della riedizione del primo volume, avvenuta nel 2005([1]). Un biennio può sembrare un periodo assai breve, e certamente questa nuova edizione discende non già dall'invecchiamento o dal superamento delle tematiche affrontate – le quali restano tutte attuali e pregnanti per il governo dell'impresa contemporanea – quanto piuttosto dalla volontà di porre a disposizione di quanti siano interessati – *in primis* studenti universitari, ma anche imprenditori, *manager* e studiosi – sviluppi ulteriori ed opportuni chiarimenti della mia teorizzazione dell'impresa come sistema vitale.

Nel pur breve lasso temporale intercorso da allora ad oggi, diverse sono state le significative occasioni che hanno consentito all'ASV di proporsi con sempre maggiore maturità ed autorevolezza quale suggestivo ed utile paradigma interpretativo della realtà anzitutto d'impresa, ma non solo di quella. Si tratta di circostanze e momenti che, in vario modo ed in diversa misura, hanno stimolato e favorito i mutamenti e gli avanzamenti, di contenuto e di chiarezza espositiva, trasfusi in questo rinnovato volume.

Mi riferisco, in primo luogo, alle riflessioni circa l'idoneità dell'approccio adottato a cogliere, indagare, interpretare e spiegare fenomeni e dinamiche che si collocano oltre l'impresa sistema vitale, interessando pluralità di attori più ampie e variamente interagenti tra di loro, come per esempio gli individui con le loro abitudini comportamentali, le istituzioni proprie dello Stato nazionale, le comunità locali, i programmi per lo sviluppo scientifico e tecnologico, l'economia e la

---

([1]) Si fa riferimento a GOLINELLI G.M., *L'approccio sistemico al governo dell'impresa*, Vol. I, Cedam, 2005 (2000[1]) e GOLINELLI G.M., *L'approccio sistemico al governo dell'impresa*, Vol. II, Cedam, 2008.

finanza globali. Simili riflessioni sono state oggetto di discussione da parte della comunità scientifica, e non solo degli studiosi italiani d'impresa, in occasioni convegnistiche e seminariali nazionali ed internazionali. Pur senza avere l'ambizione di esaurire un argomento così suggestivo e parimenti complesso, simili studi hanno consentito di perlustrare prospettive e potenzialità dell'impiego di un impianto concettuale, inizialmente applicato all'impresa, ai fini dell'analisi di ulteriori dimensioni della realtà socio economica coerenti con le dinamiche dell'epoca contemporanea, le quali superano i confini del sistema impresa e del suo governo.

Circa l'applicazione estensiva dell'ASV, non si può non fare cenno all'analisi in chiave sistemico-vitale della grave crisi, prima finanziaria e poi pure dell'economia reale, emersa nel 2007-2008, la quale ha fortemente scosso i mercati e l'economia mondiali. La richiamata analisi ha posto in luce attualità ed utilità dell'approccio nell'indagare determinanti, manifestazioni, conseguenze ed eventuali rimedi con riferimento a periodi di accentuata turbolenza ed instabilità dell'economia.

L'approccio sistemico si rivela essere una lente interpretativa particolarmente idonea alla disamina di dinamiche composite, una prospettiva d'indagine utile così nella definizione problematica come nello sviluppo di ipotesi risolutive. Il portato di impostazioni concettuali di stampo sistemico – quali la teoria della complessità non computazionale, la teoria delle catastrofi, la teoria del *chaos*, nonché gli studi sui sistemi dinamici, sui sistemi complessi e sui sistemi multi-agente – viene ad essere opportunamente ricondotto ad unitarietà nell'ambito delle categorie sistemico vitali. Attraverso i criteri di identificazione della compiutezza, coniugati con i livelli di governo e gestione, possono essere ripercorsi ed adeguatamente rappresentati gli stadi e le dinamiche evolutive che riferiscono a contesti con denominazione accettata e condivisa, come ad esempio il sistema finanziario, il sistema della fornitura o il sistema della distribuzione commerciale e del consumo, sino ai sistemi istituzionali sovranazionali (si pensi alle confederazioni di territori e nazioni ancora non del tutto integrate, come l'Unione Europea). Ne discende una rappresentazione che consente di prendere atto che ogni attore sociale – ivi inclusa l'impresa, *focus* della nostra attenzione – è avvolto da altre entità sistemiche, qualificate da un grado di compimento, comunque variante nel tempo, sovente solo parziale, quando non assai contenuto.

Si profila così un mondo di *systems of systems* sempre più interconnesso ed interdipendente anzitutto sul piano economico, ma pure su quelli sociale e, per ora in minor misura, politico-istituzionale; un mondo in cui gli *shocks* possono essere letti come il portato dell'operare di «sistemi di sistemi» affetti da significative limitazioni o incertezze nelle rispettive azioni di governo. Limitazioni o incertezze che derivano spesso dal più ampio grado di autonomia di cui godono le singole componenti (a loro volta sistemiche) di tali sovrasistemi. In ragione dei margini di discrezionalità a loro disposizione, tali componenti possono dare vita a convergenze sinanco inconsapevoli nei rispettivi comportamenti individuali, a gruppi di pressione o a vere e proprie «intese» che, pur sorgendo a livello di struttura operativa del sistema, sono in grado di condizionare fortemente l'organo di governo di riferimento, la sua stessa costituzione e la conseguente azione di indirizzo e controllo del complessivo sistema considerato.

Da quanto detto, si evince una significativa stratificazione di livelli organizzativi, per cui il governo dei sistemi vitali di ordine superiore alla singola impresa, ciascuno emergente da una struttura quantomai articolata e variegata, assume rilievo e diviene anzi fondante anche nella prospettiva dell'impresa stessa e della sua sopravvivenza, ridefinendo pertanto l'ambito problematico come complesso nonché capace di inediti avanzamenti, in campo sia economico che sociale. Un turbinio di interazioni caratterizzato dal combinarsi di spinte endogene ed esogene con il vibrare proprio delle singole entità sistemiche componenti così da sviluppare dinamiche evolutive, espressione di una sorta di «intelligenza sociale o collettiva», ovvero involutive e degenerative, alla lunga destabilizzanti il sovrasistema ed il suo contesto(2).

Un secondo significativo elemento che ha preceduto questa rinnovata edizione riguarda il progressivo affermarsi dell'ASV nella comunità scientifica ed universitaria estera. Si tratta di un notevole traguardo, che rafforza la convinzione circa la portata e le prospettive

(2) Il concetto di intelligenza sociale o emotiva, coniato in ambito psicoanalitico e con riferimento all'individuo da GOLEMAN D., *Intelligenza sociale*, Rizzoli, Milano, 2006, è stato trasporto alle istituzioni quali costruzioni sociali (v. DONOLO C., *L'intelligenza delle istituzioni*, Feltrinelli, Milano, 1997, pag. 226 e segg.). Cfr. anche lo scritto di MONTAUTI M., "L'intelligenza sistemica: una possibile cura per i mali del management", in t^0, n. 88, 2008, ove ampi riferimenti alle critiche di Ghoshal e di altri insigni studiosi.

dell'approccio qui adottato, al contempo rispettoso della tradizione aziendalistica soprattutto italiana e proteso verso un rinnovamento delle scienze e della prassi manageriali.

Il successo internazionale dell'ASV è anche riconducibile alla pubblicazione della versione in lingua inglese del mio primo volume sull'approccio sistemico al governo dell'impresa([3]). L'edizione, presentata da una stimolante nota di Jim Spohrer, fondatore dell'unità di ricerca sulla «*service science*» presso l'Almaden Research Center dell'IBM a San Josè (California) e direttore dei programmi globali di collaborazione tra IBM ed il mondo delle università, è rivolta anzitutto al mercato nordamericano e si appresta ad essere adottata in corsi universitari di strategia e di gestione d'impresa tenuti oltreoceano.

Il volume ha, peraltro, consolidato una intensa collaborazione scientifica e di ricerca tra il sottoscritto ed altri studiosi italiani dell'ASV con insigni studiosi stranieri di approcci sistemici e reticolari, tra i quali Evert Gummesson, Bob Lusch, Steve Vargo e lo stesso Jim Spohrer([4]). Una collaborazione che ha entusiasticamente raccordato prospettive e riflessioni di studio, esitando in diverse pubblicazioni incentrate sui punti di possibile contatto e di convergenza tra l'ASV ed altre impostazioni teoriche formulate di recente in vari contesti nazionali.

In terzo luogo, la presente riedizione ha beneficiato delle riflessioni promosse da personali percorsi di ricerca intrapresi negli ultimi tempi ed ancora in corso, improntati sul paradigma interpretativo dell'ASV e concernenti il rapporto tra impresa e territorio, tra organizzazione imprenditoriale e comunità locale. Un tema cruciale nel quadro

---

([3]) GOLINELLI G.M., *Viable Systems Approach (VSA). Governing Business Dynamics*, Kluwer, Cedam, 2010.

([4]) Gli atti del convegno sono in GUMMESSON E., MELE C., POLESE F. (a cura di), *The 2009 Naples Forum on Service: Service-Dominant Logic, Service Science, and Network Theory*, The European Institute for Advanced Studies in Management (EIASM), Capri, June 16th-19th, Italy, Giannini, Napoli, 2009.

Su legami e possibiltià di raccordo tra ASV e *service science*, v. BARILE S., POLESE F., "Linking the viable system and many-to-many network approaches to service—dominant logic and service science", in *International Journal of Quality and Service Sciences, Special Issue*, n.1, 2010, pag. 23 e segg. e GOLINELLI G.M., BARILE S., SPOHRER J., BASSANO C., "The evolving dynamics of service co-creation in a viable systems perspective", relazione presentata al 13th Toulon-Verona Conference, University of Coimbra, 2-4 settembre 2010 (gli atti sono in corso di pubblicazione).

della crescente globalizzazione di mercati, economie e società: di fronte a simili tendenze, infatti, assistiamo per un verso al mutamento degli equilibri tra le diverse istituzioni, pubbliche e private, che animano la nostra vita civile; per un altro verso, all'accentuarsi della competizione internazionale tra aree geografiche diverse, essendo noto che il vantaggio competitivo di un'impresa è anche dipendente dalle qualità del contesto di riferimento([5]).

Con riguardo al primo profilo, è possibile constatare come diverse storiche istituzioni, tra le quali *in primis* lo Stato nazionale, ma pure le amministrazioni locali, il sindacato e gli stessi centri di ricerca scientifica e di formazione tradizionali (scuole, università ecc.), sembrino attendere con sempre maggiore difficoltà alle funzioni loro rispettivamente assegnate nel passato. Esse paiono così lasciare ampi spazi di manovra ad altri istituti, tra i quali l'impresa, grazie ad una sorta di «principio di sussidiarietà» che li rende al momento più in grado di cogliere e soddisfare i bisogni dei cittadini, attraverso processi di innovazione e di creazione di ricchezza([6]).

D'altro canto, in relazione al secondo punto sopra accennato, l'impresa, pur acquisendo un potere e, di riflesso, responsabilità crescenti sul piano sociale, difficilmente può essere, da sola, artefice di nuove dinamiche per le comunità locali, come quelle occidentali, maggiormente esposte alla concorrenza internazionale, in specie da parte delle economie emergenti. Per queste comunità dal glorioso passato ma oggi in difficoltà, le possibilità di competere ed affermarsi sullo scenario globale sono spesso legate alla capacità di combinare forze ed esperienze variegate al fine di generare in tempi non troppo lunghi nuova conoscenza, innovativa e distintiva. È in tal senso che i *policy maker* locali ed i cosiddetti «organismi intermedi» (movimenti d'opinione, associazioni, centri di ricerca d'eccellenza ecc.) sono chiamati, unitamente alle imprese, a ricercare inedite forme di progettualità condivisa e ad impostare opportune modalità di cooperazione e collaborazione, volte a stimolare la generazione di conoscenza, innovazione, progresso tecnologico, in un clima di fiducia e di rinnovata

([5]) Vedi per tutti PORTER M.E., *The Competitive Advantage*, The Free Press, 1985.

([6]) Su questo concetto di sussidiarietà che avvantaggerebbe, nell'attuale periodo storico, realtà come l'impresa rispetto ad altre istituzioni, cfr. CECCANTI G., "*Caritas in veritate*. Riflessioni di un tecnico", in *Impresa Progetto – Rivista online del DITEA*, n. 2, 2009, pagg. 1-20. Sul punto si tornerà oltre: cfr. *infra*, Capitolo III, nota (2).

coesione sociale([7]).

Alla luce delle ricordate occasioni di riflessione, i contenuti del volume sono stati aggiornati ed arricchiti con chiarimenti ed approfondimenti utili a supportare il percorso di conoscenza di tutti coloro, studenti o operatori d'impresa, interessati a comprendere le logiche dei processi decisionali in seno alle organizzazioni imprenditoriali ed anche nelle altre istituzioni([8]). È così che sono state completamente riviste e migliorate le trattazioni di quel fondamentale momento dell'azione di governo dell'impresa che è il processo di contestualizzazione, con i conseguenti riflessi sui rapporti intersistemici, aspetto essenziale nella definizione della struttura ampliata, prima, e specifica, poi, del sistema vitale. Significative innovazioni sono state introdotte con riguardo all'analisi del sistema finanziario, fondamentale sovrasistema d'impresa, che si è detto recentemente oggetto di gravi instabilità. Affinamenti e migliorie sono state apportate pure alle trattazioni sul rischio nel governo del sistema impresa, ora evidenzianti più chiara-

---

([7]) Per alcuni spunti di riflessione sulla possibilità di prefigurare «sistemi locali per l'innovazione e l'internazionalizzazione» quale nuovo esempio di sistema vitale complesso, cfr.: BERTUGLIA C.S., VAIO F., "La prospettiva della complessità nello studio dei sistemi urbani e regionali e nell'economia in generale", in *Economia italiana*, n. 2, 2009, pp. 307-363; CORÒ G., MICELLI S., "I distretti industriali come sistemi locali dell'innovazione: imprese leader e nuovi vantaggi competitivi dell'industria italiana", in BARBATO M., LUO H.B. (a cura di), "I distretti industriali nello scenario della globalizzazione. Italia e Cina a confronto", in *Economia italiana*, numero speciale, 2008, pp. 71-96; COMACCHIO A., BONESSO S., "Boundary Spanning Between Firms and Universities: an Explorative Analysis of Technological Transfer Centres in North East Italy", Convegno Euram, *Managing Diversity: European Destiny and Hope*, Lubiana - Slovenia, 14-17 maggio 2008.

Sull'internazionalizzazione di sistema e sui «beni pubblici *trans*-locali», v. anche CALOFFI A., "Le politiche per l'internazionalizzazione in chiave sistemica: un'applicazione al confronto tra sistemi di produzione locale italiani e cinesi", http://www.-siepi.luiss.it/cms/media/1/20060609-Caloffi.pdf.

([8]) Mi piace qui ricordare come FERRER–PACCES F.M., *I sistemi d'impresa*, Li/Ed, 1974, tra i massimi esponenti degli studi d'impresa in Italia, ancora alla metà degli anni '70 del secolo scorso, preconizzasse nella sua "Prefazione" (pagg. viii-ix) una visione della scienza manageriale al servizio del *decision making* e del *problem solving* in ogni tipo di istituzione, ammettendo poi, sconsolato, la necessità di un *focus* sull'impresa per via di una certa arretratezza (e riluttanza) del contesto pubblico e *non profit* dell'epoca. È auspicabile ritenere che quella aspirazione sia ormai compiutamente diffusa e realizzata, in seno non solo alla comunità scientifica, ma pure a quella della pratica.

mente lo stretto legame tra dinamiche *macro*, relative al contesto socio-economico, e dinamiche più *micro*, riguardanti il sistema impresa; e sul ruolo delle scelte finanziarie nello sviluppo aziendale. Da ultimo, rivisitazioni ed approfondimenti hanno interessato la creazione di valore, un tema basilare degli studi d'impresa; come posto in luce proprio dal ricorso all'approccio sistemico, esso non può essere però affrontato e compreso in modo avulso dal contesto in cui opera l'organizzazione imprenditoriale, quindi dal rapporto dell'impresa con il sovrasistema della proprietà e con il restante quadro di riferimento. Molto spesso, infatti, si indulge nel parlare di creazione di valore assumendo prospettive diverse e difformi, così come nel corso del tempo la declinazione della creazione di valore ha assunto specificazioni e codificazioni differenti, funzionali alle pressioni esercitate sull'impresa dal suo contesto e, in specie, da taluni sovrasistemi in quel momento prioritari.

Vorrei conclusivamente ringraziare quanti hanno, nelle forme e nei modi più diversi, contribuito alla realizzazione di questa opera, in modo particolare Luca Proietti, che mi ha assistito nelle ricerche necessarie alla stesura; la sua precisione, gli attenti suggerimenti ed i commenti puntuali hanno rappresentato un contributo fondamentale alla preparazione del manoscritto. Corrado Gatti, per l'assistenza prestata in fase di ideazione e di revisione finale del lavoro, per aver fatto da contrappositore ed aver consentito la verifica di molte delle nuove idee esposte nel libro. Sergio Barile, sempre al mio fianco nel condividere con affetto ed entusiasmo il mio percorso di sviluppo intellettuale.

Roma, 6 settembre 2010

Gaetano M. Golinelli

BIBLIOGRAFIA

AA.VV., "Il governo dei sistemi complessi tra creazione e distruzione di valore. L'impresa e oltre l'impresa. Parte prima", in *Sinergie*, n. 79, 2009.

AA.VV., "Il governo dei sistemi complessi tra creazione e distruzione di valore. L'impresa e oltre l'impresa. Parte seconda", in *Sinergie*, n. 80, 2009.

AA.VV., "La governabilità dei sistemi complessi tra creazione e distruzione di valore. L'impresa e oltre l'impresa", in *Sinergie*, n. 81, 2010.

BARBATO M., LUO H.B. (a cura di), "I distretti industriali nello scenario della globalizzazione. Italia e Cina a confronto", in *Economia italiana*, numero speciale, 2008.

BARILE S., POLESE F., "Linking the Viable System and Many-To-Many Network Approaches to Service—Dominant Logic and Service Science", in *International Journal of Quality and Service Sciences, Special Issue*, n.1, 2010.

BERTUGLIA C.S., VAIO F., "La prospettiva della complessità nello studio dei sistemi urbani e regionali e nell'economia in generale", in *Economia italiana*, n. 2, 2009.

CALOFFI A., "Le politiche per l'internazionalizzazione in chiave sistemica: un'applicazione al confronto tra sistemi di produzione locale italiani e cinesi", http://www.siepi.luiss.it/cms/media/1/20060609-Caloffi.pdf.

CECCANTI G., "*Caritas in veritate.* Riflessioni di un tecnico", in *Impresa Progetto – Rivista online del Ditea*, n. 2, 2009.

COMACCHIO A., BONESSO S., "Boundary Spanning Between Firms and Universities: an Explorative Analysis of Technological Transfer Centres in North East Italy", Convegno Euram, *Managing Diversity: European Destiny and Hope*, Lubiana - Slovenia, 14-17 maggio 2008.

CORÒ G., MICELLI S., "I distretti industriali come sistemi locali dell'innovazione: imprese leader e nuovi vantaggi competitivi dell'industria italiana", in BARBATO M., LUO H.B. (a cura di), "I distretti industriali nello scenario della globalizzazione. Italia e Cina a confronto", in *Economia italiana*, numero speciale, 2008.

DONOLO C., *L'intelligenza delle istituzioni*, Feltrinelli, 1997.

FERRER–PACCES F.M., *I sistemi d'impresa*, Li/Ed, 1974.

GOLEMAN D., *Intelligenza sociale*, Rizzoli, 2006.

GOLINELLI G.M., *L'approccio sistemico al governo dell'impresa*, Vol. I, Cedam, 2005 (2000^1).

GOLINELLI G.M., *L'approccio sistemico al governo dell'impresa*, Vol. II, Cedam, 2008.

GOLINELLI G.M., *Viable Systems Approach (VSA). Governing Business Dynamics*, Kluwer, Cedam, 2010.

GOLINELLI G.M., BARILE S., SPOHRER J., BASSANO C., "The Evolving Dynamics of Service Co-Creation in a Viable Systems Perspective", relazione presentata al 13th Toulon-Verona Conference, University of Coimbra, 2-4 settembre 2010 (*forthcoming*).

GUMMESSON E., MELE C., POLESE F. (a cura di), *The 2009 Naples Forum on Service: Service-Dominant Logic, Service Science, and Network Theory*, The European Institute for Advanced Studies in Management (EIASM), Capri, June 16th-19th, Italy, Giannini, Napoli, 2009.

MONTAUTI M., "L'intelligenza sistemica: una possibile cura per i mali del management", in t^0, n. 88, 2008.

PACCES F.M., *vedi* FERRER–PACCES F.M.

PORTER M.E., *The Competitive Advantage*, The Free Press, 1985.

PREFAZIONE ALLA PRIMA EDIZIONE

L'approccio sistemico vitale al governo dell'impresa. Verso la scientificazione dell'azione di governo – volume II – costituisce un logico complemento e un "naturale" sviluppo di quanto contenuto nel primo.

Questo secondo volume affonda le radici nel medesimo impianto teorico: l'impresa è concepita, infatti, come sistema vitale che si qualifica per la sua articolazione in due macro-componenti di base, l'organo di governo e la struttura operativa.

Nel primo volume, lo sforzo di astrazione, essenzialmente proteso alla *costruzione* di un nuovo approccio – l'approccio sistemico vitale (ASV), per l'appunto – è orientato a rappresentare e studiare l'impresa in una visione unitaria: dalla formulazione dei postulati alla codificazione di un linguaggio condiviso presso la comunità di studiosi che hanno concorso alla sua gemmazione; dall'analisi del contributo che il pensiero sistemico ha dato alla comprensione dell'impresa alla valutazione del rapporto che lega l'approccio sistemico vitale con le più significative teorie d'impresa.

In questo nuovo volume, sulla base del paradigma così costruito, lo sforzo di astrazione è orientato a definire, o meglio a *scientificare*, i contenuti dell'azione riferibile all'organo di governo.

In tal senso, le teorizzazioni sviluppate nel presente volume – e qui risiede un'ulteriore saldatura con le prospettazioni contenute nel primo – si collocano nell'ambito della triangolazione «problemi-teorie-critiche». In queste tre parole, per Popper, «si riassume tutto quanto il modo di procedere della scienza razionale:

1) inciampiamo in qualche problema;

2) tentiamo di risolverlo, ad esempio proponendo qualche nuova teoria;

3) impariamo dai nostri sbagli, specialmente da quelli che ci sono resi presenti dalla discussione critica dei nostri tentativi di risoluzio-

ne»([1]).

È questo il modo di procedere del fisico e dello storico, del sociologo e del biologo, del geologo, dell'ermeneuta, del traduttore e del chimico. E, aggiungerei, dell'economista d'impresa.

In particolare, nel presente lavoro, si mette a punto una «griglia di risposte» ad alcuni dei problemi in cui si era «inciampati» nel primo volume: il problema del conseguimento/mantenimento del vantaggio competitivo durevole, quello della creazione di valore (economico), quello della sopravvivenza d'impresa (finalità ultima di un'impresa sistema vitale).

Un primo registro in cui si struttura la griglia è allora l'individuazione di *driver* orientanti l'organo di governo nella risoluzione dei problemi sopra delineati.

Anzitutto, il *driver* della competitività.

Esso esprime la tensione al continuo miglioramento nelle *performance* d'impresa, in termini di redditività, efficienza ed efficacia. La ricerca della competitività è il motore che consente di giocare sul mercato, conquistando una qualche superiorità e/o consolidando una distinzione rispetto ai concorrenti e agli occhi dei clienti. Detta tensione alla superiorità, alla distintività, al miglioramento e/o allo sviluppo può trovare espressione in molteplici aspetti del funzionamento dell'impresa: costi, prezzi, vendite, tempi di produzione e di consegna, volumi produttivi, innovazione tecnologica ed organizzativa, qualità, affidabilità, personalizzazione, varietà del prodotto, liquidità disponibile per nuovi investimenti, notorietà, reputazione. Ma il motore della competitività da solo non basta per proiettare l'impresa verso una sopravvivenza duratura. Bisogna tener conto delle condizioni in cui versa il contesto sociale, politico ed economico in cui l'impresa effettua la sua corsa. Di qui il secondo *driver*, la consonanza.

L'impresa è un'istituzione economica, ma, in una società civile e pluralista, l'impresa è anche un'istituzione sociale e politica. Questo significa che l'impresa, oltre a svolgere la sua funzione primaria di creazione di ricchezza a mezzo della produzione di beni e servizi, riconosciutale dalla società civile, deve riflettere sulle ricadute che le decisioni assunte in merito a tale funzione comportano in ambiti socio-economici non immediatamente a questa collegati. In sostanza,

---

([1]) POPPER K.R., "Problemi, scopi e razionalità della scienza", in *Scienza e filosofia*, Einaudi, 1969, pag. 146.

l'impresa non è, o non può più limitarsi ad essere, un'istituzione «specializzata» (alla produzione di beni e servizi); oltre a giustificarsi in termini di redditività, efficienza ed efficacia, deve anche giustificarsi in termini di impatto sulla società civile nel suo complesso. In tal senso, la consonanza è la necessaria «attitudine» a ricercare e conseguire legittimazione sociale; è la tappa obbligata affinché l'impresa possa riacquisire quella centralità che l'ha qualificata, nel divenire del tempo, istituzione fondante del progresso economico, sociale e scientifico. È il faro di cui il singolo sistema-impresa deve dotarsi per affrontare, in chiave programmatica, l'avvento di quel capitalismo che ho definito altrove «sistemico», per indicare quella forma organizzata della produzione in cui le imprese sono «sotto i riflettori», esposte di continuo a valutazioni e scrutinio di istituzioni pubbliche, azionisti, investitori, consumatori, professionisti, lavoratori, intellettuali e attivisti([2]).

Di qui, per l'organo di governo, l'imprescindibile «ascolto» del contesto in cui l'impresa opera e con cui si relaziona. Un contesto che si qualifica sempre più come sintesi di una pluralità di soggetti, di culture, di istanze, di aspettative; un contesto che esige un governo d'impresa «composito», ossia capace di coniugare reale e finanza, innovazione e sviluppo, efficienza e legalità, profitto e rispetto della vita e della dignità umane, a pena di delegittimazione sociale.

La tesi sottostante la teorizzazione del *driver* della consonanza è che la base di legittimità dell'impresa ha subito uno slittamento: dai livelli di produttività e redditività raggiunti dall'impresa (collegabili al primo *driver*) al consenso della comunità (o consenso sociale). Con ciò, si badi, non intendo demolire le nozioni di redditività e di profitto. Questi ultimi restano gli indicatori economico-finanziari più significativi ai fini della valutazione del governo di un'impresa. Ma il profitto e la redditività vanno concepiti con più ampio respiro, in una prospettiva allargata, in cui si valuti, cioè, in che *modo* e in che misura il *processo* per il loro perseguimento si è riversato sul contesto in termini, ad esempio, di equilibrio ecologico, di sicurezza della vita dei lavoratori, di correttezza e trasparenza informativa verso i clienti attuali e potenziali.

Sul registro dei due *driver* così delineati si innesta, quindi, il se-

---

([2]) Cfr. GOLINELLI G.M., "Recenti sviluppi nelle relazioni tra economia e finanza nel governo dell'impresa: spunti di riflessione", in *Sinergie*, n. 67, 2005, pagg. 19-20.

condo registro, relativo alle principali aree problematiche oggetto dell'azione e della responsabilità dell'organo di governo: la lettura/definizione del contesto; il governo della risorsa conoscenza; lo sviluppo di una cultura e di un *frame* cognitivo per il governo del rischio nelle dimensioni reale e finanziaria.

In tale ambito, lo studio delle relazioni intersistemiche è un momento primo per la ricerca della consonanza. Si manifesta così la centralità del rischio. Centralità nel senso di leggerlo come filo rosso che unisce competitività-consonanza-valore-sopravvivenza. Questo è particolarmente vero per organizzazioni quali le imprese che possono, in frequenti circostanze, privilegiare la competitività, traslando sulla collettività i costi. Il limite vero, concreto a tali impostazioni è il rischio di dissonanza nei confronti di sistemi che possono «punire». Il rischio insito nella dotazione strutturale del sistema impresa e sotteso alla dinamica evolutiva prefissata dall'organo di governo, si palesa quindi come autentico elemento di raccordo del governo dell'impresa. Nel rischio si riflette la dotazione di conoscenza dell'organo di governo e trovano composizione e significato le molteplici forze, pressioni, attese ed anche opportunità che, in momenti diversi nel tempo, animano il contesto dell'impresa. Se il governo dell'impresa non può prescindere dalla considerazione del contesto e dei rapporti intersistemici, nel rischio può essere trovata una significativa chiave di lettura utile all'azione di governo con riferimento alle due dimensioni – reale e finanziaria – del sistema impresa: nella prima, trovano attuazione manovre di contenimento e trasformazione del rischio nel tempo, nella seconda, si rende possibile la valutazione, anche quantitativa, sia delle singole categorie di rischio, sia dell'impresa nel suo complesso.

In definitiva, laddove il primo volume era volto ad illustrare gli elementi costitutivi dell'approccio sistemico vitale, privilegiando un taglio, per così dire, istituzionale o positivo, con questo secondo volume ho inteso focalizzarmi sul momento del governo del sistema, in specie enucleando quei principi ed assunti, prima evocati in termini di «registri» di una ideale griglia volta a risolvere l'intimo legame tra vantaggio competitivo, creazione di valore e sopravvivenza.

Sin qui il *frame* con cui propongo di rispondere ai suddetti problemi. Ma le teorie rappresentano *conoscenze esosomatiche*, ossia conoscenze che nel momento in cui vengono messe al di fuori di noi diventano suscettibili di critica e discussione([3]). E le critiche rappresentano il terzo momento saliente del percorso della scienza razionale. Le critiche che verranno mosse dalla comunità scientifica a quanto teorizzato nel presente volume costituiranno il momento razionale per eccellenza dell'apprendimento mio e di coloro che hanno collaborato alla sua stesura: da tali critiche scaturiranno nuovi affinamenti e nuovi problemi che non potranno che giovare al dibattito scientifico sull'impresa e sul suo ruolo nel capitalismo contemporaneo.

Se il ringraziamento per le critiche guarda al futuro, in quanto ringraziamento anticipatamente volto alla comunità scientifica tutta, volge invece lo sguardo al passato l'omaggio a tutti quegli studiosi che hanno contribuito alla formazione ed al consolidamento della scienza manageriale. «Noi siamo», diceva Bernardo di Chartres, filosofo francese del XII secolo, «come nani seduti sulle spalle dei giganti del passato, ma siamo dei nani che vedono più lontano dei giganti, perché possiamo issarci sulle loro spalle». Fuor di metafora, ogni progresso della conoscenza umana, piccolo o grande che sia, è sempre, almeno in parte, debitore della conoscenza cumulata nella memoria collettiva e trasmessa da una generazione all'altra grazie a complessi ed eterogenei meccanismi sociali di memorizzazione, insegnamento ed apprendimento: se riusciamo ad assimilare la lezione del passato e a non farne il fine di un passivo apprendimento, essa sarà lo stimolo ed il piedistallo indispensabile per ampliare il nostro orizzonte culturale, per impostare nuove ricerche e procedere oltre nella conoscenza. Il contenuto di questo libro non è certo libero dal debito intellettuale verso tutti coloro che hanno alimentato la «cumulazione» della conoscenza nel campo dell'economia d'impresa, concorrendo a costruire il *corpus* della scienza che oggi definiamo «manageriale». Per ovvi motivi, non è possibile ricordare tutti. Ma, per quel che concerne in particolare il percorso di scientificazione del governo d'impresa, mi sembra doveroso partire dalle radici più lontane e richiamare i nomi dei «pionieri» di questa scienza: Frederick Winslow Taylor e Henry Fayol.

Nei primi del Novecento, all'organizzazione tradizionale del lavoro di fabbrica espressa dal sistema di iniziativa ed incentivo, Taylor

---

([3]) Cfr. POPPER K.R., *La conoscenza e il problema corpo-mente*, il Mulino, 1996, pag. 51 (Edizione originale: *Knowledge and the Body-Mind Problem. In Defence of Interaction*, Routledge, 1994).

contrappone il cosiddetto *task management*, ovvero un sistema di organizzazione basato sull'attribuzione di compiti prefissi e ben definiti. Si tratta di un principio tecnologicamente rivoluzionario, in quanto comporta il definitivo superamento del lavoro manuale di derivazione artigiana, basato su procedure di lavoro che sono in massima parte il risultato di tradizioni empiriche trasmesse tramite l'osservazione diretta da una generazione operaia all'altra e dalle quali deriva una insormontabile eterogeneità in fatto di tempi, metodi e criteri produttivi([4]). Imperniato su specializzazione, standardizzazione e semplificazione, il *task management* dell'ingegnere di Filadelfia rappresenta il primo tentativo di «scientificare» l'organizzazione della produzione. Originariamente concepito per soddisfare esigenze di razionalizzazione del lavoro di fabbrica, la logica del *task management* si estende rapidamente anche ad altri campi del lavoro organizzato e non esiste oggi unità logica della struttura operativa d'impresa che non ne sia, almeno in parte, informata.

Se Taylor è interessato a «scientificare» il processo produttivo in senso stretto, dall'altra parte dell'Oceano Atlantico, il contemporaneo Fayol compie uno sforzo di codificazione dei principi di *management* e formula un corpo organico di indirizzi metodologici nel campo dell'amministrazione d'impresa. Primo a rilevare esplicitamente l'inesistenza di una vera e propria disciplina amministrativa, Fayol apre la strada alla teorizzazione della gestione d'impresa. La sua opera pone al centro il processo direttivo (o funzione direttiva), quale processo che si sostanzia nel «programmare, organizzare, comandare, coordinare e controllare», si configura come una «funzione diffusa dalla testa alle membra del corpo sociale dell'impresa», e non è «né un privilegio esclusivo, né una carica personale del capo o dei soli dirigenti»([5]). I capisaldi dell'opera di Fayol sono il necessario punto di partenza per tutti gli approcci alla direzione d'impresa. Anche l'approccio sistemico vitale ne trae spunto ai fini della concettualizzazione dei rapporti logici tra le due macro componenti dell'impresa sistema vitale, l'organo di governo e la struttura operativa.

Sul terreno dissodato da Taylor e Fayol, molti studiosi hanno lavorato contribuendo al progresso della scienza manageriale. Due su

---

([4]) Cfr. BONAZZI G., *Storia ragionata di sociologia dell'organizzazione*, FrancoAngeli, 1987, pag. 41.

([5]) Cfr. FAYOL H., *Direzione industriale e generale*, FrancoAngeli, 1973 (orig. *Administration Industrielle et Générale*, H. Doned-E. Pinat, 1916), pag. 26 e segg.

tutti campeggiano per la portata che hanno avuto le loro intuizioni e visioni sull'economia di impresa. Mi riferisco a Chester I Barnard ed a Herbert A. Simon.

Al primo va il merito di aver afferrato leggi salienti del funzionamento delle organizzazioni. Americano, alto dirigente della New Jersey Bell Telephone Company, dove lavora per circa quarant'anni, Barnard intraprende lo studio dell'organizzazione da uomo pratico, non da teorico. Nel 1938, pubblica *The Function of the Excecutive*, testo destinato a divenire un classico del pensiero organizzativo per l'originalità dei temi esplorati e la profondità della loro trattazione. Il tema dell'adattamento e quello correlato della «zona d'accettazione», centrali per un'organizzazione che ricerca la sopravvivenza in un *environment* continuamente mutevole; il tema della cooperazione, che fa la differenza tra un aggregato di persone tra loro prive di rapporti e un'organizzazione deputata a realizzare un fine; il tema dell'organizzazione informale, che per Barnard coesiste sempre e dappertutto con quella formale e, anzi, contribuisce a renderla vitale; il tema dell'economia degli incentivi, in cui mette in discussione l'efficacia degli incentivi monetari per sottolineare poi l'importanza di quelli non monetari e di natura personale, legati alla distinzione, al prestigio, allo *status*, al potere; il tema relativo alle funzioni del dirigente, che per Barnard possono ricondursi, in ordine di importanza, ad assicurare un sistema efficiente di comunicazioni, a garantire il regolare flusso di risorse necessarie per il funzionamento dell'organizzazione, a stabilire i fini dell'organizzazione. Un filo rosso lega questi complessi temi: la volontà di speculare circa il rapporto tra le organizzazioni e i soggetti che ne fanno parte o con cui esse entrano, anche temporaneamente, in relazione. La costruzione barnardiana, infatti, pone al centro l'importanza della mediazione tra gli interessi dell'organizzazione e quella dei partecipanti alla sua azione complessiva (anche a titolo transitorio, come i clienti, i proprietari, i fornitori, i lavoratori temporanei). A questa costruzione si ispirano le varie teorie che affrontano il tema della legittimazione di impresa a livello intra ed interorganizzativo; ad essa attinge l'approccio sistemico vitale per sviluppare il registro dei *driver*, cogliendo nella visione barnardiana il momento di genesi della consonanza intra e intersistemica.

L'opera di Barnard contiene, per molti versi, il materiale alla base del programma di ricerca di Simon. Premio Nobel per l'economia, tra i fondatori della psicologia cognitiva e dell'analisi dei processi decisionali, Simon fa propria la lettura di Barnard delle organizzazioni quali strumenti cooperativi, ma sceglie un fuoco di indagine collocato su un piano più elevato ed astratto: il processo decisionale. Per Simon, le decisioni costituiscono la variabile fondamentale da analizzare ai fini della comprensione del comportamento umano nelle organizzazioni. Nonostante la grande importanza che le decisioni rivestono in tutte le organizzazioni, a partire da quelle governative ed imprenditoriali, l'unica teoria delle decisioni disponibile, rileva Simon – siamo nel 1947 – è quella classica della razionalità onnisciente. «La teoria classica della razionalità perfetta è singolarmente semplice e affascinante», ma «le sue assunzioni sono contrarie ai fatti. Non è un problema di approssimazione: esse non descrivono neanche lontanamente i processi utilizzati dagli esseri umani per prendere decisioni in situazioni complesse»([6]). I modelli basati sulla razionalità perfetta, in cui si muovono imprenditori ottimizzanti, provvisti di totale certezza sul mondo (o al peggio con distribuzioni di probabilità complete per gli eventi incerti), sono di scarsa utilità.

All'uomo perfettamente razionale della teoria economica classica, informato su tutte le possibili scelte, dotato di un sistema di preferenze sicure, e che perciò massimizza, Simon contrappone un «uomo amministrativo», connotato da una razionalità limitata da fattori cognitivi, emotivi, sociali, culturali ed etici, che cerca di «soddisfare», ossia di scegliere un corso d'azione soddisfacente, abbastanza buono([7]). Sviluppa così una teoria delle decisioni basata su una *razionalità limitata*. Rinunciando all'ottimizzazione, i modelli imperniati sulla razionalità limitata conservano un più ricco insieme di proprietà del mondo reale, possono essere strutturati tenendo un occhio sulla computabilità pratica e forniscono decisioni abbastanza buone con costi di calcolo ragionevoli.

La teoria della razionalità limitata ha offerto un inestimabile contributo alla scienza manageriale nella comprensione dei *modi* in cui si prendono le decisioni nelle imprese e ha dimostrato l'utilità e l'urgenza di disporre di teorie su *come* si decide, non solo allo scopo di com-

---

([6]) Cfr. SIMON H.A., "Conferenza tenuta a Stoccolma", l'8 dicembre 1978, in occasione dell'assegnazione del Premio Nobel per le Scienze Economiche, testo integrale riprodotto in SIMON H.A., "La formazione razionale delle decisioni nelle organizzazioni aziendali", in *Causalità, razionalità, organizzazione*, Il Mulino, 1985, pagg. 285 e 316.

([7]) SIMON H.A., *Il comportamento amministrativo*, Il Mulino, 1958 (rist. 1993, pag. 25; orig. *Administrative Behavior*, Macmillan, 1947).

prendere e spiegare fenomeni che per se stessi suscitano interesse, ma anche per offrire consigli diretti a coloro che devono prendere decisioni di ordine imprenditoriale.

La grande eredità di Simon, in particolare per ciò che attiene questo volume, viene recepita sia sotto il profilo dell'organo di governo, assunto essere solo limitatamente razionale, e perciò realistico, sia sotto il profilo dello scopo della costruzione teorica che è quello di fornire orientamenti in merito a come l'organo di governo può prendere decisioni su aree nevralgiche dell'impresa che ricadono sotto la sua diretta responsabilità.

Mentre Simon pone la razionalità limitata a base del processo decisionale, nel nostro Paese Pasquale Saraceno inietta nelle scienze manageriali l'interesse per le possibilità di analisi che offre l'approccio sistemico allo studio delle organizzazioni complesse. È infatti Saraceno, attento ed interessato all'applicazione del metodo cibernetico ai processi industriali ed ai sistemi socio-economici operata da Stafford Beer, ad aprire la strada alla visione sistemica dell'impresa, per poi estenderla egli stesso al gruppo di imprese e al mondo delle Partecipazioni Statali.

Saraceno vede l'impresa come un sistema dove l'azione di governo è il portato dei processi di relazione/interazione tra componenti tra loro connesse. La responsabilità dell'azione di governo può rintracciarsi quindi nel rendere il sistema «il più possibile consapevole», intendendo con ciò che esso deve essere reso il più possibile «capace di percepire gli stimoli che interessano il suo divenire e di rendersi conto del significato che essi hanno rispetto agli obiettivi che il sistema persegue». Tali stimoli «possono essere gratificanti od opprimenti, possono avere origine dall'ambiente o nell'interno del sistema, sono comunque numerosissimi e presentano una estrema varietà»([8]). L'approccio sistemico vitale si è posto nell'ottica di Saraceno, ricercando impostazioni capaci di facilitare il conseguimento di quella consonanza di contesto che è uno dei momenti centrali dell'azione di governo.

La distinzione tra governo e gestione, il ruolo del *management* di massimo livello, il rilievo dei processi organizzativi, l'operare per piani costruiti sulla base di razionali analisi nell'ottica del contenimento

---

([8]) Cfr. SARACENO P., Introduzione al testo di BEER S., *L'azienda come sistema cibernetico*, Isedi, 1973, pagg. VII-XVI (orig. *Brain of the firm. The Managerial Cybernetics of Organization*, The Penguin Press, 1972).

del rischio d'impresa rappresentano momenti qualificanti del pensiero di Saraceno e costituiscono anche punti di convergenza con la visione dell'altro nostro grande studioso di problemi di governo delle imprese, Roberto Fazzi, con il cui nome mi sia consentito chiudere questa breve ma significativa ricognizione di «titani».

L'impronta di Roberto Fazzi sugli studi inerenti l'economia e il governo delle organizzazioni imprenditoriali è chiara e profonda ed il suo programma di ricerca conserva intatta tutta la sua attualità, nella misura in cui vi confluiscono la tradizione culturale italiana di Economia Aziendale e gli studi di *Management* tipici d'oltreoceano. Fazzi mostra la sentita esigenza di contribuire alla formazione di una dottrina dell'attività imprenditoriale, ovvero di una dottrina generale del vertice dell'impresa. Coerentemente con la richiamata finalità, egli assume quale prospettiva di analisi del comportamento d'impresa quella dell'organo che, indipendentemente dalla sua composizione e struttura, si trova impegnato a governare, tra sviluppo e stabilità, l'evoluzione del sistema aziendale nel vario e mutevole comporsi delle forze che qualificano il contesto. La prospettiva di analisi adottata assume un significato ancor più rilevante ove si consideri che questa scelta ha contribuito, in maniera determinante, al passaggio da una visione oggettiva ad una visione soggettiva del governo dell'impresa, rappresentando così un momento qualificante di un generale rinnovamento negli studi aziendalistici. La scelta fazziana, con la decisa assunzione della prospettiva imprenditoriale, viene dunque a rappresentare un momento di innovazione metodologica pregnante nella dottrina tecnico-economica. Momento che permane, ancora oggi, quale pilastro nel divenire degli studi sulle complesse organizzazioni imprenditoriali.

L'approccio sistemico vitale ha nell'opera di Fazzi una base fondamentale sia per ciò che concerne la prospettiva di analisi, sia per ciò che attiene alla finalità.

Sotto il primo profilo, nell'approccio sistemico vitale si realizza una scelta chiara ed esplicita della prospettiva d'indagine: quella dell'organo di governo dell'impresa. Ciò in linea con la tradizione culturale di matrice sistemica, che prescrive la precisazione della prospettiva di analisi quale precondizione per la conoscenza dei fenomeni.

Sotto il secondo profilo, l'approccio sistemico vitale consente di approfondire lo studio dell'impresa quale sistema indirizzato nella sua traiettoria evolutiva da un organo di governo, contribuendo così alla formazione di una dottrina dell'attività di governo dell'impresa, con un ampliamento dell'orizzonte di analisi. Ecco quindi che l'approccio sistemico vitale riconosce all'organo di governo quella stessa centralità che ha nella prospettiva fazziana.

Una centralità che gli vale l'appellativo di «protagonista» e che gli deriva dal fatto di incarnare l'elemento che all'impresa fornisce il proprio «segno inconfondibile», la propria essenza più profonda e vitale. È l'elemento unificante delle variegate componenti del sistema, l'elemento che ricompone ad unità la natura dicotomica dell'impresa e dalla cui qualità ed «energia» dipende direttamente la sua sopravvivenza.

Fazzi qualifica lucidamente logica e contenuti dell'attività di governo. Un'attività che è finalizzata a ricercare e a difendere le condizioni che assicurano all'impresa una salda sopravvivenza. Ritroviamo nell'approccio sistemico vitale gli elementi della logica dell'attività di governo come teorizzata dal Fazzi. Una logica che guarda alla dinamica evolutiva dell'impresa nel lungo termine, tenendo conto del passato e del presumibile comporsi futuro delle aspettative e pressioni, vuoi delle componenti strutturali, vuoi delle variegate entità che popolano il contesto.

Anche sulla scorta degli insegnamenti di Saraceno e Fazzi, in Italia e nel nostro raggruppamento disciplinare, rilevante è l'apporto di Enzo Rullani, cui va il merito di aver tenuto salda l'attenzione sul governo dell'impresa pur in un momento delicato della nostra epoca, segnato dal passaggio dal fordismo al postfordismo, dominato dalle delocalizzazioni produttive e dalle economie emergenti. In un simile frangente, Rullani ha chiaramente ribadito l'importanza negli studi d'impresa della prospettiva d'osservazione, fornendo un significativo contributo, tra l'altro, con l'introduzione della dicotomia tra soggetti e sistemi e della connessa distinzione tra una logica soggettiva, una logica sistemica ed una logica evolutiva. Mentre la prima è inadeguata, perché antepone interessi personali e particolari all'attitudine del sistema impresa a sopravvivere, la seconda è soltanto astratta, se non fuorviante, in quanto attribuisce al sistema in sé una soggettività che rischia poi di sfociare nell'autoreferenzialità della struttura operativa, tipica delle tecnostrutture o delle burocrazie obsolete. È nella terza logica prefigurata da Rullani, cioè in una prospettiva soggettiva ma che si pone alla guida dell'organizzazione complessa con «senso delle istituzioni» e con attenzione alla sua perdurabilità nel tempo, che è possibile ritrovare le premesse di una disciplina incentrata sul governo dell'impresa([9]).

Pur senza la pretesa di costruire una teoria unificante, l'intenzione della proposta dottrinale dell'approccio sistemico vitale si sostanzia, nella sua essenza, proprio nella raccolta dell'insegnamento fazziano per l'ulteriore approfondimento di quella tematica fondante e unificante che è il governo delle organizzazioni imprenditoriali. Con questo volume si è cercato di intraprendere un percorso di scientificazione del governo d'impresa, nella piena consapevolezza che l'azione di governo d'impresa non può essere oggetto di una scientificazione *completa*, essendo tale azione la risultante di un coacervo di capacità cognitive, intuitive e immaginative, di atti creativi, di atteggiamenti, motivazioni, propensioni e comportamenti strettamente associati (e, quindi, dipendenti) dalla personalità umana; elementi questi che difficilmente possono essere «imbrigliati» in schemi rigidi e rigorosamente impostati su modelli formali. Piuttosto, il processo di scientificazione dell'azione di governo d'impresa aspira a fornire un quadro teorico volto a supportare i processi interpretativi e decisionali dell'organo di governo secondo un principio di «razionalità consapevole», ossia lontana dalle rigidità computazionali ed asettiche del puro calcolo, conscia dei propri limiti e, al contempo, delle possibilità di miglioramento.

Mi sia consentito, infine, di chiudere questa prefazione con un messaggio che vuole essere un invito a tutti noi studiosi d'impresa. Constato, ormai da diversi anni, un proliferare di studi e ricerche empiriche focalizzati su micro-segmenti del fenomeno «impresa»; noto una crescente quantità di energie cognitive dedicate – se mi si consente la metafora – a studiare il *frammento* e non ad interpretare l'intero discorso; a concentrarsi sulle singole parole, perdendo di vista il *senso* della comunicazione (che dipende, oltre che dalle singole parole, *anche* dall'atmosfera nella quale esse sono pronunciate e udite). Insomma, vorrei ricordare che *le parti esistono in vista dell'intero*. E vorrei esprimere il mio timore riguardo al fatto che le basi della disciplina dell'economia d'impresa s'indeboliscano per la crescente parcellizzazione degli *items* di ricerca. Dinanzi alla deriva della frammentarietà dell'oggetto di indagine, mi domando se non sia relativamente più urgente (rispetto alla funzione sociale della ricerca) ritornare ad una speculazione teorica che ponga al centro l'impresa nella sua interezza,

---

([9]) Cfr. RULLANI E., "La teoria dell'impresa: soggetti, sistemi, evoluzione", in RISPOLI M. (a cura di), *L'impresa industriale. Economia, tecnologia, management*, Il Mulino, 1989 (1984^1), pagg. 45-46.

quale fenomeno unitario essa è, per studiarla ed indagarla rispetto a concetti fondamentali, quali profitto, mercato, rapporti con la comunità ed il territorio, soprattutto in un momento storico, quale quello attuale, in cui il capitalismo finanziario ci ha mostrato le ombre della sua natura talora socialmente irresponsabile([10]). L'impresa, a partire soprattutto dall'ultimo quarto del secolo passato, ha fortemente implementato la cultura del rischio.

Le capacità così acquisite hanno avuto e potranno avere in futuro conseguenze perverse per la collettività e per l'impresa stessa. Essa ha infatti progressivamente interiorizzato le possibilità connesse alla traslazione del rischio conseguente ad azioni spregiudicate sulle terze economie, siano esse altre imprese, risparmiatori, consumatori, minando così la sua legittimazione sociale.

In questo mio contributo ad una visione unitaria dell'impresa ed incentrato sul momento del governo aziendale, ho tentato di essere coerente con la sopra richiamata preoccupazione circa il fondamento e la solidità disciplinare dell'economia d'impresa. Ed è in tal senso che ho pensato a questo nuovo volume, così come per il precedente, come ad un contributo che si pone in continuità e nel solco di quella «scuola toscana» di economia d'impresa che proprio dalla magistrale lezione di Roberto Fazzi è gemmata e si è sviluppata con i suoi allievi, Gastone Ceccanti, al quale mi legano sentimenti di grande affetto, Ivano Paci e Carlo Vallini.

Non ho avuto un «maestro», non sono stato allievo di Roberto Fazzi, ma l'ho sentito mio maestro con un sentimento misto di affetto, stima e rispetto.

Un sentimento maturato nelle frequenti occasioni di dialogo con Gastone Ceccanti durante la non breve e per me tanto importante stagione senese, quando approfondivamo i lucidi contributi di Roberto Fazzi segnati dall'approccio strutturale per l'analisi dei processi di sviluppo dell'impresa.

Opportunità di dialogo e riflessione che hanno influito, in modo determinante, sulle mie impostazioni di studio e, più in generale, sul mio modo di concepire l'impresa ed il suo divenire.

A tutti coloro che hanno contribuito a stimolare le riflessioni a base di questo lavoro va il mio grazie.

([10]) Cfr. GALLINO L., *L'impresa irresponsabile*, Einaudi, 2005.

A Mario Liguori, Luca Proietti e Cristina Simone, che con le loro idee, riflessioni e suggerimenti hanno contribuito a questo studio, un grazie particolare per le tante giornate, soprattutto festive, che hanno passato con me a riflettere sulla centralità dell'impresa quale forma organizzativa della produzione industriale e sul suo divenire.

Roma, 3 marzo 2008

Gaetano M. Golinelli

BIBLIOGRAFIA

BONAZZI G., *Storia ragionata di sociologia dell'organizzazione*, FrancoAngeli, 1987.

FAYOL H., *Direzione industriale e generale*, FrancoAngeli, 1973 (orig. *Administration Industrielle et Générale*, H. Doned-E. Pinat, 1916).

GALLINO L., *L'impresa irresponsabile*, Einaudi, 2005.

GOLINELLI G.M., "Recenti sviluppi nelle relazioni tra economia e finanza nel governo dell'impresa: spunti di riflessione", in *Sinergie*, n. 67, 2005.

POPPER K.R., "Problemi, scopi e razionalità della scienza", in *Scienza e filosofia*, Einaudi, 1969.

POPPER K.R., *La conoscenza e il problema corpo-mente*, il Mulino, 1996 (orig. *Knowledge and the Body-Mind Problem. In Defence of Interaction*, Routledge, 1994).

RULLANI E., "La teoria dell'impresa: soggetti, sistemi, evoluzione", in RISPOLI M. (a cura di), *L'impresa industriale. Economia, tecnologia, management*, Il Mulino, 1989 (1984[1]).

SARACENO P., "Introduzione" al testo: BEER S., *L'azienda come sistema cibernetico*, ISEDI, 1973, pagg. VII-XVI (orig. *Brain of the firm. The Managerial Cybernetics of Organization*, The Penguin Press, 1972).

SIMON H.A., "Conferenza tenuta a Stoccolma", l'8 dicembre 1978, in occasione dell'assegnazione del Premio Nobel per le Scienze Economiche, in "La formazione razionale delle decisioni nelle organizzazioni aziendali", in *Causalità, razionalità, organizzazione*, Il Mulino, 1985.

SIMON H.A., *Il comportamento amministrativo*, Il Mulino, 1958 (rist. 1993; orig. *Administrative Behavior*, Macmillan, 1947).

Parte Prima

SCIENTIFICAZIONE E CONSAPEVOLEZZA NELL'AZIONE DI GOVERNO

CAPITOLO PRIMO

L'AZIONE DI GOVERNO TRA COMPETITIVITÀ E CONSONANZA (*)

SOMMARIO: 1.1. Considerazioni introduttive. – 1.2. L'azione di governo: dai *driver* alle capacità competitiva e di consonanza. – 1.3. La dinamica evolutiva del sistema impresa, tra competitività e consonanza. – 1.4. I processi di governo: contestualizzazione/ricontestualizzazione e definizione/ridefinizione strutturale. – 1.5. La consonanza nei processi di governo. – 1.6. Individuo e organizzazione nel processo di definizione/ridefinizione strutturale. – 1.7. Considerazioni conclusive. – Bibliografia.

1.1. CONSIDERAZIONI INTRODUTTIVE

L'approccio sistemico al governo delle organizzazioni imprenditoriali vuole approfondire logica di comportamento e *modus operandi* del vertice del sistema impresa, individuando i criteri a base della sua azione, tesa a guidare la dinamica evolutiva di quella «manifestazione della vita umana e sociale, l'impresa, che è un potente fattore di benessere e di sviluppo globale della società, un fenomeno che cambia mentre lo si osserva e che in qualche misura sfugge al pieno dominio della ragione»([1]). Un'azione continua e pervasiva, non decentrabile né delegabile, che investe il sistema nella sua interezza e nel suo divenire e, pur qualificata da contenuti tecnico-professionali, risulta al contempo permeata di momenti culturali e umanistici, al punto da esitare in una razionalità che sovente non può avere il calcolo quale elemento fondante([2]).

(*) Di GAETANO M. GOLINELLI, LUCA PROIETTI e GIANLUCA VAGNANI.

([1]) PACI I., "Il contributo della dottrina italiana agli studi sul governo delle organizzazioni imprenditoriali", in *Sinergie*, n. 45, 1998, pag. 32.

([2]) Sulla razionalità nelle organizzazioni, cfr. RULLANI E., "Razionalità e orga-

Nel quadro delle attività cognitive e decisionali relative ad un'organizzazione imprenditoriale, il governo rappresenta il momento più alto e ricco di implicazioni. Esso consiste di un'attività decisionale complessa (*decision making*), che ha portata e contenuti anche politici (*policy making*) ed è sintesi del saper leggere l'ambiente, del qualificare il contesto, del dialogare, del conciliare le aspettative delle tante entità che popolano il contesto e gli obiettivi dell'impresa e, finalmente, del decidere(3).

L'azione di governo vuole così rendere possibile entro un certo arco temporale ciò che al momento è impossibile o comunque non realizzato. Essa si muove, dunque, tra la pratica del reale e la ricerca del possibile, quest'ultima intesa come tensione «a creare mondi», a delineare nuove prospettive ed inedite condizioni, nel rispetto di un delicato equilibrio tra il buon senso, teso a cogliere risultati concretamente raggiungibili, e l'aspirazione ad ampliare l'orizzonte del possibile(4).

---

nizzazione: teoria dell'organizzazione e teoria dell'impresa", in COSTA G., NACAMULLI R. (a cura di), *Manuale di organizzazione aziendale*, Vol. I, *Le teorie dell'organizzazione*, Utet, 1997 (1996[1]).

Sull'azione di governo come processo incessante e inesausto, v. CODA V., *L'orientamento strategico dell'impresa*, Utet, 1988, pag. 96, che parla di mutevole disegno imprenditoriale, mai completamente compiuto e definitivo.

(3) In merito, FAZZI R., *Il governo d'impresa*, Vol. I, Giuffrè, 1982, pag. 178 parla di «funzione armonizzatrice degli interessi»: «l'indole politica di tale funzione pone in evidenza la centralità dell'organo di vertice del sistema ed il fondamentale compito in cui la funzione suddetta si incentra: la coerente valutazione dei punti di compatibilità, assoluta e relativa, fra le aspettative – cioè le richieste – dei preminenti gruppi di pressione e gli obiettivi di fondo relativi al futuro dell'impresa».

(4) La politica, in senso non deteriore, è stata definita come «ricerca del possibile» da Max Weber, che esaltava sia la capacità di prefigurare il futuro, intervenire sulla realtà e superare conflitti, sia il senso del limite ed il realismo. Cfr. BEETHAM D., *La teoria politica di Max Weber*, Il Mulino, 1989, pag. 41.

Con riguardo all'impresa, la dialettica tra senso del limite e creazione di nuove condizioni echeggia mirabilmente nel pensiero di Gastone Ceccanti, che assegna all'adattamento ai cambiamenti esterni una portata derivata e secondaria rispetto alla «capacità di progettare creativamente lo sviluppo aziendale», anticipando le tendenze evolutive ambientali. Cfr. CECCANTI G., *Corso di tecnica imprenditoriale*, Vol. I, Cedam, 1996, pagg. 4-5. Anche in BACCARANI C., GOLINELLI G.M., "Fermate il mondo… voglio scendere! Il vantaggio competitivo della riflessione", in *Sinergie*, n. 63, 2004, pagg. 8-9 si esalta il tratto più creativo e immaginifico di chi presiede al governo dell'impresa («la capacità di sognare, la capacità cioè di costruire rappresentazioni prospettiche anche molto distanti dalla realtà di un certo momento, si pone, infatti, come il principale sostegno all'imprenditorialità»), rilevando che, «rispetto a ciò che la

Il governo delle organizzazioni è considerato spesso, più che una scienza applicata, un'arte pratica, una prassi, cioè un'attività fondamentalmente imprevedibile, non replicabile e non facilmente intelligibile dall'esterno nei suoi esiti e nel modo di procedere. Ciò in quanto il governare risente fortemente delle capacità, esperienze, conoscenze e sensibilità proprie dello specifico decisore, nonché di fattori ambientali e contingenti([5]).

Fermo restando il rilievo dell'*intuitus personae* ed il fatto che il decidere sia, nella realtà, influenzato da interessi, valori, limiti cognitivi ed aspetti circostanziali, l'azione di governo riveste una tale centralità nel funzionamento dell'impresa ed assume significatività verso così tante entità del contesto (soci proprietari, consumatori, fornitori, altre imprese *partner*, lavoratori, pubbliche istituzioni, opinione pubblica ecc.) da richiedere una qualche «scientificazione», un'esplicitazione che fornisca assunti condivisi utili ad imprenditori e *manager*.

Come ogni agire politico, dunque, l'azione di governo dell'impresa non è di per sé scientifica, ma può esserlo, qualora conoscenza e ra-

---

cultura odierna asserisce, per essere e rimanere competitivi occorre frenare l'efficientismo manageriale dell'agire per [...] trovare quel sistema di connessioni tra le conoscenze disponibili in ogni angolo dell'organizzazione che sarà fonte di innumerevoli ed inaspettati processi innovativi capaci di confermare la nostra competitività».

([5]) La distinzione tra scienza e politica, al centro del pensiero di Weber, è riflessa, in ambito aziendale, nell'idea del *management* come arte pratica di MINTZBERG H., *The Nature of Managerial Work*, Prentice Hall, 1973. Sul tema, sia consentito rinviare anche a PROIETTI L., "I sistemi di osservazione del sociale: l'esperienza di ORIMiR", in *Sinergie. Rapporti di ricerca*, n. 25, 2006, pagg. 31-33. La predetta dicotomia rinvia a quella, sempre weberiana, fra razionalità rispetto allo scopo e rispetto ai mezzi: laddove quest'ultima costituisce il tipico campo di applicazione dell'analisi economica, l'altra vi sfuggirebbe, richiedendo l'analisi dei giudizi di valore. La razionalità economica (o «strumentale») è dunque il più possibile tesa a promuovere calcolabilità ed efficienza e, in ogni caso, rappresenta solo una dimensione dell'azione economica. In realtà, pure le operazioni ed organizzazioni economiche sottendono valori e culture, sicché l'analisi economica non può ignorare aspetti come le aspettative, la definizione dei fini, la valutazione dell'efficacia, le opportunità e i rischi ecc., momenti centrali del governo d'impresa. Da ciò il superamento dell'impostazione weberiana per una più ampia «razionalità responsabile», intesa come considerazione della totalità e della continuità nel tempo, come attenzione agli altri ed alle conseguenze delle azioni di ognuno, come responsabilità per gli effetti delle proprie azioni e come volontà di modificare la propria condotta in vista delle possibili implicazioni. V. la teoria delle varie razionalità di Sörensen, in VE H., "Gender Differences in Rationality, the Concept of Praxis Knowledge and Future Trends", in GUNNARSON E., TROJER L. (eds.), *Feminist Voices on Gender, Technology and Ethics*, Luleå University of Technology, Centre for Women's Studies, 1994, pagg. 43-55.

zionalità siano i suoi ingredienti fondamentali, ancorché non esclusivi(6): è come un'improvvisazione musicale di gran pregio in cui sa librarsi con coinvolgimento e, al contempo, padronanza soltanto quel pianista che ha alle spalle un adeguato bagaglio tecnico, frutto di lungo studio, dell'esercizio e anche dell'apprendimento dagli errori passati(7).

Le considerazioni formulate inducono a tracciare una chiara distinzione tra governo e gestione(8). Laddove l'una, sovente incentrata

(6) «Aver cultura d'impresa significa aver capacità di relativizzare le proprie conoscenze sull'impresa, sapere su quali ipotesi sono basate, sapere come ci si è comportati in altre imprese, in altri tempi, in altre situazioni, in altri paesi. La cultura è un qualcosa che ci informa sulla varietà del mondo e sulla singolarità della nostra esperienza e quindi essa rappresenta un serbatoio di idee alternative e di possibilità da esplorare»: VOLPATO G., "La storia del processo di scientificazione dell'azione umana", in VOLPATO G. (a cura di), *La gestione d'impresa*, Vol. I, Cedam, 2003, pag. 30.

(7) La metafora pianistica e musicale è ispirata da CREMASCHI S., "Sidgwick e il progetto di un'etica scientifica", in *Etica & Politica/Ethics & Politics*, n. 1, 2006. Una crescente attenzione scientifica al governo delle organizzazioni imprenditoriali è auspicata da PACI I., "Il contributo", *cit.*, pag. 31 che anzi la pone come aspetto fondante degli studi d'impresa.

Va detto che l'eccessivo scientismo può rappresentare, come il suo opposto, un *vulnus* per l'azione di governo. Recentemente, GHOSHAL S. nel suo lavoro "*Le cattive teorie manageriali distruggono le buone pratiche*", in *Sviluppo & Organizzazione*, n. 210, 2005 (orig. *Bad Management Theories Are Destroying Good Management Practices* in *Academy of Management Learning & Education*, n. 1, 2005) ha criticato l'applicazione del metodo scientifico alla sfera del *management* (*the pretense of knowledge*), unitamente ad una visione cupa e pessimistica (*gloomy vision*) indotta dalle ipotesi a base delle teorie o «mode» manageriali più in voga. Ancora, in BENNIS W.G., O'TOOLE J., "How Business Schools Lost Their Way", in *Harvard Business Review*, May, 2005 si evidenzia la crescente distanza delle scuole di *management* dalla pratica manageriale, dimentiche del fatto che il *management* non è una scienza esatta e sono fuorvianti e pericolosi quegli approcci che lo trattano come tale.

Tali contributi, pur condivisibili, non rimuovono comunque l'esigenza di fondo di una ragionevole scientificazione dell'azione di governo: infatti, nei più generali studi di scienza politica, è ormai appurato che la politica, pur non essendo scienza esatta, può e deve ispirarsi al metodo scientifico e alla razionalità fondata su informazioni obiettive, senza con ciò rimanere vittima di convinzioni ideologiche che spesso sono a base delle varie dottrine scientifiche (cfr. SARTORI G., *La politica: logica e metodo in scienze sociali*, Sugarco, 1979, *passim*).

(8) L'impostazione qui seguita è coerente con il secondo postulato (o postulato dell'isotropia) dell'approccio sistemico vitale: cfr. GOLINELLI G.M., *L'approccio sistemico al governo dell'impresa*, Vol. I, Cedam, 2005 (2000[1]), pag. 107. Essa non trova però concordi tutti gli studiosi; parte della dottrina, sia estera che italiana, sostiene infatti il superamento della distinzione tra strategia (o governo) e operatività (o gestione): v. SICCA L., "Evoluzione degli studi di economia d'impresa e dei metodi di ricer-

in prevalenza sul calcolo quantitativo, include – unitamente ai processi di auto-organizzazione – le decisioni delegate dall'organo di governo alla struttura operativa per l'implementazione e specificazione delle scelte di governo; l'altro si concreta nell'assunzione delle più rilevanti e complesse decisioni che «indirizzano la gestione aziendale, la animano e danno ad essa gli essenziali contenuti; poi le scelte e l'azione degli uomini nei vari ruoli, ai vari livelli della struttura organizzativa predisposta, la realizzano»([9]).

Secondo gli assunti di base dell'approccio sistemico, il governo si sostanzia, fondamentalmente, nell'adozione di decisioni e azioni volte a consentire al sistema di perseguire la propria finalità. Finalità che, con riguardo alle organizzazioni imprenditoriali, è interpretabile e declinabile in numerosi modi: nell'approccio prescelto, l'impresa aspira a sopravvivere in un ambiente generale e in un contesto più specifico, qualificati da una complessità mutevole nel tempo, spesso crescente([10]).

---

ca", in *Finanza Marketing e Produzione*, n. 4, suppl., 1994, pag. 25. Fermo restando la possibilità ed importanza di interazioni, sinergie, reciproci rinforzi e talora persino temporanee surrogazioni tra organo di governo e apparati di gestione, si ritiene che ciò non rimuova la differenza di fondo tra governo e gestione dell'impresa.

([9]) FAZZI R., *Il governo*, Vol. I, *op.cit.*, pag. 93 e GOLINELLI G.M., "Economia e finanza nel governo dell'impresa", in *Sinergie*, n. 39, 1996, pag. 26. Sulla differenza tra governo e gestione torna PROIETTI L., "I molteplici significati della «governance»: verso un chiarimento in ottica economico-aziendale", in *Sinergie*, n. 73-74, 2007, che distingue inoltre tra artefice del governo (*government*) e attività di governo (*governance*), nonché tra governo in senso stretto e forme di regolazione meno compiute, variamente appellate in letteratura (governamento, governanza, *governance* ecc.).

Giova sottolineare che l'impostazione qui adottata si discosta dall'idea del superamento della distinzione tra strategia (o governo) e operatività (o gestione), sostenuta talora dalla dottrina, sia estera che italiana (sul punto, v. SICCA L., "Evoluzione degli studi di economia d'impresa e dei metodi di ricerca", in *Finanza Marketing e Produzione*, n. 4, suppl., 1994, pag. 25, fermo restando la possibilità ed importanza di interazioni, sinergie, reciproci rinforzi e talora persino temporanee surrogazioni tra organo di governo e apparati di gestione.

([10]) In GOLINELLI G.M., *L'approccio'*, Vol. I, *op.cit.*, pag. 107, la sopravvivenza (o, meglio, l'incremento delle probabilità di sopravvivenza) è il fine ultimo di ogni sistema vitale; per PANATI G., GOLINELLI G.M., *Tecnica economica, industriale e commerciale. Imprese, strategie e management*, 2 voll., La Nuova Italia Scientifica, 1991 (1988[1]), pag. 803, il fine intrinseco della strategia, la soglia di accettazione strategica è la sopravvivenza dell'impresa.

Tale assunto è coerente e confermato da molte altre letture teoriche sull'impresa: ad esempio, ZAPPA G., *Le produzioni nell'economie delle imprese*, Vol. I, Giuffrè, 1956, pag. 37 parla di perduranza; GIANNESSI E., *Le aziende di produzione originaria*,

Il perseguimento della finalità sistemica richiede all'organo di governo dell'impresa di implementare, modificare e rinnovare con continuità la dotazione strutturale, in particolare di conoscenza, dell'impresa, in armonia alla dinamica ambientale e di contesto. L'azione di governo, quindi, si specifica nella prefigurazione della traiettoria evolutiva del sistema nell'intervallo di tempo ΔT, orizzonte temporale di riferimento per l'organo di governo, tramite un processo di configurazione e riconfigurazione strutturale che si esplicita nella successione di strutture specifiche (S_i) e di connessi stati di funzionamento dell'emergente sistema (s_{ij})([11]).

In questa sede, s'intende evidenziare che, nella ricerca dell'incremento della probabilità di sopravvivenza del sistema, l'azione di governo risulta mossa e orientata da due fondamentali *driver* od obiettivi, tra di loro complementari e coessenziali: la competitività e la consonanza. Laddove la prima palesa la tensione dell'impresa al continuo miglioramento nelle *performance* che qualificheranno nel divenire gli stati di funzionamento del sistema, la seconda enfatizza l'aspirazione ad un rapporto armonico con sub e sovrasistemi([12]). Ne consegue che

---

Vol. I, *Le aziende agricole*, Cursi, 1960, pag. 46 di equilibrio economico a valere nel tempo (cioè tendenziale ed evolutivo). Espliciti assertori della sopravvivenza quale fine ultimo delle organizzazioni imprenditoriali sono MARRIS R., *La teoria economica del capitalismo manageriale*, Einaudi, 1972 (orig. *The Economic Theory of Managerial Capitalism*, MacMillan, 1964), DRUCKER P., *Il potere dei dirigenti*, Etas, 1967 e GAILBRAITH J.K., *Il nuovo stato industriale*, Einaudi, 1968. La sopravvivenza implica persistenza dell'identità, cosa che non esclude il cambiamento: cfr. per tutti SCHEIN E.H., *Cultura d'azienda e leadership*, Guerrini e Associati, 1990.

([11]) In altre parole, in merito alla dicotomia struttura/sistema a base dell'approccio sistemico vitale, l'azione di governo si ripercuote sempre ed inevitabilmente sulla dotazione strutturale d'impresa, avendo però come aspirazione e prospettiva l'indirizzo dell'emergente sistema. Per quanto concerne un modello di analisi del processo di configurazione/riconfigurazione strutturale e della conseguente dinamica evolutiva del sistema impresa, GOLINELLI G.M., *L'approccio*, Vol. I, *op.cit.*, pag.383 e segg.

([12]) A Claudio Baccarani va il merito scientifico di aver anticipato e richiamato con coerenza continua l'attenzione ai rapporti intra ed intersistemici, proponendo «il profilo di quella che si potrebbe definire impresa armonica, in sintonia con se stessa, cioè nell'ambito della comunità interna, e nei rapporti con gli altri, cioè in relazione alle comunità esterne dei fornitori, distributori, clienti e cittadini»: BACCARANI C., "Qualità e governo dell'impresa", in *Sinergie. Quaderni*, n. 7, 1991, pag. 48. Ancora, in BACCARANI C., "Meditazioni di un tecnico industriale perplesso", in GIARETTA E., *Alle origini della tecnica industriale e commerciale. Uno sguardo al passato per contribuire al futuro*, Giappichelli, 2003, pag. 164: «il profitto più lo si cerca, meno lo si trova. Costruendo, invece, un'impresa fondata sull'armonia delle relazioni tra le per-

l'una esprime una ricerca di redditività, efficienza ed efficacia, l'altra di compatibilità([13]). Tali obiettivi sono stabiliti e declinati dall'organo di governo sulla base delle proprie capacità cognitive e volitive. Assumono particolare rilievo la capacità di percezione/lettura delle tendenze e dinamiche in atto o prefigurabili a livello sovra e subsistemico, da un lato, e la capacità di decisione/intervento, dall'altro.

Il concreto perseguimento degli obiettivi di competitività e consonanza richiede l'implementazione di appositi processi di governo. Osservazione e contestualizzazione delle tendenze ambientali, da un lato, ed intervento sulla dotazione strutturale d'impresa, dall'altro, si palesano quali momenti paralleli ed interrelati: la questione del rapporto impresa-ambiente viene così ricondotta ad una prospettiva unitaria, coevolutiva e di equilibrio dinamico([14]).

---

sone impegnate a rendere viva l'organizzazione (*manager*, tecnici, impiegati, operai), i clienti e tutti coloro che contribuiscono a fare dell'impresa un soggetto sociale, si potrà cogliere la direzione dello sviluppo e conseguire livelli possibili di efficienza e, alla fine, di profitto e di valore per chi ha deciso di rischiare il proprio capitale nell'avventura imprenditoriale. Armonia che si costruisce sulla base di un'analisi e di una condivisione delle esigenze che i diversi soggetti esprimono in rapporto alle relazioni con l'impresa». Nel contesto dei modelli per la misurazione delle *performance* d'impresa alcune prospettive di lettura che tengono in conto le esigenze relazionali sono contenute nello studio di CARIOLA A., *La misurazione sistemica delle performance d'impresa. Il ruolo della corporate governance*, Cedam, 2004.

([13]) La redditività è la capacità di un'impresa a produrre risultati economico-finanziari di periodo; è sintesi di potere di mercato (capacità di stabilire e manovrare il prezzo del prodotto nel tempo) e contenimento dei costi. L'efficienza è la congruità delle risorse impiegate rispetto ai risultati conseguiti; si tratta di un concetto relativo, perché un'impresa è tanto più efficiente – a parità di *output* – quanto più minimizza gli *input* impiegati ovvero – a parità di *input* – quanto più massimizza l'*output*. L'efficienza è detta produttività o economicità a seconda che sia, rispettivamente, misurata in termini tecnico-fisici (quantità di prodotto/quantità di fattori produttivi) o economici (produzione in valore/fattori produttivi in valore). L'efficacia, invece, indica l'attitudine dell'impresa a raggiungere uno scopo prefissato e non può che essere un concetto dicotomico: al termine di un determinato periodo di osservazione, il risultato può essere conseguito o mancato. Cfr. PANATI G., GOLINELLI G.M., *Tecnica*, *op.cit.*, pagg. 98-114.

([14]) La coevoluzione, originariamente proposta in ambito non economico (ROUGHGARDEN J., "Resource Partitioning Among Competing Species. A Coevolutionary Approach", in *Theoretical Populations Biology*, n. 9, 1976, pagg. 388-424), è stata importata nelle scienze sociali da KAUFFMAN S.A., *The Origins of Order: Self-Organization and Selection in Evolution*, Oxford University Press, 1993 – secondo cui «the true and stunning success of biology reflects the fact that organisms do not merely evolve, they coevolve both with other organisms and with a changing abiotic envi-

I processi di contestualizzazione/ricontestualizzazione e di definizione/ridefinizione strutturale si traducono in interventi sulle componenti la dotazione strutturale del sistema impresa, strumentali al mantenimento/sviluppo nel tempo delle capacità competitiva e di consonanza. Tali capacità connaturano la complessiva dotazione strutturale del sistema impresa ed il loro contemperamento è, a sua volta, funzionale al conseguimento di un durevole vantaggio competitivo([15]).

L'impresa sistema vitale riesce a sopravvivere se crea valore, ossia quando la successione temporale di strutture specifiche e stati di

---

ronment» (pag. 237) – ed infine declinata con riguardo alle imprese a partire da BAUM J.A.C., SINGH J.V. (eds.), *Evolutionary Dynamics of Organizations*, Oxford University Press, 1994. Si tratta di una teoria di stampo sistemico che, presentando punti di contatto con gli studi su *system dynamics* e sistemi complessi, interpreta i processi di cambiamento come combinazioni di tendenze *macro* ed ambientali e di pulsioni ed adattamenti *micro* ed interni. Sul piano epistemologico, il dinamismo coevolutivo sintetizza visioni riduzioniste (*bottom-up*) e visioni contestualizzate (*top-down*).

In relazione all'impresa, la coevoluzione si esplica sempre a due livelli interrelati: la macroevoluzione tra l'impresa e il suo ambiente (HANNAN M.T., FREEMAN J., "The Population Ecology of Organizations", in *American Journal of Sociology*, n. 5, 1977, pagg. 929-964) e la microevoluzione delle risorse, capacità e competenze nell'organizzazione imprenditoriale (LEWIN A.Y., VOLBERDA H.W., "Prolegomena on Coevolution: a Framework for Research on Strategy and New Organizational Forms", in *Organization Science*, n. 10, 1999, pagg. 519–534). Cfr. anche MCKELVEY B., "Quasi-natural Organization Science", in *Organization Science*, n. 8, 1997, pagg. 351-380 e BAUM J.A.C., "Whole-Part Coevolutionary Competition in Organizations", in BAUM J.A.C., MCKELVEY B. (eds.), *Variations in Organization Science*, Sage Publications, 1999, pagg. 113-136.

In Italia e con riguardo all'impresa, cfr. VALDANI E., "Dalla concorrenza all'ipercompetizione, dall'evoluzione alla coevoluzione", in *Economia & management*, n. 3, 1997, pag. 81 e segg. e PANICCIA P., *Il tempo nel governo dell'impresa industriale. Tempo e conoscenza nell'economia delle imprese*, Giappichelli, 1999.

([15]) S'introduce, dunque, una distinzione tra competitività (o capacità competitiva) e vantaggio competitivo: laddove la prima qualifica un *driver* dell'azione di governo o una capacità derivante dalla complessiva dotazione strutturale d'impresa, il secondo è la risultante sistemica, secondo *mix* variabili, di capacità competitiva e capacità di consonanza. Concordi sul fatto che ricerca delle migliori *performance* economico-finanziarie (competitività) ed attenzione ai rapporti *intra* e soprattutto *inter*sistemici (consonanza) possano non essere in contrasto, concorrendo entrambe direttamente all'acquisizione/conservazione del vantaggio competitivo e, dunque, alla creazione di valore economico, FERRI M.A., SANCETTA G., "Measuring Corporate Performance: Considerations", in CONSORZIO DI ECONOMIA INDUSTRIALE E MANAGERIALE (CUEIM), *Conference Proceedings del 7th World Congress for Total Quality Management «Business Excellence. Make it happen!»*, Verona, 25-27 giugno 2002, 2 Voll., CUEIM, 2002.

funzionamento del sistema esprime adeguati livelli di capacità sotto i profili della consonanza (nei confronti del contesto) e della competitività (nella percezione dei clienti, in rapporto alla concorrenza). Sono questi i presupposti perché il sistema possa operare in condizioni di un più generale equilibrio, ovviamente dinamico, i cui orizzonti travalicano i tradizionali concetti di equilibrio nella gestione d'impresa([16]).

La figura 1.1 schematizza il percorso logico seguito.

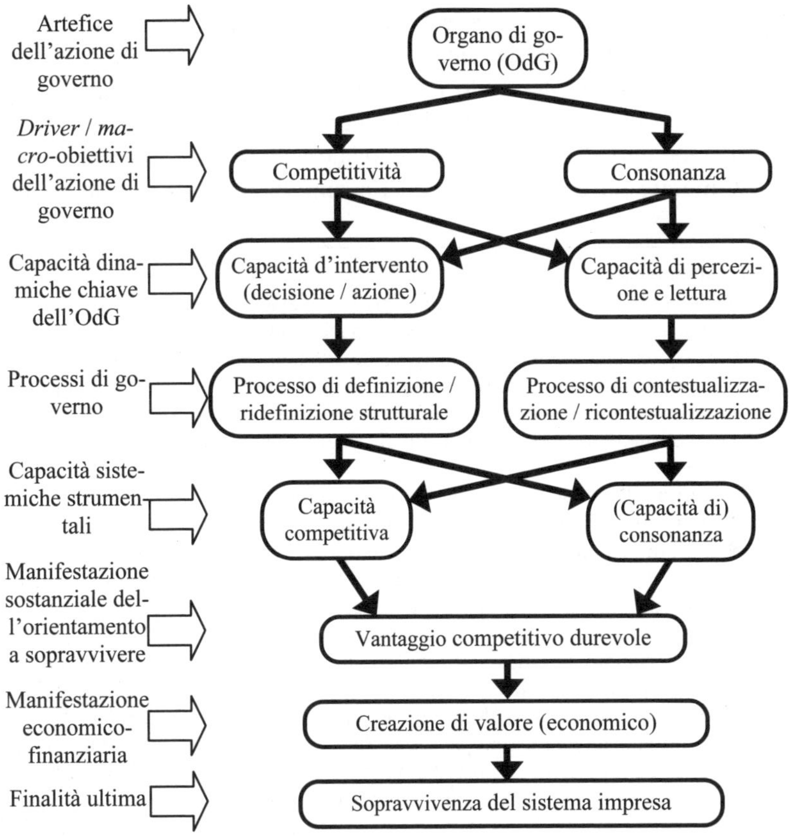

FIG. 1.1 – *L'azione di governo: obiettivi, processi, capacità sistemiche, manifestazioni, finalità* (fonte: elaborazione personale).

([16]) Le consolidate nozioni di equilibrio nell'economia d'impresa riferiscono agli aspetti economico, finanziario ed organizzativo del funzionamento aziendale. L'equilibrio economico consegue alla capacità dell'impresa a generare un *surplus* «in un

1.2. L'AZIONE DI GOVERNO: DAI *DRIVER* ALLE CAPACITÀ COMPETITIVA E DI CONSONANZA

L'organo di governo presiede al suo ruolo di indirizzo e guida individuando anzitutto i *driver* della sua azione. Tali idee guida condizionano *ab initio* l'idoneità dell'azione di governo ad orientare il sistema vitale verso la traiettoria desiderata.

L'identificazione dei *driver* di governo è una questione centrale negli studi d'impresa, in specie di quelli di carattere strategico. Le teorie d'impresa hanno spesso tentato di cogliere il fondamento dell'azione di governo sintetizzandolo in un unico costrutto, in un'unica categoria logica di riferimento per imprenditori e *manager*. Così, alcune hanno sostenuto il primato della considerazione dell'ambiente esterno([17]), mentre altre hanno esaltato l'accumulazione di risorse e l'im-

---

processo intertemporale o diacronico, che va dall'acquisizione delle risorse alla loro valorizzazione tramite le vendite». L'equilibrio finanziario richiede all'impresa la capacità a «mantenere una corrispondenza», in ogni istante, tra disponibilità di risorse monetarie (o comunque possibilità di reperirle prontamente) ed i fabbisogni conseguenti agli impegni assunti. L'equilibrio organizzativo, infine, attiene all'adeguatezza delle ricompense e motivazioni conferite ai partecipanti alla vita aziendale (lavoratori, investitori, consumatori, fornitori) rispetto ai rispettivi contributi alla dinamica del sistema impresa.

In merito alle condizioni di equilibrio economico e finanziario, cfr. GOLINELLI G.M., "Economia", *cit.*, pag. 27 e segg. e RULLANI E., "La finanza e gli investimenti", in RISPOLI M. (a cura di), *L'impresa industriale. Economia, tecnologia, management*, Il Mulino, 1989 (1984[1]), pag. 346 e segg. Sull'equilibrio organizzativo, originariamente coniato da Chester Barnard e poi analizzato da Herbert Simon, v. BONAZZI G., *Storia del pensiero organizzativo*, FrancoAngeli, 2002.

Quasi precursore dell'idea, qui proposta, di un più ampio e complessivo equilibrio è GIANNESSI E., *Le aziende*, Vol. I, *op.cit.*, pag. 46, la cui accezione di «equilibrio economico» va intesa nel senso globale di «equilibrio aziendale o generale».

([17]) L'origine del *focus* strategico sulle dinamiche ambientali va rintracciata nello strutturalismo, che deriva dal paradigma struttura-condotta-*performance* (BAIN J., *Barriers to New Competition*, Harvard University Press, 1956), secondo cui il comportamento della singola impresa è essenzialmente determinato dalle condizioni (struttura) dell'industria o settore d'appartenenza.

Uno dei massimi rappresentanti del pensiero strategico tradizionale, incentrato sull'osservazione dell'esterno, su processi decisionali decisamente razionali e lineari e sull'assunto secondo cui, in prevalenza, «la strategia condiziona la struttura», è ANSOFF H.I., *Corporate Strategy*, McGraw-Hill, 1965. Assai vicino negli assunti di fondo è l'approccio *market driven*, basato sull'analisi dei punti di forza/debolezza dell'impresa e delle minacce/opportunità ambientali (ANDREWS K.R., *The Concept of Corporate Strategy*, Down Jones-Irwin, 1971) e sulla pianificazione strategica formalizzata

piego di regole atte a sviluppare nell'impresa capacità e competenze distintive([18]).

(KOTLER P., SCOTT W.G., *Marketing management*, VII ed., Isedi, 1993).

Il pieno consolidamento di tali impostazioni si ha con PORTER M.E., *The Competitive Advantage*, The Free Press, 1985, che propone le idee di strategia competitiva, concorrenza allargata, catena del valore intra ed interaziendale e, soprattutto, di vantaggio competitivo. Il primato dell'analisi ambientale qualifica pure la teoria «gerarchia-mercato», dei costi transazionali, contrattualista o neoistituzionalista (COASE R.H., "The Nature of the Firm", in *Economica*, n. 16, 1937 e WILLIAMSON O.E., *Markets and Hierarchies: Analysis and Antitrust Implications*, The Free Press, 1975), che intende l'azione di governo in termini di *mix* di rapporti ora proprietari, ora di libero scambio, ora ancora di coordinamento e collaborazione.

Ancora focalizzate sulle dinamiche esterne sono la scuola svedese (HÅKANSSON H., SNEHOTA I., "No Business is an Island: the Concept of Business Strategies", in *Scandinavian Journal of Management*, n. 3, 1989, pagg. 187-200), che esalta la centralità delle relazioni con l'ambiente ed il *relationship marketing* (GRONRÖOS C., "From Marketing Mix to Relationship Marketing: Towards a Paradigm Shift in Marketing", in *Management Decision*, n. 2, 1994), che sottolinea la criticità delle relazioni durevoli e continuative, più che delle transazioni puntuali, specie nelle economie mature, ove l'importanza di mantenere rapporti già in essere supera quella d'intessere nuovi rapporti. Analogo discorso per il *market driver management*, filosofia di gestione orientata al mercato, in cui predomina il confronto continuo e diretto con i concorrenti e il «*customer value management*», ossia l'attenzione ad aggregati di clientela (le «bolle di domanda») sempre più instabili e variabili (BRONDONI S.M., *Market-driven management e mercati globali*, Giappichelli, 2007, ove riferimenti ad altri fautori di tale impostazione, come Day e Lambin).

Infine, la *(multi)stakeholder theory* funzionalizza l'impresa alla migliore ricezione, interpretazione e soddisfazione delle attese e pressioni dei pubblici di riferimento, incorrendo così nel paradosso (*stakeholder paradox*) di svuotare la centralità del ruolo di governo (FREEMAN R.E., EVAN W.M., "Corporate Governance: a Stakeholder Interpretation", in *Journal of Behavioral Economics*, n. 4, 1990).

([18]) In questo secondo gruppo di teorie rientrano, anzitutto, gli studi organizzativi che hanno sostenuto che, in prevalenza, «la struttura condiziona la strategia»: cfr. per tutti MINTZBERG H., *Ascesa e declino della pianificazione strategica*, Utet, 1996. Il riferimento primario è tuttavia alle teorie *resource based* nelle loro variegate formulazioni (teorie sulle risorse, capacità dinamiche, competenze distintive, conoscenza ecc.). In proposito, cfr. GOLINELLI G.M., *L'approccio*, Vol. I, *op.cit.*, pagg. 373-374, con l'ampia bibliografia di riferimento.

Sull'annosa *querelle* tra fautori della *resource based view* e dell'*industrial organization*, v. il noto articolo di PORTER M.E., "Towards a Dynamic Theory of Strategy", in *Strategic Management Journal*, n. 2, 1991 in cui l'Autore critica la teoria delle risorse e difende l'approccio strategico *market driven* basato sull'analisi del settore e dell'ambiente, sottolineando la difficoltà di valutare le risorse in se stesse. Analogamente, ma da un punto di vista *micro*, WILLIAMSON O.E., "Strategy Research: Governance and Competence Perspective", in *Strategic Management Journal*, n. 20, 1999 ritiene che la teoria delle risorse utilizzi categorie logiche diverse, senza compie-

Queste teorie, pur segnando avanzamenti nella conoscenza dell'impresa, sono state oggetto di critica, nel corso degli anni, appunto per la tendenza a ricondurre il successo dell'impresa ad una sola chiave esplicativa di fondo([19]).

Avvertendo l'esigenza di una diversa o più profonda visione degli orientamenti a base dell'azione di governo dell'impresa, la dottrina aziendalistica italiana ha elaborato importanti e suggestivi contributi, volti al superamento di taluni assunti propri delle impostazioni teoriche provenienti soprattutto dal mondo anglosassone, dei quali si percepiva la limitatezza. Tali pregevoli sviluppi sono «segno dei tempi» ed indice di una «temperie culturale» qualificata, nel nostro Paese, dall'insoddisfazione per i modelli importati da altri contesti geopolitici e dall'intensa ricerca di una comprensione più profonda delle organizzazioni imprenditoriali, al contempo realistica ma culturalmente e moralmente fondata. Essi contengono *in nuce* alcuni fondanti indirizzi, in questa sede recuperati e sistematizzati, pur in mancanza ancora di una unitaria visione d'insieme e di una chiara articolazione delle linee guida di riferimento per l'organo di governo([20]).

---

re avanzamenti radicali rispetto alla teoria dei costi di transazione o contrattualista.

([19]) Conferma CODA V., "Etica ed obiettivi d'impresa", in RICCABONI A. (a cura di), *Etica ed obiettivi d'impresa*, Cedam, 1995, pag. 37: «le imprese che sacrificano sistematicamente ad un obiettivo totalizzante le altre dimensioni del loro finalismo istituzionale prima o poi entrano in crisi». Recenti costruzioni, come la *balanced scorecard*, sottolineano l'importanza di prospettive plurime per formulare il disegno strategico (risultati economico-finanziari, attese del cliente/mercato, processi interni, apprendimento e crescita). Per approfondimenti, cfr. KAPLAN R.S., NORTON D.P., *The Balanced Scorecard. Translating Strategy into Action*, Harvard Business School Press, 1996.

([20]) Nel dibattito scientifico italiano sul governo dell'impresa degli ultimi decenni, non si può non ricordare il contributo di GUATRI L., "Mutamenti degli scenari competitivi ed adattamento delle teorie: l'orientamento alla qualità", in *Sinergie. Quaderni*, n. 7, 1992, pag. 27 e segg., che assume come principi cardine dell'impresa moderna la qualità totale e la creazione di valore. Il compendiare queste due impostazioni concettuali così importanti quasi prefigura la combinazione dei due *driver* del governo (competitività e consonanza) qui proposta, evitando altresì l'esaltazione del solo principio della creazione di valore, talora oggetto di pratiche manageriali non sempre funzionali alla sopravvivenza del sistema impresa.Significativa la visione lucida e, al contempo, in anticipo sui tempi, di BACCARANI C., "Qualità", *cit.*, pag. 43 e segg., che muove dalla filosofia della qualità totale per sottolineare la suggestiva idea di un'«impresa armonica», in grado di «procedere lungo continui percorsi di apprendimento, per conseguire una condizione di «armonia» e di «consonanza» tra struttura interna ed ambiente esterno» (pag. 44). V. pure BACCARANI C., "Meditazioni", *cit.*,

L'approccio sistemico vuole al contempo recuperare gli assunti più significativi delle precedenti impostazioni ed ampliare gli orizzonti di riferimento, cogliendo nella competitività e nella consonanza i fondamentali *driver* dell'azione di governo. La consonanza, intesa come linea di azione per l'organo di governo dell'impresa, attiene all'implementazione/conservazione di condizioni di armonia, corrispondenza, allineamento e dialogo con il contesto di riferimento: essa esprime l'esigenza di fondo dell'impresa di corrispondere a valori, culture e bisogni della società circostante e di trovare riconoscimento e considerazione presso le diverse entità che la popolano([21]).

---

pag 149 e segg.

Ricordiamo infine l'accento sul profilo morale o etico dell'attività d'impresa, posto come antidoto a visioni della ricerca del vantaggio competitivo eccessivamente rapaci: cfr. CASELLI L., "La ri-legittimazione sociale dell'impresa", in *Sinergie*, n. 31, 1993, pag. 32: «il futuro dell'impresa si esprimerà sempre più nella sua capacità di creare valore, scegliendo [...] tra le molteplici strade e modalità [...] quelli che meglio rispondono ad istanze di modernità e di sviluppo sociale».

([21]) In merito alla consonanza, giova ricordare che essa può essere distinta in intra ed intersistemica, a seconda che abbia a riguardo i rapporti con componenti o subsistemi della struttura operativa d'impresa ovvero con entità sistemiche del contesto e loro componenti (GOLINELLI G.M., *L'approccio*, Vol. I, *op.cit.*, pagg. 239-243). Nondimeno, nel presente capitolo e nell'intero volume, si dedicherà prevalente attenzione alla consonanza intersistemica.

L'idea di consonanza è stata intuita per primo da NORMANN R., *Le condizioni di sviluppo dell'impresa*, EtasLibri, 1979, pag. 28 (orig. *Management for Growth*, Wiley & Sons, 1977): «se i sistemi sostengono mutuamente le funzioni loro proprie diciamo che esiste tra loro consonanza; in caso contrario siamo in presenza di una dissonanza». La dottrina aziendalistica italiana ha però fornito notevoli contributi sul tema: oltre al già ricordato pionieristico concetto di «armonia» avanzato da Baccarani (v. nota 12), non si può non richiamare l'anticipatorio pensiero di Giovanni Panati, che già parlava di inevitabilità dell'appropriazione di ricchezza e quindi di conflitti d'interesse e sociali, diffusi e permanenti nell'impresa, che l'organo di governo dell'impresa è chiamato a dirimere e talora evitare ("Interrogativi in tema di teologia dell'imprenditorialità", in *Sinergie*, 61-62, 2003, pag. 21 e segg.).

Lo stesso Fazzi esalta l'armonizzazione d'interessi (v. nota 3), mentre CODA V., *L'orientamento strategico dell'impresa*, Utet, 1995, pagg. 259 sottolinea che «la consonanza diventa un basilare valore, un principio-guida da applicare nei processi di gestione strategica sia al momento diagnostico che a quelli di progettazione e di attuazione della strategia; sia al rapporto impresa-ambiente che alla relazioni interne alla struttura aziendale e ai diversi elementi che la compongono». Infine, DI BERNARDO B., RULLANI E., *Transizione tecnologica e strategie evolutive. L'impresa industriale verso l'automazione*, Cedam, 1985, pag. 221 osservano: «nel caso di perfetto allineamento di tutte le variabili considerate si ha una situazione pura che chiameremo di perfetta consonanza. Tutte le variabili dell'ambiente [e dell'impresa] hanno la stessa tempera-

La competitività qualifica l'attitudine dell'impresa a «stare sul mercato», ricercando una qualche superiorità e/o distinzione rispetto ai concorrenti e comunque progredendo nel tempo. Detta tensione alla superiorità, alla distintività, al miglioramento e/o al progresso può trovare espressione in molteplici aspetti del funzionamento dell'impresa: costi, prezzi, vendite, tempi di consegna, volumi produttivi, tempi di produzione, innovazione, qualità, affidabilità del prodotto, varietà di prodotti, personalizzazione del prodotto, liquidità disponibile per nuovi investimenti, notorietà, immagine ecc.([22]).

In altri termini, consonanza e competitività esprimono le due forze o spinte alla base del funzionamento di ogni organizzazione imprenditoriale: l'una tesa alla corrispondenza con l'ambiente circostante, l'altra al confronto con gli altri e al superamento di stati, condizioni e risultati già raggiunti dall'impresa stessa([23]).

È per questo che consonanza e competitività assurgono a fondamentali linee guida per l'azione di governo dell'impresa, ad orientamenti o *macro*-obiettivi declinabili in obiettivi via via più circoscritti e puntuali([24]). Tali obiettivi possono essere anche molto numerosi, per-

---

tura in termini evolutivi».

([22]) Significativo, in proposito, il formarsi della cultura del *benchmarking*, intesa come processo continuo di monitoraggio e misurazione dei percorsi di sviluppo adottati e dei risultati conseguito dalle imprese riconosciute come *leader* di settore, in vista di raggiungere e superare le loro prestazioni. Cfr. VALDANI E. (a cura di), *Enciclopedia dell'impresa. Marketing*, Utet, 1995, pag. 57.

([23]) Interpretare consonanza e competitività come orientamenti basilari dell'impresa – l'una di tipo omologativo, l'altra differenziale ed evolutiva – è coerente con alcuni principi base della concezione sistemica, come il mutuo adattamento e la differenziazione/specializzazione al proprio interno e rispetto al contesto (cfr. PANATI G., GOLINELLI G.M., *Tecnica, op.cit.*, pagg. 180-181). Una qualche similarità può essere ravvisata con NORMANN R., *Le condizioni, op.cit.*, pag. 27, che intende l'impresa come sintesi di un processo di scambio, da un lato, e di sviluppo (crescita, progresso e avanzamento), dall'altro. Il primo palesa la funzione economica dell'impresa e si basa sull'efficienza, il secondo esprime la funzione anche sociale ed esalta l'efficacia. Va sottolineato che, nell'impostazione qui adottata, sebbene la competitività possa esaltare in particolare l'efficienza, consonanza e competitività hanno entrambe a che fare con le dicotomie interno/esterno, efficienza/efficacia o componenti/relazioni.

([24]) Secondo DRUCKER P., *The Practice of Management*, Harper & Row, 1954, sono tali gli obiettivi che soddisfano i requisiti di specificità, misurabilità quali-quantitativa, realismo, idoneità a stimolare l'impegno, raggiungibilità (coerenza con il livello di responsabilità e autonomia), chiarezza e tempificazione. Sul *management by objectives*, cfr. in Italia CECCANTI G., "La razionalità della direzione per obiettivi", in *Note Economiche*, n. 3, 1974.

ché riferiti ai molteplici sovra e subsistemi cui la consonanza attiene o ai non meno numerosi aspetti dell'azione di governo condizionanti la competitività.

La consonanza, con particolare riguardo ai rapporti intersistemici, implica necessariamente una pluralità di referenti, rappresentati dalle variegate entità, più o meno sistemiche, del contesto. La competitività esprime, invece, la capacità a conseguire significativi gradi di superiorità e/o distintività *in primis* agli occhi dei clienti e/o rispetto ai concorrenti. Vero è che la competizione è un concetto più ampio di quello di concorrenza e che le fonti della competitività sono molteplici ed investono anche i rapporti con le altre entità del contesto; tuttavia, i diversi aspetti sui quali la competitività può essere incentrata (innovazione, prezzi, costi, vendite ecc.) assumono determinante rilievo nell'ambito competitivo se in grado di distinguere l'impresa dai concorrenti e, soprattutto, nella percezione elaborata dal mercato, dai clienti([25]).

I *driver* dell'azione di governo sono un momento pregnante dell'impostazione e regolazione dei rapporti intersistemici.
Esemplificativo della distinzione tra competitività e consonanza è il governo del rapporto tra l'impresa produttrice e il mercato del consumo, rapporto veicolato dall'equilibrio tra il valore di scambio o prezzo di vendita (VS) e il valore percepito dal potenziale acquirente del prodotto come sintesi di tutti i vantaggi (fisico-sensoriali, d'immagine, economici ecc.) e gli oneri (monetari, di tempo, di scelta, effetti indesiderati ecc.) connessi all'atto di acquisto e consumo (VP)([26]).
Tale delicato equilibrio esprime, in estrema sintesi, un «ponte relazionale»

([25]) Sul punto PORTER M.E., *The Competitive, op.cit.*, pag. 9 definisce competitiva l'impresa in grado di proporre prodotti (beni e/o servizi) con un valore economico non solo positivo, cioè con un rapporto qualità/prezzo o altri caratteri tali da interessare consumatori, utenti o clienti, ma superiore a quello offerto dai concorrenti. La nozione porteriana di «concorrenza allargata» sottolinea appunto che la competitività può consistere nella ricerca di una posizione di forza, se non di dominanza, a livello orizzontale (con i concorrenti, appunto), verticale (con fornitori, distributori e/o clienti), trasversale (con produttori di tecnologie o prodotti sostitutivi, istituzioni ecc.) e/o indiretto (con clienti e fornitori indiretti).

In PORTER M.E., *The Competitive Advantage Of Nations*, MacMillan, 1990, la competitività è riferita pure ad un'intera nazione o comunque ad una pluralità di operatori (*cluster*) cooperanti per proporre al mercato una comune offerta di prodotto: in specie, alla base della ricchezza nazionale vi è la competitività, intesa come produttività con cui il sistema Paese utilizza le sue risorse umane, naturali e di capitale, produttività che è, a sua volta, portato dell'innovazione.

tra impresa e sistema del consumo. La figura seguente rappresenta graficamente il suddetto ponte: il valore differenziale tra VS e VP (VR=VP-VS) è il *surplus* di valore reso dall'impresa al cliente al fine di effettuare la vendita del prodotto, di consolidare la propria marca, di fidelizzare l'acquirente nel tempo ecc., (in tal caso, VP>VS) ovvero trattenuto dall'impresa a beneficio della propria redditività (VP<VS).

Laddove manovre periodiche o persino giornaliere del prezzo sono tipiche decisioni di gestione (tagli promozionali di prezzo, sconti quantità, 3x2 o 3x1, vendite combinate, acquisti tramite punti accumulati ecc.), primaria responsabilità di governo è regolarne la dinamica tendenziale nel medio-lungo termine, tenendo conto del contesto (attese dei consumatori, azioni o reazioni di prezzo dei diretti concorrenti, avvento di prodotti concorrenti innovativi o imitativi, andamento del costo della vita, attese della proprietà sui risultati economico-finanziari dell'impresa ecc.)(27).

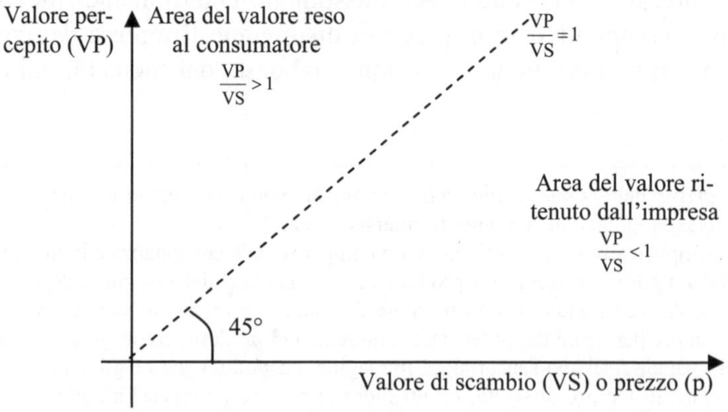

FIG. 1.2 – *Il valore reso quale «ponte relazionale» tra impresa e consumo* (fonte: rielaborazione da KOTLER P., SCOTT W.G., *Marketing, op.-cit.,* pagg. 704-705).

Per effetto dei processi di contestualizzazione/ ricontestualizzazione e definizione/ridefinizione strutturale, i suddetti *driver* si tradu-

(26) Sul valore percepito e reso, rispettivamente, dal e al cliente, cfr. KOTLER P., *Marketing Management*, XI ed. a cura di W.G. SCOTT, Pearson – Prentice Hall, 2004, pag. 72 e segg. e COSTABILE M., *Misurare il valore per il cliente*, Utet, 1996, pag. 22 e segg.

(27) Sul valore reso al cliente come ponte relazionale tra impresa e mercato e sulla sua gestione, cfr. BARILE S., PASTORE A., "Forme, caratteri e divenire sistemico dei rapporti con la distribuzione ed il consumo", in GOLINELLI G.M., *L'approccio sistemico al governo dell'impresa*, Vol. III, Cedam, 2002, pag. 203 e segg.

cono in essenziali capacità che l'organo di governo implementa a livello strutturale al fine di orientare il sistema verso la sopravvivenza. Capacità competitiva e (capacità di) consonanza sono entrambe capacità sistemiche, ossia caratteri che qualificano l'impresa nella sua interezza e nel suo divenire, pur derivando dalle qualità delle componenti la dotazione strutturale([28]).

La consonanza è sintesi di capacità di ascolto, considerazione, dialogo, riconoscimento e rispetto nei rapporti intra e intersistemici. La capacità competitiva congloba capacità creative, innovative, imitative, di *scouting* di talenti o di risorse convenienti, di negoziazione, di calcolo economico di convenienza ecc. In altre parole, la capacità competitiva sottende capacità innovative, di cambiamento o di miglioramento, mentre la consonanza si fonda su capacità di conciliazione e di graduazione delle attese e pressioni secondo priorità([29]).

In definitiva, consonanza e competitività si qualificano, agli occhi del vertice d'impresa, ora come *driver*, ora come capacità, a seconda del momento temporale considerato: prima o all'inizio del processo di definizione/ridefinizione strutturale, esse si palesano come un'aspirazione, un obiettivo, dovendo essere ancora implementate nella dotazione strutturale. Al termine di un primo ciclo di configurazione strutturale, invece, esse si traducono in capacità competitiva e di consonanza, sottoposte al costante monitoraggio dell'organo di governo.

([28]) Le capacità sistemiche, derivanti dalla composizione della dotazione strutturale ma qualificanti l'impresa nella sua globalità e nel suo divenire, sono preordinate dall'organo di governo attraverso la configurazione della struttura aziendale, in vista di consentire l'emergere di un sistema impresa in grado di compiere una determinata dinamica evolutiva. Si ricorda che altre capacità sistemiche dell'impresa sono l'apertura, l'elasticità, la flessibilità di prima specie o preordinata e la flessibilità innovativa o di seconda specie: cfr. GOLINELLI G.M., *L'approccio*, Vol. I, *op.cit.*, pagg. 207-208 e 435 e segg.

([29]) Sull'importanza della declinazione delle capacità in base al loro contenuto, nel quadro di un corretto approccio orientato alle risorse, capacità e competenze, cfr. GRANT R.M., "The Resource Based Theory of Competitive Advantage: Implications for Strategy Formulation", in *California Management Review*, Spring, 1991, pagg. 114-135 e SNOW C.C., HREBINIAK L.G., "Strategy, Distinctive Competence and Organizational Performance", in *Administrative Science Quarterly*, n. 25, 1980, pagg. 317-336.

1.3. LA DINAMICA EVOLUTIVA DEL SISTEMA IMPRESA, TRA COMPETITIVITÀ E CONSONANZA

La graduazione della consonanza e della competitività nel quadro dell'azione di governo dell'impresa è un aspetto estremamente problematico, poiché i due *driver* possono risultare difficilmente conciliabili tra di loro, manifestando un *trade off*(30).

Così, un'impresa che rinvia i necessari investimenti per il contenimento dell'impatto inquinante delle proprie produzioni può trovarsi ad operare con costi ridotti, tali da acquisire una particolare forza sul piano della competitività. Tale condotta, peraltro, espone l'impresa a rischi ambientali, connessi all'emergere di tensioni con entità di contesto quali associazioni ecologiste, organizzazioni sindacali dei lavoratori, movimenti d'opinione, *authority* di controllo, enti locali ecc. Più in generale, la ricerca della competitività basata sul contenimento dei costi è foriera di rischi rilevanti di perdita di consonanza con il contesto, anzitutto con i sistemi del consumo e di fornitura. La tensione alla competitività può dunque comportare condizioni di dissonanza con le entità di contesto, con l'insorgere di rischi tali da pregiudicare il conseguimento di un vantaggio competitivo durevole.

Dall'altro lato, la tensione alla consonanza non è di per sé condizione sufficiente per il raggiungimento di una posizione di vantaggio competitivo a valere nel tempo, in particolare se riferita ad una specifica entità sistemica del contesto. Ad esempio, un'impresa, in vista di incrementare il livello di consonanza nei confronti del sistema proprietario attraverso frequenti e/o consistenti distribuzioni di dividendi, può ridurre le risorse disponibili per investimenti in ricerca e sviluppo, pregiudicando così possibili innovazioni tecnologiche in grado di migliorare i prodotti, in termini di rapporto prezzo/qualità e rispetto a quelli offerti dai concorrenti. La sintonia con il sovrasistema proprietario contrasta, in tal caso, con la ricerca di competitività(31).

---

(30) Si pensi, ad esempio, al simultaneo perseguimento di rapidità e consenso nel processo decisionale. In proposito, cfr. ampiamente GATTI C., "La configurazione dei processi decisionali d'impresa tra rapidità e consenso", in AA.VV., *La riconfigurazione dei processi decisionali nel quadro evolutivo della competizione*, Atti del XXVII Convegno AIDEA, Università di Catania, 7-8 ottobre 2004, Giappichelli, 2005.

(31) In merito ai rapporti tra proprietà e sistema impresa, cfr. GALLINO L., *L'impresa irresponsabile*, Einaudi, 2005, capp. 2-3 e 7-8, che parla dell'impresa manageriale in termini più di «mito» che di realtà concreta; FARACI R., VAGNANI G., "I rapporti fra impresa e proprietà", in *Sinergie*, n. 73-74, 2007, pag. 107 e segg.; e ZANDA

Emblematica in tal senso l'esperienza di Telecom Italia, impresa di telecomunicazioni privatizzata e quotata, nel suo rapporto con la proprietà([32]).
Il modello di *governance* di Telecom Italia è stato caratterizzato, dal 1997 in poi, da significative discontinuità: più di cinque fasi di *governance*, frequenti cambi dei vertici e dei soggetti di controllo, diverse concezioni manageriali.
Tale dinamica, che ha coinvolto tutti i grandi gruppi italiani e le loro famiglie di riferimento, nonché alcuni fra i più noti *manager* in attività, ha generato incertezza negli operatori all'interno e all'esterno dell'impresa.
Si sono così alternati periodi di ottimismo ad altri di profondo timore, con un'intensa volatilità del titolo in borsa e l'impossibilità di un unitario disegno industriale([33]). I motivi profondi del deterioramento delle capacità tecnologiche e competitive di Telecom Italia risiedono non tanto nel patrimonio, di tutto rispetto, dell'impresa, nel suo indebitamento – ingente anche per via dei vari passaggi di controllo effettuati tramite la tecnica del *leveraged buyout* – e/o nei suoi ricavi e flussi di cassa, piuttosto cospicui e stabili, quanto piuttosto nel suo azionariato di controllo.
La proprietà ha per anni esercitato il controllo contenendo al massimo l'investimento in capitale di rischio (intorno all'1%), secondo il principio della leva azionaria, e ricorrendo ad una lunga catena di società (cosiddette «scatole cinesi», rappresentate nel caso specifico da Pirelli ed Olimpia) che, al contrario di Telecom Italia, sono fortemente indebitate senza però generare flussi di ricavi e di *cash flow* adeguati.
Tale assetto è stato reso sostenibile dalla sola capacità economica di Telecom Italia, che ha dovuto ridurre/rinviare il più possibile gli investimenti industriali e trasformare a ritmo accelerato i suoi profitti in dividendi per i piani superiori della catena di controllo([34]).
L'ultimo avvicendamento nella proprietà (con la fuoriuscita di Tronchetti Provera) e le pressioni provenienti da più parti (rappresentanti degli obbligazionisti, banche, sindacati, pubblici poteri ecc.) hanno fatto emergere con piena evidenza la necessità di un recupero della competitività da parte di Telecom Italia, mediante il contenimento del debito, il rilancio degli investimenti industriali ed il monitoraggio di ricavi e flussi finanziari. Ciò ha richiesto significative revisioni al ribasso dei dividendi, con una contestuale ricapitalizzazione volta a ridurre il peso dei debiti finanziari: manovre che colpiscono sia la proprietà che gli azionisti risparmiatori, da cui nuovi periodi di nervosismo sul mercato finanziario([35]).

G., "L'evoluzione della cultura aziendale nel corso dei tempi", in *Dirigenza bancaria*, n. 128, 2007, pagg. 10-12, che riconduce, concordemente con Gallino, il «risveglio dei proprietari» alla caduta dei profitti nelle economie occidentali.

([32]) In Telecom Italia, lo Stato italiano detiene ancora un «nocciolo duro» (*golden share*) nel capitale di rischio, pur con l'impegno a non utilizzarlo attivamente, in obbedienza alle direttive comunitarie.

([33]) Per approfondimenti, DAGNINO G.B., "Governance d'impresa: l'avventura di

Il contemperamento di competitività e consonanza può trovare momenti di criticità anche con riferimento al rapporto tra l'impresa ed il sovrasistema finanziario, rapporto veicolato da un apposito «ponte relazionale», la curva rischio-rendimento.

Il profilo rischio-rendimento evidenzia che, nel rapporto banca-impresa, il finanziamento ha un costo crescente in funzione della rischiosità del debitore e del suo progetto d'investimento ed è concesso nei limiti in cui tale rischiosità non supera la soglia massima di propensione del finanziatore al rischio. Al deterioramento della competitività dell'impresa, con i relativi riflessi sul suo conto economico, il finanziatore associa al rapporto finanziario un incremento del rischio del debitore (da σ_1a σ_2), con conseguente aumento del costo del finanziamento (da p_1a p_2), come mostrato dalla figura che segue.

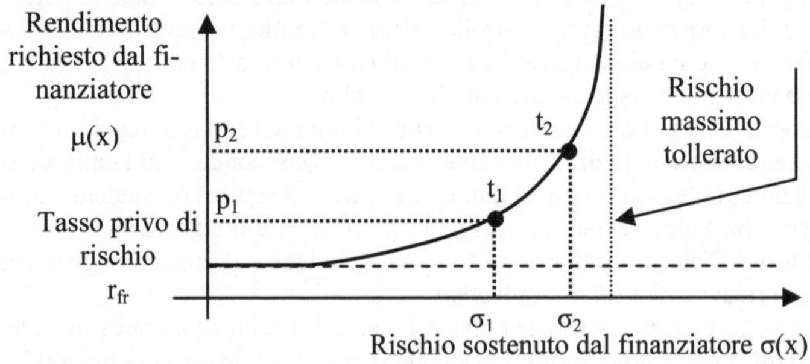

FIG. 1.3 – *La curva rischio-rendimento quale «ponte relazionale» tra sistema impresa e sistema finanziario* (fonte: adattamento da VAN HORNE J.C., *Teoria e pratica della finanza d'impresa*, Il Mulino, 1984, pag. 80)([36]).

Telecom Italia (1997-2001)", in *Economia & management*, n. 1, 2004.

([34]) Così SCALFARI E., "Chi ha munto la vacca dei nostri telefoni", in *La Repubblica*, 21 settembre 2006. Sul *leveraged buyout*, cfr. *infra*, Capitolo II, primo riquadro del paragrafo 2.3.2.

Sul principio della leva azionaria (o grado di controllo integrato), v. PETIX L., *Aspetti della gestione finanziaria dei gruppi*, Cedam, 1979, pag. 24 e segg.; COLOMBI F., *Strategie & finanza. Modelli interpretativi e funzioni direzionali per i comportamenti finanziari dell'azienda*, Etas, 1989, pag. 148 e segg. Una sua applicazione proprio a Telecom Italia è in GOLINELLI G.M., GATTI M., VAGNANI G., "Dalla struttura al sistema: elementi per una riflessione sui confini, i rapporti con la proprietà, la flessibilità e l'elasticità dell'impresa", in GOLINELLI G.M., *L'approccio*, Vol. III, *op.cit.*, pagg. 55-56.

([35]) GALVANI L. ET AL., "A consulto sul debito i bondholder Telecom. Il caso dividendi con cui si confrontò anche Olimpia", in *Il Sole 24Ore. Finanza & mercati*, 23 febbraio 2008, pag. 37.

Il rischio si palesa così come momento centrale di una consapevole azione di governo, guida nella ricerca di un razionale equilibrio tra competitività e consonanza, nel fermo convincimento che la creazione di valore richieda all'organo di governo di perseguire congiuntamente entrambe questi obiettivi([37]).

Al riguardo, assume pregnante rilievo l'orizzonte temporale di riferimento.

Nel breve termine, infatti, è possibile che l'impresa focalizzi l'attenzione su una delle condizioni, a detrimento dell'altra. Ad esempio, l'organo di governo di un'impresa con un costo del personale eccessivo rispetto ai concorrenti può decidere di attuare un processo di ristrutturazione con significativa contrazione delle risorse occupate, in vista di attenuare il differenziale competitivo sfavorevole. Si va verso una dissonanza con le entità di contesto (segnatamente, le associazioni sindacali ed i lavoratori) che è funzionale, tuttavia, al recupero di competitività dell'impresa. Tale dissonanza, peraltro, potrebbe essere mitigata nell'immediato o evitata del tutto con il coinvolgimento tempestivo o addirittura anticipato delle associazioni sindacali e degli enti locali in un progetto di riorganizzazione che preveda successivi incrementi della forza lavoro in relazione al recupero di capacità competitiva del sistema impresa, in un quadro di corretto utilizzo degli ammortizzatori sociali([38]).

([36]) Sul profilo rischio-rendimento in ottica sistemica e sul rapporto tra sistema impresa e sovrasistema finanziario, cfr. *infra*, Capitolo V, paragrafo 5.6 e relativi sottoparagrafi, e Capitolo VIII, paragrafo 8.2. Cfr. anche GOLINELLI G.M., *L'approccio sistemico al governo dell'impresa*, Vol. II, Cedam, 2000, pag. 107 e segg. e 128 e segg. e IANNUZZI E., *Il risk management nel rapporto banca–impresa. Strumenti per il governo e la gestione delle sofferenze bancarie*, Giappichelli, 2004, cap. 3. In merito allo scostamento quadratico medio quale misura quantitativa del rischio (*rectius*, della volatilità) rispetto ad un'aspettativa di risultato, v. *infra*, Capitolo VI, paragrafo 6.10.2.

([37]) Sul rischio nel governo del sistema impresa, cfr. *infra*, Capitolo VI. Per riferimenti all'apporto della scuola aziendalistica italiana al rischio nell'ottica del governo dell'impresa, cfr. GOLINELLI G.M., *L'approccio*, Vol. II, *op.cit.*, pag. 143 e segg., GIARETTA E., *Alle origini*, *op.cit.*, pag. 65 e segg. – con particolare riguardo al pensiero di Gaetano Corsani – e GOLINELLI G.M., GATTI C., "Il pensiero di Roberto Fazzi e l'approccio sistemico al governo dell'impresa: spunti di riflessione tra debito culturale, avanzamento dottrinale e spirito del tempo", in *Sinergie*, n. 67, 2005, pag. 244 e segg. – in merito al contributo di Roberto Fazzi.

([38]) Emblematica in proposito la realtà ritratta in uno studio realizzato dal CUEIM

Pertanto, la ricerca di equilibrio tra consonanza e competitività può travalicare il breve periodo. Nel medio-lungo termine, tuttavia, le impostazioni a base dell'azione di governo del sistema impresa non possono che riflettere l'esigenza di mantenere/implementare congiuntamente i due richiamati *driver*.

Il suddetto equilibrio, pur dinamico, in quanto inserito in un processo intertemporale e diacronico, è a base dell'idea di vantaggio competitivo qui proposta. Vantaggio competitivo qualificato dal carattere della sostenibilità, che non può sussistere quando l'azione di governo punti esclusivamente alla competitività, a totale discapito della consonanza, o viceversa([39]).

(Consorzio Universitario di Economia Industriale e Manageriale), in cui si rileva che, «in considerazione del controverso andamento del mercato automobilistico e delle difficoltà competitive dell'industria automobilistica italiana, Bic Lazio ha avviato un progetto di analisi delle condizioni di competitività delle imprese coinvolte in rapporti, diretti o indiretti, di fornitura con lo stabilimento Fiat sito a Cassino – Piedimonte San Germano». Cfr. BIC LAZIO, "Problematiche dell'indotto Fiat di Cassino, proposte per la valorizzazione delle PMI e il rilancio del territorio", in *Bic Notes*, numero speciale, 2006, pag. 9.

Più in generale, il coinvolgimento, previsto *ab initio* (ottica anticipatoria) o intrapreso *in itinere* (ottica rimediale) di parti sociali, territorio e/o istituzioni pubbliche locali per mitigare l'impatto negativo di una delocalizzazione industriale è coerente con la soluzione della trasformazione di una negoziazione a due in una a più parti o, comunque, di intervento in un affare di più attori autorevoli. Al riguardo, cfr. *infra*, Capitolo III, paragrafo 3.1.3.

([39]) In taluni studi sull'impresa, competitività e vantaggio competitivo sono, in sostanza, sinonimi, tant'è che le leve della competitività sono indicate spesso come fonti del vantaggio competitivo: così, PORTER M.E., *op.cit.*, 1985, pag. 12 e segg. parla di vantaggi competitivi di costo ovvero di differenziazione (implementare la qualità o l'immagine di unicità dei prodotti offerti in modo tale da giustificare un differenziale di prezzo o *premium price*), mentre la scuola austriaca dell'ipercompetizione (D'AVENI R., *Ipercompetizione: le nuove regole per affrontare la concorrenza dinamica*, Il Sole-24Ore Libri, 1995 (orig. *Hypercompetition: Managing the Dynamics of Strategic Maneuvering*, New York Free Press, 1994)) esalta innovazione continua e tempismo in ambienti particolarmente turbolenti. BERTINI U., "In merito alle «condizioni» che determinano il successo dell'impresa", in BERTINI U., *Scritti di Politica Aziendale*, Giappichelli, 1995, pag. 105 vede il successo dell'impresa come frutto di una capacità innovativa «a valere nel tempo», tale da produrre «strategie vincenti "in continuazione"».

Altri, invece, pongono enfasi sulla consonanza come fonte di vantaggio competitivo: è il caso del vantaggio organizzativo basato su qualità e motivazione delle risorse umane (NAHAPIET J., GHOSHAL S., "Social Capital, Intellectual Capital and the Organizational Advantage", in *Academy of Management Review*, n. 2, 1998 e GHOSHAL S., BARTLETT C.A., *The Individualized Corporation: A Fundamentally New Ap-*

Il bilanciamento tra capacità competitiva e di consonanza insito nella nostra concezione del vantaggio competitivo consente peraltro di ricondurre ad unitarietà azioni di governo spesso percepite come diverse o persino antitetiche tra loro. Così, le strategie competitive in senso stretto, collaborative/cooperative e co-opetitive non sono altro che approdi ad equilibri differenti tra consonanza e competitività, fermo restando che l'eccessiva esaltazione dell'una a discapito dell'altra risulta poco sostenibile nel più lungo termine, in quanto foriera di rischi per il sistema([40]).

---

proach to Management, HarperBusiness, 1997) e del vantaggio da alleanze (incentrato su co-opzione e co-specializzazione con apprendimento e internalizzazione: DOZ Y.L., HAMEL G., *Alliance Advantage: The Art of Creating Value Through Partnering*, Harvard Business School Press, 1998).

Più vicino all'impostazione qui adottata è BARNEY J.B. che nel suo lavoro "Firm Resources and Sustained Competitive Advantage", in *Journal of Management*, n. 17, 1991, pagg. 99-120, ridefinisce in ottica coevolutiva il vantaggio competitivo come «vantaggio coevolutivo», la cui fonte è il modo – specifico, unico e tacito (*fuzzy*) – in cui la singola impresa gestisce il processo coevolutivo, cioè la *macro* e *micro*coevoluzione (che sono appunto due dimensioni distinte ma interrelate).

([40]) Il vantaggio competitivo *à la* Porter non esclude logiche di relazione antagonistiche, opportunistiche o conflittuali (*adversarial model*): l'impresa tende a spuntare le migliori condizioni di prezzo, costo e qualità sfruttando le asimmetrie dimensionali, informative e negoziali, nonché erigendo barriere all'entrata e all'uscita nel proprio ambito d'attività. All'opposto, il modello collaborativo (*collaborative model*) implica rapporti ragionevolmente fiduciari e partecipativi con clienti e/o fornitori e può anche condurre a cooperazioni o forme di reciproco rispetto con i concorrenti diretti. Da ultimo, il modello coopetitivo (*coopetive model*) critica l'eccessivo idealismo del collaborativo e si pone come mediazione (infatti, *coopetition* deriva da *cooperation* e *competition*): soggetti potenzialmente in conflitto tra loro riescono ad individuare obiettivi comuni e ad interagire con un misto di collaborazione e competizione. A titolo d'esempio, si pensi al produttore che sollecita o responsabilizza i fornitori fino ad allora stabili nel monitorare tecnologie ed innovazioni ovvero agli accordi con cui due produttori concorrenti stabiliscono di produrre parti comuni dei rispettivi prodotti o di condividere dei siti produttivi o, ancora, di usare uno stesso vettore commerciale per esportare i rispettivi prodotti in un Paese estero ancora non raggiunto.

Il modello antagonistico e quello collaborativo sono stati descritti, con particolare riguardo ai rapporti di fornitura, rispettivamente in MACBETH D.K., "The Role of Purchasing in a Partnering Relationship", in *European Journal of Purchasing and Supply Management*, n. 1, 1994, pagg. 19-25 e SHAPIRO R., *Toward Effective Supplier Management: International Comparisons*, Harward University Working Paper, 1985. In Italia, VARALDO R., "Dall'impresa localizzata all'impresa radicata", in *Sinergie*, n. 36-37, 1995, pag. 40 descrive l'evoluzione del comportamento delle imprese committenti da egemoni a *partner* dei fornitori. A sua volta, BUTTÀ C., "L'impatto dell'innovazione tecnologica sulle dinamiche competitive: una visione d'insieme per lo studio

Ancora, l'idea del contemperamento di capacità competitiva e di consonanza non è peraltro distante da quelle impostazioni che fanno discendere il successo d'impresa dalla coerenza delle strategie adottate rispetto ai processi e caratteri del settore/mercato (in ottica sistemica, del contesto) e, al contempo, dall'esiguità dei concorrenti in grado di percorrere vie imprenditoriali analoghe([41]). La bontà dell'azione di governo risiede, dunque, nell'orientare il sistema impresa lungo una dinamica evolutiva in grado di conseguire il vantaggio competitivo o comunque ridurre il differenziale negativo (*gap*) rispetto al vantaggio competitivo, ad esempio, di un concorrente diretto o di un qualche attore della filiera o del canale distributivo (un fornitore dominante, un forte cliente/distributore).

1.4. I PROCESSI DI GOVERNO: CONTESTUALIZZAZIONE/RICONTESTUALIZZAZIONE E DEFINIZIONE/RIDEFINIZIONE STRUTTURALE

L'azione di governo, tesa al raggiungimento del vantaggio competitivo tramite condizioni di consonanza e di competitività, è di necessità rivolta incessantemente verso l'esterno e verso l'interno.

Con riguardo al primo versante, assume rilievo il «processo di contestualizzazione», tramite il quale l'organo di governo seleziona quella porzione dell'ambiente che costituisce il «patrimonio relazionale» del sistema impresa, in quanto fonte di risorse, destinatario dei be-

---

del fenomeno", in *Sinergie*, n. 64-65, 2004, pag. 17 osserva che i grandi produttori finali «attivano sovente processi innovativi attraverso la richiesta di specifiche soluzioni tecnologiche ai fornitori specializzati, che diventano così innovatori sotto lo stimolo della richiesta proveniente dal mercato a valle».

La *coopetition* è stata codificata da BRANDENBURGER A.M., NALEBUFF B.J., *Co-opetition*, Doubleday, 1996 e BRANDENBURGER A.M., STUART S., "Value-Based Business Strategy", in *Journal of Economics & Management Strategy*, n. 1, 1996, pagg. 5-14. In Italia, cfr. DAGNINO G.B., "Preface. Coopetition Strategy: Toward a New Kind of Interfirm Dynamics?", in *International Studies of Management and Organization*, n. 2, 2007, pagg. 3-10.

([41]) Cfr. BARNEY J.B., *Gaining and Sustaining Competitive Advantage*, Prentice Hall, 2007, che distingue tra vantaggio competitivo vero e proprio e parità competitiva: nel secondo caso, l'impresa ha relativo successo, perché adotta soluzioni coerenti con il settore/mercato ma simili a quelle di molti concorrenti. Invece, nel primo caso, l'impresa ha molto successo e crea più valore, perché adotta scelte aziendali coerenti con il settore/mercato, in cui poche imprese concorrenti sono in grado di assumere impostazioni similari.

ni e servizi prodotti, «spazio» di manifestazione delle attese e pressioni che le variegate entità sistemiche che lo popolano proiettano sull'impresa.

Al processo di contestualizzazione si accompagna, con riferimento al versante interno, il «processo di definizione/ridefinizione strutturale», volto ad adeguare, trasformare ovvero reimpostare la struttura aziendale in modo da dotarla, in armonia alla dinamica del contesto, delle necessarie capacità affinché il sistema impresa possa creare valore nel corso della sua dinamica evolutiva([42]).

La comprensione del processo di contestualizzazione riposa sulla distinzione tra le nozioni di ambiente e contesto([43]). Ad un certo istante temporale, l'ambiente può essere letto dall'osservatore come un insieme di soggetti – entità con qualificazioni più o meno sistemiche – di oggetti – aspetti che formano o potrebbero formare il contenuto di apposite relazioni tra impresa ed entità esterne – e di condizioni – opportunità e minacce, vincoli e regole che insistono sull'impresa([44]). La normativa societaria, i contratti-tipo, gli accordi collettivi di lavoro, le caratteristiche del sistema formativo, l'efficienza della pubblica amministrazione e la qualità delle infrastrutture sono tutte condizioni proprie dell'ambiente che influenzano e condizionano, in misura più o meno significativa, la generalità delle imprese. L'ambiente, peraltro, è variante nel tempo in funzione dello sviluppo tecnologico([45]), dell'evoluzione legislativa, delle tendenze nella politica, degli andamenti demografici e della cultura([46]). La lettura delle entità ambientali e,

---

([42]) Al riguardo, in BUCKLEY W., *Sociology and Modern System Analysis*, Prentice Hall, 1967, pag. 58, si osserva che un sistema aperto sviluppa processi di «mediazione» con il contesto in vista di mitigare/governare le pressioni su esso proiettate. Tale processo di mediazione consiste nell'adeguare temporaneamente il sistema alle contingenze provenienti dal contesto; nell'indirizzare il sistema verso quei contesti che sono più congeniali al sistema stesso; nel trasformare permanentemente il sistema al fine di garantirgli le capacità necessarie per rapportarsi efficacemente con il contesto di riferimento.

([43]) L'impostazione concettuale a base del processo di contestualizzazione implica la distinzione tra vari livelli di analisi: v. *infra*, Capitolo II, paragrafo 2.2. e figura 2.1.

([44]) Cfr. ancora *infra*, Capitolo II, paragrafo 2.1.

([45]) Cfr. PASTORE A. VERNUCCIO M., *Marketing innovazione e tecnologie digitali. Una lettura in ottica sistemica*, Cedam, 2004, con particolare riferimento al cap. 2 dove viene analizzato il ruolo delle ICT nel governo delle dinamiche evolutive del sistema impresa.

([46]) In proposito, cfr. CAFFERATA R., *Teoria dell'organizzazione. Un approccio*

quindi, dell'ambiente nel suo complesso richiede un continuo processo di monitoraggio delle tendenze irreversibili che nello stesso si sviluppano ed è condizione necessaria per una efficace azione di governo dell'impresa sistema vitale([47]).

Dall'ambiente si passa al contesto in virtù dell'individuazione, ad un certo istante temporale, di un dato insieme di oggetti e condizioni ritenuti rilevanti per la creazione di valore e quindi per l'implementazione delle condizioni di sopravvivenza del sistema. L'estrazione comprende sia la selezione delle componenti sottese alle diverse entità sistemiche con le quali l'impresa ritiene di entrare in relazione, sia l'identificazione di quelle attese e pressioni nonché risorse ed opportunità che l'impresa potrà rispettivamente subire e sfruttare nel corso della sua dinamica evolutiva([48]).

Con riferimento alla matrice concettuale dell'approccio sistemico vitale, le componenti di contesto selezionate rappresentano un potenziale relazionale inventariato nell'ambito della struttura ampliata. Dal contesto così definito, l'organo di governo individua poi le componenti con le quali l'impresa interagirà effettivamente. L'entità di contesto, a quel momento del processo, viene letta come insieme effettivo di componenti, inventariato nell'ambito della struttura specifica, le quali possono rilasciare risorse, dare indirizzi o porre limiti al sistema impresa.

Al processo di contestualizzazione appena descritto si connette il

---

non contingente, FrancoAngeli, 1984, pag. 262.

([47]) Sul concetto di tendenza ambientale irreversibile sviluppato da Gastone Ceccanti, cfr. *infra*, Capitolo II, paragrafo 2.2.1, nota (13).

Giova ricordare che il sistema vitale è selettivamente e relativamente aperto, dove l'apertura significa non solo che il sistema effettua scambi (di informazioni, energia e risorse) con il contesto, ma anche che lo scambio è un fattore essenziale per la vitalità del sistema, per la sua continuità e per la sua capacità di evolvere nel tempo. BUCKLEY W., *Sociology*, *op.cit.*, pag. 50.

([48]) «Se è vero che le relazioni tra organizzazione e ambiente hanno rilievo per qualsiasi organizzazione, è anche vero che esse assumono configurazione diversa in relazione al modo d'essere e della dinamica del sistema organizzazione». Cfr. USAI G., *L'efficienza nelle organizzazioni*, Utet, 2000, pag. 102. In particolare, il contesto, quale porzione estratta dall'ambiente rilevante per l'impresa «è trattato come un *output* dell'organizzazione e non come un *input* [...]. Sono, infatti, le definizioni personali della situazione, e non un mondo materiale, a influenzare l'organizzazione». Cfr. WEICK K.E., *Organizzare. La psicologia sociale dei processi organizzativi*, Isedi, 1993, pag. 233 (orig. *The Social Psychology of Organizing*, McGraw-Hill, 1979 (1969[1])).

processo di definizione strutturale, che conduce alla qualificazione al tempo T della struttura specifica S_T.

Con l'attivazione delle relazioni tra le componenti della struttura specifica ed il conseguente avvio di processi di scambio intra ed inter-sistemici, il sistema impresa emerge dalla struttura ed inizia la sua dinamica evolutiva.

La dinamica evolutiva del sistema è accompagnata da un ricorrente processo di ricontestualizzazione, i cui stimoli, ove percepiti dal sistema stesso in virtù del suo grado di apertura, si traducono in razionali processi di ridefinizione strutturale finalizzati ad assicurare all'impresa un vantaggio competitivo durevole nel suo divenire([49]).

Processi di adeguamento, trasformazione e sinanco di ristrutturazione che segnano così la vita delle organizzazioni imprenditoriali. L'approccio sistemico vitale legge questi processi come una successione nel tempo di strutture specifiche con i connessi stati di funzionamento del sistema([50]).

I processi di adeguamento scontano la sostanziale costanza della struttura specifica nelle sue componenti sia interne che esterne: il processo di cambiamento passa, quindi, per il mutamento di uno o più aspetti delle relazioni tra le componenti interne al sistema e tra queste e

---

([49]) Un razionale processo di definizione/ridefinizione strutturale dipende dunque anche dall'adeguato utilizzo dei flussi informativi innescati dal processo di contestualizzazione: la capacità di assorbimento dei flussi informativi da parte dell'impresa è stata indagata da COHEN W.M., LEVINTHAL D.A., "Absorptive Capacity: a New Perspective on Learning and Innovation", in *Administrative Science Quarterly*, n. 35, 19-90, pagg. 128-152.

La circolarità fra contestualizzazione e definizione strutturale è alla base dell'apprendimento organizzativo: «the external environments undergo continual change. It updates the knowledge about the real world and adds new knowledge. It adds new procedures that contribute to the skills in particular task domains and improves existing procedures». Cfr. SIMON H.A., *The Sciences of the Artificial*, The Mit Press, 1996, pag. 100.

Secondo SIANO A., BASILE G., CONFETTO M.G., "Il ciclo risorse-capacità-competenze nell'approccio sistemico vitale", in BARILE S. (a cura di), *L'impresa come sistema. Contributi sull'Approccio Sistemico Vitale (ASV)*, Giappichelli, 2006, pag. 1-91, adeguamenti e trasformazioni sono interventi per dotare il sistema delle competenze di apertura necessarie per tradurre in risultati concreti le opportunità di interscambio con l'esterno.

([50]) Per una più approfondita analisi di tali processi, si rinvia a GOLINELLI G.M., *L'approccio*, Vol. I, *op.cit.*, pagg. 101-104 e 429 e segg. ed a GATTI C., *Vita, crisi e ristrutturazione di un gruppo industriale pubblico. Il caso Finmeccanica*, Cedam, 2002, pag. 92 e segg.

le componenti esterne di contesto. La revisione delle impostazioni contrattuali con clienti e fornitori, il migliore coordinamento tra le unità organizzative deputate alla produzione, alla logistica, al *marketing* e alla finanza, la ridefinizione del *mix* di prodotti, l'efficientamento dei processi di produzione e nel funzionamento dei *network* di fornitura, l'attenzione ai rapporti con il sistema del consumo con il recepimento di nuove impostazioni in tema di tracciabilità dei prodotti rappresentano tipiche azioni di adeguamento.

Altri più incisivi interventi, che definiamo di trasformazione, conseguono a:

– significativi cambiamenti a livello ambientale che, opportunamente letti e filtrati nel processo di contestualizzazione, comportano marcate modificazioni del contesto di riferimento. Esemplificativi in tal senso l'affermarsi di nuove traiettorie tecnologiche o delle normative sulla salvaguardia dell'ambiente che richiedono significative modificazioni nei processi di produzione([51]);

– modificazioni del contesto di riferimento derivanti da decisioni dell'organo di governo in merito a nuovi percorsi di sviluppo. Esemplificative sul punto le decisioni di dare attuazione a percorsi di internazionalizzazione, ad accordi di collaborazione, a processi di internalizzazione ecc.([52]).

Ecco quindi che nel divenire del sistema impresa s'intrecciano processi di adeguamento, trasformazione e sinanco di ristrutturazione

---

([51]) Rilevanti in proposito le impostazioni che sono oggi a base della tutela ambientale. La sostanziale incapacità dei processi di auto-organizzazione a limitare la produzione di diseconomie esterne da parte delle organizzazioni di produzione e consumo, da un lato, e la difficoltà di normative che impongano contingentamenti assoluti o relativi nelle emissioni inquinanti, dall'altro lato, hanno infatti comportato la formulazione di politiche e la predisposizione di una normativa per la protezione dell'ambiente fisico al contempo penetrante ma basata su sofisticati incentivi. Cfr. VAGNANI G., *Ambiente fisico e dinamiche d'impresa: verso la formulazione di un modello di analisi*, Cedam, 2005.

([52]) La decisione di internalizzare (*insourcing*) processi di produzione realizzati da terzi o esternalizzati in precedenza dall'impresa stessa può conseguire a motivi di ordine economico, ma anche – e talora soprattutto – alla ravvisata esigenza di assicurare con continuità elevati *standard* qualitativi per i propri clienti. Al riguardo, VARALDO R., "Gli assetti verticali delle imprese: note di riflessione", in *Sinergie*, n. 45, 1998, pag. 82 parla di «evoluzione qualitativa» delle imprese minori italiane, con la «formazione di nuove configurazioni imprenditoriali che fanno leva tra l'altro su processi di *insourcing* per potenziare e consolidare il patrimonio delle conoscenze e *capabilities* possedute e quindi riuscire ad emergere dal "bosco distrettuale"».

stimolati da esigenze di competitività e consonanza([53]).

1.5. La consonanza nei processi di governo

La consonanza è una categoria logica che, unitamente alla risonanza, trova qualificazione nella dicotomia tra struttura e sistema([54]). Il concetto di consonanza è anzitutto strutturale, in quanto legato alla capacità di connessione tra componenti interne e tra componenti interne ed esterne; successivamente, nel divenire sistemico, qualifica il carattere delle relazioni nel tempo. La nozione di risonanza è invece esclusivamente sistemica e concerne il possibile sviluppo della consonanza: frequenza di attivazione e qualità delle relazioni indicano la tensione verso la risonanza([55]).

La consonanza permea l'azione di governo, a partire dal processo di contestualizzazione, informando in modo significativo già l'analisi dell'ambiente. L'organo di governo, infatti, nella ricerca della consonanza deve leggere e interpretare le già richiamate condizioni – rischi, opportunità, vincoli e regole – che a quel momento qualificano l'ambiente e possono essere ragionevolmente prefigurate per il futuro([56]).

([53]) Anche i processi di ristrutturazione, con riflessi a livello dello schema organizzativo di massima, possono essere riferiti al *driver* consonanza. In proposito, emblematico il caso della Nike, grande multinazionale del tessile-abbigliamento e moda, che – nel timore di perdita d'immagine e di reputazione – ha ritenuto di chiudere talune unità produttive attive in Paesi in via di sviluppo tacciate di sfruttare la manodopera locale e di ricorrere anche al lavoro minorile, fermo restando il persistere di movimenti di protesta e boicottaggio contro l'impresa. Cfr. CORNO F., *L'etica nel governo d'impresa. Convergenza tra pensiero laico e dottrina sociale*, Guerini e associati, 2002, pag. 162 e segg.

([54]) Cfr. GOLINELLI G.M., *L'approccio*, Vol. I, *op.cit.*, pagg. 209 e segg.

([55]) La puntualizzazione su consonanza e risonanza qui fornita è coerente con l'impostazione che si ritrova in BARILE S., "Introduzione alla varietà di un sistema vitale", in *Sinergie. Rapporti di ricerca*, n. 21, 2005, pagg. 18-21, ove la consonanza è intesa come vicinanza e/o similarità della dotazione di varietà cognitiva propria di due o più sistemi vitali ed il suo incremento è dato dalla contrazione della distanza e/o differenza di tali dotazioni. La risonanza, invece, esprime la velocità dell'incremento di consonanza, cioè la rapidità del processo di avvicinamento delle dotazioni di varietà.

([56]) Esemplificativi, in proposito, i contratti-tipo, che sono «nel campo delle merci, quello che sono gli accordi collettivi di lavoro nel campo della mano d'opera, avendo essi valore di consuetudine o di uso canonizzato sicché sono ritenuti come punto di riferimento nello sviluppo di alcuni atti economici», rappresentando pertanto «vie di attuazione delle possibilità tecniche che è bene conoscere in anticipo, affinché

Nel corso del processo di contestualizzazione, la consonanza si specifica sino a trovare piena manifestazione, a livello di rapporto diadico, nella formazione degli scambi: si passa così da una consonanza potenziale o *ex ante* ad una consonanza effettiva o *ex post*. Con la stipula del contratto si forma, infatti, una comunanza di significato: i comportamenti delle parti diventano interdipendenti e complementari, con prestazioni e controprestazioni che si susseguono e si completano vicendevolmente in un continuo divenire, sino alla conclusione del contratto stesso([57]).

Con il passaggio dalla consonanza potenziale all'effettiva e, successivamente, con l'avvio del processo interattivo, la consonanza può tendere alla risonanza. Ciò avviene, ad esempio, nei rapporti di fornitura, quando il fornitore venga progressivamente integrato nel sistema impresa a tal punto da mantenere una sua autonomia giuridica, perdendo però quella economica e divenendo, in ottica sistemica, una componente interna della struttura specifica del cliente. Ancora, integrazione e coordinamento tra fornitori, operatori logistici e distributori commerciali possono condurre all'emergere di un sistema logistico risultante di diversi sistemi, le relazioni tra i quali e con l'impresa pos-

---

l'azione dell'impresa riesca nel suo intento». Cfr. MERLANI C., *Lineamenti dell'impresa industriale e dell'impresa mercantile*, Cedam, 1966, pagg. 15-16, ove si fa riferimento all'accordo tra industriali e commercianti sui «tessuti-tipo» nell'ambito dell'industria tessile cotoniera. Tale accordo, implicando una pratica generale, costantemente osservata dagli operatori, «comporta la nascita di un uso giuridico mercantile» che, nel caso, l'organo di governo dell'impresa industriale deve avere ben presente, in quanto qualificante anche il contesto e condizionante le relazioni con le imprese commerciali.

([57]) Il rapporto diadico, cioè lo scambio, è la manifestazione tipica dei rapporti tra l'impresa e il contesto. Osserva infatti Roberto Fazzi: «senza scambi l'impresa non alimenta le sue produzioni, non attua le sue trasformazioni economiche, non ha senso il fenomeno produttivo. Senza scambi, insomma, le imprese non hanno ragione di esistenza: le funzioni tecnico-economiche prese a base della loro attività trovano concreta realizzazione soltanto attraverso lo scambio». Cfr. FAZZI R., *Il governo d'impresa*, Vol. II, Giuffrè, 1984, pagg. 48-49.

La delimitazione delle facoltà in ordine all'adempimento delle obbligazioni assunte, l'attribuzione all'uno o all'altra parte delle conseguenze derivanti da eventi di rischio, la disciplina dei casi di inadempimento sono alcuni degli aspetti che qualificano ed informano lo scambio quale mezzo per i trasferimenti di beni a titolo oneroso, i movimenti di capitale di rischio, le prestazioni di lavoro, i rapporti di credito, prestito o assicurazione ecc. Cfr. CECCANTI G., *Gli scambi d'impresa*, Cursi, 1962, pag. 7 e segg.

sono essere il portato di una tensione alla risonanza([58]).

L'organo di governo può ritenere non opportuno orientare l'impresa alla risonanza con una o più entità specifiche del contesto: ciò allo scopo di non sacrificare l'autonomia dell'impresa e/o di evitare dipendenze troppo accentuate delle ricordate entità dall'impresa stessa. Ecco allora che, fermo restando la consonanza con le singole entità del contesto, l'organo di governo rivolge l'impresa alla più generale consonanza/risonanza di contesto([59]).

In particolari situazioni, l'organo di governo dell'impresa può volutamente orientare l'impresa verso la dissonanza con una certa entità del contesto o con sue componenti, ove la consonanza/risonanza diadica risulti non più desiderabile e non via sia né il tempo né la disponibilità dell'altra parte per una concordata attenuazione della consonanza/risonanza stessa. La sopravvenuta maggiore onerosità del contratto, l'eccessiva forza vincolante degli accordi negoziali in essere, la ricerca di nuove relazioni inibite o limitate da contratti pregressi sono ragioni che possono spingere l'organo di governo a percorrere la via della dissonanza.

Talvolta, quest'ultima strada può essere funzionale alla ricerca della consonanza/risonanza di contesto. È questo il caso di un'impresa che, per l'acquisto di alcuni articoli (materiali, componenti ecc.), rescinda i contratti in essere con pochi selezionati fornitori e, parallelamente, attivi un'asta competitiva aperta a tutti i soggetti potenzialmente interessati alla suddetta fornitura. La dissonanza con i precedenti fornitori diventa strumentale alla ricerca della consonanza/risonanza di contesto. La dissonanza è in questo caso una tappa transitoria dalla risonanza diadica alla consonanza/risonanza di contesto.

L'organo di governo del sistema impresa può, più in generale, variare nel corso del tempo la tensione alla risonanza con una determinata entità di contesto, in relazione a tendenze ambientali e di contesto ed a propri obiettivi e politiche. L'organo di governo, ad esempio, può semplicemente ridurre la tensione alla risonanza con una certa entità

([58]) Sui processi di integrazione e coordinamento, nonché su significato e ruolo nella creazione di valore del sistema logistico, v. RESCINITI R., *Il governo dell'integrazione logistica*, Edizioni Scientifiche Italiane, 2002 e MASSARONI E., *Il sistema logistico, progettazione, governo e gestione della logistica e della supply chain*, Cedam, 2007.

([59]) Sulla nozione di risonanza di contesto, cfr. GOLINELLI G.M., *L'approccio*, Vol. I, *op.cit.*, pag. 214 e segg.

di contesto: con riguardo ai rapporti di fornitura, diverse possono essere le motivazioni a base di tale orientamento, sovente riconducibili all'esigenza di riacquistare maggiore autonomia, contenere la responsabilità nei confronti del fornitore, stimolare il fornitore ad acquisire nuovi spazi di mercato ed implementare di conseguenza nuove capacità tecnologiche e mercatistiche. Tali impostazioni possono essere condivise da ambedue i sistemi relazionati, evitando così situazioni transitorie o definitive di dissonanza.

Nel settore automobilistico, la ricerca costante della differenziazione del prodotto, la riduzione del *time to market*, l'incessante sviluppo dell'innovazione tecnologica e, non da ultima, l'esigenza di ridurre i costi hanno comportato l'intensificazione e l'ispessimento dei rapporti tra produttori di auto e fornitori, in particolare con quelli che producono sistemi di componenti (fornitori di primo livello). Il sempre maggiore coinvolgimento dei fornitori nelle attività di ricerca e sviluppo, progettazione e *design* del produttore, l'impostazione di rapporti di lungo termine, l'ampliamento della frequenza e della qualità degli scambi informativi sono indicativi di una tendenza dei due sistemi relazionati verso la risonanza.
Tuttavia, negli anni Novanta, si assiste ad una inversione di tendenza. La crescita dimensionale dei fornitori, in relazione agli investimenti produttivi necessari per offrire ai produttori componenti tecnologicamente sempre più complessi ed a costi relativamente contenuti e i processi di diversificazione produttiva e mercatistica resi necessari dall'esigenza di ammortizzare i costi connessi agli ingenti investimenti rendono il fornitore stesso maggiormente autonomo rispetto al singolo produttore. La maggiore autonomia dei fornitori è peraltro una scelta condivisa dal produttore. Il fornitore, infatti, operando con una pluralità di case produttrici può implementare la propria dotazione di conoscenze e quindi accrescere le competenze produttive e mercatistiche. La tensione alla risonanza, per scelta condivisa dei due sistemi relazionati, si riduce, pur permanendo condizioni di consonanza.
Sotto un profilo generale, la contrazione della tensione alla risonanza tra due sistemi non comporta necessariamente la riduzione della consonanza. Un attento processo di ridefinizione della struttura sulla base di condivise impostazioni dei due organi di governo può anzi condurre ad una consonanza fondata su basi diverse, più interessante per entrambi. Nel caso, le nuove impostazioni nei rapporti tra sistema impresa e sistema della fornitura possono portare a nuovi equilibri di filiera. Se prima era il costruttore ad elaborare i parametri di riferimento nella determinazione degli obiettivi verso cui muovere l'innovazione, in futuro potrebbe essere il fornitore, dimensional-

---

([60]) Cfr. CULLINO R, FABRIZI C., "Tra crisi Fiat e mercati mondiali. Note sulla recente evoluzione del polo automotive torinese", in *L'industria*, n. 3, 2005, pagg. 519-552.

mente rilevante e relazionato con più produttori a livello mondiale, a suggerire alla casa automobilistica il componente idoneo alla realizzazione di un modello di autovettura gradito dal consumatore finale([60]).

L'attenuazione della consonanza/risonanza diadica, dunque, se concordata e compresa nei suoi motivi di fondo, non pregiudica il rapporto tra i due sistemi interagenti. In tali casi, permane una certa consonanza minima o di fondo, basata peraltro su nuove e diverse impostazioni.

Si pensi ad un'impresa che abbia deciso di concentrare la produzione in una determinata area geografica e di sviluppare rapporti qualificati da significativa consonanza vuoi con gli enti pubblici territoriali, vuoi con le organizzazioni di rappresentanza dei lavoratori, vuoi con i fornitori locali.
Tali rapporti hanno consentito all'impresa di disporre di spazi fisici adeguati, di risorse umane qualificate e di materie prime sufficienti a sostenere lo sviluppo dell'attività produttiva. Il territorio ha beneficiato della presenza di questa impresa, che ha assunto nel tempo il ruolo di fattore trainante dello sviluppo economico e sociale locali. In considerazione di tendenze ambientali e/o di contesto irreversibili, l'impresa avvia un processo di ristrutturazione, con conseguente chiusura degli impianti produttivi localizzati nel territorio predetto. Questo intervento tende ad innescare rilevanti effetti negativi sull'economia locale (l'aumento della disoccupazione, la crisi dei fornitori innescata dai mancati rinnovi contrattuali ecc.), con conseguenti rischi di boicottaggio dei prodotti dell'impresa, di manifestazioni pubbliche e del formarsi di correnti di opinioni contrarie all'impresa, nonché di perdita di consenso presso le organizzazioni di tutela dei lavoratori e con gli enti pubblici territoriali. La consonanza con le entità di contesto è a repentaglio.
Al fine di contenere tale rischio, le vie percorribili dall'organo di governo del sistema impresa sono, a titolo esemplificativo, le seguenti:
- valorizzazione delle capacità professionali ed imprenditoriali dei lavoratori, con conseguente maggiore capacità degli stessi di ricercare occupazioni nuove ed alternative rispetto a quella attuale;
- accrescimento delle capacità dei fornitori di servire nuovi clienti e di operare su diversi mercati, da cui una maggiore autonomia degli stessi rispetto all'impresa che si ristruttura;
- stimolazione della costituzione da parte degli enti pubblici locali di agenzie di *marketing* territoriale, con conseguente sviluppo della capacità del territorio di attrarre nuovi insediamenti produttivi([61]).

([61]) Un altro esempio di risonanza tra impresa e territorio, interpretato in senso problematico e non privo di criticità, è delineato da VARALDO R., "Dall'impresa", *cit.*, pag. 33, secondo cui «l'impresa distrettuale denuncia elevati e profondi livelli di interazione economica e sociale con l'economia locale, al punto da risultarne plasmata e

Il governo della consonanza e delle sue dinamiche evolutive – qualificate ora da tensione verso la risonanza, ora dal transito per la dissonanza – assurge dunque a momento basilare dell'azione di governo dell'impresa, unitamente alla ricerca e conservazione della competitività.

In tema di consonanza e tensione alla risonanza, nonché del *mix* tra competitività e consonanza, emblematica è la dinamica evolutiva recente di Alenia Aeronautica. Il gruppo Alenia, attivo essenzialmente nei *business* ad alta tecnologia (aeronautico e spaziale), è la componente di maggiore rilievo del gruppo Finmeccanica, quotato in borsa ma controllato dal governo italiano([62]).
L'intera industria aeronautica mondiale vive da anni una profonda trasformazione: a fronte dell'espansione della domanda e dell'offerta nei Paesi in via di sviluppo, si registra in Occidente una concentrazione dell'offerta, con una competizione sempre più incentrata su unioni ed alleanze e proiettata su scala sovranazionale([63]).
Negli USA è emerso Boeing, unitamente a pochi altri colossi nordamericani, mentre nell'Unione Europea molti costruttori nazionali sono scomparsi, si sono fusi o sono stati oggetto di iniziative di *merger and aquisition*, dando vita a grandi *player* transeuropei. La selezione dell'offerta europea ha toccato il culmine con la nascita, nel 2000, del consorzio EADS-Airbus, che doveva rappresentare il concorrente europeo, su scala globale, della statunitense Boeing([64]).
Alenia Aeronautica, dopo un periodo di difficoltà tra gli anni Ottanta e Novanta, ha preferito, diversamente da molti concorrenti europei, una consonanza a più ampio spettro rispetto ad un rapporto di risonanza con Airbus. L'impresa italiana non ha aderito direttamente al consorzio, restando al di fuori della sua «cabina di regia»: in tal modo, si è accontentata del ruolo di

---

per molti aspetti influenzata in modo determinante».

([62]) In merito alla dinamica evolutiva del gruppo Finmeccanica ed al successo cha ha caratterizzato il processo di ristrutturazione realizzato nel periodo 1997-2000, GATTI C., *Vita*, *op.cit.*, ove puntuali riferimenti anche ad Alenia Aeronautica. Sull'impresa aeronautica italiana, cfr. anche ESPOSITO E., *Le imprese ad alta tecnologia. Il caso dell'industria aeronautica*, Cuen, 1996.

([63]) Sulle alleanze in ambito aeronautico, v. VICARI S. (a cura di), *Le alleanze nei settori ad alta tecnologia: il caso dell'industria aeronautica*, Egea, 1991.

([64]) Con riguardo all'evoluzione di Airbus, cfr. VELO D., "Dall'Europa dei progetti all'unione economica. Lo sviluppo della grande impresa europea di interesse generale", in VELO D. (a cura di), *L'Europa dei progetti. Imprese, innovazione, sviluppo*, Giuffrè, 2007, pag. 7 e segg. e RAFFAELLO G., "Il caso Airbus. Nascita e sviluppo di un'impresa federale europea nel periodo 1970-2000", in VELO D. (a cura di), *L'Europa*, *op.cit.*, pag. 87 e segg.

fornitore qualificato, ha mantenuto un'identità nazionale – corrispondendo così anche alla pressione esercitata dal sistema proprietario, nella fattispecie le istituzioni pubbliche italiane – ed è stata in grado di proporsi come qualificato fornitore persino nei confronti di Boeing, diretto *competitor* di Airbus.

Tutto ciò ha, nell'immediato, penalizzato la competitività di Alenia e ha esposto il gruppo al rischio di essere troppo grande per rimanere fornitore diretto (*prime supplier*) o indiretto dei colossi Boeing e Airbus e, al contempo, troppo piccolo per poter diventare come loro un *global player* con catene di fornitura sparse per il mondo. Il contenimento di tale rischio è stato possibile grazie ad un'attenta azione di governo, incentrata su diverse linee, tra le quali:

– l'acquisizione di notevoli commesse da Boeing, avendo evitato la risonanza con Airbus;
– l'amplificazione delle capacità di produzione autonoma e dell'*appeal* di *prime supplier* di Alenia Aeronautica nel generale *business* di appartenenza, grazie alla stretta collaborazione con Boeing. Persino nel rapporto, inizialmente controverso, con Airbus, l'impresa italiana ha valorizzato le doti di qualità, affidabilità e flessibilità di fornitura nel frattempo maturate, migliorando il rapporto e incrementando le commesse svolte con il consorzio;
– il mantenimento e rafforzamento della produzione di velivoli propri, direttamente offerti ad un ventaglio sempre più variegato, anche sul piano spaziale, di acquirenti finali (compagnie di volo di tutto il mondo, grandi possidenti privati come sultani e sceicchi, eserciti e ministeri della difesa di Paesi emergenti ecc.);
– il potenziamento della catena logistica in Italia, in modo da sostenere i crescenti impegni produttivi previsti nel medio termine;
– lo *scouting* di nuovi fornitori in tutto il mondo;
– l'individuazione di logiche di preventivazione e prassi contrattuali sempre più affinate;
– l'*upgrading* delle procedure di *project* e di *risk management*;
– l'attivazione, con qualificati centri del sapere (università, centri di ricerca, società di consulenza ecc.), di programmi formativi volti a stimolare le capacità sia tecnico-ingegneristiche che economico-gestionali delle risorse umane, in una visione globale e transnazionale del *business* aeronautico.

Il processo di crescita di Alenia Aeronautica è ancora in corso e, fermo restando la notevole turbolenza dell'industria aeronautica, forte è l'impegno dell'impresa nel ricoprire un più ampio ed evidente ruolo sullo scenario globale come costruttore finale di velivoli civili e militari([65]).

([65]) Sul gruppo Alenia Aeronautica ed il suo sviluppo su scala internazionale, cfr. POLESE F., PROIETTI L., "L'internazionalizzazione nel business aeronautico: il challenge di Alenia Aeronautica quale global player", in ANDREANI J., COLLESEI U. (a cura di), *Atti del Sesto Congresso Internazionale sulle Tendenze di Marketing* – ESCP-EAP, Parigi 26-27 Gennaio 2007.

1.6. INDIVIDUO E ORGANIZZAZIONE NEL PROCESSO DI DEFINIZIONE/-RIDEFINIZIONE STRUTTURALE

Nel quadro del processo di definizione/ridefinizione strutturale, un momento fondamentale è l'azione svolta con riguardo alle risorse umane che animano la struttura aziendale. In proposito, recenti studi evidenziano che:

– non può esservi apprendimento a livello di organizzazione senza apprendimento individuale. È la presenza di individui competenti a rendere competenti le organizzazioni. Esiste una relazione circolare tra apprendimento individuale e apprendimento collettivo([66]);

– la creazione di conoscenza ha inizio a livello del singolo individuo per poi estendersi progressivamente agli altri membri dell'unità organizzativa di appartenenza, ai membri dell'organizzazione e, in talune fattispecie, a membri delle organizzazioni con le quali sussistono relazioni([67]);

– lo sviluppo della conoscenza deve avere a riguardo sia alla conoscenza tacita che a quella codificata, con riferimento tanto al singolo individuo, quanto all'unità organizzativa e, ancora, all'organizzazione d'impresa nel suo complesso([68]).

Le tesi richiamate sottolineano la centralità dell'uomo nelle organizzazioni e l'importanza del legame tra l'individuo e l'impresa come sistema cognitivo e sociale. L'azione dell'organo di governo, in vista di favorire la competitività e la consonanza del sistema impresa rispetto alle entità del contesto, deve pertanto incidere anzitutto sul *set* di attitudini e predisposizioni (come razionalità, creatività, lealtà ecc.) e

---

([66]) In proposito, SICCA L., "Evoluzione", *cit.*, pag. 18 parla de «la variabile apprendimento come una delle forze fondamentali per il successo dell'impresa».

([67]) V. ancora SICCA L., "Evoluzione", *cit.*, pag. 18: «i processi di apprendimento continuo sono dunque processi realizzati dagli uomini che operano in impresa, in un determinato contesto organizzato, nel quale si produce una parte della conoscenza». Più di recente, cfr. TAGLIAGAMBE S., USAI G., *Organizzazioni. Soggetti umani e sviluppo socio-economico*, Giuffrè, 1999 e VICARI S., "Soggetti o sistemi? Osservazioni sulla natura dell'impresa", in *Sinergie*, n. 72, 2007, pag. 125 e segg.

([68]) «Tacit knowledge is personal, context-specific, and therefore hard to formalize and communicate. Codified knowledge, on the other hand, refers to knowledge that is transmittable in formal, systematic language». Cfr. NONAKA I., TAKEUCHI H., *The Knowledge Creating Company. Creare le dinamiche dell'innovazione,* Guerini e Associati, 1997 (orig. *The Knowledge Creating Company*, Oxford University Press, 1995, pag. 59). Sulle varie tipologie di conoscenza e sul governo della conoscenza nell'impresa, si rinvia al Capitolo IV, paragrafo 4.3 e segg.

sulla dotazione di conoscenza del singolo individuo operante nell'organizzazione e poi stimolare la collaborazione tra persone e la condivisione di conoscenza, finalizzate alla generazione di nuove capacità e conoscenze([69]).

In proposito, l'approccio sistemico consente di trarre almeno due indicazioni utili all'azione di governo. In primo luogo, la conoscenza individuale può essere letta come dotazione di varietà cognitiva risultante dalla combinazione di tre fondamentali componenti([70]):

– le unità informative, che rappresentano la dotazione informativa di base posseduta;

– gli schemi di sintesi, risultanti dalla composizione di sotto-insiemi di unità elementari di informazione e rappresentanti le metodologie di approccio ai problemi([71]);

– le categorie riassuntive, le quali sono l'esito delle unità elementari di informazione collegate tra di loro e con riferimento a schemi di sintesi. Le categorie sono espressione della logica di composizione di informazioni e schemi accomunati dal fatto che si riferiscono ad una stessa problematica, ad un medesimo obiettivo cognitivo.

In buona sostanza, l'individuo, con le attitudini e la dotazione di conoscenza che gli sono proprie, acquisisce informazioni, le elabora

([69]) Il convincimento dell'importanza dell'uomo nelle imprese è affermato con lungimirante lucidità, al di là di tante suggestive ma parziali interpretazioni teoriche dell'impresa, in SICCA L., "Alcune riflessioni sul metodo per una revisione dei principi dell'economia aziendale", in *Finanza Marketing e Produzione*, n. 2, 1992, laddove si sostiene: «[l'economia d'impresa] non può rinunciare ad avere come oggetto di riferimento del proprio studio e delle proprie ricerche l'insieme delle persone che ai diversi livelli di responsabilità assumono le decisioni per realizzare i fini aziendali». Sulla centralità dell'uomo nell'impresa v. anche BACCARANI C., GOLINELLI G.M., "Fermate...", *cit.*, pag. 8: «la "tristezza" ed il "grigiore" sono i tratti principali di un ambiente di lavoro nel quale le persone sono considerate poco più di un "prolungamento delle macchine", quando, invece, rappresentano dei veri e propri "giacimenti di conoscenza e creatività" non utilizzati».

([70]) Questa impostazione si ritrova in BARILE S., "Introduzione alla dinamica della varietà di un sistema vitale", in BARILE S. (a cura di), *L'impresa, op.cit.*, pagg. 382-383. V. anche il contributo di RULLANI E., *La fabbrica dell'immateriale*, Carocci, 2004, cap. 2, dove l'Autore concepisce la conoscenza come composta da: (i) dati ricavati dall'evento osservato, (ii) informazioni ossia dati relazionati con algoritmi, (iii) rappresentazioni del mondo generate da un modello ipotetico, (iv) funzioni ossia norme che prescrivono comportamenti, (v) significati che interpretano l'esperienza, (vi) senso che riporta l'esperienza compiuta alla condizione dell'agente che ne è protagonista.

([71]) Cfr. GOLINELLI G.M., *L'approccio*, Vol. I, *op.cit.*, pag. 19, nota (29).

attraverso gli schemi e le sintetizza in categorie, implementando l'iniziale base di conoscenza. Va da sé che la quantità di informazioni acquisite, la profondità delle elaborazioni svolte e la ricchezza delle sintesi compiute da ciascun soggetto, tutte opportunamente combinate tra loro, rappresentano un patrimonio incorporato nella struttura specifica, che l'organo di governo può utilizzare per meglio comprendere le dinamiche ambientali e di contesto e tradurle in azioni di definizione/ridefinizione strutturale([72]).

> Al fine di meglio comprendere la capacità esplicativa della distinzione della varietà cognitiva in unità informative, schemi di sintesi e categorie riassuntive, a titolo esemplificativo, si riportano delle applicazioni al mondo delle imprese:
> – unità informative: l'insieme dei dati economici, patrimoniali, finanziari tratti da bilanci e rapporti interni aziendali;
> – schemi di sintesi: attenzione alla fissità e variabilità dei costi; distinzione tra equilibrio economico, finanziario e patrimoniale; nesso fra tasso di sviluppo del mercato e quota di mercato posseduta. L'applicazione degli schemi alle unità informative consente di trarre determinate informazioni e valutazioni di sintesi inerenti ai variegati aspetti della gestione;
> – categorie riassuntive: la composizione delle valutazioni di sintesi inerenti ai variegati aspetti della gestione in categorie quali la validità del portafoglio prodotti e/o la capacità a generare flussi di capitale circolante netto conduce al riconoscimento di una categoria logica sovra-ordinata, come ad esempio lo stato di salute dell'impresa.

In secondo luogo, l'approccio sistemico sottende una sorta di ciclo o progressione «risorse-capacità-competenze»: nel processo di definizione/ridefinizione strutturale, di cui l'organo di governo è momento pregnante, le risorse sono oggetto di combinazione e ricombinazione e vengono trasformate in capacità strutturali e poi in competenze sistemiche determinanti la dinamica del sistema impresa.

L'organo di governo, nel processo di definizione/ridefinizione

---

([72]) Le capacità incorporate nella struttura assolvono a funzioni non soltanto operative e specialistiche, potendo supportare o svolgere porzioni degli stessi processi posti in essere dall'organo di governo nell'esercizio del proprio ruolo guida. Ci piace ricordare al riguardo il pensiero di CECCANTI G., *Corso*, Vol. I, *op.cit.*, pag. 432 e segg.: «quando l'ambiente pone a un organismo (o alla sua specie) fabbisogni di regolazione superiori alla sua capacità di adattamento, le limitate capacità in atto – se l'organismo (o la specie) sopravvive – vengono utilizzate per creare altri regolatori» (si pensi ad esempio ai processi di delega, alla formazione di nuovi ruoli direzionali ecc.).

strutturale, dovrà anzitutto valorizzare le attitudini e le dotazioni di conoscenza individuali (risorse) tramite la loro combinazione, così da implementare le capacità individuali (le capacità decisionale, relazionale, di analisi, operative ecc.), per poi favorirne la diffusione e condivisione al livello delle singole unità organizzative e della complessiva realtà aziendale. Questo processo di valorizzazione comporta comunque la formazione/evoluzione di capacità individuali che, attraverso l'apprendimento e l'esperienza derivanti dall'attività lavorativa, consentono lo sviluppo nel tempo di competenze via via più consolidate, specialistiche e distintive. Le competenze individuali diventano così, a loro volta, risorse per l'impresa e, attraverso le capacità dinamiche dell'organo di governo, danno vita alle sue competenze distintive([73]).

Lo stretto legame tra il sistema impresa e gli individui che la animano può così essere complessivamente letto ponendo attenzione ai processi cognitivi, cioè al formarsi della conoscenza. Informazioni, capacità, competenze, esperienza, apprendimento ecc. sono, infatti, tutti aspetti, fenomeni o processi che trovano spiegazione nella generazione e manutenzione nel tempo di conoscenza. Ecco dunque che l'azione di governo dell'impresa può trovare un riferimento essenziale e di sintesi nella conoscenza complessivamente impiegata, valorizzata

---

([73]) Laddove la risorsa è una qualsiasi fonte generatrice di capacità, la capacità invece indica un'attitudine risultante da una o più risorse combinate. La competenza invece è una capacità attivata in relazione ad un certo processo e beneficiaria di effetti sinergici scaturenti dall'esercizio (esperienza, miglioramento, apprendimento ecc.). Cfr. GOLINELLI G.M., GATTI. M., SIANO A., "Approccio sistemico e teoria delle risorse: verso un momento di sintesi per l'interpretazione della dinamica dell'impresa", in GOLINELLI G.M., *L'approccio*, Vol. III, *op.cit.*, pag. 91 e segg.; BARILE S., MASTROBERARDINO P., "Ciclo sistemico e approccio funzionale: una sintesi ricostituita attraverso il percorso risorse-capacità-competenze", in *Esperienze d'Impresa. Serie speciale,* S/1, 2002, pag. 29 e segg.; SIANO A., BASILE G., CONFETTO M.G., "Il ciclo", *cit.*, pag. 170 e segg.

Le capacità individuali rappresentano *skill* a-finalizzati e de-contestualizzati, ovvero non connessi ad un'effettiva applicazione, a situazioni concrete per la soluzione di problemi specifici: in CECCANTI G., *Corso*, Vol. I, *op.cit.*, pag. 186 si definisce congruenza professionale la situazione in cui la distanza tra i profili individuale (ovvero le capacità effettive che qualificano l'individuo nello svolgimento di una determinata prestazione) e professionale (ovvero i tratti ideali di capacità per lo svolgimento di una determinata prestazione) è minore di una soglia di tollerabilità.

Per un'attenta analisi del legame tra risorse, capacità, *routine* e competenze, SIMONE C., *La Resource Based View e la Knowledge Based View dall'ottica atomistica quella interaziendale*, Aracne, 2004, pag. 35 e segg.

e rigenerata dal sistema nella sua dinamica evolutiva([74]).

1.7. CONSIDERAZIONI CONCLUSIVE

Le considerazioni formulate evidenziano e meglio specificano le impostazioni che sono a base dell'approccio sistemico al governo dell'impresa e qualificano l'azione di governo, ponendo particolare attenzione ai suoi *driver* fondamentali (competitività e consonanza) ed ai processi nei quali trova concreta attuazione (contestualizzazione e definizione/ridefinizione strutturale).

In una visione di governo dell'impresa che travalichi il breve termine, la consonanza si palesa come complementare alla competitività affinché il sistema possa mantenere e implementare il vantaggio competitivo, foriero di creazione di valore.

La consapevolezza dei due *driver* dell'azione di governo rappresenta una forza, uno stimolo, una tensione alla migliore conoscenza delle entità sistemiche del contesto e all'individuazione di modificazioni strutturali atte a dotare il sistema delle competenze necessarie per essere competitivo e per raccordarsi efficacemente con detto contesto.

All'opposto, un'azione di governo miope, che non tenga in attenta considerazione attese, pressioni, orientamenti e tendenze dei sovrasistemi disattendendole sistematicamente, è destinata inesorabilmente a registrare il forte incremento del rischio, vera chiave di volta per graduare nel tempo e nelle scelte aziendali l'attenzione alla competitività e alla consonanza. Non rispetto di regole e consuetudini, approcci antagonistici nelle negoziazioni, litigiosità, scarsa attenzione al servizio postvendita, mancata copertura di rischi più o meno evidenti, comportamenti opportunistici verso le entità di contesto, perdita di consenso e difficoltà nel reperimento di risorse finanziarie sono cause e/o conseguenze di incapacità a conseguire/mantenere il vantaggio competitivo.

Ma, come osservato, oltre alla ricerca di consonanza, il sistema impresa deve essere proiettato anche verso il conseguimento di competitività, non meno indispensabile per ottenere una posizione durevole di vantaggio competitivo. Contenimento dei costi, varietà produttiva, flessibilità, innovazione dei prodotti e dei servizi, puntualità di

---

([74]) Sulla conoscenza nel governo dell'impresa, v. *infra*, Capitolo IV.

consegna, affidabilità del prodotto, appropriatezza dei canali distributivi rispetto ai clienti serviti ecc., sono alcune delle leve attivabili dall'organo di governo in vista di conseguire la richiamata competitività.

In conclusione, un'azione di governo in linea con le tendenze irreversibili che si dispiegano nell'ambiente, tesa alla ricerca della consonanza con le entità di contesto e della competitività intesa anzitutto come tensione al continuo miglioramento nelle proprie *performance*, nonché costantemente rivolta alla valorizzazione/rigenerazione del *set* di capacità incorporate nella struttura specifica è alla base della creazione di valore e quindi dell'implementazione della probabilità di sopravvivenza del sistema impresa.

Si chiarisce così l'idea di un'impresa che, mentre ottempera alla sua funzione di generare ricchezza e benessere economici per tutti coloro con cui interagisce più o meno direttamente (investitori a pieno rischio, creditori, clienti, fornitori, *partner*, lavoratori ecc.), conserva e implementa nel tempo la sua centralità nel quadro delle istituzioni e nel vivere sociale([75]).

BIBLIOGRAFIA

ANDREWS K.R., *The Concept of Corporate Strategy*, Down Jones-Irwin, 1971.

ANSOFF H.I., *Corporate Strategy*, McGraw-Hill, 1965.

BACCARANI C., "Qualità e governo dell'impresa", in *Sinergie. Quaderni*, n. 7, 1991.

BACCARANI C., "Meditazioni di un tecnico industriale perplesso", in GIARETTA E., *Alle origini della tecnica industriale e commerciale. Uno sguardo al passato per contribuire al futuro*, Giappichelli, 2003.

BACCARANI C., GOLINELLI G.M., "Fermate il mondo... voglio scendere! Il vantaggio competitivo della riflessione", in *Sinergie*, n. 63, 2004

BAIN J., *Barriers to New Competition*, Harvard University Press, 1956.

([75]) Oltre alla metafora dell'impresa armonica coniata da Claudio Baccarani, sia consentito rinviare al nostro contributo GOLINELLI G.M., "Recenti sviluppi nelle relazioni tra economia e finanza nel governo dell'impresa: spunti di riflessione", in *Sinergie*, n. 67, 2005, pag. 20, laddove la nozione di «capitalismo sistemico» esprime la condizione dell'impresa contemporanea, soggetta alle pressioni delle variegate realtà che la circondano, «esposta a valutazioni e scrutinio di funzionari statali, azionisti, investitori, consumatori, professionisti e attivisti» e, al contempo, la possibilità per l'impresa di conservare o «riacquisire quella centralità che l'ha qualificata, nel divenire del tempo, come momento fondante del progresso economico e sociale» attraverso una consapevole azione di governo. Su tale idea, v. anche *infra*, Capitoli II e IV, paragrafi 2.2. e 4.2, nonché PROIETTI L., "I molteplici", *cit.*, pag. 363.

BARILE S., "Introduzione alla varietà di un sistema vitale", in *Sinergie. Rapporti di ricerca*, n. 21, 2005.
BARILE S. (a cura di), *L'impresa come sistema. Contributi sull'Approccio Sistemico Vitale (ASV)*, Giappichelli, 2008 (2006[1]).
BARILE S., MASTROBERARDINO P., "Ciclo sistemico e approccio funzionale: una sintesi ricostituita attraverso il percorso risorse-capacità-competenze", in *Esperienze d'Impresa. Serie speciale,* S/1, 2002.
BARILE S., PASTORE A., "Forme, caratteri e divenire sistemico dei rapporti con la distribuzione e il consumo", in GOLINELLI G.M., *L'approccio sistemico al governo dell'impresa*, Vol. III, Cedam, 2002.
BARNEY J.B., "Firm Resources and Sustained Competitive Advantage", in *Journal of Management*, n. 17, 1991.
BARNEY J.B., *Gaining and Sustaining Competitive Advantage*, Prentice Hall, 2007.
BAUM J.A.C., "Whole-Part Coevolutionary Competition in Organizations", in BAUM J.A.C., MCKELVEY B. (eds.), *Variations in Organization Science*, Sage Publications, 1999.
BAUM J.A.C., MCKELVEY B. (eds.), *Variations in Organization Science*, Sage Publications, 1999.
BAUM J.A.C., SINGH J.V. (eds.), *Evolutionary Dynamics of Organizations*, Oxford University Press, 1994.
BEETHAM D., *La teoria politica di Max Weber*, Il Mulino, 1989.
BENNIS W.G., O'TOOLE J., "How Business Schools Lost Their Way", in *Harvard Business Review*, May, 2005.
BERTINI U., "In merito alle «condizioni» che determinano il successo dell'impresa", in BERTINI U., *Scritti di Politica Aziendale*, Giappichelli, 1995.
BIC LAZIO, "Problematiche dell'indotto Fiat di Cassino, proposte per la valorizzazione delle PMI e il rilancio del territorio", in *Bic Notes*, numero speciale, 2006.
BONAZZI G., *Storia del pensiero organizzativo*, FrancoAngeli, 2002.
BRANDENBURGER A.M., NALEBUFF B.J., *Co-opetition*, Doubleday, 1996.
BRANDENBURGER A.M., STUART S., "Value-Based Business Strategy", in *Journal of Economics & Management Strategy*, n. 1, 1996.
BRONDONI S.M., *Market-driven management e mercati globali*, Giappichelli, 2007.
BUCKLEY W., *Sociology and Modern System Analysis*, Prentice Hall, 1967.
BUTTÀ C., "L'impatto dell'innovazione tecnologica sulle dinamiche competitive: una visione d'insieme per lo studio del fenomeno", in *Sinergie*, n. 64-65, 2004.
CAFFERATA R., *Teoria dell'organizzazione. Un approccio non contingente*, FrancoAngeli, 1984.
CARIOLA A., *La misurazione sistemica delle performance d'impresa. Il ruolo della corporate governance*, Cedam, 2004.
CASELLI L., "La ri-legittimazione sociale dell'impresa", in *Sinergie*, n. 31, 1993.
CECCANTI G., *Gli scambi d'impresa*, Cursi, 1962.
CECCANTI G., "La razionalità della direzione per obiettivi", in *Note Economiche*, n. 3, 1974.
CECCANTI G., *Corso di tecnica imprenditoriale*, Vol. I, Cedam, 1996.
COASE R.H., "The Nature of the Firm", in *Economica*, n. 16, 1937.
CODA V., "Etica ed obiettivi d'impresa", in RICCABONI A. (a cura di), *Etica ed obiettivi d'impresa*, Cedam, 1995.
CODA V., *L'orientamento strategico dell'impresa*, Utet, 1995 (1988[1]).
COHEN W.M., LEVINTHAL D.A., "Absorptive Capacity: a New Perspective on Learn-

ing and Innovation", in *Administrative Science Quarterly*, n. 35, 1990.

COLOMBI F., *Strategie & finanza. Modelli interpretativi e funzioni direzionali per i comportamenti finanziari dell'azienda*, Etas, 1989.

CORNO F., *L'etica nel governo d'impresa. Convergenza tra pensiero laico e dottrina sociale*, Guerini e associati, 2002.

COSTA G., NACAMULLI R. (a cura di), *Manuale di organizzazione aziendale*, Vol. I, *Le teorie dell'organizzazione*, Utet, 1997 (1996[1]).

COSTABILE M., *Misurare il valore per il cliente*, Utet, 1996.

CREMASCHI S., "Sidgwick e il progetto di un'etica scientifica", in *Etica & Politica/Ethics & Politics*, n. 1, 2006.

CULLINO R, FABRIZI C., "Tra crisi Fiat e mercati mondiali. Note sulla recente evoluzione del polo automotive torinese", in *L'industria*, n. 3, 2005.

D'AVENI R., *Ipercompetizione: le nuove regole per affrontare la concorrenza dinamica*, Il Sole-24Ore Libri, 1995 (orig. *Hypercompetition: Managing the Dynamics of Strategic Maneuvering*, New York Free Press, 1994).

DAGNINO G.B., "Governance d'impresa: l'avventura di Telecom Italia (1997-2001)", in *Economia & management*, n. 1, 2004.

DAGNINO G.B., "Preface. Coopetition Strategy: Toward a New Kind of Interfirm Dynamics?", in *International Studies of Management and Organization*, n. 2, 2007.

DI BERNARDO B., RULLANI E., *Transizione tecnologica e strategie evolutive. L'impresa industriale verso l'automazione*, Cedam, 1985.

DOZ Y.L., HAMEL G., *Alliance Advantage: The Art of Creating Value Through Partnering*, Harvard Business School Press, 1998.

DRUCKER P., *The Practice of Management*, Harper & Row, 1954.

DRUCKER P., *Il potere dei dirigenti*, Etas, 1967.

ESPOSITO E., *Le imprese ad alta tecnologia. Il caso dell'industria aeronautica*, Cuen, 1996.

FARACI R., VAGNANI G., "I rapporti fra impresa e proprietà", in *Sinergie*, n. 73-74, 2007.

FAZZI R., *Il governo d'impresa*, Vol. I, Giuffrè, 1982.

FAZZI R., *Il governo d'impresa*, Vol. II, Giuffrè, 1984.

FERRI M.A., SANCETTA G., "Measuring Corporate Performance: Considerations", in CONSORZIO DI ECONOMIA INDUSTRIALE E MANAGERIALE (CUEIM), *Conference Proceedings del 7th World Congress for Total Quality Management «Business Excellence. Make it happen!»*, Verona, 25-27 giugno 2002, 2 Voll., CUEIM, 2002.

FREEMAN R.E., EVAN W.M., "Corporate Governance: a Stakeholder Interpretation", in *Journal of Behavioral Economics*, n. 4, 1990.

GAILBRAITH J.K., *Il nuovo stato industriale*, Einaudi, 1968.

GALLINO L., *L'impresa irresponsabile*, Einaudi, 2005.

GALVANI L. ET AL., "A consulto sul debito i bondholder Telecom. Il caso dividendi con cui si confrontò anche Olimpia", in *Il Sole 24Ore. Finanza & mercati*, 23 febbraio 2008.

GATTI C., *Vita, crisi e ristrutturazione di un gruppo industriale pubblico. Il caso Finmeccanica*, Cedam, 2002.

GATTI C., "La configurazione dei processi decisionali d'impresa tra rapidità e consenso", in AA.VV., *La riconfigurazione dei processi decisionali nel quadro evolutivo della competizione*, Atti del XXVII Convegno AIDEA, Università di Catania, 7-8 ottobre 2004, Giappichelli, 2005.

GHOSHAL S., "*Le cattive teorie manageriali distruggono le buone pratiche*", in *Sviluppo & Organizzazione*, n. 210, 2005 (orig. *Bad Management Theories Are Destroying Good Management Practices* in *Academy of Management Learning & Education*, n. 1, 2005).

GHOSHAL S., BARTLETT C.A., *The Individualized Corporation: A Fundamentally New Approach to Management*, HarperBusiness, 1997.

GIANNESSI E., *Le aziende di produzione originaria*, Vol. I, *Le aziende agricole*, Cursi, 1960.

GIARETTA E., *Alle origini della tecnica industriale e commerciale. Uno sguardo al passato per contribuire al futuro*, Giappichelli, 2003.

GOLINELLI G.M., "Economia e finanza nel governo dell'impresa", in *Sinergie*, n. 39, 1996.

GOLINELLI G.M., *L'approccio sistemico al governo dell'impresa*, Vol. I, Cedam, 2005 (2000[1]).

GOLINELLI G.M., *L'approccio sistemico al governo dell'impresa*, Vol. II, Cedam, 2000.

GOLINELLI G.M., *L'approccio sistemico al governo dell'impresa*, Vol. III, Cedam, 2002.

GOLINELLI G.M., "Recenti sviluppi nelle relazioni tra economia e finanza nel governo dell'impresa: spunti di riflessione", in *Sinergie*, n. 67, 2005.

GOLINELLI G.M., GATTI C., "Il pensiero di Roberto Fazzi e l'approccio sistemico al governo dell'impresa: spunti di riflessione tra debito culturale, avanzamento dottrinale e spirito del tempo", in *Sinergie*, n. 67, 2005.

GOLINELLI G.M., GATTI M., VAGNANI G., "Dalla struttura al sistema: elementi per una riflessione sui confini, i rapporti con la proprietà, la flessibilità e l'elasticità dell'impresa", in GOLINELLI G.M., *L'approccio sistemico al governo dell'impresa*, Vol. III, Cedam, 2002.

GOLINELLI G.M., GATTI. M., SIANO A., "Approccio sistemico e teoria delle risorse: verso un momento di sintesi per l'interpretazione della dinamica dell'impresa", in GOLINELLI G.M., *L'approccio sistemico al governo dell'impresa*, Vol. III, Cedam, 2002.

GRANT R.M., "The Resource Based Theory of Competitive Advantage: Implications for Strategy Formulation", in *California Management Review*, Spring, 1991.

GRONRÖOS C., "From Marketing Mix to Relationship Marketing: Towards a Paradigm Shift in Marketing", in *Management Decision*, n. 2, 1994.

GUATRI L., "Mutamenti degli scenari competitivi ed adattamento delle teorie: l'orientamento alla qualità", in *Sinergie. Quaderni*, n. 7, 1992.

HÅKANSSON H., SNEHOTA I., "No Business is an Island: the Concept of Business Strategies", in *Scandinavian Journal of Management*, n. 3, 1989.

HANNAN M.T., FREEMAN J., "The Population Ecology of Organizations", in *American Journal of Sociology*, n. 5, 1977.

IANNUZZI E., *Il risk management nel rapporto banca-impresa. Strumenti per il governo e la gestione delle sofferenze bancarie*, Giappichelli, 2004.

KAPLAN R.S., NORTON D.P., *The Balanced Scorecard. Translating Strategy into Action*, Harvard Business School Press, 1996.

KAUFFMAN S.A., *The Origins of Order: Self-Organization and Selection in Evolution*, Oxford University Press, 1993.

KOTLER P., *Marketing Management*, XI ed. a cura di W.G. SCOTT, Pearson – Prentice Hall, 2004.

KOTLER P., SCOTT W.G., *Marketing Management*, VII ed., Isedi, 1993.
LEWIN A.Y., VOLBERDA H.W., "Prolegomena on Coevolution: a Framework for Research on Strategy and New Organizational Forms", in *Organization Science*, n. 10, 1999.
MACBETH D.K., "The Role of Purchasing in a Partnering Relationship", in *European Journal of Purchasing and Supply Management*, n. 1, 1994.
MARRIS R., *La teoria economica del capitalismo manageriale*, Einaudi, 1972 (orig. *The Economic Theory of Managerial Capitalism*, MacMillan, 1964).
MASSARONI E., *Il sistema logistico. Progettazione, governo e gestione della logistica e della supply chain*, Cedam, 2007.
MCKELVEY B., "Quasi-natural Organization Science", in *Organization Science*, n. 8, 1997.
MERLANI C., *Lineamenti dell'impresa industriale e dell'impresa mercantile*, Cedam, 1966.
MINTZBERG H., *The Nature of Managerial Work*, Prentice Hall, 1973.
MINTZBERG H., *Ascesa e declino della pianificazione strategica*, Utet, 1996.
NAHAPIET J., GHOSHAL S., "Social Capital, Intellectual Capital and the Organizational Advantage", in *Academy of Management Review*, n. 2, 1998.
NONAKA I., TAKEUCHI H., *The Knowledge Creating Company. Creare le dinamiche dell'innovazione,* Guerini e Associati, 1997 (orig. *The Knowledge Creating Company*, Oxford University Press, 1995).
NORMANN R., *Le condizioni di sviluppo dell'impresa*, EtasLibri, 1979 (orig. *Management for Growth*, Wiley, 1977).
PACI I., "Il contributo della dottrina italiana agli studi sul governo delle organizzazioni imprenditoriali", in *Sinergie*, n. 45, 1998.
PANATI G., "Interrogativi in tema di teologia dell'imprenditorialità", in *Sinergie*, 61-62, 2003.
PANATI G., GOLINELLI G.M., *Tecnica economica, industriale e commerciale. Imprese, strategie e management*, 2 voll., La Nuova Italia Scientifica, 1991 (1988[1]).
PANICCIA P., *Il tempo nel governo dell'impresa industriale. Tempo e conoscenza nell'economia delle imprese*, Giappichelli, 1999.
PASTORE A. VERNUCCIO M., *Marketing innovazione e tecnologie digitali. Una lettura in ottica sistemica*, Cedam, 2004.
PETIX L., *Aspetti della gestione finanziaria dei gruppi*, Cedam, 1979.
POLESE F., PROIETTI L., "L'internazionalizzazione nel business aeronautico: il challenge di Alenia Aeronautica quale global player", in ANDREANI J., COLLESEI U. (a cura di), *Atti del Sesto Congresso Internazionale sulle Tendenze di Marketing* – ESCP-EAP, Parigi 26-27 Gennaio 2007.
PORTER M.E., *The Competitive Advantage*, The Free Press, 1985.
PORTER M.E., *The Competitive Advantage Of Nations*, MacMillan, 1990.
PORTER M.E., "Towards a Dynamic Theory of Strategy", in *Strategic Management Journal*, n. 2, 1991.
PROIETTI L., "I sistemi di osservazione del sociale: l'esperienza di ORIMiR", in *Sinergie. Rapporti di ricerca*, n. 25, 2006.
PROIETTI L., "I molteplici significati della «governance»: verso un chiarimento in ottica economico-aziendale", in *Sinergie*, n. 73-74, 2007.
RAFFAELLO G., "Il caso Airbus. Nascita e sviluppo di un'impresa federale europea nel periodo 1970-2000", in VELO D. (a cura di), *L'Europa dei progetti. Imprese, innovazione, sviluppo*, Giuffrè, 2007.

RESCINITI R., *Il governo dell'integrazione logistica*, Edizioni Scientifiche Italiane, 2002.

ROUGHGARDEN J., "Resource Partitioning Among Competing Species. A Coevolutionary Approach", in *Theoretical Populations Biology*, n. 9, 1976.

RULLANI E., "La finanza e gli investimenti", in RISPOLI M. (a cura di), *L'impresa industriale. Economia, tecnologia, management*, Il Mulino, 1989 (1984[1]).

RULLANI E., "Razionalità e organizzazione: teoria dell'organizzazione e teoria dell'impresa", in COSTA G., NACAMULLI R. (a cura di), *Manuale di organizzazione aziendale*, Vol. I, *Le teorie dell'organizzazione*, Utet, 1997 (1996[1]).

RULLANI E., *La fabbrica dell'immateriale*, Carocci, 2004.

SARTORI G., *La politica: logica e metodo in scienze sociali*, Sugarco, 1979.

SCALFARI E., "Chi ha munto la vacca dei nostri telefoni", in *La Repubblica*, 21 settembre 2006.

SCHEIN E.H., *Cultura d'azienda e leadership*, Guerini e Associati, 2000 (orig. *Organizational Culture and Leadership*, Jossey-Bass, 1988).

SHAPIRO R., *Toward Effective Supplier Management: International Comparisons*, Harward University Working Paper, 1985.

SIANO A., BASILE G., CONFETTO M.G., "Il ciclo risorse-capacità-competenze nell'approccio sistemico vitale", in BARILE S. (a cura di), *L'impresa come sistema. Contributi sull'Approccio Sistemico Vitale (ASV)*, Giappichelli, 2008 (2006[1]).

SICCA L., "Alcune riflessioni sul metodo per una revisione dei principi dell'economia aziendale", in *Finanza Marketing e Produzione*, n. 2, 1992.

SICCA L., "Evoluzione degli studi di economia d'impresa e dei metodi di ricerca", in *Finanza Marketing e Produzione*, n. 4, suppl., 1994.

SIMON H.A., *The Sciences of the Artificial*, The Mit Press, 1996.

SIMONE C., *La Resource Based View e la Knowledge Based View dall'ottica atomistica quella interaziendale*, Aracne, 2004.

SNOW C.C., HREBINIAK L.G., "Strategy, Distinctive Competence and Organizational Performance", in *Administrative Science Quarterly*, n. 25, 1980.

TAGLIAGAMBE S., USAI G., *Organizzazioni. Soggetti umani e sviluppo socioeconomico*, Giuffrè, 1999.

USAI G., *L'efficienza nelle organizzazioni*, Utet, 2000.

VAGNANI G., *Ambiente fisico e dinamiche d'impresa: verso la formulazione di un modello di analisi*, Cedam, 2005.

VALDANI E. (a cura di), *Enciclopedia dell'impresa. Marketing*, Utet, 1995.

VALDANI E., "Dalla concorrenza all'ipercompetizione, dall'evoluzione alla coevoluzione", in *Economia & management*, n. 3, 1997.

VAN HORNE J.C., *Teoria e pratica della finanza d'impresa*, Il Mulino, 1984.

VARALDO R., "Dall'impresa localizzata all'impresa radicata", in *Sinergie*, n. 36-37, 1995.

VARALDO R., "Gli assetti verticali delle imprese: note di riflessione", in *Sinergie*, n. 45, 1998.

VE H., "Gender Differences in Rationality, the Concept of Praxis Knowledge and Future Trends", in GUNNARSON E., TROJER L. (eds.), *Feminist Voices on Gender, Technology and Ethics*, Luleå University of Technology, Centre for Women's Studies, 1994.

VELO D. (a cura di), *L'Europa dei progetti. Imprese, innovazione, sviluppo*, Giuffrè, 2007.

VELO D., "Dall'Europa dei progetti all'unione economica. Lo sviluppo della grande impresa europea di interesse generale", in VELO D. (a cura di), *L'Europa dei progetti. Imprese, innovazione, sviluppo*, Giuffrè, 2007.

VICARI S. (a cura di), *Le alleanze nei settori ad alta tecnologia: il caso dell'industria aeronautica*, Egea, 1991.

VICARI S., "Soggetti o sistemi? Osservazioni sulla natura dell'impresa", in *Sinergie*, n. 72, 2007.

VOLPATO G. (a cura di), *La gestione d'impresa*, Vol. I, Cedam, 2003.

VOLPATO G., "La storia del processo di scientificazione dell'azione umana", in VOLPATO G. (a cura di), *La gestione d'impresa*, Vol. I, Cedam, 2003.

WEICK K.E., *Organizzare. La psicologia sociale dei processi organizzativi*, Isedi, 1993 (orig. *The Social Psychology of Organizing*, McGraw-Hill, 1979 (1969[1])).

WILLIAMSON O.E., *Markets and Hierarchies: Analysis and Antitrust Implications*, The Free Press, 1975.

WILLIAMSON O.E., "Strategy Research: Governance and Competence Perspective", in *Strategic Management Journal*, n. 20, 1999.

ZANDA G., "L'evoluzione della cultura aziendale nel corso dei tempi", in *Dirigenza bancaria*, n. 128, 2007

ZAPPA G., *Le produzioni nell'economie delle imprese*, vol. I, Giuffrè, 1956.

CAPITOLO SECONDO

DALL'AMBIENTE AL CONTESTO: VERSO UN MODELLO DI ANALISI PER IL GOVERNO DELL'IMPRESA (*)

2.1. CONSIDERAZIONI INTRODUTTIVE

L'azione di governo, tesa al perseguimento di condizioni di consonanza e di competitività funzionali alla sopravvivenza dell'impresa sistema vitale, trova un suo momento qualificante nel processo di contestualizzazione. Tale incessante processo, nelle impostazioni a base del presente lavoro, consiste nell'estrazione dall'ambiente di una sua porzione – il contesto – attraverso l'individuazione, ad un certo istante

(*) Di CORRADO GATTI, MARIO LIGUORI e LUCA PROIETTI.

Pur essendo il lavoro frutto delle riflessioni comuni degli Autori, i paragrafi 2.1, 2.2, 2.2.1, 2.2.2 e 2.4 sono da attribuire a Corrado Gatti, i paragrafi 2.3, 2.3.1, 2.3.1.1 2.3.1.2, 2.3.2, 2.3.2.1, 2.3.2.2 a Mario Liguori ed i paragrafi 2.2.3, 2.2.4 e 2.2.5 a Luca Proietti.

temporale, di una pluralità di soggetti, oggetti e condizioni ritenuti significativi per la creazione di valore e, quindi, per l'implementazione delle condizioni di sopravvivenza del sistema.

Soggetti, ossia entità variegate, con qualificazioni più o meno sistemiche, con le quali l'impresa ritiene opportuno rapportarsi. Dai fornitori ai clienti/consumatori, dagli intermediari finanziari alle istituzioni pubbliche, si tratta degli interlocutori con cui l'impresa può stabilire un rapporto diadico.

Oggetti, ossia materie o argomenti che formano, o potrebbero formare in futuro, il contenuto dei rapporti tra l'impresa e le varie entità che popolano il contesto. Simili contenuti attengono alle forniture, alle relazioni industriali, al collocamento dei prodotti, all'acquisizione o allo sviluppo di tecnologie, ai finanziamenti, all'utilizzo delle risorse dell'ambiente naturale ecc.

Condizioni, infine, che riguardano modalità e obiettivi relazionali e, quindi, le caratteristiche proprie dei rapporti via via stabiliti. Modalità e obiettivi che presiedono all'instaurazione di rapporti contrattuali e non contrattuali e che possono rivelarsi più o meno favorevoli, ora di lungo ora di breve termine, collaborativi ovvero conflittuali e così via. In altri termini, le condizioni in esame possono palesarsi in alcune circostanze più propizie, in altre meno, dal punto di vista sia della competitività dell'impresa sia della sua consonanza col contesto.

Il contesto dell'impresa, inteso quale «ambito relazionale», prima potenziale, poi effettivo, risulta contraddistinto da una triplice valenza, in quanto rappresenta:

– la fonte delle risorse necessarie a definire la dotazione strutturale dell'impresa e a permetterne l'operatività;

– il mezzo che consente la valorizzazione dell'attività dell'impresa, attraverso l'alienazione, sui mercati, dei beni e dei servizi realizzati;

– lo spazio ideale in cui si manifestano le aspettative e le pressioni proiettate sull'impresa dalle variegate entità che palesano un interesse rispetto alla sua attività.

In tal senso, il richiamato ambito relazionale, con la sua dinamica evolutiva, risulta foriero di opportunità e rischi per l'impresa, oltre che di vincoli e regole. La capacità dell'organo di governo a correttamente configurarlo attraverso il processo di contestualizzazione costituisce quindi un aspetto cruciale, condizionante in maniera decisiva le probabilità di sopravvivenza dell'impresa([1]).

([1]) L'analisi di quello che generalmente viene definito «ambiente esterno» dell'impresa – in relazione al quale si propone la distinzione tra i concetti di «ambiente» e di «contesto» – è stata a lungo uno dei temi centrali dello *strategic management* di matrice nordamericana e dell'economia d'impresa italiana. Dalla fine degli anni '30, infatti, sono state ideate numerose tassonomie e tipizzazioni atte ad agevolare lo studio e la comprensione delle caratteristiche strutturali e comportamentali dei soggetti con cui l'impresa intrattiene una molteplicità di rapporti ai fini della propria sopravvivenza. La relazione tra impresa e ambiente è stata così formulata in molteplici modalità circoscrivibili entro due estremi: l'assoluto predominio dell'ambiente sull'impresa sino all'ipotesi di eterodirezione di quest'ultima, da un lato, e la massima libertà di azione razionale da parte dell'attore impresa, dall'altro. In particolare, il paradigma struttura-condotta-*performance*, a cavallo tra gli anni '40 e '60, fa dipendere la redditività della singola impresa dalla struttura del settore in cui essa opera. Ne discendono tecniche e strumenti basati su grado di concentrazione, omogeneità dei prodotti, barriere all'entrata ed all'uscita ecc. In proposito, v. MASON E.S., "Price and Production Policies of Large Scale Enterprises", in *American Economic Review*, n. 29, 1939, pagg. 61-74; BAIN J., *Barriers to New Competition*, Harvard University Press, 1956; BAIN J., *Industrial Organization*, Wiley, 1968; SCHERER F.M., *Industrial Market Structure and Economic Performance*, Houghton Mifflin, 1980. In seguito, sono stati evidenziati legami più articolati tra struttura del settore, comportamento dell'impresa e sue *performance*. Sono emersi così nuovi strumenti e tecniche per la valutazione del contesto dell'impresa: in specie, PORTER propone i noti modelli delle «cinque forze competitive», della «catena» e del «sistema del valore», dei «raggruppamenti strategici», mentre nel *marketing* viene formalizzata la *SWOT Analysis* insieme a numerosi modelli di valutazione integrata dell'attrattività del *business* e della competitività dell'impresa. Al riguardo, v. PORTER M., *La strategia competitiva*, Tipografia Compositori, 1982; COZZI G., FERRERO G., *Marketing*, Giappichelli, 2000. Alla base di tutte le impostazioni menzionate vi è l'idea di un vantaggio competitivo le cui fonti sono ancora fondamentalmente esterne all'impresa. Dalla seconda metà degli anni '80, con la teoria delle risorse e i successivi filoni di indagine *competence-based*, *knowledge-based* ed evoluzionista, nonché con i tentativi di integrare gli elementi portanti della visione porteriana con quelli della *resource-based*, il *focus* si sposta sull'interno dell'impresa. L'analisi del contesto si limita, pertanto, all'osservazione dell'evoluzione tecnologica, della condotta dei concorrenti ma, più di ogni altra cosa, all'acquisizione di risorse da inserire nei processi di sviluppo delle competenze distintive aziendali (CAROLI M., "Risorse, competenze distintive e strategia competitiva", in FONTANA F., CAROLI M. (a cura di), *Economia e gestione delle imprese*, McGraw-Hill, 2006, pag. 58 e segg.). Si affermano allora sia nuove tecniche e modelli di analisi che rivisitazioni dei modelli porteriani: cfr. BARNEY J.B., *Risorse, competenze e vantaggi competitivi*, Carocci, 2006, cap. 3. Per approfondimenti circa le diverse impostazioni teoriche sul rapporto tra ambiente e impresa, v. CAFFERATA R., "Una interpretazione dialettica del rapporto tra organizzazione e ambiente esterno", in *Finanza Marketing e Produzione*, n. 2, 19-87; CAFFERATA R., *Sistemi, ambiente e innovazione. Come si integrano la continuità e il mutamento nell'impresa*, Giappichelli, 1995; RULLANI E., "La teoria dell'impresa: soggetti, sistemi, evoluzione", in RISPOLI M. (a cura di), *L'impresa industriale. Eco-*

La perimetrazione e l'analisi del menzionato ambito relazionale sono condotte dall'organo di governo allo scopo di individuare quali entità popolano il contesto e quali caratteri le qualificano, con particolare riferimento a quegli aspetti che ne determinano la rilevanza per il sistema impresa e per la sua progettata dinamica evolutiva, in vista della realizzazione di un'azione di governo consapevole, basata sui due richiamati *driver*, consonanza e competitività.

La configurazione dell'ambito relazionale rappresenta, dunque, un'attività tipica dell'organo di governo, connotata dai caratteri della necessità e della non delegabilità. In questo senso, essa rientra in quelle «massime funzioni nelle quali si sintetizza la sostanza vitale dell'impresa, nelle quali si racchiude la problematica unitaria e globale del sistema aziendale, che è poi la problematica della sua salda continuità nel lungo andare»([2]).

Ne consegue l'esigenza di precisare i momenti (o livelli), con le sottese caratteristiche e i relativi risultati, nei quali si articola il processo di contestualizzazione. Processo che si conclude con l'individuazione delle componenti del contesto con le quali vengono attivati i rapporti intersistemici e, quindi, con la conseguente emersione del sistema impresa dalla sua struttura.

2.2. IL PROCESSO DI CONTESTUALIZZAZIONE: UNO SCHEMA DI ANALISI

Il processo di contestualizzazione può essere schematizzato, nei suoi momenti salienti, come mostrato in figura 2.1. Tali momenti compongono la successione di attività che l'organo di governo del-

---

nomia, tecnologia, management, Il Mulino, 1989 (1984[1]); MAGGI B., *Razionalità e benessere*, Etas, 1990; SIANO A., *Strategie d'impresa*, Cedam, 1995, parte II, cap. 1; SCIARELLI S., *Economia e gestione delle imprese*, Cedam, 1997, capp. 2 e 3; SICCA L., *La gestione strategica dell'impresa*, Cedam, 2003, capp. 1 e 2; DAGNINO G.B., *I paradigmi dominanti negli studi di strategia d'impresa*, Giappichelli, 2005.

([2]) Così il Fazzi si esprime in merito all'attività di governo, i cui contenuti sono ricondotti dall'Autore a un sistema di tre funzioni strettamente interrelate: (i) la funzione strategica di impostazione e soluzione dei problemi dello sviluppo aziendale; (ii) la funzione di comando-coordinazione dei centri direzionali-decisionali per la guida dei grandi processi strategici; (iii) la funzione armonizzatrice degli interessi di particolari gruppi di pressione con le esigenze di sopravvivenza e di sviluppo dell'impresa. Cfr. FAZZI R., *Il governo d'impresa*, Vol. I, Giuffrè, 1982, pag. 135.

l'impresa realizza nella sua continua azione di configurazione e riconfigurazione dell'ambito relazionale. Successione la cui logica, in coerenza col tentativo di operare un'adeguata scientificazione dell'azione di governo dell'impresa, è del tutto speculare a quel processo di definizione e ridefinizione della struttura d'impresa che trova sintesi nella matrice concettuale dell'approccio sistemico vitale, intesa quale basilare percorso cognitivo e progettuale([3]).

Momenti ed esito del processo di contestualizzazione	**Modelli, strumenti e azioni utili**	**Momenti della matrice concettuale dell'ASV**	**Rappresentazione ideografica**
Percezione / lettura dell'ambiente	Cultura, esperienza, intuito	Assunzione punto di vista (O.d.G.)	
Estrazione del contesto potenziale	Grado di compimento sistemico + Rilevanza sistemica	Struttura ampliata	
Estrazione del contesto effettivo	Negoziazioni	Schema org.vo definito e struttura specifica	
Contesto interattivo (o interagente)	Esecuzione di contratti e rapporti non contrattuali, scambi	Sistema vitale emergente (focalizzato e contestualizzato)	

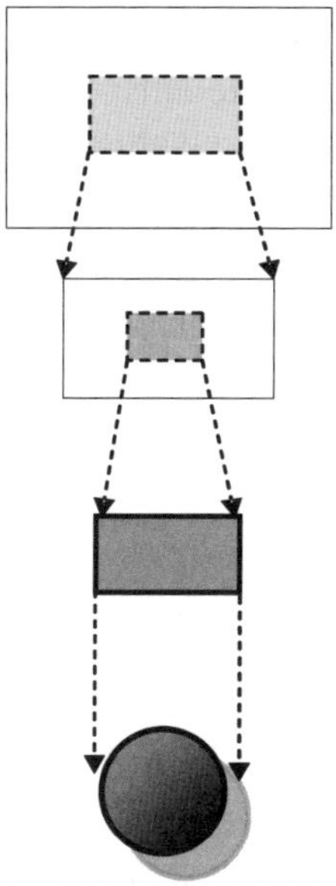

FIG. 2.1 – *Rappresentazione del processo di contestualizzazione* (fonte: elaborazione personale).

Prima di soffermarci su ciascuno dei momenti individuati nella

([3]) Sulla matrice concettuale dell'approccio sistemico vitale, cfr. GOLINELLI G.M., *L'approccio sistemico al governo dell'impresa*, Vol. I, Cedam, 2005 (2000[1]), pag. 90. Come tale matrice è lì impiegata quale strumento per una modellizzazione del processo d'impostazione strutturale del sistema vitale, così in questa sede la figura 2.1 propone una concettualizzazione del processo di contestualizzazione.

figura che precede, occorre svolgere tre considerazioni preliminari di particolare significato.

La prima attiene al fatto che l'impostazione proposta si fonda sul presupposto che esista tra impresa e contesto un nesso di interdipendenza([4]). Ciò significa che il perseguimento degli obiettivi dell'impresa dipende ed è quindi condizionato, almeno in parte, dal comportamento delle entità di contesto. Queste ultime sono, a loro volta, dipendenti dall'impresa nel perseguimento dei propri obiettivi, palesando così un interesse, più o meno significativo ed evidente, all'azione dell'impresa.

La seconda considerazione concerne l'interpretazione dei diversi momenti qualificanti il processo di contestualizzazione, i quali, sebbene presentati in modo sequenziale – dalla lettura dell'ambiente al contesto interattivo – debbono essere invece intesi come tra loro interrelati([5]). Se è vero che la lettura dell'ambiente (livello 1) condiziona l'im-

---

([4]) Il comportamento imprenditoriale può vedersi come immerso o, per dirla con il Polanyi e il Granovetter, «*embedded*» («radicato» o «incastonato») nell'ambiente/-contesto relazionale di riferimento Per approfondimenti v. POLANYI K., *The Great Transformation: The Political and Economic Origins of Our Time*, Holt, Rinehart & Winston, 1944; GRANOVETTER M., "Economic Action and Social Structure: The Problem of Embeddedness", in *American Journal of Sociology*, n. 3, 1985, pagg. 481-510.

([5]) In SARACENO P., *Il governo delle aziende*, Libreria Universitaria Editrice, 1972, pag. 123 si legge: «è osservazione comune che il governo delle cose umane presenta in questo nostro tempo difficoltà continuamente crescenti in relazione al fatto che gli organismi che dobbiamo governare: a) assumono spesso dimensioni rilevanti e per di più tendenti ad ulteriormente accrescersi; b) i compiti che tali organismi devono svolgere vanno sempre più differenziandosi; in conseguenza, la loro struttura interna si fa più complessa; c) ricevono dall'esterno condizionamenti più rilevanti e più numerosi; d) devono operare in un ambiente in cui progresso tecnico, variazione dei mercati, mutamenti nell'atteggiamento delle istituzioni ed evoluzione della struttura sociale determinano subitanei e non prevedibili cambiamenti nelle condizioni in cui deve svolgersi l'attività di governo e di controllo». Secondo RULLANI E., "La teoria dell'impresa: soggetti, sistemi, evoluzione", in RISPOLI M. (a cura di), *L'impresa industriale. Economia, tecnologia, management*, Il Mulino, 1989 (1984[1]), pagg. 63-64: «anche le nuove situazioni suscitate dal comportamento di masse di consumatori, di lavoratori e di risparmiatori e dall'azione di potenti forze sociali organizzate (pubblici poteri, organizzazioni sindacali), agiscono in genere sulla vita dell'impresa [...]». Allora, diviene «della massima importanza [...] che, nella lotta per la sopravvivenza e per il potere, arridano maggiori probabilità di successo a lungo termine alle imprese che, attraverso la equilibrata valorizzazione dei propri *stakeholders*, specie con interazioni formative di conoscenza e creatività, riescono a far evolvere le capacità organiche e finanziarie a tassi non inferiori alle tendenze ambientali».

postazione della struttura ampliata dell'impresa a base della perimetrazione del contesto potenziale (livello 2), la quale a sua volta condiziona l'attivazione del contesto effettivo tramite l'estrazione della struttura specifica (livello 3) e, quindi, il delinearsi del contesto interagente con l'emergente sistema impresa (livello 4), è anche vero che ciascun livello può retroagire su quelli superiori/antecedenti, suggerendone una qualificazione diversa rispetto a quella inizialmente formulata. Emerge così l'importanza dei meccanismi di *feedback*, peraltro tipici delle impostazioni sistemiche, nonché delle dinamiche di apprendimento, nella realizzazione del processo di contestualizzazione e, quindi, nell'azione di governo.

La terza considerazione riguarda la capacità esplicativa dell'approccio sistemico adottato in questa sede, il quale propone una visione unitaria e globale del sistema impresa e del suo contesto, nel senso che l'impostazione e il governo del primo non possono concretamente procedere e compiersi disgiuntamente dalla definizione ed attivazione del secondo. In merito allo stretto legame tra attenzione all'esterno e configurazione della struttura aziendale, già il Ceccanti, partendo dalle «grandi categorie di manifestazioni economico-sociali» che qualificano le economie dei paesi industrializzati, rileva che lo «scenario» che ne discende impedisce all'impresa industriale «di mantenere la medesima struttura specifica per intervalli di tempo comunque lunghi. [...] L'impresa che si attarda nella propria struttura sarà dunque esposta o a prezzi meno favorevoli o alla contrazione del volume di attività»([6]). Ciò non implica, peraltro, che l'impresa realizzi o debba realizzare cambiamenti strutturali continui; infatti, «quando sia stata raggiunta una accettabile coerenza interna tra le caratteristiche e le relazioni tecniche, di *marketing*, finanziarie e organiche, è naturale attendersi una certa tendenza a reiterare e tradurre in *routine* le attività collaudate dall'esperienza e dal precedente processo di aggiustamenti. [...] imponenti fattori agiscono proprio nel senso prospettato di far convergere i caratteri quali-quantitativi della struttura specifica verso un assetto *pro tempore* invariante»([7]). In questa cornice, assume pregnante significato la visione fazziana del divenire dell'impresa quale avvicendarsi e intreccio di processi di sviluppo e processi di stabilizzazione struttura-

---

([6]) CECCANTI G., *Corso di tecnica imprenditoriale*, vol. I, Cedam, 1996, pag. 235 e segg.

([7]) *Ibidem*.

le([8]).

L'approccio sistemico al governo dell'impresa, mentre recupera la letteratura precedente, fornisce ulteriori contributi alla scientificazione dell'azione di governo dell'impresa, con specifico riguardo al processo di contestualizzazione, individuando costrutti, impostazioni e modelli utili allo scopo, segnatamente il grado di compimento sistemico, la rilevanza sistemica, le negoziazioni e la distinzione tra consonanza diadica e di contesto. Ponendo enfasi sul fatto che il sistema vitale impresa è per definizione anche focalizzato e contestualizzato, l'approccio qui adottato conferma, da ultimo, l'importanza di un'analisi non astratta, bensì «storicizzata», quindi nel concreto, dell'impresa([9]).

2.2.1. La lettura dell'ambiente

Il primo momento (livello 1 o dell'ambiente) del processo di contestualizzazione rappresentato nella figura 2.1 è costituito dalla lettura, da parte di un osservatore, dell'ambiente quale complesso di soggetti, oggetti e condizioni di qualche interesse per l'osservatore stesso. A tale livello di analisi, assume rilievo anzitutto la precisazione del punto di vista e, quindi, della natura dell'osservatore e della sua finalità di analisi. Infatti, «non esiste un ambiente in sé, senza riferimento a un soggetto che lo percepisca e lo definisca. Nella sua più ampia accezione ambiente è "l'insieme degli elementi che, per sé e nei loro rapporti, costituiscono la cornice, l'ambito appunto, della vita dell'uomo, determinandone alcune delle condizioni essenziali". Più ancora che alla cornice il richiamo potrebbe essere all'acqua per il pesce, poiché qualsiasi soggetto cui si faccia riferimento è immerso in un ambiente che gli è necessario per vivere»([10]).

([8]) Del Fazzi cfr., oltre all'opera sul governo dell'impresa in precedenza citata, la seguente: FAZZI R., "Formazione storica e prospettive degli studi sui comportamenti imprenditoriali", in AA.VV., *Studi di tecnica economica, organizzazione e ragioneria. Scritti in memoria del Prof. Gaetano Corsani*, Cursi, 1966, pag. 46 e segg.

([9]) Circa l'importanza della «storicizzazione» dell'analisi negli studi di economia d'impresa, cfr. SARACENO P., *La produzione industriale*, Libreria Universitaria Editrice, 1976, pag. 41.

([10]) Cfr. PANATI G., GOLINELLI G.M., *Tecnica economica, industriale e commerciale. Imprese, strategie e management*, 2 voll., La Nuova Italia Scientifica, 1991 (19-

In questo senso, sono interessati alla lettura dell'ambiente, ognuno con le proprie specifiche finalità, tanto lo studioso, quanto l'organo di governo dell'impresa, ma anche i soggetti deputati a governare le variegate entità ambientali, qualora le stesse siano relativamente compiute sul piano sistemico. Nelle impostazioni a base del presente lavoro, il punto di vista scelto è quello dell'organo di governo dell'impresa, per cui l'ambiente viene a qualificarsi come il complesso di soggetti, oggetti e condizioni che influenzano o comunque possono influenzare, in misura più o meno significativa, tutte le imprese([11]). Come rilevato in precedenza, esempi di aspetti ambientali sono la normativa societaria e tributaria, i contratti collettivi di lavoro, le caratteristiche del sistema formativo, l'efficienza della pubblica amministrazione e la qualità delle infrastrutture, ma anche la struttura della concorrenza e lo stato della ricerca tecnologica ecc.([12]).

Al livello 1,emergono dunque quali aspetti di particolare significato vuoi l'insieme delle tendenze irreversibili di fondo, qualificanti la dinamica ambientale, vuoi il complesso delle possibili minacce e opportunità, dei vincoli e delle regole che insistono sull'impresa([13]). L'impresa, di conseguenza, percepisce l'ambiente come: «(i) matrice o griglia delle regole del gioco, alle quali l'impresa deve attenersi, per scelta o per obbligo, e dunque corrispondente anche a una griglia di vincoli, soltanto in parte modificabile, attraverso le strategie proprie di ciascuna impresa. Le regole in questione si possono considerare delle norme decisionali che obbligano le imprese a predeterminati comportamenti e possono vestirsi da "vincoli" ogniqualvolta esse sottraggono certe opzioni alla sfera di libertà dell'impresa; [...] (ii) matrice di convenienze e opportunità [...]. La matrice delle opportunità si va disegnando di giorno in giorno per ciascuna impresa in relazione al suo specifico ambiente»([14]).

Il processo di contestualizzazione, con riferimento precipuo al-

---

88[1]), pag. 114.

([11]) Si noti che, a questo livello di analisi, la natura dell'attività svolta dall'organo di governo dell'impresa, che come più avanti chiariremo è sia descrittiva sia valutativa, non si discosta nella sostanza da quella dell'attività svolta dallo studioso di economia d'impresa. Nondimeno, le specifiche finalità di analisi dei due soggetti osservatori sono, di solito, differenti.

([12]) V. *supra*, Capitolo I, paragrafo 1.4.

([13]) Cfr. CECCANTI G., *Corso di tecnica imprenditoriale*, Vol. I, Cedam, 1996, pagg. 235-236.

([14]) Cfr. PANATI G., GOLINELLI G.M., *Tecnica*, *op.cit.*, pag. 115 e segg.

l'ambiente ed alla sua lettura, richiede che l'organo di governo dell'impresa sia intento ed abile a ricercare, rilevare ed interpretare, sia pure sommariamente, i tratti ambientali salienti, attuali e potenziali, a prescindere dal fatto che l'impresa baserà su quelli la propria attività. È proprio in merito alla lettura dell'ambiente che la scientificazione dell'azione di governo trova un limite, quantomeno nell'aspirazione verso impostazioni rigidamente codificate e quantitative. Un'appropriata lettura dell'ambiente, infatti, risposa essenzialmente sulle informazioni disponibili e, specialmente, sull'attenzione all'uopo risposta dall'osservatore, un *mix* di tempo disponibile, *stress*, esperienza pregressa, cultura personale, curiosità e motivazione.

Poiché tuttavia ogni lettura dell'ambiente sottende una specifica prospettiva o finalità d'osservazione, nel caso dell'organo di governo dell'impresa, deputato a promuovere la sopravvivenza della stessa, l'analisi dell'ambiente acquisisce una particolare valenza, sia descrittiva sia valutativa, in quanto prodromica alla qualificazione del contesto inteso come complesso di potenzialità relazionali. È alla luce di questa componente relativamente valutativo-selettiva della lettura ambientale che si può intravedere la possibilità di una qualche modellizzazione utile al massimo decisore d'impresa, come l'analisi del grado di compimento sistemico più oltre delineata in dettaglio([15]). Quest'ultima, essendo nell'approccio sistemico strumento a supporto della transizione dall'ambiente al contesto, rappresenta giocoforza un criterio guida nella migliore comprensione dell'ambiente.

2.2.2. Il contesto come reticolo di rapporti diadici potenziali: la configurazione della struttura ampliata

Con il secondo momento del processo di contestualizzazione (livello 2 o della contestualizzazione potenziale o, ancora, del contesto quale complesso di potenzialità relazionali), l'organo di governo dell'impresa estrae dall'ambiente una porzione – il contesto (potenziale) – attraverso l'individuazione, a un certo istante temporale, di soggetti, oggetti e condizioni ritenuti significativi o comunque interessanti ai fini della creazione di valore e, quindi, dell'implementazione delle condizioni di sopravvivenza del sistema. È, questo, un passaggio di

([15]) Cfr. *infra*, paragrafo 2.3.1.

grande significato. Dall'analisi più astratta della popolazione di entità sistemiche e delle loro dinamiche evolutive, qualificate da determinate tendenze di fondo, si passa infatti all'individuazione di componenti sottese con le quali potersi rapportare. Si delinea così il contesto quale complesso di potenzialità relazionali, di componenti con ciascuna delle quali, potenzialmente, interconnettersi([16]).

In questa fase del processo di contestualizzazione, gli strumenti a supporto dell'organo di governo sono la già richiamata analisi della compiutezza sistemica e, soprattutto, la valutazione della rilevanza sistemica, sulle quali si torna in dettaglio più oltre([17]).

Con riferimento alla matrice concettuale dell'approccio sistemico vitale, il momento in analisi comporta la configurazione della struttura ampliata dell'impresa, nella quale l'organo di governo inserisce talune componenti interessanti sotto il profilo relazionale([18]). Nella configurazione di tale struttura, assume rilievo portante l'inclusione non solo delle componenti esterne con le quali si ritiene di interagire nell'immediato, ma anche di quelle con le quali l'impresa potrà decidere di rapportarsi in futuro.

Con il «contesto potenziale», pertanto, l'organo di governo viene a definire un «campo delle possibilità d'azione», atto a consentire il dispiegarsi della dinamica evolutiva dell'impresa nel breve e nel più lungo termine([19]). Il richiamato campo deve essere tale da consentire all'organo di governo di mantenere nel tempo, a livello strutturale, un patrimonio di capacità atto a consentire al sistema impresa di perseguire la propria finalità. Ciò implica il considerare e rapportarsi col contesto secondo una prospettiva unitaria, coevolutiva e di equilibrio

---

([16]) Con riferimento all'entità ambientale «sistema finanziario», l'organo di governo dell'impresa individua a questo livello di analisi una serie di componenti, ad esempio le banche, con le relative componenti logiche e fisiche, che per le loro caratteristiche – ad esempio, di vocazione locale piuttosto che internazionale – sono ritenute possibili controparti dell'impresa.

([17]) Cfr.*infra*, paragrafi 2.3.1. e 2.3.2. rispettivamente.

([18]) Si noti che «la struttura ampliata, attraverso le capacità relazionali qualificanti le componenti fisiche e le relazioni tra componenti fisiche ed entità sistemiche esterne, concretizza la capacità di apertura che esprime la potenzialità dell'emergente sistema a rapportarsi con l'esterno». Cfr. GOLINELLI G.M., *L'approccio*, Vol. I, *op.cit.*, pag. 145.

([19]) L'espressione virgolettata è tratta da FACCIPIERI S., "L'analisi strategica", in RISPOLI M. (a cura di), *L'impresa*, *op.cit.*, pag. 843.

dinamico([20]).

Allo scopo di meglio comprendere il progredire del processo di contestualizzazione, giova chiarire le differenze tra i livelli 1 e 2 dello schema introdotto con la figura 2.1. Dal livello 1 al 2, l'attenzione si sposta progressivamente dal tutto alle parti, dall'ambiente alle componenti qualificanti lo specifico contesto dell'impresa, da una visione più generale a una più specifica.

Ancora, lettura dell'ambiente e delineazione del contesto potenziale presuppongono finalità diverse dal punto di vista della varietà cognitiva e delle possibilità d'azione. Al livello 1, infatti, l'azione di governo è tesa ad analizzare la varietà ambientale. Tale azione si estrinseca in percorsi di approfondimento e interpretazione delle tendenze in atto ed eventuali che possono rivestire concreto interesse per l'impresa. Trattasi comunque di una lettura complessiva e sufficientemente generale delle entità ambientali.

Al livello 2, l'azione di governo è invece tesa a configurare la dotazione di varietà del sistema impresa attraverso un'opera di selezione della varietà ambientale e di (tentata) instaurazione di opportune connessioni. Nelle impostazioni a base dell'approccio sistemico vitale, la varietà incorporata nella struttura ampliata può peraltro risultare eccedente ovvero ridondante rispetto ai fabbisogni correnti, con il conseguente formarsi di una riserva di possibilità che consente al sistema, attraverso la formulazione di diversi schemi organizzativi definiti e quindi l'estrazione di differenti strutture specifiche, di fronteggiare ulteriori dinamiche ambientali([21]).

Nel passaggio dall'ambiente al contesto, ancorché inizialmente solo potenziale, si coglie peraltro non solo la processualità, ma anche la progettualità insita nell'azione di governo dell'impresa([22]). Una progettualità che si manifesta anzitutto nella configurazione della struttura ampliata, per poi trovare sviluppo nel successivo livello 3, con la configurazione dello schema organizzativo definito e della struttura specifica, sino all'ipotesi di definizione di modificazioni strutturali da implementare nel corso della dinamica evolutiva del sistema.

([20]) Cfr. *supra*, Capitolo I, paragrafo 1.1.

([21]) Cfr. GOLINELLI G.M., *L'approccio*, Vol. I, *op.cit.*, pag. 146 e segg.

([22]) Sul punto cfr. CAFFERATA R., *Teoria dell'organizzazione. Un approccio non contingente*, FrancoAngeli, 1984, in particolare pag. 132.

2.2.3. *Il contesto come reticolo di rapporti diadici effettivi: l'estrazione della struttura specifica attraverso la configurazione dello schema organizzativo definito*

Con il terzo momento del processo di contestualizzazione (livello 3 o della contestualizzazione effettiva o, ancora, del contesto quale reticolo di rapporti diadici effettivi), si registra il passaggio dallo stato potenziale a quello effettivo di taluni rapporti diadici con le entità sistemiche focalizzate nella precedente fase di configurazione della struttura ampliata del sistema impresa. Si verifica dunque un ulteriore spostamento dal tutto alle parti, accompagnato dal passaggio da rapporti intersistemici solo potenziali ad effettivi.

Con riferimento alla matrice concettuale dell'approccio sistemico vitale, il momento in esame s'interseca con la configurazione dello schema organizzativo definito e l'estrazione della correlata struttura specifica. È in questa fase, in altri termini, che l'organo di governo dell'impresa presiede ad un processo di selezione delle componenti esterne con le quali il sistema intende effettivamente rapportarsi e nella specificazione delle modalità relazionali desiderabili e perseguibili alla luce di meditate valutazioni in ordine ai conseguenti livelli di competitività e di consonanza, anzitutto diadica, qualificanti il rapporto tra l'impresa e la singola entità di contesto. Naturalmente, l'effettiva instaurazione e/o attivazione del singolo rapporto dipenderà pure dalla disponibilità dell'entità sistemica selezionata e dalla compatibilità tra le componenti di tale sistema e quelle del sistema impresa.

Da quanto detto, discende che la struttura specifica è il portato dell'attivazione *pro tempore* dei vari rapporti diadici, aventi o meno natura contrattuale, instaurati dall'impresa tramite le negoziazioni via via concluse con successo([23]). Essa, nel suo divenire, esprime così il risultato delle scelte nel tempo programmate e realizzate dall'organo di governo in merito agli aspetti produttivi, finanziari, di *marketing* ecc.

La modalità essenziale con cui la delineazione dello schema organizzativo conduce all'estrazione della struttura specifica del sistema impresa è, dunque, rappresentata dalle negoziazioni, occasioni di confronto e dialogo tra entità sistemiche per l'instaurazione di rapporti

---

([23]) Sulla negoziazione quale strumento per l'instaurazione e successiva attivazione del singolo rapporto intersistemico, si torna oltre, *infra*, Capitolo III.

diadici aventi o meno qualificazione contrattuale sul piano giuridico. È nei rapporti contrattuali e non che trova piena manifestazione l'accennata interdipendenza tra impresa e contesto; un'interdipendenza che può essere peraltro distinta in interdipendenza specifica o diretta ed in interdipendenza generale o indiretta([24]). Mentre la prima attiene ai rapporti contrattuali di scambio tra l'impresa e specifiche entità di contesto, la seconda riguarda invece i rapporti tra l'impresa e le entità, ambientali o di contesto, solitamente privi di qualificazione contrattuale.

I rapporti contrattuali si qualificano per un marcato contenuto negoziale e per un impatto diretto sulle connotazioni economico-finanziarie della struttura specifica, determinando in larga parte i costi di struttura, nonché i flussi di costo e di ricavo dell'emergente sistema nel corso della sua dinamica evolutiva, con i conseguenti, significativi riflessi sulla capacità competitiva dell'impresa. I rapporti non contrattuali sono intrattenuti con quelle componenti del contesto, riconosciute capaci di condizionare la dinamica evolutiva del sistema, con le quali tuttavia l'impresa non ricorre ad appositi contratti. Simili dinamiche, solitamente, sono volte soprattutto a rendere possibile all'impresa il conseguimento di desiderate condizioni di consonanza con il contesto.

In ogni caso, non solo le interdipendenze dirette, ma anche quelle indirette assumono considerevole significato nel governo dell'impresa, in quanto tali interdipendenze, pur di norma poco evidenti, possono condizionare significativamente l'emergere del sistema prima e la sua dinamica evolutiva poi, influenzando sinanco le manifestazioni

---

([24]) Sul piano teorico, la possibilità di qualificare le interdipendenze come «dirette» o «indirette» rappresenta un'acquisizione consolidata nell'ambito della dottrina organizzativa. Sebbene con riferimento alle relazioni intraorganizzative, così si esprime sul punto il Thompson: «presupporre che un'organizzazione sia composta da parti interdipendenti non significa dire necessariamente che ogni parte dipende da, e sostiene, ogni altra in un modo diretto». Cfr. THOMPSON J.D., *L'azione organizzativa*, Isedi, 1988 (orig. *Organizations in Action*, McGraw-Hill, 1967), pag. 139. Il richiamato Autore propone poi una tassonomia che ha largamente influenzato il pensiero organizzativo, individuando tre tipologie di interdipendenze: a) l'interdipendenza per accumulazione (*pooled interdependence*), che ha natura indiretta; b) l'interdipendenza sequenziale (*sequential interdependence*), che ha natura diretta e forma seriale; c) l'interdipendenza reciproca (*reciprocal intedependence*), anch'essa diretta, ma qualificata, a differenza della precedente, dal fatto che gli *output* di ogni parte diventano gli *input* di ogni altra, per cui ciascuna unità crea contingenza alle altre (pag. 139 e segg.).

economico-finanziarie dell'attività aziendale. Ciò si palesa in specie quando l'instaurazione del rapporto non contrattuale comporta il sostenimento di costi specifici, vuoi di struttura vuoi di utilizzo della struttura, come nel caso dell'impresa che si doti di una risorsa manageriale specializzata, stabilmente deputata al mantenimento di opportuni rapporti non transattivi con determinati gruppi di pressione([25]).

I rapporti indiretti, inoltre, condizionano sovente le logiche aziendali di individuazione di ulteriori rapporti intersistemici, diretti o meno([26]). Si pensi, ad esempio, all'importanza assunta nella selezione e attivazione dei rapporti con i fornitori dal più ampio *network* in cui essi sono inseriti e, quindi, dagli anelli più remoti della *supply chain* i quali, pur non scambiando direttamente con l'impresa, ne condizionano le politiche di approvvigionamento. Si pensi, ancora, al condizionamento sulla condotta dell'impresa operato dalle iniziative poste in essere dai concorrenti. Anche rispetto a questi ultimi emergono interdipendenze indirette, delle quali tenere conto nella qualificazione del contesto([27]).

La distinzione tra rapporti diretti e indiretti consente peraltro di cogliere più a fondo l'avvento di quello che è stato prefigurato come «capitalismo sistemico». Tale forma di capitalismo, infatti, si qualifica per il fatto che la sopravvivenza dell'impresa appare sempre più condizionata non solo dai rapporti contrattuali che è in grado di attivare, ma anche dalla capacità del suo organo di governo di interpretare e governare i rapporti non contrattuali, nonché – come si chiarirà più oltre – di presiedere al complessivo *set* di rapporti intersistemici, con-

---

([25]) Esemplificativa in proposito la previsione del regolamento di Borsa Italiana S.p.A. che impone alla società che voglia quotarsi sul mercato regolamentato di mantenere all'interno della propria struttura organizzativa un soggetto, *investor relator*, che gestisce i rapporti e le comunicazioni con gli investitori.

([26]) L'interdipendenza rappresenta un presupposto fondamentale dell'attività negoziale continuamente svolta sia dagli individui sia dalle organizzazioni. Nelle parole dello Schelling, Premio Nobel per l'economia nel 2005, i rapporti negoziali rappresentano infatti situazioni: «in which the ability of one participant to gain his ends is dependent to an important degree on the choices or decisions that the other participant will make». Cfr. SCHELLING T.C., *The Strategy of Conflict*, Harvard University Press, 1980 (1960[1]), pag. 5.

([27]) In ordine ad una lettura in ottica sistemica dei rapporti di concorrenza, cfr. PICIOCCHI P., SAVIANO M., MEROLA B., "ASV e concorrenza. L'impresa sistema vitale e il problema della individuazione dei concorrenti", in *Esperienze d'impresa*, Serie Speciale, S/1, 2002.

trattuali e non, in un quadro di consonanza globale([28]).

I richiamati rapporti non contrattuali evidenziano, infine, il rilievo che può assumere la formazione del consenso da parte delle entità di contesto attorno al comportamento dell'impresa([29]). Un consenso che va perseguito sulla base di dinamiche interattive relative alle già richiamate interdipendenze indirette([30]).

([28]) L'evoluzione recente dello scenario socio-economico entro il quale le imprese sono chiamate a operare si è qualificata per una progressiva crescita quali-quantitativa delle interdipendenze tra le decisioni e i comportamenti di attori variegati (istituzioni, mercati, imprese), tanto che è stato ipotizzato l'emergere di un «capitalismo sistemico», con le imprese poste «sotto i riflettori», esposte a valutazioni e scrutinio da parte di un novero sempre più ampio di entità: organizzazioni pubbliche, azionisti, investitori, consumatori, professionisti, attivisti ecc. Sul concetto di capitalismo sistemico, cfr. GOLINELLI G.M., "Riforma del diritto societario e governo dell'impresa", Atti del Convegno su *La riforma del diritto societario due anni dopo*, Ordine dei Dottori Commercialisti di Milano, Milano, 25 gennaio 2006; GOLINELLI G.M., "Recenti sviluppi tra economia e finanza nel governo dell'impresa: spunti di riflessione", in *Sinergie,* n. 67, 2005, pag. 13 e segg.

Sul tema, cfr. poi PROIETTI L., "I molteplici significati della «governance»: verso un chiarimento in ottica economico-aziendale", in *Sinergie*, n. 73-74, 2007, pag. 363. Si noti che le richiamate interdipendenze sono peraltro alimentate da fenomeni variegati, sempre di più oggetto di studio e dibattito, quali la globalizzazione dell'economia e della finanza, le esigenze di ammodernamento e razionalizzazione dei sistemi paese e la rapidità e pervasività dei processi di innovazione tecnologica. Sul punto cfr., tra gli altri, COTTA RAMUSINO E., *Imprese e industria finanziaria nel processo di globalizzazione*, Giuffrè, 1998, pag. 7 e segg.

([29]) Sul punto cfr. THOMPSON J.D., *L'azione*, *op.cit.*, pag. 103 e segg. V. anche FAZZI R., *Il governo*, Vol. I, *op.cit.*, a proposito della funzione (di governo) armonizzatrice degli interessi di particolari gruppi di pressione con le esigenze di sopravvivenza e di sviluppo dell'impresa; CODA V., *L'orientamento strategico dell'impresa*, Utet, 1995, pag. 218, ove si afferma che «un problema di consenso nasce in quanto il *consenso reale* di cui l'impresa gode presso i suoi vari interlocutori sociali [...] sia inferiore al *consenso necessario* per realizzare l'indirizzo strategico prescelto»; MASTROBERARDINO P. (a cura di), *Lobbying. Agire tra vincoli*, Edizioni Scientifiche Italiane, 2006; nonché MASTROBERARDINO P., NIGRO C., CALABRESE G., "Lobbying. Potere del soggetto e vincoli istituzionali", in *Economia e Diritto del Terziario*, n. 18, 2006, pagg. 555-590, i quali propongono una visione dell'attore economico come di un soggetto che, nel suo agire intenzionale, è vincolato istituzionalmente, ma non per questo abdica al suo ruolo di attore strategico.

([30]) Significative in proposito le variegate modalità con le quali il sistema istituzionale può tentare di sensibilizzare le imprese sul fronte della tutela ambientale. Rinviando ad altri studi per una disamina più ampia, ci riferiamo in questa sede a quell'impostazione basata sulla creazione del mercato finanziario dei permessi di emissione con i connessi contenuti negoziali, visto quale strumento per conciliare la libertà dell'azione di governo con il conseguimento degli obiettivi di protezione del-

L'ultimo aspetto sottolineato evidenzia, ancora, l'importanza che può assumere il formarsi di un clima di consenso attorno al comportamento dell'impresa([31]). Un consenso che poggia soprattutto su quei rapporti non contrattuali che l'impresa intrattiene non tanto con un singolo interlocutore, quanto piuttosto con la generalità del contesto o sue ampie categorie([32]).

La definizione della struttura specifica, immediato presupposto dell'emergente sistema, sconta in definitiva lo svolgimento di processi negoziali e la conseguente sottoscrizione di contratti, oltre che l'insorgere dei richiamati rapporti non contrattuali. Negoziazioni e rapporti intersistemici, contrattuali e non, pur derivanti dalle primigenie valutazioni dell'organo di governo, sfociano nel livello più squisitamente gestionale del processo decisionale aziendale, pur potendo retroagire, attraverso meccanismi di *feedback*, sulle impostazioni di governo, fa-

---

l'ambiente fisico che progressivamente qualificano le attese del sistema istituzione. Cfr. VAGNANI G., GOLINELLI G.M., PASTORE A., "I rapporti tra sistema istituzionale e imprese nella creazione dei mercati dei permessi di emissione", in CAFFERATA R., MARTELLINI M., VELO D. (a cura di), *Liberalizzazioni, impresa pubblica, impresa d'interesse generale nell'Unione europea*, Il Mulino, 2007, pag. 283 e segg.

([31]) Sul punto cfr. THOMPSON J.D., *L'azione*, *op.cit.*, pag. 103 e segg. V. anche FAZZI R., *Il governo*, Vol. I, *op.cit.*, a proposito della funzione (di governo) armonizzatrice degli interessi di particolari gruppi di pressione con le esigenze di sopravvivenza e di sviluppo dell'impresa; CODA V., *L'orientamento strategico dell'impresa*, Utet, 1995, pag. 218, ove si afferma che «un problema di consenso nasce in quanto il *consenso reale* di cui l'impresa gode presso i suoi vari interlocutori sociali [...] sia inferiore al *consenso necessario* per realizzare l'indirizzo strategico prescelto»; MASTROBERARDINO P. (a cura di), *Lobbying. Agire tra vincoli*, Edizioni Scientifiche Italiane, 2006; nonché MASTROBERARDINO P., NIGRO C., CALABRESE G., "Lobbying. Potere del soggetto e vincoli istituzionali", in *Economia e Diritto del Terziario*, n. 18, 2006, pagg. 555-590, i quali propongono una visione dell'attore economico come di un soggetto che, nel suo agire intenzionale, è vincolato istituzionalmente, ma non per questo abdica al suo ruolo di attore strategico.

([32]) Significative in proposito le variegate modalità con le quali il sistema istituzionale può tentare di sensibilizzare le imprese sul fronte della tutela ambientale. Rinviando ad altri studi per una disamina più ampia, ci riferiamo in questa sede a quell'impostazione basata sulla creazione del mercato finanziario dei permessi di emissione con i connessi contenuti negoziali, visto quale strumento per conciliare la libertà dell'azione di governo con il conseguimento degli obiettivi di protezione dell'ambiente fisico che progressivamente qualificano le attese del sistema istituzione. Cfr. VAGNANI G., GOLINELLI G.M., PASTORE A., "I rapporti tra sistema istituzionale e imprese nella creazione dei mercati dei permessi di emissione", in CAFFERATA R., MARTELLINI M., VELO D. (a cura di), *Liberalizzazioni, impresa pubblica, impresa d'interesse generale nell'Unione europea*, Il Mulino, 2007, pag. 283 e segg.

vorendone una revisione ed inducendo il sistema a ricercare diverse modalità relazionali col contesto.

Si approda così dal governo alla gestione del sistema; nondimeno, anche a questo livello, l'azione di governo è lungi dall'essere esaurita o interrotta, permeando costantemente la sfera della gestione.

A titolo esemplificativo, l'azione di governo promuove una gestione attenta al rischio con lo sviluppo nell'ambito della struttura operativa di una cultura del rischio, così che le impostazioni contrattuali a base dei rapporti con il contesto, alla luce di una meditata valutazione dei variegati rischi a essi sottesi, possano assicurare una dinamica evolutiva del sistema improntata alla creazione di valore. L'azione di governo, inoltre, può in taluni casi spingersi sino alla diretta conduzione di una o più negoziazioni, le quali altrimenti indicherebbero un tipico momento gestionale; tale evenienza si verifica quando le negoziazioni palesino particolare significatività per il vantaggio competitivo dell'impresa. Si tratta, in altri termini, del coinvolgimento diretto dell'organo di governo nell'ambito di negoziazioni chiave per la sopravvivenza dell'impresa.

2.2.4. Il contesto in azione: l'emersione del sistema impresa

Il quarto ed ultimo momento di analisi (livello 4 o del contesto interattivo) non rappresenta un'ulteriore tappa del processo di contestualizzazione, bensì il suo esito finale. I processi di contestualizzazione e, parallelamente, di configurazione strutturale sono approdati alla struttura specifica, espressione del complesso di capacità sottese all'emergere del sistema ed al dispiegarsi della sua dinamica evolutiva.

Con il completamento del processo negoziale, la struttura specifica dell'impresa è configurata e il contesto attivato. Nel momento in cui il sistema entra in azione, i rapporti intersistemici effettivi sono utilizzati, consentendo all'impresa di interagire concretamente con le varie entità del contesto. Le intese, contrattuali o meno, alle quali le negoziazioni sono pervenute risultano dunque in fase di esecuzione, di svolgimento.

Si è definitivamente nella gestione, non più nel governo dell'impresa. L'azione di governo, ovviamente, non cessa di operare; essa, anche sulla base delle eventuali indicazioni provenienti dal continuo monitoraggio della gestione, ripercorre periodicamente per intero o per singoli tratti il processo di contestualizzazione, così come schematizzato in figura 2.1, se del caso effettuando persino valutazioni e selezioni del tutto diverse da quelle in precedenza compiute.

2.2.5. *Considerazioni di sintesi sul processo di contestualizzazione*

Il processo di contestualizzazione inteso quale basilare processo di governo dell'impresa, qualifica l'organo di governo dell'impresa come «demiurgo» del contesto e, di riflesso, artefice primario della struttura aziendale. Dopo la lettura dell'ambiente (livello 1), con la configurazione della struttura ampliata al livello 2, dello schema organizzativo definito e della connessa struttura specifica a livello 3, sino all'emergere del sistema al livello 4, si compie l'organizzazione ed attivazione («*enactment*») del contesto dell'impresa, a partire e sulla base delle valutazioni e delle decisioni dell'organo di governo aziendale([33]).

La ricordata progressione consente anzitutto alla singola entità sistemica di contesto di emergere dallo «sfondo (più o meno) indistinto» dell'ambiente, poi allo specifico rapporto intersistemico tra tale entità (via via specificatasi in una o più sue componenti) e l'impresa di essere prefigurato come potenzialità. Ancora in seguito, il potenziale rapporto intersistemico viene selezionato nel tentativo di renderlo effettivo, tramite l'esperimento di un processo negoziale che, se accompa-

---

([33]) Pur non aderendo al soggettivismo estremo proprio dell'impostazione del Weick, giova richiamare l'«*enactment*» («attivazione»), per la sua valenza evocativa dell'azione di governo nella prospettiva sistemico vitale. Tale concetto è stato formulato dal Weick, assieme a quello di «*sensemaking*» («attribuzione di senso»), per definire un'idea di ambiente come entità non oggettiva o data, bensì continuamente costruita e ricostruita dagli attori organizzativi. Per approfondimenti cfr. WEICK K.E., *Organizzare. La psicologia sociale dei processi organizzativi*, Isedi, 1993 (orig. *The Social Psychology of Organizing*, McGraw-Hill, 1979 (1969[1])); WEICK K.E., *Sensemaking in Organizations*, Sage, 1995. Con riferimento al pensiero del Weick è stato notato che: «il richiamo alla teoria fenomenologica di Berger e Luckmann (1966) è evidente, tuttavia l'*enactment* è un concetto più ampio e in certa misura più estremista, in quanto Weick sostiene che non soltanto la realtà viene percepita in modo soggettivo dall'individuo, ma può anche verificarsi che sia l'individuo stesso a costruire, letteralmente, la propria realtà». Cfr. RAVAGNANI R., "Le teorie fenomenologiche e cognitiviste", in COSTA G., NACAMULLI R. (a cura di), *Manuale di organizzazione aziendale*, Vol. I, *Le teorie dell'organizzazione*, Utet, 1997 (1996[1]), pag. 212. Il riferimento citato è a BERGER P.L., LUCKMANN T., *The Social Construction of Reality: A Treatise in the Sociology of Knowledge*, Doubleday & Company, 1966.

gnato dal successo, conduce ad un'intesa, contrattuale o meno, in grado di attivare definitivamente il rapporto, consentendo l'interazione tra sistema ed entità terza secondo frequenze, intensità e modi più o meno varianti, ma compatibili con l'intesa a monte.

La schematizzazione proposta nella figura 2.1 riposa essenzialmente sulla distinzione tra ambiente e contesto, quest'ultimo a sua volta concepito come reticolo di rapporti diadici prima potenziali, poi effettivi e, infine, in corso di svolgimento o interattivi. Appare doveroso, a questo punto della trattazione, tentare di precisare il legame concettuale tra la menzionata tassonomia e l'impostazione, da lungo tempo adottata negli studi organizzativi e manageriali, che distingue tra ambiente generale («*general environment*») e ambiente specifico («*task environment*»).

Il concetto di ambiente a base del livello 1 del processo di contestualizzazione risulta sostanzialmente coerente con quello di ambiente generale, nel senso che entrambi sono qualificabili come un «dato esogeno», percepito da uno specifico soggetto osservante e composto da «una pluralità di fattori che insistono permanentemente su ogni tipo di organizzazione e, pertanto, su ogni tipo di sistema aziendale (piccolo o grande; privato o pubblico). Tali fattori variano peraltro in funzione del tempo a cagione dello sviluppo tecnico-scientifico; della qualità della legislazione; della stabilità della situazione politica ed economica (nazionale ed internazionale); delle tendenze demografiche; della presenza di condizionamenti ecologici; dello stato della cultura; ovvero della più vasta evoluzione macro-sociale»([34]).

Rispetto a tale idea di ambiente, l'approccio sistemico vitale, per un verso, enfatizza la necessità della precisazione del punto di vista adottato per la sua analisi; per altro verso, evidenzia l'opportunità per il decisore aziendale di rilevare il grado di compimento delle varie en-

---

([34]) Cfr. CAFFERATA R., *Teoria*, *op.cit.*, pag. 262. Analogamente, lo Sciarelli evidenzia che: «l'ambiente può essere inteso come il contesto generale all'interno del quale l'impresa è chiamata a svolgere le sue funzioni. Questo contesto è definito da una serie di condizioni politiche, legislative, sociali, culturali ed economiche, che determinano il sistema di vincoli-opportunità entro cui dovrà trovare sviluppo l'attività aziendale. [...] L'ambiente [...] sul piano teorico può essere scomposto in quattro sub-sistemi generali, ai quali si collegano successivamente dei sotto-sistemi di grado via via inferiore. I sub-sistemi generali sono: il sistema o ambiente politico-istituzionale; il sistema culturale-tecnologico; il sistema demografico-sociale; il sistema economico». Cfr. SCIARELLI S., *Fondamenti di economia e gestione delle imprese*, Cedam, 2004, pag. 18.

tità sistemiche, al fine di volgere verso la successiva qualificazione del contesto dell'impresa.

Sistemi embrionali (quali, ad esempio, i mercati concorrenziali), sistemi in via di compimento (quali, ad esempio, le aggregazioni aziendali reticolari e distrettuali) e sistemi vitali compiuti (quale, ad esempio, un'impresa *leader* e di successo o, in alcuni periodi storici, il sistema finanziario) rappresentano in questo senso una tassonomia di considerevole significato in ordine alla definizione delle aspettative e pressioni cui l'impresa è esposta, dello «scrutinio» cui sono sottoposte le scelte del suo organo di governo e, quindi, in ordine alla configurazione della dotazione strutturale aziendale e delle linee di azione per il governo del sistema impresa([35]).

Il concetto di contesto delineato nei livelli 2-4 è, a sua volta, sostanzialmente coerente con quanto denominato «ambiente specifico» in dottrina. Quest'ultimo è, infatti, definito come «quell'insieme di forze che sono specificamente rilevanti o potenzialmente interessanti nella porzione dell'ambiente generale nel quale l'organizzazione di cui trattasi si trova collocata e stabilisce rapporti [....]. Tali forze devono essere previste nel loro comportamento, nel momento in cui le organizzazioni definiscono le loro strategie (manovre), nonché valutate anticipatamente o, se del caso, assecondate quando si decidono le tattiche organizzative (mosse) e, comunque, rilevate e tracciate nell'attuazione e controllo di strategie e tattiche»([36]).

([35]) Per approfondimenti circa la tassonomia evolutiva dei sistemi vitali richiamata nel testo v. GOLINELLI G.M., *L'approccio*, Vol. I, *op.cit.*, pag. 217 e segg.

([36]) Cfr. CAFFERATA R., "Una interpretazione", *cit.*, pag. 70. In merito ai primi lavori sul concetto di «*task environment*» cfr. DILL W.R., "Environment as an Influence on Managerial Autonomy", in *Administrative Science Quarterly*, n. 4, 1958, pag. 409-443, e DUNCAN R.B., "Characteristics of Organizational Environments and Perceived Environmental Uncertainty", in *Administrative Science Quarterly*, n. 3, 1972, pagg. 313-327. Si noti che il concetto di «*task environment*» equivale, nella sostanza, a quello di «*organization set*» proposto dall'Evan, sebbene quest'ultimo tenda a focalizzarsi sulle entità con le quali l'impresa in qualche modo effettivamente interagisce, trascurando così le relazioni potenzialmente interessanti o rilevanti. Cfr. EVAN W.M., "Toward a Theory of Inter-Organizational Relations", in *Management Science*, n. 10, 1965, pagg. 217-230, in particolare pag. 220. Sul tema cfr. anche il contributo dello Sciarelli, il quale evidenzia che: «Ogni impresa, a seconda dell'attività svolta, dell'area geografica di operatività, della dimensione, della cultura prevalente degli organi di governo, tende a ritagliarsi, nell'ambito del macro-ambiente descritto in precedenza, un ambiente o contesto più specifico in funzione dei rapporti di scambio che andrà ad attivare. Questi riguarderanno sia l'acquisizione delle risorse sia la cessione dei beni

Anche in questo caso, l'approccio sistemico vitale ha il pregio di fornire approfondimenti ed avanzamenti. Esso, infatti:

– enfatizza il ruolo dell'organo di governo nel configurare la porzione di ambiente ritenuta significativa ai fini della creazione di valore;

– scinde il contesto in potenziale, effettivo ed interattivo, ponendolo in corrispondenza con i momenti, rispettivamente, dell'impostazione della struttura ampliata d'impresa, della configurazione della struttura specifica e dell'emergere del sistema vitale;

– coglie nella rilevanza la basilare impostazione per la delineazione del contesto quale reticolo di rapporti diadici anzitutto potenziali([37]);

– individua nella negoziazione, oggetto di approfondimento nel seguito, lo strumento principale per l'approdo al contesto quale reticolo di rapporti diadici effettivi([38]);

---

prodotti e formeranno due micro-ambienti: l'ambiente transazionale e l'ambiente competitivo». Cfr. SCIARELLI S., *Fondamenti, op.cit.*, pag. 24 e segg. Il primo concetto, inizialmente proposto dal Williamson, richiama il complesso delle relazioni di scambio intessute dall'impresa. In quest'ottica, l'ambiente transazionale è tanto più esteso quanto più l'impresa ricorre al mercato piuttosto che alla gerarchia nel coordinamento delle attività economiche. Cfr. WILLIAMSON O.E., *Markets and Hierarchies: Analysis and Antitrust Implications*, The Free Press, 1975. L'ambiente competitivo dipende, invece, dalla scelta delle porzioni di mercato (segmenti e nicchie) nelle quali l'impresa intende agire.

([37]) Si noti che, nell'ambito dell'approccio sistemico vitale, l'entità di contesto che si venga a caratterizzare per una progressiva rilevanza rispetto all'implementazione delle probabilità di sopravvivenza dell'impresa, è qualificata come «sovrasistema». Il concetto di sovrasistema è in parte riconducibile a quello di «*stakeholder*», il quale rappresenta un'entità che si qualifica per essere portatrice di interesse e di potere di influenza rispetto all'attività dell'impresa. Nonostante la rilevata affinità tra i due concetti, occorre tuttavia notare che il concetto di *stakeholder*, a differenza di quello di sovrasistema, non dà conto di come e quanto l'entità di contesto è organizzata e governata, di come e quanto l'entità manifesta aspettative ed esercita pressioni, condizionando così il processo decisionale dell'organo di governo dell'impresa. In merito al concetto di *stakeholder* cfr., per tutti, FREEMAN R.E., *Strategic Management: A Stakeholder Approach*, Pitman, 1984. Quanto osservato appare peraltro confermato dal fatto che una parte qualificata della letteratura sugli *stakeholder* si è interrogata in merito alla necessità di sviluppare una metodologia di profilazione dei portatori di interesse, onde rendere maggiormente operativo il concetto di *stakeholder* nel governo dell'impresa. Sul punto cfr. MITCHELL R.K., AGLE B.R., WOOD D.J., "Toward a Theory of Stakeholder Identification and Salience: Defining the Principle of Who and What Really Counts", in *Academy of Management Review*, n. 4, 1997, pagg. 853-886.

([38]) Sulla negoziazione, v. *infra*, Capitolo III.

– conferma l'importanza della consonanza, sia diadica che globale o di contesto, nella valutazione dell'appropriatezza e sostenibilità del contesto delineato. La consonanza, *in primis* diadica, viene a rappresentare, assieme al beneficio competitivo atteso, il fondamentale *driver* che guida il governo del sistema impresa; l'adeguato contemperamento di tali *driver* trova esplicitazione nella ricerca della consonanza di contesto, con la sua sottesa attenzione al rischio che permea la complessiva dinamica evolutiva dell'impresa([39]).

Ecco dunque che il processo di contestualizzazione sconta una duplice prospettiva di analisi. Accanto alla ricordata angolazione diadica, sussiste una visione globale o di contesto, secondo cui il complessivo rapporto tra il sistema impresa e tutte le varie entità del contesto può essere interpretato come un continuo e mutuo adattamento. Adattamento che, scandendo i passaggi di stato del sistema, risulta, in ogni istante, funzione del determinismo ambientale e della capacità di influenza dell'impresa: il primo condiziona e vincola l'attività dell'impresa palesandone la dipendenza dalle entità esterne; la seconda è tesa a condizionare le entità esterne e a creare l'autonomia del sistema focalizzato rispetto alla realtà circostante([40]).

Rinviando considerazioni più articolate sulla prospettiva di contesto alla seconda parte del successivo Capitolo III, viene qui approfondita la prospettiva squisitamente diadica, limitatamente ai primi due livelli del processo di contestualizzazione. Il terzo momento, incentrato sull'attività di negoziazione, con le connesse implicazioni anzitutto a livello di consonanza diadica con la specifica controparte negoziale, è invece trattato nella prima parte del ricordato Capitolo III.

([39]) In merito alla consonanza diadica e di contesto, cfr. *infra*, Capitolo III.

([40]) In questa dinamica interazione tra forze del contesto e capacità innovativa dell'impresa, il divenire di quest'ultima «può risultare o trainato e addirittura dominato dalle vicende ambientali che gli amministratori sono costretti a subire (*causalità naturale*); oppure, al contrario, può essere ben rispondente ai precisi disegni deliberatamente posti dagli amministratori stessi [...] pur in presenza di un'ampia e imprevedibile varietà di turbolenze ambientali (*causalità creativa*)»: così CECCANTI G., "La razionalità della direzione per obiettivi" in *Note Economiche*, n. 3, 1974. Cfr. anche CECCANTI G., "Dalla tecnica economica alla tecnica imprenditoriale", in *Finanza Marketing e Produzione*, supplemento al n. 4, 1994, pag. 80 e CECCANTI G., *Corso*, Vol. I, *op.cit.*, 1996, pag. 4. V. ancora HREBINIAK L.G., JOYCE W.F., "Organizational Adaptation: Strategic Choice and Environmental Determinism", in *Administrative Science Quarterly*, n. 3, 1985, pagg. 336-349; CAFFERATA R., *Sistemi, op.cit.*, pag. 130 e segg.

2.3. GRADO DI COMPIMENTO SISTEMICO E RILEVANZA SISTEMICA: UN MODELLO DI SUPPORTO NELLA INSTAURAZIONE DEL RAPPORTO DIADICO

Come accennato nel corso dei paragrafi precedenti, il processo di contestualizzazione può essere supportato nel suo tratto iniziale, consistente nella lettura dell'ambiente e nella delineazione del contesto quale reticolo di rapporti diadici anzitutto potenziali, da apposite impostazioni. Nell'approccio sistemico in questa sede adottato, assume fondante rilievo il modello incentrato sul grado di compimento sistemico e sulla rilevanza sistemica.

Giova chiarire già ora le principali caratteristiche di modello nel seguito illustrato in dettaglio:

– grado di compimento sistemico e rilevanza sistemica sono definiti ricorrendo al concetto di variabile o «costrutto latente multidimensionale» di «tipo aggregato», ossia carattere non direttamente osservabile nella realtà empirica, bensì interpretabile come composizione o combinazione delle diverse dimensioni che lo qualificano. Sia la compiutezza che la rilevanza sistemica è dunque il frutto di un giudizio di valore formulato dall'organo di governo del sistema impresa sulla base dell'analisi di altre variabili (o dimensioni), manifeste o, in qualche caso, anch'esse latenti. In quest'ultima ipotesi occorre individuare, in modo iterativo, ulteriori variabili manifeste che possano spiegare quelle latenti, sino a conseguire una adeguata comprensione del costrutto di fondo indagato (il compimento ovvero la rilevanza sistemica)([41]);

([41]) Secondo un'impostazione consolidata nella metodologia delle ricerche sociali, le variabili possono essere distinte in latenti, o non osservate, e osservate, ovvero direttamente osservabili. Per approfondimenti, cfr. ampiamente CORBETTA P., *Metodi di analisi multivariata per le scienze sociali*, Il Mulino, 1992; BAGOZZI R.P., *Causal Models in Marketing*, Wiley, 1980; BAGOZZI R.P., "Structural Equation Models in Marketing Research: Basic Principles", in BAGOZZI R.P. (a cura di), *Principles of Marketing Research*, Blackwell, 1994. Cfr. Inoltre EDWARDS J.R., BAGOZZI R.P., "On the Nature and Direction of Relationships Between Constructs and Measures", in *Psychological Methods*, n. 2, 2000, pagg. 156-157, i quali precisano che «A *construct* is a conceptual term used to describe a phenomenon of theoretical interest». I costrutti possono avere un'unica dimensione, o più dimensioni. In quest'ultimo caso si parla di costrutto multidimensionale e su tale fattispecie ragioneremo nelle pagine seguenti. Al riguardo, è opportuno sottolineare che avvalendosi dell'analisi per costrutti si può procedere nella qualificazione degli stessi attraverso due modelli tra loro alternativi: quello «di tipo aggregato» e quello «latente». Nel primo il costrutto è la combinazione, o se si vuole il risultato, delle sue dimensioni; nel secondo, invece, ogni dimensio-

– ancorché interagenti e talora correlati, compimento e rilevanza sistemiche sono due costrutti distinti e di diversa utilità per l'organo di governo dell'impresa;

– laddove il grado di compiutezza di un'entità sistemica può essere analizzato in modo sostanzialmente obiettivo, astratto e generale, la rilevanza sconta l'ipotesi o la concreta esistenza di un rapporto diadico tra l'entità di contesto osservata ed un altro sistema considerato dall'osservatore (nel nostro caso, l'impresa di cui l'organo di governo è a capo);

– nel livello 2 del processo di contestualizzazione, la rilevanza è ancora *ex ante* o potenziale, ossia attesa e presunta dall'osservatore sulla base di una valutazione previsionale del rapporto intersistemico, mentre a partire dal livello 3 la rilevanza diventa *ex post* o effettiva;

– la rilevanza può essere ancora valutata vuoi rispetto all'entità ambientale complessivamente considerata (ad esempio, il sistema finanziario), vuoi rispetto ad una sua componente (ad esempio, una specifica banca) ritenuta interessante sotto il profilo relazionale e, quindi, inserita nella struttura ampliata quale potenziale interlocutore diretto dell'impresa([42]).

2.3.1. Il grado di compimento sistemico

Il grado di compimento, che attiene alla qualificazione più o meno sistemica di un'entità osservata dall'impresa, viene di seguito analizzato con riferimento sia ad una generica entità di contesto (un sovrasistema ovvero una sua componente) sia alle due macrocomponenti dell'organo di governo e della struttura operativa qualificanti detta en-

---

ne è una diversa manifestazione del costrutto, che dunque causa le proprie dimensioni. Cfr. RAIMONDO M.A., "I principi dell'analisi causale e la definizione dei costrutti", *I modelli di equazioni strutturali con Lisrel*, Summer School 24-28 luglio 2006. Come accennato, cercheremo di spiegare, o meglio ipotizzeremo, che la rilevanza sia descrivibile attraverso un «modello aggregato». Con specifico riguardo all'approccio sistemico vitale e allo studio dell'impresa e del suo contesto, cfr. LIGUORI M., IANNUZZI E., "Un modello di analisi per la definizione del grado di compimento dei sistemi vitali", in BARILE S. (a cura di), *L'impresa*, *op.cit.*, pag. 136.

([42]) Sul punto, cfr. BARILE S., NIGRO C., TRUNFIO M., "Problematiche metodologiche per la qualificazione del modello della rilevanza dei sovrasistemi", in BARILE S. (a cura di), *L'impresa come sistema. Contributi sull'Approccio Sistemico Vitale (ASV)*, Giappichelli, 2006, pag. 105 e segg.

tità. Macromponenti che per le loro caratteristiche e le relazioni tra loro intercorrenti determinano il grado di compimento dell'entità osservata.

In questo senso, nelle impostazioni a base del nostro lavoro la valutazione del grado di compimento dell'entità osservata dall'impresa, con i riflessi sottesi sulla relazione instaurata o potenziale, è fondata sull'osservazione della presenza combinata, nell'entità osservata, di un organo di governo e di una struttura operativa e della loro capacità di indirizzo del sistema([43]). In altri termini, l'organo di governo dell'impresa analizza le entità circostanti (fornitura, reti di distribuzione, operatori finanziari, intermediari creditizi, proprietà, clienti, consumo, sistemi settoriali, gruppi di imprese, pubblica amministrazione, centri di ricerca, territori ecc.) al fine di comprendere se esse sono (più o meno) governate e/o auto-organizzate.

L'osservazione della variabile combinazione di queste due dimensioni consente di:

– studiare l'evoluzione delle entità di contesto, le quali assumeranno configurazione di sistema embrionale, in via di compimento o compiuto a seconda della presenza al proprio interno di un organo di governo e di una struttura operativa e dell'intensità con la quale essi si compongono nel tempo. Significativa, in proposito, la dinamica che ha caratterizzato nel tempo il grado di compimento dei sistemi finanziario, del consumo, del risparmio e territoriale in relazione all'evoluzione del contesto ed al ruolo dei rispettivi organo di governo e struttura operativa, con le loro relazioni ed interazioni. Riservandoci di approfondire successivamente la specifica dinamica del sistema finanziario, vogliamo qui sottolineare la crescente qualificazione in senso sistemico del «mercato» del consumo e del risparmio, dalla cui struttura, sempre più relazionata e capace di processi di auto-organizzazione nelle sue varie componenti, emergono repentinamente specifici sistemi *ad hoc*, in grado di incidere significativamente su esigenze, *desiderata* e rivendicazioni di consumatori e/o risparmiatori al ricorrere di sollecitazioni esterne (come nel caso del lancio di prodotti difettosi o dannosi per il consumatore o dell'intermediazione di strumenti finanziari più rischiosi di quanto concretamente comunicato al mercato),

---

([43]) In merito alla già citata tassonomia evolutiva dei sistemi vitali, che in ragione del diverso grado di compimento distingue le entità di contesto in sistemi embrionali, sistemi in via di compimento e sistemi compiuti, v. GOLINELLI G.M., *L'approccio*, Vol. I, *op.cit.*, pag. 217 e segg.

dissolvendosi con altrettanta velocità una volta attuato il piano di risposta alla crisi connessa alla specifica sollecitazione esterna([44]);

– comprendere, con riguardo ad una data entità di contesto di ordine L+1, chi siano gli interlocutori chiave (ossia le componenti di ordine L dell'entità considerata) con i quali interagire al fine di migliorare la qualità del rapporto con la complessiva entità di contesto. Prevedere, infatti, che un sistema esterno possa evolvere verso la compiutezza può consentire all'impresa di individuare chi, esponente dell'ente osservato, fungerà da guida dell'evoluzione stessa. Tale soggetto esprimerà, nella sostanza, la finalità dell'ente osservato e promuoverà l'armonizzazione delle motivazioni delle varie sue componenti, definendone pertanto le strategie di sviluppo. Capire per tempo che questo soggetto assurge a organo di governo dell'entità di contesto osservata fornisce, dunque, all'impresa il vantaggio di concentrare l'intensità dell'investimento relazionale su tale componente *leader*, migliorando, a parità di altre condizioni, la qualità del complessivo rapporto intersistemico;

– agevolare l'analisi della rilevanza, intesa, sotto un profilo generale, come la significatività che l'organo di governo attribuisce alla considerata entità ai fini dell'instaurazione di un rapporto diadico tra quella e l'impresa([45]). Va infatti notato che la ricerca di opportuni rapporti diadici per l'impresa mostra di norma, maggiori spazi di manovra nei confronti dei sistemi a minore grado di compimento. Si pensi alla molteplicità di forme che le reti logistiche e di *marketing* di un'impresa possono assumere nei rapporti con il sistema della fornitura e con quello del consumo – rispetto a quanto accade nei confronti di sistemi relativamente compiuti – quale, ad esempio, una grande impresa *leader* o il sistema finanziario – le cui pressioni determinano spesso processi di isomorfismo tra le imprese([46]).

Il grado di compimento sistemico di un'entità di contesto può

([44]) Sulla qualificazione sistemico vitale del sistema finanziario e sull'evoluzione del suo grado di compimento nel tempo, v. *infra*, Capitolo V. In merito alle peculiarità della dinamica del sistema del consumo, v. MASTROBERARDINO P. (a cura di), *Il consumo. Assetto strutturale e dinamica sistemica*, Edizioni Scientifiche Italiane, 2005, pag. 80 e segg. e RICOTTA F., *L'innovazione nella politica del consumatore. Teorie ed evidenze empiriche nella prospettiva sistemica*, Cedam, 2004.

([45]) Sulla rilevanza sistemica e sulle sue differenze, anzitutto sul piano concettuale, con la compiutezza sistemica, cfr. *infra*, paragrafo 2.3.2.

([46]) Per quanto attiene ai processi di isomorfismo e alle connesse teorie neoistituzionaliste, cfr. *infra* Capitolo IV, paragrafo 4.8.2.

dunque essere rilevato ed analizzato facendo ricorso ad una combinazione di variabili, anch'esse latenti, quali:

– il «grado di compimento dell'organo di governo»;

– il «grado di compimento della struttura operativa».

L'esame di ciascuna variabile può essere ulteriormente sviluppato impiegando una duplice chiave di lettura([47]):

– la prima, di natura statica ovvero strutturale, volta a delineare la trama delle relazioni tra le componenti dell'entità osservata;

– la seconda, di tipo dinamico, processuale e, dunque, sistemico, incentrata sulle *performance* delle singole componenti e dell'ente nel suo insieme, sulle dinamiche che le hanno generate e sulle finalità che le hanno motivate.

La figura 2.2 propone uno schema di sintesi dei costrutti impiegati per lo studio del grado di compimento sistemico di un'entità di contesto([48]).

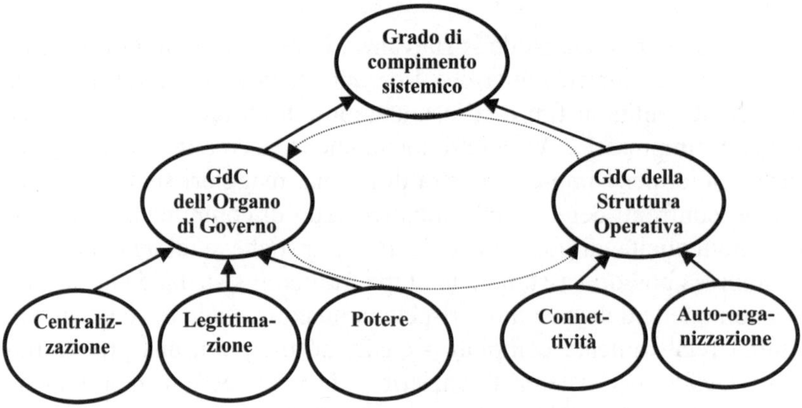

FIG. 2.2 – *Modello di analisi del grado di compimento sistemico* (fonte: elaborazione personale).

([47]) Cfr. BARILE S., SAVIANO M., "Elementi di qualificazione del pensiero sistemico", in BARILE S. (a cura di), *Contributi sul pensiero sistemico in economia d'impresa*, Collana Arnia, Wm. Editore, 2000, pag. 43 e segg.; GOLINELLI G.M., *L'approccio*, Vol. I, *op.cit.*, pagg. 216-217.

([48]) Molte delle variabili indicate in Fig. 2.2 sono state usate per analizzare la natura più o meno sistemica delle destinazioni turistiche, anche se in una prospettiva teorica alquanto dissimile. Per approfondimenti, cfr. BONETTI E., SIMONI M., PETRILLO C.S., "Tourism System Dynamics: a Multi-Level Destination Approach", in LAZZARETTI L., PETRILLO C.S. (eds.), *Tourism Local Systems and Networking*, Elsevier, 2006, pagg. 118-122.

Giova precisare che le variabili considerate possono variare significativamente nel tempo, determinando l'evoluzione dell'entità stessa da uno stato di sistema embrionale ad uno di sistema in via di compimento sino ad uno di sistema compiuto e viceversa. Da ciò l'esigenza di reiterare periodicamente l'analisi, monitorando le dinamiche di contesto.

2.3.1.1. Il grado di compimento dell'organo di governo

Il grado di compimento dell'organo di governo può essere inteso come una variabile continua compresa tra due estremi rappresentativi di altrettanto opposte situazioni:

– assenza totale di un organo di governo. Si pensi, ad esempio, ad un mercato di approvvigionamento di fattori produttivi caratterizzato da un regime di concorrenza perfetta in cui nessuno dei singoli operatori può influire sulla dinamica evolutiva del mercato stesso;

– presenza di un organo di governo capace di condurre verso il conseguimento di obiettivi, scopi e finalità l'entità osservata nel suo insieme. Si pensi, in questo caso, ad una rete di *franchising* in cui il *franchisor* determina le modalità e le regole di adesione alla rete delle singole imprese *franchisee*, nonché le scelte di governo della rete nel suo complesso([49]).

Al tendere di tale variabile al secondo estremo, cioè piena presenza di un organo di governo, l'entità focalizzata evolverà prima verso configurazioni di sistema in via di compimento e poi di sistema compiuto([50]).

([49]) «Se consideriamo il franchising come un sistema reticolare, indubbiamente l'organizzazione del franchisor o affiliante rappresenta l'impresa guida, con il compito di definire obiettivi e comportamenti che permettano la realizzazione di progetti e risultati connotati da efficacia ed efficienza. L'affiliante diventa un punto di riferimento e di convergenza, ove gli apporti delle unità affiliate (franchisee) in termini di capitali, di conoscenza delle realtà locali, di condivisione del rischio originano un forte effetto sinergico. La sua è una posizione baricentrica, che deriva dal realizzare un più elevato valore aggiunto complessivo tramite il coordinamento delle sue attività con quelle delle unità affiliate». Cfr. AMOROSO M., BONANI G., GRASSI P., *Il franchising. Valutare, organizzare e gestire un'attività in franchising*, Il Sole 24Ore, 2001, pag. 87.

([50]) Per alcune significative considerazioni ed esemplificazioni sulle traiettorie

La valutazione del grado di compimento dell'organo di governo di un sistema può essere effettuata, nella duplice prospettiva, strutturale e sistemica, richiamata in precedenza. In tale ottica, è possibile comprendere il grado di compimento dell'organo di governo di un'entità di contesto esaminando:

– la «centralizzazione» dell'entità osservata;

– la «legittimazione» riconosciuta alla componente focale dalle altre componenti dell'entità analizzata;

– il «potere» esercitato ed esercitabile dalla componente focale nei confronti delle restanti componenti dell'entità in oggetto.

La centralizzazione attiene alla prospettiva di analisi strutturale, nell'ambito della quale occorre incentrare l'attenzione sulla posizione e sul ruolo ricoperti all'interno dell'entità osservata da quella che possiamo definire come «componente sistemica focale», responsabile del disegno strategico ed organizzativo dell'intera entità analizzata e, pertanto, identificabile quale organo di governo della stessa. Si tratta, in altri termini, di valutare se l'entità oggetto d'esame possieda o meno un «baricentro strategico»([51]): si pensi, ad esempio, ad una rete (o un distretto) di imprese, che può essere più o meno connotata dalla presenza di un'impresa guida; alla proprietà di una società per azioni quotata in borsa, dotata o meno di un azionista di riferimento; ad un sistema turistico locale in cui l'assetto di *governance* può essere del tutto spontaneo ovvero centrato su di una specifica componente sistemica del territorio (un consorzio di operatori locali della filiera turistica, una *destination management organization* o DMO ecc.); alla differenza tra sistemi finanziari qualificati dalla presenza di una banca centrale (come la BCE nel sistema comunitario europeo) ed altri nei quali tale componente è ad una fase di mero studio (come in Africa).

Scopo dell'analisi in ottica strutturale della centralizzazione è, dunque, comprendere se l'entità di contesto analizzata risulti più o meno centrata su di una specifica componente. Al fine di rilevare la centralizzazione di un'entità di contesto, si può far ricorso al contributo teorico e metodologico sviluppato dalla *Social Network Analysis*, secondo cui la centralizzazione esprime quanto una rete di attori e re-

---

evolutive di entità sistemiche, cfr. GOLINELLI G.M., *L'approccio* Vol. I, *op.cit.*, pag. 222 e segg.

([51]) In ordine al concetto di baricentro strategico, cfr. LORENZONI G., BADEN-FULLER C., "Creating a Strategic Center to Manage a Web of Partners", in *California Management Review*, n. 3, 1995, pagg. 146-163.

lazioni sociali risulti centrata intorno ad un suo nodo o attore, il quale assume il ruolo di componente focale([52]).

Giova osservare che l'adozione della *Social Network Analysis* è coerente e compatibile con l'approccio sistemico in questa sede adottato se e in quanto si assume che qualsiasi entità sistemica, ivi compresa la stessa impresa, sia concepibile, dal punto di vista strutturale, come un insieme più o meno articolato di componenti e relazioni tra componenti e, più precisamente, come una rete (*network*) di attori e di relazioni sociali, ove gli attori qualificano entità semplici (singoli individui) e/o collettive (gruppi, organizzazioni, istituzioni).

La valutazione della centralizzazione di una rete viene effettuata, di norma, attraverso l'impiego di diverse misure di «centralità»([53]). La centralità di un attore all'interno di una rete esprime il peso delle relazioni di cui esso è destinatario o promotore, rispetto a quelle possibili([54]). Una componente è, quindi, centrale nell'ambito di una rete di re-

---

([52]) «Uno degli usi principali della teoria dei grafi nella Social Network Analysis consiste nell'identificazione degli attori più importanti di una rete sociale». Cfr. WASSERMAN S., FAUST K., *Social Network Analysis*, Cambridge University Press, 1998, pag. 169. La *Network Analysis* ha trovato largo impiego nell'economia d'impresa, soprattutto, ad opera della cosiddetta Scuola Bolognese con particolare riferimento allo studio delle reti di imprese e dei distretti industriali. Essa viene utilizzata anche per valutare le relazioni organizzative all'interno di una singola impresa.

([53]) Sul punto cfr. LIPPARINI A. "Sistemi territoriali e comunità interorganizzative", in LOMI A. (a cura di), *L'analisi relazionale delle organizzazioni*, Il Mulino, 1997, pag. 282. La letteratura sui *social networks* ha discusso sul concetto di centralità in maniera accesa per molti anni, risultando non poco faticoso il conseguimento di una definizione e di una misurazione condivise. Il momento di rottura si è avuto, soprattutto, con i contributi di Sabidussi (1966) e di Freeman (1977, 1979), i quali – oltre a fornire delle concettualizzazioni della centralità divenute punto di partenza delle ricerche di molti altri studiosi – hanno avviato la declinazione del concetto stesso in ulteriori formulazioni con annessi indici di misurazione per studiare la popolarità, il prestigio, l'importanza ecc., di un attore all'interno di una rete sociale. Per approfondimenti, cfr. SABIDUSSI G., "The Centrality Index of a Graph", in *Psychometrika*, vol. 31, n. 4, 1966, pagg. 581-603; FREEMAN L.C., "A Set of Measures of Centrality Based on Betweenness", in Sociometry, vol. 40, n.1, 1977, pagg. 35-41; FREEMAN L.C., "Centrality in Social Networks: Conceptual Clarification", in *Social Networks*, n. 1, 1979, pagg. 215-239. Cfr. inoltre FRIEDKIN N.E., "Theoretical Foundations for Centrality Measures", in *American Journal of Sociology*, Vol. 96, n. 6, 1991; BURT R.S., *Structural Holes: the Social Structure of Competition*, Harvard University Press, 1992; WASSERMAN S., FAUST K., *Social, op.cit.*

([54]) Cfr. GOLINELLI G.M., GATTI M., VAGNANI G., "Dalla struttura al sistema: elementi per una riflessione sui confini, i rapporti con la proprietà, la flessibilità e l'elasticità dell'impresa", in GOLINELLI G.M., *L'approccio sistemico al governo dell'im-*

lazioni nel momento in cui essa risulta destinataria o promotrice del maggior numero di relazioni tra quelle attivate tra tutte le componenti della rete.

Se si individua una componente centrale all'interno dell'entità di contesto analizzata, allora si può ipotizzare, in prima istanza, che tale componente ne rappresenti il relativo baricentro strategico([55]). Ad esempio, con riferimento ad una rete di imprese, si potrebbe rilevare la presenza di un'impresa con elevata centralità in quanto promotrice e/o destinataria del maggior numero di relazioni tra quelle attivate nella rete stessa. Essa, quindi, potrebbe configurarsi come l'impresa guida della rete([56]). La rete, a sua volta, sarebbe caratterizzata da elevata centralizzazione. Non è detto, peraltro, che tale componente costituisca effettivamente l'organo di governo dell'entità considerata. L'impresa inizialmente ritenuta centrale potrebbe, infatti, fungere semplicemente da centro di stoccaggio e di distribuzione dei semilavorati della rete di imprese osservata, non svolgendo in realtà alcuna funzione di governo; mentre un'altra impresa, collegandosi semplicemente ad un numero ristretto di componenti della rete alle quali demanda il compito di diffondere le decisioni strategiche sull'evoluzione della rete stessa, potrebbe governare nel concreto il *network*([57]). Si può facilmente intuire che il menzionato limite degli indicatori di centralità è

---

presa, Vol. III, Cedam, 2002, pag. 41. La definizione di centralità utilizzata è qualificabile come *degree centrality*, ossia il «numero di relazioni incidenti sull'attore/numero massimo possibile di relazioni». Cfr. SODA R., *Reti tra imprese*, Carocci, 1998, pag. 107. Essa costituisce la più semplice ed intuitiva tra le molteplici misure di centralità proposte in letteratura.

([55]) «Una posizione di centralità facilita ed accelera il flusso di *asset* e di informazioni, aumenta lo *status* ed il prestigio, il potere, l'accesso a risorse esterne e, in ultima analisi, crea asimmetrie in termini di risorse. A loro volta, il maggiore *status* e potere facilitano l'accesso ad ulteriori risorse ed opportunità». Cfr. LIPPARINI A., *La gestione strategica del capitale intellettuale e del capitale sociale*, Il Mulino, 2002, pag. 121.

([56]) In ordine al concetto di impresa guida, cfr. LORENZONI G., *L'architettura di sviluppo delle imprese minori*, Il Mulino, 1990; LOMI A., LORENZONI G., "Impresa guida e organizzazione a rete", in LORENZONI G. (a cura di), *Accordi, reti e vantaggio competitivo*, Etaslibri, 1992.

([57]) «Quanto più siamo in presenza di relazioni multiple tanto più la densità dei rapporti del centro si riduce, senza perdere peraltro la posizione di centralità che si esercita su relazioni essenziali e lasciando che lo sviluppo non "intasi" il centro ma venga sostenuto anche dai nodi». Cfr. LORENZONI G., "Le reti interimpresa come forma organizzativa distintiva", in LOMI A. (a cura di), *L'analisi*, *op.cit.*, pag. 209.

tanto più significativo con riguardo ad entità sistemiche di contesto ben più complesse di una rete di imprese, quali, ad esempio, il sistema finanziario, quello del consumo, i sistemi territoriali ecc.

L'impiego delle più semplici misure di centralità può, dunque, non bastare per valutare, sempre in ottica strutturale, la presenza o meno di un organo di governo; diviene, quindi, opportuno avvalersi di indicatori di «prominenza», più idonei ad esprimere la concreta importanza di un attore nella rete analizzata. A differenza della centralità, la prominenza pondera il numero di relazioni che lega ciascuna componente con le altre, con riferimento alla centralità di queste ultime. Vale a dire che la prominenza di una componente all'interno di un *network* considera anche il grado di centralità delle componenti cui essa è direttamente o indirettamente collegata. In questo modo, è possibile qualificare come prominente una componente che abbia anche un numero ridotto di relazioni, essendo queste ultime attivate con attori ad elevata centralità([58]).

Il concetto di prominenza assume particolare rilievo nell'approccio sistemico. Esso, infatti, consente di esplicitare come l'organo di governo di un'entità sistemica di contesto, nel guidarne la dinamica evolutiva, possa rapportarsi con un numero anche molto ridotto di componenti della struttura operativa, avvalendosi di meccanismi di delega che garantiscono una maggiore efficacia ed efficienza della comunicazione organizzativa all'interno dell'entità di contesto stessa, similmente a quanto accade nelle imprese.

La prominenza, quindi, completa l'analisi strutturale del grado di compimento dell'organo di governo delle entità di contesto, permettendo di formulare ipotesi maggiormente fondate sulla sua intensità.

> Esemplificativo al riguardo è il caso del *master franchising*, ossia di una peculiare formula di *franchising* impiegata soprattutto nelle strategie di inter-

---

([58]) Esistono due misure mediante le quali esprimere quella che abbiamo definito prominenza di una componente: l'*Eigenvector Centrality* – proposta da Sileey nel 1949 e successivamente migliorata da Katz nel 1953 e da Bonacich nel 1972 – e la *Bonacich Power Centrality*, formulata dallo stesso Bonacich, sempre nel 1972, come sviluppo teorico della prima. Entrambe risultano basate su algoritmi matematici ricorsivi che consentono di esplicitare l'importanza di una componente in funzione della centralità delle componenti con le quali la prima risulta collegata. Per approfondimenti, cfr. WASSERMAN S., FAUST K., *Social, op.cit.*; SCOTT J., *L'analisi delle reti sociali*, Carocci, 2003.

nazionalizzazione, fondata sull'interposizione di uno o più *master franchisee* (detto anche *sub-franchisor* o affiliato principale) – generalmente uno per paese o area territoriale – tra il *franchisor* (qualificato in tale fattispecie *master franchisor* o affiliante) ed i *franchisee*, con lo scopo di avvalersi della maggiore conoscenza dello specifico territorio detenuta dal *master franchisee* e di ottimizzare in termini di distribuzione e di controllo i rapporti tra il centro e la periferia della rete di *franchising*([59]). Laddove il numero di *franchisee* dovesse diventare particolarmente consistente a fronte di un ben più ridotto numero di *master franchisee*, come di norma accade, questi ultimi acquisirebbero un livello di centralità (calcolata in termini di *degree centrality*) di certo superiore a quello del *master franchisor*. L'affiliante, infatti, avrà legami quasi esclusivamente con i *master franchisee*, mentre ciascuno di questi – oltre ad essere collegato con il *master franchisor* – rappresenterà il centro degli innumerevoli legami con la pluralità di *franchisee* della sua area di competenza. Ad una prima lettura, la rete potrebbe quindi rivelarsi multi-polare, ossia contraddistinta da più nodi con elevata centralità (i *master franchisee*), non risultando, pertanto, centrale proprio il *master franchisor*. Osservando la medesima rete attraverso il concetto di prominenza, è facile constatare come il *master franchisor* costituisca, invece, la componente di maggiore rilievo, in quanto è l'unica direttamente collegata con tutti i *master franchisee*, ossia le componenti della rete che registrano la più alta centralità in termini di relazioni esistenti. In ottica strutturale, dunque, il *master franchisor* si qualifica come il baricentro strategico della rete proprio alla luce del concetto di prominenza, pur essendo il fulcro di un numero ridotto di relazioni rispetto ai vari *master franchisee*.

Le altre due dimensioni che determinano il grado di compimento dell'organo di governo di un'entità di contesto – «legittimazione» e «potere» – attengono, invece, alla prospettiva sistemica. Esse integrano i risultati dell'analisi di stampo strutturale confermando o meno, in un'ottica dinamica, che la componente su cui risulta centrata l'entità osservata ne sia effettivamente l'organo di governo.

La legittimazione qualifica il consenso basato sulla fiducia riconosciuto alla componente focale dalle altre componenti. Maggiore è il livello di legittimazione tributato dalle altre componenti dell'entità osservata a quella che ne rappresenta il baricentro strategico, più elevata è – a parità di altre condizioni – la probabilità che quest'ultima assuma

---

([59]) Cfr. AMOROSO M. "Internazionalizzazione e franchising", in AMOROSO M., QUATTROCIOCCHI B. (a cura di), "Analisi del sistema franchising nel territorio nazionale: la propensione all'internazionalizzazione delle reti italiane", in *Sinergie. Rapporti di ricerca*, n. 14, 2003, pagg. 119-121; AMOROSO M., BONANI G., GRASSI P., *Il franchising*, *op.cit.*, pagg. 309-313.

ruolo e funzioni di governo dell'entità di contesto.

Conformemente a quanto sostenuto in letteratura, il consenso è in questa sede inteso come approvazione complessiva della condotta della componente focale da parte delle restanti componenti dell'ente osservato; la fiducia, nutrita dalle componenti dell'entità osservata nei confronti della componente focale, costituisce una delle principali determinanti della stabilità e della collaborazione nei rapporti all'interno dell'entità stessa([60]).

Il processo ideale che genera la legittimazione della componente focale dell'ente osservato da parte delle restanti componenti è attivato dalla consapevolezza di queste ultime circa la volontà e la capacità della componente focale di guidare e rappresentare l'aggregato nelle sue dinamiche interne ed esterne con un'azione di governo condivisa([61]).

Con riferimento al precedente *box* esemplificativo, è possibile rilevare come, nel caso di una rete di *franchising*, il livello di legittimazione attribuito dalle altre componenti della rete – le imprese *franchisee* ed i *master franchisee* – alla componente focale – l'impresa *master franchisor* – sia, di norma, molto elevato in quanto i primi riconoscono pienamente al *master franchisor* la capacità di guidare l'evoluzione della rete nel suo complesso, difendendo per tale via gli interessi individuali, ossia di tutte le componenti del sistema di *franchising*, proprio attraverso la tutela di quelli collettivi del *network*. In tale ottica, i principali fattori abilitanti del consenso, della fiducia e

([60]) «La fiducia è una forma di conoscenza, che consente un minor numero di dati necessari per effettuare una qualunque scelta. [...]. L'attuale complessità delle imprese e dei sistemi economici, oltre che di quelli politici, tecnologici e sociali, rende critico il tema della fiducia». Cfr. VICARI S., *L'impresa vivente. Itinerario di una diversa concezione*, Etas, 1991, pag. 78. Molteplici sono le definizioni mono e pluridimensionali della fiducia. Per un'analisi critica delle stesse, cfr. RAIMONDO M.A., "La misurazione della fiducia negli studi di marketing: una rassegna di modelli e metodologie (1ª Parte)", in *Finanza, Marketing e Produzione*, n. 2, 2000, pag. 124 e segg. In ordine ad un'analisi del rilievo della fiducia nei rapporti intersistemici, v. GIACCONE S.C., "Il ruolo della fiducia nelle relazioni di fedeltà", in FARACI R., GALVAGNO M., GIACCONE S.C. (a cura di), *La fedeltà nelle relazioni tra impresa e mercato. Fondamenti concettuali ed implicazioni manageriali*, Giappichelli, 2007, pag. 127 e segg.

([61]) Cfr. RESCINITI R., "Coordinamento, fiducia e potere nella logistica tra industria e distribuzione", in *Industria & Distribuzione*, n. 2, 2001, pag. 42.

della legittimazione sono rappresentati dall'implementazione, da parte del *franchisor*, di meccanismi di coinvolgimento, collaborazione ed assistenza nei confronti di tutte le imprese affiliate alla rete([62]).

Accanto alla legittimazione attribuita alla componente focale, è necessario analizzare anche il potere esercitato ed esercitabile da parte di quest'ultima, ossia la possibilità e la capacità di indirizzare e controllare le attività poste in essere dalle altre componenti, regolamentando il flusso di risorse e di informazioni che proviene ed è destinato alle stesse. Il potere può essere considerato come la capacità della componente focale di indirizzare, coordinare, controllare ed armonizzare l'entità di contesto nel suo complesso. Esso incide in modo significativo sul grado di compimento dell'organo di governo, in quanto nel potere trovano espressione le «funzioni inderogabili» del governo di un sistema: quella «strategica», quella «organizzativa» e quella «politica»([63]).

La funzione strategica qualifica il «potere decisionale», che attiene alla capacità di tracciare la visione complessiva dell'intera entità di contesto, di individuarne gli orientamenti di fondo e di delinearne l'indirizzo strategico([64]). La funzione organizzativa è esplicativa del potere di «guida e [di] coordinamento» delle varie componenti costitutive dell'entità osservata([65]). La funzione politica, invece, garantisce l'ar-

---

([62]) Cfr. AMOROSO M., *Come migliorare i rapporti nel sistema franchising*, Isedi, 1996, pag. 58 e segg.

([63]) Cfr. FAZZI R., *Il governo*, Vol. I, *op.cit.*, pag. 135 e segg.

([64]) Cfr. IANNUZZI E., NIGRO C., "Roberto Fazzi tra continuità e cambiamento", in *Sinergie*, n. 68, 2005, pag. 152; CIAPPEI C., BRICHERI E., "Soggetti e sistemi nel contributo di Roberto Fazzi sul governo d'impresa", in *Sinergie*, n. 68, 2005, pagg. 179-180. Un possibile indicatore impiegabile per misurare il «potere decisionale» di una componente sull'intera entità sistemica è rappresentato dal «grado di indirizzo strategico», ovvero dall'incidenza della componente focale sul processo decisionale strategico. In altri termini, si intende far riferimento, a parità di altre condizioni, al peso delle decisioni strategiche assunte dal baricentro dell'ente considerato rispetto al totale delle decisioni strategiche formulate, da tutte le componenti, sull'ente nel suo complesso. In linea generale, il metro che consente di qualificare come strategiche le decisioni riferibili all'entità nel suo insieme è rinvenibile nella possibilità di modificarne la posizione competitiva.

([65]) Sulla necessità della funzione organizzativa cfr. PACI I., "Il contributo della dottrina italiana agli studi sul governo delle organizzazioni imprenditoriali", in *Sinergie*, n. 61-62, 2003 (1998[1]), pag. 50. La funzione organizzativa, insieme a quella politica, definiscono il «potere organizzativo». Questo si esplicita nel «grado di controllo»

monizzazione delle finalità e degli interessi delle varie componenti con le esigenze di sopravvivenza della specifica entità di contesto nel suo insieme. Essa, dunque, attiene alla capacità della componente focale di perseguire elevate condizioni di consonanza all'interno dell'entità di contesto e con i soggetti esterni maggiormente rilevanti.

L'armonizzazione degli interessi delle varie componenti è fondata sul processo di definizione di regole, formali ed informali, avviato all'interno dell'entità sistemica e, pertanto, condivise tra le componenti della stessa in maniera sempre più significativa al crescere del relativo grado di compimento. L'organo di governo si qualifica, in tale accezione, quale «attore di confine», ovvero regolatore dei rapporti interni e, al contempo, difensore dell'integrità istituzionale dell'entità verso l'esterno([66]).

Legittimazione e potere sono tra loro connessi e trovano sintesi in quel «potere legittimo» che, in senso weberiano, si traduce nel fatto che l'autorità esercitata da un soggetto su un altro è da questo accettata in virtù di una comunanza o, quantomeno, di una compatibilità di interessi([67]).

2.3.1.2. Il grado di compimento della struttura operativa

L'analisi del grado di compimento della struttura operativa di un'entità di contesto si incentra su due dimensioni, rispettivamente esplicative della prospettiva strutturale e di quella sistemica:

---

e nel «grado di coordinamento». Il grado di controllo è inteso come il peso riconosciuto alla componente focale nel processo di definizione di regole e di procedure finalizzate alla valutazione dell'effettivo perseguimento delle indicazioni di natura strategica e degli obiettivi definiti nell'ambito del processo decisionale. In letteratura, sono state proposte numerose declinazioni del concetto di controllo riferibili a specifiche dimensioni: manageriale, esecutivo, economico, finanziario, monetario, produttivo, sociale ecc. Il grado di coordinamento è inteso come il peso riconosciuto alla componente focale nel processo di definizione di regole volte ad assicurare la corretta gestione delle interdipendenze tra i processi operativi.

([66]) Cfr. NACAMULLI R.C.D., "Reti di organizzazioni dinamiche e gruppi dirigenti", in PILOTTI L., POZZANA R., *I contratti di franchising. Organizzazione e controllo di rete*, Egea, 1990, pag. 158.

([67]) Cfr. LIGUORI M., IANNUZZI E., "Un modello", *cit.*, pag. 147. Per approfondimenti sul concetto di potere legittimo, cfr. WEBER M., *Economia e società*, Edizioni di comunità, 1980, pag. 207 e segg.

– la «connettività» esistente tra le componenti;

– l'«auto-organizzazione» a livello vuoi di singole componenti sia di loro aggregazioni.

La «connettività» ha valenza strutturale. Essa attiene alla diffusione delle relazioni tra le componenti dell'entità focalizzata([68]). La letteratura sulla *Network Analysis* contiene variegati approcci per la misurazione della connettività di una rete. Tra questi, il più utilizzato per la sua semplicità ed efficacia è quello che ha a base la «densità relazionale», espressa dal rapporto al tempo T fra le relazioni esistenti e quelle potenziali tra tutti i nodi della rete([69]). Il livello più o meno elevato di densità relazionale e, quindi, di connettività sarebbe indice di un corrispondente grado di compimento.

La prospettiva sistemica si basa invece sul concetto di «auto-organizzazione», che «indica la capacità di individui ed unità organizzative ad originare relazioni ed interazioni da loro stesse definite, senza cioè l'intervento progettuale dell'organo di governo»([70]). Essa, ovviamente, può risultare più o meno elevata, evidenziando così la scarsa o la significativa capacità della struttura operativa dell'entità di contesto a determinare la dinamica evolutiva del sistema.

Con riferimento al sistema del consumo, si può rilevare come l'evoluzione negli ultimi decenni di tale entità di contesto sia risultata particolarmente marcata in ragione di crescenti livelli di densità relazionale e di auto-organizzazione delle sue componenti, tra cui spiccano le associazioni di consumatori, vere protagoniste della nascita e dello sviluppo del cosiddetto consumerismo che ha inciso sulle politiche di tutela dei consumatori a livel-

---

([68]) «Una rete presenta alti livelli di connettività nella misura in cui le relazioni sono diffuse tra tutti gli attori senza esclusioni». Cfr. SODA R., *Reti*, *op.cit.*, pag. 101.

([69]) *Ibidem*, pag. 102. «Per analizzare il livello di intensità relazionale, in primo luogo abbiamo determinato la densità di ciascuna rete. La densità di una rete relazionale è una prima approssimazione del numero di relazioni fra i membri della rete, ed è misurata dal rapporto fra le relazioni osservate e quelle teoricamente possibili». Cfr. GRANDI A., SOMBRERO M., "Una prospettiva relazionale delle attività di R&S", in LOMI A. (a cura di), *L'analisi*, *op.cit.*, pagg. 160-161. «La densità di un grafo varia tra 0 e 1. Tale misura viene utilizzata per valutare la coesione di un gruppo di attori ed è con questo intento che la impieghiamo». Cfr. BOARI C., ODORICI V., "Pressioni e relazioni nel settore del riciclo del vetro", in LOMI A. (a cura di), *L'analisi*, *op.cit.*, pag. 248. «Il modo più intuitivo per misurare la connettività di una rete è l'analisi della densità relazionale». Cfr. SODA R., *Reti*, *op.cit.*, pag. 101. Per approfondimenti, v. WASSERMAN S., FAUST K., *Social*, *op.cit.*; SCOTT J., *L'analisi*, *op.cit.*

([70]) Cfr. G.M. GOLINELLI, *L'approccio*, Vol. I, *op.cit.*, pag. 361.

lo internazionale e nazionale, cambiando per molti versi le modalità con le quali le imprese devono rapportarsi con la domanda finale.
Si è così determinato un significativo grado di compimento della struttura operativa del consumo, al quale si associa un grado di compimento dell'organo di governo al momento pressoché nullo; pur sussistendo alcuni iniziali segnali di strutturazione di una potenziale componente focale, rappresentati dalla costituzione del Consiglio Nazionale dei Consumatori e Utenti (CNCU) presso il Ministero dello Sviluppo economico, del *Bureau Européen des Unions des Consommateurs* presso l'Unione Europea e dell'Associazione Europea dei Consumatori([71]).
Il consumo, pertanto, si qualifica attualmente come un sistema a cavallo tra una configurazione di tipo embrionale ed una in via di compimento; configurazione di grande interesse per l'organo di governo delle imprese in quanto foriera di molteplici rischi ed opportunità. Il consumo, infatti, può essere letto come soggetto capace di esprimere attese e pressioni sull'impresa e, al contempo, come oggetto di progettazione di una struttura e di un sistema di relazioni di *marketing* da parte dell'organo di governo dell'impresa. Relazioni di *marketing* tra le cui finalità vi è sempre più spesso la prevenzione e la gestione delle crisi connesse proprio alle pressioni esercitate dalle macrocomponenti sistemiche *ad hoc* che emergono dalla struttura del consumo in risposta a specifiche sollecitazioni – lancio di prodotti difettosi e/o a rischio, comportamenti opportunistici da parte delle imprese ecc. – per poi cadere in una sorta di letargo una volta che la crisi sia stata superata.

2.3.2. La rilevanza sistemica

La rilevanza, intesa come «capacità che il sistema esterno ha di condizionare le prospettive di sopravvivenza del sistema vitale impresa», costituisce il criterio di valutazione con cui, nel continuo processo di contestualizzazione e ricontestualizzazione, l'organo di governo del sistema impresa qualifica([72]):

([71]) In proposito, cfr. ampiamente la ricerca "Studio di fattibilità di un nuovo sistema di certificazione centrato sui giudizi dei consumatori", realizzata dal Consorzio Universitario di Economia Industriale e Manageriale (CUEIM) per il Consiglio Nazionale dei Consumatori e degli Utenti (CNCU) tra il 2001 e il 2002 nella quale sono state individuate possibili linee innovative nelle politiche di tutela del consumatore proprio alla luce dell'evoluzione sistemica del consumo. Per approfondimenti, cfr. MASTROBERARDINO P. (a cura di), *Il consumo*, *op.cit.*; MASTROBERARDINO P., MAGLIOCCA P., CALABRESE G., "Riflessioni sul sistema del consumo. Alcune evidenze empiriche", in *Sinergie. Rapporti di ricerca*, n. 21, 2005; RICOTTA F., "Dinamiche di sistema del consumerismo in Italia", in *Mercati e Competitività*, n. 4, 2005.

([72]) Cfr. GOLINELLI G.M., *L'approccio*, Vol. I, *op.cit.*, pag. 224.

– le entità del contesto in funzione del ruolo che esse rivestono, possono o potranno rivestire nella dinamica evolutiva del sistema impresa in essere o prevista;

– le componenti delle entità di contesto con le quali è opportuno mantenere, attivare e/o implementare rapporti diadici;

– i mutamenti, più o meno profondi, a livello di struttura d'impresa, ritenuti necessari per consentire l'instaurazione dei suddetti rapporti e la loro eventuale attivazione;

– quantità, natura e qualità dei predetti rapporti.

L'analisi della rilevanza costituisce, pertanto, momento fondante del processo di contestualizzazione e della correlata attività di definizione e ridefinizione della struttura aziendale e poi di governo dell'emergente sistema. Il livello 2 del processo di contestualizzazione è, infatti, basato sulla valutazione della rilevanza da assegnare, in primo luogo, alle entità di contesto nel loro complesso, e poi alle singole componenti di tali entità con le quali l'impresa intende in concreto rapportarsi.

È opportuno a questo punto evidenziare la netta distinzione esistente, sotto il profilo concettuale, tra grado di compimento sistemico e rilevanza sistemica, nel senso che il primo è un carattere che qualifica una determinata entità del contesto, indipendentemente dal fatto che esista o si ricerchi un rapporto con il sistema impresa. La rilevanza, al contrario, è un carattere che l'organo di governo del sistema impresa, soggettivamente, attribuisce al tempo T all'entità del contesto con cui intende rapportare, ovvero è già rapportata, l'impresa. Questa maggiore «soggettività» o «relatività» qualifica significativamente la rilevanza conferendole, anzitutto, una variabilità nel tempo che riflette la variante intensità e qualità dei rapporti che l'impresa realizza nel tempo con le entità del contesto.

Quanto detto implica che l'eventuale dinamica evolutiva del grado di compimento sistemico dell'entità esterna trascende, in genere, la volontà dell'organo di governo del sistema impresa, cui compete semplicemente leggere per tempo tale evoluzione e decidere circa l'opportunità di rapportarsi con l'entità di contesto divenuta nel frattempo più o meno compiuta. La rilevanza presenta, al contrario, una variabilità più accentuata ed influenzabile, scaturente dall'interazione tra le tendenze di contesto, da un lato, e gli obiettivi d'impresa, dall'altro lato.

Si delinea così con sufficiente chiarezza la «natura relazionale» della rilevanza. Natura che riferisce all'interesse dell'organo di governo del sistema impresa per il rapporto con l'entità del contesto; un interesse variante nel tempo in funzione degli obiettivi dell'impresa, da un lato, e dell'evoluzione dell'entità del contesto, dall'altro.

Ferma restando questa netta distinzione concettuale, compiutezza e rilevanza sistemiche non sono tra loro necessariamente indipendenti, potendosi condizionare vicendevolmente. Non è infatti raro che ad un aumento del grado di compimento ne corrisponda uno della rilevanza.

> Si consideri l'entità di contesto «proprietà» ed il suo rapporto con il sistema impresa.
> Nella pratica anglosassone, il *leveraged buy out* (LBO) indica l'operazione di acquisto di un'impresa da parte di un gruppo di investitori privati, banche d'affari ed investitori istituzionali finanziata in gran parte da un pacchetto di debiti che verrà rimborsato con il flusso di cassa prodotto dalla gestione dell'impresa acquisita e/o con il disinvestimento di sue attività patrimoniali. Rinviando ad appositi studi per quanto attiene alla tecnica del LBO, le condizioni che la rendono praticabile ed i rischi connessi ad eccessivi livelli di indebitamento, siffatta operazione di finanza straordinaria è strumento di processi di mutamento, spesso profondi, degli assetti proprietari([73]).
> Nell'esperienza anglosassone i LBO hanno segnato la storia di grandi riassetti societari, con la trasformazione delle *public company* in *private company*([74]). Molte *public company* sono così uscite dal mercato azionario, cessando di essere a proprietà diffusa; la *private company* che origina da simile dinamica si caratterizza per una proprietà non più diffusa, bensì concentrata e forte, e per la conseguente integrazione tra proprietà e controllo. Il sistema proprietario, dunque, diventa più compiuto, mutano le relazioni tra sistema impresa e proprietà e l'organo di governo dell'impresa attribuirà una rilevanza assai più marcata all'entità del contesto «proprietà».

Il predetto legame tra compimento e rilevanza va però appurato di volta in volta, in quanto un mutamento del primo può non comportare una analoga variazione della seconda. Ciò si verifica, ad esempio, quando l'organo di governo del sistema impresa non intrattenga significativi rapporti con quell'entità o possa impostare azioni di contenimento della dipendenza dalle risorse dalla stessa acquisite e/o dell'esposizione alla sua influenza.

([73]) Cfr. SANDRI S., "Le operazioni di leveraged buy out: motivazioni ed esperienze", in *Rivista milanese di economia*, n. 33, 1990; ALTMAN E.J., SMITH R.C., "Ristrutturazioni per mezzo di leveraged buy out, un ruolo per l'Europa", in *Economia & Management*, n. 1, 1993.

([74]) GOLINELLI G.M., "Privatizzazioni, public company, buy out", in *Azienda pubblica*, n. 2, 1994.

Il sistema distributivo mostra da alcuni anni una crescente compiutezza a livello della grande distribuzione organizzata (GDO), che assume connotazioni sempre più omogenee e stabili([75]). Un recente studio ha inoltre rilevato che, con riguardo ai consumi alimentari di prodotti a base di uva (vino, aceto di vino, vini aromatizzati e speciali, distillati di vino o d'uva), è in atto nel mondo un mutamento degli equilibri tra canali distributivi. I venditori specializzati (enoteche e altri piccoli dettaglianti indipendenti) e il canale ho-re-ca (*hotel*, *restaurant*, *catering*) stanno, pur lentamente, cedendo quote proprio alla GDO.
Nella fattispecie, un'indagine sul campo condotta su imprenditori vitivinicoli del Piemonte, una delle regioni d'Italia più votate alla produzioni di vini di qualità ed al loro *export* nel mondo, segnala che la maggioranza degli intervistati, pur conscia del crescente peso della moderna distribuzione nel mondo anche per i prodotti vitivinicoli, ritiene ciò poco significativo per il proprio *business*, in quanto essi non intrattengono all'estero rapporti con la GDO né reputano ciò un limite futuro alla loro capacità di collocare i propri prodotti sui mercati internazionali([76]).

In altre circostanze, il legame tra compiutezza sistemica e rilevanza, pur esistendo nei fatti, può non essere tempestivamente rilevato dall'organo di governo dell'impresa([77]). Da ciò l'importanza di un'azione di governo attenta a leggere nel tempo l'evoluzione di entrambi i costrutti ed a cogliere possibili interconnessioni, ancorché non evidenti.

Come per la compiutezza, così anche per la rilevanza è opportuno ricorrere ad un approccio di analisi basato sui costrutti latenti e sulla

---

([75]) In merito alle tendenze evolutive della distribuzione commerciale in Italia, pur meno avanzata di quella ad esempio francese, v. GOLINELLI G.M., *L'approccio*, Vol. I, *op.cit.*, pagg. 219 e 223. Sulla graduale omogeneizzazione nella distribuzione commerciale moderna, in specie tra grande distribuzione (GD) e distribuzione organizzata (DO), indimenticata è la lungimirante lettura avanzata da CUOMO G., *Funzioni, strutture e strategie delle imprese commerciali complesse*, Cedam, 1984.

([76]) CONSORZIO UNIVERSITARIO DI ECONOMIA INDUSTRIALE E MANAGERIALE (CUEIM) (a cura di), "Analisi sistemico-territoriale della filiera vitivinicola estesa italiana alla ricerca del valore specifico del modello Italia", in *Sinergie. Rapporti di ricerca, forthcoming*, cap. 2.

([77]) Si pensi ad un'impresa di contenute dimensioni interessata ad internazionalizzarsi senza comprendere che, in taluni ambiti di mercato, pochi grandi *global player* condizionano le generali regole della competizione e, tramite loro reti di relazioni, incrementano nel tempo il grado di controllo competitivo: cfr. BRONDONI S.M., "Market-Driven Management ed economia d'impresa globale", in BRONDONI S.M. (a cura di), *Market-driven management e mercati globali*, Giappichelli, 2007, pag. 19 e segg.

loro qualificazione attraverso ulteriori variabili. Una prima formulazione del concetto di rilevanza è stata espressa in termini di combinazione della «criticità della risorsa» rilasciata dal sistema esterno e di «influenza esercitabile» da parte di quest'ultimo sull'impresa. Due dimensioni anch'esse latenti, per la cui stima è possibile avvalersi di apposite misure: costi di sostituzione della risorsa, livello di innovatività di quest'ultima ecc.; capacità di imporre vincoli, potere negoziale, e così via([78]).

Partendo da tali considerazioni, nel presente lavoro le dimensioni esplicative del grado di rilevanza delle entità di contesto saranno([79]):

– la «criticità del rapporto intersistemico», che amplia la prospettiva d'analisi rispetto alla sola criticità della risorsa;

– l'«influenza esercitabile» o esercitata dal sistema esterno.

La relazione tra criticità del rapporto, influenza e rilevanza – riportata nella figura 2.3 – viene analizzata con riferimento ad un modello di tipo aggregato; un modello, cioè, in cui il costrutto che si intende analizzare, la rilevanza, è il frutto della combinazione delle sue dimensioni costitutive.

La criticità del rapporto è a sua volta un costrutto, composto dalle seguenti dimensioni:

– «criticità della risorsa»;

– «benefici relazionali netti» conseguibili con l'attivazione del rapporto intersistemico.

La capacità d'influenza dell'entità di contesto nei confronti dell'impresa è anch'essa qualificabile come un costrutto, determinato dalla combinazione delle seguenti dimensioni:

– «livello di vincoli e regole»;

([78]) Cfr. GOLINELLI G.M., *L'approccio*, Vol. I, *op.cit.*, pagg. 224-237.

([79]) L'impostazione seguita riprende in gran parte quella dello studio: BARILE S., NIGRO C., TRUNFIO M., "Un modello per la valutazione della rilevanza dei sovrasistemi", in *Esperienze d'impresa*, Numero Speciale, S/1, 2002 e dei lavori NIGRO C., "L'utilizzo del modello della rilevanza dei sovrasistemi per la valutazione delle reti di franchising" in *Esperienze d'impresa*, n. 1, 2003; NIGRO C., "Alcune riflessioni sulla rilevanza dei rapporti intersistemici", in *Sinergie. Rapporti di ricerca*, n. 21, 2005. L'approccio descritto è stato fatto proprio da diversi studiosi in recenti lavori finalizzati ad analizzare le relazioni ed interazioni tra il sistema impresa ed alcune delle principali entità di contesto. Per approfondimenti, cfr. MASTROBERARDINO P., *L'approccio sistemico al governo dell'impresa. L'impresa della vite e del vino*, Cedam, 2002; SANGUIGNI V., *Proprietà e governo dell'impresa. Verso un modello di analisi in ottica sistemica*, Cedam, 2002.

– «capacità di controllo, *feedback* ed intervento».

L'analisi della rilevanza di un'entità di contesto richiede, quindi, la valutazione delle dimensioni che causano la criticità del rapporto e la capacità d'influenza, tenendo peraltro presente che queste due dimensioni non sono tra loro indipendenti e che, al contempo, il giudizio circa tali variabili risulta essere fortemente soggettivo (cfr. figura 2.3).

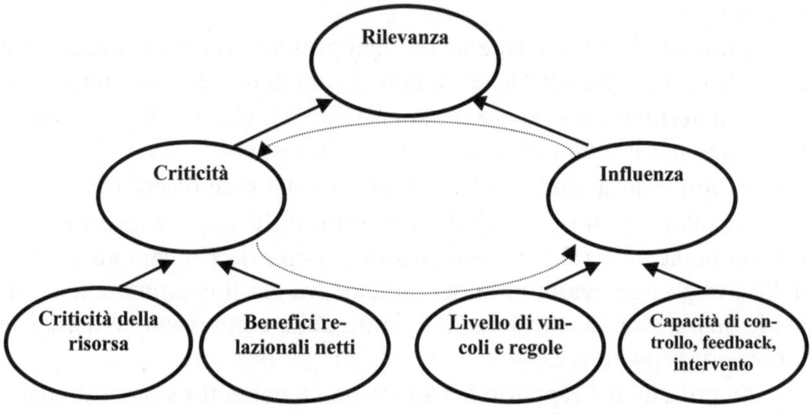

FIG. 2.3 – *Modello di analisi della rilevanza* (fonte: elaborazione personale).

2.3.2.1. La criticità del rapporto intersistemico

La criticità del rapporto intersistemico con una data entità di contesto dipende, rispettivamente, dalla «criticità della risorsa» scambiata e dai «benefici relazionali netti» conseguibili dall'impresa nel caso in cui il rapporto intersistemico venga effettivamente instaurato. Come già accennato, la valutazione della criticità della risorsa e dei benefici relazionali è connotata da significativa soggettività: ogni risorsa rilasciata da una componente di un'entità di contesto ed immessa nei processi aziendali, infatti, esprime una criticità non assoluta, bensì relativa sia alle potenzialità strutturali dell'impresa che ai caratteri del rapporto intersistemico. Ciò in quanto i benefici ed i costi connessi al rapporto con una data componente di un'entità di contesto possono mutare significativamente nello spazio e nel tempo in funzione dei soggetti che concretamente interagiscono.

La «criticità della risorsa» scambiata è una variabile latente che può essere valutata, in primo luogo, qualificandone la presenza nella successione delle strutture specifiche (S_i) ed il ruolo nei diversi stati di funzionamento del sistema (s_{ij}). Si viene così a delineare una prima considerazione, di natura sia strutturale che sistemica, circa la necessità della risorsa focalizzata per i processi aziendali; necessità enunciabile attraverso una sorta di indice di densità della risorsa nell'ambito delle «vie d'impresa» previste dall'organo di governo.

La criticità di una data risorsa può dunque essere valutata con riferimento al piano di sviluppo progettato dall'organo di governo dell'impresa. L'organo di governo attribuisce, infatti, un'elevata criticità soltanto a quelle risorse effettivamente foriere di un vantaggio competitivo durevole([80]).

La criticità riveste poi particolare rilievo nell'ambito dei processi di sviluppo contrassegnati da trasformazioni strutturali e/o ristrutturazioni.

Infatti, ai fini di una razionale definizione delle possibili modificazioni della struttura aziendale, è opportuno che l'organo di governo del sistema impresa contempli nell'ambito del suo processo valutativo ulteriori indicatori in grado di dettagliare l'analisi delle risorse da incorporare nella dotazione strutturale aziendale.

La misurazione della criticità della risorsa diviene, pertanto, maggiormente efficace mediante la rilevazione degli *items* riportati nella tabella 2.1 – derivati dall'analisi della letteratura e della pratica operativa – che attengono al livello di specificità, di innovatività, di sostituibilità ecc. della risorsa, approfondendone il concorso al processo di definizione/ridefinizione strutturale, che trova formalizzazione nel piano industriale([81])

Giova precisare che la valutazione della criticità della risorsa, come ogni altra analisi connessa alla valutazione di un rapporto intersistemico, viene ripetuta nel tempo dall'organo di governo del sistema impresa, nella consapevolezza che la rilevazione in periodi temporali diversi degli *items* utili a misurare la criticità della risorsa può segna-

---

([80]) Al riguardo, la conoscenza – le cui diverse forme sono qualificate nel prosieguo del volume – si palesa quale risorsa critica per antonomasia. Sulla conoscenza nel quadro dell'azione di governo del sistema impresa, cfr. *infra*, Capitolo IV.

([81]) Circa le modalità di elaborazione del piano industriale, cfr. *infra*, Capitolo VII; in merito alle condizioni necessarie, ancorché non sufficienti, per orientare l'impresa verso azioni di sviluppo, cfr. *infra*, Capitolo IX; con riguardo, infine, alle valutazioni di consonanza e di sostenibilità sottese alla costruzione del piano, cfr. *infra*, Capitolo X.

lare casi incrementi o riduzioni della criticità di una certa risorsa.

Fattore	**Items**
Criticità della risorsa	Densità della risorsa nelle «vie d'impresa» Livello di specificità Livello di innovatività Livello di sostituibilità Livello di esclusività Peso percentuale del costo di acquisto della risorsa Incidenza della risorsa sul rendimento e sul costo marginale

TAB. 2.1 – *I fattori esplicativi della criticità della risorsa* (fonte: elaborazione personale).

La considerazione della sola criticità della risorsa potrebbe comportare per l'organo di governo dell'impresa una certa miopia nella valutazione del rapporto diadico da instaurare con l'entità di contesto focalizzata. Il valore di una risorsa, infatti, non deve e non può essere definito in termini assoluti, o in relazione al solo impatto della stessa all'interno dei processi aziendali; bisogna, altresì, considerare la sua incidenza sul conseguimento del vantaggio competitivo e sulle ulteriori possibilità di interazione con lo specifico sistema esterno.

In questo senso, la risorsa assume un significato circostanziato, specifico e contestuale, tale da divenire il «ponte relazionale» verso un ben più ampio ventaglio di opportunità e di rischi per il sistema impresa, intimamente legati alla gestione nel tempo dei rapporti con le entità di contesto. Si pensi, in proposito, alla possibilità di accedere a nuove forme di conoscenza, raggiungere ulteriori mercati di approvvigionamento e di sbocco, migliorare l'immagine e la reputazione aziendali, ovvero ai problemi connessi all'eventuale interruzione del rapporto intersistemico.

Accanto alla criticità della risorsa è, pertanto, necessario considerare i «benefici relazionali» conseguibili tramite l'instaurazione e gestione nel tempo del rapporto intersistemico con una certa entità del contesto. Tali benefici sono «correlati al patrimonio di relazioni fiduciarie del sistema esterno» e «risultano elementi di fondamentale importanza per attivare sinergie, processi di apprendimento, per lo sviluppo di nuovi prodotti, per la creazione di economie di esperienza, e, di conseguenza, per il miglioramento delle probabilità di sopravvivenza del sistema [impresa]»([82]).

Un esempio di beneficio relazionale può essere colto nel rapporto tra sistema impresa e proprietà. Il sistema proprietario, infatti, non si limita a rilasciare una risorsa, per quanto critica, quale il capitale di pieno rischio. Non di rado, il contributo potenzialmente più importante della proprietà consiste nei significativi benefici relazionali, in termini di immagine, reputazione, fiducia (complessivamente, di «capitale relazionale»), di cui l'impresa può godere proprio in ragione del rapporto instaurato con la proprietà([83]). Quest'ultima può fungere da garante delle dinamiche evolutive dell'impresa a fronte della trama di relazioni dalla stessa intessute e sulla forza delle quali spesso vengono ad essere superate situazioni di crisi.

L'esempio del sistema proprietario può essere ampiamente generalizzato alla pluralità di rapporti diadici che l'impresa di norma intrattiene con determinate componenti delle entità di contesto. Il rapporto con un'impresa della distribuzione dotata di una forte reputazione può offrire all'impresa industriale numerosi vantaggi in termini di immagine e di accesso a conoscenze più approfondite sui consumatori finali, al di là del rilascio di risorse monetarie conseguenti alla vendita dei prodotti. Analogamente, il rapporto con una banca la cui rete di sportelli è ampiamente presente sui mercati esteri, oltre al rilascio di risorse finanziarie, può supportare un eventuale progetto di internazionalizzazione, fornendo un accesso alla concreta conoscenza dei nuovi mercati di sbocco.

Allacciare un rapporto con un'entità di contesto comporta però, oltre ai vantaggi relativi al rilascio della risorsa ed ai benefici legati al potenziamento del capitale relazionale dell'impresa, anche un «costo opportunità», la cui quantificazione deve riflettere anzitutto le condizioni di rilascio della risorsa e poi l'eventualità che i benefici relazionali predetti vengano meno nel tempo. Esempi di costo opportunità del rilascio della risorsa sono le perdite complessive conseguenti all'eventuale interruzione del rilascio da parte dell'entità di contesto focalizzata (rotture di *stock*, eventuale blocco dei processi produttivi, costi per il rimpiazzo della risorsa, mancati ricavi per effetto della domanda

---

([82]) Cfr. BARILE S., NIGRO C., TRUNFIO M., "Problematiche metodologiche per la qualificazione del modello della rilevanza dei sovrasistemi", in BARILE S. (a cura di), *L'impresa*, *op.cit.*, pag. 115.

([83]) In ordine al concetto di capitale relazionale, v. ampiamente COSTABILE M., *Il capitale relazionale*, McGraw-Hill, 2001.

insoddisfatta ecc.). Esempi di costo opportunità legati al mutare della qualità dell'entità di contesto e/o del rapporto con la stessa sono, invece, i danni derivanti dall'interruzione del rapporto in termini di reputazione, consenso, fiducia, legittimazione, immagine, accesso a nuove conoscenze, ingresso in nuovi mercati, e così via.

Benefici relazionali e costi opportunità del rapporto, dunque, trovano sintesi nei «benefici relazionali netti», dimensione fondamentale che esprime le opportunità, al netto dei relativi rischi, connesse all'attivazione ed alla dinamica nel tempo del rapporto intersistemico. I benefici e le perdite relazionali concorrono così alla determinazione del valore addizionale del rapporto con una data entità di contesto.

La tabella 2.2 riporta gli *items* adoperati con maggiore frequenza negli studi teorici ed empirici per rilevare, in termini di effetti (positivi e negativi), i benefici relazionali netti connessi all'attivazione ed al mantenimento nel tempo dei rapporti intersistemici.

Fattore	**Items**
Benefici Relazionali Netti perseguibili	Immagine aziendale Legittimazione/Delegittimazione verso altre entità di contesto Valore delle sinergie realizzabili Ingresso/Uscita in/da nuovi mercati Accesso a nuova conoscenza Potenziamento/Depotenziamento della rete di relazioni *Sunk Costs* Altre opportunità/rischi relativi alla attivazione/interruzione del rapporto

TAB. 2.2 – *I fattori esplicativi dei benefici relazionali netti* (fonte: elaborazione personale).

Il fondare le decisioni non solo sulla criticità della risorsa, ma sulla combinazione di quest'ultima con i benefici relazionali netti, consente peraltro di bilanciare eventuali inadeguate valutazioni della prima dimensione. Si pensi, ancora una volta, al rapporto tra sistema impresa e proprietà. Le teorie manageriali prevalenti (teoria dell'agenzia e teoria dei costi di transazione) «respirate nell'aria» dai *board* e dai CEO di molte imprese hanno spinto questi ultimi a sovrastimare spesso la criticità della risorsa capitale di rischio, valutandone in maniera superficiale i benefici ed i costi per l'impresa connessi al rilascio di tale risorsa, soprattutto in comparazione con i benefici e costi per l'impresa riferibili alle risorse rilasciate dagli altri sistemi esterni e dalle componenti dell'impresa, le quali forniscono invece un contributo al conseguimento del vantaggio competitivo ed alla creazione di valore, quasi sempre, superiore([34]).

Ecco quindi che l'approccio sistemico, attraverso la considerazione della complessiva criticità del rapporto, può migliorare l'azione di governo sia all'interno dell'impresa che verso l'esterno.

2.3.2.2. L'influenza

L'influenza esprime la capacità di un'entità di contesto di ridurre i gradi di libertà del sistema impresa mediante la proiezione di pressioni, finalizzate al soddisfacimento delle attese del sistema esterno in ordine al rapporto intersistemico attivato o attivabile([85]).

L'influenza ha, preminentemente, un carattere contestuale, dinamico e concerne le interazioni tra il sistema impresa e le diverse entità di contesto. Nell'approccio qui seguito, essa è oggetto di valutazione con riguardo a due dimensioni qualificanti l'entità di contesto osservata:

([84]) Illuminanti in proposito le considerazioni di Ghoshal: «sappiamo anche che il valore che una compagnia crea è prodotto da una combinazione di risorse cui partecipano differenti categorie. I lavoratori, inclusi i manager, costituiscono il capitale umano, mentre gli azionisti il capitale finanziario. Se la creazione di valore è ottenuta combinando le risorse di entrambi, perché la distribuzione del valore dovrebbe favorire solo una parte? Perché la nostra teoria dovrebbe prevedere la massimizzazione dei profitti per uno solo di questi partecipanti? [...] perché il modello dia una soluzione devono essere poste alcune ipotesi. Pertanto, la teoria assume che i mercati del lavoro siano perfettamente efficienti [...]. Secondo queste ipotesi, gli azionisti assumono il rischio maggiore, rendendo il loro contributo di capitale più importante del contributo di capitale umano dei manager e dei lavoratori, perciò è il loro profitto che deve essere massimizzato [...]. La verità è, naturalmente, esattamente l'opposto. La maggior parte degli azionisti può vendere le azioni molto più facilmente di quanto gli impiegati di un'azienda possano cambiare lavoro. Sostanzialmente, gli impiegati di un'azienda sopportano più rischi degli azionisti. Inoltre, i loro contributi di conoscenza, abilità e intraprendenza sono più importanti dei contributi di capitale degli azionisti, una semplice merce che è forse in eccesso di offerta [...]». Cfr. GHOSHAL S., "*Le cattive teorie manageriali distruggono le buone pratiche*", in *Sviluppo & Organizzazione*, n. 210, 2005 (orig. *Bad Management Theories Are Destroying Good Management Practices* in *Academy of Management Learning & Education*, n. 1, 2005), pag. 55.

([85]) Il tema dell'influenza è stato ampiamente trattato in letteratura. Per un primo approfondimenti in proposito, cfr. RUGIADINI A., *Organizzazione d'impresa*, Giuffrè, 1979; GRANDORI A., *L'organizzazione delle attività economiche*, Il Mulino, 1995.

– il «livello di vincoli e regole» che essa è in grado di imporre([86]);
– la «attività di controllo, *feedback*, intervento» che è capace di esercitare.

Il livello dei vincoli e delle regole è correlato alla possibilità di imporre vincoli al sistema impresa, di guidare il processo di definizione delle regole a base del rapporto intersistemico, di verificarne il rispetto mediante l'utilizzo di strumenti di controllo e di imporre sanzioni in caso di infrazione dei vincoli o delle regole. La tabella 2.3 riassume gli *items* atti a misurare la capacità di imporre vincoli e regole maggiormente utilizzati in letteratura.

Fattore	**Items**
Livello dei vincoli e delle regole	Capacità del sistema esterno di imporre vincoli Capacità del sistema esterno di definire regole di comportamento Potere negoziale relativo a favore del sistema esterno Capacità di creare condizioni di dipendenza Altro…

TAB. 2.3 – *I fattori esplicativi del livello dei vincoli e delle regole* (fonte: elaborazione personale).

La capacità di controllo, *feedback* ed intervento, invece, va intesa in termini di attitudine a conseguire informazioni adeguate e tempestive sulle *performance* dell'impresa, nonché ad operare rapidamente a favore di un cambiamento nella condotta dell'impresa stessa. I fattori solitamente indicati per spiegare la capacità di controllo di un sistema esterno nei confronti del sistema impresa sono specificati nella tabella che segue.

Fattore	**Items**
Capacità di controllo, *feed-back* ed intervento	Grado di estensione della rete di controllo Adeguatezza degli strumenti di controllo e di intervento Capacità di controllo sugli effettivi risultati oltre che sulle finalità e modalità d'azione Capacità di accesso a notizie di particolare rilievo/riservate Capacità di utilizzo delle notizie di rilievo/riservate Capacità di esercitare pressioni nel rispetto del *commitment* Capacità di comminare sanzioni

([86]) Per una puntuale analisi della distinzione tra vincoli e regole ed esemplificazioni dei vincoli e delle regole che le entità di contesto possono imporre all'impresa cfr. GOLINELLI G.M., *L'approccio*, Vol. I, *op.cit.*, pagg. 202-206.

	Altro...

TAB. 2.4 – *I fattori esplicativi delle attività di controllo,* feedback *ed intervento* (fonte: elaborazione personale).

2.4. CONSIDERAZIONI CONCLUSIVE

Grado di compimento e rilevanza rappresentano dunque i *driver* del processo decisionale connesso all'impostazione dei vari rapporti diadici tra impresa ed entità del contesto. Permeato di maggiore oggettività il primo, di maggiore soggettività la seconda, come appare dalle considerazioni sopra svolte.

Le valutazioni in merito al grado di compimento ed alla rilevanza delle entità di contesto si qualificano dunque quale momento traente del processo di contestualizzazione e, quindi, dell'azione di governo. Tali valutazioni si pongono infatti a base della dinamica relazionale dell'impresa, condizionandone, sotto il profilo sistemico, il comportamento e, sotto quello strutturale, la qualificazione di componenti e relazioni tra componenti.

Nel concludere le nostre riflessioni vogliamo porre l'accento sulla portata operativa delle valutazioni di compimento e rilevanza nel quadro del processo di contestualizzazione.

Le valutazioni in esame guidano infatti l'organo di governo nella ricerca, per un verso, di corretti obiettivi e impostazioni negoziali e, per altro verso, di un corretto grado di consonanza nel rapporto diadico con l'entità di contesto.

Obiettivi e impostazioni negoziali che assumono significato pregnante in ordine all'instaurazione di quelle relazioni che nel loro insieme vengono a rappresentare il contesto effettivo dell'impresa e consentono di qualificarne la struttura specifica, con i sottesi riflessi sulle attività svolte e sulle correlate voci di costo e di ricavo, quindi sulla competitività del sistema.

Grado di consonanza diadico che sarà oggetto di ulteriori riflessioni e interventi di rimodulazione quando l'organo di governo affronterà la stima del corretto grado di consonanza di contesto.

Nel successivo Capitolo III saranno quindi approfondite le linee di azione per il governo delle negoziazioni e, quindi, l'instaurazione di quelle relazioni che nel tempo, con lo svolgimento degli scambi, consentono l'implementazione della competitività del sistema. Sempre nel Capitolo III saranno altresì approfondite le linee di azione qualificanti il perseguimento della consonanza nel rapporto diadico, con i sottesi livelli di compatibilità e interdipendenza con le singole entità esterne, nonché il passaggio dalla consonanza diadica a quella di contesto.

Nell'ultima parte del volume, infine, le richiamate linee di azione troveranno più concreta specificazione con riguardo alla costruzione del piano industriale, espressione della dinamica evolutiva del sistema impresa nell'intervallo di tempo ΔT, orizzonte di riferimento del progetto di sviluppo, che deve soddisfare le esigenze di competitività e di consonanza di contesto dell'impresa in ordine al conseguimento della valorizzazione delle risorse impiegate ed alla creazione di valore([87]).

BIBLIOGRAFIA

ALTMAN E.J., SMITH R.C., "Ristrutturazioni per mezzo di leveraged buy out, un ruolo per l'Europa", in *Economia & Management*, n. 1, 1993.

AMOROSO M., *Come migliorare i rapporti nel sistema franchising*, Isedi, 1996.

AMOROSO M. "Internazionalizzazione e franchising", in AMOROSO M., QUATTROCIOCCHI B. (a cura di), "Analisi del sistema franchising nel territorio nazionale: la propensione all'internazionalizzazione delle reti italiane", in *Sinergie. Rapporti di ricerca*, n. 14, 2003.

AMOROSO M., BONANI G., GRASSI P., *Il franchising. Valutare, organizzare e gestire un'attività in franchising*, Il Sole 24Ore, 2001.

BAGOZZI R.P., *Causal Models in Marketing*, Wiley, 1980.

BAGOZZI R.P., "Structural Equation Models in Marketing Research: Basic Principles", in BAGOZZI R.P. (a cura di), *Principles of Marketing Research*, Blackwell, 1994.

BAGOZZI R.P. (edit by), *Principles of Marketing Research*, Backwell, 1994. BAIN J., *Barriers to New Competition*, Harvard University Press, 1956.

BAIN J., *Industrial Organization*, Wiley, 1968.

BARILE S. (a cura di), *L'impresa come sistema. Contributi sull'Approccio Sistemico Vitale (ASV)*, Giappichelli, 2008 (2006[1]).

BARILE S., NIGRO C., TRUNFIO M., "Problematiche metodologiche per la qualificazione del modello della rilevanza dei sovrasistemi", in BARILE S. (a cura di), *L'impresa come sistema Contributi sull'Approccio Sistemico Vitale (ASV)*, Giappichelli, 2008 (2006[1]).

BARILE S., NIGRO C., TRUNFIO M., "Un modello per la valutazione della rilevanza dei sovrasistemi", in *Esperienze d'impresa*, Numero Speciale, S/1, 2002.

BARILE S., SAVIANO M., "Elementi di qualificazione del pensiero sistemico", in BARILE S. (a cura di), *Contributi sul pensiero sistemico in economia d'impresa*, Collana Arnia, Wm. Editore, 2000.

BARNEY J.B., *Risorse, competenze e vantaggi competitivi*, Carocci, 2006.

BERGER P.L., LUCKMANN T., *The Social Construction of Reality: A Treatise in the So-*

([87]) Cfr. *infra*, Capitolo X.

ciology of Knowledge, Doubleday & Company, 1966.

BOARI C., ODORICI V., "Pressioni e relazioni nel settore del riciclo del vetro", in LOMI A. (a cura di), *L'analisi relazionale delle organizzazioni*, Il Mulino, 1997.

BONETTI E., SIMONI M., PETRILLO C.S., "Tourism System Dynamics: a Multi-Level Destination Approach", in LAZZARETTI L., PETRILLO C.S. (eds.), *Tourism Local Systems and Networking*, Elsevier, 2006.

BRONDONI S.M. (a cura di), *Market-driven management e mercati globali*, Giappichelli, 2007

BURT R.S., *Structural Holes: the Social Structure of Competition*, Harvard University Press, 1992.

CAFFERATA R., "Una interpretazione dialettica del rapporto tra organizzazione e ambiente esterno", in *Finanza Marketing e Produzione*, n. 2, 1987.

CAFFERATA R., *Teoria dell'organizzazione. Un approccio non contingente*, FrancoAngeli, 1984.

CAFFERATA R., *Sistemi, ambiente e innovazione. Come si integrano la continuità e il mutamento nell'impresa*, Giappichelli, 1995.

CAFFERATA R., MARTELLINI M., VELO D. (a cura di), *Liberalizzazioni, impresa pubblica, impresa d'interesse generale nell'Unione europea*, Il Mulino, 2007.

CAROLI M., "Risorse, competenze distintive e strategia competitiva", in FONTANA F., CAROLI M. (a cura di), *Economia e gestione delle imprese*, McGraw-Hill, 2006.

CECCANTI G., "La razionalità della direzione per obiettivi" in *Note Economiche*, n. 3, 1974.

CECCANTI G., "Dalla tecnica economica alla tecnica imprenditoriale", in *Finanza Marketing e Produzione*, supplemento al n. 4, 1994.

CECCANTI G., *Corso di tecnica imprenditoriale*, Vol. I, Cedam, 1996.

GHOSHAL S., "*Le cattive teorie manageriali distruggono le buone pratiche*", in *Sviluppo & Organizzazione*, n. 210, 2005 (orig. *Bad Management Theories Are Destroying Good Management Practices* in *Academy of Management Learning & Education*, n. 1, 2005).

CIAPPEI C., BRICHERI E., "Soggetti e sistemi nel contributo di Roberto Fazzi sul governo d'impresa", in *Sinergie*, n. 68, 2005,

CODA V., *L'orientamento strategico dell'impresa*, Utet, 1995.

Consorzio Universitario di Economia Industriale e Manageriale (CUEIM) (a cura di), "Analisi sistemico-territoriale della filiera vitivinicola estesa italiana alla ricerca del valore specifico del modello Italia", in *Sinergie. Rapporti di ricerca, forthcoming.*

CORBETTA P., *Metodi di analisi multivariata per le scienze sociali*, Il Mulino, 1992.

COSTA G., NACAMULLI R. (a cura di), *Manuale di organizzazione aziendale*, Vol. I, *Le teorie dell'organizzazione*, Utet, 1997 (1996[1]).

COSTABILE M., *Il capitale relazionale*, McGraw-Hill, 2001.

COTTA RAMUSINO E., *Imprese e industria finanziaria nel processo di globalizzazione*, Giuffrè, 1998.

COZZI G., FERRERO G., *Marketing*, Giappichelli, 2000.

CUOMO G., *Funzioni, strutture e strategie delle imprese commerciali complesse*, Cedam, 1984.

DAGNINO G.B., *I paradigmi dominanti negli studi di strategia d'impresa*, Giappichelli, 2005.

DILL W.R., "Environment as an Influence on Managerial Autonomy", in *Administrative Science Quarterly*, n. 4, 1958.

DUNCAN R.B., "Characteristics of Organizational Environments and Perceived Environmental Uncertainty", in *Administrative Science Quarterly*, n. 3, 1972.

EDWARDS J.R., BAGOZZI R.P., "On the Nature and Direction of Relationships Between Constructs and Measures", in *Psychological Methods*, n. 2, 2000.

EVAN W.M., "Toward a Theory of Inter-Organizational Relations", in *Management Science*, n. 10, 1965.

FACCIPIERI S., "L'analisi strategica", in RISPOLI M. (a cura di), *L'impresa industriale. Economia, tecnologia, management*, Il Mulino, 1989 (1984[1]).

FARACI R., GALVAGNO M., GIACCONE S.C. (a cura di), *La fedeltà nelle relazioni tra impresa e mercato. Fondamenti concettuali ed implicazioni manageriali*, Giappichelli, 2007.

FAZZI R., "Formazione storica e prospettive degli studi sui comportamenti imprenditoriali", in AA.VV., *Studi di tecnica economica, organizzazione e ragioneria. Scritti in memoria del Prof. Gaetano Corsani*, Cursi, 1966.

FAZZI R., *Il governo d'impresa*, Vol. I, Giuffrè, 1982.

FONTANA F., CAROLI M. (a cura di), *Economia e gestione delle imprese*, McGraw-Hill, 2006.

FREEMAN L.C., "A Set of Measures of Centrality Based on Betweenness", in *Sociometry*, vol. 40, n.1, 1977.

FREEMAN L.C., "Centrality in Social Networks: Conceptual Clarification", in *Social Networks*, n. 1, 1979.

FREEMAN R.E., *Strategic Management: A Stakeholder Approach*, Pitman, 1984.

FRIEDKIN N.E., "Theoretical Foundations for Centrality Measures", in *American Journal of Sociology*, Vol. 96, n. 6, 1991.

GIACCONE S.C., "Il ruolo della fiducia nelle relazioni di fedeltà", in FARACI R., GALVAGNO M., GIACCONE S.C. (a cura di), *La fedeltà nelle relazioni tra impresa e mercato. Fondamenti concettuali ed implicazioni manageriali*, Giappichelli, 2007.

GOLINELLI G.M., "Privatizzazioni, public company, buy out", in *Azienda pubblica*, n. 2, 1994.

GOLINELLI G.M., *L'approccio sistemico al governo dell'impresa*, Vol. I, Cedam, 2005 (2000[1]).

GOLINELLI G.M., "Recenti sviluppi nelle relazioni tra economia e finanza nel governo dell'impresa: spunti di riflessione", in *Sinergie*, n. 67, 2005.

GOLINELLI G.M., "Riforma del diritto societario e governo dell'impresa", Atti del Convegno su *La riforma del diritto societario due anni dopo*, Ordine dei Dottori Commercialisti di Milano, Milano, 25 gennaio 2006.

GOLINELLI G.M., GATTI M., VAGNANI G., "Dalla struttura al sistema: elementi per una riflessione sui confini, i rapporti con la proprietà, la flessibilità e l'elasticità dell'impresa", in GOLINELLI G.M., *L'approccio sistemico al governo dell'impresa*, Vol. III, Cedam, 2002.

GRANDI A., SOMBRERO M., "Una prospettiva relazionale delle attività di R&S", in LOMI A. (a cura di), *L'analisi relazionale delle organizzazioni*, Il Mulino, 1997.

GRANDORI A., *L'organizzazione delle attività economiche*, Il Mulino, 1995.

GRANOVETTER M., "Economic Action and Social Structure: The Problem of Embeddedness", in *American Journal of Sociology*, n. 3, 1985.

HREBINIAK L.G., JOYCE W.F., "Organizational Adaptation: Strategic Choice and Environmental Determinism", in *Administrative Science Quarterly*, n. 3, 1985.

IANNUZZI E., NIGRO C., "Roberto Fazzi tra continuità e cambiamento", in *Sinergie*, n.

68, 2005.

LAZZARETTI L., PETRILLO C.S. (eds.), *Tourism Local Systems and Networking*, Elsevier, 2006.

LIGUORI M., IANNUZZI E., "Un modello di analisi per la definizione del grado di compimento dei sistemi vitali", in BARILE S. (a cura di), *L'impresa come sistema. Contributi sull'Approccio Sistemico Vitale (ASV)*, Giappichelli, 2008 (2006[1]).

LIPPARINI A. "Sistemi territoriali e comunità interorganizzative", in LOMI A. (a cura di), *L'analisi relazionale delle organizzazioni*, Il Mulino, 1997.

LIPPARINI A., *La gestione strategica del capitale intellettuale e del capitale sociale*, Il Mulino, 2002.

LOMI A. (a cura di), *L'analisi relazionale delle organizzazioni*, Il Mulino, 1997.

LOMI A., LORENZONI G., "Impresa guida e organizzazione a rete", in LORENZONI G. (a cura di), *Accordi, reti e vantaggio competitivo*, Etaslibri, 1992.

LORENZONI G., *L'architettura di sviluppo delle imprese minori*, Il Mulino, 1990.

LORENZONI G. (a cura di), *Accordi, reti e vantaggio competitivo*, Etaslibri, 1992.

LORENZONI G., "Le reti interimpresa come forma organizzativa distintiva", in LOMI A. (a cura di), *L'analisi relazionale delle organizzazioni*, Il Mulino, 1997.

LORENZONI G., BADEN-FULLER C., "Creating a Strategic Center to Manage a Web of Partners", in *California Management Review*, n. 3, 1995.

MAGGI B., *Razionalità e benessere. Studio interdisciplinare dell'organizzazione*, Etas, 1990.

MASON E.S., "Price and Production Policies of Large Scale Enterprises", in *American Economic Review*, n. 29, 1939.

MASTROBERARDINO P., *L'approccio sistemico al governo dell'impresa. L'impresa della vite e del vino*, Cedam, 2002.

MASTROBERARDINO P. (a cura di), *Il consumo. Assetto strutturale e dinamica sistemica*, Edizioni Scientifiche Italiane, 2005.

MASTROBERARDINO P. (a cura di), *Lobbying. Agire tra i vincoli*, Edizioni Scientifiche Italiane, 2006.

MASTROBERARDINO P., MAGLIOCCA P., CALABRESE G., "Riflessioni sul sistema del consumo. Alcune evidenze empiriche", in *Sinergie. Rapporti di ricerca*, n. 21, 2005.

MASTROBERARDINO P., NIGRO C., CALABRESE G., "Lobbying. Potere del soggetto e vincoli istituzionali", in *Economia e Diritto del Terziario*, n. 18, 2006.

MITCHELL R.K., AGLE B.R., WOOD D.J., "Toward a Theory of Stakeholder Identification and Salience: Defining the Principle of Who and What Really Counts", in *Academy of Management Review*, n. 4, 1997.

NACAMULLI R.C.D., "Reti di organizzazioni dinamiche e gruppi dirigenti", in PILOTTI L., POZZANA R., *I contratti di franchising. Organizzazione e controllo di rete*, Egea, 1990.

NIGRO C., "L'utilizzo del modello della rilevanza dei sovrasistemi per la valutazione delle reti di franchising" in *Esperienze d'impresa*, n. 1, 2003.

NIGRO C., "Alcune riflessioni sulla rilevanza dei rapporti intersistemici", in *Sinergie. Rapporti di ricerca*, n. 21, 2005.

PACI I., "Il contributo della dottrina italiana agli studi sul governo delle organizzazioni imprenditoriali", in *Sinergie*, n. 61-62, 2003 (1998[1]).

PANATI G., GOLINELLI G.M., *Tecnica economica, industriale e commerciale. Imprese, strategie e management*, 2 voll., La Nuova Italia Scientifica, 1991 (1988[1]).

PICIOCCHI P., SAVIANO M., MEROLA B., "ASV e concorrenza. L'impresa sistema vitale e il problema della individuazione dei concorrenti", in *Esperienze d'impresa*, Serie Speciale, S/1, 2002.

PILOTTI L., POZZANA R., *I contratti di franchising. Organizzazione e controllo di rete*, Egea, 1990.

POLANYI K., *The Great Transformation: The Political and Economic Origins of Our Time*, Holt, Rinehart & Winston, 1944.

PORTER M., *La strategia competitiva*, Tipografia Compositori, 1982.

PROIETTI L., "I molteplici significati della «governance»: verso un chiarimento in ottica economico-aziendale", in *Sinergie*, n. 73-74, 2007.

RAIMONDO M.A., "La misurazione della fiducia negli studi di marketing: una rassegna di modelli e metodologie (1ª Parte)", in *Finanza, Marketing e Produzione*, n. 2, 2000.

RAIMONDO M.A., "I principi dell'analisi causale e la definizione dei costrutti", *I modelli di equazioni strutturali con Lisrel*, Summer School 24-28 luglio 2006.

RESCINITI R., "Coordinamento, fiducia e potere nella logistica tra industria e distribuzione", in *Industria & Distribuzione*, n. 2, 2001.

RICOTTA F., *L'innovazione nella politica del consumatore. Teorie ed evidenze empiriche nella prospettiva sistemica*, Cedam, 2004.

RICOTTA F., "Dinamiche di sistema del consumerismo in Italia", in *Mercati e Competitività*, n. 4, 2005.

RISPOLI M. (a cura di), *L'impresa industriale. Economia, tecnologia, management*, Il Mulino, 1989 (1984[1]).

RUGIADINI A., *Organizzazione d'impresa*, Giuffrè, 1979.

RULLANI E., "La teoria dell'impresa: soggetti, sistemi, evoluzione", in RISPOLI M. (a cura di), *L'impresa industriale. Economia, tecnologia, management*, Il Mulino, 1989 (1984[1]).

SABIDUSSI G., "The Centrality Index of a Graph", in *Psychometrika*, vol. 31, n. 4, 1966.

SANDRI S., "Le operazioni di leveraged buy out: motivazioni ed esperienze", in *Rivista milanese di economia*, n. 33, 1990.

SANGUIGNI V., *Proprietà e governo dell'impresa. Verso un modello di analisi in ottica sistemica*, Cedam, 2002.

SARACENO P., *Il governo delle aziende*, Libreria Universitaria Editrice, 1972.

SARACENO P., *La produzione industriale*, Libreria Universitaria Editrice, 1976.

SCHELLING T.C., *The Strategy of Conflict*, Harvard University Press, 1980 (1960[1]).

SCHERER F.M., *Industrial Market Structure and Economic Performance*, Houghton Mifflin, 1980.

SCIARELLI S., *Economia e gestione delle imprese*, Cedam, 1997.

SCIARELLI S., *Fondamenti di economia e gestione delle imprese*, Cedam, 2004.

SCOTT J., *L'analisi delle reti sociali*, Carocci, 2003.

SIANO A., *Strategie d'impresa: l'analisi dell'ambiente competitivo di concezione moderna*, Cedam, 1995.

SICCA L., *La gestione strategica dell'impresa*, Cedam, 2003.

SODA R., *Reti tra imprese*, Carocci, 1998.

THOMPSON J.D., *L'azione organizzativa*, Isedi, 1988 (orig. *Organizations in Action*, McGraw-Hill, 1967).

VAGNANI G., GOLINELLI G.M., PASTORE A., "I rapporti tra sistema istituzionale e imprese nella creazione dei mercati dei permessi di emissione", in CAFFERATA R., MARTELLINI M., VELO D. (a cura di), *Liberalizzazioni, impresa pubblica, impre-*

sa d'interesse generale nell'Unione europea, Il Mulino, 2007.
VICARI S., *L'impresa vivente. Itinerario di una diversa concezione*, Etas, 1991.
WASSERMAN S., FAUST K., *Social Network Analysis*, Cambridge University Press, 1998.
WEBER M., *Economia e società*, Edizioni di comunità, 1980.
WEICK K.E., *Organizzare. La psicologia sociale dei processi organizzativi*, Isedi, 19-93 (orig. *The Social Psychology of Organizing*, McGraw-Hill, 1979 (1969[1])).
WEICK K.E., *Sensemaking in Organizations*, Sage, 1995.
WILLIAMSON O.E., *Markets and Hierarchies: Analysis and Antitrust Implications*, The Free Press, 1975.

CAPITOLO TERZO

L'AZIONE DI GOVERNO TRA OTTICA DIADICA E DI CONTESTO: VERSO LA CONSONANZA E LA COMPETITIVITÀ DEL SISTEMA IMPRESA (*)

3.1. IL RAPPORTO DIADICO DA POTENZIALE AD EFFETTIVO: IL RUOLO DELLA NEGOZIAZIONE

I modelli di analisi esposti nel capitolo precedente rappresentano un contributo alla scientificazione dell'azione di governo, con riguardo al processo di contestualizzazione e, più specificamente, ai momenti salienti nei quali l'organo di governo discerne le entità di contesto per poi rivolgere attenzione alla singola entità con cui instaurare un rapporto intersistemico. Il passaggio dall'ambiente globalmente inteso al rapporto diadico con una determinata entità del contesto trova conclusione nel processo negoziale, prima con l'instaurazione del rapporto e, successivamente, con il suo mantenimento e la sua eventuale riformulazione nel tempo.

(*) Di CORRADO GATTI e LUCA PROIETTI.

Pur essendo il lavoro frutto delle riflessioni comuni degli autori, i paragrafi 3.1, 3.1.1, 3.1.2, 3.1.3 e 3.3 sono da attribuire a Corrado Gatti ed i paragrafi 3.1.4, 3.2, 3.2.1 e 3.2.2 a Luca Proietti.

Ecco dunque che il tratto terminale del processo di contestualizzazione trova esplicitazione nella negoziazione quale processo decisionale congiunto tra due o più attori, individuali o collettivi; le interazioni negoziali ed i connessi scambi posti in essere dall'impresa rappresentano la manifestazione tipica dei rapporti tra l'impresa e il contesto e, di più, costituiscono aspetti qualificanti l'essenza profonda dell'economia d'impresa([1]).

([1]) Per un approfondimento sul tema v. GATTI C., *Le negoziazioni nel governo dell'impresa. Verso un modello di analisi*, Cedam, 2008. Nell'ambito della letteratura classica sulle negoziazioni v., ad esempio, ZARTMAN I.W., "Negotiation as a Joint Decision-Making Process", in *Journal of Conflict Resolution*, n. 4, 1977, pagg. 619-638, *passim*; YOUNG H.P., "Negotiation Analysis", in YOUNG H.P. (a cura di), *Negotiation Analysis*, The University of Michigan Press, 1991, pag. 1. Considera come sinonimi i concetti di «*joint decision making*» e «*negotiation analysis*» anche il Raiffa, uno dei fondatori della teoria delle negoziazioni, cfr. RAIFFA H., *The Art and Science of Negotiation*, The Belknap Press of Harvard University Press, 1982, pag. 7; RAIFFA H., RICHARDSON J., METCALFE D., *Negotiation Analysis. The Science and Art of Collaborative Decision Making*, The Belknap Press of Harvard University Press, 2002, pag. 81. Nell'impostazione qui adottata, la negoziazione si qualifica come un processo di interazione tra due o più attori che, quando si conclude con un accordo, porta alla definizione di un contratto teso a regolare l'interazione successiva tra gli attori medesimi. Con riferimento al concetto di scambio, secondo un'accezione restrittiva esso può essere inteso come un complesso di atti successivi alla negoziazione e alla sottoscrizione del contratto. Cfr. in proposito il Ceccanti, secondo il quale la negoziazione attiene ai comportamenti che precedono lo scambio, inteso quest'ultimo come una specie ben identificata di interdipendenza di comportamento, caratterizzata da adempimenti reciproci e sanzioni applicate o applicabili, nonché dalla consapevolezza che ciascun attore della relazione ha del fatto che il compimento di una data azione è parte, o anello, di una sequenza di atti connessi che identificano lo svolgimento completo del loro rapporto. In questo senso, lo scambio rappresenta l'esito di una negoziazione (conclusasi con un accordo tra le parti). In particolare: «Così sorge lo scambio; in linguaggio tecnico, le caratteristiche della serie di comportamenti che precede la nascita del rapporto, e che sono direttamente rilevanti a tale effetto, ne costituiscono le *modalità di negoziazione*», CECCANTI G., *Gli scambi d'impresa*, Cursi, 1962, pag. 24. Sempre con riferimento allo scambio, secondo un'accezione più ampia è possibile intenderlo non come un momento successivo alla negoziazione, bensì come un processo che comprende in sé la negoziazione. Cfr. in proposito il Garrone, il quale intende appunto la negoziazione quale concetto più ristretto rispetto allo scambio, di cui la negoziazione costituisce un aspetto. Secondo questa prospettiva, lo scambio è inteso quale concetto sostanzialmente coincidente con quello di commercio. Cfr. GARRONE N., *La scienza del commercio. Organizzazione del commercio*, Vol. I, Vallardi, 1914, pag. 5 e segg. Nell'impostazione qui accolta, mentre lo scambio rappresenta certamente l'esito della negoziazione, per quanto contenuto nell'accordo che conclude il processo negoziale, esso rappresenta anche un momento qualificante l'interazione negoziale, dal momento che essa stessa comporta uno scambio tra le parti, quanto meno di informazioni e co-

Ne consegue che l'approfondimento delle interazioni negoziali e dei connessi scambi posti in essere dall'impresa assume significato portante per la comprensione dell'azione di governo e dei sui orientamenti.

In proposito, in un recente lavoro il Ceccanti, nell'osservare che gli scambi generalmente non rappresentano giochi a somma zero, evidenzia come essi, in quanto orientati al perseguimento dell'ottimo paretiano, possono essere interpretati quali tentativi di ricerca del «bene comune» da parte degli uomini(2). Ne discende la centralità del rapporto di scambio, del mercato e dell'impresa per lo sviluppo dell'uomo e della società, in un contesto in cui, in applicazione del principio di sussidiarietà, possono intendersi affidate proprio all'impresa la generazione dell'innovazione e la creazione di «profitto autentico», o valore, e, quindi, la guida del progresso dell'uomo e della società.

La centralità di negoziazioni e scambi nel funzionamento dell'impresa sistema vitale, peraltro, non viene meno quando si osservi che le interazioni conducenti alla configurazione della struttura specifica non sono tutte finalizzate all'instaurazione di relazioni contrattuali. Le interazioni tra l'impresa ed il contesto, infatti, anche quando non esitanti in rapporti giuridici formalizzati da appositi contratti, implicano pur sempre un qualche scambio informativo, reale e/o finanziario per via della volontà e dell'intenzione di almeno uno degli attori in campo. Si deve pertanto concludere che un certo contenuto negoziale sia rintracciabile nella grande maggioranza, se non nella totalità, delle interazioni tra impresa e contesto, vuoi in quelle indirizzate al perseguimento della competitività vuoi in quelle tese a creare condizioni di consonanza.

Palesano evidentemente contenuto negoziale le interazioni volte alla stipulazione con le entità esterne dei contratti grazie ai quali l'im-

---

municazioni.

(2) V. CECCANTI G., "*Caritas in veritate*. Riflessioni di un tecnico", in *Impresa Progetto – Rivista online del Ditea*, n. 2, 2009, pagg. 1-20. In estrema sintesi e in termini generali, per gioco a somma zero si intende un'interazione in cui qualsiasi vantaggio per una parte comporta necessariamente uno svantaggio per la controparte; per ottimo paretiano si intende uno stato di cose nel quale la posizione di nessun soggetto può essere migliorata senza peggiorare quella di qualche altro; per principio di sussidiarietà, infine, si intende quel fondamentale principio di libertà e di democrazia secondo il quale lo Stato deve intervenire nella società ad aiutare in maniera suppletiva (*subsidium*) le sue componenti (i singoli individui e i cosiddetti «corpi intermedi»), quando queste non sono grado di farcela da sole.

presa può migliorare la propria competitività per via di risparmi di costi, incrementi di ricavi e/o la possibilità di realizzare investimenti destinati a manifestare benefici nel medio o lungo termine. Allo stesso modo, sembrano palesare contenuto negoziale, pur in senso lato, anche quelle interazioni non risultanti in contratti, ma comunque finalizzate a comporre gli interessi dell'impresa con quelli di una o più entità esterne, alla ricerca di compatibilità, sinergie e raccordi ritenuti necessari in ordine alla costruzione della consonanza col contesto.

Sul piano della riflessione scientifica, la dottrina aziendale italiana ha storicamente tributato grande importanza a negoziazioni e scambi ed al loro ruolo nell'impresa. Si considerino, in proposito, le parole del Garrone: «è evidente l'analogia esistente tra le due funzioni di concepimento di un'azienda e concepimento di un singolo affare: l'azienda, in fondo, non è altro che un complesso od una ripetizione di singoli affari»([3]).

Così ancora il Caprara: «Le negoziazioni, cioè le operazioni di scambio oneroso, sono, è risaputo, le manifestazioni caratteristiche della vita economica delle imprese. Nelle imprese si scambia per produrre; merci, prodotti e servizi si scambiano per conseguire un guadagno; per gli scambi il guadagno diviene atto alla rilevazione di conto. Le forme di produzione più diffuse procedono caratteristicamente dallo scambio, ritrovano nello scambio lo strumento primordiale, per lo scambio raggiungono risultati efficaci. Risultato e ad un tempo cagione del progredire della specializzazione produttiva d'impresa, le operazioni di scambio affermano il solidale concorso delle imprese alle attuazioni del mondo economico, il necessario dipendere di ciascuna impresa dalla vita economica delle altre [...]. Così le negoziazioni, generate dal corso dell'impresa, le une alle altre si riannodano; le nuove presuppongono le antiche; tutte risortono da un unico sistema nel quale ricadono con l'apporto rinnovatore degli elementi attinti dal circostante ambiente economico»([4]).

Similmente il Renzi: «L'azienda "dura" quando rinnova le sue compra-vendite; e, da un certo punto di vista, potremmo dire che l'azienda è un insieme durevole e rinnovantesi di compra-vendite»([5]).

([3]) GARRONE N., *La scienza, op.cit.*, pag. 566.

([4]) CAPRARA U., *Le negoziazioni caratteristiche dei vasti mercati. Principii di tecnica mercantile*, Edizioni Palatine di R. Pezzani e C., 1946 (1926[1]), pag. 3 e segg.

([5]) RENZI A., *Tecnica mercantile. Trasporti – Dogane*, Hoepli, 1962 (1953[1]), pag. 11. Ancora, in DEZI L., *Le negoziazioni internazionali di materie prime. Implica-*

Con riferimento alla dottrina anglosassone, nel rilevare quanto siano pervasive le negoziazioni non solo nell'attività d'impresa, ma anche nella vita politica e nella vita quotidiana di qualsiasi individuo, così si esprimono sul punto, nel loro classico lavoro, il Fisher, l'Ury e il Patton: «Like it or not, you are a negotiator. Negotiation is a fact of life. You discuss a raise with your boss. You try to agree with a stranger on a price for his house. Two lawyers try to settle a lawsuit arising from a car accident. A group of oil companies plan a joint venture exploring offshore oil. A city official meets with union leaders to avert a transit strike. The United States Secretary of State sits down with his Soviet counterpart to seek an agreement limiting nuclear arms. All these are negotiations»([6]).

La rilevata importanza delle dinamiche negoziali ai fini dell'implementazione del processo di contestualizzazione, unitamente al rilievo storicamente attribuito al tema dalla dottrina, ci induce dunque a svolgere nel presente paragrafo talune considerazioni in merito alle strutture e impostazioni negoziali fondamentali([7]).

Nell'affrontare tale argomento, viste le finalità del presente lavoro, ci limiteremo a considerare solo alcuni principali aspetti di un vasto campo di indagine che, sviluppatosi a partire dall'analisi delle decisioni e dalla teoria dei giochi, è oggi conosciuto come «teoria delle

---

zioni contrattuali e finanziarie, Cedam, 1992, pag. 1: «è fuor di dubbio che non vi sia forma di produzione imprenditoriale che non trovi nello scambio la sua causa prima e la propria conclusione; le negoziazioni si configurano quindi come fenomeni tipici della gestione d'impresa, e si inseriscono nel processo di analisi che l'azienda pone in essere nei confronti delle circostanze di mercato, per il conseguimento di un vantaggio competitivo rispetto ai propri concorrenti».

([6]) FISHER R., URY W., PATTON B., *Getting to Yes. Negotiating Agreement Without Giving In*, Penguin Books, 1991 (1981[1]), pag. xvii.

([7]) Si noti, peraltro, che le considerazioni sopra riportate evidenziano taluni punti di contatto con la cosiddetta visione contrattuale dell'impresa, che concepisce quest'ultima come «*nexus of contract*». Tale visione, storicamente avanzata dal Coase nel suo classico contributo del 1937, è stata successivamente ripresa e approfondita da diversi autori, tra i quali l'Alchian e il Demsetz, nonché dai sostenitori della teoria dell'agenzia. Cfr. COASE R.H., "The Nature of the Firm", in *Economica*, n. 16, 1937, pagg. 386-405; ALCHIAN A.A., DEMSETZ H., "Production, Information Costs, and Economic Organization", in *American Economic Review*, n. 5, 1972, pagg. 777-795; JENSEN M.C., MECKLING W.H., "Theory of the Firm: Managerial Behavior, Agency Costs and Ownership Structure", in *Journal of Financial Economics*, n. 4, 1976, pagg. 305-360; FAMA E.F., JENSEN M.C., "Separation of Ownership and Control", in *Journal of Law and Economics*, n. 2, 1983, pagg. 301-325.

negoziazioni» o «analisi delle negoziazioni» («*negotiation theory*» o «*negotiation analysis*»)([8]).

Anche se nella presente trattazione l'attenzione è focalizzata esclusivamente sulle negoziazioni tra l'impresa e le variegate entità del contesto e, quindi, sulle negoziazioni intersistemiche, le negoziazioni assumono pregnante significato anche con riferimento all'ambito interno dell'impresa.

Nello specifico, le negoziazioni intrasistemiche si palesano di particolare rilievo nel caso delle organizzazioni complesse, in particolare di grandi dimensioni, quali ad esempio le grandi imprese multidivisionali e/o articolate su più siti produttivi. Nelle prime si sviluppano costanti negoziazioni sia tra le divisioni (negoziazioni interdivisionali) sia tra queste e la direzione centrale; nelle seconde, tra il sito e il livello *corporate* e tra i diversi siti([9]).

Ciò premesso, gli aspetti su cui focalizzeremo l'attenzione sono i seguenti:

– le strutture negoziali fondamentali;

– le grandezze caratteristiche delle negoziazioni;

– la trasformazione della struttura negoziale quale strategia negoziale fondamentale.

3.1.1. Le strutture negoziali fondamentali

Con riferimento al primo aspetto, v'è anzitutto da rilevare che la

([8]) Nell'ambito degli studi più rappresentativi che hanno sviluppato l'analisi delle negoziazioni in campo aziendalistico si considerino, per tutti, i classici lavori di RAIFFA H., *The Art*, *op.cit.*; BAZERMAN M.H., LEWICKI R.J. (a cura di), *Negotiating in Organizations*, Sage, 1983; LAX D.A., SEBENIUS J.K., *The Manager as Negotiator. Bargaining for Cooperation and Competitive Gain*, The Free Press, 1986.

([9]) Sulle negoziazioni nell'ambito delle imprese multidivisionali cfr. il classico CHANDLER A.D. JR., *Strategia e struttura. Storia della grande impresa americana*, FrancoAngeli, 1993 (tit. orig. *Strategy and Structure: Chapters in the History of the American Industrial Enterprise*, The Mit Press, 1962), nonché BOWER J.L., *Managing the Resource Allocation Process: A Study of Corporate Planning and Investment*, Harvard University Press, 1970, e il più recente BOWER J.L., GILBERT C.G. (a cura di), *From Resource Allocation to Strategy*, Oxford University Press, 2005. Con riferimento alle relazioni e ai conseguenti processi negoziali tra il sito e il *corporate* e tra i diversi siti dell'impresa complessa cfr. i due studi di QUATTROCIOCCHI B., *Economia e governo del sito produttivo nella prospettiva sistemica*, Cedam, 2004 e *Il sito produttivo tra gerarchia, mercati e territorio*, Cedam, 2008.

qualificazione delle strutture negoziali fondamentali e, quindi, delle principali tipologie o situazioni negoziali, può basarsi su diversi criteri, tra i quali:

– il numero di parti coinvolte;

– il numero di materie, argomenti o questioni («*issue*») oggetto di negoziazione;

– la configurazione degli interessi delle parti([10]).

Avendo riguardo al numero di parti coinvolte, è possibile distinguere le «negoziazioni a due parti» o «negoziazioni bilaterali» o «negoziazioni diadiche» dalle «negoziazioni a più parti» o «negoziazioni multilaterali»([11]).

Le prime rappresentano le situazioni negoziali più semplici e, com'è facilmente intuibile, vedono coinvolte solamente due parti, una essendo una componente della struttura fisica dell'impresa (ad esempio, il responsabile degli acquisti o il direttore finanziario) e l'altra una componente fisica di una selezionata entità esterna con la quale si intende instaurare la relazione (ad esempio, il responsabile commerciale del fornitore o il direttore della filiale bancaria presso la quale l'impresa intende accendere un finanziamento).

Le negoziazioni a più parti si qualificano, rispetto alle precedenti, per un aumento del numero degli attori che insieme danno vita alla trattativa. Ne sono esempi le negoziazioni tese alla sottoscrizione di un accordo per la costituzione di un consorzio, ad esempio tra imprese industriali per lo svolgimento in comune di determinate fasi dell'attività produttiva o l'erogazione di servizi di interesse comune oppure tra banche nell'ambito di un'operazione di finanziamento in *pool* (o pre-

---

([10]) Si noti che per «struttura negoziale» intendiamo, in termini generali, l'insieme di componenti e relazioni tra componenti che è alla base della negoziazione quale processo decisionale congiunto. Si noti, inoltre, che i criteri di seguito richiamati nel testo attengono alle tre componenti strutturali o elementi costitutivi fondamentali di qualsiasi negoziazione: le parti, le questioni oggetto di negoziazione e gli interessi delle parti.

([11]) Cfr. RAIFFA H., *The Art*, *op.cit.*, pag. 33 e segg. e pag. 251 e segg.; NORTHCRAFT G.B., NEALE M.A., "Dyadic Negotiation", in BAZERMAN M.H., LEWICKI R.J., SHEPPARD B.H. (a cura di), *Research on Negotiation in Organizations: Handbook of Negotiation Research*, Vol. 3, JAI Press, 1991, pagg. 203-229; KRAMER R.M., "The More the Merrier? Social Psychological Aspects of Multiparty Negotiations in Organizations", in BAZERMAN M.H., LEWICKI R.J., SHEPPARD B.H. (a cura di), *Research*, *op.cit.*, pagg. 307-332; GRANDORI A., *Organizzazione e comportamento economico*, Il Mulino, 1999 (1995[1]), pag. 214 e segg. e pag. 227 e segg.

stito sindacato). Ne sono altresì esempi le negoziazioni volte alla sottoscrizione di un contratto di rete, il quale disciplina l'esercizio in comune di attività economiche dirette ad accrescere la reciproca capacità innovativa e competitività da parte di organizzazioni che rappresentano i nodi di una rete tra imprese([12]).

Nell'ambito degli studi sulle negoziazioni la distinzione in esame appare di particolare significato, dal momento che le negoziazioni a più parti comportano complicazioni sostanziali e dinamiche qualitativamente diverse rispetto alle negoziazioni a due parti.

Pertanto, la situazione in discorso rappresenta anzitutto, ma non solo, un ampliamento della precedente. In particolare, richiamando il Kramer, tre sono le dimensioni rispetto alle quali le negoziazioni multilaterali si distinguono da quelle a due parti: «First, in terms of their greater "size" (i.e., the number of parties involved in the negotiation process). Second, in terms of their greater complexity. Third, in terms of the greater degree of social differentiation or heterogeneity between the parties involved in them»([13]).

Con riferimento al numero di materie, argomenti o questioni («*is-*

([12]) Nell'ordinamento italiano il contratto di rete è stato recentemente disciplinato con la Legge n. 33 dell'8 aprile 2009. Con tale normativa risultano in sostanza ampliate le possibilità di impiego e formalizzazione giuridica delle reti tra imprese rispetto al ricorso ad alcuni modelli esistenti, come quello consortile, l'associazione temporanea di imprese (ATI) o il gruppo europeo di interesse economico (GEIE). In questo senso, il contratto di rete consente alle imprese partecipanti l'esercizio in comune non solo di attività strumentali rispetto a quelle svolte individualmente, ma anche di attività ulteriori e diverse da queste. Per approfondimenti v. CAFAGGI F. (a cura di), *Il contratto di rete. Commentario*, Il Mulino, 2009, ove il curatore, nell'introduzione al volume, rileva che: «il contratto di rete offre, sul piano causale, diverse possibili combinazioni: (1) dal puro coordinamento di attività indipendenti svolte dalle singole imprese partecipanti, a (2) forme di collaborazione caratterizzate dallo svolgimento di attività strumentali svolte direttamente dalla rete aventi ad oggetto la prestazione di servizi alle imprese partecipanti, a (3) forme di attività in cui la relazione con le attività delle singole imprese può essere meno stringente perché la rete svolge attività complementari a quelle delle imprese partecipanti. Dunque dal coordinamento, alla strumentalità ed accessorietà fino alla complementarità» (pag. 29).

([13]) KRAMER R.M., "The More", *cit.*, pagg. 307-332, in particolare pag. 308. Esemplificativa di una negoziazione a più parti è quella che conduce alla realizzazione di un'operazione di *project financing*, per quanto attiene al numero e alla varietà delle parti coinvolte e alla complessità dell'iniziativa. Il processo negoziale sfocia così in una serie di rapporti contrattuali, per un'analisi dei quali si rinvia a GOLINELLI G.M., *L'approccio sistemico al governo dell'impresa*, Vol. II, Cedam, 2000, pag. 177 e segg.

sue») oggetto di negoziazione, è possibile distinguere le «negoziazioni a una questione» dalle «negoziazioni a più questioni»([14]). In particolare, per questioni intendiamo «le materie presenti sul tavolo negoziale, cioè le risorse scarse oggetto della trattativa. Ad esempio, nel caso della compravendita di un'auto, esse saranno il prezzo di acquisto ma anche gli *optional*, le condizioni di pagamento, i tempi di consegna ecc. Per ciascuna delle parti le questioni in gioco hanno un loro ordine di priorità (ad esempio, può essere preferibile averla vinta sulle condizioni di pagamento piuttosto che sui tempi di consegna e viceversa)»([15]).

La moltiplicazione del numero di questioni oggetto di trattativa, analogamente a quanto visto per la moltiplicazione del numero di parti nelle negoziazioni multilaterali, comporta delle complicazioni per il processo negoziale. Complicazioni che richiedono alle parti l'adozione di opportuni approcci per un'efficace trattazione delle varie materie, nonché la capacità di creare opportune connessioni tra queste (cosiddetti «*issue linkage*»).

Infine, con riferimento al terzo dei criteri in precedenza richiamati, ossia la configurazione degli interessi delle parti, è possibile distinguere le «negoziazioni distributive» o «negoziazioni *win-lose*» o «negoziazioni a torta fissa» dalle «negoziazioni integrative» o «negoziazioni *win-win*» o «negoziazioni a torta espandibile»([16]).

Le negoziazioni distributive si caratterizzano per il fatto che le parti palesano interessi del tutto in conflitto rispetto all'oggetto della trattativa e allo specifico punto di accordo, fermo restando che si deve comunque ipotizzare almeno una convergenza di interessi circa la

---

([14]) Cfr. RAIFFA H., *The Art*, *op.cit.*, pag. 33 e segg. e pag. 131 e segg.; SEBENIUS J.K., "Negotiation Arithmetic: Adding and Subtracting Issues and Parties", in *International Organization*, n. 2, 1983, pagg. 281-316.

([15]) RUMIATI R., PIETRONI D., *La negoziazione. Psicologia della trattativa: come trasformare un conflitto in opportunità di sviluppo personale, organizzativo e sociale*, Raffaello Cortina, 2001, pag. 59.

([16]) Cfr. PRUITT D.G., *Negotiation Behavior*, Academic Press, 1981, pag. 71 e segg. e pag. 137 e segg.; RAIFFA H., *The Art*, *op.cit.*, pag. 33 e segg. e pag. 131 e segg.; GRANDORI A., *Organizzazione*, *op.cit.*, pag. 217 e segg. Si noti che, una volta individuate le parti e le questioni oggetto di negoziazione, ossia date le parti e le questioni, l'analisi della configurazione degli interessi delle parti rappresenta un ulteriore elemento fondamentale per qualificare la struttura della negoziazione e, quindi, comprenderne la natura. Ciò in quanto consente, per un verso, di comprendere se si può negoziare e in che misura; per altro verso, di individuare le possibili impostazioni negoziali per concludere l'interazione negoziale con un accordo.

convenienza ad accordarsi.

Nelle negoziazioni distributive, vuoi relative ad una questione che a più questioni, le parti palesano interessi contrapposti ed a ciascuna questione, o a ciascun attributo dell'unica questione, attribuiscono lo stesso valore([17]).

Nelle negoziazioni distributive, inoltre, l'oggetto della trattativa si palesa «non espandibile». Ciò significa che nell'interazione negoziale tra le parti non emergono, per scelta o necessità, altre materie di scambio da poter usare in modo compensativo. Non esistono, in altri termini, ulteriori questioni da poter configurare come oggetto di trattativa in modo da produrre compensazioni rispetto alle rinunce che una o più parti possono o debbono fare sulla soddisfazione dei propri interessi con riferimento alla questione o alle questioni oggetto di negoziazione([18]).

La situazione descritta implica, dunque, che a qualsiasi aumento di utilità (beneficio o guadagno) per una parte corrisponde una diminuzione di utilità (danno/pregiudizio o perdita) per la controparte.

Le negoziazioni integrative, invece, si caratterizzano per il fatto che le parti non palesano interessi del tutto in conflitto rispetto all'oggetto della trattativa.

Oggetto che anche in questo caso può consistere in una o più questioni ovvero in un'unica questione multidimensionale, ossia che presenta diversi attributi. A differenza della situazione negoziale precedente, in questo caso le parti non palesano interessi divergenti rispetto a tutte le questioni o a tutti gli attributi dell'unica questione oggetto di trattativa e, quand'anche gli interessi siano divergenti rispetto a tutte

---

([17]) Come avremo modo di evidenziare più avanti, quando sono presenti più questioni ovvero una questione qualificata da numerosi aspetti, è probabile che la negoziazione si palesi almeno parzialmente integrativa, piuttosto che puramente distributiva. In altri termini, quando sono presenti più questioni, è probabile che le parti non palesino interessi contrapposti su tutti gli aspetti e/o che non attribuiscano alla soddisfazione dei propri interessi rispetto a essi lo stesso valore.

([18]) Adottando una prospettiva restrittiva, la Grandori qualifica le negoziazioni distributive come negoziazioni aventi come oggetto un'unica questione, il prezzo, rispetto al quale gli interessi delle parti sono contrapposti. In particolare, così si esprime sul punto l'Autrice: «*se il prezzo è l'unica materia* ritenuta rilevante, se non si vuole o non si può cercare o non si trovano altre materie compensative di scambio, essa è effettivamente caratterizzata da interessi diametralmente opposti con riguardo al *punto* di accordo (gli interessi sono invece convergenti con riguardo alla convenienza di accordarsi, ed è questo che rende possibile una negoziazione)», GRANDORI A., *Organizzazione*, *op.cit.*, pag. 217 e segg.

le questioni o a tutti gli attributi, le parti non associano al loro soddisfacimento lo stesso valore([19]).

Le negoziazioni integrative si caratterizzano dunque per la presenza di una certa complementarità tra gli interessi delle parti. Più precisamente, queste ultime palesano, almeno in parte, preferenze qualificate da un'intensità diversa e complementare rispetto alle varie questioni oggetto di trattativa.

Si noti, inoltre, che diversamente da quanto accade nelle negoziazioni distributive, in quelle integrative l'oggetto della trattativa può essere ampliato («oggetto negoziale espandibile»), nel senso che è possibile per le parti arricchire l'oggetto negoziale di ulteriori questioni rispetto a quelle inizialmente emerse.

Da ciò discende che è anche possibile ipotizzare negoziazioni integrative che presentano, all'inizio dell'interazione negoziale, un'unica questione oggetto di trattativa rispetto alla quale le parti manifestano interessi in conflitto. Tuttavia, perché la negoziazione possa effettivamente qualificarsi come integrativa e non distributiva, tale unica questione deve poter essere articolata in differenti attributi ovvero affiancata da ulteriori questioni negoziali rispetto alle quali le preferenze delle parti si palesano almeno parzialmente complementari.

È dunque possibile affermare che tipicamente una negoziazione integrativa implica più questioni o, comunque, una questione multidimensionale, con più attributi, rispetto ai quali gli interessi delle parti si configurano nel modo sopra descritto. Tale situazione può qualificare la negoziazione *ab origine* oppure emergere nel corso dell'interazione negoziale tra le parti([20]).

Dalle considerazioni svolte emerge dunque che ciò che rileva al fine della qualificazione della negoziazione come distributiva o integrativa è unicamente la configurazione degli interessi delle parti, con le sottese preferenze, rispetto alla questione o alle questioni oggetto di trattativa.

([19]) In altri termini, le parti non associano lo stesso valore al soddisfacimento degli interessi palesati rispetto alle varie questioni o ai vari attributi.

([20]) Si noti che, se una negoziazione evidenzia un oggetto potenzialmente espandibile, allora può essere definita potenzialmente integrativa. Tale negoziazione diventerà effettivamente integrativa se e nella misura in cui l'iniziale oggetto negoziale verrà effettivamente ampliato e detto ampliamento comporterà una modificazione nella configurazione degli interessi delle parti tale che questi ultimi si palesino almeno parzialmente complementari.

Dalle argomentazioni riportate emerge inoltre che raggiungendo l'accordo in una negoziazione integrativa ciascuna parte potrebbe soddisfare il proprio interesse a costo zero.

Dato, però, che questa è una situazione concretamente infrequente, può dirsi che raggiungendo l'accordo in una negoziazione integrativa ciascun soggetto soddisfa una parte più o meno significativa dei propri interessi rinunciando a qualche interesse che per esso ha un valore basso, al limite quasi nullo, rispetto al valore che ha per la controparte.

A valle delle considerazioni svolte appare a questo punto di particolare momento notare che il conseguimento dell'accordo in una negoziazione integrativa implica la possibilità e la capacità delle parti di:

– individuare le possibili questioni oggetto di negoziazione, eventualmente arricchendo l'iniziale oggetto della trattativa nel corso dell'interazione negoziale;

– analizzare le varie questioni, focalizzarne i possibili molteplici attributi e qualificare attentamente la valenza di questi per le diverse parti coinvolte, ossia qualificare attentamente le preferenze delle parti;

– trattare le varie questioni opportunamente nell'ambito della dinamica negoziale, definendo offerte e contro-offerte, resistenze e concessioni e soluzioni negoziali che utilizzino le questioni poco importanti per una parte e molto importanti per la controparte come materie compensative di scambio.

In definitiva, nelle negoziazioni distributive l'attenzione delle parti è tutta rivolta alla spartizione di un oggetto negoziale rispetto al quale esse hanno interessi contrapposti.

Nelle negoziazioni integrative, invece, l'attenzione delle parti è rivolta all'integrazione delle loro differenti preferenze rispetto alle molteplici questioni oggetto di trattativa e a calibrare la divisione delle risorse, con la sottesa soddisfazione degli interessi, sulla base di tale integrazione. In queste negoziazioni l'attenzione delle parti può inoltre essere rivolta prima ad ampliare il numero di questioni oggetto di trattativa e, quindi, il numero delle risorse oggetto di scambio, per poi essere rivolta alla divisione di tale più ampio insieme di risorse sulla base di un'attenta integrazione di preferenze. Ciò ha portato la dottrina a qualificare il comportamento delle parti come di «rivendicazione» o «appropriazione di valore» («*claiming value*») nelle negoziazioni distributive e di «creazione di valore» («*creating value*») in quelle integrative, ovvero di «negoziazione per vincere» nel primo caso e di «negoziazione per crescere» nel secondo([21]).

A conclusione delle considerazioni svolte con riferimento alle differenti strutture negoziali, riteniamo opportuno evidenziare che, al di là delle classificazioni che è possibile tracciare sul piano teorico, in concreto le negoziazioni normalmente implicano più questioni su cui le parti si confrontano e presentano una natura mista (distributiva e integrativa). Si caratterizzano, cioè, per una configurazione di interessi delle parti tale per cui questi si palesano divergenti rispetto ad alcune questioni e complementari rispetto ad altre. Si qualificano, quindi, per una dinamica negoziale in cui le parti si confrontano sia per combinare opportunamente preferenze complementari sia per arricchire l'oggetto negoziale di possibili questioni di interesse sia, infine, per spartire le risorse sulle quali gli interessi sono opposti.

Quanto affermato è efficacemente evidenziato dal Raiffa, dal Richardson e dal Metcalfe, quando sostengono che nelle concrete negoziazioni esiste una «tensione» tra aspetto integrativo e aspetto distributivo, tra creazione e rivendicazione/appropriazione di valore: «there is a tension between the tactics used to create a lager pie and those used to claim a lager portion of the pie created. How to balance this tension is part of the science and art of negotiation»([22]).

3.1.2. Le grandezze caratteristiche delle negoziazioni

Dopo aver qualificato le strutture negoziali fondamentali, ci rivolgiamo ora all'approfondimento di taluni aspetti di particolare significato nell'ambito della teoria delle negoziazioni, utili a meglio caratterizzare una struttura negoziale e le connesse, possibili dinamiche interattive tra le parti([23]). In particolare, trattasi di una serie di aspetti che qualifichiamo come grandezze caratteristiche delle negoziazioni, ossia variabili o concetti utili – assieme a quelli di parti, questioni e in-

---

([21]) Cfr., rispettivamente, LAX D.A., SEBENIUS J.K., *The Manager*, *op.cit.*, pag. 29 e segg.; RUMIATI R., PIETRONI D., *La negoziazione*, *op.cit.*, pag. 87 e segg. e pag. 123 e segg.

([22]) RAIFFA H., RICHARDSON J., METCALFE D., *Negotiation*, *op.cit.*, pag. 191.

([23]) Giova ricordare che, accanto ai profili tecnico-strutturali, sui quali si impernia la trattazione che segue, sussistono altre implicazioni di varia natura, contrattuali, finanziarie ecc.: cfr. DEZI L., *Le negoziazioni*, *op.cit.*, *passim*.

teressi in precedenza visti – a esprimere in via sintetica le caratteristiche di una specifica situazione negoziale([24]).

Addiverremo così alla definizione dei più significativi aspetti che le parti debbono analizzare per affrontare efficacemente una negoziazione. Aspetti su cui le parti possono peraltro molto spesso agire, attraverso opportune strategie, per agevolare la conclusione del processo negoziale con l'accordo.

A tal fine, prendiamo in considerazione il caso di una negoziazione distributiva a due parti e a una questione rappresentata da una compravendita in cui l'unica materia oggetto di trattativa è il prezzo. Si noti che trattiamo i richiamati aspetti con riferimento al caso delle negoziazioni distributive a due parti e a una questione in quanto queste costituiscono le situazioni negoziali più semplici, fermo restando che essi rappresentano aspetti centrali da considerare anche nelle negoziazioni integrative, in quelle a più parti e in quelle a più questioni. In altri termini, i richiamati aspetti qualificano qualsiasi negoziazione, ma per fini di semplicità espositiva ne analizziamo il significato nell'ambito del caso più semplice ipotizzabile, ossia quello delle negoziazioni distributive a due parti e a una questione.

Si noti, inoltre, che come unica questione negoziale potrebbe essere considerata, alternativamente al prezzo e in senso più ampio, l'utilità associata dagli attori alla realizzazione dello scambio che scaturirebbe dalla conclusione positiva del processo negoziale.

Il caso della negoziazione a più questioni potrebbe così essere ricondotto a quello della negoziazione a una questione, considerando un unico oggetto negoziale riassuntivo, misurato da una variabile teorica che esprima e valorizzi in termini sintetici le diverse possibili questioni rispetto alle quali le parti palesano interesse.

([24]) In merito alla nozione di «grandezze caratteristiche» quali variabili atte a esprimere in via sintetica le caratteristiche strutturali di un'impresa, cfr. GOLINELLI G.M., *Struttura e governo dell'impresa. Verso la formulazione di un modello quantitativo per l'analisi dei processi di sviluppo*, Cedam, 1994 (1988[1]), pag. 15 e segg. In questo lavoro viene proposto il modello «costi, ricavi, contribuzione, profitto» quale strumento di supporto all'azione di governo e sono qualificate come grandezze caratteristiche della struttura d'impresa: (i) il tasso di contribuzione, ossia la differenza tra ricavo unitario (prezzo) e costo variabile rapportata al ricavo unitario (prezzo), che esprime il quantum disponibile per ogni unità monetaria di ricavo per la copertura dei costi fissi; (ii) il ricavo di equilibrio, ossia il rapporto tra costi fissi e tasso di contribuzione, che rappresenta il livello di ricavi in corrispondenza del quale si ha l'uguaglianza tra ricavi e costi totali e, quindi, profitto nullo.

In particolare, tale utilità potrebbe essere intesa come il risultato di un *mix* di più questioni. In questo senso, la trattativa avrebbe come unico oggetto una variabile definibile «unità di *mix*», che, in buona sostanza, rappresenterebbe una combinazione delle varie questioni rispetto alle quali le parti palesano interesse([25]). Ciò precisato, il caso preso in considerazione è rappresentato nella figura che segue.

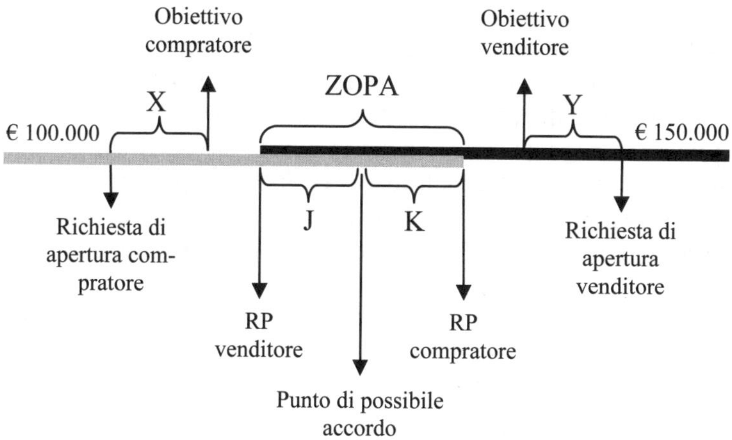

FIG. 3.1 – *Rappresentazione di una negoziazione distributiva a due parti e una questione* (fonte: elaborazione personale)([26]).

([25]) Nel caso prospettato andrebbero poi individuate le modalità più opportune di costruzione di una tale variabile riassuntiva. In merito all'utilizzo del concetto di «unità di *mix*» quale via per ricondurre il caso dell'impresa multiprodotto a quello dell'impresa monoprodotto onde semplificare l'analisi «costi, ricavi, contribuzione, profitto», cfr. GOLINELLI G.M., *Struttura, op.cit.*, pag. 22 e segg. In quest'ambito, l'unità di *mix* «rappresenta una combinazione dei diversi prodotti dell'impresa che si caratterizza per la partecipazione dei prodotti medesimi in proporzione alla loro incidenza sulla produzione globale. Alla unità di *mix* è possibile pertanto associare un ricavo e un costo variabile che rappresentano la media ponderata dei prezzi e dei costi variabili dei diversi prodotti. Si tratta, come è intuibile, di una grandezza puramente teorica che non trova riscontro nella realtà operativa. E questo limite è ancora più evidente se ci si riferisce ad aziende con prodotti i cui volumi di produzione/vendita siano esprimibili in unità di misura differenti».

([26]) La figura riportata espone una classica rappresentazione della struttura negoziale distributiva. Per rappresentazioni analoghe cfr., ad esempio, RAIFFA H., *The Art, op.cit.*, pag. 46; GRANDORI A., *Organizzazione, op.cit.*, pag. 217; RUMIATI R., PIETRONI D., *La negoziazione, op.cit.*, pag. 60; RAIFFA H., RICHARDSON J., METCALFE D., *Negotiation, op.cit.*, pag. 111; MARIANI M., *Decidere e negoziare. Concetti e strumenti per l'azione manageriale*, Il Sole 24 Ore, 2004, pag. 86 e pag. 90.

La figura rappresenta idealmente sulla parte sinistra un compratore, mentre sulla parte destra un venditore, ognuno qualificato da un asse monetario, grigio per il compratore, nero per il venditore.

Inoltre, dal punto di vista del compratore, la figura evidenzia la richiesta di apertura e l'obiettivo di quest'ultimo, ossia, rispettivamente, il primo prezzo offerto o valore di entrata in trattativa e il prezzo al quale si propone di chiudere la negoziazione. Prezzo quest'ultimo che non è noto alla controparte, ossia al venditore.

Anche dal punto di vista del venditore la figura evidenzia la richiesta di apertura e l'obiettivo, ossia, rispettivamente, il primo prezzo richiesto o valore di entrata in trattativa e il prezzo al quale si propone di chiudere la negoziazione. Anche in questo caso l'obiettivo è da intendersi come ignoto alla controparte, ossia al compratore.

La figura rappresenta poi delle differenze tra i valori obiettivo e i valori di apertura: X per il compratore, Y per il venditore. La rappresentazione di tali differenze è tesa a evidenziare che la richiesta di apertura è normalmente più ambiziosa del valore obiettivo, vuoi per il compratore vuoi per il venditore.

Nella figura è successivamente indicato, sia per il compratore sia per il venditore, il «*reservation price*» (RP), «prezzo di riserva» o «prezzo di rottura»([27]).

Tale prezzo rappresenta il punto al di sopra o al di sotto del quale diviene conveniente rinunciare all'accordo e, pertanto, un valore soglia che guida, o dovrebbe guidare, il comportamento delle parti.

Normalmente, peraltro, ciascuna parte non conosce il prezzo di riserva della controparte, mentre è opportuno che provveda, come preciseremo più avanti, a una fondata valutazione del proprio.

In particolare, il prezzo di riserva del compratore rappresenta il prezzo massimo al quale il soggetto è disposto ad accordarsi. Simmetricamente, il prezzo di riserva del venditore rappresenta il prezzo minimo al quale questo è disposto a chiudere positivamente la trattativa.

Per ciascuna delle parti, il prezzo di riserva risulta determinato dalla «*best alternative to a negotiated agreement*» (BATNA) o «migliore alternativa a un accordo negoziato» (MAAN), che si qualifica

([27]) Il prezzo in discorso è anche denominato «valore di riserva», «valore di rottura», «punto di indifferenza», «prezzo limite» o «valore limite». Sul punto cfr. RAIFFA H., *The Art*, *op.cit.*, pag. 45; GRANDORI A., *Organizzazione*, *op.cit.*, pag. 216; RUMIATI R., PIETRONI D., *La negoziazione*, *op.cit.*, pag. 60; RAIFFA H., RICHARDSON J., METCALFE D., *Negotiation*, *op.cit.*, pag. 110; MARIANI M., *Decidere*, *op.cit.*, pag. 85.

come la migliore tra le possibili alternative che ciascuna parte palesa rispetto alla conclusione di un accordo con la specifica controparte([28]).

Trattasi di un elemento la cui analisi risulta fondamentale per qualificare la natura della negoziazione, affrontarla efficacemente e comprendere, come specificheremo più avanti, le possibilità di conclusione positiva della trattativa.

La valutazione della MAAN, funzionale a una stima razionale del prezzo di riserva, implica dunque che siano attentamente analizzate le conseguenze di un mancato accordo con la specifica controparte e, quindi, i benefici sottesi a possibilità d'azione diverse rispetto alla conclusione dell'accordo nella trattativa in essere.

Si pensi, ad esempio, al caso in cui l'impresa si trovi a negoziare con un fornitore di componenti del proprio prodotto e ad analizzare la possibile valenza di un fornitore alternativo oppure di una internalizzazione della produzione delle componenti di cui necessita.

La figura individua ulteriormente la «*zone of possible agreement*» (ZOPA) o «zona di possibile accordo» (ZoPA) tra le parti([29]).

Tale grandezza è rappresentata dalla differenza tra il prezzo di riserva del compratore e quello del venditore.

([28]) Il concetto è stato proposto per la prima volta da FISHER R., URY W., PATTON B., *Getting*, *op.cit.*, pag. 97 e segg. Sul tema cfr. anche le acute riflessioni di BLOUNT-WHITE S., NEALE M.A., "Reservation Prices, Resistance Points, and BATNAs: Determining the Parameters of Acceptable Negotiated Outcomes", in *Negotiation Journal*, n. 4, 1991, pagg. 379-388, le quali richiamano il concetto di «*resistance point*» introdotto dal Walton e dal McKersie e distinguono nel modo seguente i concetti di BATNA, «*reservation price*» e «*resistance point*»: «It is clear that the BATNA, reservation price, and resistance point are very similar constructs. They each represent the notion of a lower bound, below which the negotiator will not settle. A BATNA or reservation price represents a lower bound that is defined relative to the environment surrounding the negotiation (e.g., the prevailing market or alternative investments). A resistance point represents a lower bound, which is influenced by more subjective calculations within the negotiation (e.g., perceptions of both parties' expectations and assumptions about relative bargaining skills)» (pag. 381). Il riferimento citato è a WALTON R.E., MCKERSIE R.B., *A Behavioral Theory of Labor Negotiations: An Analysis of a Social Interaction System*, McGraw-Hill, 1965.

([29]) La zona in discorso è anche denominata «*zone of potential agreement*», «*bargaining set*», «*bargaining range*», «*settlement range*», «spazio di trattativa», «spazio di soluzione» o «spazio di accordo». Per un approfondimento di questo altro classico concetto della teoria delle negoziazioni cfr. LAX D.A., SEBENIUS J.K., *The Manager*, *op.cit.*, pag. 48; LEWICKI R.J., SAUNDERS D.M., BARRY B., *Negotiation*, McGraw-Hill, 2006 (1985[1]), pag. 35; THOMPSON L.L., *The Mind and Heart of the Negotiator*, Pearson, 2005 (2001[1]), pag. 41.

Pertanto, la ZoPA esiste, e quindi emerge la possibilità di un accordo tra le parti, se e nella misura in cui la richiamata differenza assume valore positivo. In caso contrario, ossia quando il prezzo di riserva del compratore è inferiore a quello del venditore, non emerge alcuna possibilità di concludere positivamente la negoziazione.

Da quanto argomentato consegue che quanto più numerose e favorevoli sono le soluzioni alternative alla conclusione dell'accordo con la specifica controparte e, quindi, quanto più favorevole è la MAAN per ciascuna parte, tanto più basso è il prezzo di riserva del compratore, tanto più elevato è il prezzo di riserva del venditore e, conseguentemente, tanto più ristretta è la zona di possibile accordo tra le parti.

Viceversa, quanto meno favorevole è la MAAN per ciascuna parte, tanto più alto è il prezzo al quale il compratore è disposto ad accordarsi con la specifica controparte, tanto più basso è il prezzo al quale il venditore è disposto a chiudere la trattativa e, conseguentemente, tanto più ampia è la zona di possibile accordo.

Così definita, la ZoPA rappresenta dunque il set degli accordi possibili tra le parti e, quindi, l'insieme delle soluzioni negoziali che sono ritenute da ciascuna parte migliori rispetto al mancato accordo.

Peraltro, se l'esistenza di una ZoPA segnala la possibilità di accordo, permane il conflitto di interessi tra le parti, in quanto rispetto alla questione oggetto di negoziazione e allo specifico punto di accordo, le parti hanno comunque interessi divergenti. Nel caso in esame, l'una, il compratore, perseguirà pur sempre un prezzo basso, l'altra, il venditore, cercherà comunque di ottenere un prezzo alto. Affinché la negoziazione sia possibile, è necessario che gli interessi delle parti, sebbene divergenti rispetto al punto di accordo, siano comunque convergenti quanto alla convenienza ad accordarsi.

La figura evidenzia infine delle differenze tra i prezzi di riserva delle parti e il punto di possibile accordo, che naturalmente ricade all'interno della ZoPA([30]):

– J, che rappresenta il surplus negoziale potenziale a vantaggio del venditore;

([30]) Sul punto, oltre agli Autori in precedenza citati nel presente paragrafo, cfr. l'interessante lavoro di SRIVASTAVA J., CHAKRAVARTI D., RAPOPORT A., "Price and Margin Negotiations in Marketing Channels: An Experimental Study of Sequential Bargaining under One-Sided Uncertainty and Opportunity Cost of Delay", in *Marketing Science*, n. 2, 2000, pagg. 163-184.

– K, che rappresenta il surplus negoziale potenziale a vantaggio del compratore.

In particolare, ove il punto di possibile accordo individuato divenisse il punto di accordo definitivo, J rappresenterebbe il surplus negoziale effettivo del venditore, ossia il portato di quanto tale soggetto sia riuscito, tramite l'interazione negoziale, a mantenersi al di sopra del proprio punto di accordo minimo, a fronte della propria MAAN. Similmente, K rifletterebbe il surplus negoziale effettivo del compratore, ossia il risparmio rispetto al prezzo massimo che sarebbe stato disposto a sborsare, ipotizzando anche per questo attore una certa MAAN.

Le diverse grandezze individuate e analizzate sono dunque qualificabili come grandezze caratteristiche delle negoziazioni.

Ciò, in primo luogo, in quanto rappresentano elementi utili a esprimere in via sintetica le caratteristiche di una specifica situazione negoziale. In secondo luogo, in quanto rappresentano i fondamentali elementi condizionanti sia la dinamica negoziale e, quindi, il processo di interazione tra le parti, sia l'esito della negoziazione e, quindi, le possibili forme di accordo cui le parti possono giungere.

Ne consegue che tali grandezze debbono essere oggetto di attenta analisi, nonché di possibile manovra da parte degli attori della negoziazione, onde implementare le probabilità di conclusione del processo negoziale con un accordo che ciascuna parte ritenga conveniente.

Sia d'esempio, in tal senso, l'opportunità di fondate valutazioni in merito alla MAAN, propria e della controparte, attraverso l'analisi delle possibili alternative alla conclusione di un accordo con la specifica controparte.

Valutazioni che consentono di formulare una più razionale stima del prezzo di riserva, proprio e della controparte, e, quindi, del punto fino al quale è possibile spingersi nella formulazione o accettazione delle offerte e contro-offerte durante la trattativa. Valutazioni, infine, che condizionano anche le modalità di svolgimento dell'interazione negoziale e, quindi, le caratteristiche della comunicazione reciproca e delle offerte e contro-offerte (entità, tempi, reazioni attese ecc.) via via formulate.

3.1.3. *La trasformazione della struttura negoziale quale strategia negoziale fondamentale*

Alla luce delle argomentazioni che precedono, riteniamo a questo punto opportuno svolgere alcune considerazioni di sintesi in merito alle impostazioni o strategie negoziali delle parti([31]).

In particolare, trattasi di considerazioni di natura generale, riferite quindi all'approccio di fondo che le parti possono adottare nel contesto di una trattativa onde aumentare le probabilità di conclusione del processo negoziale con un accordo([32]).

Ciò detto, l'aspetto su cui riteniamo opportuno soffermarci è rappresentato dal fatto che le parti debbono considerare, attentamente e costantemente nell'ambito della trattativa, la possibilità di trasformare la struttura negoziale inizialmente configurata in una struttura negoziale differente, quando ciò possa rivelarsi funzionale al conseguimento dell'accordo.

In particolare, la richiamata possibilità è connessa alla modificazione degli elementi fondanti della struttura negoziale, ossia le parti, le questioni e gli interessi.

In questo senso, la trasformazione di una negoziazione a due parti in una a più parti, così come più in generale l'incremento del numero di attori coinvolti, può in taluni casi rappresentare un'efficace strategia per il conseguimento di un accordo altrimenti non conseguibile con gli attori inizialmente partecipanti.

Analogamente, un'opportuna modificazione (normalmente un ampliamento) delle questioni oggetto di trattativa, ossia una modificazione delle questioni che tenga nel dovuto conto gli interessi delle parti rispetto a esse, può rappresentare una consapevole ed efficace strategia negoziale, ossia un'azione suscettibile di migliorare le probabilità di conclusione del processo negoziale con un accordo soddisfacente per le parti.

Modificazione delle questioni oggetto di trattativa e modificazione della configurazione degli interessi appaiono dunque strettamente interrelate.

([31]) Per «impostazione negoziale» o «strategia negoziale» intendiamo il comportamento di una parte finalizzato al conseguimento di un accordo ritenuto soddisfacente nell'ambito di una negoziazione.

([32]) Viste le finalità del presente lavoro, infatti, prescindiamo dall'analitica trattazione delle possibili strategie adottabili dalle parti nell'ambito di una negoziazione.

Ad ulteriore approfondimento dell'aspetto in esame si consideri la possibile trasformazione della negoziazione da distributiva in integrativa.

In proposito v'è anzitutto da notare che le negoziazioni reali si caratterizzano spesso per il fatto di palesarsi apparentemente o inizialmente come puramente distributive, per poi mostrarsi o trasformarsi in integrative, man mano che si dispiega l'interazione negoziale o comunque si svolgono analisi più approfondite circa gli interessi e le preferenze delle parti e le possibili alternative di accordo.

In quest'ambito, appare di particolare significato rilevare l'importanza della capacità delle parti di trasformare le negoziazioni distributive in negoziazioni integrative.

Capacità che si sostanzia nella ricerca creativa di questioni che possano arricchire l'iniziale oggetto negoziale in modo da modificare l'iniziale campo di possibilità quanto alla combinazione degli interessi delle parti e, quindi, ampliare il novero delle possibili soluzioni negoziali e incrementare così le probabilità di accordo.

L'aspetto qualificante dell'attività di trasformazione di una negoziazione distributiva in integrativa è rappresentato, dunque, dalla moltiplicazione delle questioni oggetto di trattativa, secondo una *ratio* simile a quella in precedenza vista con riferimento alla trasformazione di una negoziazione a due parti in una a più parti, con la moltiplicazione del numero di attori partecipanti. Una moltiplicazione di questioni, o di parti, che evidentemente deve essere operata in maniera opportuna, ossia in modo che la susseguente struttura negoziale sottenda una configurazione di interessi nuova e migliore dal punto di vista delle probabilità di conclusione dell'interazione negoziale con un accordo.

La capacità delle parti di configurazione e riconfigurazione del numero e della natura degli attori intervenienti, nonché delle questioni oggetto di trattativa e della sottesa configurazione degli interessi rappresenta un aspetto centrale dell'approccio qui proposto al governo delle negoziazioni. Una capacità che deve essere alimentata nel tempo in modo da divenire una competenza su cui l'impresa possa far leva per il sostenimento della propria capacità competitiva.

In definitiva, la capacità a governare efficacemente una negoziazione, che deve qualificare vuoi l'organo di governo vuoi la struttura operativa, si palesa quale capacità a configurare e riconfigurare opportunamente la struttura negoziale, così che l'emergente sistema di scambio tra le parti ne soddisfi i rispettivi interessi.

Sulla base delle argomentazioni svolte resta un'ultima considerazione da svolgere.

Le strategie negoziali delle parti, tese al conseguimento dell'accordo anche attraverso la trasformazione della struttura negoziale inizialmente palesatasi, debbono tenere in adeguata considerazione il fatto che qualsiasi processo negoziale, quando si conclude con un accordo, dà comunque vita a un «contratto incompleto», con ciò intendendo un «contratto sottoscritto da due o più soggetti, i cui termini siano osservabili dalle parti contrattuali ma non verificabili ed eseguibili (*enforceable*) con certezza e in via forzosa, da terze parti (un giudice o un arbitro) nel caso in cui sorgano controversie tra i contraenti»([33]). Ciò implica che gli accordi conclusi non possono ritenersi davvero vincolanti in senso pieno, né la contrattazione *ex ante* davvero esaustiva, ossia tale da condurre a specificare col massimo dettaglio i reciproci impegni.

Quale che sia la ragione particolare dell'incompletezza contrattuale, poi, la sua conseguenza ultima è rappresentata dal fatto che essa

---

([33]) Cfr. NICITA A., SCOPPA V., *Economia dei contratti*, Carocci, 2005, pag. 197 e segg. Precisano gli Autori che: «Per converso, *un contratto completo*, nell'accezione qui seguita, è un contratto completabile o verificabile *ex post*, indipendentemente dalla precisione e dalla completezza descrittiva in esso contenute, in merito a tutti gli stati del mondo immaginabili» (pag. 198, nota 4). Secondo un'altra prospettazione potrebbe definirsi completo un contratto così determinato in ogni suo aspetto da escludere qualsiasi «latitudine», con ciò intendendo, con il Ceccanti, «certi appropriati gradi di indeterminatezza degli adempimenti corrispettivi». Cfr. CECCANTI G., *Gli scambi*, *op.cit.*, pag. 9. Un contratto incompleto qualifica dunque un rapporto tra parti caratterizzato da una pervasiva incertezza circa la realizzabilità futura (post-negoziazione) del loro accordo e, quindi, degli obiettivi composti tramite la negoziazione. I problemi connessi con l'incompletezza contrattuale e l'opportunismo sono oggetto di particolare approfondimento nell'ambito del filone disciplinare dell'analisi economica del diritto e nell'economia dei costi di transazione. Secondo tali prospettive, a causa di fenomeni quali l'opportunismo degli agenti economici, la loro razionalità limitata, l'esistenza di asimmetrie informative tra le parti, l'incertezza e la necessità di realizzare investimenti specifici, l'attuazione di ogni relazione economica comporta il sostenimento di costi di transazione, sia *ex ante* sia *ex post*. In merito al concetto di costo di transazione cfr. il seminale lavoro di COASE R.H., "The Nature", *cit.*, pag. 386-405; cfr., inoltre, WILLIAMSON O.E., *Le istituzioni economiche del capitalismo*, FrancoAngeli, 1987 (tit. orig. *The Economic Institutions of Capitalism: Firms, Markets, Relational Contracting*, The Free Press, 1985), che ha sviluppato l'originaria analisi del Coase. Per una discussione critica delle caratteristiche dell'approccio transazionale nella prospettiva aziendalistica cfr. CAFFERATA R., *Sistemi, ambiente e innovazione. Come si integrano la continuità e il mutamento nell'impresa*, Giappichelli, 1995, in particolare pag. 199 e segg.

può indurre le parti a non rispettare, in qualche misura, gli accordi presi([34]). Il che rappresenta peraltro un'esperienza comune nella concreta realtà dei rapporti economici (e non). In definitiva, la richiamata incompletezza contrattuale assume pregnante significato, dal momento che ad essa consegue, per un verso, la possibilità o il rischio di un inadempimento da parte di uno degli attori, quando tale inadempimento non sia sanzionabile; per altro verso, la possibilità o il rischio di una rinegoziazione dei termini contrattuali([35]).

Quanto poc'anzi rilevato in merito all'incompletezza contrattuale consente in definitiva di evidenziare che i rapporti intersistemici via-via instaurati dall'impresa attraverso la sottoscrizione di contratti non necessariamente evolvono nel senso desiderato e pattuito tra le parti, ora per l'emergere di situazioni non previste e non disciplinate nei

---

([34]) In merito alle possibili cause di incompletezza contrattuale, il Nicita e lo Scoppa rilevano quanto segue: «Le cause di incompletezza contrattuale che impediscono l'esecuzione o l'*enforcement* dei contratti in una molteplicità di relazioni sono le seguenti: *a)* l'impossibilità da parte dei contraenti di prevedere ogni possibile contingenza futura che dovesse verificarsi nel corso della relazione; *b)* gli elevati costi di contrattazione (*bargaining cost*) sostenuti dalle parti per accordarsi su ogni singola circostanza e il costo di descriverla (in modo non ambiguo) nel contratto; *c)* il costo di ricorrere al sistema legale per ottenere l'adempimento del contratto; *d)* la difficoltà di ottenere l'*enforcement* del contratto, a causa, ad esempio, delle limitate informazioni esistenti tra le parti riguardo ad azioni, caratteristiche o stati del mondo (*non osservabilità*), oppure alla difficoltà di trasmettere queste informazioni – anche se condivise tra le parti – all'autorità esterna (*non verificabilità*); *e)* in alcune circostanze, il rischio di dare luogo a comportamenti distorti (*dysfunctional*) induce le parti a lasciare fuori dal contratto anche elementi verificabili ("incompletezza endogena"), al fine di permettere *un adattamento efficiente* del contratto nel corso del suo adempimento», NICITA A., SCOPPA V., *Economia, op.cit.*, pag. 197 e segg.

([35]) I rischi di cui si è detto assumono particolare criticità nel caso in cui una delle parti abbia realizzato investimenti specifici nella relazione, definendo il grado di specificità di una risorsa «come il grado di riutilizzo della risorsa in impieghi alternativi senza che ciò comporti una diminuzione del valore della risorsa stessa o costi significativi di adattamento (*switching cost*)», *ibidem*, pag. 199. In questo caso emerge il cosiddetto «problema dell'opportunismo post-contrattuale» o «problema di *hold-up*» («rapina»). Problema «che emerge quando, in un contesto di incompletezza contrattuale, il rischio di mancata esecuzione degli obblighi contrattuali assunti dalla controparte induce almeno una parte a non realizzare investimenti specifici. L'impossibilità di *enforcement* dei termini contrattuali può infatti generare fenomeni opportunistici di appropriabilità *ex post* del surplus, tali da indurre *ex ante* almeno una parte contrattuale a non dar vita ad una relazione contrattuale rischiosa, o a ridurre il grado di investimenti specifici richiesti, nonostante la relazione permetta potenzialmente di conseguire una configurazione efficiente nel senso di Pareto», *ibidem*, pag. 196.

contratti, ora per il possibile inadempimento di uno degli attori. Dacché, successivamente alla sottoscrizione dei contratti, i richiamati rapporti intersistemici, nel loro dinamico divenire, devono essere oggetto di un'attenta attività di governo e gestione da parte dell'organo di governo e della struttura operativa, con la sottesa eventualità di loro modificazione, sostituzione o interruzione.

3.1.4. *Dalla negoziazione alla consonanza nel rapporto diadico*

In ottica sistemica la negoziazione, momento terminale del percorso di contestualizzazione, genera quelle interazioni con le variegate entità del contesto che portano all'emergere del sistema dalla struttura. Ne consegue che la qualità del processo negoziale determina la capacità del sistema ad operare in armonia ai due *driver*, competitività e consonanza, che ne condizionano la sopravvivenza nel tempo.

La ricerca di consonanza complessiva, di contesto, peraltro richiede anzitutto la consonanza a livello di rapporto diadico, con la singola entità.

Il passaggio da un insieme di consonanze diadiche alla consonanza di contesto si basa, come si vedrà successivamente, sull'attenta valutazione, da parte dell'organo di governo, del rispetto delle variegate condizioni determinanti la competitività del sistema impresa, che potrà comportare adeguamenti nei livelli di consonanza qualificanti i diversi rapporti diadici.

Lo studio delle modalità con le quali l'organo di governo del sistema impresa individua livelli di consonanza diadica opportuni nel quadro della progettata dinamica evolutiva richiede anzitutto di considerare il legame tra consonanza e rilevanza riferite ad una determinata componente del contesto([36]). L'organo di governo infatti, nel perseguimento della consonanza intesa come obiettivo o *driver* della sua azione, elegge la rilevanza ad indicatore basilare dell'importanza relativa della specifica entità di contesto e, conseguentemente, gradua gli investimenti relazionali atti ad implementare quella capacità di consonanza diadica propedeutica all'effettiva instaurazione del rapporto e al soddisfacimento delle attese sovrasistemiche([37]).

([36]) V. *infra*, Fig. 3.2.

([37]) L'incremento, nel tempo, della rilevanza del sovrasistema può indurre l'organo di governo dell'impresa ad una tensione alla risonanza, inducendolo a ricercare

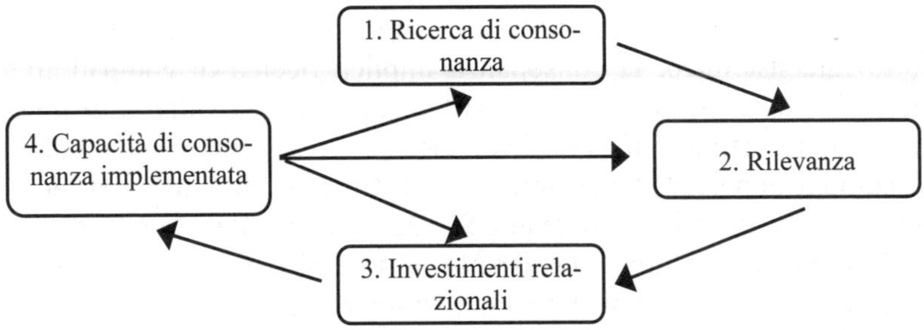

FIG. 3.2 – *La circolarità tra consonanza, rilevanza, investimenti relazionali e capacità di consonanza* (fonte: elaborazione personale).

Il legame tra rilevanza e consonanza segna dunque il passaggio dal pensiero all'azione: nella ricerca di un idoneo livello di consonanza, l'organo di governo individua e compie investimenti relazionali strumentali al conseguimento di quelle condizioni di armonia e adeguatezza che, lungi dal poter essere conseguite in modo unilaterale, definitivo e invariante, caratterizzeranno la qualità del costituendo rapporto bipolare([38]).

Ne discende l'importanza del modello di analisi proposto nel precedente capitolo, dove il costrutto della rilevanza è qualificato in funzione della criticità del rapporto e dell'influenza e quindi analizzato con riferimento allo specifico rapporto intersistemico([39]).

più elevati livelli di consonanza: la superiore consonanza, perseguibile con interventi diversi, più o meno incisivi, può richiedere tempi più o meno ampi, a seconda anche della capacità dell'organo di governo dell'impresa ad impostarli e della struttura operativa ad implementarli.

([38]) I fattori di forza nei rapporti a due parti sono stati interpretati dalla teoria economica in termini di vantaggi derivanti da asimmetrie informative e/o dimensionali ovvero da qualsiasi altra disparità in grado di conferire ad uno dei due attori una qualche asimmetria negoziale. Per una rassegna sulle asimmetrie informative, v. BHATTACHARYA S., THAKOR A.V., "Contemporary Banking Theory", in *Journal of Financial Intermediation*, n. 3, 1993, pagg. 2-50. Per un inquadramento delle varie imperfezioni di mercato che riguardano i rapporti tra soggetti od organizzazioni (informazione incompleta, potere di mercato, *free riding, shirking* ecc.), v. ACOCELLA N., *Fondamenti di politica economica. Principi, valori e tecniche*, La Nuova Italia Scientifica, 1997 (1994[1])., pag. 145 e segg.

([39]) Sulle differenti impostazioni relazionali possibili al variare dell'intensità della rilevanza e dell'equilibrio tra le sue determinanti di base (criticità ed influenza), si rinvia alla «matrice di selezione dei rapporti intersistemici» in GOLINELLI G.M., *L'approccio sistemico al governo dell'impresa*, Vol. I, Cedam, 2005 (2000[1]), pag. 235 e segg.

A prescindere dai caratteri più o meno specifici del singolo rapporto intersistemico, la consonanza implica ricerca di compatibilità, raccordi e sinergie con la controparte. Trascurare la valenza di fondo di tali impostazioni può significare orientare il sistema verso condotte relazionali opportunistiche, foriere di distruzione di valore nel tempo per ambedue le entità relazionate. Si rischia d'intendere la consonanza quale mero «appiattimento» rispetto ai sistemi percepiti come molto rilevanti e influenti e quale prevaricazione e/o unilateralismo nei confronti di quelli meno rilevanti e, soprattutto, meno influenti.

A titolo esemplificativo, con riguardo ai rapporti di fornitura tra imprese industriali, si pensi al subfornitore abituale di una grande impresa, il quale può conservare le condizioni di consonanza con il cliente egemone se comprende per tempo di non doversi limitare a soddisfare le sue ordinarie richieste di personalizzazione ed economicità, sviluppando (o mantenendo) invece una propria capacità di monitoraggio dell'evoluzione tecnologica delle componenti realizzate per conto del produttore. Analogamente, la grande impresa che ricerca in piccoli fornitori soprattutto flessibilità, disponibilità e convenienza può migliorare il governo della consonanza con il singolo fornitore intraprendendo iniziative di assistenza e supporto, nel presupposto che le imprese fornitrici potrebbero altrimenti non essere in grado di sostenerla in percorsi di sviluppo e crescita della scala produttiva([40]).

L'approccio sistemico ha dunque il merito, già nel quadro della prospettiva strettamente diadica, di non incorrere nel pericoloso equivoco di ridurre la ricerca di consonanza ora alla mera acquiescenza, ora all'opportunismo e alla sopraffazione([41]). Al contrario, attenzione

([40]) Circa la capacità di *scouting* tecnologico quale importante capacità del fornitore fidelizzato, sollecitata o meno dal produttore di riferimento, cfr. ENRIETTI A., WHITFORD J., "Quale governance dopo una monarchia? Le implicazioni della crisi Fiat a livello locale", in *Stato e mercato*, n. 1, 2006, pagg. 23-54. In merito alla capacità del produttore di supportare operatori subalterni lungo sentieri di crescita organizzativa, manageriale e imprenditoriale nel reciproco interesse, v. PERRONE V., ZAHEER V., MCEVILY V., "The Strategic Value of Buyer-Supplier Relationships", in *International Journal of Purchasing and Materials Management*, n. 3, 1998 e NOORDERHAVEN N.G., NOOTEBOOM B., BERGER H., "Determinants of Perceived Interfirm Dependence in Industrial Supplier Relations", in *Journal of Management and Governance*, n. 3, 1998, pagg. 213-232.

([41]) Giova ricordare che contrattualismo e teoria dei costi transazionali assumono l'opportunismo (insieme alla razionalità limitata) quale carattere di fondo degli operatori economici, i quali possono nascondere, dissimulare, distorcere o ingannare al fine di conseguire il proprio interesse. V. WILLIAMSON O.E., "Opportunism and Its

all'interlocutore, predisposizione all'ascolto e al dialogo, disponibilità a comporre secondo ragionevolezza interessi e moventi tra loro non sempre allineati e considerazione di problemi e opportunità in un'ottica di più lungo termine si delineano come elementi che qualificano in generale la ricerca della consonanza, indipendentemente dalle specificità delle parti e delle circostanze.

La consonanza tra il sistema impresa e una qualsiasi entità del contesto si palesa allora come il portato di variegate azioni ed impostazioni intraprese dall'organo di governo dell'impresa per stabilire una compatibilità e un'interdipendenza più o meno più strette tra i sistemi in rapporto fra di loro([42]).

Un primo passo verso la consonanza diadica consiste nell'appurare la compatibilità tra gli obiettivi che l'impresa e l'entità di contesto si prefiggono di perseguire attraverso il rapporto intersistemico([43]).

Critics", in *Managerial and Decision Economics*, n. 14, 1993, pagg. 97-107 e WILLIAMSON O.E., *I meccanismi del governo*, FrancoAngeli, 1998 (tit. orig. *The Mechanisms of Governance*, Oxford University Press, 1996). Tale postulato non va però estremizzato né è esente da critiche: sull'importanza di impostazioni concettuali e teoriche che non inclinino la pratica imprenditoriale e manageriale verso *forma mentis* e *modus operandi* non desiderabili (*gloomy vision*) e tali da delegittimare l'istituto stesso dell'impresa, cfr. GHOSHAL S., "*Le cattive teorie manageriali distruggono le buone pratiche*", in *Sviluppo & Organizzazione*, n. 210, 2005 (orig. *Bad Management Theories Are Destroying Good Management Practices* in *Academy of Management Learning & Education*, n. 1, 2005, pagg. 75-91). In merito alla legittimazione sociale dell'impresa, v. CASELLI L., "La ri-legittimazione sociale dell'impresa", in *Sinergie*, n.61-62, 2003, pagg. 117-131.

([42]) Cfr. *infra*, Fig. 3.3. La scelta dei livelli progressivi o «strati» per esplicitare l'operato dell'organo di governo d'impresa nell'implementare condizioni di consonanza intersistemica trova analogie con l'approccio culturale, che interpreta la cultura organizzativa come stratificazione di aspetti via via meno superficiali e più sedimentati (prima riti, simboli ed artefatti, quindi norme ed infine valori ed assunti di base) che orienta l'azione sociale (GRANDORI A., *Organizzazione*, *op.cit.*, pag. 290) ed è solo in parte razionalmente fondata e consapevole (SCHEIN E.H., *Organizational Culture and Leadership*, Jossey-Bass, 1985).

([43]) In ANDERSON, E., LODISH, L., AND WEITZ, B., "Resource Allocation Behavior in Conventional Channels", in *Journal of Marketing Research*, February, 1987, pagg. 254-262, la compatibilità tra obiettivi è indicata come una delle fondamentali componenti della relazione (insieme a potere, comunicazione e fiducia). Compatibilità relazionale e congruenza degli obiettivi tra *partner* sono condizioni essenziali per il successo del rapporto intersistemico in HOFFMAN W. H., SCHLOSSER R., "Success Factors of Strategic Alliances in Small and Medium-Sized Enterprises. An Empirical Survey", in *Long Range Planning*, n. 3, 2001, pagg. 357-381. Sulla compatibilità tra obiettivi quale presupposto della consonanza, cfr. anche *supra*, paragrafi 3.1.2 e segg.,

Emblematica la crescente problematicità dei rapporti tra imprese industriali alla ricerca di un più ampio e regolare sbocco sul mercato finale e insegne della grande distribuzione orientate a una politica di convenienza per il consumatore qualificata da prezzi sempre più competitivi grazie alla consistente e continua compressione dei margini riconosciuti ai fornitori([44]).

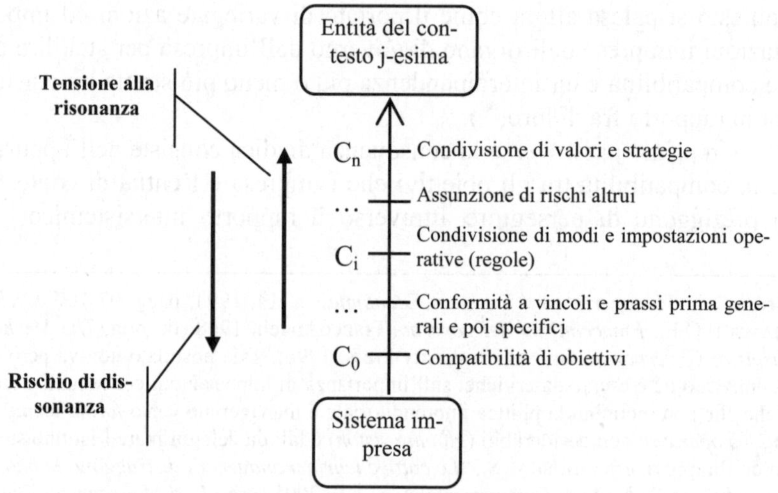

FIG. 3.3 – *I livelli della consonanza nel rapporto diadico* (fonte: elaborazione personale).

Nel presupposto della compatibilità di obiettivi, la consonanza intersistemica può essere consolidata attraverso la conformità a requisiti,

---

laddove le possibilità di accordo nella negoziazione sono condizionate dalle attese e preferenze delle parti circa l'esito dell'attività negoziale. Non va taciuto che la compatibilità tra obiettivi (*goal accomplishment* o *compatibility*) è per taluni una misura di *performance*, ossia un *output*, della relazione (nello specifico delle alleanze), anziché una condizione di esistenza e funzionalità della stessa: così HATFIELD L.J., PEARCE J.A., "Goal Achievement and Satisfaction of Joint-Venture Partners", in *Journal of Business Venturing*, n. 9, 1994, pagg. 423-440. Tale posizione, tuttavia, aiuta poco a comprendere le dinamiche a base del rapporto (RAHMAN N., "Duality of Alliance Performance", in *The Journal of American Academy of Business*, n. 1, 2006, pag. 305). È dunque ragionevole pensare in senso circolare il rapporto tra dinamica del rapporto diadico e componibilità degli obiettivi perseguiti dalle parti.

([44]) Sulle logiche conflittuali ovvero cooperative e sugli equilibri di potere tra imprese industriali e commerciali, cfr. VARALDO R., DALLI D., "Le relazioni strategiche tra industria e distribuzione", in *Sinergie*, n. 19, 1989, pagg. 30-32.

impostazioni e vincoli i quali, ancorché espressamente sollecitati o imposti dall'entità esterna considerata, sono di portata generale, qualificando delle prassi diffuse, delle soluzioni di validità ampiamente riconosciute, degli *standard* più o meno consolidati. È il caso dell'assunzione di uno *standard* più o meno internazionale, del conseguimento di titoli (certificazioni, accreditamenti, autorizzazioni ecc.) e dell'adozione di impostazioni organizzative/relazionali (unità di *internal auditing*, altri controlli interni, assicurazioni, potenziamento di unità o ruoli organizzativi di interfaccia con l'entità referente ecc.) e/o di soluzioni tecnologiche (sistemi di comunicazione integrata come l'*electronic data interchange* ecc.) strumentali all'instaurazione del rapporto secondo condizioni di relativa corrispondenza alle attese e pressioni dell'entità esterna([45]).

Nella prospettiva di un rapporto diadico armonico e consonante, l'organo di governo dell'impresa può persino conformarsi a preesistenti vincoli specifici del sistema referente, ossia a impostazioni tecnico-produttive od organizzative che caratterizzano da tempo l'entità esterna, a prescindere dal rapporto con il sistema impresa (impiego di macchinari di una data tecnologia, uso di fornitori di date aree geografiche, divieto di uso di certi tipi di contratto con la forza lavoro, obbligo di determinati controlli di produzione, orientamento a specifici mercati geografici di sbocco ecc.).

Può sembrare che le suddette azioni tese alla ricerca di consonanza qualifichino il sistema impresa in modo essenzialmente adattivo e passivo, in quanto volto a conformarsi a determinate istanze provenienti dalla controparte o comunque esterne e a quella congeniali([46]).

([45]) Sulla formazione di *standard* tecnici e procedurali di rilievo per le imprese, cfr. PANATI G., GOLINELLI G.M., *Tecnica economica industriale e commerciale*, La Nuova Italia Scientifica, 1991 (1988[1]), pag. 414 e segg. Intendere certificazioni, impostazioni organizzative e determinate relazioni «facilitanti» come modalità per incrementare la consonanza trova conferma negli studi di teoria economica generale che interpretano tali istituti come modi per contenere i *market failures*, ossia per agevolare attività e scambi economici (vale a dire rapporti tra imprese e con gli altri attori economici): v. ACOCELLA N., *Fondamenti*, *op.cit.*, pagg. 185-186. Un'altra prospettiva teorica a conforto della lettura adottata è l'idea di isomorfismo propria del neoistituzionalismo organizzativo (DIMAGGIO P.J., POWELL W.W., "The Iron Cage Revisited: Institutional Isomorphism and Collective Rationality in Organizational Fields", in *American Sociological Review*, n. 48, 1983, pagg. 147-160; GRACCHI-BIANCHI M., "Istituzioni e neoistituzionalismo", in *L'industria*, n. 1, 1995). Per approfondimenti, v. *infra*, Capitolo IV, paragrafo 4.8.2.

([46]) Tali azioni vengono di norma definite di *compliance*, anche se ormai nella

La conformità prima a *standard* generali e poi a pregresse specificità dell'entità referente implicano, effettivamente, che il sistema impresa compia gli investimenti relazionali in modo piuttosto passivo, talora anche come mero adempimento o recepimento di condizioni altrui. È tuttavia riduttivo pensare alle azioni di *compliance* come del tutto passive, sminuendo così il ruolo interpretativo e talora anche propositivo dell'impresa: all'infuori del caso di mero ossequio a vincoli chiari e netti, non mancano circostanze nelle quali l'entità esterna non è interessata o in grado di esplicitare le proprie preferenze e istanze, spettando al sistema impresa interpretarle e desumerle dal complesso quadro ambientale, nell'intento di riscontrare il favore o l'apprezzamento della controparte([47]).

Il grado di propositività e di attivismo dell'impresa nella costruzione della consonanza con lo specifico interlocutore aumenta quando si passa alle iniziative che determinano la formazione di regole concordate e condivise tra i relazionati sistemi. Ciò che guida la definizione congiunta di regole specifiche per il rapporto in corso di attivazione o già attivo è, essenzialmente, la considerazione del rischio sotteso. La consonanza diadica, lungi dall'essere frutto di conformità a vincoli e richieste altrui, implica in tal caso un mutuo e progressivo adattamento tra i sistemi, una migliore interazione tra gli stessi allo scopo di mitigare probabilità e/o impatto di comportamenti non sufficientemente coordinati e integrati([48]).

Significativo al riguardo è il caso dei rapporti infragruppo: l'impresa partecipata, se da un lato può semplicemente soggiacere passiva-

---

prassi operativa il termine assume un significato più circoscritto, ossia quasi esclusivamente di conformità alla normativa.

([47]) Sul significato non totalmente passivo dell'adattamento e sulla nozione di «sistema complesso adattivo» o «*complex adaptive system*» (CAS) negli studi economici ed anche d'impresa, v. HOLLAND J.H., *Hidden Order: How Adaptation Builds Complexity*, Addison-Wesley, 1995; HOLLAND J.H., "Sistemi adattivi complessi ed emergenza spontanea", in QUADRO CURZIO A., FORTIS M. (a cura di), *Complessità e distretti industriali*, Il Mulino, 2002; RULLANI E., "Il distretto industriale come sistema adattivo complesso", in QUADRO CURZIO A., FORTIS M. (a cura di), *Complessità, op.cit.*

([48]) In merito al rischio connesso alla relazione tra parti o rischio relazionale, v. NOOTEBOOM B., BERGER H., NOORDERHAVEN N.G., "Effects of Trust and Governance on Relational Risk", in *Academy of Management Journal*, n. 2, 1997, pagg. 308-338 e DELERUE H., "Relational Risks Perception in European Biotechnology Alliances: The Effect of Contextual Factors", in *European Management Journal*, n. 22, 2004, pagg. 546-556. V. anche *infra*, Capitolo VI, paragrafo 6.8.3.

mente a vincoli e istanze della società controllante, dall'altro può ricercare con questa un'interazione più dinamica ed equilibrata, nell'intento di conseguire un accordo più profondo, sentito e bilanciato. In simili circostanze, saper cogliere talune attese del sovrasistema ancora non manifestate e sviluppare in chiave propositiva e anticipatoria iniziative in grado di soddisfarle può favorire l'instaurazione di un clima di consonanza che preservi maggiormente l'autonomia del sistema impresa([49]).

La costruzione della consonanza attraverso una valutazione del rischio di dissapori, complicanze, tensioni e inefficienze nel rapporto con la specifica entità esterna consente all'impresa un migliore *mix* tra attivismo e passività, tra adattamento proprio e condizionamento dell'altra parte; il *focus* sul rischio favorisce, inoltre, la stabilità e regolarità del rapporto, indipendentemente dalla sua durata temporale più o meno ampia, agevolando la prevenzione e la risoluzione di conflitti o

---

([49]) Il gruppo aziendale o d'imprese societarie è, come noto, un fenomeno economico non direttamente riconosciuto e disciplinato dal vigente diritto civile italiano (alcuni riferimenti sono la disciplina del bilancio legale consolidato e la nozione di rapporti rilevanti tra imprese *ex* art. 2359 cod. civ.). La giurisprudenza sostiene invece da tempo la rilevanza *de facto* e, di riflesso, di diritto del gruppo quale unitaria realtà economica, in cui le singole imprese assumono valenza strumentale rispetto alla regia del gruppo nel suo complesso. Sul gruppo d'impresa, ci piace ricordare il seminale scritto di VACCÀ S., "Le partecipazioni azionarie e i rapporti contrattuali nella formazione dei gruppi aziendali", in *Il Risparmio*, luglio, 1960. Per una rassegna recente, v. CAFAGGI F., GALLETTI D. (a cura di), *La crisi dell'impresa nelle reti e nei gruppi*, Cedam, 2005, pagg. XII-XIII e XXIII, ove si distingue la rete dal gruppo d'imprese considerando il profilo dell'interdipendenza (contrattuale e/o societaria) rispetto a quello più stringente della "soggezione" al potere di direzione e coordinamento. In sostanza, i rapporti proprietari espressi dalla capogruppo possono essere così stringenti che le società controllate possono risultare in pratica private del rispettivo governo aziendale: in tal caso, il gruppo si qualifica come un sistema vitale compiuto, mentre le singole imprese degradano a mere componenti della sua struttura. Quando invece le società partecipate riescono a mantenere una concreta autonomia di disegno industriale, pur nel quadro di condizionamenti ed istanze provenienti dalla controllante attraverso più o meno ficcanti vincoli finanziari ed anche di comportamento (risultati attesi richiesti, limiti all'indebitamento imposti, divieto di operare in certi campi o mercati, necessità di avvalersi di determinati fornitori o *partner*, priorità nell'uso delle capacità presenti in società del gruppo rispetto ad imprese estranee ecc.), il gruppo può palesarsi al massimo come sistema vitale in via di compimento e le singole componenti mantengono una loro connotazione più marcatamente sistemica. Sul punto, cfr. SANGUIGNI V., *Proprietà e governo dell'impresa. Verso un modello di analisi in ottica sistemica*, Cedam, 2002 e DI TORO P., *Sul governo dell'"azienda gruppo"*, Cedam, 2004.

incomprensioni([50]). Tali impostazioni consentono al sistema impresa di conseguire un livello «medio» o astrattamente «normale» di consonanza nel singolo rapporto intersistemico.

Talora però l'organo di governo dell'impresa può tendere a conseguire più intensi livelli di consonanza, ricercando una particolare integrazione e sintonia con la specifica entità del contesto. È allora che il sistema impresa passa da una valutazione più o meno consapevole del rischio sotteso alla relazione all'assunzione di rischi più o meno specifici e propri della controparte([51]).

L'effettuazione di investimenti in capitale fisso altrimenti spettanti al sistema terzo tramite macchinari e altri cespiti per produzioni specifiche dedicate alla controparte; il finanziamento del cliente attraverso un credito mercantile consistente in quantità e nel tempo; la contribuzione finanziaria a iniziative promozionali e/o all'apertura di nuovi punti vendita di un grande distributore commerciale; il sostenimento di costi di ricerca e sviluppo per iniziative di innovazione strettamente legate a prodotti realizzati da un'altra impresa; l'assunzione di personale relativamente qualificato fuoriuscente dall'impresa cliente o da questa indicato; l'adesione a iniziative in Paesi e mercati pur instabili volute o sollecitate da un'istituzione o da un'impresa referente; il praticare prezzi straordinariamente ribassati o costose promozioni in favore di una clientela sempre più difficile da comprendere e volatile; la sottoscrizione di contratti e fideiussioni che, nel quadro di un *project financing*, prevedano la restituzione di ricavi (o l'assunzione di ulteriori costi) al non verificarsi di determinate previsioni minime sui livelli di attività da parte della società che gestisce l'opera realizzata sono tipiche fattispecie in cui l'impresa si espone, più o meno coscientemente, a rischi facenti capo, in astratto, alla controparte, allo scopo di conseguire gli sperati benefici derivanti dal rapporto intersistemico, corrispondendo al contempo alle istanze ed esigenze dell'entità esterna considerata([52]).

([50]) Significativo al riguardo il pensiero di INKPEN A., BEAMISH P. W., "Knowledge, Bargaining Power and International Joint Venture Instability", in *Academy of Management Review*, n. 1, 1997, pagg. 177-202, che fa dipendere la regolarità dell'interazione tra due *partner* dall'adeguata gestione delle tensioni relazionali e anche da un bilanciamento delle interdipendenze.

([51]) Sulle pratiche di trasferimento e condivisione del rischio (*risk shifting* e *risk sharing*) nel quadro dei rapporti interorganizzativi, cfr. *infra*, Capitolo VI.

([52]) L'assunzione di significativi rischi è stata ampiamente perlustrata negli studi

Con l'assunzione di significativi rischi propri della controparte si entra appieno nel campo della tensione alla risonanza. Tensione che, se a prima vista può essere intesa come la generica aspirazione a superiori livelli di consonanza con una certa entità del contesto, più segnatamente qualifica l'orientamento del sistema impresa verso condizioni di consonanza particolarmente elevate, intense con tale entità([53]).

La tensione alla risonanza si fa ancora più marcata ed evidente quando l'organo di governo dell'impresa matura una condivisione degli orientamenti di fondo, dei valori e delle strategie dell'entità con cui l'impresa si rapporta o intende rapportarsi([54]): si realizza un'integra-

---

economici sui rapporti *client-server* (fornitore-cliente). In proposito, cfr. WILLIAMSON O.E., *Le istituzioni economiche del capitalismo*, FrancoAngeli, 1987 (tit. orig. *The Economic Institutions of Capitalism: Firms, Markets, Relational Contracting*, The Free Press, 1985), pag. 53 e segg. sugli investimenti idiosincratici, specifici o dedicati; MIKKOLA J.H., SKJOETT-LARSEN T., "Early Supplier Involvement: Implications for New Product Development Outsourcing and Supplier-Buyer Interdependence", in *Global Journal of Flexible Systems Management*, October-December, 2003 sul coinvolgimento anticipato del fornitore in innovazioni, sviluppo e progettazione (*codesign, comakership, copacking* ecc.); NASSIMBENI G., DE TONI A., TONCHIA S., "L'evoluzione dei rapporti di sub-fornitura", in *Sviluppo & Organizzazione*, n. 137, 1993 e PERONA M., MIRAGLIOTTA G., "Complexity Management and Supply Chain Performance Assessment. A Field Study and a Conceptual Framework", in *International Journal of Production Economics*, n. 1, 2004, pagg. 103-115 sull'integrazione tecnologica ed operativa dei fornitori e PASTORE A., *I nuovi rapporti tra industria e distribuzione*, Cedam, 1996 sull'imposizione dal distributore al produttore di promozioni di canale. Per quanto concerne il *project finance* esso è inteso come «una tecnica finanziaria in cui il finanziatore valuta soprattutto la redditività di un singolo progetto, sia come fonte di rimborso sia come garanzia dell'esposizione. Il rimborso dell'esposizione dipende principalmente dai flussi finanziari del progetto e dal valore delle attività considerate come garanzia reale. Qualora il rimborso dipenda sostanzialmente da un utilizzatore finale, con attività diversificate e contrattualmente obbligato al rimborso, l'esposizione – al ricorrere delle condizioni previste in materia di tecniche di attenuazione del rischio di credito – si configura come un credito garantito nei confronti di tale utilizzatore finale»: BANCA D'ITALIA, *Nuove disposizioni di vigilanza prudenziale per le banche. Circolare n. 263 del 27 dicembre 2006*, Banca d'Italia, 2006, Tit. II, cap. 1, pag. 57. Sul complesso dei rischi nel *project finance* e le clausole talora sottoscritte da fornitori e clienti dell'opera, cfr. GOLINELLI G.M., *L'approccio sistemico al governo dell'impresa*, Vol. II, Cedam, 2000, pag. 174 e segg.

([53]) In merito ad una prima operazionalizzazione della tensione alla risonanza v. BARILE S., "Introduzione alla varietà di un sistema vitale", *Sinergie. Rapporti di ricerca*, n. 21, 2005, pagg. 18-21.

([54]) Circa la condivisione di valori, convincimenti e assunti di fondo quale via per la consonanza intersistemica in un'ottica *knowledge based*, cfr. *infra*, Capitolo IV, paragrafo 4.8.2.

zione strategica che supera l'ottica della consonanza intesa come *compliance* e anche quella della regola di comportamento concordata, implicando un senso di coinvolgimento che, non più circoscritto al profilo tecnico-operativo o della singola iniziativa/attività, si estende al complessivo disegno strategico, il quale diventa comune all'impresa e al sistema referente.

Il vincolo avvertito nella *compliance* è qui interiorizzato, diventa convinzione dell'organo di governo dell'impresa, viene eletto a obiettivo od opportunità che si ritiene cruciale per la sopravvivenza dell'impresa. La regola negoziata e concordata, misto di collaborazione e competizione, di calcolo e di affidamento, diventa più agevole da definire e meno stringente, perché i sistemi relazionati elaborano comuni sensibilità e visioni delle rispettive dinamiche evolutive. La condivisione di rischi originariamente in capo al sovrasistema, che si fa ancora più ampia e sistematica, lungi dall'essere semplicemente il riflesso del grado di collaborazione tecnico-operativa necessario per attivare o mantenere il rapporto intersistemico, si rivela il portato di una più profonda e complessa interazione, quasi di un'immedesimazione tra le parti([55]).

Con la condivisione di valori di fondo, *forma mentis*, orientamenti strategici, la ricerca della consonanza diadica raggiunge il suo culmine: la tensione alla risonanza è sempre più intensa e manifesta. Simili dinamiche relazionali implicano in genere un forte contenuto fiduciario, in quanto uno o entrambi i sistemi attenuano i rispettivi calcoli e

---

([55]) Sull'integrazione strategica quale momento apicale dei rapporti tra imprese, cfr. BURGELMAN R.A., DOZ YVES L., "The Power of Strategic Integration", in *Sloan Management Review*, n. 3, 2001, pagg. 28-39; v. in specie BERDROW I., LANE H., "International Joint Ventures: Creating Value through Successful Knowledge Management", in *Journal of World Business*, n. 1, 2003, pag. 15 e segg., che sottolinea l'importanza di assetti cognitivi convergenti, forte orientamento alle relazioni e forme adeguate di controllo nelle *partnership* strategiche. Il concetto di immedesimazione è stato impiegato principalmente in chiave organizzativa, per indicare il processo in base al quale l'individuo s'identifica con l'organizzazione in cui opera conseguendo maggiore coinvolgimento, *commitment* e, da ultimo, gratificazione e produttività: v. BERGAMI M., *L'identificazione con l'impresa*, La Nuova Italia Scientifica, 1996, pagg. 78 e segg. e 27. Circa una rilettura del ruolo del *commitment* nella dinamica dei rapporti tra il sistema impresa e il sistema del consumo, solo in parte generalizzabile al complesso dei rapporti tra impresa ed entità di contesto, cfr. DAGNINO G.B., "La dinamica del *commitment* nelle relazioni di fedeltà", in FARACI R., GALVAGNO M., GIACCONE S.C. (a cura di), *La fedeltà nelle relazioni tra impresa e mercato. Fondamenti concettuali ed implicazioni manageriali*, Giappichelli, 2007, pag. 173 e segg.

controlli, dimostrando crescenti affidamento e disponibilità – sotto forma di collaborazione, investimenti, attitudine al cambiamento ecc. – nei reciproci confronti([56]). In proposito, risulta peraltro opportuno rammentare quanto in precedenza evidenziato circa il rischio sotteso alla tensione alla risonanza, laddove questa comporti sacrifici in termini di autonomia dell'impresa rispetto all'entità di contesto con la quale è in rapporto([57]).

3.2. DALL'OTTICA DIADICA ALL'OTTICA DI CONTESTO

Il processo di contestualizzazione, come analizzato sinora nel presente capitolo e nel precedente, sconta l'adozione dell'ottica diadica. La focalizzazione sulla singola entità di contesto con cui eventualmente instaurare un rapporto intersistemico poggia sul ricorso ad un modello logico di analisi incentrato sui costrutti del grado di compimento sistemico e della rilevanza sistemica e, successivamente, sui processi di negoziazione e scambio vuoi per la prima attivazione vuoi per l'eventuale revisione del rapporto.

L'impiego di siffatte impostazioni può rappresentare una modalità di contenimento del rischio sotteso alla dinamica evolutiva del sistema impresa, incrementando così le probabilità di sopravvivenza del sistema stesso. Ciò a condizione che l'organo di governo dell'impresa ab-

---

([56]) La fiducia (*trust*) negli studi economici è stata ampiamente perlustrata, pur con interpretazioni assai variegate. Tra i fautori, figura Granovetter (GRANOVETTER M., "The Strenght of Weak Ties", in *American Journal of Sociology*, n. 6, 1973, pagg.1360-1380; GRANOVETTER M., "Un'agenda teorica per la sociologia economica", in *Stato e Mercato*, n. 3, 2000, pagg. 349-382). La fiducia qualifica, in sintesi, un atteggiamento relativamente razionale di affidamento all'altro. Essa comporta astensione o, comunque, contenimento del controllo e del calcolo rispetto all'altrui condotta; ciò nella convinzione della correttezza della controparte selezionata e che l'affidamento concesso inclini quella ad un idoneo comportamento. La fiducia si fonda su alcune regole base: cumulatività (la fiducia concessa favorisce quella ottenuta), reciprocità (non si può pretendere fiducia senza concederla), fragilità (una volta delusa, la fiducia è difficile e costosa da ricostituire). Per approfondimenti: v. ZAHEER A., MCEVILY B., PERRONE V., "Does Trust Matter? Exploring the Effects of Interorganizational and Interpersonal Trust on Performance", in *Organization Science*, n. 2, 1998; GATTI M., "Fiducia e generazione di conoscenza nelle relazioni interorganizzative: il caso «ST»", in *Sinergie*, n. 50, 2000; CASTALDO S., *Fiducia e relazioni di mercato*, Il Mulino, 2002.

([57]) Sul punto cfr. quanto argomentato *supra*, Capitolo I, paragrafo 1.5.

bia piena consapevolezza delle assunzioni, più o meno evidenti, a base delle impostazioni, dei modelli e degli strumenti a supporto della sua azione([58]).

Le considerazioni che seguono sono tese ad evidenziare alcuni aspetti di fondo delle modellizzazioni in precedenza proposte. La lucida e consapevole considerazione di tali assunti rappresenta una condizione essenziale per un'adeguata azione di governo del sistema impresa, in specie a livello di opportuno bilanciamento tra ottica diadica ed ottica di contesto (o sistemica) nelle scelte inerenti ai rapporti intersiste-

---

([58]) Sulla complessità nel governo del sistema impresa, sulla differenza tra governo della complessità e della complicazione e sulla cautela nell'uso di modelli apparentemente «obiettivi» (in quel caso con riguardo alla nota matrice attrattività-competitività della General Electric), cfr. GOLINELLI G.M., *L'approccio*, Vol. I, *op.cit.*, pagg. 155-159 e 182-193. Sul piano strettamente metodologico, al fine di poter essere adottato in via definitiva e generalizzata, il modello proposto nel capitolo precedente richiederebbe una validazione empirica mediante strumenti di statistica multivariata, come l'analisi fattoriale o i modelli di equazioni strutturali. La prima opzione si palesa tecnicamente più semplice ma non priva di elementi di problematicità: essa consente, infatti, di individuare tra gli *items* prescelti per la misurazione del fenomeno quelli maggiormente significativi, ricavando per tale via i «fattori» riassuntivi dello stesso non direttamente osservabili (costrutti); di contro, non fornisce informazioni generalizzabili sulle relazioni tra i costrutti. La seconda alternativa, invece, denota un livello di complicazione tecnica più elevato, ma presenta numerosi vantaggi incentrati, soprattutto, sulla possibilità di testare contemporaneamente il «modello di misurazione», cioè gli *items* utilizzati per descrivere i costrutti, ed il «modello strutturale», ossia le relazioni causali tra i costrutti stessi. Sull'uso dell'analisi fattoriale negli studi d'impresa, cfr. tra i molti MOLTENI L., TROILO G. (a cura di), *Ricerche di marketing*, McGraw-Hill, 2007 (2003[1]); circa una prima applicazione per la valutazione della rilevanza in ottica sistemica, cfr. BARILE S., NIGRO C., "La misurazione della rilevanza percepita dalle imprese 'Star' dei sovrasistemi del consumo e della distribuzione", in *Esperienze d'impresa*, n. 2, 2004; per un'introduzione all'utilizzo delle equazioni strutturali in economia d'impresa, cfr. MICELI G., "I modelli di equazioni strutturali", in LANZA A., *Imprenditorialità e capitale sociale*, Carocci, 2002, pag. 113. Circa gli «otto passi» per la costruzione e validazione di un modello di equazioni strutturali, cfr. DIAMANTOPOULOS A., "Modelling with Lisrel: A Guide for the Uninitiated", in *Journal of Marketing Management*, n. 10, 1994, pag. 107 e segg.; HAIR J., ANDERSON R., TATHAM R., BLACK W., *Multivariate Data Analysis with Readings*, Prentice Hall International, 1995, pagg. 628-629; REISINGER Y., TURNER L., "Structural Equation Modelling with Lisrel: Application in Tourism", in *Tourism Management*, n. 20, 1999, pag. 75 e segg. Per approfondimenti, cfr. ampiamente BAGOZZI R.P., *Causal Models in Marketing*, Wiley, 1980; BAGOZZI R.P., "Structural Equation Models in Marketing Research: Basic Principles", in BAGOZZI R.P. (a cura di), *Principles of Marketing Research*, Blackwell, 1994; CORBETTA P., *Metodi di analisi multivariata per le scienze sociali*, Il Mulino, 1992.

mici.

L'uso consapevole dei prefigurati modelli da parte dell'organo di governo dell'impresa riposa anzitutto sulla comprensione del legame non rigido tra compiutezza e rilevanza sistemiche dell'entità di contesto. Come sottolineato in conclusione del precedente capitolo, il mutevole articolarsi del rapporto tra grado di compimento e rilevanza impone un'azione di governo attenta a leggere nel tempo l'evoluzione di entrambi i costrutti e a cogliere possibili interconnessioni, ancorché non evidenti.

Un altro aspetto significativo è il differente qualificarsi dell'entità di contesto mano a mano che avanza il processo di contestualizzazione. L'organo di governo dell'impresa, individuate nell'ambiente alcune entità sistemiche di ordine L+1 rispetto al sistema impresa, qualifica come "sovrasistemi" quelle entità particolarmente rilevanti e, anche sulla scorta dell'analisi della relativa compiutezza, procede alla ricerca di eventuali rapporti intersistemici. Questi, tuttavia, riguardano in concreto non tanto l'entità sistemica di ordine L+1 in sé, quanto una o più sue componenti strutturali, a loro volta selezionate e qualificate in base alla rispettiva compiutezza e rilevanza sistemiche, secondo un *iter* ricorsivo([59]). Da tutto ciò discende che i modelli proposti devono essere applicati in modo non statico né banale e che i conseguenti rapporti intersistemici possono essere stabiliti con una (o pochissime) ovvero con numerose componenti di un dato sovrasistema([60]).

([59]) Sull'uso ricorsivo del modello presentato nel capitolo precedente, si pensi ad un'impresa agroalimentare che si rivolge in prevalenza ai piccoli dettaglianti indipendenti ed assiste al graduale affermarsi della GDO, la quale acquisisce crescenti spazi di vendita nel mercato geografico servito dall'impresa produttrice. Il produttore percepirà dapprima la tendenziale concentrazione del commercio al dettaglio in favore della GDO e poi valuterà se e come rapportarsi con singole insegne o loro unità operative (*superette*, supermercati, ipermercati ecc.). Sulle realtà del commercio al dettaglio, v. BARILE S., *Le formule di distribuzione al dettaglio. Analisi dei fattori condizionanti e degli aspetti evolutivi*, Cedam, 1996; FORNARI D., *Rivoluzione commerciale e trade marketing*, Egea, 1999; BACCARANI C., *Imprese commerciali e sistema distributivo*, Giappichelli, 2005. Sull'importanza dell'osservazione dei canali commerciali, cfr. GOLINELLI G.M., *L'approccio*, Vol. I, *op.cit.*, pag. 219 e segg.

([60]) Esempio emblematico di relazione «esclusiva» con una componente di un sovrasistema è la «banca universale o di riferimento» (*hausbank*): cfr. LIMENTANI R., "L'evoluzione del rapporto banca-impresa: dalla «hausbank» al «financial services advisor»", in *Banca Impresa Società*, n. 1, 2003, pag. 24 e segg. e JARC F., "Banche e mercati mobiliari in Germania", in FORESTIERI G., ONADO M., *Banche e mercati mobiliari*, Egea, 1992, pag. 339 e segg. Esempio del tutto opposto è quello delle imprese

In terzo luogo, è necessario ribadire come la perimetrazione del contesto per mezzo dei modelli prima descritti risponda ad una logica sostanzialmente di focalizzazione sulla singola entità di contesto con la quale instaurare rapporti intersistemici. Ne deriva l'esigenza di contemperare tale ottica diadica con quella di contesto a base dell'applicazione dell'approccio sistemico non soltanto all'impresa ma anche alla realtà che la circonda. I paragrafi che seguono approfondiscono la problematica menzionata.

3.2.1. *Dalla consonanza diadica alla consonanza di contesto*

La possibilità e l'opportunità di conseguire nel singolo rapporto intersistemico elevati e crescenti gradi di consonanza discendono dall'attenta considerazione del contesto nella sua globalità e, dunque, dal ricondurre il rapporto a due parti nel più ampio quadro dei molteplici rapporti intersistemici al contempo attivi o attivabili.

Infatti, nel mentre l'azione di governo è volta ad impostare e/o regolare il rapporto con la specifica entità del contesto, la dinamica evolutiva del sistema impresa si dispiega con riguardo ad un contesto popolato da molteplici entità e sulla base di variegati rapporti intersistemici concomitanti, risentendo anche dell'attività di ulteriori entità esterne cui l'impresa non è direttamente in relazione. Da ciò l'esigenza di incentrare le decisioni circa i singoli rapporti intersistemici sull'impiego del modello così come in precedenza delineato, senza però dimenticare mai:

---

che ricorrono sistematicamente al multiaffidamento bancario allo scopo di rendere meno palese il loro indebitamento verso il sistema bancario complessivo ovvero di «mettere in concorrenza» le banche in previsione di norme di vigilanza bancaria più restrittive o di aumenti nel costo del denaro per motivi esogeni. V. VULPES G., "Credito e imprese: il grado di multiaffidamento in Italia: determinanti e caratteristiche di governance delle imprese", in *Bancaria*, n. 3, 2006 e TORLUCCIO G., PELLICCIONI G., "Il fenomeno del multiaffidamento: implicazioni e caratteri evolutivi recenti", in CORIGLIANO C. (a cura di), *Corporate banking, credito e finanza delle imprese. Strategie per la crescita e ruolo delle banche regionali*, Bancaria, 2006. Sulla possibilità che i nuovi assetti regolamentari del sistema finanziario (in specie creditizio e assicurativo) indotti da riforme quali *Basilea II/III* o *Solvency II* inducano le imprese a ricercare, a seconda dei casi, il multiaffidamento (*credit shopping*) ovvero poche relazioni prevalenti, cfr. PROIETTI L., "Il Nuovo Accordo di Basilea sul capitale delle banche: cultura del rischio e sistema del rating", in AA.VV., *Imprese Banche Professioni. Nuove sfide nell'era globale*, Egea, 2003, pag. 141 e segg.

– gli altri rapporti intersistemici concomitanti;

– i legami che, indiretti rispetto al sistema impresa, corrono tra le entità del contesto;

– nonché gli effetti che le decisioni assunte dall'organo di governo d'impresa con riguardo ad un certo rapporto intersistemico possono determinare su altre entità del contesto, al momento più o meno rilevanti per il sistema impresa([61]).

Il richiamo ad un uso consapevole delle impostazioni diadiche delineate e la consapevolezza della varietà dei rapporti contestuali disponibili per l'impresa e al contempo esposti ciascuno a condizionamenti diretti ed indiretti da parte di ulteriori forze del contesto aprono la strada ad un basilare chiarimento per l'organo di governo del sistema impresa circa la possibilità/opportunità di ricercare un'intensa e crescente consonanza nel singolo rapporto intersistemico. Se, per un verso, il sistema impresa può tendere alla risonanza con quelle entità di contesto che presentano una rilevanza particolarmente significativa e/o crescente nel tempo, siffatta decisione deve essere attentamente valutata alla luce di possibili pregiudizi o problemi con altre entità del contesto con le quali il sistema impresa è o può essere in rapporto([62]). L'incremento della consonanza diadica, a prima vista desiderabile per i potenziali benefici derivanti dall'interazione con lo specifico sovrasistema, può essere in realtà foriero nell'immediato o in tempi successivi di complicazioni o tensioni nei rapporti con altre entità del contesto.

La visione puramente diadica va dunque ricondotta nella più ampia prospettiva del contesto quale reticolo di entità sistemiche variegate ed in grado di condizionare più o meno direttamente e significativamente la dinamica del sistema impresa. L'ideale progressione nella «costruzione» della consonanza diadica con un certo sovrasistema descritta in figura 3.3 trova così un fondamentale limite nella cultura del rischio propria dell'organo di governo del sistema impresa. Cultura che può consentire di percepire ed evitare o mitigare gli effetti avversi

([61]) Il sistema impresa è dunque esposto al condizionamento di una più o meno fitta rete di entità del contesto, talune delle quali in rapporto diretto con l'impresa, altre in rapporto diretto non con l'impresa bensì con le entità precedenti e, da ultimo, altre ancora prive di significativi rapporti con l'impresa o le entità predette, ma suscettibili di influenzare, eventualmente e in futuro, la dinamica evolutiva del sistema impresa.

([62]) Sui rischi insiti nella tensione alla risonanza con una o più entità esterne, cfr. quanto argomentato *supra*, Capitolo I, paragrafo 1.5.

innescati da una ricerca di elevati livelli di consonanza con una o poche entità la quale sia giudicata inaccettabile da altre entità del contesto, più o meno in grado di retroagire sul sistema impresa, o possa condizionare in negativo il *driver* della competitività, pregiudicando il conseguimento di un vantaggio competitivo durevole([63]).

Il rischio di incoerenza e non sostenibilità dei rapporti intersistemici intrattenuti dall'impresa con le realtà del contesto rappresenta dunque un riferimento centrale nella valutazione della rilevanza delle singole entità sistemiche e, ancora di più, nella graduazione degli investimenti relazionali nello specifico rapporto intersistemico([64]). Il fondamento di tale rischio risiede nella correlazione tra il livello e la dinamica della consonanza con una certa entità del contesto ed il livello e la dinamica della consonanza con ciascuna altra realtà del contesto: un'interdipendenza di cui tenere conto, anche quando appaia assai sfuggente e flebile, in un quadro di sostenibilità ed armonia complessive assai critico ed impegnativo per l'organo di governo del sistema impresa([65]).

([63]) Sul rischio quale fondamentale *driver* del governo dell'impresa e sul legame tra rischio e rapporti intersistemici, cfr. *infra*, Capitolo VI.

([64]) Sulla complessità quale portato di varietà, variabilità ed indeterminatezza, cfr. GOLINELLI G.M., *L'approccio*, Vol. I, *op.cit.*, pag. 162 e segg.

([65]) V. *infra*, Fig. 3.4. Nel delicato equilibrio tra consonanza diadica e consonanza di contesto e, dunque, tra autonomia del governo dell'impresa e corrispondenza alle attese sovrasistemiche traspare, quasi in controluce, il «capitalismo sistemico» accennato *supra*, Capitolo I, nota (75) e paragrafo 2.2.3, nota (28). La ricerca di un equilibrio tra rapporti diadici e considerazione del contesto nella sua globalità rifulge in un alcuni interessanti contributi. In particolare, v. ESPOSITO DE FALCO S., *Il potenziamento della governance nell'impresa sistema vitale*, Edizioni Scientifiche Italiane, 2003, basato sull'equilibrio di Nash e la teoria dei giochi. Più direttamente ispirati all'approccio sistemico, ESPOSITO DE FALCO S. (a cura di), *Evoluzioni e prospettive negli studi sulla governance tra economia d'impresa e diritto societario*, Edizioni Scientifiche Italiane, 2006, e soprattutto BARILE S., MEROLA B., CALABRESE G., "L'equilibrio vitale del sistema (EVS). Un modello di analisi del valore nella prospettiva dell'AS-V", in BARILE S. (a cura di), *L'impresa*, *op.cit.*, pag. 355 e segg. In quest'ultimo lavoro, si propone una visione d'insieme attraverso una sorta di mappatura dei molteplici rapporti intersistemici tra impresa ed entità di contesto.

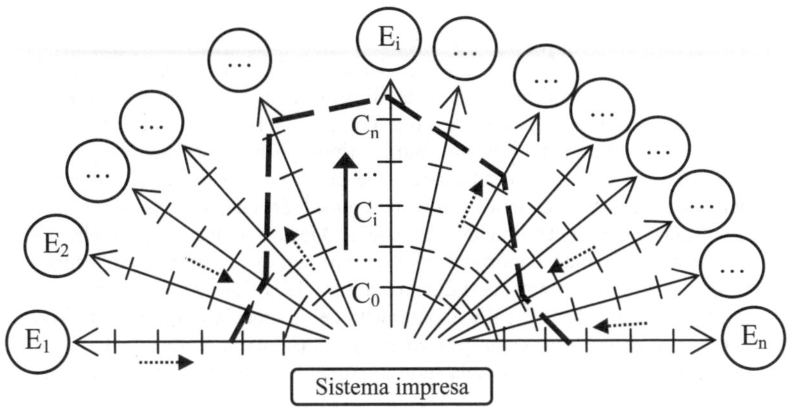

FIG. 3.4 – *La ricerca della consonanza di contesto con conseguenti diversi livelli di consonanza nei rapporti diadici* (fonte: elaborazione personale)([66]).

Da quanto detto discendono alcune linee di condotta o fattispecie che meritano particolare attenzione:

– la ricerca di consonanza con un determinato sovrasistema trova un limite invalicabile nel conseguimento o mantenimento di un adeguato livello di consonanza di contesto, intesa come compatibilità con la complessiva popolazione di entità esterne qualificanti il contesto. Tale consonanza assume una portata assorbente rispetto alla consonanza diadica ed esprime l'attitudine dell'organo di governo ad indirizzare la dinamica evolutiva del sistema impresa evitando tensioni ed i conseguenti rischi con ampie e consistenti porzioni del contesto. Ne consegue che cautela e sensibilità al rischio devono, sotto un profilo generale, ispirare un governo della consonanza caratterizzato dalla volontà e capacità a cogliere i «segnali deboli» del contesto per comprendere attese, esigenze e capacità di reazione delle variegate entità esterne;

– l'importanza della salvaguardia della più ampia e complessiva consonanza di contesto evidenzia tanto un «rischio del fare» quanto un «rischio del non fare» per l'organo di governo, nel senso che reazioni negative per il sistema impresa possono derivare ora da azioni di implementazione della consonanza diadica con una certa entità esterna, ora dal mantenere una ridotta consonanza o dal ridurla ulteriormente con una qualche altra entità.

([66]) Cfr. *supra*, Fig. 3.3.

Significativa al riguardo è la triste vicenda della morte, nell'inverno del 2007, di alcuni operai presso uno stabilimento della grande impresa metalmeccanica tedesca Thyssen ubicato a Torino a causa di una devastante esplosione. Il drammatico evento, oltre a riportare al centro dell'attenzione dell'opinione pubblica la questione della sicurezza sul posto del lavoro e della non trascurabilità delle cosiddette «morti bianche», sembra evocare serie responsabilità della direzione aziendale. Questa avrebbe consapevolmente rinviato ed evitato importanti investimenti sulla salvaguardia della forza lavoro, anzitutto per mancanza di una «cultura della sicurezza», ma anche in ragione di crescenti difficoltà economiche dello specifico sito produttivo e per corrispondere a pressioni provenienti dalla proprietà, volte ad addossare ogni investimento alla proprietà futura, risultante da un previsto avvicendamento societario([67]).

L'esempio riportato segnala l'importanza della capacità dell'organo di governo di assumere decisioni difficili nel complicato bilanciamento tra consonanza diadica e di contesto. Il forte contenimento della consonanza con il mondo del lavoro, probabilmente indotto da un eccessivo allineamento alle pressioni della proprietà, ha comportato una consistente dissonanza di contesto. D'altra parte, l'effettuazione di investimenti per la sicurezza del lavoro, pur non comportando a prima vista evidenti controindicazioni per altri sovrasistemi, si è rivelata in questa vicenda come non congeniale alla proprietà, in ragione delle sue attese in termini di rendimenti finanziari.

Le implicazioni appena ricordate a livello di governo dell'impresa sono accompagnate da non meno significative considerazioni relative alle attività di negoziazione, le quali – si è detto – sono il concreto mezzo attraverso cui i singoli rapporti diadici, da meramente potenziali, si tramutano in effettivi. Ne discende che le negoziazioni continuamente poste in essere dall'impresa dovrebbero essere informate, il più possibile sin dall'inizio, dalla menzionata attenzione alla consonanza di contesto. Qualora ciò non si verifichi sin dall'avvio del singolo processo negoziale, il sistema impresa sconterà una superiore esposizione al rischio nella propria dinamica evolutiva e sarà necessario nel tempo operare nuove interazioni negoziali al fine di conseguire più opportuni livelli di consonanza diadica con le specifiche entità di contesto([68]). In

([67]) Per una lucida analisi del caso ThyssenKrupp di Torino all'indomani del luttuoso evento e per una chiara demarcazione tra mera osservanza formale e superficiale di vincoli normativi e ricerca di una più profonda collimanza con le attese delle forze rappresentative del mondo del lavoro, v. VITALE M., "Nelle aziende manca una cultura della sicurezza", in *Il Sole 24 Ore*, 11 dicembre 2007.

([68]) In merito all'analisi e governo del rischio qualificante la dinamica evolutiva

altri termini, in un'ottica di governo consapevole del sistema impresa, le singole negoziazioni non debbono essere intese – e quindi condotte – quali processi indipendenti gli uni dagli altri, bensì, più correttamente, quali interazioni radicate in un contesto complessivo unico, rispetto al quale l'impresa persegue la richiamata consonanza di contesto. Va peraltro detto che un'adeguata attenzione al contesto nella sua globalità quale presupposto di ogni iniziativa relazionale diadica può rendere la negoziazione, altrimenti strumento di ottimizzazione del singolo rapporto diadico, idonea a realizzare un «contesto negoziato» qualificato da una rischiosità sostenibile e da quella consonanza di contesto essenziale per la sopravvivenza del sistema impresa([69]).

In definitiva, nel contemperamento tra l'ottica strettamente diadica e la prospettiva del contesto nella sua globalità sta la responsabilità di fondo di chi è preposto al governo del sistema impresa, con specifico riferimento all'impostazione e alla regolazione dei rapporti intersistemici. Un calibrato orientamento alla consonanza diadica è, sovente, decisivo per evitare ulteriori e più gravi tensioni o rischi in capo all'impresa: si è già visto, d'altronde, che la riqualificazione o riduzione della consonanza con una data entità referente può comportare situazioni di dissonanza, specie se l'impresa non possa o non intenda operare un'adeguata comunicazione preventiva e un conseguente processo di «accompagnamento» della controparte verso il cambiamento([70]). Accanto a tale rischio si pone quello della dissonanza di contesto, la quale può esitare in reazioni di particolare impatto, spesso sotto forma di sanzioni comminate dalle istituzioni alla singola impresa o da provvedimenti normativi di più ampia applicazione, in quanto incidenti sulla generalità delle imprese.

Ecco allora che l'approccio sistemico, richiamando l'attenzione

---

dell'impresa v. PROIETTI L., *Il rischio nel governo delle organizzazioni imprenditoriali tra calcolo e arte. Principi e tecniche per l'analisi e il trattamento dei rischi*, Aracne, 2008.

([69]) Cfr. in proposito le impostazioni del Cyert e del March, secondo i quali le imprese tendono ad evitare o eludere l'incertezza («*uncertainty avoidance*»), riducendo la necessità di prevedere gli incerti eventi futuri e cercando di strutturare un ambiente esterno prevedibile e controllabile attraverso negoziazioni e standardizzazioni di prassi («*negotiated environment*»). Cfr. CYERT R.M., MARCH J.G., *A Behavioral Theory of the Firm*, Blackwell, 1992 (1963[1]), pag. 166 e segg.

([70]) V. *supra*, Capitolo I, par. 1.5, ove si approfondiscono alcune dinamiche di dissonanza nei rapporti diadici o di reimpostazione della consonanza secondo una diversa qualità anche con esemplificazioni.

sul *mix* tra rapporto diadico e complesso contestuale dei rapporti *inter*-sistemici, consente all'organo di governo del sistema impresa di essere consapevole dei limiti tanto delle impostazioni che implicano scelte in merito al livello di consonanza con i singoli sovrasistemi, in funzione di pressioni e opportunità contingenti, quanto di quelle che concentrano l'implementazione della consonanza diadica verso uno o pochissimi sovrasistemi.

3.2.2. Dalla consonanza di contesto al governo consapevole del sistema impresa

Le considerazioni sul *modus operandi* dell'organo di governo d'impresa nel perseguire la consonanza diadica in un quadro di adeguatezza della consonanza di contesto sono la diretta conseguenza dell'aver precisato la natura diadica dei modelli di analisi della compiutezza e della rilevanza sistemiche esposti nel precedente capitolo. Tale precisazione può indurre a riflettere ancora se l'applicazione del predetto modello possa tenere conto della chiarita esigenza di coniugare la prospettiva diadica con una più ampia e problematica «visione contestuale».

Si può ad esempio pensare ad una valutazione «allargata» della criticità del singolo rapporto intersistemico, cioè tenendo conto sia di possibili azioni o reazioni di ulteriori entità esterne, sia dell'evoluzione nel tempo del contesto. Ecco allora che la criticità, così come più complessivamente la rilevanza di cui è una determinante, richiede all'organo di governo una lettura funzione non solo degli obiettivi propri del sistema impresa e degli specifici caratteri della singola entità referente, ma anche dello sviluppo tecnologico e di altre tendenze evolutive di contesto.

Tanto la criticità della risorsa fornita dalla specifica entità del contesto quanto i benefici relazionali netti connessi al rapporto con tale entità possono essere dunque oggetto di «valutazione allargata». Nel primo caso, in ragione dello sviluppo tecnologico e di altre tendenze di contesto, una risorsa può acquisire maggiore criticità o, all'opposto, perdere in criticità nel corso del tempo per una certa impresa; ancora, la stessa risorsa può risultare a prima vista poco o molto critica, se l'organo di governo si limita a considerare soltanto l'entità fornitrice, mentre il giudizio può essere addirittura ribaltato qualora l'analisi prenda in esame altre entità con cui il sistema impresa può relazionarsi direttamente o meno.

Emblematico al riguardo è l'avvio di una E.S.CO. (*energy saving company*) in un territorio contraddistinto da una certa presenza di appezzamenti agricoli coltivati a mais per la produzione di energia elettrica da fonti non tradizionali, nel caso mediante un impianto alimentato a biomasse, rappresentate in gran parte da mais([71]).
Il maggior costo di produzione dell'energia elettrica rispetto alle forme tradizionali sarebbe giustificato, per un verso, dalla consonanza di contesto connessa al minore impatto ecologico conseguente al consumo di un materiale del tutto naturale e rigenerabile (il mais) o comunque di scarto (altre biomasse, come i rifiuti) e, per un altro verso, potrebbe essere addirittura ridotto a livelli inferiori a quelli della produzione tradizionale (competitività), qualora l'impianto consentisse pure il teleriscaldamento di strutture limitrofe (fabbriche, abitazioni private, edifici della Pubblica Amministrazione).
Per l'organo di governo della nuova impresa, il mais rappresenta una risorsa relativamente critica: ancorché fondamentale per l'impianto, è disponibile in quantità rilevante in prossimità dello stabilimento. Considerando i legami tra diversi sovrasistemi e possibili evoluzioni di contesto, tuttavia, l'organo di governo della E.S.CO. può percepire una criticità ben superiore, addirittura foriera di notevoli rischi e problematiche per il sistema impresa. Ciò in quanto la materia prima mais può essere destinata ad usi anche alimentari, con una significativa volatilità del prezzo d'acquisto, specie in caso di annate agricole avverse e/o di picchi di domanda da parte del sovrasistema del consumo. Ancora, associazioni dei consumatori, movimenti d'opinione e persino ecologisti contrari all'uso di derrate alimentari per fini energetici o alle agricolture estensive in Paesi arretrati potrebbero essere all'origine di tensioni, rendendo così la fornitura di mais per la E.S.CO. sempre più incerta e/o onerosa. Ancora, la revisione di studi e dati sull'impatto ecologico ed energetico delle fonti rinnovabili potrebbe indurre le istituzioni (nel caso specifico, l'Unione Europea) a rivedere il grado di preferibilità tra le varie energie rinnovabili ed a ridurre le incentivazioni verso la specifica tipologia.
La montante criticità del mais, valutata secondo una prospettiva «allargata», può dunque indurre l'organo di governo a decisioni variegate, che spaziano dal rinunciare all'iniziativa economica all'adozione di un impianto con tec-

([71]) La E.S.CO. (*energy saving company*) è un'impresa con una particolare attività prevista, a livello istituzionale, da talune direttive comunitarie dell'Unione Europea, volte a stimolare nel sistema economico lo sviluppo di attività imprenditoriali in favore dell'efficienza energetica e delle fonti energetiche alternative e rinnovabili. Cfr. VINE E., "An International Survey of the Energy Service Company (ESCO) Industry", in *Energy Policy*, n. 5, 2005, pagg. 691-704; BERTOLDI P., REZESSY S., VINE E., "Energy Service Companies in European Countries: Current Status and a Strategy to Foster Their Development", in *Energy Policy*, n. 14, 2006, pagg. 1818-1832; VAGNANI G., *Ambiente fisico e dinamiche d'impresa: verso la formulazione di un modello di analisi*, Cedam, 2005.

nologia differente, meno dipendente dal consumo di materie prime agricole commestibili come il mais.

Allo stesso modo, il concetto di beneficio relazionale netto visto in precedenza può essere inteso in senso allargato, qualora incorpori non soltanto il confronto tra i benefici derivanti dal rapporto con la specifica entità di contesto e i costi/investimenti necessari per governare tale rapporto, ma anche gli eventuali benefici netti che tale rapporto può apportare al sistema impresa in via indiretta ovvero con riguardo ai rapporti tra impresa ed altre entità del contesto([72]).

Tornando al già esposto esempio della E.S.CO., la decisione dell'organo di governo d'impresa di relazionarsi con più o meno piccoli coltivatori locali di mais, anche attraverso accordi collettivi per il controllo del prezzo nel tempo, sconterebbe una valutazione dei benefici relazionali netti essenzialmente positiva, in una prospettiva strettamente duale. Il giudizio potrebbe essere però profondamente diverso in ottica «allargata»: la scelta della «filiera breve» (fornitori geograficamente prossimi) potrebbe rivelarsi foriera di problemi e rischi, qualora posta in seria discussione dal mondo dei consumatori e della pubblica opinione, con riflessi persino sul favore per la nuova iniziativa imprenditoriale manifestato dalle istituzioni pubbliche e creditizie locali.

I livelli di consonanza diadica e di contesto scelti dall'organo di governo del sistema impresa incidono dunque notevolmente sul momento della contestualizzazione effettiva. Come evidenziato sin dal primo capitolo, però, la consonanza è sì uno dei *driver* di governo del sistema impresa, ma compatibilmente con quello della competitività. In altre parole, gli obiettivi ed i livelli effettivi di consonanza sono determinati dall'organo di governo dell'impresa in funzione dei livelli attesi di competitività.

([72]) Si passa, in pratica, dai benefici netti diadici con il sistema X (= benefici dal sistema X – costi di rapporto con il sistema X a carico dell'impresa) ai benefici netti con il sistema X in ottica allargata (= benefici netti diadici dal sistema X + benefici netti di contesto derivanti dal rapporto con il sistema X). Come chiarito dal *box* esemplificativo, i benefici netti di contesto derivanti dallo specifico rapporto intersistemico possono essere negativi, così come la differenza tra i benefici netti relativi alla singola entità di contesto e i suddetti benefici netti indiretti: ciò quando il rapporto del sistema impresa con una certa entità inneschi nel tempo effetti negativi ancora più significativi per l'impresa, in specie nei rapporti con altre entità esterne.

Sussiste, in definitiva, un vincolo all'incremento della consonanza diadica imposto dalla salvaguardia della consonanza di contesto, ossia dal contenimento del rischio complessivo d'impresa. La consonanza di contesto, a sua volta, trova un limite nel mantenimento delle condizioni di competitività aziendale. È proprio dall'equilibrio tra consonanza e competitività, nonché tra consonanza diadica e di contesto, che discendono le probabilità di sopravvivenza del sistema impresa ed è in funzione di tale finalità che in specie il momento della contestualizzazione effettiva viene compiuto.

Alla luce di quanto sopra, l'uso dei modelli di qualificazione delle entità del contesto delineati nel capitolo precedente sollecita un'ultima riflessione nella prospettiva dell'organo di governo del sistema impresa. Il ricorso ai modelli, incentrati sull'approccio sistemico pur con un'impostazione rigorosamente diadica, è di per sé espressione di un'azione di governo attenta e appropriata, in quanto conscia della natura sistemica dell'impresa e delle entità di contesto, nonché della complessità delle loro relazioni e interazioni. La modellizzazione, a sua volta, supporta l'azione di governo, agevolando l'adozione di decisioni in ordine ai singoli rapporti intersistemici. La riprova più evidente è offerta dall'analisi della criticità di una risorsa attualmente rilasciata da una o più componenti di un'entità del contesto, analisi che può essere di cruciale utilità, ad esempio in vista dell'assunzione di consapevoli decisioni in merito a quel dilemma sull'«acquistare o produrre» classico negli studi sul governo dell'impresa([73]).

Sotto un profilo più generale, la valutazione della criticità della risorsa è momento propedeutico ed essenziale all'intraprendimento di variegate azioni di governo del rapporto intersistemico, talora volte al contenimento della dipendenza da risorse esterne, ad esempio attraverso l'internalizzazione (*insourcing*), le alleanze e gli accordi, la diversificazione delle fonti di approvvigionamento, la rotazione manageriale, il cambiamento tecnologico ecc.([74]).

([73]) Sulla complessità delle scelte in materia di *make or buy* (produrre all'interno o acquistare dall'esterno), indimenticata è la lezione di FERRER-PACCES F.M., "Acquistare o produrre?", in *L'industrialista*, n. 4, 1959, pag. 271 e segg. Cfr. pure GOLINELLI G.M., PASTORE A., "Make or Buy? Il valore aggiunto del modello ABC-ABM", in *Esperienze d'Impresa*, n. 1, 1994 e TRACOGNA A., "Outsourcing strategico e imprese «virtuali». Vecchi e nuovi «terzismi» nel mercato globale", in *Sinergie*, n. 63, 2004, pagg. 41-65.

([74]) Circa le azioni di governo tese a mitigare la dipendenza dell'impresa da de-

In altre parole, il ricorso a modelli e similari strumenti di analisi è ingrediente fondamentale di quella scientificazione del processo decisionale a base del governo del sistema impresa. L'impiego di modelli di analisi e valutativi agevola peraltro l'individuazione delle successive azioni da intraprendere, fermi restando i limiti insiti in ogni modello.

Con riguardo ai modelli di valutazione del grado di compimento sistemico e della rilevanza, si potrebbe giungere alla conclusione che, in ragione dell'importanza della prospettiva contestuale, l'organo di governo d'impresa possa trovare maggiore beneficio e supporto da diversi modelli, che incorporino nella valutazione della singola entità esterna l'esplicita considerazione del restante contesto e, soprattutto, proceda alla misurazione dei costrutti a base della valutazione (grado di compimento, rilevanza ecc.) in senso probabilistico, in quanto effettivamente non tutte le azioni e reazioni delle forze del contesto presentano la medesima probabilità d'accadimento([75]). Questa conclusione pare tuttavia non del tutto condivisibile, anzitutto perché il ricorso a più articolati modelli, incentrati sulla considerazione contestuale e in chiave probabilistica dei molteplici e intricati rapporti fra sistemi, non

terminate risorse esterne, cfr. quanto precisato in GOLINELLI G.M., *L'approccio*, Vol. I, *op.cit.*, pagg. 66-67. In merito agli effetti controproducenti di un eccessivo ricorso all'*outsourcing*, è emblematico il caso della grande impresa italiana di costruzioni, che negli scorsi decenni ha progressivamente disperso quel patrimonio di conoscenze tecniche e specialistiche connesse all'esecuzione dell'opera, dunque al *learning by doing*, fino ad allora fonte di vantaggio competitivo nei diversi contesti nazionali ed internazionali. Si è così consumato un processo di profondo cambiamento dell'identità aziendale che, da produttiva, si è evoluta in quella di soggetto principalmente fornitore di garanzie alla committenza e di servizi alle imprese del *network*. Ne è conseguita una situazione estremamente rischiosa per le imprese, ravvisabile nel fatto che la loro sempre minor presenza nel momento operativo potrebbe riverberarsi in una crescente perdita di capacità a produrre: cfr. SINGER P., *Economia e finanza nell'impresa «general contractor»*, Cedam, 1995, pag. 9.

([75]) Sull'approccio stocastico-probabilistico quale superamento del determinismo e della visione di breve termine ma non in grado di cogliere tutta l'indeterminatezza del reale, v. SUTHERLAND J.W., "Toward an Array of Phenomenological Ideal-Types for the Social Sciences", in *International Journal of General Systems*, n. 1, 19-74, pagg. 131 e segg. e 140 e segg. Significativa la critica di schemi di analisi (come gli alberi decisionali) di tipo deterministico contenuta in KENNETH C., "Can't See The Forest Because of The Decision Trees. A Critique of Decision Analysis in Survey Texts", in *Interfaces*, n. 2, 1998, pagg. 80-98. In linea con tale avviso negli studi d'impresa è ad esempio PALOMBA G., *Metodo patrimoniale dinamico*, Strategia & Finanza, 2002.

esaurirebbe né forse ridurrebbe la soggettività dell'apprezzamento comunque richiesto al valutatore (qui l'organo di governo d'impresa). In secondo luogo, modelli di quest'ultimo tipo sarebbero più sofisticati e completi, ma anche molto meno agevoli e tempestivi da impiegare nel governo dell'impresa([76]). Da ultimo, la complessità degli elementi da considerare al fine di addivenire ad un modello in grado di orientare in modo rigido e dettagliato il governo d'impresa nell'incessante divenire del suo contesto vanifica la possibilità ed opportunità di una tale impostazione: ciò in coerenza con l'esigenza di una scientificazione del processo di governo del sistema impresa che sia razionalmente fondata ma al contempo utile ad imprenditori e *manager*, rifuggendo astrazioni eccessivamente semplificatrici così come sterili formalismi ed elucubrazioni esasperate([77]).

Dubitare di modellizzazioni in grado di ridurre a mero «calcolo» la complessità del governo dei rapporti intersistemici non vuol dire privare di razionalità il governo dell'impresa: viene meno (o quantomeno diventa molto difficile e di scarsa portata esplicativa) la computazione rigorosamente quantitativa, non già la tensione alla conoscenza, alla risoluzione di questioni e problemi. Ecco allora che il governo consapevole dei rapporti intersistemici riposa su un'adeguata comprensione del contesto, cioè sulla sua conoscenza da parte dell'organo di governo e della struttura operativa dell'impresa.

La conoscenza, con i suoi processi di sviluppo, integrazione ed accumulazione, è alla base di quel processo di scientificazione che deve qualificare l'azione dell'organo di governo delle organizzazioni imprenditoriali. Non il puro calcolo matematico o il contingentismo basato sull'improvvisazione e sul passivo adeguamento alle circostanze, bensì la conoscenza – non dimentica dell'intuito e del *sentiment* – è la

---

([76]) Il dilemma tra l'assunzione di decisioni «giuste», in quanto funzionali alla finalità sistemica, e di decisioni rapide nel governo dell'impresa richiama quello tra decisioni condivise e tempestive analizzato in GATTI C., "La configurazione dei processi decisionali d'impresa tra rapidità e consenso", in AA.VV., *La riconfigurazione dei processi decisionali nel quadro evolutivo della competizione*, Atti del XXVII Convegno AIDEA, Università di Catania, 7-8 ottobre 2004, Giappichelli, 2005.

([77]) In ciò ci si discosta dagli eccessi di certo misurazionismo: cfr. VALLINI C., "L'evoluzione degli Studiosi di economia e gestione delle imprese", in *Sinergie*, n. 67, 2005, pagg. 73-75. Più favorevole alla ricerca di un superiore formalismo e quantitativismo nei principi a base del governo delle organizzazioni imprenditoriali, in specie con l'adozione di impostazioni proprie della *system dinamics*, è CECCANTI G., *Corso di tecnica imprenditoriale*, Vol. I, Cedam, 1996.

basilare guida di un governo del sistema impresa razionalmente fondato ed in grado di salvaguardare, al contempo, la specifica impresa e l'impresa come istituto della moderna società liberale e capitalistica. Una conoscenza conscia dei propri limiti e, al contempo, anche delle possibilità di miglioramento([78]).

3.3. INNOVAZIONE E CREATIVITÀ NELL'AZIONE DI GOVERNO

La scientificazione consapevole del governo dell'impresa, pur avendo nell'impiego di impostazioni e modelli più o meno codificati un proprio fondamentale ingrediente, poggia d'altro canto su di una tensione alla conoscenza ed alla risoluzione di questioni e problemi scevra dalla pretesa di ridurre a mero calcolo il rapporto tra l'impresa e il suo contesto. La dialettica tra impresa e contesto, lungi dall'esaurirsi in un conflittuale rapporto di forza o, ancora, in un mero adattamento, dovrebbe essere continuamente alimentata di conoscenza e innovazioni, da cui possono derivare mutati obiettivi di competitività e di consonanza del sistema impresa.

Se si interpreta come a contenuto innovativo il processo di contestualizzazione e si accoglie l'interpretazione dell'innovazione come non un evento isolato, bensì una incessante dinamica evolutiva, appare allora evidente che la creatività, che è alla base dell'innovazione, è anche basilare nel processo di contestualizzazione([79]). In altri termini, dal momento che la creatività rappresenta una condizione necessaria per l'innovazione imprenditoriale, essa viene conseguentemente a rappresentare la condizione primaria per l'efficacia del processo di contestualizzazione. Infatti, l'efficacia di tale processo e, quindi, la generazione e rigenerazione continua della capacità dell'impresa a perseguire

([78]) Sull'imprescindibilità delle teorie nella conoscenza delle realtà complesse come le organizzazioni imprenditoriali, sulle teorie come forme di semplificazione del reale e di riduzione della complessità inevitabilmente imperfette ma utili, sulla contraddittorietà tra comportamento istintuale e ricerca di una condotta scientifica e sull'infondatezza della distinzione tra razionalità e istintività, cfr. VOLPATO G., "Introduzione metodologica", in VOLPATO G. (a cura di), *La gestione d'impresa*, Vol. I, Cedam, 2003, pagg. 4, 10, 12, 16 e 21.

([79]) In merito alla richiamata interpretazione del concetto di innovazione cfr. RULLANI E., "Divisione del lavoro e reti di imprese: il governo della complessità", in BELUSSI F. (a cura di), *Nuovi modelli di imprese, gerarchie organizzative ed impreseréti*, FrancoAngeli, 1992, pag. 22 e segg.

consonanza e competitività appaiono inevitabilmente correlate alla capacità innovativa.

La creatività, qui intesa come «l'attitudine di un sistema alla evoluzione», «non è soltanto una capacità di tipo cognitivo, ma un'attitudine appunto al cambiamento del sistema da parte del sistema stesso»([80]). In questo senso, la creatività, più che fonte dei processi innovativi e, quindi, del processo di contestualizzazione, rappresenta «il *milieu* entro il quale i processi innovativi avvengono con facilità [...] la creatività non è l'*input* di un processo, è semmai il contesto all'interno del quale con elevata probabilità si ha innovazione. [...] L'innovazione è il frutto, la creatività la condizione»([81]).

Nel realizzare il processo di contestualizzazione l'organo di governo dell'impresa può e deve quindi agire in ottica creativa, come soggetto innovatore, creando le condizioni per l'emergere di sempre nuove e più convenienti combinazioni di interessi sotto i profili quantitativo e qualitativo([82]).

La creatività, condizione necessaria per la realizzazione di un efficace processo di contestualizzazione, è fortemente condizionata dalle competenze di apertura qualificanti il sistema impresa. Competenze che nelle impostazioni proprie dell'approccio sistemico vitale sono riconducili alle seguenti: relazionali e di socializzazione, le quali concernono il saper instaurare, mantenere nel tempo e consolidare rapporti collaborativi con le entità esterne, costruendo e preservando la necessaria fiducia a livello sia individuale sia organizzativo; di assorbimento di informazioni e conoscenze derivanti dai rapporti con le entità esterne; competenze di combinazione, coordinamento e integrazione di conoscenze di differente provenienza; di coproduzione di nuova conoscenza con entità esterne; di codificazione della conoscenza tacita in conoscenza esplicita, facilmente condivisibile nel sistema impre-

---

([80]) Cfr. VICARI S., *La creatività dell'impresa*, Etas, 1998, pag. 84.

([81]) *Ibidem*, pag. 104.

([82]) Riecheggiano nel nostro pensiero le parole del Fazzi, il quale, raccolto l'insegnamento schumpeteriano, afferma che: «lo stesso imprenditore, nel proprio lavoro intellettuale di soluzione dei problemi, vede l'azienda di cui regge le sorti come una struttura, ossia come un sistema di qualità-quantità sul quale lui, innovatore di combinazioni, intende esercitare un'azione modificatrice di "sviluppo"», FAZZI R., "Comportamenti imprenditoriali e modelli di decisione negli studi di Tecnica Economica", in AA.VV., *Studi di ragioneria e tecnica economica. Scritti in onore del Prof. Alberto Ceccherelli*, Le Monnier, 1960, pag. 205.

sa([83]).

Queste competenze consentono infatti l'emergere e lo sviluppo di processi di auto-organizzazione nell'ambito della struttura operativa, che contribuiscono alla realizzazione del processo di contestualizzazione, caratterizzato da un continuo divenire, con l'individuazione di nuovi soggetti, oggetti e condizioni da inserire nell'ambito relazionale dell'impresa([84]).

Nel quadro delineato emerge la problematica del rischio([85]).

Lo studio e il monitoraggio dell'ambiente prima, l'attenta configurazione della struttura ampliata poi e, infine, la sagace selezione delle entità con le quali relazionarsi e la corretta impostazione delle relazioni contrattuali e non sono attività tese anche ad assicurare un'evoluzione del sistema orientata alla mitigazione del rischio insito nell'attività d'impresa.

Con il processo di contestualizzazione, infatti, l'organo di governo configura un «contesto negoziato»([86]), con la costruzione e l'orga-

---

([83]) Cfr. GOLINELLI G.M., *L'approccio*, Vol. I, *op.cit.*, pag. 377.

([84]) I richiamati processi di diffusione di imprenditorialità interna alla struttura operativa, motivati dalla ricerca delle imprese di una maggiore flessibilità funzionale ad affrontare la crescente complessità ambientale, si sono concretizzati in un ripensamento della configurazione delle relazioni tipica dell'impresa fordista. Sul tema cfr. GOLINELLI G.M., *L'approccio*, Vol. I, *op.cit.*, pag. 307 e segg. Cfr., inoltre, RULLANI E., "L'Italia verso il 2000. Alla ricerca della politica perduta", in *Economia e Politica Industriale*, n. 77, 1993, pagg. 17-43, il quale identifica nell'auto-organizzazione uno degli elementi chiave del post-fordismo e, in una prospettiva di politica economica, definisce tale concetto come «un "modello" di comportamento e di organizzazione basato sulla capacità dei soggetti sociali [...] di organizzare risposte efficaci ai propri bisogni senza delegarle ai macro-meccanismi» (pag. 36). Cfr., infine, VICARI S., *La creatività*, *op.cit.*, pag. 142 e segg., il quale così definisce il concetto di auto-organizzazione: «Auto-organizzazione significa comportamento e strutturazione basati sulla capacità dei soggetti di organizzare risposte efficaci senza delegarle a macromeccanismi, basati sulla gerarchia. Si tratta cioè dell'emergere di una struttura stabile, all'interno di un processo complesso, che non è definita dall'intervento di un attore esterno. Questo attore può solo fornire energia al processo, senza tuttavia determinare le forme e le modalità specifiche della struttura che poi si configura in modo autonomo. L'auto-organizzazione consente di gestire con maggiore efficacia ed efficienza situazioni a elevata complessità e si dimostra pertanto vincente laddove si verifichino continuamente imprevisti che, in quanto tali, non possono essere anticipati e le cui soluzioni non possono essere pianificate» (pag. 143).

([85]) Per approfondimenti sul rischio nel governo dell'impresa e sulle modalità di fronteggiamento dei rischi più indeterminati e complessi, v. *infra*, Capitoli VI e VII.

([86]) Cfr. in proposito le già richiamate impostazioni di CYERT R.M., MARCH J.G., *A Behavioral Theory*, *op.cit.*, pag. 166 e segg.

nizzazione di un ambito relazionale che consenta all'impresa il conseguimento di consonanza e competitività e, quindi, della sopravvivenza nel tempo.

BIBLIOGRAFIA

AA.VV., *Imprese Banche Professioni. Nuove sfide nell'era globale*, Egea, 2003.

AA.VV., *La riconfigurazione dei processi decisionali nel quadro evolutivo della competizione*, Atti del XXVII Convegno AIDEA, Università di Catania, 7-8 ottobre 2004, Giappichelli, 2005.

AA.VV., *Studi di ragioneria e tecnica economica. Scritti in onore del Prof. Alberto Ceccherelli*, Le Monnier, 1960.

ACOCELLA N., *Fondamenti di politica economica. Principi, valori e tecniche*, La Nuova Italia Scientifica, 1997 (1994[1]).

ALCHIAN A.A., DEMSETZ H., "Production, Information Costs, and Economic Organization", in *American Economic Review*, n. 5, 1972.

ANDERSON, E., LODISH, L., AND WEITZ, B., "Resource Allocation Behavior in Conventional Channels", in *Journal of Marketing Research*, February, 1987.

BACCARANI C., *Imprese commerciali e sistema distributivo*, Giappichelli, 2005.

BAGOZZI R.P., *Causal Models in Marketing*, Wiley, 1980.

BAGOZZI R.P., "Structural Equation Models in Marketing Research: Basic Principles", in BAGOZZI R.P. (a cura di), *Principles of Marketing Research*, Blackwell, 1994.

BANCA D'ITALIA, *Nuove disposizioni di vigilanza prudenziale per le banche. Circolare n. 263 del 27 dicembre 2006*, Banca d'Italia, 2006.

BARILE S. (a cura di), *L'impresa come sistema. Contributi sull'Approccio Sistemico Vitale (ASV)*, Giappichelli, 2008 (2006[1]).

BARILE S., "Introduzione alla varietà di un sistema vitale", *Sinergie. Rapporti di ricerca*, n. 21, 2005.

BARILE S., *Le formule di distribuzione al dettaglio. Analisi dei fattori condizionanti e degli aspetti evolutivi*, Cedam, 1996.

BARILE S., MEROLA B., CALABRESE G., "L'equilibrio vitale del sistema (EVS). Un modello di analisi del valore nella prospettiva dell'ASV", in BARILE S. (a cura di), *L'impresa come sistema. Contributi sull'Approccio Sistemico Vitale (ASV)*, Giappichelli, 2008 (2006[1]).

BARILE S., NIGRO C., "La misurazione della rilevanza percepita dalle imprese 'Star' dei sovrasistemi del consumo e della distribuzione", in *Esperienze d'impresa*, n. 2, 2004.

BAZERMAN M.H., LEWICKI R.J. (a cura di), *Negotiating in Organizations*, Sage, 1983.

BAZERMAN M.H., LEWICKI R.J., SHEPPARD B.H. (a cura di), *Research on Negotiation in Organizations: Handbook of Negotiation Research*, Vol. 3, JAI Press, 1991.

BELUSSI F. (a cura di), *Nuovi modelli di imprese, gerarchie organizzative ed impresereti*, FrancoAngeli, 1992.

BERDROW I., LANE H., "International Joint Ventures: Creating Value through Successful Knowledge Management", in *Journal of World Business*, n. 1, 2003.

BERGAMI M., *L'identificazione con l'impresa*. La Nuova Italia Scientifica, 1996.

BERTOLDI P., REZESSY S., VINE E., "Energy Service Companies in European Coun-

tries: Current Status and a Strategy to Foster Their Development", in *Energy Policy*, n. 14, 2006,.
BHATTACHARYA S., THAKOR A.V., "Contemporary Banking Theory", in *Journal of Financial Intermediation*, n. 3, 1993.
BLOUNT-WHITE S., NEALE M.A., "Reservation Prices, Resistance Points, and BATNAs: Determining the Parameters of Acceptable Negotiated Outcomes", in *Negotiation Journal*, n. 4, 1991.
BOWER J.L., GILBERT C.G. (a cura di), *From Resource Allocation to Strategy*, Oxford University Press, 2005.
BOWER J.L., *Managing the Resource Allocation Process: A Study of Corporate Planning and Investment*, Harvard University Press, 1970.
BURGELMAN R.A., DOZ YVES L., "The Power of Strategic Integration", in *Sloan Management Review*, n. 3, 2001.
CAFAGGI F. (a cura di), *Il contratto di rete. Commentario*, Il Mulino, 2009.
CAFAGGI F., GALLETTI D. (a cura di), *La crisi dell'impresa nelle reti e nei gruppi*, Cedam, 2005.
CAFFERATA R., *Sistemi, ambiente e innovazione. Come si integrano la continuità e il mutamento nell'impresa*, Giappichelli, 1995.
CAPRARA U., *Le negoziazioni caratteristiche dei vasti mercati. Principii di tecnica mercantile*, Edizioni Palatine di R. Pezzani e C., 1946 (1926[1]).
CASELLI L., "La ri-legittimazione sociale dell'impresa", in *Sinergie*, n.61-62, 2003.
CASTALDO S., *Fiducia e relazioni di mercato*, Il Mulino, 2002.
CECCANTI G., "*Caritas in veritate*. Riflessioni di un tecnico", in *Impresa Progetto – Rivista online del Ditea*, n. 2, 2009.
CECCANTI G., *Corso di tecnica imprenditoriale*, Vol. I, Cedam, 1996.
CECCANTI G., *Gli scambi d'impresa*, Cursi, 1962.
CHANDLER A.D. JR., *Strategia e struttura. Storia della grande impresa americana*, FrancoAngeli, 1993 (tit. orig. *Strategy and Structure: Chapters in the History of the American Industrial Enterprise*, The Mit Press, 1962).
COASE R.H., "The Nature of the Firm", in *Economica*, n. 16, 1937.
CORBETTA P., *Metodi di analisi multivariata per le scienze sociali*, Il Mulino, 1992.
CORIGLIANO C. (a cura di), *Corporate banking, credito e finanza delle imprese. Strategie per la crescita e ruolo delle banche regionali*, Bancaria, 2006.
CYERT R.M., MARCH J.G., *A Behavioral Theory of the Firm*, Blackwell, 1992 (1963[1]).
DAGNINO G.B., "La dinamica del *commitment* nelle relazioni di fedeltà", in FARACI R., GALVAGNO M., GIACCONE S.C. (a cura di), *La fedeltà nelle relazioni tra impresa e mercato. Fondamenti concettuali ed implicazioni manageriali*, Giappichelli, 2007.
DELERUE, H., "Relational Risks Perception in European Biotechnology Alliances: The Effect of Contextual Factors", in *European Management Journal*, n. 22, 2004.
DEZI L., *Le negoziazioni internazionali di materie prime. Implicazioni contrattuali e finanziarie*, Cedam, 1992.
DI TORO P., *Sul governo dell'"azienda gruppo"*, Cedam, 2004.
DIAMANTOPOULOS A., "Modelling with Lisrel: A Guide for the Uninitiated", in *Journal of Marketing Management*, n. 10, 1994.
DIMAGGIO P.J., POWELL W.W., "The Iron Cage Revisited: Institutional Isomorphism and Collective Rationality in Organizational Fields", in *American Sociological Review*, n. 48, 1983.
ENRIETTI A., WHITFORD J., "Quale governance dopo una monarchia? Le implicazioni

della crisi Fiat a livello locale", in *Stato e mercato*, n. 1, 2006.
ESPOSITO DE FALCO S. (a cura di), *Evoluzioni e prospettive negli studi sulla governance tra economia d'impresa e diritto societario*, Edizioni Scientifiche Italiane, 2006.
ESPOSITO DE FALCO S., *Il potenziamento della governance nell'impresa sistema vitale*, Edizioni Scientifiche Italiane, 2003.
FAMA E.F., JENSEN M.C., "Separation of Ownership and Control", in *Journal of Law and Economics*, n. 2, 1983.
FARACI R., GALVAGNO M., GIACCONE S.C. (a cura di), *La fedeltà nelle relazioni tra impresa e mercato. Fondamenti concettuali ed implicazioni manageriali*, Giappichelli, 2007.
FAZZI R., "Comportamenti imprenditoriali e modelli di decisione negli studi di Tecnica Economica", in AA.VV., *Studi di ragioneria e tecnica economica. Scritti in onore del Prof. Alberto Ceccherelli*, Le Monnier, 1960.
FERRER–PACCES F.M., "Acquistare o produrre?", in *L'industrialista*, n. 4, 1959.
FISHER R., URY W., PATTON B., *Getting to Yes. Negotiating Agreement Without Giving In*, Penguin Books, 1991 (1981[1]).
FORESTIERI G., ONADO M., *Banche e mercati mobiliari*, Egea, 1992.
FORNARI D., *Rivoluzione commerciale e trade marketing*, Egea, 1999.
GARRONE N., *La scienza del commercio. Organizzazione del commercio*, Vol. I, Vallardi, 1914.
GATTI C., "La configurazione dei processi decisionali d'impresa tra rapidità e consenso", in AA.VV., *La riconfigurazione dei processi decisionali nel quadro evolutivo della competizione*, Atti del XXVII Convegno AIDEA, Università di Catania, 7-8 ottobre 2004, Giappichelli, 2005.
GATTI C., *Le negoziazioni nel governo dell'impresa. Verso un modello di analisi*, Cedam, 2008.
GATTI M., "Fiducia e generazione di conoscenza nelle relazioni interorganizzative: il caso «ST»", in *Sinergie*, n. 50, 2000.
GHOSHAL S., "*Le cattive teorie manageriali distruggono le buone pratiche*", in *Sviluppo & Organizzazione*, n. 210, 2005 (orig. *Bad Management Theories Are Destroying Good Management Practices* in *Academy of Management Learning & Education*, n. 1, 2005).
GOLINELLI G.M., *L'approccio sistemico al governo dell'impresa*, Vol. I, Cedam, 2005 (2000[1]).
GOLINELLI G.M., *L'approccio sistemico al governo dell'impresa*, Vol. II, Cedam, 2000.
GOLINELLI G.M., *Struttura e governo dell'impresa. Verso la formulazione di un modello quantitativo per l'analisi dei processi di sviluppo*, Cedam, 1994 (1988[1]).
GOLINELLI G.M., PASTORE A., "Make or Buy? Il valore aggiunto del modello ABC-ABM", in *Esperienze d'Impresa*, n. 1, 1994.
GRACCHI-BIANCHI M., "Istituzioni e neoistituzionalismo", in *L'industria*, n. 1, 1995.
GRANDORI A., *Organizzazione e comportamento economico*, Il Mulino, 1999 (1995[1]).
GRANOVETTER M., "The Strenght of Weak Ties", in *American Journal of Sociology*, n. 6, 1973.
GRANOVETTER M., "Un'agenda teorica per la sociologia economica", in *Stato e Mercato*, n. 3, 2000.
HAIR J., ANDERSON R., TATHAM R., BLACK W., *Multivariate Data Analysis with Readings*, Prentice Hall International, 1995.

HATFIELD L.J., PEARCE J.A., "Goal Achievement and Satisfaction of Joint-Venture Partners", in *Journal of Business Venturing*, n. 9, 1994.
HOFFMAN W. H., SCHLOSSER R., "Success Factors of Strategic Alliances in Small and Medium-Sized Enterprises. An Empirical Survey", in *Long Range Planning*, n. 3, 2001.
HOLLAND J.H., *Hidden Order: How Adaptation Builds Complexity*, Addison-Wesley, 1995.
HOLLAND J.H., "Sistemi adattivi complessi ed emergenza spontanea", in QUADRO CURZIO A., FORTIS M. (a cura di), *Complessità e distretti industriali*, Il Mulino, 2002.
INKPEN A., BEAMISH P.W., "Knowledge, Bargaining Power and International Joint Venture Instability", in *Academy of Management Review*, n. 1, 1997.
JARC F., "Banche e mercati mobiliari in Germania", in FORESTIERI G., ONADO M., *Banche e mercati mobiliari*, Egea, 1992.
JENSEN M.C., MECKLING W.H., "Theory of the Firm: Managerial Behavior, Agency Costs and Ownership Structure", in *Journal of Financial Economics*, n. 4, 1976.
KENNETH C., "Can't See The Forest Because of The Decision Trees. A Critique of Decision Analysis in Survey Texts", in *Interfaces*, n. 2, 1998.
KRAMER R.M., "The More the Merrier? Social Psychological Aspects of Multiparty Negotiations in Organizations", in BAZERMAN M.H., LEWICKI R.J. (a cura di), *Negotiating in Organizations*, Sage, 1983.
LANZA A., *Imprenditorialità e capitale sociale*, Carocci, 2002.
LAX D.A., SEBENIUS J.K., *The Manager as Negotiator. Bargaining for Cooperation and Competitive Gain*, The Free Press, 1986.
LEWICKI R.J., SAUNDERS D.M., BARRY B., *Negotiation*, McGraw-Hill, 2006 (1985[1]).
LIMENTANI R., "L'evoluzione del rapporto banca-impresa: dalla «hausbank» al «financial services advisor»", in *Banca Impresa Società*, n. 1, 2003.
MARIANI M., *Decidere e negoziare. Concetti e strumenti per l'azione manageriale*, Il Sole 24 Ore, 2004.
MICELI G., "I modelli di equazioni strutturali", in LANZA A., *Imprenditorialità e capitale sociale*, Carocci, 2002.
MIKKOLA J.H., SKJOETT-LARSEN T., "Early Supplier Involvement: Implications for New Product Development Outsourcing and Supplier-Buyer Interdependence", in *Global Journal of Flexible Systems Management*, October-December, 2003.
MOLTENI L., TROILO G. (a cura di), *Ricerche di marketing*, McGraw-Hill, 2007 (2003[1]).
NASSIMBENI G., DE TONI A., TONCHIA S., "L'evoluzione dei rapporti di sub-fornitura", in *Sviluppo & Organizzazione*, n. 137, 1993.
NICITA A., SCOPPA V., *Economia dei contratti*, Carocci, 2005.
NOORDERHAVEN N.G., NOOTEBOOM B., BERGER H., "Determinants of Perceived Inter-firm Dependence in Industrial Supplier Relations", in *Journal of Management and Governance*, n. 3, 1998.
NOOTEBOOM B., BERGER H., NOORDERHAVEN N.G., "Effects of Trust and Governance on Relational Risk", in *Academy of Management Journal*, n. 2, 1997.
NORTHCRAFT G.B., NEALE M.A., "Dyadic Negotiation", in BAZERMAN M.H., LEWICKI R.J., SHEPPARD B.H. (a cura di), *Research on Negotiation in Organizations: Handbook of Negotiation Research*, Vol. 3, JAI Press, 1991.
PACCES F.M., *vedi* FERRER–PACCES F.M.
PALOMBA G., *Metodo patrimoniale dinamico*, Strategia & Finanza, 2002.

PANATI G., GOLINELLI G.M., *Tecnica economica, industriale e commerciale. Imprese, strategie e management*, 2 voll., La Nuova Italia Scientifica, 1991 (1988[1]).
PASTORE A., *I nuovi rapporti tra industria e distribuzione*, Cedam, 1996.
PERONA M., MIRAGLIOTTA G., "Complexity Management and Supply Chain Performance Assessment. A Field Study and a Conceptual Framework", in *International Journal of Production Economics*, n. 1, 2004.
PERRONE V., ZAHEER V., MCEVILY V., "The Strategic Value of Buyer-Supplier Relationships", in *International Journal of Purchasing and Materials Management*, n. 3, 1998.
PROIETTI L., "Il Nuovo Accordo di Basilea sul capitale delle banche: cultura del rischio e sistema del rating", in AA.VV., *Imprese Banche Professioni. Nuove sfide nell'era globale*, Egea, 2003.
PROIETTI L., *Il rischio nel governo delle organizzazioni imprenditoriali tra calcolo e arte. Principi e tecniche per l'analisi e il trattamento dei rischi*, Aracne, 2008.
PRUITT D.G., *Negotiation Behavior*, Academic Press, 1981.
QUADRO CURZIO A., FORTIS M. (a cura di), *Complessità e distretti industriali*, Il Mulino, 2002.
QUATTROCIOCCHI B., *Economia e governo del sito produttivo nella prospettiva sistemica*, Cedam, 2004.
QUATTROCIOCCHI B., *Il sito produttivo tra gerarchia, mercati e territorio*, Cedam, 2008.
RAHMAN N., "Duality of Alliance Performance", in *The Journal of American Academy of Business*, n. 1, 2006.
RAIFFA H., RICHARDSON J., METCALFE D., *Negotiation Analysis. The Science and Art of Collaborative Decision Making*, The Belknap Press of Harvard University Press, 2002.
RAIFFA H., *The Art and Science of Negotiation*, The Belknap Press of Harvard University Press, 1982.
REISINGER Y., TURNER L., "Structural Equation Modelling with Lisrel: Application in Tourism", in *Tourism Management*, n. 20, 1999.
RENZI A., *Tecnica mercantile. Trasporti – Dogane*, Hoepli, 1962 (1953[1]).
RULLANI E., "Divisione del lavoro e reti di imprese: il governo della complessità", in BELUSSI F. (a cura di), *Nuovi modelli di imprese, gerarchie organizzative ed imprese-reti*, FrancoAngeli, 1992.
RULLANI E., "Il distretto industriale come sistema adattivo complesso", in QUADRO CURZIO A., FORTIS M. (a cura di), *Complessità e distretti industriali*, Il Mulino, 2002.
RULLANI E., "L'Italia verso il 2000. Alla ricerca della politica perduta", in *Economia e Politica Industriale*, n. 77, 1993
RUMIATI R., PIETRONI D., *La negoziazione. Psicologia della trattativa: come trasformare un conflitto in opportunità di sviluppo personale, organizzativo e sociale*, Raffaello Cortina Editore, 2001.
SANGUIGNI V., *Proprietà e governo dell'impresa. Verso un modello di analisi in ottica sistemica*, Cedam, 2002.
SCHEIN E.H., *Organizational culture and leadership*, Jossey-Bass, 1985.
SEBENIUS J.K., "Negotiation Arithmetic: Adding and Subtracting Issues and Parties", in *International Organization*, n. 2, 1983.
SINGER P., *Economia e finanza nell'impresa «general contractor»*, Cedam, 1995.
SRIVASTAVA J., CHAKRAVARTI D., RAPOPORT A., "Price and Margin Negotiations in

Marketing Channels: An Experimental Study of Sequential Bargaining under One-Sided Uncertainty and Opportunity Cost of Delay", in *Marketing Science*, n. 2, 2000.

SUTHERLAND J.W., "Toward an Array of Phenomenological Ideal-Types fo the Social Sciences", in *International Journal of General Systems*, n. 1, 1974.

THOMPSON L.L., *The Mind and Heart of the Negotiator*, Pearson, 2005 (2001[1]).

TORLUCCIO G., PELLICCIONI G., "Il fenomeno del multiaffidamento: implicazioni e caratteri evolutivi recenti", in CORIGLIANO C. (a cura di), *Corporate banking, credito e finanza delle imprese. Strategie per la crescita e ruolo delle banche regionali*, Bancaria, 2006.

TRACOGNA A., "Outsourcing strategico e imprese «virtuali». Vecchi e nuovi «terzismi» nel mercato globale", in *Sinergie*, n. 63, 2004.

VACCÀ S., "Le partecipazioni azionarie e i rapporti contrattuali nella formazione dei gruppi aziendali", in *Il Risparmio*, luglio, 1960.

VAGNANI G., *Ambiente fisico e dinamiche d'impresa: verso la formulazione di un modello di analisi*, Cedam, 2005.

VALLINI C., "L'evoluzione degli Studiosi di economia e gestione delle imprese", in *Sinergie*, n. 67, 2005.

VARALDO R., DALLI D., "Le relazioni strategiche tra industria e distribuzione", in *Sinergie*, n. 19, 1989.

VICARI S., *La creatività dell'impresa*, Etas, 1998.

VINE E., "An International Survey of the Energy Service Company (ESCO) Industry", in *Energy Policy*, n. 5, 2005.

VITALE M., "Nelle aziende manca una cultura della sicurezza", in *Il Sole 24 Ore*, 11 dicembre 2007.

VOLPATO G. (a cura di), *La gestione d'impresa*, Vol. I, Cedam, 2003.

VOLPATO G., "Introduzione metodologica", in VOLPATO G. (a cura di), *La gestione d'impresa*, Vol. I, Cedam, 2003.

VULPES G., "Credito e imprese: il grado di multiaffidamento in Italia: determinanti e caratteristiche di governance delle imprese" , in *Bancaria*, n. 3, 2006.

WALTON R.E., MCKERSIE R.B., *A Behavioral Theory of Labor Negotiations: An Analysis of a Social Interaction System*, McGraw-Hill, 1965.

WILLIAMSON O.E., "Opportunism and Its Critics", in *Managerial and Decision Economics*, n. 14, 1993.

WILLIAMSON O.E., *I meccanismi del governo*, FrancoAngeli, 1998 (tit. orig. *The Mechanisms of Governance*, Oxford University Press, 1996).

WILLIAMSON O.E., *Le istituzioni economiche del capitalismo*, FrancoAngeli, 1987 (tit. orig. *The Economic Institutions of Capitalism: Firms, Markets, Relational Contracting*, The Free Press, 1985).

YOUNG H.P., "Negotiation Analysis", in YOUNG H.P. (a cura di), *Negotiation Analysis*, The University of Michigan Press, 1991.

ZAHEER A., MCEVILY B., PERRONE V., "Does Trust Matter? Exploring the Effects of Interorganizational and Interpersonal Trust on Performance", in *Organization Science*, n. 2, 1998.

ZARTMAN I.W., "Negotiation as a Joint Decision-Making Process", in *Journal of Conflict Resolution*, n. 4, 1977.

CAPITOLO QUARTO

CONOSCENZA E GOVERNO DELL'IMPRESA (*)

4.1. GOVERNO DELLA CONOSCENZA E QUALIFICAZIONE DELLA SUCCESSIONE DI STRUTTURE SPECIFICHE

L'approccio sistemico al governo delle organizzazioni imprenditoriali qualifica la dinamica del sistema impresa come una successione di stati di funzionamento del sistema (s_{ij}) sottesi ad una sequenza di

---

(*) Di CRISTINA SIMONE.

strutture specifiche (S_i)([1]).

La successione delle strutture specifiche, determinando la dinamica dei connessi stati, è quindi momento fondante dell'azione di governo. Azione di governo che si manifesta nell'individuazione *ex ante* di quei caratteri che dovranno qualificare la successione delle strutture specifiche conseguenti a processi di trasformazione nell'intervallo di tempo ΔT, orizzonte temporale di riferimento per l'organo di governo impegnato a progettare la dinamica evolutiva del sistema. Caratteri che, sotto un profilo generale, dovranno anzitutto assicurare il conseguimento e il mantenimento nel tempo di condizioni di consonanza con il contesto e, quindi, il conseguimento nel tempo di condizioni di competitività.

Consonanza e competitività rappresentano quindi per l'organo di governo le due fondamentali tensioni all'introduzione di quei caratteri che, qualificando con continuità la struttura, sono idonei a conferire all'impresa nell'intervallo di tempo ΔT un'identità specifica, fondata su fattori di unicità percepiti ed apprezzati dalle entità sistemiche del contesto e che si consolida nel tempo.

Per l'individuazione di tali caratteri, momento primo dell'azione di governo, un valido supporto teorico è fornito dalla *Knowledge Based View* (KBV), nel convincimento che il conseguimento vuoi della consonanza vuoi della capacità competitiva trovano base e stimolo nella conoscenza, particolare risorsa interna all'impresa, intangibile e capace di aggiungere valore, in modo unico ed irriproducibile, alle risorse acquisite da altre entità esterne([2]). La KBV, infatti, individua nella conoscenza la risorsa che, assicurando al sistema impresa una elevata capacità a considerare e valutare la varietà delle entità sistemiche del contesto ed a configurare e riconfigurare gli assetti strutturali, consente il conseguimento/rinnovamento del vantaggio competitivo, sintesi di competitività e di consonanza con il contesto.

Sotto un profilo generale, quindi, l'azione di governo del sistema impresa nella sua dinamica evolutiva non può non avere a base un momento culturale forte: la risorsa conoscenza assume nel tempo un ruolo ed un peso crescente per la creazione di valore e, dunque, per la so-

---

([1]) Cfr. GOLINELLI G.M., *L'approccio sistemico al governo dell'impresa*, Vol. I, Cedam, 2005 (2000[1]), pag. 383 e segg.

([2]) Per approfondimenti sulla KBV, cfr. SIMONE C., *La Resource Based View e la Knowledge Based View dall'ottica atomistica a quella interaziendale*, Aracne, 2004, cap. 2.

pravvivenza del sistema impresa([3]).

Scopo del presente capitolo è indagare il ruolo della conoscenza quale fattore della produzione nell'economia e gestione delle imprese, sempre nell'ottica dell'organo di governo, in vista di impostare e guidare la dinamica evolutiva del sistema. Si inizierà con l'analisi dell'evoluzione del rapporto tra l'impresa e la risorsa conoscenza nel tempo (par. 4.2), per affrontare subito dopo i problemi definitori, la tassonomia dei vari tipi di conoscenza, nonché le proprietà economiche di tale risorsa, cercando di sottolinearne le implicazioni ai fini del governo d'impresa (par. 4.3). Si passerà quindi ad esaminare le aree problematiche e le politiche della *knowledge governance*, sia ai fini della realizzazione e del mantenimento della competitività (parr. 4.4, 4.5, 4.6, 4.7), sia ai fini della ricerca della consonanza (par. 4.8), per concludere con alcune riflessioni circa il rapporto tra conoscenza e governo consapevole (par. 4.9).

4.2. L'IMPRESA, LA CONOSCENZA E LA PRODUZIONE DI VALORE

Da sempre la conoscenza esercita un ruolo di primo piano nello sviluppo economico e sociale. Da sempre tutte le conoscenze scientifiche e tecniche vengono scambiate, viaggiano attraverso il mondo, seguendo un movimento di diffusione incessante([4]), la cui portata e velocità dipendono dalle tecnologie di comunicazione di volta in volta disponibili([5]). L'affermarsi delle modalità di negoziazione e scambio

---

([3]) Cfr. BARILE S., "Introduzione alla dinamica della varietà di un sistema vitale", in BARILE S. (a cura di), *L'impresa come sistema. Contributi sull'Approccio Sistemico Vitale (ASV)*, Giappichelli, 2006, pag. 380.

([4]) Cfr. BRAUDEL F., *La dinamica del capitalismo*, Il Mulino, 1981, pag. 32.

([5]) Anche se nella storia del mondo le varie tecnologie di comunicazione (linguaggio orale, alfabeto, carta, stampa, elettricità, telecomunicazioni e tecnologie informatiche) sono apparse *seriatim*, ciò non significa affatto che ogni tecnologia sostituisca interamente quella precedente. La persistenza delle tecnologie anteriori rispetto a quelle di volta in volta nuove suggerisce che non esistono tecnologie di comunicazione che siano funzionalmente equivalenti tra loro, come se svolgessero semplicemente lo stesso ventaglio di funzioni con diversi gradi di efficacia: il linguaggio parlato spontaneo differisce dal linguaggio scritto per attributi cognitivi e funzioni sociali, così come per le stesse ragioni, il linguaggio parlato destinato ad essere convertito in un linguaggio scritto può differire da entrambi. Cfr. diffusamente sul punto MERTON R., *Teoria e struttura sociale,* Vol. III, *Sociologia della conoscenza e sociologia della*

della conoscenza e lo sviluppo di strumenti giuridici e prassi gestionali per la sua tutela sono capitoli fondamentali della storia del capitalismo. Ogni epoca possiede le sue organizzazioni ed istituzioni fondate sulla conoscenza([6]): dalle abbazie cistercensi, che nel Medioevo formavano una potente rete di trasmissione delle conoscenze tecniche, fino all'impresa moderna, che sviluppa e coordina conoscenze tecnologiche e manageriali. Focalizzandoci proprio sull'impresa moderna, il cui governo è al centro dell'approccio sistemico vitale, la produzione di valore mediante la conoscenza è ciò che ha contraddistinto con continuità tale istituzione, dall'inizio del XX secolo ad oggi. I processi di sviluppo, integrazione e accumulazione delle conoscenze rappresentano, così, il momento primo di quel percorso che ha consentito a tale impresa un'esistenza autonoma, il suo affermarsi come istituzione, l'avvento del cosiddetto «capitalismo manageriale».

Sin dalle origini, l'impresa moderna è gestita da una gerarchia di dirigenti stipendiati che vi lavorano a tempo pieno ed è costituita da un certo numero di unità operative che svolgono funzioni non solo produttive, ma anche amministrative, finanziarie, commerciali, di approvvigionamento e di ricerca. Per tali ragioni, essa si trova a governare una «struttura gestionale» ad alta complessità cognitiva, in cui ciascuna unità si avvale di e sviluppa conoscenze specialistiche([7]). Questo aspetto è già lucidamente presente a Henry Fayol quando, agli inizi del secolo scorso, osserva che tutta la vita di un'impresa può essere condensata in sei insiemi di operazioni fondamentali([8]):

– operazioni tecniche (produzione, fabbricazione, trasformazione);

– operazioni commerciali (acquisti, vendite, scambi);

– operazioni finanziarie (ricerca e gestione dei capitali);

– operazioni di sicurezza (protezione dei beni e delle persone);

– operazioni di contabilità (inventari, bilanci, costi, statistiche ec-

---

scienza, Il Mulino, 2000, pagg. 961-969.

([6]) Sul tema del processo storico di istituzionalizzazione della conoscenza cfr. diffusamente BURKE P., *Storia sociale della conoscenza*, Il Mulino, 2002, cap. 3 (orig. *A Social History of Knowledge. From Gutemberg to Diderot*, Polity Press-Blackwell, 2000).

([7]) Cfr. CHANDLER A.D. jr, *Dimensione e diversificazione. Le dinamiche del capitalismo industriale*, Il Mulino, 1994, pag. 33 (orig. *Scale and Scope. The Dynamics of Industrial Capitalism*, Harvard University Press, 1990).

([8]) Cfr. FAYOL H., *Direzione industriale e generale*, FrancoAngeli, 1973 (orig. *Administration Industrielle et Générale*, H. Doned-E. Pinat, 1916).

c.);

– operazioni direttive (programmazione, organizzazione, comando, coordinamento e controllo).

Queste classi di operazioni rappresentano altrettante funzioni essenziali e per essere espletate richiedono il dominio di altrettante conoscenze specialistiche: l'impresa si dota di una struttura articolata con specializzazioni interne, relazioni e *routines* organizzative finalizzate ad accumulare, sfruttare ed integrare conoscenze specialistiche, spesso *firm specific*.

È proprio la specializzazione delle conoscenze richieste per l'espletamento di ciascuna operazione che spiega la divisione del lavoro sia in senso orizzontale – tra compiti diversi lungo un medesimo processo produttivo – sia in senso verticale – tra livelli diversi di autonomia e potere decisionale([9]).

Tuttavia, la specializzazione della conoscenza a livello di singola unità organizzativa e la sua conseguente differenziazione a livello intrasistemico non sono l'unica espressione del governo della conoscenza nell'impresa moderna. Vi sono perlomeno due ulteriori fronti.

Il primo è quello della standardizzazione della conoscenza. Quote rilevanti dei processi aziendali vengono sottoposte a standardizzazioni convenzionali: le conoscenze relative ai diversi processi sono codificate, combinate in sequenze e presentate sulla base di istruzioni, regole e procedure rigide, vincolanti. L'analisi taylorista è il primo eloquente esempio di standardizzazione della conoscenza applicata al lavoro: per la prima volta, la conoscenza relativa ai processi manuali di lavoro viene codificata, l'unità operativa del lavoro manuale frammentata in micro-movimenti, mentre la parte più specificamente cognitiva (progettuale) è isolata in una attività autonoma e assegnata all'ufficio di programmazione.

Un secondo ulteriore fronte è quello della creazione di nuova conoscenza. Con lucidità e sintetica chiarezza si è in proposito asserito che «l'impresa fordista è un sistema disegnato per produrre e centralizzare la conoscenza»([10]). L'impresa di F. Taylor e di H. Ford si caratterizza per lo sviluppo di una funzione cognitiva, e cioè di produ-

---

([9]) Cfr. PERRONE V., *Le strutture organizzative d'impresa*, Egea, 1990, pagg. 179-190.

([10]) Cfr. RULLANI E., "La conoscenza e le reti: gli orizzonti competitivi del caso italiano e una riflessione metodologica sull'economia d'impresa", in *Sinergie*, n. 31, 1993, pag. 56 e segg.

zione di conoscenza, all'interno dell'impresa con l'apporto del *management*, dei tecnici, dei quadri: è l'impresa che crea il prodotto, configura e gestisce i processi, origina il mercato, imposta e realizza le condizioni, anche finanziarie, per il suo sviluppo.

Alla specializzazione, alla standardizzazione, alla produzione e all'integrazione della conoscenza, che connotano l'impresa moderna sin dalle sue origini, a partire dai primi anni '70, si aggiunge un nuovo fronte nel governo della conoscenza.

L'impresa si rende conto dell'esistenza di significative risorse ed entità cognitive esterne che possono rappresentare opportunità di sviluppo, un modo nuovo di impostare la funzione di produzione. Fornitori, laboratori di ricerca, distributori, consumatori possono e debbono essere riguardati, analizzati e valorizzati in modo diverso. L'organo di governo presta crescente attenzione alla filiera ed ai processi di integrazione/combinazione di conoscenze a livello interaziendale.

Così, il capitalismo manageriale si orienta fortemente alle relazioni, intese come strumento per l'incremento della capacità competitiva e della creazione di valore. L'orientamento relazionale si manifesta ad almeno due livelli: le relazioni di rete e di mercato, ove la distinzione risiede nella qualità/intensità delle relazioni.

Il passaggio da un capitalismo manageriale di rete a quello di mercato consegue al progressivo formarsi di mercati (insiemi di soggetti attivi e tra loro in grado di proporre e richiedere all'impresa prodotti e servizi).

Lo sviluppo del mercato della fornitura, del mercato finanziario, di possibili alternative nella scelta di circuiti distribuiti ne sono manifestazione. Nei primi anni '90, in contesti connotati da crescente dispersione globale di conoscenze tecnologiche e di mercato, avviene il successivo passaggio.

L'organo di governo del sistema impresa comprende che le entità cognitive esterne assumono progressivamente connotazioni sistemiche. I soggetti si relazionano, emergono centri di coordinamento. La *knowledge governance* deve consentire di interpretare e valutare le caratteristiche di tali entità.

Il contesto, inteso in precedenza anzitutto come complesso di possibilità e opportunità, viene progressivamente letto come combinazione di opportunità e rischio, e probabilità e impatto sono le dimensioni con cui lo si analizza. Così, accanto alla competitività, assume centralità la consonanza quale condizione necessaria per lo sviluppo duraturo dell'impresa: si è in presenza del «capitalismo sistemico»([11]).

Il contesto come popolazione di entità sistemiche, il rischio che ne discende e l'affermarsi della cultura del rischio pongono al centro dell'azione di governo la ricerca della consonanza. In quanto espressione di prossimità cognitiva e di compatibilità culturale dell'impresa con i sovrasistemi ritenuti rilevanti dall'organo di governo, la consonanza, opportunamente combinata con la capacità competitiva, assurge a condizione perché l'impresa mantenga la sua centralità.

La *knowledge governance* implica allora interpretazione e ascolto del contesto, nonché comunicazione e gestione delle relazioni ed interazioni con le entità sistemiche che lo costituiscono.

Volendo definire i capisaldi del governo della conoscenza nel capitalismo sistemico che connota questi nostri giorni ed esplicitando quanto appena delineato, si può quindi sostenere che il nucleo pensante dell'impresa, impegnato al tempo T a progettare la dinamica evolutiva del sistema impresa per il periodo di tempo ΔT, governa la conoscenza avendo riguardo sia al conseguimento di capacità competitiva adeguata, sia alla realizzazione di rapporti intrasistemici ed intersistemici qualitativamente consonanti, in vista di aumentare le probabilità di sopravvivenza dell'impresa nel tempo.

Prima di approfondire l'analisi delle implicazioni che il governo della conoscenza ha nella formulazione della dinamica evolutiva dell'impresa sistema vitale e nella definizione dei caratteri che ne connoteranno la struttura in ΔT, è opportuno compiere uno sforzo definitorio, individuando le differenti tipologie di conoscenza economicamente rilevanti e interrogandosi sulle sue proprietà in quanto bene economico.

4.3. LA CONOSCENZA: PROBLEMI DEFINITORI

Rispondere alla domanda «cos'è la conoscenza?» è quasi altrettanto difficile che rispondere all'ancora più famosa domanda «cos'è la verità?». Nonostante il comprensibile imbarazzo e disagio intellettuale che si prova dinanzi a tali quesiti, la formulazione di una qualche ri-

---

([11]) Sul concetto di capitalismo sistemico, v. *supra*, Capitolo I, nota (75) e paragrafo 2.2.3, nota (28).

sposta è d'obbligo al fine di circoscrivere l'oggetto d'indagine.

Definire cosa e come conosciamo non è semplice né in astratto né in concreto, né a livello individuale né a livello organizzativo. In realtà, la conoscenza è un fenomeno poliedrico. Essa ha impegnato i più grandi pensatori di tutti i tempi (da Platone, nel 400 a.C., a Popper), senza tuttavia far emergere un consenso unanime, e continua ad essere oggetto di studio in numerose aree disciplinari: dalla filosofia e sociologia alla psicologia sociale ed alle scienze cognitive; dall'economia all'analisi organizzativa ed al *management*.

È peraltro necessario distinguere la conoscenza dall'informazione e dai dati. Il dato fa riferimento ad una proprietà degli oggetti, implica una discriminazione tra stati fisici (bianco, nero, pesante, leggero) e può o meno tradursi in informazione per l'attore, a seconda dello *stock* di conoscenza da questo posseduta([12]). Le informazioni sono estratte dai dati in base all'apparato percettivo e concettuale dell'attore e vengono da quest'ultimo poste in relazione tra di loro per consentire l'assunzione delle decisioni: la rete di relazioni tra cognizioni che in tal modo si intesse costituisce la conoscenza dell'attore([13]). Il patrimonio di conoscenza è quindi una proprietà degli attori e se, da una parte, costituisce la base per il processo decisionale, dall'altra, si modifica e si arricchisce contestualmente all'espletarsi di quest'ultimo([14]).

La conoscenza, quindi, va al di là della semplice informazione([15]).

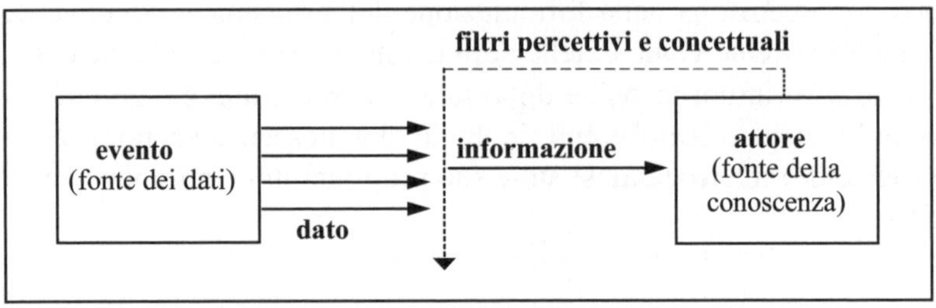

FIG. 4.1 – *Dato, informazione e conoscenza* (fonte: adattamento da BOISOT M.H., *Knowledge, op.cit.*, pag. 12).

([12]) Cfr. BOISOT M.H., *Knowledge Assets. Securing Competitive Advantage in the Information Economy*, Oxford University Press, 1998, pag. 12.

([13]) Cfr. GRANDORI A., *Organizzazione e comportamento economico*, Il Mulino, 1999 (1995[1]), pag. 44. V. *infra*, Fig. 4.1

([14]) Cfr. BOISOT M.H., *Knowledge, op.cit.*, pag. 12.

([15]) La distinzione, condivisa dalla maggioranza degli studiosi in materia, non è tuttavia unanimemente accettata. Ad esempio, Machlup ed Hayek usano i termini co-

4.3.1. *Tassonomia delle diverse conoscenze*

In chiave economica, è possibile individuare una tassonomia delle diverse tipologie di conoscenza rilevanti ai fini della creazione di valore.

In relazione al contenuto, si distingue tra([16]):

– «conoscenza dichiarativa» (o fattuale) (*know what*): concerne la descrizione di qualche fenomeno e la sua condivisione tra i membri di un'organizzazione. Gioca un ruolo fondamentale nell'efficacia della comunicazione;

– «conoscenza procedurale» (*know how*): attiene al modo in cui un fenomeno avviene o in cui un compito deve essere realizzato. La sua condivisione è a fondamento di un efficiente coordinamento all'interno delle organizzazioni;

– «conoscenza causale» (*know why*): riguarda il perché dell'accadimento di un certo fenomeno e attiene alla comprensione delle relazioni causa-effetto. Consente alle organizzazioni di implementare le strategie per il raggiungimento degli obiettivi e dei risultati;

– «conoscenza di accesso ad altre conoscenze» (*know who, know where*): si riferisce al saper cercare le informazioni e le altre conoscenze ed è difficilmente strutturabile. È cruciale per competere in contesti connotati da una crescente dispersione globale di conoscenze tecnologiche e di mercato, quali quelli delle economie sviluppate.

Con riferimento alla forza del legame che limita la fruibilità della conoscenza ad un certo contesto spazio-temporale, si distingue, inoltre, tra conoscenza «generale» e «specifica»([17]). La prima è disponibile pubblicamente, ampiamente condivisa, indipendente da specifici eventi e slegata da un particolare contesto; la seconda è di tipo idiosincratico, legata ad un determinato contesto (ad esempio, un'impresa, un'area geografica, una comunità di persone) e costosa da trasferi-

---

noscenza ed informazione come perfetti sostituti. Cfr. MACHLUP F., *Knowledge, Its Creation, Distribution and Economic Significance*, Vol. III, Princeton University Press, 1962; HAYEK F.A. VON, "The Use of Knowledge in Society", in *American Economic Review*, n. 4, 1945, pagg. 519-530.

([16]) Cfr. ZACK M.H., "Managing Codified Knowledge", in *Sloan Management Review*, n. 4, 1999, pagg. 45-58.

([17]) Cfr. DEMSETZ H., "The Theory of the Firm Revisited", in *Journal of Law Economics and Organization*, n. 4, 1988, pagg. 141-161; GRANT R.M., "Prospering in Dynamically-Competitive Environments: Organizational Capability as Knowledge Integration", in *Organization Science*, n. 4, 1996, pagg. 375-387.

re([18]).

Di particolare utilità, per una più profonda comprensione della conoscenza in quanto risorsa economica, si rivela l'analisi delle sue dimensioni epistemologica e ontologica([19]).

La dimensione epistemologica distingue tra conoscenza tacita ed esplicita in base ai modi di espressione della conoscenza. La concettualizzazione più nota è quella di Polanyi([20]), il quale, basandosi sulla semplice osservazione che le persone sanno fare più di quanto non sappiano spiegare, asserisce che gran parte della conoscenza umana non è articolabile (*tacit knowledge*)([21]). Il tipo di conoscenza in uso nelle organizzazioni può variare da «prevalentemente tacito» a «pienamente articolato» in funzione del grado di «codificabilità» e di «trasferibilità».

La codificabilità fa riferimento al grado di strutturazione della conoscenza. Codificare significa assegnare delle categorie ai fenomeni; una conoscenza è altamente codificabile quando la base per la suddetta assegnazione è chiara e può essere realizzata velocemente e senza particolari difficoltà([22]). Operativamente, la codificazione implica fis-

---

([18]) Essa coincide con quella che Hayek definisce «la conoscenza delle particolari circostanze di luogo e tempo», rispetto alla quale «praticamente ogni individuo ha qualche vantaggio sugli altri, grazie al fatto che possiede informazioni uniche di cui ci si può avvalere con effetti benefici, ma il cui uso può essere realizzato solo se le decisioni da esse dipendenti sono a lui lasciate, o quantomeno prese con la sua attiva cooperazione». Cfr. HAYEK F.A. VON, "The Use", *cit.*, pag. 522.

([19]) Cfr. NONAKA I., TAKEUCHI H., *The Knowledge Creating Company. Creare le dinamiche dell'innovazione,* Guerini e Associati, 1997 (orig. *The Knowledge Creating Company*, Oxford University Press, 1995), pagg. 93 e segg.; SPENDER J.C., "Making Knowledge the Basis of a Dynamic Theory of the Firm", in *Strategic Management Journal*, n. 17, Winter Special Issue, 1996, pagg. 45-62; LAM A., "Tacit Knowledge, Organizational Learning and Societal Institutions: An Integrated Framework", in *Organization Studies*, n. 3, 2000, pagg. 487-513.

([20]) Cfr. POLANY M., *The Tacit Dimension*, Anchor Books, 1967; POLANY M., *Personal Knowledge: Towards a Post-Critical Philosophy* (corrected ed.), University of Chicago, 1962.

([21]) La distinzione tra conoscenza tacita ed esplicita è stata introdotta nella letteratura economico aziendale da Nelson e Winter nel 1982 nella loro teoria evolutiva dell'impresa, con l'argomentazione che le imprese evolvono adattando il corpo di conoscenze condiviso dai loro membri, sulla base di processi che, per la maggior parte, si realizzano ad un livello tacito. Per approfondimenti, cfr. NELSON R.R., WINTER S.G., *An Evolutionary Theory of Economic Change*, The Belknap Press, 1982.

([22]) Cfr. BOISOT M.H., CHILD J., "Organizations as Adaptive Systems in Complex Environments: The Case of China", in *Organization Science*, n. 3, 1999, pag.

sare la conoscenza su un supporto che la svincola così dai suoi legami con altre risorse, come ad esempio le persone fisiche che l'avevano incorporata allo stato tacito. Sotto il profilo economico, la codificazione presenta dei benefici e dei costi. Intanto, la codificazione consente una stabilità concettuale ed una riduzione sia dell'incertezza sia della quantità di dati da processare di volta in volta. Tutto ciò comporta una riduzione dei costi ed un miglioramento dell'affidabilità delle operazioni di immagazzinamento e memorizzazione: in effetti, nella misura in cui il supporto resta leggibile e il codice di lettura non viene dimenticato, la conoscenza codificata può in linea di principio essere immagazzinata e ritrovata indefinitamente a costi marginali molto bassi. La codificazione, inoltre, aumenta il numero di attori raggiungibili nell'unità di tempo, essendo la conoscenza codificata più veloce da trasmettere e recepire. Questi benefici sono in buona parte potenziali: affinché si dispieghino, deve sussistere un contesto cognitivo (linguaggi naturali, matematici, informatici ecc.; modelli; tecniche) condiviso, cosa che richiede un investimento iniziale spesso molto elevato, volto a creare una comunità di attori (risorse umane, componenti della struttura ampliata ecc.) capaci di decifrare i codici([23]). Ancora, a causa del carattere irriducibilmente tacito di alcune «zone» della conoscenza, la codificazione comporta sempre un sacrificio di dati, una parte dei quali non viene codificata e resta pertanto a disposizione di chi origina i codici. Ciò dà luogo ad una naturale asimmetria che, come vedremo approfonditamente più avanti, in alcuni casi ha notevole valore: ad esempio, la strategia tecnologica spesso è un gioco tra chi vuole mantenere l'asimmetria e chi vuole eliminarla; talvolta il problema è scegliere quali elementi codificare e quali lasciare taciti; tal'altra la «guerra per la codificazione» non coinvolge imprese concorrenti, ma l'impresa e la sua forza lavoro([24]).

La trasferibilità riguarda, invece, il grado di facilità con cui la conoscenza «viaggia» nelle dimensioni spazio-tempo ed è correlata positivamente alla codificabilità([25]). La conoscenza tacita è viscosa: è vin-

---

239.

([23]) Cfr. ARROW K.J., *I limiti dell'organizzazione*, Il Saggiatore, 1986 (orig. *The Limits of Organization*, Norton, 1974).

([24]) Cfr. BOISOT M.H., "Is Your Firm a Creative Destroyer? Competitive Learning and Knowledge Flows in the Technological Strategies of the Firm", in *Research Policy*, n. 24, 1995, pag. 492.

([25]) Cfr. BOISOT M.H., *Knowledge, op.cit.*, pagg. 52 e segg; LAM A., "Tacit

colata alla persona o al gruppo di persone che la «incorporano» e viaggia congiuntamente ed inscindibilmente da loro. Quando la conoscenza posseduta dalla mente individuale viene codificata (ad esempio, attraverso la redazione di un documento o la realizzazione di un oggetto), essa acquista una vita propria e può essere diffusa abbastanza rapidamente ed estensivamente.

Quanto precede consente di tracciare un breve profilo dei due tipi di conoscenza. La conoscenza esplicita può essere generata tramite deduzione logica ed acquisita grazie a studi formali; la consistente codificazione e la facilità di comunicazione e trasferimento sono le sue proprietà peculiari. La conoscenza tacita è intuitiva, non articolata e spesso legata al contesto; ciò è particolarmente vero per le abilità operative ed il *know how* appresi tramite l'esperienza pratica o l'osservazione diretta rispetto ai quali l'esecutore non è in grado di fornire un'utile spiegazione delle regole sottostanti([26]). A differenza della conoscenza esplicita, la tacita non può essere applicata o trasferita nello spazio e nel tempo indipendentemente dall'attore cognitivo ed anzi richiede a quest'ultimo, per l'espletamento dell'intero potenziale, un pieno coinvolgimento e una forte cooperazione.

La dimensione ontologica distingue tra conoscenza individuale e collettiva in base ad un criterio di ubicazione della conoscenza stessa. Si definisce individuale quella parte della conoscenza organizzativa che, risiedendo nelle capacità intellettuali e nelle abilità psico-motorie dell'individuo, è trasferibile solo congiuntamente alla persona. La conoscenza collettiva è condivisa e distribuita tra una pluralità di membri di un'organizzazione o di una comunità e data, ad esempio, dalla conoscenza accumulata nelle regole, nelle procedure, nelle *routine* e nelle norme che guidano l'attività di *problem solving* e che definiscono i modelli di interazione tra i membri.

L'incrocio delle due dimensioni mette in evidenza quattro diverse forme di conoscenza organizzativa([27]).

Knowledge", *cit.*, pagg. 490-491.

([26]) Cfr. LAM A., "Embedded Firms, Embedded Knowledge: Problems of Collaboration and Knowledge Transfer in Global Cooperative Ventures", in *Organizations Studies*, n. 6, 1997, pag. 976.

([27]) Cfr. LAM A., "Tacit Knowledge", *cit.*, pagg. 487-513.

		Dimensione ontologica	
		individuale	**collettiva**
Dimensione epistemologica	**esplicita**	concettualizzata	oggettivata
	tacita	incorporata	incastonata

FIG. 4.2 – *Dimensione epistemologica e ontologica della conoscenza* (fonte: adattamento da LAM A., "Tacit Knowledge", *cit.*, pag. 491).

La conoscenza concettualizzata (*embrained*) – individuale ed esplicita – dipende dalle capacità intellettive individuali; è formale, astratta e teoretica. La conoscenza scientifica, che gode di uno *status* privilegiato nella cultura occidentale, appartiene a tale categoria.

La conoscenza incorporata (*embodied*) – individuale e tacita – deriva dal saper fare qualcosa, tant'è che la sua generazione non può essere separata dall'azione. In genere, è specifica di un certo contesto di luogo o tempo.

La conoscenza oggettivata (*encoded*) – collettiva ed esplicita – è trasmessa per mezzo di segnali e simboli e genera modelli di comportamento univoci e predicibili, facilitando la centralizzazione della programmazione e del controllo nell'organizzazione. È ben illustrata dai principi dello *scientific management* nella misura in cui costituirono un tentativo di tradurre le esperienze e le capacità dei lavoratori in conoscenza scientifica oggettiva.

La conoscenza incastonata (*embedded*) – collettiva e tacita – è viscosa, si basa sulla condivisione di credenze e valori ed informa i modelli di interazione tra i membri di un'organizzazione. È una conoscenza non migratoria, in quanto fortemente compenetrata nelle complesse relazioni sociali e nelle relazioni tra gruppi all'interno delle organizzazioni([28]).

I differenti tipi di conoscenza sono chiaramente tipi ideali weberiani ed in ogni impresa realmente esistente circola una loro misce-

([28]) L'accezione *embedded knowledge* fu coniata da BADARACCO J.L. jr., in *The knowledge link: how firms compete through strategic alliances*, Harvard Business School Press, 1991.

la([29]). Le imprese che utilizzano soprattutto conoscenze codificate (ad esempio, *standard*, protocolli, sistemi crittografici), dipendendo in misura crescente dalla conoscenza concettualizzata delle risorse umane e dalla loro formazione scientifica o tecnica, tuttavia esse rimangono vincolate alle abilità automatiche, alle impressioni, alle intuizioni e alle idee delle risorse umane.

4.3.2. Le proprietà economiche della conoscenza

Sempre in termini di creazione di valore e ai fini di comprenderne le peculiarità rispetto ai beni materiali, occorre soffermarsi sulle proprietà della conoscenza in quanto bene economico: la «non rivalità», la «non escludibilità» e la «cumulatività».

«Non rivalità della conoscenza». In quanto risorsa, la conoscenza è connotata da inesauribilità o, se si preferisce, da non scarsità. Essa non si consuma e non deperisce con l'uso. Ciò implica che consumare la conoscenza non impedisce ad altri di consumarla a loro volta e che diffonderla non comporta a carico di chi la propaga di rinunciarvi([30]). La non rivalità ha due importanti implicazioni economiche: primo, per riprodurre un'azione un soggetto può sfruttare un'infinità di volte la medesima conoscenza, senza sostenere oneri aggiuntivi; secondo, un numero infinito di soggetti può sfruttare la stessa conoscenza senza che nessuno di essi ne sia privato. Tuttavia, il fatto che una conoscenza possa essere utilizzata all'infinito a costi nulli, non significa necessariamente che essa possa essere trasmessa, acquisita o appresa a costi altrettanto nulli. Anzi, la proprietà della non rivalità si affievolisce vieppiù all'aumentare dei costi di trasmissione, di accesso e di apprendimento.

«Non escludibilità della conoscenza». La conoscenza è un bene di cui è difficile controllare la diffusione. Anche se ciò vale in misura diversa a seconda del grado di codificabilità, la conoscenza è un bene fluido che si propaga e viaggia nelle dimensioni spazio-tempo, beneficiando soggetti diversi dagli originari detentori, anche senza garantire alcun compenso monetario. Il fatto che la conoscenza sviluppata da un

---

([29]) Cfr. SPENDER J.C., "Making Knowledge", *cit.*, pag. 51.

([30]) Cfr. GILLE L., "La protezione della proprietà intellettuale, fattore della divisione internazionale della conoscenza", in PILATI A., PERRUCCI A. (a cura di), *Economia della conoscenza*, Il Mulino, 2005, pagg. 220-222.

soggetto abbia effetti positivi su altri soggetti senza che questi ultimi offrano un corrispettivo al primo soggetto dà luogo a quello che la scienza economica chiama «esternalità positiva non pecuniaria». Dal punto di vista dell'impresa, la questione è particolarmente delicata. L'appropriabilità del valore generato da una conoscenza, infatti, è inversamente correlata all'escludibilità ed è in qualche modo speculare alle esternalità positive non pecuniarie generate da tale proprietà([31]). Le imprese non di rado assistono alla fuga involontaria di conoscenza sviluppata al loro interno ed al conseguente utilizzo gratuito da parte dei concorrenti. Talvolta la fuga è connessa allo sviluppo di nuove iniziative imprenditoriali da parte di ex-dipendenti che decidono di «mettersi in proprio» (cosiddetto *spin-off*)([32]). Esistono però molte altre strategie da «passeggero clandestino» messe in atto dai concorrenti: dalle più comuni, come quella di assumerne i dipendenti e di risalire alle caratteristiche progettuali dei suoi prodotti (*reverse engineering*), fino allo spionaggio delle specifiche tecnico-funzionali richieste dai clienti, all'acquisto dei rifiuti per poi analizzarne i contenuti([33]). Per l'impresa che innova, fenomeni come questi comportano la «non appropriabilità» dei ritorni economici legati alla conoscenza prodotta, una delle questioni centrali in tema di *knowledge governance*, come

---

([31]) La non escludibilità e la non appropriabilità sono a loro volta intimamente connesse alla questione della divulgazione (*disclosure*) ed al noto «paradosso della *disclosure*» di Arrow. Semplificando, il paradosso è riconducibile al fatto che, nel mercato della conoscenza, la propensione del potenziale utilizzatore/acquirente a pagare un prezzo a colui che ha sviluppato l'idea dipende dal grado di conoscenza dell'idea medesima da parte dell'utilizzatore. Tuttavia, la conoscenza dell'idea implica che, per poterla sfruttare, il potenziale utilizzatore/acquirente non è costretto a pagare alcun prezzo all'inventore. La divulgazione aumenta per l'utilizzatore/acquirente il valore intrinseco della nuova conoscenza, ma al contempo riduce il potere contrattuale dell'inventore. In assenza di efficaci meccanismi per la protezione delle nuove conoscenze, i potenziali utilizzatori/acquirenti possono rivendicare che la conoscenza era già nota, espropriando l'innovatore una volta che questi ha divulgato il risultato della sua attività esplorativa. Cfr. ARROW K.J., "Economic Welfare and the Allocation of Resources for Invention", in NELSON R.R. (ed.), *The Rate and Direction of Inventive Activity: Economic and Social Factors*, Princeton University Press, 1962, pagg. 609-625. In proposito, cfr. anche ANTON J.J, YAO D.A., "Expropriation and Inventions: Appropriable Rents in the Absence of Property Rights", in *American Economic Review*, n. 1, 1994, pagg. 190-209.

([32]) Cfr. WINTER S.G., "Conoscenza e competenze come risorse strategiche", in TEECE D.J. (a cura di), *La sfida competitiva. Strategie per l'innovazione*, McGraw-Hill, 1989, pag. 229.

([33]) Cfr. LEV B., *Intangibles*, Etas, 2003, pag. 42.

avremo modo di vedere più avanti, nell'ottica dell'organo di governo([34]).

«Cumulatività». La conoscenza è cumulativa e progressiva. Una conoscenza è sempre l'elemento principale alla base dello sviluppo di nuove conoscenze. La conoscenza, che è non rivale sotto il profilo del consumo, è quindi anche un fattore di produzione, suscettibile di generare nuovi beni che saranno a loro volta utilizzabili infinite volte. Analogamente alla non rivalità ed alla non escludibilità, la cumulatività si attenua al crescere dei costi di trasmissione, di apprendimento e di accesso.

4.4. DALLA STRUTTURA AL SISTEMA: IL RUOLO DELLA CONOSCENZA

Qualificata la conoscenza nelle sue proprietà economiche peculiari, è possibile evidenziarne il ruolo nella realtà d'impresa, alla luce dell'approccio sistemico vitale e, nell'ambito di questo, avendo riguardo in particolare al binomio struttura-sistema. Intesa quale insieme di componenti e delle loro relazioni, la struttura d'impresa si palesa, almeno in buona parte, come un *set* di conoscenze; le interazioni tra gli elementi di tale *set* e tra questi ed altri che ne sono estranei innescano processi di accumulazione di conoscenza che contribuiscono all'emergere del sistema impresa e a connotarne la sua dinamica evolutiva nel tempo([35]).

A livello di struttura, esempi di componenti costituiti da *set* di conoscenze, che si possono definire conoscenze «nodo», sono i brevetti, i segreti industriali, i marchi, i *copyright*, i *database*, gli algoritmi ed i modelli quali-quantitativi, le conoscenze e le esperienze individuali. La dotazione strutturale dell'impresa è però fatta anche di conoscenze «ponte», ossia di conoscenze aventi in buona parte la funzione di porre in relazione le conoscenze nodo. Esempi in tal senso sono i lin-

([34]) Per un interessante approfondimento sul tema della «non appropriabilità» della risorsa conoscenza, cfr. RULLANI E., *Economia della conoscenza*, Carocci, 2004, pag. 343 e segg.

([35]) A differenza di altri approcci che considerano l'*intera* struttura come un deposito di conoscenza, in tal sede, pur riconoscendo che la struttura è formata *prevalentemente* da componenti e relazioni costituiti da *set* di conoscenze, si ritiene tuttavia che essa sia formata anche di componenti che non si configurano propriamente come set di conoscenze, quali, ad esempio, *asset* tangibili e *asset* finanziari.

guaggi condivisi, le norme, le regole e le procedure, i manuali di processo, le *lesson learned*(36), le *routine* organizzative, le *best practices*, i modelli di relazione interpersonale, le pratiche sociali e istituzionali(37). Sia le conoscenze nodo che quelle ponte possono presentare ovviamente gradi diversi di codificazione, ma quello che preme sottolineare è il ruolo delle une rispetto alle altre per ciò che attiene all'emersione del sistema impresa dalla struttura. L'interazione delle conoscenze nodo per mezzo delle conoscenze ponte dà luogo, difatti, a processi di memorizzazione, di apprendimento, di circolazione, di condivisione, di riutilizzo, di combinazione e di creazione di conoscenza il cui inverarsi è espressione stessa dell'emersione del sistema dalla struttura. In virtù della proprietà cumulativa della conoscenza, tali processi, sia che avvengano a livello individuale, collettivo od organizzativo, retroagiscono sulla dotazione strutturale iniziale e la arricchiscono di nuovi elementi e, talvolta, generano nuovi *output* (materiali o immateriali) destinati ad essere scambiati e valorizzati nei mercati(38), in entrambi i casi concorrendo a definire la dinamica evolutiva del sistema impresa nell'arco di tempo considerato.

La consapevolezza della presenza di conoscenze nodo e conoscenze ponte richiama l'attenzione dell'organo di governo sulla «composizione» della dotazione strutturale d'impresa per ciò che attiene la risorsa conoscenza. In linea generale, infatti, l'organo di governo dovrebbe porre particolare attenzione a realizzare una dotazione strutturale connotata da un «tendenziale» bilanciamento tra conoscenze nodo e conoscenze ponte. Ad esempio, un'impresa che ha conseguito numerosi successi/insuccessi senza mai aver provveduto a memorizzare in un apposito «magazzino» (ad esempio, un *database*) le relative *lesson learned*, si trova nell'impossibilità di capitalizzare le esperienze della propria forza lavoro (ad esempio, di un *teamwork*) e, quindi, nell'impossibilità di poter accrescere la propria dotazione strutturale. Le conseguenze sono ancora più negative nel caso di uscita dall'impresa di

(36) Esperienze di successo o insuccesso che, opportunamente rielaborate e memorizzate (ad esempio, in un apposito *database*), consentono di velocizzare i tempi e di risparmiare le risorse necessarie per formulare le risposte relative a problemi particolari che un *team* di lavoro o l'impresa nel suo complesso hanno già affrontato.

(37) Su questi aspetti si tornerà in seguito più approfonditamente allorché si tratterà del rapporto tra governo della conoscenza e consonanza.

(38) Si pensi, ad esempio, al caso in cui un nuovo brevetto viene concesso in licenza oppure al caso di un nuovo prodotto venduto nei propri mercati di sbocco.

uno o più membri del *teamwork*, ipotesi, questa, in cui l'impresa perde pressoché completamente la possibilità di trattenere e capitalizzare la conoscenza acquisita nel corso di quell'esperienza dai membri del *team*. Si vuol dire con ciò che la scarsa sensibilità verso conoscenze ponte e verso lo sviluppo di componenti nodo che ne avrebbero consentito la capitalizzazione (nell'esempio, il *database*) impedisce l'arricchimento strutturale potenzialmente realizzabile([39]).

Particolari esigenze della dinamica evolutiva del sistema impresa possono, d'altro canto, richiedere all'organo di governo di «rompere» un equilibrio consolidatosi nel tempo (e che magari ha prodotto soddisfacenti *performance* economico-organizzative), al fine di velocizzare e/o potenziare i processi di apprendimento e creazione di nuova conoscenza e realizzare, per tale via, una migliore competitività e/o una maggiore consonanza.

4.5. LA *KNOWLEDGE GOVERNANCE* NELL'IMPRESA SISTEMA VITALE: LE CRITICITÀ PER L'ORGANO DI GOVERNO NELLA RICERCA DELLA COMPETITIVITÀ

L'organo di governo, giocando un ruolo quasi demiurgico, delinea al tempo T la traiettoria evolutiva delle strutture specifiche (S_i) e dei sottesi stati di funzionamento del sistema nell'intervallo di tempo ΔT. Tale traiettoria comprende, tra l'altro, un paniere di elementi costanti o, se si preferisce, un vettore di caratteri permanenti che connotano e accomunano tutte le strutture specifiche che si susseguono nell'intervallo di tempo ΔT. La definizione di questo paniere di caratteri pone l'organo di governo dinanzi al delicato problema di conciliare e combinare al meglio lo sviluppo della capacità competitiva e della capacità d'intessere nel tempo rapporti consonanti con il contesto. Le decisioni relative a questi due ambiti problematici conferiscono alla struttura S_i un insieme di caratteri che la connotano in ΔT e che influenzano la probabilità di sopravvivenza futura dell'impresa sistema

---

([39]) Questo in parte potrebbe spiegare perché molte imprese (prime fra tutte quelle di consulenza, connotate tipicamente da un *turn over* particolarmente elevato) si sono preoccupate di implementare sistemi di *knowledge management* volti a memorizzare e trattenere per quanto possibile le conoscenze accumulate dai propri membri nel corso della loro attività lavorativa.

vitale anche oltre ΔT.

Per quanto concerne la capacità competitiva, l'organo di governo è chiamato a immaginare, prima, e a modellizzare, dopo, il filo rosso che lo lega alla risorsa conoscenza. La questione chiave può riassumersi nella seguente domanda: in che modo è possibile impiegare le risorse di conoscenza per rendere migliore, distintiva o eccellente l'attività d'impresa? Si tenterà di rispondere a tale domanda fornendo nel prosieguo uno schema concettuale, che non pretende di essere esaustivo, delle dimensioni critiche che l'organo di governo affronta nel momento in cui compone idealmente la struttura al tempo T, avendo dinanzi il *driver* della competitività e, per questa via, l'aumento della probabilità di sopravvivenza dell'impresa sistema vitale.

4.5.1. La knowledge governance *tra sfruttamento ed esplorazione*

Dinanzi alla questione di come si può trarre distintività dalla conoscenza, una prima dimensione critica che l'organo di governo si trova ad affrontare è quella relativa alla regolazione della tensione tra esplorazione e sfruttamento. In effetti, anche se le imprese sono impegnate incessantemente a creare valore sul fronte sia dello sfruttamento (*exploitation*) della conoscenza esistente che su quello dell'esplorazione (*exploration*) di nuova conoscenza, a seconda di come l'organo di governo alloca le risorse aziendali tra l'uno e l'altro fronte, emergono strutture prevalentemente «inerti» ed adattive o, viceversa, più innovative([40]). Ciò accade in quanto gli obiettivi e le leve connesse all'una e all'altra opzione sono alquanto diversi, così come differenti risultano le strutture dei rispettivi rischi e costi.

Lo sfruttamento concerne l'applicazione della conoscenza esistente. Si fonda sull'apprendimento fiduciario, si focalizza sul miglioramento e sull'efficienza dei processi e pone l'enfasi sulle fasi di implementazione ed esecuzione delle diverse attività([41]). Lo sfruttamento

---

([40]) Cfr. MARCH J.G., "Exploration and Exploitation in Organizational Learning", in *Organization Science*, n. 1, 1992, pagg. 71-87.

([41]) L'apprendimento fiduciario è un processo di assimilazione di conoscenze basato sugli insegnamenti di un maestro, sulle prassi consolidatesi nel tempo in seno alle comunità professionali (di artigiani, di medici, di avvocati, di commercialisti, di consulenti aziendali ecc.), sull'esperienza accumulata dalle imprese di un comparto produttivo. Il premio Nobel Herbert Simon definisce l'attitudine all'apprendimento fiduciario come «docilità». Con questo termine l'Autore indica una tendenza ad accet-

della conoscenza esistente pone i seguenti problemi:

– «identificazione» della conoscenza che già esiste e che è già applicata e sfruttata in un qualche punto del sistema impresa, dei suoi sovrasistemi rilevanti o, più in generale, del suo contesto. Il processo di identificazione ruota attorno al *know who* e al *know where*. È volto, infatti, ad individuare «chi» dispone dei sistemi di conoscenza necessaria (ad esempio, componenti della struttura fisica, componenti della struttura ampliata, sovrasistemi del contesto di riferimento) e «dove» tali entità sono localizzate. Talvolta, il «chi» e il «dove» sono interni, fanno parte della struttura fisica o comunque sono molto prossimi al sistema impresa, ma, anche se può apparire paradossale, l'impresa è incapace di rilevarlo e di sfruttare ciò che è noto ad uno dei suoi subsistemi. Come vedremo più avanti, tale problema si verifica, ad esempio, con riferimento all'individuazione, prima, e alla diffusione, poi, delle *best practices* da uno stabilimento all'altro, da un dipartimento all'altro, da una divisione all'altra della medesima impresa;

– «accesso». È un problema non banale, dal momento che la conoscenza critica – sulla quale è possibile costruire un vantaggio competitivo – è spesso tacita, empirica e specifica di un contesto locale. Affrontare il problema dell'accesso significa definire percorsi strategici e strumenti manageriali per raggiungere conoscenze rilevanti, ma

---

tare la conoscenza e i consigli trasmessi mediante i canali sociali. La docilità, in sostanza, connota un'inclinazione a imparare o a credere, anche se non implica necessariamente essere arrendevoli o passivi. Essere docili significa saper imparare prontamente nelle situazioni sociali ed acquisire condotte e convinzioni socialmente approvate in materia di fatti e di valori. La docilità può avere sia una componente cognitiva sia una componente motivazionale. Sul versante cognitivo, la docilità è legata a convinzioni legittimate dai processi sociali (informazioni ricevute da fonti qualificate) e non da convinzioni fondate su dimostrazioni empiriche valutate dal soggetto stesso. Sul versante motivazionale, essa comporta accettazione sulla base della legittimazione e dell'approvazione sociale e non sulla base di pulsioni e motivi individuali non acquisiti a livello sociale. Sotto il profilo economico, il punto di forza dell'apprendimento fiduciario risiede nel fatto che esso consente di far fronte all'impossibilità tecnica ed agli insostenibili costi che deriverebbero dalla sottoposizione a verifica diretta e consapevole di tutte le conoscenze su cui individui ed organizzazioni basano i propri percorsi di decisione ed azione. Cfr. SIMON H.A., "Altruismo ed economia: una breve esposizione", in SIMON H.A., *Scienza economica e comportamento umano*, Edizioni Comunità, 2000, pagg. 42-43 (orig. *Model of Bounded Rationality, Empirically Grounded Economic Reason*, Vol. 3, Massachusset Institute of Technology, 1997); SIMON H.A., "A Mechanism for Social Selection and Successful Altruism", in *Science*, n. 250, 1990, pagg. 1665-1668.

anche attivarsi affinché queste arrivino all'impresa([42]);

– «trasferimento». Implica processi di insegnamento e di apprendimento di conoscenze tra componenti della struttura fisica, tra componenti della struttura ampliata e specifica o tra il sistema impresa ed i suoi sovrasistemi([43]). Il costo e l'efficacia del trasferimento sono funzione, rispettivamente diretta ed inversa, della diversità di conoscenze («distanza cognitiva») dei soggetti (componenti, sistemi, sovrasistemi) tra cui deve attuarsi([44]). Al crescere della distanza cognitiva, infatti, decresce la possibilità di capirsi, di decodificare in modo corretto i messaggi, di sfruttare efficientemente le conoscenze altrui. Quando la distanza cognitiva supera una certa soglia critica, il trasferimento delle conoscenze diventa proibitivamente oneroso e difficile. In tali casi, si possono trasferire ed impiegare gli *output* ottenuti dalle applicazioni di conoscenze, ma non insegnare o «impadronirsi» delle conoscenze che li hanno generati([45]);

– «integrazione», cioè combinazione di conoscenze eterogenee e complementari. Per essere efficiente, l'integrazione deve richiedere il minimo trasferimento di conoscenze da un individuo, da un componente, da un sistema all'altro, in quanto l'apprendimento di tutto da tutti sarebbe eccessivamente oneroso. Questa condizione chiama in causa la distinzione tra trasferimento ed integrazione della conoscenza. Il dipartimento *marketing* e quello della progettazione nello studio di un nuovo prodotto massimizzano l'efficienza non quando il responsabile *marketing* impara tutto sulla progettazione (e viceversa), ma stabilendo un modello di interazione tale per cui la conoscenza del mercato del responsabile *marketing* sia integrata con le conoscenze specialistiche del responsabile della progettazione, in modo da minimizzare il tempo, le energie ed i costi sostenuti per l'apprendimento

---

([42]) Cfr. DOZ Y., SANTOS J., WILLIAMSON P., *Da globale a metanazionale. Le strategie di successo nell'economia della conoscenza*, Il Mulino, 2004, in particolare cap. 6 (orig. *From Global to Metanational. How Companies Win in the Knowledge Economy*, Harvard Business School Press, 2001), pag. 137.

([43]) Cfr. COHEN W.M., LEVINTHAL D.A., "Absorptive Capacity: a New Perspective on Learning and Innovation", in *Administrative Science Quarterly*, n. 35, 1990, pagg. 128-152.

([44]) Cfr. GRANDORI A., "Reti organizzative e governo delle conoscenze", in A-A.VV., *Relazioni interaziendali e dinamica competitiva*, Atti del XXII Convegno annuale dell'Accademia Italiana di Economia Aziendale (AIDEA), Parma, 28-30 ottobre 1999, McGraw-Hill, pag. 16.

([45]) *Ibidem*.

reciproco tra i due reparti([46]). Il successo (efficacia) dell'integrazione dipende, invece, dall'esistenza di una conoscenza condivisa (linguaggi, regole, procedure, routine)([47]): se due persone hanno la stessa identica conoscenza, non c'è guadagno dall'integrazione; se hanno conoscenze di base completamente separate, allora l'integrazione non può avvenire, se non ad un livello rudimentale. L'integrazione effettuata sulla base di nuovi modelli dà luogo ad una riconfigurazione della conoscenza esistente. Soprattutto in ambienti ipercompetitivi, la riconfigurazione consente il mantenimento di *performance* superiori ed il continuo rinnovo del vantaggio competitivo([48]): in siffatta ipotesi l'integrazione configura già un percorso di esplorazione.

Quest'ultima, infatti, implica la ricerca e la sperimentazione di nuove alternative, l'assunzione di rischio, la flessibilità, l'attitudine alla scoperta di nuovi problemi (*problem formation*)([49]) e la loro soluzione (*problem solving*)([50]). La creazione di nuova conoscenza è un processo:

([46]) Cfr. GRANT R.M., "Toward a Knowledge Based Theory of the Firm", in *Strategic Management Journal*, n. 17, Winter Special Issue 1996, pag. 114.

([47]) La conoscenza condivisa scaturisce dall'intersezione delle reti di relazioni cognitive individuali e la sua importanza è dovuta al fatto che essa consente ai singoli: a) l'integrazione delle aree della conoscenza che cadono al di fuori dell'intersezione e b) il riconoscimento dei campi individuali di conoscenza, rendendo ognuno consapevole del repertorio cognitivo di ciascun altro (ad esempio, nelle decisioni collettive, ogni membro del gruppo deve riconoscere le competenze dell'altro, tale mutuo riconoscimento permette un coordinamento di successo anche in situazioni nuove o non abituali). *Ibidem*, pagg. 115-116.

([48]) Con il concetto di ipercompetizione, D'Aveni estende e sviluppa l'idea schumpeteriana della concorrenza come processo di distruzione creativa. In un ambiente ipercompetitivo «i concorrenti devono muoversi rapidamente per costruire i propri vantaggi e per intaccare quelli degli avversari. Questa situazione accelera le interazioni strategiche dinamiche tra i concorrenti. Il comportamento ipercompetitivo è il processo che vede una continua produzione di nuovi vantaggi competitivi e la distruzione, l'obsolescenza o la neutralizzazione di quelli degli avversari, creando perciò uno squilibrio, distruggendo la concorrenza perfetta e sconvolgendo lo *status quo* del mercato. Ciò viene ottenuto percorrendo le varie fasi dell'*escalation* più rapidamente dei concorrenti, rimettendo in moto i cicli o passando in nuove aree». Cfr. D'AVENI R., *Ipercompetizione: le nuove regole per affrontare la concorrenza dinamica*, Il Sole-24Ore Libri, 1995, pag. 266 (orig. *Hypercompetition: Managing the Dynamics of Strategic Maneuvering*, New York Free Press, 1994).

([49]) Cfr. NONAKA I., "Come un'organizzazione crea conoscenza", in *Economia & Management*, n. 3, 1994, pagg. 31-48.

([50]) Cfr. SIMON H.A., *Il comportamento amministrativo*, Il Mulino, 1958 (rist. 1993; orig. *Administrative Behavior*, Macmillan, 1947).

– «dinamico» perchè non è sufficiente considerarlo in un momento puntuale della vita dell'impresa, ma occorre saperlo governare lungo tutto l'intervallo di tempo considerato;

– «dialettico» in quanto la nuova conoscenza si crea a partire dal pensiero critico, dalle capacità di sintetizzare le contraddizioni([51]), dalla messa in discussione delle conoscenze paradigmatiche e si basa sull'apprendimento consapevole([52]);

– connotato sia da una dimensione «individuale» che «sociale», giacché: la conoscenza è creata dai singoli individui e le organizzazioni (ivi incluse le imprese) non possono creare conoscenza senza questi([53]). I singoli individui, dunque, costituiscono il motore primo nel processo di creazione della conoscenza. Tuttavia, la struttura del contesto sociale influenza in misura rilevante la generazione di conoscenza sia incentivando l'innovazione piuttosto che lo sfruttamento, sia nella misura in cui funge da volano nel traslare ed articolare a livello collettivo la conoscenza prodotta a livello individuale([54]).

La ricerca dell'equilibrio tra sfruttamento ed esplorazione è probabilmente tra le sfide più ardue che l'organo di governo è chiamato ad affrontare. Le imprese che investono nell'esplorazione senza impegnarsi nello sfruttamento hanno buone probabilità di sopportare i costi della sperimentazione senza godere di molti dei suoi ritorni: nel lungo termine ciò ostacola la creazione di valore. Per contro, le imprese che puntano solo allo sfruttamento senza investire nella creazione di conoscenza hanno maggiori probabilità di fallire nella scoperta e nello sviluppo di nuove capacità ed opportunità: in un mondo in crescente cambiamento, quale quello attuale, una simile strategia è esiziale([55]). La comprensione delle scelte ed il miglioramento dell'equilibrio tra esplorazione e sfruttamento sono resi più difficili dal fatto che i ritorni

---

([51]) Cfr. NONAKA I., TOYAMA R., "L'impresa che crea conoscenza", in *Sviluppo & Organizzazione*, n. 197, 2003, pagg. 81-83.

([52]) Conoscenze ereditate culturalmente ed apprese in modo fiduciario, in quanto reputate «non problematiche», raramente sono soggette a discussione e verifica e si modificano lentamente attraverso drammatiche «rivoluzioni». Idealmente, le conoscenze paradigmatiche si contrappongono a quelle critiche che derivano da apprendimento consapevole. Cfr. GRANDORI A., *Organizzazione*, *op.cit.*, pagg. 45-46.

([53]) Cfr. GRANT R.M., "Toward a Knowledge", *cit.*, pag. 112.

([54]) Cfr. NONAKA I., "A Dynamic Theory of Organizational Knowledge Creation", in *Organization Science*, n. 1, 1994, pagg. 14-37.

([55]) Cfr. MARCH J.G., *Prendere decisioni,* Il Mulino, 1998, pag. 248 (orig. *A Primer on Decision Making. How Decision Happen*, The Free Press, 1994).

delle due opzioni variano rispetto non solo ai loro attuali valori attesi, ma anche alla loro distribuzione nelle dimensioni spazio e tempo. I processi di allocazione delle risorse, perciò, richiedono confronti intertemporali e sono condizionati dalle preferenze di rischio dell'organo decisore, sulle quali impattano anche considerazioni relative alla diversa struttura dei costi dell'esplorazione e dello sfruttamento, come illustrato nel *box* seguente.

SFRUTTAMENTO ED ESPLORAZIONE: STRUTTURA DEL RISCHIO E DEI COSTI([56])

Sfruttamento:
– «Rischio economico»: ritorni tendenzialmente certi e positivi, vicini nel tempo e nello spazio;
– «Costo di codificazione»: inizialmente molto elevato, diminuisce con investimenti volti a creare linguaggi, modelli e tecniche di condivisione e con l'evoluzione delle tecnologie; include oneri figurati per la perdita dei microelementi di conoscenza irriducibilmente taciti;
– «Costo d'uso»: nullo (bene non rivale);
– «Costo di identificazione»: diminuisce lentamente con investimenti in meccanismi per la gestione della conoscenza esplicita (*knowledge mapping*, librerie elettroniche, *data mining* e *data wharehousing*);
– «Costo di accesso e acquisizione»: inizialmente molto elevato, diminuisce lentamente con investimenti in istruzione e formazione, con investimenti volti a padroneggiare linguaggi e modelli condivisi e con l'evoluzione delle tecnologie;
– «Costo di trasferimento»: inizialmente molto elevato, positivamente correlato alla distanza cognitiva dei soggetti tra cui avviene il trasferimento, diminuisce con investimenti volti a padroneggiare linguaggi e modelli condivisi e con l'evoluzione delle tecnologie;
– «Costo di integrazione»: inizialmente elevato, inversamente correlato all'ammontare di conoscenza da trasferire o da apprendere reciprocamente, diminuisce con investimenti volti ad implementare modelli di interazione tra i soggetti.

Esplorazione:
– «Rischio economico»: ritorni altamente incerti, spesso negativi, lontani nel tempo e nello spazio;
– «Costo di produzione della nuova conoscenza»: può essere molto elevato;
– «Costo di protezione della nuova conoscenza»: talvolta proibitivo (bene non escludibile); sensibilmente legato alla codificabilità della conoscenza ed ai meccanismi giuridici concorrenziali esistenti; tendenzialmente aggravato dall'evoluzione delle tecnologie;

([56]) Ns. adattamento da FORAY D., *L'economia della conoscenza*, Il Mulino, 2006, pag. 93 (orig. *L'économie de la connaissance*, La Découverte, 2000).

– «Costo di codificazione»: inizialmente molto elevato, diminuisce con investimenti volti a creare rapidamente linguaggi, modelli e tecniche di condivisione con l'evoluzione delle tecnologie e dell'organizzazione; include oneri figurati per la perdita dei microelementi di conoscenza irriducibilmente taciti.

Per quanto concerne l'esplorazione, poi, le decisioni dell'organo di governo sono rese ancora più complesse dal fatto che, oltre a considerare i rischi e i costi ad essa «direttamente» connessi, un approccio corretto implica la ponderata valutazione di quei rischi per così dire «indiretti» (o mediati) rappresentati dalle reazioni dei concorrenti all'innovazione (di prodotto, di processo ecc.) che eventualmente consegua all'esplorazione.

LA REAZIONE DEI CONCORRENTI ALL'INNOVAZIONE([57])

Le reazioni dei concorrenti all'innovazione possono essere diverse e molte sono le condizioni e i fattori che le influenzano. Tali differenze riguardano il settore industriale o il paese, lo stadio del ciclo di vita del prodotto e la sua natura merceologica, oltre che le capacità strategiche e competitive sia dell'impresa innovatrice sia dei suoi concorrenti. Una tassonomia di alcuni dei comportamenti più significativi potrebbe essere quella basata su alcune delle reazioni più frequenti e con caratteristiche in qualche modo generali o generalizzabili, distinguendo tra mercati non segmentati e mercati segmentati.

A) Quando l'innovazione influenza significativamente i concorrenti: il caso dei mercati non segmentati. L'impatto dell'innovazione è alto se il prodotto dell'impresa innovatrice e quelli dei suoi concorrenti presentano un alto grado di sostituibilità. Ciò accade nel caso di prodotti piuttosto omogenei, o dal punto di vista merceologico, o perché svolgono servizi sostituibili fra loro, o perché realizzati da imprese operanti negli stessi mercati geografici.

L'ipotesi di elevata sostituibilità dei prodotti e mercati è quella che desta maggiori preoccupazioni nel caso di innovazioni realizzate dai concorrenti. In siffatta situazione, l'innovazione provoca un'erosione di quote di mercato delle imprese rivali con proporzioni tanto maggiori quanto più l'innovazione stessa è radicale. Quando i mercati non sono segmentati, la gamma di reazioni dei concorrenti agli innovatori, anche nel caso di mercati

([57]) Ns. adattamento da GAMBARDELLA A., "La reazione dei concorrenti all'innovazione tecnologica", in *Sinergie*, nn. 64-65, 2004, pagg. 65-88; GIURI P., "Innovazione, apprendimento e imitazione nelle relazioni verticali. Il caso dell'industria dei motori d'aereo", in *Sinergie*, nn. 64-65, 2004, pagg. 251-274.

e prodotti omogenei, è piuttosto ampia. Sulla base dell'analisi empirica, le risposte strategiche possono classificarsi come segue:
a) i concorrenti rispondono con nuove tecnologie e innovazioni dando vita ad una rincorsa innovativa tra le imprese. Un caso classico di rincorsa tecnologica e innovativa tra imprese concorrenti è quello dei *personal computer* (PC) negli anni '80. I PC sono stati introdotti per la prima volta da Apple nei primi anni '80. In pochi anni il mercato mondiale si è ampliato, con l'ingresso di diversi nuovi produttori. Questi ultimi sono intervenuti con copiose innovazioni che hanno sviluppato notevolmente le prestazioni dei prodotti. In tale settore, nemmeno un'impresa *leader* come IBM è riuscita ad eliminare i concorrenti o quanto meno a creare barriere d'entrata elevate. La rincorsa innovativa va a vantaggio degli utilizzatori finali nella misura in cui questi beneficiano di sviluppi tecnologici che migliorano le *performance* dei prodotti. Inoltre i processi in esame si associano a dinamiche concorrenziali che a loro volta implicano un abbattimento dei costi di produzione e dei prezzi dei beni. L'industria dei PC è un esempio palese di tali dinamiche innovative, che hanno permesso agli utilizzatori finali di acquistare prodotti tecnologicamente più avanzati e con prezzi decrescenti. Talvolta, tuttavia, la rincorsa tecnologica ha effetti negativi sugli utilizzatori. L'*escalation* tecnologica può portare da parte delle imprese in concorrenza all'introduzione di nuove caratteristiche del prodotto che da un lato completano il sostenimento di costi di R&S o di ridefinizione del *design* e del progetto ed eventualmente maggiori costi di produzione, mentre dall'altro non incontrano un interesse dell'acquirente tale da giustificare l'esborso di un maggior prezzo;
b) i concorrenti rafforzano la vecchia tecnologia, migliorandola e rendendola più competitiva rispetto alla nuova tecnologia. Mentre nel caso precedente le imprese concorrenti reagiscono cercando di muoversi nella direzione della nuova tecnologia e apportando miglioramenti rispetto agli stessi *first mover*, vi sono casi in cui i concorrenti reagiscono all'innovazione rafforzando la vecchia tecnologia. L'analisi empirica dimostra che in molti casi la nuova tecnologia, se realmente più valida e più efficiente, soppianta alla fine quella esistente. Anche se più rari, tuttavia, vi sono casi in cui la vecchia tecnologia continua ad essere predominante. Ciò si verifica in presenza di «esternalità da rete» o *standard*. Il caso più noto, a tal proposito, è quello relativo alla conformazione della tastiera delle macchine da scrivere e oggi dei PC. Quando alla fine del secolo scorso sono state sviluppate le prime macchine da scrivere, si è imposta una tecnologia che prevedeva che le prime sei lettere in alto a sinistra della tastiera fossero QWERTY. Allora si pensava che quella predisposizione delle lettere rendesse più rapida ed efficiente la battitura. Poco tempo dopo ci si accorse che vi erano altre predisposizioni delle lettere che consentivano una maggiore rapidità di battitura. Ma in pochi anni gli utilizzatori avevano imparato lo *standard* QWERTY. Pochi di loro erano disposti ad abbandonare l'esperienza acquisita e a re-imparare le tecniche nell'ambito del nuovo *standard*. Il sistema QWERTY è dunque rimasto sul mercato nonostante fosse meno efficace. Il suo vantaggio era semplicemente di essere arrivato prima;
c) i concorrenti imitano la nuova tecnologia. Questa reazione si connota per il fatto che le imprese concorrenti cercano di imitare la nuova tecnologia co-

sì com'è, senza migliorarla e senza investire in sviluppi potenziali. Un caso del genere è offerto dall'industria dei motori d'aereo. Le innovazioni di uno o dell'altro dei principali produttori di motori d'aereo sono oggetto di imitazione reciproca da parte dei *competitor* in tempi abbastanza rapidi. Ciò, in parte, è da ricondursi all'azione degli acquirenti i motori d'aereo, vale a dire i produttori di aerei. Ad esempio, lo sviluppo del Boeing B747 che in un primo momento montava motori Pratt&Whitney. Per svariati motivi, Boeing iniziò a montare motori General Electric e successivamente Rolls Royce. Questa strategia di *multiple sourcing* rese possibile a ciascun produttore di motori di aereo di venire a conoscenza di ciò che era stato realizzato dagli altri. Le imprese acquirenti, per conservare i vantaggi del *multiple sourcing*, e per sfruttare al meglio le potenzialità tecnologiche dei diversi fornitori, richiedevano requisiti che spingevano ciascun produttore ad apprendere le innovazioni sviluppate dall'altro;
d) i concorrenti si spingono a valle o si focalizzano su altri stadi della filiera. Un esempio di tale risposta competitiva è quello dell'industria globale del *software* degli anni '90. Una delle novità più importanti di questi anni è la nascita di alcuni nuovi produttori mondiali e in particolare dell'industria del *software* indiana. I produttori indiani di *software* sono diventati una delle fonti principali di approvvigionamento delle imprese di *software* dei paesi avanzati e soprattutto degli USA. Il punto è che le imprese indiane hanno mostrato vantaggi comparati in attività a minor valore aggiunto, quale l'implementazione di programmi *software* su larga scala. La reazione delle imprese dei paesi avanzati è stata non tanto continuare a realizzare internamente questi processi, quanto di spostarli verso le imprese indiane, concentrandosi invece su attività a maggior valore aggiunto. Di nuovo abbiamo che la risposta all'entrata di un nuovo concorrente è riposizionare le attività produttive in modo da sfruttare le sinergie con i nuovi entranti;
f) i concorrenti acquisiscono le imprese che sviluppano la nuova tecnologia o sono acquisiti da esse (consolidamento di mercato). Una conseguenza abbastanza frequente all'introduzione di innovazioni è l'acquisizione delle imprese innovatrici da parte delle imprese esistenti, o l'acquisizione di queste ultime da parte degli innovatori. Ad esempio, nel settore farmaceutico non è infrequente che le imprese di maggiori dimensioni acquisiscano le nuove imprese biotecnologiche per internalizzarne le competenze.
B) Quando l'innovazione influenza poco i concorrenti: il caso dei mercati segmentati. L'innovazione, anche se radicale, non influenza significativamente i concorrenti se la domanda dei prodotti dell'innovatore e di quelli delle altre imprese che operano nello stesso comparto sono poco interdipendenti. In questi casi non vi sono reazioni particolari all'innovazione, in quanto quest'ultima non costituisce una minaccia ad impatto rilevante.
Un esempio di mercati segmentati è quello dell'industria farmaceutica. I sottomercati farmaceutici sono composti da classi terapeutiche piuttosto eterogenee. Ad esempio, un nuovo ritrovato per la cura di una determinata patologia, anche se rappresenta un'innovazione significativa, non influenza in misura rilevante la domanda di altri prodotti in altre classi terapeutiche. In sostanza, da una parte, sussistono barriere alla concorrenza tra segmenti di mercato (classi terapeutiche); dall'altro, vi è un'aspra concorrenza tra im-

prese all'interno della singola classe. Pertanto, i concorrenti non reagiscono ad innovazioni in altre classi; rispondono invece, nelle varie forme sopra descritte, ad innovazioni all'interno della classe in cui hanno dei loro prodotti.

4.5.2. L'appropriabilità del valore generato dalla conoscenza

La seconda questione centrale nel governo della conoscenza è quella relativa all'appropriabilità del valore generato da tale risorsa. Per appropriabilità s'intende la capacità dell'impresa di estrarre, acquisire e trattenere le rendite generate dalle proprie risorse di conoscenza.

Dal punto di vista dell'organo di governo, su cui gravano le principali responsabilità quanto a capacità di «catturare» valore dalle risorse di conoscenza disponibili a livello di struttura ampliata, è importante comprendere i fattori da cui tale capacità dipende.

Il grado di appropriazione del valore di una conoscenza dipende dalla facilità e dalla velocità con cui i concorrenti riescono ad appropriarsene e a sfruttarla, ossia dipende dal grado di imitabilità della conoscenza stessa. Quest'ultimo, a sua volta, è funzione sia della natura della conoscenza, sia dell'efficacia dei meccanismi di protezione adottati.

Alcune innovazioni tecnologiche, ad esempio, risultano di per sé difficili da imitare; la conoscenza alla base di una tecnologia può essere, infatti, rara e difficile da replicare; l'esperienza passata è una «risorsa» unica e non riproducibile; il capitale intellettuale radicato all'interno dell'impresa può conferirle un patrimonio di *know how* che i concorrenti non potranno mai possedere. Se la base di conoscenza è tacita e causalmente ambigua([58]) è alquanto improbabile che i concor-

([58]) Una relazione causale è ambigua quando manca la comprensione circa i legami logici sussistenti tra *input* e *output*, tra cause ed effetti di un qualunque fenomeno; l'espressione «ambiguità causale» si riferisce, quindi, all'ambiguità relativa alla natura delle connessioni causali tra azioni e risultati. L'ambiguità causale relativa allo sviluppo, allo sfruttamento di una conoscenza comporta che essa sia difficilmente imitabile e riproducibile al di fuori del contesto originario. Ciò accade, ad esempio, quando l'intero spettro informativo relativo allo sviluppo o allo sfruttamento di una conoscenza è polverizzato tra un alto numero di componenti della struttura specifica, in modo tale che non solo sussiste ambiguità causale associata alla comprensione del contenuto dell'informazione trasmessa o ricevuta da ogni singola parte del sistema

renti riusciranno a imitarla o a riprodurla([59]). Molte innovazioni, però, si basano su conoscenze relativamente semplici da imitare, e pertanto le imprese ricorrono a strumenti e a misure legali nel tentativo di proteggere i risultati dei propri processi innovativi.

In sostanza, il grado di appropriabilità è maggiore quando la conoscenza è per sua natura difficile da replicare e riprodurre e quando i sistemi di protezione legale erigono solide barriere all'imitazione creando dei monopoli artificiali su tale risorsa, agevolando il titolare nel recupero dell'investimento nell'esplorazione, rispetto ad una situazione di non esclusione. Per contro, il grado di appropriabilità è debole nei casi di conoscenze perfettamente codificate e di inefficacia dei meccanismi di protezione.

		Natura delle conoscenze	
		Tacita e causalmente ambigua	***Codificata e causalmente non ambigua***
Efficacia del meccanismo legale di protezione	***Alta***	Appropriabilità forte	Appropriabilità moderata
	Bassa	Appropriabilità moderata	Appropriabilità debole

FIG. 4.3 – *Conoscenza e regimi di appropriabilità* (fonte: adattamento da SCHILLING M.A., *Gestione dell'innovazione*, McGraw-Hill, 2005, pag. 227).

(complessità cognitiva), ma emerge un'ambiguità causale dovuta all'incomprensibilità dei legami di interdipendenza tra le diverse componenti (complessità relazionale). Ciò ha notevole rilevanza nel determinare il grado in cui le conoscenze di un'impresa sono imitabili e replicabili da altre imprese. Finché l'ambiguità causale è elevata, l'appropriazione di valore da parte di terzi della conoscenze proprietarie è bassa. Quando l'ambiguità causale si attenua, il vantaggio competitivo dell'impresa si erode: ad esempio il *gap* nei livelli qualitativi dei prodotti/processi tra i costruttori automobilistici americani e quelli giapponesi cominciò a ridursi nel momento in cui gli statunitensi acquisirono le conoscenze relative al *total quality manufacturing* sviluppate dai loro concorrenti nipponici. Cfr. LIPPMAN S.A., RUMELT R.P., "Uncertain Imitability: An Analysis of Interfirm Differences in Efficiency under Competition", in *Bell Journal of Economics*, n. 13, 1982, pagg. 418-438; REED R., DEFILLIPPI R., "Causal Ambiguity, Barriers to Imitation, and Sustainable Competitive Advantage", in *Academy of Management Review*, n. 15, 1990, pagg. 88-102.

([59]) Si parla in tal caso di imitabilità incerta (*uncertain imitability*) proprio per indicare una situazione in cui qualsiasi tentativo di imitazione da parte di un concorrente è soggetto ad un successo incerto. Cfr. GRANT R.M., *L'analisi strategica per le decisioni aziendali*, Il Mulino, 1999, pag. 229 (orig. *Contemporary Strategy Analysis. Concepts, Techniques, Applications*, Oxford Blackwell, 1991).

L'appropriabilità dei ritorni dalla risorsa conoscenza è peraltro influenzata da due altre condizioni, una interna all'impresa ed una di contesto: la disponibilità di *asset* complementari da parte dell'impresa sistema vitale e l'esistenza, e la relativa efficienza, di un mercato delle conoscenze.

Ai fini dell'appropriabilità, infatti, la natura delle conoscenze, l'efficacia dei meccanismi giuridici di protezione e la facilità di imitazione non sono le sole criticità che l'organo di governo deve tenere sotto controllo. Un corretto approccio di *knowledge governance* deve anche valutare il ruolo che gli *asset* complementari ed il mercato delle conoscenze giocano sull'appropriazione del valore generato da una conoscenza.

4.5.2.1. Appropriabilità e risorse complementari

Ogni nuova conoscenza per poter essere sfruttata economicamente richiede l'accesso e/o la disponibilità di risorse complementari([60]): risorse finanziarie, competenze logistiche, competenze di *marketing*, canali distributivi, servizi di assistenza e di manutenzione dopo la vendita, capacità produttiva, reti *intranet* ed *extranet*. Tali risorse sono quasi sempre necessarie per sfruttare economicamente la nuova conoscenza e l'impresa che non ne disponga rischia di non potersi appropriare del valore economico generabile dall'innovazione.

La criticità delle risorse complementari nell'appropriazione del valore dalla nuova conoscenza è tuttavia differente a seconda del regime di appropriabilità.

Nell'ipotesi di regime di appropriabilità forte, l'innovatore per un certo periodo di tempo gode di un vantaggio relativo che gli permette di introdurre sul mercato la propria innovazione. Anche se l'innovatore non possiede le dotazioni desiderate di risorse complementari, una forte garanzia di protezione della proprietà intellettuale gli permette di avere del tempo necessario per acquisire queste risorse. In effetti, in regime di appropriabilità forte, l'innovatore è seriamente minacciato

---

([60]) Sul ruolo della risorse complementari nel processo di acquisizione di valore dall'innovazione, cfr. diffusamente TEECE D.J, "Come trarre profitto dall'innovazione: implicazioni per l'integrazione, la collaborazione, gli accordi di licenza e le politiche pubbliche", in TEECE D.J. (a cura di), *La sfida*, *op.cit.*, pagg. 245-284.

dalla concorrenza solo quando le risorse complementari sono per lui inaccessibili.

Nell'ipotesi di regime di appropriabilità debole, l'accesso e la disponibilità delle risorse complementari diventano assolutamente critici. Poiché la nuova conoscenza è facilmente imitabile, il successo commerciale comincia a dipendere dai fattori e dalle condizioni di accesso alle risorse complementari richieste. Se, ad esempio, l'innovazione ha successo ed è facilmente imitabile, ma l'impresa non dispone dell'adeguata capacità produttiva o non ha un facile accesso ai canali distributivi, allora è probabile che i profitti derivanti dall'innovazione vengano in tutto o in parte incamerati da un imitatore che invece possiede le risorse complementari necessarie e/o dall'impresa che potendo contare sulle risorse complementari le cede all'innovatore; in particolare, se le risorse complementari diventano una sorta di collo di bottiglia per gli imitatori e gli innovatori, l'impresa proprietaria di tali risorse si troverebbe ovviamente in una situazione vantaggiosa per sottrarre profitti agli innovatori, agli imitatori o a entrambi([61]).

4.5.2.2. Appropriabilità e mercati della conoscenza

Un mercato della conoscenza può essere definito come il luogo ideale in cui avvengono transazioni relative all'uso, alla diffusione e alla creazione di conoscenze([62]). Un siffatto mercato comprende sia transazioni che hanno ad oggetto conoscenze connotate da un regime di appropriabilità forte, sia transazioni che hanno ad oggetto conoscenze connotate da un regime debole di appropriabilità; esso, inoltre, interessa l'impresa sia in veste di offerente che di acquirente. Il mercato della conoscenza può minare sia l'accesso privilegiato ad una cono-

---

([61]) *Ibidem*, pag. 268.

([62]) Si è qui impiegata in senso estensivo la definizione di mercato della tecnologia proposta da Arora, Fosfuri e Gambardella, riferendola appunto alle risorse di conoscenza in senso lato. Sulle implicazioni che i mercati della conoscenza giocano sulle decisioni strategiche d'impresa, cfr. ARORA A., FOSFURI A., GAMBARDELLA A., "Markets for Technology and their Implications for Corporate Strategy", in *Industrial and Corporate Change*, n. 2, 2001, pagg. 419-451.

Per approfondimenti sul mercato della conoscenza dal lato della domanda, v. in particolare l'interessante contributo di PACCES-FERRER F..M., "Prime ricerche intorno al fattore G", in FERRER–PACCES F.M., *I sistemi d'impresa*, Li/Ed, 1974, pagg. 252-254.

scenza, sia l'appropriazione del relativo valore che un'impresa *leader* vanta in un'industria, in virtù del fatto che i concorrenti o i nuovi entranti riescono a procurarsi conoscenze alternative da fonti alternative nel mercato. A livello di industria, infatti, il mercato della conoscenza modifica la struttura di un settore: attenua le barriere d'entrata, inasprisce la concorrenza e accorcia il ciclo di vita del prodotto; cambiamenti, questi, che richiedono un'appropriata risposta da parte dell'organo di governo dell'impresa. Tuttavia, è pure vero che a livello di sistema impresa l'esistenza di un mercato della conoscenza amplia lo spettro di opzioni relative all'appropriabilità del valore dinanzi al quale l'organo di governo si trova, rispetto all'ipotesi di assenza di un siffatto mercato. L'esistenza di un mercato della conoscenza, infatti, consente al sistema impresa di poter scegliere tra un'estrazione di valore totalmente *in house* (incorporandola nei suoi prodotti, servizi, processi) e un'estrazione di valore ottenuta dagli scambi sul mercato, al netto dei costi di transazione che ciò comporta([63]). Le due scelte non si escludono mutuamente, per cui responsabilità dell'organo di governo è la ricerca della loro combinazione ritenuta più idonea a creare valore e a rafforzare/conquistare/mantenere il vantaggio competitivo. In tal senso, la concessione in licenza (che è una forma collaborativa che presuppone appunto l'esistenza di un mercato della conoscenza), non esclude lo sfruttamento interno. Tuttavia, le decisioni con cui si combinano ricorso al mercato e sfruttamento interno richiedono di discernere tra conoscenze *core* e *non core*, tra conoscenze commerciabili e non commerciabili. Solo dopo tale mappatura, è possibile valutare le conseguenze, in termini di valore estratto, ricollegabili ad uno sfrut-

---

([63]) Con riferimento al contesto europeo, in un'ampia e profonda indagine empirica, Gambardella, Giuri e Luzzi rilevano, tra l'altro, che la propensione a concedere in licenza è:

– tanto maggiore quanto più sono forti i meccanismi di protezione e quanto più è codificata la conoscenza oggetto di scambio;

– tanto maggiore quanto più numerosi sono nel mercato i fornitori potenziali di quella conoscenza.

Essi rilevano inoltre che la dimensione dell'impresa è di gran lunga la determinante più importante, sia a livello potenziale che attuale, nel predire le decisioni di concessione di licenza: le piccole imprese sono considerevolmente più inclini a concedere in licenza le conoscenze contenute nei loro brevetti rispetto alle grandi imprese. Cfr. GAMBARDELLA A, GIURI P., LUZZI A., "The Markets for Patents in Europe", Laboratory of Economics and Management Sant'Anna School of Advanced Sudies (LEM),Working Papers Series, n. 4, 2006.

tamento *in house*, piuttosto che ad una transazione di mercato, piuttosto che a una combinazione delle due opzioni. In non pochi casi, le imprese possiedono conoscenze *non core* (ad esempio, tecnologie *non core*) che possono essere oggetto di transazioni molto profittevoli tramite accordi di *licensing*.

Vi sono poi due aspetti collegati all'esistenza del mercato della conoscenza che impattano in modo consistente sull'appropriabilità del valore, e che l'organo di governo deve tenere in considerazione. Il primo di tali aspetti è quello relativo al grado di competizione rispettivamente nel mercato di sbocco dei prodotti e nel mercato della conoscenza([64]). Ad esempio, se la competizione è molto aspra nel mercato dei prodotti, il ritorno da uno sfruttamento *in house* potrebbe essere trascurabile e fortemente condizionato dall'abilità di incrementare le vendite e la quota di mercato, che tipicamente sono processi lenti e di incerto esito. Operando nel mercato della conoscenza, connotato da un più basso livello di competitività, si potrebbe, invece, catturare un valore più alto tramite accordi di *licensing*.

Il secondo aspetto è dato dal *trade off* tra l'effetto di ritorno (*revenue effect*) e l'effetto di dissipazione del profitto (*profit dissipation effect*) di cui occorre tenere conto nel momento in cui si decide di concludere un accordo di *licensing*([65]). Quest'ultimo, infatti, comporta per il licenziante un ricavo pari all'ammontare delle *royalties* al netto dei costi di transazione sostenuti per la stipulazione dell'accordo stesso (effetto di ritorno). Tuttavia, la valutazione dell'effetto di ritorno non è elemento sufficiente da solo a far decidere circa l'opportunità o meno dell'accordo di licenza. L'entità dell'effetto di ritorno deve infatti essere quantificata alla luce del rischio di dissipazione del profitto che un accordo del genere comporta, a causa vuoi di un potenziale inasprimento della concorrenza, vuoi di una potenziale riduzione dei margini prezzo-costo. V'è da dire che il licenziante può contenere l'effetto dissipazione limitando, ad esempio, l'area geografica di sfruttamento della conoscenza, o imponendo restrizioni quantitative, oppure ancora fissando *royalties* molto alte in caso di superamento di una certa quota di mercato da parte del licenziatario([66]). Tuttavia, un ac-

([64]) Cfr. ARORA A., FOSFURI A., GAMBARDELLA A., "Markets", *cit.*, pag. 432.

([65]) Considerazioni simili valgono anche nell'ipotesi di accordi di *cross licensing* e di trasferimento tecnologico. In proposito, cfr. *infra*, par. 4.7.2.

([66]) Un eloquente esempio di quest'ultimo caso è offerto dall'accordo di licenza stipulato nel 1933 tra la DuPont e la Sylvania, una società statunitense controllata da

cordo che implica una diffusione di conoscenza, anche se controllata, reca con sé dei rischi che l'organo di governo non deve mai sottovalutare in termini di perdita di quota di mercato, di fughe indesiderate di conoscenze non oggetto dell'accordo.

4.6. LE POLITICHE PER L'ACQUISIZIONE E IL TRASFERIMENTO DI CONOSCENZA

Le considerazioni formulate nei due precedenti paragrafi portano ad interrogarsi circa le possibili politiche aziendali su cui l'organo di governo può far leva al fine affrontare efficacemente, sotto il profilo del vantaggio competitivo, le criticità connesse vuoi alla regolazione della tensione tra sfruttamento ed esplorazione, da una parte, vuoi all'appropriabilità del valore della conoscenza, dall'altra. Di seguito, senza pretesa alcuna di esaustività data la vastità e complessità del tema in oggetto, si prenderanno in considerazione la politica relativa all'introduzione dei *knowledge broker* nella struttura ampliata e quella relativa agli accordi collaborativi.

4.6.1. I knowledge broker

Strumentale ad affrontare con successo le criticità relative all'apprendimento di conoscenze altrui e all'esplorazione di nuova conoscenza è la politica di inglobare nella struttura ampliata uno o più *knowledge broker*([67]).

Le imprese *knowledge broker* rappresentano un connubio tra *e-*

---

una società belga. La DuPont concesse in licenza alla Sylvania il suo brevetto per la produzione di *cellophane*. Il contratto stabiliva che la DuPont avrebbe guadagnato il 2% di *royalties* sulle vendite di *cellophane* della Sylvania nel caso in cui quest'ultima avesse mantenuto una quota di mercato inferiore o al massimo pari al 20%; il contratto stabiliva altresì che qualora la Sylvania avesse superato la soglia limite del 20%, la DuPont avrebbe guadagnato una *royalty* del 30% sulle vendite, rendendo pertanto non profittevole per la Sylvania superare la suddetta soglia. Cfr. REITZIG M., "Strategic Management of Intellectual Property", in *Mit Sloan Management Review*, Spring, 2004, pag. 37.

([67]) Sul tema cfr. approfonditamente HARGADON A.B., "Firms as Knowledge Brokers: Lessons in Pursuing Continuos Innovation", in *California Management Review*, n. 3, 1998, pagg. 209-227.

xploration ed *exploitation*: riescono ad innovare costantemente e, al contempo, a sfruttare economicamente l'innovazione prodotta. Il *core business* dei *knowledge broker* consiste nel trasferimento di idee e soluzioni dal contesto in cui si sono sviluppate verso contesti in cui rappresentano applicazioni innovative. I *knowledge broker*, in sostanza, effettuano un *cross bording* della conoscenza, cioè trasferiscono le conoscenze, sotto forma di nuovi prodotti e processi produttivi od organizzativi, dalle industrie che le hanno sviluppate a quelle in cui non sono ancora familiari.

Trattasi di imprese che, in virtù dell'oggetto della loro attività, hanno accesso a differenti industrie e sono in grado di comprendere quali conoscenze sviluppate in un'industria potranno essere sfruttate economicamente anche in altre: tipicamente imprese di consulenza manageriale ed imprese di *engineering* (sia di prodotto che di processo). Esempi illustri sono McKinsey&Co., impresa *leader* mondiale di consulenza aziendale, Hewlett-Packard e l'Operations Technology Center del gruppo Boeing Commercial Airplane, entrambe imprese *high tech* operanti rispettivamente nel settore elettronico-informatico ed aerospaziale.

I processi chiave di un'impresa *knowledge broker* sono pochi ma strettamente interdipendenti:

– accesso e apprendimento delle eterogenee conoscenze sviluppate in un'industria: acquisizione delle conoscenze legate ai problemi ed alle relative soluzioni tipiche di un'industria e loro sfruttamento successivo per la risoluzione di problemi emersi in altre industrie. Opportunamente gestita, la conoscenza così appresa consente a queste imprese la creazione di un archivio di idee e soluzioni connotato da una varietà più ampia di qualunque archivio di conoscenze a disposizione di un'impresa operante in una singola industria;

– collegamento tra le conoscenze sviluppate in un'industria ed i nuovi problemi emersi in un'altra industria: attività che i *knowledge broker* compiono in genere adottando strutture organizzative basate su *project team*, all'interno dei quali viene incentivato e promosso un approccio analogico ai problemi, ossia i membri sono stimolati a ricercare le somiglianze non ovvie tra il nuovo problema che un certo contesto si trova ad affrontare ed i problemi affrontati in altri contesti;

– implementazione: combinazione delle nuove soluzioni «importate» da un'altra industria con la conoscenza esistente nell'industria cui appartiene l'impresa cliente, sotto forma di nuovi prodotti o nuovi processi.

In virtù dei processi testé descritti, il *knowledge broker* realizza un'ibridazione virtuosa di conoscenze a livello intersettoriale e fornisce, al contempo, stimolo e supporto all'attività di esplorazione nelle imprese che si avvalgono della sua consulenza. Il suo inserimento nella struttura specifica, quindi, consente all'impresa cliente di giovarsi di iniezioni di conoscenza maturate in settori «lontani», sotto il profilo tecnologico e/o di mercato, la qual cosa può rivelarsi utile per risolvere vecchi problemi in modo nuovo o problemi nuovi in assoluto, alimentando per tal via un ciclo virtuoso di esplorazione-accumulazione-esplorazione di nuove conoscenze.

4.6.2. Gli accordi collaborativi: benefici, rischi, preferenze strutturali

Gli accordi collaborativi possono definirsi come forme di cooperazione volontaria tra imprese finalizzate al raggiungimento di un vantaggio competitivo per i partecipanti, forme che implicano scambio, partecipazione o co-sviluppo e che possono richiedere ai *partner* l'apporto di beni strumentali, risorse finanziarie, *asset* tecnologici, conoscenze manageriali, conoscenze di mercato o altre risorse *firm specific* (ad esempio, la reputazione).

Da un punto di vista contrattuale, gli accordi in parola configurano dei contratti incompleti tra imprese, nel senso che raramente possono essere pienamente specificate, previste e disciplinate *ex ante* le modalità di interazione e di risoluzione dei conflitti tra i partner([68]): la riduzione delle distanze culturali delle organizzazioni coinvolte, la stesura delle procedure di lavoro per le attività congiunte, così come il contemperamento degli interessi conflittuali potranno realizzarsi solo mano a mano che il rapporto collaborativo evolve.

Da un punto di vista storico, gli accordi non sono un fenomeno nuovo avendo giocato un ruolo importante nei mercati internazionali sin dall'inizio del secolo scorso, quando si cominciò a ricorrere alle *joint venture* per sfruttare le risorse naturali. Il tasso di formazione degli accordi, tuttavia, è significativamente aumentato a partire dalla fine degli anni '70, periodo in cui iniziano a diffondersi nelle industrie *high tech* (elettronica, informatica ed aerospaziale), tanto che si anno-

---

([68]) Cfr. ANAND B.N., KHANNA T., "Do Firms Learn to Create Value?", in *Strategic Management Journal*, n. 21, 2000, pag. 297.

verano ormai tra le più importanti opzioni strategiche degli ultimi tre decenni([69]).

Da un punto di vista competitivo, gli accordi collaborativi interaziendali costituiscono dei legami nevralgici con il contesto relazionale sotto almeno due profili. Il primo profilo riguarda le reazioni e le ritorsioni di chi è «al di fuori» della coalizione: quando più sistemi d'impresa si coalizzano per costituire una squadra, è probabile che gli *outsider* non restino inerti ma adottino delle contromosse, mutando a loro volta i rapporti di forza nell'arena competitiva. Il secondo profilo concerne i rapporti «interni» alla coalizione. Gli accordi comportano una consistente interazione ed un'elevata prossimità relazionale dei partecipanti, ponendo i rispettivi organi di governo dinanzi ad un dilemma: da un lato, la partecipazione all'accordo configura un'opzione per poter ampliare le occasioni di esplorazione e sfruttamento della conoscenza propria e altrui; dall'altro, essa implica il rischio di pregiudicare l'unicità delle rispettive conoscenze *firm specific* a tutto vantaggio degli altri partecipanti([70]), sia perché i meccanismi di isolamento perdono di efficacia quando è concesso a terzi di osservare da vicino le *routine* interne, sia perché si è maggiormente esposti alle conseguenze negative di comportamenti del tipo «libero battitore» o semplicemente opportunistici dei *partner*([71]).

PROGETTAZIONE DELLO SPAZIO RELAZIONALE E GOVERNO DELLA CONOSCENZA

L'immagine di attori atomistici che concorrono per il profitto l'uno contro l'altro, in un mercato anonimo ed impersonale, è sempre più inadeguata in un mondo in cui le imprese sono vicendevolmente legate da intensi rapporti di scambi cognitivi, sociali, professionali e materiali. Respingere la visione atomistica dell'impresa significa peraltro ammettere, più o meno implicita-

---

([69]) Cfr. MOWERY D.C., OXLEY J.E. SILVERMAN B.S., "Strategic Alliances and Interfirm Knowledge Transfer", in *Strategic Management Journal*, n. 17, Winter Special Issue, 1996, pag. 78.

([70]) Cfr. KALE P. SINGH H., PERLMUTTER H., "Learning and Protection of Property Asset in Strategic Alliances: Building Relational Capital", in *Strategic Management Journal*, n. 21, 2000, pag. 217.

([71]) Cfr. GULATI R., "Network Location and Learning: The Influence of Network Resource and Firm Capability on Alliance Formation", in *Strategic Management Journal*, n. 20, 1999, pag.400.

mente, che in parte il valore che questa crea dipende dalla rete di relazioni cui appartiene ed alla cui strutturazione ed alimentazione concorre([72]).
Un'ampia e profonda analisi delle fonti del vantaggio competitivo dovrebbe allora estendersi anche allo spazio relazionale interpretato come unica ed inimitabile risorsa([73]). La progettazione negoziata di questo spazio implica, tra l'altro, scelte relative a «quali» e «quanti» nodi (imprese, centri di ricerca, fondazioni, associazioni di categoria, enti pubblici ecc.) connettersi, nell'arco di tempo considerato, nonché scelte relative alla struttura di governo delle relazioni (per esempio, forme *equity* o non *equity*).
Storicamente, la crescente cura nella progettazione di questo spazio può leggersi come risposta coniata dalle imprese per governare la dispersione delle risorse tecnologiche e manageriali che, scatenata dalla prima rivoluzione industriale (fine del XVIII sec.) ed ulteriormente fomentata dalla seconda (ultimi due decenni del XIX sec.), è in atto ancora oggi sull'onda lunga di quattro tendenze relativamente più recenti:

1. la rincorsa intrapresa nel 1945 dall'Europa e dal Giappone nei confronti degli Stati Uniti;
2. la progressiva liberalizzazione, coeva alla tendenza *sub* 1), degli investimenti e degli scambi commerciali internazionali e la susseguente intensificazione della competizione globale;
3. la crescita, negli anni '60 in USA e poi negli anni '80 in Europa e in Giappone, del *venture capital* che ha lastricato un percorso preferenziale per lo sviluppo delle nuove tecnologie tramite le cosiddette *start*

([72]) Cfr. KOGUT B., "The Network as Knowledge: Generative Rules and the Emergence of Structure", in *Strategic Management Journal*, 2000, n. 21, pagg. 405-425.

([73]) GULATI R., NOHRIA N., ZAHEER A., "Strategic Network", in *Strategic Management Journal*, n. 21, 2000, pag. 212; DEZI L., *Le dinamiche di convergenza imprenditoriale e settoriale. Risorse immateriali, outsourcing, reti di imprese, cross-border*, Cedam, 1996, pag. 80.

([74]) Cfr. TEECE D.J., "Competition, Cooperation and Innovation", in *Journal of Economic Behavior*, n. 18, 1992, pag. 7.

([75]) Cfr. GAMBARDELLA A., RULLANI E., "Divisione del lavoro tecnologico e media di condivisione delle conoscenze alla ricerca di nuove istituzioni", in *Economia e politica industriale*, n. 101-102, 1999, pag. 267.

([76]) Cfr. RICCIUTI C., *Organizzazione Aziendale. Aspetti e problemi di progettazione delle strutture*, Cedam, 2003, pagg. 270-271.

([77]) Cfr. GRANDORI A., *Organizzazione*, *op.cit.*, pag. 504; LORENZONI G., "Reti di imprese ed imprenditorialità diffusa", in LIPPARINI A., LORENZONI G. (a cura di), *Imprenditori e imprese*, Il Mulino, 2000, pagg. 171-197; PERRONE V., "La rete", in COSTA G., NACAMULLI R. (a cura di), *Manuale di organizzazione aziendale*, Vol. I, *Le teorie dell'organizzazione*, Utet, 1997 (1996[1]), pagg. 607-636.

([78]) Cfr. GRANDORI A., *Organizzazione*, *op.cit.*, pag. 504.

([79]) Per approfondimenti sul tema, cfr. SCHIAVONE F., *Conoscenza, Imprenditorialità, Reti*, Cedam, 2008.

up(74);

4. la diffusione e lo sviluppo, iniziato alla fine degli anni '60, delle tecnologie dell'informazione che hanno costituito un potente stimolo alla divisione del lavoro cognitivo a distanza (come, ad esempio, nel caso delle comunità virtuali)(75).

La polverizzazione, sia a livello organizzativo, sia a livello geografico, delle conoscenze tecnologiche e manageriali comporta che esse siano ora sfruttabili efficientemente ed efficacemente solo a patto di saper architettare piattaforme relazionali (reti di organizzazioni o *network*) durevoli e geograficamente estese, che, sotto il profilo strategico, assumono valenza nella misura in cui creano valore per gli *insider* ed erodono vantaggio competitivo agli *outsider*.

Sotto il profilo organizzativo, i *network* possono definirsi sinteticamente come «compenetrazioni di mercato e gerarchia» e, in quanto tali, configurano una terza via di coordinamento dei processi economico-produttivi che allarga il limitato campo dell'alternativa mercato-gerarchia(76). I nodi del *network* se, da una parte, sono separati dal punto di vista dei diritti di proprietà, dall'altra, a fini di coordinamento, sfruttano meccanismi diversi dal puro mercato, vale a dire meccanismi di coordinamento basati sulla continuità di cooperazione, la comunicazione diretta e la decisione congiunta, la fiducia (sistemi di accreditamento e garanzia), la definizione di regole di distribuzione delle rendite.

Proprio perchè implicano un certo allontanamento dal mercato, le relazioni che nascono all'interno del *network* non si configurano come relazioni concorrenziali, ma piuttosto come relazioni di «commensalità» o complementarità, vale a dire relazioni orizzontali o diagonali tra nodi che posseggono e utilizzano risorse simili e/o complementari e che, nel far ciò, sono avvinti da interdipendenze cooperative(77).

Con riferimento al governo della conoscenza, nella scelta tra il *network*, il mercato e la gerarchia, elementi critici da valutare in chiave differenziale sono: le economie sull'acquisizione di conoscenze e di specializzazione ed il superamento di barriere costituite dalle curve di esperienza su attività diverse ma complementari(78). Rispetto a tali elementi di valutazione, spesso la rete costituisce una soluzione superiore non solo al mercato puro, ma anche all'apprendimento e all'investimento interno, grazie alle sue peculiari formule di *risk sharing* e *resource sharing*: le reti, infatti, consentono ai diversi nodi di sostenere e ripartire i rischi e i costi connessi all'esplorazione e allo sfruttamento della conoscenza, attività che altrimenti sarebbero, non di rado, irrealizzabili con le altre due vie(79).

Per comprendere la complessità di tale problema, dal punto di vista dell'organo di governo di ciascun partner giova considerare almeno i seguenti aspetti:

– analisi *knowledge based* delle motivazioni degli accordi collaborativi;

– valutazione della propria attrattività;

– formulazione delle preferenze per le strutture di governo.

A) Motivazioni *knowledge based* degli accordi collaborativi.

I motivi che possono spingere l'organo di governo a stringere accordi collaborativi con imprese *partner* sono essenzialmente: accedere alle conoscenze di entità terze; apprendere le conoscenze altrui; preservare e sfruttare le conoscenze del proprio sistema impresa; condividere i rischi ed i costi dell'esplorazione di nuove conoscenze con entità terze.

«Accesso alle conoscenze di imprese terze»: l'organo di governo può valutare il ricorso all'accordo per accedere alle conoscenze di altre imprese che risultano cruciali per il raggiungimento del vantaggio competitivo([80]) e richiedono tempo per essere costituite o sviluppate([81]). Collaborando con *partner* che già dispongono di determinate risorse e capacità, le imprese colmano le lacune da cui sono affette le loro dotazioni, aggirando il problema dell'inesistenza di un mercato per questi fattori ed abbattendo i tempi che sarebbero altrimenti necessari per un loro sviluppo interno.

Anche se tanto gli accordi collaborativi quanto le operazioni di fusione e acquisizione (*merger and acquisition*, M&A) possono consentire l'accesso alle conoscenze altrui, l'accordo è preferibile quando non tutte le risorse possedute dall'impresa «bersaglio» sono, da un punto di vista della creazione di valore, interessanti.

Dato che un certo grado di specificità delle risorse è generalmente inevitabile, mentre nelle operazioni di M&A una parte delle risorse può risultare ridondante ed essere disinvestita solo a patto di subire una qualche perdita, nell'accordo collaborativo l'impresa accede più selettivamente alle risorse di cui è carente, minimizzando la ridondanza.

La motivazione dell'accesso è, ad esempio, alla base di molti ac-

([80]) Cfr. MADHOK A., TALLMAN S.B., "Resources, Transactions and Rents: Managing Value through Interfirm Collaborative Relationship", in *Organization Science*, n. 3, 1998, pagg. 326-339; COMBS J.G., KETCHEN D.J. jr, "Explaining Interfirm Cooperation and Performance: Toward a Reconciliation of Predictions from the Resource Based View and Organizational Economics", in *Strategic Management Journal*, n. 20, 1999, pagg. 867-888.

([81]) Cfr. AHUJA G., "The Duality of Collaboration: Inducements and Opportunities in the Formation of Interfirm Linkages", in *Strategic Management Journal*, n. 21, 2000, pag. 319.

cordi collaborativi tra le multinazionali occidentali e le imprese dell'Europa orientale. A partire dalla fine degli anni '80, l'intensificarsi della competizione nei mercati maturi ha spinto le imprese multinazionali occidentali a ricercare dei possibili mercati di sbocco nelle ex-economie pianificate dei paesi dell'Europa dell'est.

Gli accordi con le imprese locali, in particolare le *joint venture*, sono comunemente utilizzate dalle multinazionali come ponti organizzativi per accedere a mercati incerti ma pieni di potenziale economico e commerciale quali quelli dell'Europa orientale. In queste *joint venture*, le multinazionali occidentali forniscono le conoscenze manageriali (amministrative, finanziarie, di *marketing*) e tecniche (tecnologia di prodotto e di processo) essenziali, mentre le imprese locali apportano capitale relazionale, che agevola i rapporti con i governi e le istituzioni locali, e forniscono la conoscenza relativa alle leggi ed alle consuetudini socio-economiche locali.

«Apprendimento»: il potenziale di apprendimento da un *partner* è un importante e crescente motivo per allearsi. Mentre l'accesso ha come obiettivo l'integrazione delle altrui conoscenze con le proprie, senza tuttavia investire in processi di metabolizzazione delle conoscenze del *partner*, l'apprendimento mira proprio ad una interiorizzazione delle conoscenze altrui.

Così come i legami sociali consentono l'acquisizione delle conoscenze ed informazioni possedute dagli altri individui per mezzo dei contatti realizzati a livello interpersonale, gli accordi configurano delle «relazioni di accesso», aprono una finestra sulle altrui capacità e, rendendo reciprocamente più permeabili i rispettivi confini organizzativi (non solo con riferimento alle conoscenze direttamente coinvolte, ma anche per quelle che esplicitamente non lo sono), stimolano la creazione di circoli virtuosi di *learning by cooperating* e *learning by integrating* per un ampio spettro di capacità([82]).

Molti degli accordi di R&S tra le imprese farmaceutiche tradizionali e le imprese biotecnologiche sono strutturati in modo tale che le imprese farmaceutiche, in cambio dei finanziamenti erogati al *partner biotech* per i progetti di ricerca, si assicurano, oltre al diritto di appropriarsi di una parte dei ritorni generati dal risultato della ricerca, anche

([82]) Cfr. LORENZONI G., LIPPARINI A., "The Leveraging of Interfirm Relationships as a Distinctive Organizational Capability: A Longitudinal Study", in *Strategic Management Journal*, n. 20, 1999, pag. 331.

quello di osservarne il processo di svolgimento([83]). Perché l'apprendimento si realizzi, occorre tuttavia sapere e poter sfruttare le opportunità offerte dalla collaborazione. L'apprendimento in seno all'accordo dipende, in primo luogo, dalla capacità di assorbimento interna dell'impresa.

Centrale, in una siffatta capacità organizzativa, è l'adeguatezza delle risorse impiegate: l'insufficienza o l'inadeguatezza delle risorse umane dedicate alla *partnership* può pregiudicare i risultati del processo di apprendimento. In secondo luogo, dipende dalla volontà del *partner* di cooperare, ossia di smorzare, o quanto meno di non potenziare, i meccanismi di isolamento, consentendo all'altro di apprendere.

Nel corso dell'accordo, alcuni *partner* possono essere meno trasparenti o aperti verso gli altri. Lo strato opaco, impermeabile della membrana organizzativa che si interpone tra i partecipanti viene allora ispessito tramite l'adozione di politiche restrittive di comunicazione e l'impiego di meccanismi di protezione delle conoscenze chiave: le astute assegnazioni di compiti e le separazioni fisiche dei gruppi di lavoro degli esperti trattengono le rispettive conoscenze tecnologiche all'interno dei propri «muri organizzativi»; così come l'incoraggiamento di atteggiamenti protettivi verso le conoscenze specialistiche ed esperienziali possedute fa sì che i *gatekeeper* giochino, a livello interorganizzativo, il ruolo di isolanti piuttosto che di fertilizzanti della conoscenza([84]).

Similmente critici per la possibilità di effettivo apprendimento sono i criteri in base ai quali si stabilisce la divisione del lavoro tra *partner*: quanto più la divisione è operata in funzione delle conoscenze *firm specific* di ciascun *partner*, tanto minori sono in genere le occasioni di apprendimento di conoscenze non familiari. A quest'ultimo proposito molto eloquente è il caso del consorzio Airbus discusso nel box seguente.

([83]) Cfr. STUART T.E., "Interorganizational Alliances and the Performance of Firms: A Study of Growth and Innovation Rates in a High Technology Industry", in *Strategic Management Journal*, n. 21, 2000, pag. 792.

([84]) Cfr. SIMONIN B.L., "Ambiguity and the Process of Knowledge Transfer in Strategic Alliances", in *Strategic Management Journal*, n. 20, 1999, pag. 601.

LE CRITICITÀ RELATIVE ALLA DIVISIONE DEL LAVORO TRA *PARTNER*: IL CASO DEL CONSORZIO AIRBUS([85])

Airbus, in quanto consorzio aerospaziale, configura un modello policentrico di collaborazione tecnologica in cui le varie decisioni devono essere condivise dai partecipanti, compresa l'attribuzione a ciascun *partner* delle varie porzioni di progetto da realizzare. Quest'ultimo aspetto riveste un'importanza cruciale sotto il profilo della *knowledge governance*. Infatti, la possibilità per un *partner* di assicurarsi la realizzazione delle parti più interessanti e stimolanti del progetto in termini di esplorazione e crescita tecnologica costituisce un beneficio individuale netto ulteriore della collaborazione che si aggiunge a quelli di natura economica.
In Airbus, la ripartizione delle diverse attività tra gli associati, basata sul principio della valorizzazione delle conoscenze chiave di ciascun partecipante, ha fatto sì che ogni impresa contribuisse alle attività del consorzio sulle base delle proprie conoscenze chiave; per le quali si manifestano quindi delle opportunità di ulteriore sfruttamento e affinamento. Tuttavia, allo stesso tempo ciò ha implicato per i singoli *partner* una rinuncia allo sviluppo e all'apprendimento di conoscenze rispetto alle quali si trovavano in una condizione di svantaggio nei confronti di tutti gli altri.
La consapevolezza dei rischi connessi a tale criterio di divisione del lavoro ha scatenato in passato non pochi conflitti tra i *partner*. In particolare, le tensioni più elevate si sono avute tra i due *partner* tecnologicamente più importanti, Aerospatiale (Francia) e British Aerospace (Regno Unito), in merito al problema del controllo su alcune attività chiave, quali l'integrazione di sistemi, la progettazione generale e l'avionica.
Il *partner* britannico ha sempre rimproverato ad Aerospatiale di volere mantenere uno stretto controllo su queste aree di sviluppo tecnologico di «primo livello», lasciando agli altri membri del consorzio solamente le attività di R&S di «secondo livello», cioè quelle concernenti i singoli elementi strutturali del velivolo (ala, fusoliera, piani di coda ecc.). Il problema si aggravò quando il consorzio decise di avviare la progettazione del velivolo A-320. In tale occasione, British Aerospace chiese di attuare una rotazione dei compiti rispetto ai progetti precedenti (A-300 e A-310).
Dopo lunghe discussioni tra i *partner*, protrattesi per un anno, prevalse la volontà del *management* di Airbus di sfruttare nel miglior modo le conoscenze sviluppate durante la progettazione e la realizzazione dei modelli precedenti, mantenendo pertanto la medesima divisione del lavoro: paradossalmente, quanto maggiore è il successo dell'accordo, tanto più elevato è il rischio connesso al problema della specializzazione, in quanto i precedenti risultati positivi rappresentano un forte incentivo al mantenimento della stessa distribuzione del lavoro sulla base delle rispettive conoscenze chiave.

([85]) Ns. adattamento da PORRECA L., "Le alleanze nel settore aeronautico", in VICARI S. (a cura di), *Le alleanze dei settori ad alta tecnologia*, Egea, 1991, pagg. 217-276.

«Preservazione e sfruttamento delle risorse interne»: i motivi raggruppati in questa categoria si riconducono all'ipotesi che l'organo di governo valuti l'accordo quale occasione per offrire un impiego a capacità e conoscenze pregiate che, per ragioni varie, si trovino momentaneamente disoccupate o sotto utilizzate, nell'intento di prevenire un degrado o una sclerosi del *know how*([86]). Se l'organo di governo è consapevole dell'inefficiente impiego delle conoscenze a livello di impresa, può promuovere la realizzazione di progetti interaziendali nei quali tali conoscenze possano continuare ad essere impiegate e a generare valore.

«Esplorazione di nuove conoscenze»: tale motivazione è riconducibile alla volontà di condividere con uno o più *partner* gli ingenti oneri e rischi che implicano gli investimenti in nuova conoscenza, sia che si tratti di conoscenze tecnologiche che di mercato. Ad esempio, può trattarsi del caso di un'impresa farmaceutica che decida di affrontare lo sviluppo di un nuovo farmaco condividendo il relativo progetto con imprese concorrenti (accordo orizzontale); oppure di un'impresa che intravede prospettive di sviluppo di una nuova tecnologia e/o di un nuovo mercato a partire dalla combinazione di tecnologie esistenti e, di conseguenza, ricerca *partner* appartenenti ad altri settori industriali che abbiano portafogli tecnologici complementari rispetto al proprio (accordi trasversali), come ad esempio è accaduto per le collaborazioni nate tra le imprese del settore elettronico e quelle del settore ottico dalle quali hanno avuto origine le tecnologie dell'optoelettronica.

B) Valutazione della propria attrattività.

I motivi finora analizzati stimolano l'organo di governo a prendere in considerazione l'ipotesi dell'accordo quale leva di *knowledge governance* per il vantaggio competitivo dell'impresa. Tuttavia, un conto è percepire il bisogno di entrare in una relazione di *partnership*, altro è risultare *attraenti* per i potenziali *partner* e concretizzare la collaborazione *de facto*. Nel realizzare quest'ultimo passaggio, l'organo di governo vede concorrere la propria impresa con tutte le altre realtà

([86]) Cfr. TSANG E.W.K., "Transaction Cost and Resource-based Explanations of Joint Ventures: A Comparison and Synthesis", in *Organization Studies*, n. 1, 2000, pag. 221.

che progettano anch'esse reti di relazioni interaziendali. In questa competizione, le imprese con dotazione di conoscenze – manageriali, tecnologiche, di mercato ecc. – più interessanti risultano più attraenti ad un maggior numero di potenziali *partner*, godendo di più elevate probabilità di realizzare il prefigurato portafoglio delle collaborazioni. Se l'organo di governo, in cambio della domanda di accesso a conoscenze esclusive, può offrire solo fattori comuni, perfettamente o facilmente mobili e sostituibili, probabilmente non riuscirà ad attrarre alcun alleato per almeno tre ragioni. In primo luogo, potendo tali fattori essere acquisiti nel mercato al giusto prezzo, sarebbe sconsiderato per un potenziale *partner* stringere un accordo collaborativo, soluzione questa implicante alti costi di governo e sacrifici in termini di perdita di controllo organizzativo. In secondo luogo, le imprese che condividono le loro risorse e conoscenze specifiche stanno sostanzialmente acconsentendo ad altri di attingere alla fonte del loro vantaggio competitivo: se ciò può essere accettato per disporre di una risorsa unica, non ottenibile tramite il mercato, non può invece esserlo solo per avere in cambio un fattore produttivo comune. In terzo luogo, un'impresa che acconsenta ad un'altra di accedere alle sue conoscenze chiave, ottenendo in cambio un fattore comune, sta offrendo una risorsa che genera rendite in cambio di un fattore il cui corrente valore di mercato esprime per intero il valore attuale dei ritorni futuri: questo scambio si realizza solo nel caso in cui la parte che offre fattori produttivi comuni accetti condizioni di accordo che sottostimino notevolmente il suo contributo all'accordo, compensando per tale via la sua bassa attrattività([87]).

In sostanza, l'opzione della relazione collaborativa è perseguibile per l'organo di governo solo se il sistema impresa è in grado di pagare il diritto di accesso alle conoscenze chiave altrui con la giusta moneta di scambio. La valutazione di tale aspetto richiede che l'organo di governo abbia piena consapevolezza delle conoscenze possedute non solo a livello di struttura specifica, ma anche ampliata. Come si è già visto sopra, e come si ribadirà più oltre, la mappatura delle conoscenze non è affatto banale e richiede meccanismi organizzativi *ad hoc* ma, se accurata, mette in evidenza conoscenze che, al momento opportuno (quale quello di una negoziazione in vista di un accordo collaborativo), possono essere proficuamente offerte sul tavolo delle trattative.

([87]) Cfr. AHUJA G., "The Duality", *cit.*, pag. 319.

C) Scelta della struttura di governo dell'accordo.

Qualora l'accordo sia ritenuto fattibile, l'organo di governo dovrà concordare con i *partner* la struttura di governo della collaborazione. Dal punto di vista dell'organo di governo della singola impresa, tale scelta non è affatto neutrale, dal momento che([88]):

– ogni struttura facilita l'accesso alle conoscenze dei *partner* in misura diversa;

– ogni struttura comporta un diverso rischio di esposizione delle proprie conoscenze;

– a parità di struttura, la facilità d'accesso ed il rischio di esposizione dipendono dal grado di appropriabilità delle conoscenze;

– le imprese, nel realizzare l'accordo, sono interessate non solo ad accedere alle conoscenze altrui, ma anche a proteggere le proprie conoscenze dal rischio di esposizione indesiderata nei confronti del *partner*.

Si tratta allora di scegliere, subordinatamente alla natura delle conoscenze coinvolte, quella che, tra le varie soluzioni strutturali, meglio bilancia l'esigenza di realizzare gli obiettivi dell'accordo (siano essi di accesso o apprendimento dell'altrui conoscenza, di sfruttamento della propria conoscenza o di esplorazione di nuove conoscenze), con l'esigenza di non voler perdere, almeno non oltre i limiti desiderati, il controllo delle conoscenze che non si intendono condividere. Ad esempio, *joint venture* e consorzi implicano che i *partner* lavorino per un esteso periodo di tempo nella stessa organizzazione e questa è una condizione che almeno in potenza rende difficile impedire totalmente l'accesso alle rispettive conoscenze tacite. In effetti, sotto l'aspetto dell'appropriazione, *joint venture* e consorzi offrono alte opportunità di metabolizzazione delle conoscenze manageriali e tecnologiche dei *partner*; d'altro canto, sotto l'aspetto del rischio di esposizione, esse costringono ad una pericolosa convivenza.

Questi aspetti acquistano diversa rilevanza a seconda dei contenuti dei panieri di conoscenze apportate dai *partner*. Infatti, se l'impresa focale apporta conoscenze agevolmente appropriabili quando le altre apportano conoscenze non appropriabili, allora il rischio di esposizione per la prima acquista una particolare evidenza; se invece la situa-

---

([88]) Cfr. DAS T.K., TENG B.S., "A Resource Based Theory of Strategic Alliances", in *Journal of Management*, n. 1, 2000, pagg. 31-61.

zione è capovolta, per l'impresa focale la *joint venture* o il consorzio rappresentano una ghiotta occasione di apprendimento a fronte di rischi di *spillover* più contenuti. D'altro canto, soluzioni collaborative di «quasi mercato» come il *licensing* o il *cross licensing* che non prevedono (anzi evitano) una elevata compenetrazione tra le parti sono da preferire quando la motivazione dell'accordo è dettata dallo scambio e dall'apprendimento di conoscenze la cui appropriabilità è bassa per i terzi.

4.7. LE POLITICHE RELATIVE AI MECCANISMI DI PROTEZIONE DELLA CONOSCENZA

Questa sezione affronta le politiche concernenti l'impiego e la congrua combinazione dei meccanismi di protezione della conoscenza.

Tali meccanismi, tra breve analizzati, presentano efficacia diversa in funzione del tipo di conoscenza (tacita, esplicita; causalmente ambigua o non ambigua) e di innovazione (di prodotto, di processo ecc.) cui si applicano. Pertanto, la scelta dell'uno piuttosto che dell'altro non è affatto neutrale.

Nel prosieguo, dopo una breve descrizione di ciascun meccanismo, si passa ad esaminare le politiche relative al loro utilizzo e alla loro combinazione.

4.7.1. I meccanismi di protezione della conoscenza

Per fronteggiare il problema dell'appropriabilità del valore generato dalla conoscenza, l'organo di governo del sistema impresa ha a disposizione una serie di meccanismi di protezione della conoscenza, i quali creano una sorta di monopolio artificiale su tale risorsa, consentendo così al titolare di recuperare il valore dell'investimento nell'esplorazione, attraverso un sovrapprezzo rispetto ad una situazione di non esclusione.

I meccanismi di protezione della conoscenza sono: il brevetto, il diritto d'autore (*copyright*) e i diritti similari, i marchi commerciali e di servizio, le forme *sui generis* di protezione e i segreti industriali.

Il brevetto (*patent*) è l'istituto giuridico preposto alla tutela delle invenzioni di macchinari, prodotti, processi e delle scoperte di piante e materiale genetico([89]). Esso attribuisce al titolare un fascio di diritti che gli consentono di realizzare, usare, vendere e trasferire a terzi l'oggetto del diritto medesimo, che è l'idea in quanto tale e non la sua espressione, come nel caso del diritto d'autore. In sostanza, il brevetto attribuisce al titolare un monopolio temporaneo sullo sfruttamento dell'innovazione([90]). A fronte di tale attribuzione, si apre per il titolare il dovere di codificare e diffondere l'innovazione: questa deve essere infatti descritta – in modo tale che una persona qualificata possa metterne in opera la produzione – e pubblicata in appositi registri conservati da autorità pubbliche, al fine di promuovere la cumulazione della conoscenza a livello socioeconomico. I diritti conferiti attribuiscono quindi un'esclusività, concessa dal titolo di proprietà, e sono liberamente cedibili a terzi, ad esempio tramite accordi di licenza. La configurazione della protezione dipende da tre aspetti: «durata», «portata» (*scope* o *breadth)* e «forza». Essi condizionano l'estensione del monopolio attribuito e l'influenza del brevetto stesso sulla concorrenza. Quanto più lunga è la durata del diritto, tanto più si protrae nel tempo il beneficio del monopolista, anche se attenuato dal fatto che, con l'andare del tempo, aumenta la probabilità di prodotti sostitutivi. Il brevetto scade dopo un periodo ben definito, variabile da paese a paese, e talora diverso a seconda del tipo di invenzione tutelata, ma in genere la sua durata si estende per un periodo che varia da quindici a vent'anni([91]). La portata del brevetto fa riferimento al grado di ampiezza/ri-

---

([89]) L'etimologia del vocabolo inglese *patent* risale alla consuetudine dei regnanti di concedere agli inventori una lettera aperta di privilegio (*patere* in latino significa «essere aperto») chiamata anche *letter of patent*. Le *letters of patent* concesse dalla Corona inglese vennero sistematizzate con lo Statuto del 1624.

([90]) La concessione del brevetto è subordinata alla soddisfazione contestuale di tre criteri: «novità», «non ovvietà» ed «utilità». Tale limitazione si basa sul principio che non può essere attribuito il diritto di privativa, con conseguente monopolio, per qualcosa che è già conosciuto e diffuso nella collettività. Inoltre, la novità deve riguardare qualcosa che non appartenga al dominio dell'ovvio, ricavabile da quanto già esistente e disponibile, e infine deve presentare un'applicabilità potenziale. Cfr. SILVA F., RAMELLO G., "Il mercato delle idee", in *Economia e politica industriale*, nn. 101-102, 1999, pag. 301.

([91]) In aggiunta al sistema brevettale, alcuni paesi hanno introdotto gli *utility models*. Il criterio di novità per gli *utility models* è meno stringente ed è in genere garantito per innovazioni piccole, incrementali. Il periodo di tutela è più breve (usualmente da quattro a sette anni). Similmente, l'*industrial design* protegge le caratteristiche ornamentali di un bene di consumo. Per essere suscettibile di protezione, il disegno deve essere originale o nuovo; il periodo di protezione, in genere, è garantito per

strettezza di definizione dell'invenzione protetta: la definizione molto ristretta o, al contrario, molto ampia dell'innovazione protetta limita o, al contrario, aumenta il costo di qualsiasi sforzo destinato ad aggirare la protezione. In sostanza, al crescere della portata del diritto, aumenta quella del monopolio e si riduce la possibilità di innovazione in forma di prodotti sostituitivi. La forza fa riferimento alle restrizioni o costrizioni poste alla trasmissione del brevetto da parte del titolare. Conferire un diritto trasmissibile è una delle caratteristiche chiave della nozione di proprietà. Questa trasmissibilità crea pertanto un mercato della proprietà intellettuale, su cui si incontrano la domanda e l'offerta. Il mercato della proprietà intellettuale, in virtù dell'articolazione dei contratti a cui può dare origine, ha permesso di sviluppare complessi meccanismi di circolazione della conoscenza. Ma è anche è regolato da norme che sanciscono eventuali limiti od obblighi alla trasmissibilità della proprietà. I limiti sono di natura giuridica o contrattuale sulla trasmissione a cascata. Le misure che indeboliscono la forza della protezione possono essere ricondotte alle seguenti([92]):

– il controllo dell'esclusività e delle limitazioni territoriali;

– la formazione di un tetto massimo o di altre limitazioni per le *royalties*;

– l'eventuale obbligo di concedere una licenza, associata o meno al mancato sfruttamento dell'innovazione;

– le azioni intraprese dalle autorità per la concorrenza al fine di regolamentare le varie forme di discriminazione che possono intervenire tra contratti di licenza.

«Diritto d'autore (*copyright*) e diritti similari». Il diritto d'autore, che conosce crescente importanza nell'industria del *software*, tutela l'espressione di un'idea e conferisce al titolare un insieme di diritti che sono il diritto di riprodurre l'opera, di rappresentarla, eseguirla o mostrarla in pubblico, di distribuirne copie, di adattarla o di realizzare derivati([93]). Il diritto d'autore protegge non tanto le idee astratte, quan-

---

un periodo da cinque a quindici anni.

([92]) Cfr. GILLE L., "La protezione", *cit.*, pag. 239 e segg.

([93]) Il diritto d'autore tutelando le espressioni di idee si concentra necessariamente sugli aspetti formali del *software* (la scrittura, i codici sorgenti), mettendo in secondo piano e trascurando ciò che il programma è, cioè l'idea. Questa peculiarità ha avuto considerevoli implicazioni nella giurisprudenza e nella pratica: una testimonianza famosa è procurata dal caso Apple Comuputer contro Microsoft, laddove venne sancito che l'imitazione del sistema operativo Macintosh che in modo innovativo

to la loro rappresentazione ed è conferito a fronte di un criterio di originalità minimo, mentre non vi è nessun filtro di qualità. Come nel caso del brevetto, la configurazione della protezione dipende da parametri quali la durata, la portata e la forza([94]). Diritti similari sono concessi all'interprete, ai *phonogram producers* e alle *broadcasting organizations*. Limitazioni a tali diritti esistono per consentire le cosiddette *fair use exemption*, quali ad esempio quelle riconducibili ad usi formativi ed educativi o al diritto di critica.

I «marchi commerciali e di servizio» sono parole, segni o simboli che identificano un certo prodotto o una certa impresa. La loro funzione consiste nel proteggere la reputazione e la qualità di un prodotto o di un'impresa. Essi hanno una durata virtualmente indefinita finché restano in uso.

Le «forme *sui generis* di protezione» sono indotte dallo sviluppo e dalle peculiarità di alcuni settori industriali e di alcuni prodotti([95]). I *layout design for integrated circuits* proteggono i produttori di semiconduttori: la protezione è limitata al disegno di un circuito integrato e quindi non pone alcuna restrizione legale al *reverse engineering* di un semiconduttore. Il periodo di protezione è in genere di dieci anni. I titolari hanno diritto ad opporsi in giudizio contro riproduzioni, importazioni, vendita o altri utilizzi commerciali non autorizzati. Nel settore agroalimentare si sta vieppiù diffondendo un'altra forma *sui generis* di protezione: i *plant breeders' rights* (PBRs), ossia i diritti sulla riproduzione di varietà vegetali, che proteggono nuove varietà di piante uniformi, stabili e distinte dalle varietà esistenti. Nel caso dei PBRs, i diritti di esclusiva comprendono, in linea di principio, la vendita e la distribuzione del materiale riproduttivo per un minimo di quindici anni. Tali diritti di esclusiva sono sottoposti, di norma, a due restrizioni. La prima è l'eccezione per scopi di ricerca, che consente l'uso della varietà protetta quale base di conoscenza per lo sviluppo di una nuova varietà. L'altra restrizione è nota come *farmers' privilege* e conferisce a chi già impiegava la varietà il diritto di riusare i semi ottenuti dai

---

introduceva il concetto di interfaccia grafica *user friendly* poteva *ex lege* essere realizzata da Microsoft con Windows (e da qualsiasi altro) in quanto il *copyright* tutelava appunto le copie fisiche dell'idea fissata e non l'idea in sé.

([94]) La durata del diritto d'autore in numerosi paesi è alquanto lunga: da cinquanta a settant'anni *post mortem autoris*.

([95]) Cfr. PRIMO BRAGA C.A., FINK C., PAZ SEPULVEDA C., "Intellectual Property Rights and Economic Development", in *TechNet Working Paper*, 1998, pagg. 5-6.

suoi raccolti. Con l'avvento delle biotecnologie, tuttavia, molte multinazionali del settore agroalimentare stanno vieppiù ricorrendo al tradizionale sistema di brevetti per proteggere i prodotti e i processi agricoli: in tal modo esse, godendo della protezione brevettale, impediscono non solo ai concorrenti lo sfruttamento delle loro conoscenze protette per la riproduzione delle varietà tutelate, ma impediscono anche agli agricoltori diretti di reimpiegare i semi per generare nuovi raccolti.

Il «segreto, di fabbrica o commerciale», differisce da altre forme di protezione, in quanto non attribuisce un esplicito titolo all'inventore e si rivela efficace per la tutela delle forme di conoscenza non codificata([96]). In sostanza, è un meccanismo di tutela dalla divulgazione non autorizzata della conoscenza o dell'informazione confidenziale, riservata([97]). Tale informazione confidenziale include invenzioni non ancora brevettate, modalità di organizzare il *business*, banche dati su clienti, specifiche di acquisto ecc. L'imitazione tramite *reverse engineering*, invece, non comporta violazione del segreto di fabbrica([98]).

4.7.2. L'uso dei meccanismi di protezione: politiche proprietarie e politiche aperte

I meccanismi testé descritti si completano e si rafforzano più di quanto non si escludano. Essi sono infatti efficaci nel produrre scarsità

([96]) Adam Smith, nelle sue ricerche sulla natura e le cause della ricchezza delle nazioni, rileva che il «segreto» è fonte di rendita. Distingue il segreto di commercio, ossia la conoscenza da parte di un commerciante di una consistente asimmetria tra approvvigionamento e domanda su un certo mercato, dal segreto di fabbrica, ossia la conoscenza da parte di un produttore di procedimenti originali di fabbricazione. Egli precisa che i i segreti di fabbrica sono di natura tale da essere mantenuti più a lungo dei segreti di commercio, consentendo ai detentori di conseguirne ritorni maggiori. I segreti di commercio sono meno difendibili in quanto la conoscenza di un differenziale notevole su un mercato arriva inevitabilmente alle orecchie dei commercianti, che introducono sul mercato in parola beni concorrenti che abbattono le rendite dovute alla scarsità.

([97]) Cfr. PRIMO BRAGA C.A., FINK C., PAZ SEPULVEDA C., "Intellectual Property", *cit.*, pag. 6.

([98]) Per approfondimenti circa gli aspetti relativi alla valutazione degli intangibles legati alla tecnologia, v. diffusamente in SANCETTA G., *Gli intangibles e le performance dell'impresa. Verso nuovi modelli di valutazione e di comunicazione nella prospettiva sistemica*, Cedam, 2007.

«artificiale»([99]) in condizioni diverse e, al fine di conseguire una protezione a largo spettro delle eterogenee conoscenze del sistema impresa, ciascuno di essi dovrebbe essere impiegato sotto ipotesi di generazione del valore diverse([100]). Ad esempio, l'efficacia del brevetto è alquanto diversa per le conoscenze legate all'innovazione di processo rispetto a quelle legate all'innovazione di prodotto.

Nella maggior parte delle industrie, i brevetti sono più efficaci nella protezione dell'innovazione di prodotto piuttosto che in quella di processo. Se, infatti, le caratteristiche progettuali di un prodotto sono desumibili tramite il meccanismo del *reverse engineering* da parte di qualunque acquirente, le caratteristiche relative ad un processo produttivo o distributivo possono essere «catturate» solo tramite l'osservazione in quanto presentano un alto grado di conoscenza specifica e tacita. In sostanza, la protezione del brevetto è inefficace per i processi produttivi, poiché le innovazioni di processo poggiano su conoscenze tacite in misura relativamente maggiore rispetto alle innovazioni di prodotto.

D'altro canto, il segreto costituisce una valida alternativa al brevetto per la tutela dell'innovazione di processo, mentre è debolmente efficace per la tutela di nuovi prodotti. Il segreto industriale, però, non può essere perseguito in modo indiscriminato, essendo anch'esso, al pari del brevetto, affetto da limiti di efficacia e comportando una serie di rischi ed oneri.

Ad esempio, l'implementazione di tecnologie e forme organizzative che abbiano l'obiettivo di conservare i «segreti di fabbricazione» riescono a circoscrivere i rischi di non escludibilità solo a patto di poter limitare la possibilità di osservazione da parte degli addetti, di frammentare la conoscenza tra i vari componenti della struttura operativa e di assegnare le attività di supervisione completa ad un numero minimo di persone selezionate([101]). Anche se tutto ciò configura una soluzione al problema delle fughe di conoscenza, che si impone a chi voglia proteggersi in assenza di diritti di proprietà, il costo del mantenimento del segreto può diventare così proibitivo che solo alcuni tipi di imprese (ad esempio, quelle impegnate nella produzione bellica) sono in grado di sostenerlo.

([99]) Cfr. RULLANI E., "Le Capitalisme Cognitif: du Déjà Vu?", in *Multitudes*, n. 2, 2000, pag. 90.

([100]) Cfr. WINTER S.G., "Conoscenza", *cit.*, pag. 231.

([101]) *Ibidem*, pag. 230.

In sostanza, se l'ipotesi è che il valore venga massimizzato sfruttando la conoscenza all'interno dell'impresa e alla scala attuale, allora l'opzione più razionale per l'organo di governo è il segreto industriale, il quale implica oneri economici ed organizzativi per essere preservato il più a lungo possibile; viceversa, se l'ipotesi è che il valore sia massimizzato tramite la diffusione della conoscenza, ad esempio attraverso accordi di licenza o altre modalità di cooperazione, allora l'organo di governo dovrebbe optare per la codificazione della conoscenza stessa e per meccanismi quali il brevetto. Ancora, se si ritiene improbabile poter difendere il segreto di un'innovazione di processo, il coinvolgimento di uno o più *partner* in accordi di licenza può costituire l'opzione più intelligente per estrarre valore dalla nuova conoscenza.

Tuttavia, qualunque siano le conclusioni che scaturiscono da siffatte ipotesi, esse non sono neutrali rispetto alla modalità di sviluppo della nuova conoscenza, anzi vi retroagiscono, nel senso che le vie di sviluppo che sarebbero strumentali per la segretezza potrebbero rivelarsi controproducenti qualora, in tempi successivi, si decidesse invece per uno sfruttamento condiviso nell'ambito, ad esempio, di un rapporto di *partnership*.

Schematizzando, a seconda di «quanto» si ricorre ai vari meccanismi di protezione e di «come» si combinano tra loro, si può distinguere lungo un *continuum* ai cui estremi troviamo politiche totalmente proprietarie (*wholly proprietary system*) e politiche completamente aperte (*wholly open system*)([102]).

Le politiche totalmente proprietarie implicano il ricorso intensivo a meccanismi giuridici, quali brevetti, *copyright* e segreto industriale, con l'obiettivo di garantire lo sviluppo, l'uso e l'appropriazione di valore di una nuova conoscenza tecnologica solo all'impresa che l'ha generata.

Strategie sottese ad un *wholly proprietary system* sono, ad esempio, le seguenti([103]):

– «costituzione di blocchi tecnologici *ad hoc*»: realizzazione di veri e propri «muri» tecnologici che impediscono ai concorrenti o ad imprese a valle di potersi inserire lungo una certa traiettoria tecnologi-

([102]) Cfr. SCHILLING M.A., *Gestione*, *op.cit.*, pagg. 241 e segg.

([103]) In proposito, cfr. diffusamente CALDERINI M., GRANIERI M., "La gestione della proprietà intellettuale", in GRANDI A., SOBRERO M. (a cura di), *Innovazione*, *op.cit.*, pagg. 152-154.

ca. Può essere perseguita in condizioni di bassa incertezza, per poter sviluppare con una certa serenità un percorso tecnologico ragionevolmente predicibile; il suo punto debole risiede nell'eventuale rischio di aggiramento da parte di un'impresa concorrente;

– «inondazione»: nota anche come *escalation*, è tipica di condizioni di grande incertezza tecnologica. La logica è quella di brevettare tutti gli esiti possibili di un processo di ricerca e sviluppo, le idee-base, le varianti e i complementi tecnologici. In tal modo si punta a presidiare un'intera area tecnologica che diviene proprio dominio esclusivo. Questa strategia si è diffusa molto negli ultimi anni. Parecchie imprese, infatti, stanno adottando la pratica di brevettare ogni tipo di tecnologia e innovazione, indipendentemente dal loro interesse ad utilizzarle commercialmente. Così facendo, si crea nell'industria una sorta di tensione interna in base alla quale chiunque sviluppi una nuova tecnica o un'innovazione rischia di violare qualche brevetto esistente. Poiché i casi di violazione dei brevetti possono dar luogo a rimborsi e multe cospicue, questa situazione disincentiva molti innovatori. Per molti versi, l'inondazione può essere vista come una reazione preventiva all'innovazione futura dei concorrenti. Da un lato, come si è detto, questa *escalation* nella brevettazione si prefigge di scoraggiare l'attività innovativa, specie dei produttori più piccoli che potrebbero soffrire maggiormente le conseguenze di un'azione legale nei loro confronti. Dall'altro, sta creando paradossalmente situazioni nuove tra le imprese *leader* di un settore, perché i diversi portafogli di brevetti vengono utilizzati come moneta di scambio in accordi di licenze incrociate (*cross-licensing*);

– «recinzione»: per certi versi aspetti è simile all'*escalation*, ma più circoscritta in quanto prevede solo la brevettazione delle varianti di un'idea base, ossia un brevetto *core* viene circondato da una pletora di brevetti ancillari ritenuti strumentali ai fini della sua difesa.

Il vantaggio principale di una politica completamente proprietaria consiste nel mantenimento del «controllo architetturale» della conoscenza tecnologica, ossia della capacità da parte di un'impresa di definire la struttura, il funzionamento e la compatibilità di un prodotto con altri beni e servizi([104]). Il controllo architetturale conferisce all'impresa anche il potere di condizionare l'evoluzione della tecnologia e costituisce un *asset* pregiato soprattutto nei mercati dove la compatibilità

([104]) Cfr. SCHILLING M.A., *Gestione*, *op.cit.*, pagg. 244-245.

di una tecnologia con altri beni e servizi si rivela un fattore critico. Controllandone l'architettura, l'impresa si assicura che la propria tecnologia sia compatibile esclusivamente con i propri beni complementari e, al contempo, riduce il grado di compatibilità dei beni complementari prodotti da altre imprese: se la propria tecnologia riesce ad affermarsi come disegno dominante, l'impresa che governa il controllo architetturale è in grado di condizionare significativamente l'intero settore.

Nell'ipotesi di politiche totalmente aperte, molto frequenti nel settore del *software*, si decide di non proteggere la conoscenza tramite segreto industriale, brevetto o altro meccanismo giuridico e si fa in modo che essa sia liberamente acquisibile da altri operatori([105]).

Il principale argomento a sostegno della scelta di diffondere la conoscenza tecnologica si rinviene nella convinzione che una politica aperta promuova una più rapida diffusione nel mercato. Se a produrre distribuire e promuovere una tecnologia sono molte imprese, l'adozione da parte dei clienti tende a diffondersi più velocemente di quanto avverrebbe se la tecnologia fosse promossa da una sola impresa. Sia i clienti, sia i produttori di beni complementari tendono a percepire come superiore un'innovazione tecnologica se e quando molte imprese la sostengono e la promuovono: tale percezione può accelerare il processo di adozione da parte sia dei clienti sia dei produttori di beni complementari, stimolando altre imprese a sostenere la nuova tecnologia.

La maggior parte delle politiche non si identifica né con una totale apertura, né con una totale chiusura, ma in genere consiste in un'apertura parziale e controllata, giacché le imprese preferiscono adottare, di volta in volta, meccanismi di governo a grado variabile di rigidità e di protezione delle proprie conoscenze.

Detto in altre parole, tra le politiche proprietarie e quelle aperte vi è un *continuum* di scelte di cui fanno parte, ad esempio, gli accordi di *licensing*, di *cross licensing*, di *patent pooling*, di *free licensing*, di *licensing* di trasferimento tecnologico e di *free licensing* di trasferimento tecnologico([106]).

([105]) *Ibidem*, pagg. 241 e segg.

([106]) Il *cross-licensing* è lo scambio reciproco di licenze tra due parti. Ciascuna delle parti diventa licenziataria dell'altra. Il *cross-licensing* può avere ad oggetto lo scambio di pacchetti brevettali anche molto cospicui, relativi ad esempio ad un'intera area tecnologica, con lo scopo di garantirsi libertà nelle traiettorie di ricerca e sviluppo (*freedom of operation*), e può riguardare non solo brevetti passati, ma anche futuri. Il *cross-licensing* consente di circoscrivere il rischio di citazioni in giudizio per contraffazione di brevetto. Infatti, il *cross licensing*, come il *patent pooling* che si vedrà subito dopo, è un modo efficace per poter superare il problema del *patent thicket*: una fitta rete di brevetti e di altri diritti di proprietà intellettuale tra loro complementari cui un'impresa deve accedere al fine di poter sviluppare un nuovo prodotto o una nuova tecnologia, senza incorrere nel rischio di infrazioni legali. Attraverso il presidio indiscriminato di un'area tecnologica l'impresa induce il concorrente a richiedere l'accesso ad alcuni brevetti, garantendosi allo stesso tempo il diritto di applicare i brevetti con cui il concorrente controlla un'area tecnologica di interesse per l'impresa.

Il *patent pooling* è un altro modo efficace per governare il fenomeno del *patent ticket*, grazie alla riunione di numerosi brevetti in un unico pacchetto, del quale vengono ceduti i diritti di utilizzo in una sola soluzione. Ciò spesso si realizza conferendo i brevetti ad una società terza appositamente costituita, ma può anche avvenire conferendo il pacchetto ad uno dei membri del *pool*. Il *patent pooling* consente alle imprese detentrici di conoscenze necessarie per sviluppare l'innovazione a valle di offrire l'accesso alle loro conoscenze ad un prezzo superiore a quello che potrebbero pretendere se si presentassero al tavolo di negoziazione autonomamente. D'altro canto, l'innovatore a valle può acquisire il diritto di sfruttare tecnologie protette da diritti multipli attraverso il cosiddetto *one stop shopping*, ossia l'acquisto del diritto di utilizzare il *patent pool* tramite una sola transazione, anziché dover acquistare numerose licenze da imprese diverse, con i superiori costi di transazione.

Il *free licensing* è la concessione gratuita della licenza sulla tecnologia protetta. La principale motivazione economica sottesa a tale scelta va rinvenuta nell'intento dell'impresa licenziante di promuovere il proprio *standard* tecnologico. In sostanza, l'impresa rinuncia a tutte o a gran parte delle *royalties* per promuovere la diffusione della propria tecnologia tramite la concessione di licenze gratuite o quasi. Sempre con riferimento all'aspetto della standardizzazione, un secondo caso rilevante di *free licensing* si rinviene quando l'impresa aspira a partecipare ad una coalizione volontaria di imprese volta all'imposizione di uno *standard* tecnologico. In tali casi, poiché l'eventuale affermazione di uno *standard* potrebbe conferire un potere di mercato molto consistente, le imprese che partecipano alla coalizione sono tenute a concedere gratuitamente la licenza sulle tecnologie che partecipano alla definizione dello *standard*.

Le licenze di trasferimento tecnologico, a differenza delle licenze *patent only*, finora analizzate, comportano il trasferimento non solo della conoscenza codificata contenuta nel brevetto, ma anche del *know how* tacito e prevedono, inoltre, assistenza a vario livello (di manutenzione, formativa, di aggiornamento ecc.). Esse comportano un consistente trasferimento di conoscenze *firm specific* dal licenziante al licenziatario, per cui necessitano, da parte del primo, di un'attenta valutazione dei rischi e dei benefici correlati.

Le licenze di trasferimento tecnologico gratuito sono del tutto simili alla categoria precedente per tipologia di conoscenze coinvolte, vengono però concesse a titolo gratuito. Le motivazioni della gratuità sono del tutto analoghe a quelle del *free licensing*.

Per approfondimenti sugli accordi testé esaminati, tra gli altri, v. diffusamente in

4.8. LA *KNOWLEDGE GOVERNANCE* NELL'IMPRESA SISTEMA VITALE: LE PRIORITÀ PER L'ORGANO DI GOVERNO NELLA RICERCA DELLA CONSONANZA

L'insieme dei caratteri che dovrebbero qualificare la struttura e quindi l'emergente sistema nell'arco di tempo ΔT, orizzonte temporale di riferimento per l'organo di governo impegnato a progettare la dinamica evolutiva dell'impresa, non è riconducibile unicamente alle scelte inerenti la competitività. Un ulteriore insieme di caratteri, altrettanto significativo, scaturisce dalle scelte inerenti la consonanza, secondo *driver* strumentale al conseguimento del vantaggio competitivo durevole e, dunque, all'aumento di probabilità di sopravvivenza del sistema impresa nel tempo. Ne discende l'esigenza di approfondire in che modo la *knowledge governance* può essere impiegata dall'organo di governo per dare vita ad un sistema impresa qualificato da un'adeguata capacità di consonanza con il contesto. L'obiettivo è quello di rintracciare il filo rosso che lega il governo della conoscenza con il *driver* della consonanza, magari anche interpretando con una diversa lente quanto visto sopra a proposito del rapporto tra *knowledge governance* e capacità competitiva. Se è vero, ad esempio, che l'impresa che per prima sperimenta un'innovazione tecnologica, organizzativa o di mercato è spinta di solito dal desiderio di migliorare le proprie *performance* economiche, è vero anche che in tali innovazioni si infonde un valore che va al di là di queste esigenze immediate: ciò significa che è possibile identificare una soglia lungo il processo di propagazione di una nuova conoscenza, oltre la quale quest'ultima procura legittimazione, compatibilità, armonia con il contesto([107]).

Detto in altri termini, se le componenti della struttura operativa, le istituzioni ed i sovrasistemi che qualificano il contesto dell'impresa valutano positivamente gli investimenti di quest'ultima rivolti all'e-

---

CALDERINI M., GRANIERI M., "La gestione", *cit.*, pagg- 151-169; SHAPIRO C., "Navigating the Patent Thicket: Cross Licenses, Patent Pools, and Standard-Setting", relazione presentata al *National Bureau of Economic Research Conference*, Washington DC, 11 aprile 2000; GRINDLEY P.C., TEECE D.J., "Managing Intellectual Capital: Licensing and Cross-Licensing in Semiconductors and Electronics", in *California Management Review*, n. 2, 1997.

([107]) In tal senso, dunque, il governo della conoscenza orientato alla ricerca della consonanza partecipa direttamente al conseguimento/mantenimento del vantaggio competitivo e, per tale via, alla creazione di valore. Cfr. *supra* Capitolo I, Fig. 1.1.

splorazione di nuova conoscenza, ne accolgono favorevolmente gli *standard* tecnologici dalla stessa promossi, allora tutto ciò fa dell'impresa un sistema socialmente e istituzionalmente accettato, ossia consonante con uno o più dei suoi sovrasistemi e con le componenti della sua struttura operativa.

Certo, la consonanza piena, contemporanea verso tutti i sovrasistemi di riferimento è condizione difficile. L'impresa è un sistema dalle pluriappartenenze (nazionali, politiche, economiche, sociali ecc.), sottoposto a molteplici pressioni da parte dei vari sovrasistemi e verso cui i sovrasistemi nutrono non di rado aspettative tra loro contrastanti. L'organo di governo può trovarsi a mediare tra molteplici e contraddittorie istanze espresse dai vari sovrasistemi, può dover decidere in merito ad un eventuale *trade off* tra la consonanza con il sovrasistema «alfa» e quella con il sovrasistema «beta». Tuttavia, il mercato è anche un sistema culturale che serve a generare e a misurare il valore. Ma il valore non riguarda solo i prezzi, perché ci sono dimensioni fondamentali della vita economica – come la sicurezza materiale, il prestigio o il significato del lavoro – che non hanno un prezzo esplicito. L'impossibilità di dare un prezzo a questi aspetti dimostra che non è sufficiente una concezione meramente utilitaristica delle attività economico-produttive: occorre passare ad una visione di tali attività volta a ricercare condivisione, consonanza col contesto.

Con riferimento all'impresa moderna, proprio la ricerca della consonanza spiega come i suoi piani, programmi, posizioni, politiche e procedure siano tendenzialmente in linea con le istanze espresse da gran parte dall'opinione pubblica e dai più importanti portatori di interesse e siano orientati alla ricerca dell'accettabilità e della legittimazione sociale. Ma la ricerca della consonanza è un processo dialettico, per cui vale anche il rovescio di quanto sin qui asserito. Ad esempio, le imprese che hanno più potere in virtù della posizione di mercato, della forza lavoro impiegata e/o del luogo in cui operano (è il caso delle regioni economicamente depresse) si adoperano affinché i loro obiettivi, le loro regole, i loro *output*, in senso lato, vengano accettati come legittimi dalla società, dal contesto, dai sovrasistemi e/o dalle componenti della struttura operativa.

Per ciò che interessa in tale sede, è quindi lecito chiedersi se e in che modo la *knowledge governance* può concorrere al conseguimento della consonanza. Per rispondere a tale domanda è utile, a detta di chi scrive, partire dall'individuazione delle dimensioni in cui la consonanza si struttura, per riflettere poi su come l'organo di governo può far leva sui meccanismi di *knowledge governance* al fine di incidere positivamente su ciascuna di esse.

La consonanza può essere disarticolata nelle seguenti dimensioni:

– grado di similarità/eterogeneità delle meta-conoscenze metodologiche e linguistiche;

– grado di similarità/eterogeneità di norme, valori, orientamenti e assunti culturali;

– grado di condivisione/conflittualità di interessi in gioco (ad esempio condivisione del rischio).

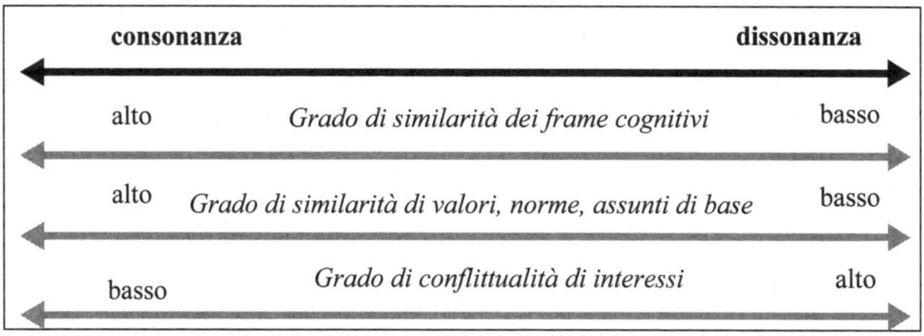

FIG. 4.4 – *La struttura della consonanza* (fonte: elaborazione personale).

I meccanismi di *knowledge governance* che l'organo di governo può promuovere per conseguire la consonanza sono diversi a seconda che si tratti di consonanza intrasistemica o di consonanza intersistemica. La prima fa riferimento alla consonanza esistente a livello di struttura operativa e ai rapporti tra questa e l'organo di governo; la seconda si riferisce alla consonanza esistente tra sistema impresa, da una parte, e sovrasistemi rilevanti/contesto dall'altra.

4.8.1. Consonanza e knowledge governance nei rapporti intrasistemici: orientamento culturale e meccanismi di condivisione della conoscenza

Nella ricerca della consonanza a livello intrasistemico, l'organo di governo è impegnato a definire le *guidelines* del modello di *knowledge governance* interno, ossia ad assumere decisioni circa le dimensioni critiche da cui dipendono le *performance* di una gestione in forma organizzata della conoscenza, dall'orientamento culturale del contesto, all'esplicitazione dei meccanismi di condivisione della conoscenza, sotto vincolo di realizzare un ambiente organizzativo che sia percepito come equo, collaborativo e le cui qualità siano ampiamente condivise, accettate socialmente da tutti coloro che apportano il loro contributo lavorativo a livello di struttura operativa([108]).

Per quanto concerne l'orientamento culturale, e facendo leva su variabili di *knowledge governance* interna, l'organo di governo può dar vita ad un contesto organizzativo consonante:

– promuovendo un clima di fiducia e di rispetto reciproco verso i contributi degli altri. La fiducia ed il rispetto reciproco sono fondamentali per incentivare l'elaborazione e l'espressione di nuove idee, la patrimonializzazione della conoscenza esistente e la loro condivisione a livello intrasistemico, ma sono anche efficaci antidoti contro l'erezione di «muri organizzativi» tra componenti fisiche della struttura operativa, contribuendo per tal via in modo significativo alla formazione di un ambiente organizzativo consonante;

– promuovendo un linguaggio comune. Il rispetto reciproco e la fiducia sono condizioni necessarie ma non sufficienti a creare un contesto in cui le nuove idee vengono apertamente dibattute e le conoscenze accumulate sapientemente diffuse. Ad essi va aggiunta la creazione di un linguaggio comune([109]). Anche se gli investimenti nello sviluppo di codici e simboli condivisi non offrono dei ritorni nel breve termine, l'esistenza di un linguaggio ampiamente condiviso è alla base del grado di comprensione tra individui singoli e tra gruppi di individui, divenendo quindi determinante per la qualità delle loro relazioni/interazioni: anche per tale aspetto, la *knowledge governance* si rivela strumentale alla consonanza;

– scoraggiando la ritenzione della conoscenza. Gli atteggiamenti ritentivi, di accaparramento delle conoscenze esperienziali e professionali sono assolutamente controproducenti sotto il profilo della mobilizzazione della conoscenza a livello intrasistemico. Le culture competitive nelle quali la retorica manageriale è permeata di sfide e di segretezza sono di ostacolo alla trasmissione e all'apprendimento della conoscenza e una loro proscrizione è salutare ai fini non solo di un'ampia condivisione delle conoscenze dei singoli, ma anche della consonanza, dal momento che le culture competitive acuiscono le con-

([108]) Cfr. NONAKA I., KONNO N., "The Concept of «Ba»: Building a Foundation for Knowledge Creation", in *California Management Review*, n. 3, 1998, pagg. 40-54.

([109]) Cfr. KROG G. VON, "Care in Knowledge Creation", in *California Management Review*, n. 3, 1998, pag. 135.

flittualità di interessi tra i membri dell'organizzazione e sospingono, per tale via, il contesto organizzativo verso il lido della dissonanza.

Proprio quest'ultimo aspetto porta a dibattere dei meccanismi organizzativi per la gestione della conoscenza e a riflettere sul loro possibile ruolo strumentale rispetto alla realizzazione della consonanza. Al pari della cultura, infatti, anche tali meccanismi organizzativi contribuiscono a produrre, in virtù dell'allineamento di interessi e della condivisione di *frame* cognitivi e delle esperienze individuali o di gruppo che essi stessi promuovono, un contesto consonante.

I meccanismi organizzativi cui si può ricorrere per gestire la conoscenza sono numerosi e hanno natura e finalità diverse. Pur se con inevitabili limitazioni e senza pretesa di esaustività, di seguito si tratterà dei meccanismi di condivisione della conoscenza e del sistema premiante.

I meccanismi di condivisione della conoscenza costituiscono una categoria molto vasta ed eterogenea e vanno dai *tools* informatici basati sull'*Information and Communication Technology* (ICT) e su documenti elettronici ai meccanismi che riposano sul mutuo aggiustamento e sui processi di socializzazione. I primi sono particolarmente efficaci per la gestione della conoscenza esplicita e comprendono([110]):

– «*knowledge mapping*»: offrono la mappatura delle conoscenze indicando dove la conoscenza è localizzata, chi la detiene e come potervi accedere;

– «*data warehousing*» e «*data mining*»: il primo consente di convogliare i dati in *database* di grande portata, mentre il secondo aiuta gli utenti ad attribuire ai dati estratti un senso, un'interpretazione tramite modelli di supporto al *problem solving*;

– «librerie elettroniche»: *database* dedicati a specifici temi (ad esempio, tecnologie di lavorazione di una certa materia prima), informazioni (ad esempio, dati relativi al comportamento di acquisto dei consumatori) che concorrono a patrimonializzare la conoscenza e a renderla riutilizzabile indipendentemente dal soggetto che l'ha sviluppata o che l'ha archiviata.

I meccanismi che riposano sul mutuo aggiustamento e sui processi di socializzazione sono particolarmente indicati per la gestione della conoscenza tacita e comprendono([111]):

([110]) Cfr. DAFT R.L., *Organizzazione Aziendale*, Apogeo, 2001, pagg. 277-279.
([111]) *Ibidem*, pagg. 279-283.

– «comunicazione *vis à vis*»: è tipica delle riunioni, dei gruppi di lavoro. Si basa sulla compresenza e sul dialogo faccia a faccia degli interlocutori e coinvolge sempre sia il canale verbale che il canale non verbale della comunicazione. Per tutti questi motivi, è tra i meccanismi più potenti per trasferire conoscenze tacite;

– «storie di apprendimento e narrazione organizzativa»: si ispirano alle antiche tradizioni antropologiche della narrazione orale e consistono nel redigere in forma scritta il resoconto relativo ad un'esperienza lavorativa di successo o di insuccesso (ad esempio, lancio di un prodotto, sviluppo di un progetto) che un gruppo di lavoro ha affrontato nel recente passato, sulla base delle opinioni, dei ricordi e delle sensazioni di ciascun membro. La storia di apprendimento così narrata diventa, per il gruppo stesso, occasione di riflessione sulla *learned lesson* e, per altri e futuri gruppi, uno strumento tramite il quale apprendere dalle passate altrui esperienze;

– comunità della pratica: gruppi di persone informalmente legate le une alle altre dal fatto di condividere problemi simili e di scambiarsi, grazie all'interazione sistematica, le proprie conoscenze ed esperienze. Il compito del *management* è, da un lato, riconoscere ed identificare queste reti informali e dall'altro, definire forme di presidio in grado di «catturare» il sapere, soprattutto sotto forma di *best practices*, che in esse circola per patrimonializzarlo a livello di sistema impresa (cfr. *box* seguente).

Il sistema premiante è un insieme coerente di indicatori di *performance* e di incentivi finalizzati a valutare e ricompensare in maniera esplicita o implicita la generazione di nuova conoscenza e la patrimonializzazione di quella esistente.

Sotto un profilo di *knowledge governance*, il sistema in parola, per essere efficace, deve includere sia ricompense volte a motivare alcune aree e componenti della struttura operativa ad esplorare la nuova conoscenza (ad esempio, sotto forma di nuove tecnologie ed applicazioni), sia ricompense volte a stimolare altre componenti a sfruttare l'innovazione ed a ottimizzarne la sua efficienza. Questo perché, come argomentato più sopra, nessuno dei due contributi, né quello volto all'esplorazione, né quello volto allo sfruttamento, sono da soli sufficienti a garantire la sopravvivenza del sistema impresa.

Un primo punto critico è quindi la progettazione di un sistema incentivante che tenga conto del fatto che ciascun tipo di attività richiede indicatori e meccanismi diversi.

Per quanto concerne l'esplorazione, ad esempio, sarebbe opportuno adottare indicatori che facciano riferimento al numero di innovazioni a cui il componente contribuisce, alla quota di tecnologie o di concetti di prodotto che viene proposta e adottata, al valore stimato dei ritorni futuri dell'innovazione ecc. Tali indicatori dovrebbero, inoltre, riferirsi ad un arco di tempo di ampio respiro, misurato in anni e non mesi.

Volendo collegare i suddetti indicatori con gli incentivi, l'organo di governo potrebbe proporre soluzioni quali: offrire agli «esploratori» delle *royalties* o delle *stock option* sulla base del fatturato derivante dall'innovazione, oppure riconoscere loro dei premi monetari sulla base dell'effettivo impiego dell'innovazione da parte dei componenti della struttura operativa che devono sfruttarla.

Per quanto concerne lo sfruttamento, invece, sarebbe opportuno impiegare indicatori di *performance* operativa, quali quelli relativi al controllo dei costi (di produzione, di approvvigionamento, di distribuzione, di stoccaggio ecc.), al livello delle *slack resources* e al rispetto dei tempi, cui agganciare incentivi monetari o *benefit* di altra natura([112]). Sempre con riferimento allo sfruttamento, un problema centrale è quello relativo alla patrimonializzazione a livello organizzativo delle conoscenze individuali (cfr. *box* seguente).

La questione è particolarmente delicata con riferimento alle conoscenze esperte sia tecniche (collegate alla capacità di contestualizzare, a livello di sistema impresa, strumenti, modelli concettuali e *check list*), sia relazionali (ossia relative alla conoscenza dei sovrasistemi di fornitura, di consumo, finanziario ecc.): il problema è come convincere i detentori a «rilasciare» tali conoscenze all'organizzazione, potendo ciò diminuire il loro valore individuale di mercato([113]).

Se una prima via fa leva sulla motivazione estrinseca e consiste nell'istituire una qualche proporzionalità tra la valutazione dei comportamenti relativi alla trasmissione di conoscenze esperte e la retribuzione, una seconda via potrebbe essere quella di promuovere un contesto organizzativo volto a far leva sulla motivazione intrinseca, in forza della quale la spinta alla condivisione di conoscenze esperte

---

([112]) Cfr. ROBERTS J., *L'impresa moderna*, Il Mulino, 2006, pag. 178 e segg. (orig. *The Modern Firm. Organzational design for performance and growth*, Oxford University Press, 2004).

([113]) Per approfondimenti su tale aspetto cfr. DELMESTRI G., BIANCHI BAZZI A., "Condivisione della conoscenza e sistemi premianti", in *Sviluppo & Organizzazione*, n.196, 2003, pagg. 21-32.

proprietarie proviene dall'esigenza di soddisfare i bisogni di appartenenza, di stima, di riconoscimento tra pari (*peer to peer recognition*) e di autorealizzazione.

LA PATRIMONIALIZZAZIONE DELLE CONOSCENZE ORGANIZZATIVE: IL *BENCHMARK* INTERNO([114])

Una particolare opzione di cui può avvalersi l'organo di governo per promuovere la patrimonializzazione delle conoscenze organizzative è il *benchmark* interno (*internal benchmarking*). Con tale espressione si indica un insieme di attività volte ad identificare le *best practices*, le *routine* e le procedure sviluppate in un certo punto della struttura operativa con l'obiettivo di diffonderle, condividerle e sfruttarle anche in altri punti. L'*internal benchmarking* soddisfa esigenze di efficienza operativa, in quanto è orientato a patrimonializzare e a sfruttare nel miglior modo possibile la conoscenza esistente, senza dover ogni volta «reinventare la ruota». Per tali motivi, l'*internal benchmarking* ed il trasferimento delle *best practices* da una componente all'altra della struttura operativa costituiscono un momento saliente, a livello di proiezione interna, della *knowledge governance*.

Il processo di identificazione e trasferimento delle pratiche, tuttavia, richiede molto tempo ed è difficoltoso. Ciò è dovuto all'esistenza di alcune barriere che comunemente ostacolano il trasferimento delle *best practices* tra componenti della struttura operativa: ignoranza (non conoscenza) di ciò che è noto in altri punti della struttura; capacità di apprendimento limitata dei membri; sistema premiante che incentiva la competitività interna e crea barriere alla cooperazione; lacune nel sistema di comunicazione.

Tra i meccanismi organizzativi messi a punto dalla prassi aziendale per l'identificazione ed il trasferimento delle *best practices*, i più diffusi sono:

– i «*benchmarking team*»: hanno un compito ben definito che consiste nel valutare, nei tempi e con le risorse specificamente assegnate, lo stato attuale di un certo processo, identificarne le carenze, i problemi e ricercarne le modalità di riconfigurazione tramite attività di *benchmark* esterno o interno. Molto interessante, a tal proposito, l'esperienza della Texas Instruments (TI), in cui il primo *benchmarking team* risale ai primi anni '90: costituito con l'obiettivo di svolgere attività di *benchmark* esterno, dopo alcuni mesi di attività si accorse che in realtà, per alcuni processi produttivi chiave, l'impianto di Sherman, nel Texas, della TI stessa era un esempio di *best in class* del settore industriale di appartenenza. Da allora, l'attività del *team* è stata sempre orientata su entrambi i versanti, quello del *benchmark* esterno e quello del *benchmark* interno;

– i «*best practice team*»: sono in genere composti da *manager* con respon-

---

([114]) Ns. adattamento da O'DELL C., GRAYSON C.J., "If Only We Knew What We Know: Identification and Transfer of Internal Best Practices", in *California Management Review*, n. 40, 1998, pagg. 154-174.

sabilità simili, ad esempio *product manager*, *brand manager*, *project manager*, direttori di divisioni. Gli obiettivi del *team* consistono nel tracciare le *guidelines* di ciò che può definirsi una *best practice* e, altresì, di individuare le *best practices* nell'ambito delle attività che presiedono. Tra le imprese antesignane nell'impiego di *best practice team* si annovera la Chevron che, già sin dalla fine degli anni '80, ha puntato su questo meccanismo quale principale veicolo per il trasferimento di conoscenze sia tra le sue divisioni che tra i suoi impianti produttivi;

– le «comunità della pratica»: a differenza dei due precedenti meccanismi che sono espressione della volontà dell'organo di governo, le comunità della pratica nascono spontaneamente «dal basso». Sono gruppi di persone informalmente legate le une alle altre dal fatto di condividere problemi simili e di scambiarsi, grazie all'interazione sistematica, le proprie conoscenze ed esperienze. Il compito del *management* è, da un lato, riconoscere ed identificare queste reti informali e, dall'altro, definire forme di presidio in grado di «catturare» il sapere, soprattutto sotto forma di *best practices*, che in esse circola per patrimonializzarlo a livello di sistema impresa. Un modo per realizzare tale obiettivo consiste nell'inserimento di posizioni organizzative, quali il *community coordinator* e il *network broker*, il cui compito consiste nel facilitare l'interazione tra i membri della comunità e nel catturare il sapere e le esperienze condivise attraverso processi di codifica e strutturazione dei contributi dei membri della comunità. Un interessante esempio è quello relativo alla comunità della pratica sorta tra i circa 24mila tecnici incaricati della riparazione delle macchine fotocopiatrici della Xerox. In passato la Xerox aveva tentato di codificare la conoscenza dei tecnici e di convogliarla in un sistema esperto da incorporare nelle fotocopiatrici. L'obiettivo era quello di fare in modo che i tecnici potessero avvalersi del sistema esperto per effettuare le riparazioni nel minor tempo possibile. L'obiettivo, tuttavia, venne mancato. La Xerox sottovalutò la dimensione tacita della conoscenza dei tecnici. Come emerse da una ricerca sul campo successiva, infatti, i tecnici condividevano il loro sapere soprattutto dialogando e narrandosi l'un l'altro le personali esperienze. Sulla base di ciò, la Xerox fornì una piattaforma virtuale, denominata Eureka, per agevolare i 24mila nello scambio reciproco di consigli e suggerimenti. Dall'introduzione di Eureka i tempi medi di riparazione si sono ridotti di circa il 50%;

– l'*assessment* e l'*audit* interno: uno degli esempi più eloquenti di un efficace *assessment* ed *audit* interno è quello offerto dall'esperienza della Rank Xerox. Nel 1994, l'Alta direzione di quest'impresa dà vita al Team C (*team* centrale). Il compito del *team* consisteva nell'analizzare il *database* interno ed i *report* operativi, al fine di individuare i processi organizzativi soggetti ad alta variabilità di *performance*. Dall'analisi emerse che i processi con *performance* più instabili erano quelli collegati al servizio assistenza clienti ed al servizio manutenzione. Il *team* si avvalse quindi di esperti per individuare le *best practices* interne nell'espletamento di ciascun processo; calcolò poi il risultato che avrebbe conseguito l'intera impresa se ciascuna unità organizzativa avesse adottato le *best practices* interne per espletare i processi ad alta variabilità di *performance*. Il Team C quantificò in alcuni milioni di dollari il risparmio che si sarebbe potuto conseguire. Attualmente il compito del Team C consiste nel formare *team* in grado di implementare tale logica in tutte le consociate Rank Xerox del mondo.

Tutti questi meccanismi possono essere impiegati in diverso grado ed essere combinati in diverso modo, dando luogo a modelli di *knowledge governance* interna diversi che, a loro volta, differentemente concorrono alla realizzazione della consonanza intrasistemica. A seconda che gli orientamenti dell'organo di governo siano quelli di creare un contesto organizzativo in cui la conoscenza individuale venga socializzata e interiorizzata da tutti gli altri, piuttosto che immagazzinata in banche dati e «svincolata» da chi l'ha sviluppata, emergono strutture operative che non solo consentono di sfruttare ed esplorare differentemente la conoscenza, ma in cui la consonanza intrasistemica assume colorazioni diverse in funzione delle diverse risposte comportamentali che ciascun modello tende a stimolare: tali strutture si avvicinano di più all'uno o all'altro dei due modelli polari descritti nel *box* seguente e schematizzati in figura 4.5, quello della codificazione (o «da persona a documenti») e quello della personalizzazione (o «da persona a persona»)([115]).

CODIFICAZIONE VS. PERSONALIZZAZIONE([116])

Modello «da persona a documenti».
Si sviluppano procedure per strutturare, archiviare e riutilizzare la conoscenza del singolo. L'obiettivo è quello di catturare la conoscenza dalla persona che l'ha sviluppata e renderla da questa indipendente. Esempi di *output* di conoscenza ottenuti da questo modello sono: guide per i colloqui, *check list*, analisi di segmentazione dei mercati, modelli per la mappatura delle tecnologie. Tali *output* vengono archiviati elettronicamente in modo tale da consentirne un utilizzo in tempi successivi ed in luoghi distanti rispetto a quelli in cui si sono originati. Tutto ciò permette ad una molteplicità di soggetti di ricercare ed estrarre la conoscenza codificata dal patrimonio archiviato, senza contattare colui o coloro che l'hanno sviluppata. Questo modello è adatto ad imprese che affrontano problemi ricorsivi e che realizzano prodotti standardizzati. Una volta che una certa conoscenza è stata catturata

([115]) Cfr. HANSEN M.T., NOHRIA N., TIERNY T., "What's Your Strategy for Managing Knowledge?", in *Harvard Business Review*, n. 2, 1999, pagg. 106-116.

([116]) Ns. adattamento da: HANSEN M.T., NOHRIA N., TIERNY T., "What's Your Strategy", *cit.*, 106-116. ns. adattamento da: HANSEN M.T., NOHRIA N., TIERNY T., "What's Your Strategy", *cit.*, 106-116.

e cristallizzata (ad esempio, in un manuale di istruzioni), assumendo che non debba essere modificata ad ogni utilizzo, può essere riusata più e più volte a costi marginali decrescenti. Il sistema premiante promuove coloro che riversano le proprie conoscenze nel *database* aziendale. I meccanismi organizzativi che sfrutta tale modello sono principalmente il *data warehousing* ed il *data mining*, le *knowledge mapping* e le librerie elettroniche.

Modello «da persona a persona».
Si basa sulla logica dell'esperto e valorizza l'esperienza ed il *know how* individuale, promuovendo lo sviluppo di *network* personali con lo scopo di condividere la conoscenza di tipo tacito. L'enfasi viene posta sul dialogo, sulla comunicazione *vis à vis* ed è molto frequente il ricorso a meccanismi di coordinamento quali storie di apprendimento, narrazione organizzativa, comunità della pratica, *brain storming*, fiere della conoscenza, coerentemente con un sistema premiante che promuove il *knowledge sharing* a livello interpersonale sia all'interno dei *team* che tra *team*. In ogni impresa convivono elementi di entrambi i modelli, ma l'analisi empirica mostra che le imprese *high performance* adottano uno dei due modelli in misura prevalente ed utilizzano l'altro esclusivamente come supporto.

personalizzazione		**codificazione**
Creare un contesto organizzativo in cui l'esperienza individuale possa essere diffusa tra I membri ed interiorizzata	***Obiettivi prioritari***	Codificare la conoscenza sviluppata dai membri in modo da immagazzinarla in banche dati e renderla riutilizzabile indipendentemente da chi l'ha sviluppata
Basati su processi di socializzazione: comunicazione *vis à vis*, comunità della pratica, storie di apprendimento, narrazione organizzativa, fiere della conoscenza	***Meccanismi di condivisione della conoscenza***	Basati su ICT e documenti elettronici: data *warehouse*, data *mining*, *knowledge mapping*, librerie elettroniche, bacheche elettroniche
One to one mentoring	***Formazione***	Interventi standardizzati per ampi gruppi di popolazione aziendale; frequente ricorso all'*e-learning*
Fa leva sulla motivazione intrinseca; basato sul contributo fornito in termini di conoscenza tacita condivisa con i membri del gruppo	***Sistema premiante***	Fa leva sulla motivazione estrinseca; basato sul contributo fornito in termini di conoscenza archiviata nel *database* aziendale

FIG. 4.5 – *Il modello interno di* knowledge governance (fonte: adattamento da HANSEN M.T., NOHRIA N., TIERNY T., "What's Your Strategy", *cit.*).

4.8.2. Consonanza e knowledge governance nei rapporti intersistemici: processi di isomorfismo e problemi di allineamento culturale

Passando a considerare la consonanza intersistemica, anche per essa è opportuno rifarsi alle tre dimensioni già introdotte:

– grado di similarità/eterogeneità delle meta-conoscenze metodologiche e linguistiche;

– grado di similarità/eterogeneità di norme, valori, orientamenti e assunti culturali;

– grado di condivisione/conflittualità di interessi in gioco.

Tuttavia, a proposito della consonanza intersistemica, è opportuno affinare ulteriormente l'analisi e distinguere due livelli di ricerca della consonanza: un primo livello concerne il grado di consonanza tra l'impresa e un sovrasistema considerato nella sua interezza, un secondo livello (per così dire «puntuale» o diadico) concerne la consonanza nella relazione tra impresa ed una singola componente del sovrasistema. La distinzione è opportuna in quanto raggiungere una condizione di consonanza con il singolo elemento, di per sé non garantisce la realizzazione di consonanza con l'intero sovrasistema; viceversa quest'ultima condizione implica necessariamente la prima.

Detto questo, dal punto di vista dell'organo di governo, la conoscenza può essere strumentale nella «costruzione» di relazioni intersistemiche consonanti, analogamente a quanto visto prima per la consonanza intrasistemica. In particolare, si osserva che il governo della conoscenza può essere uno strumento per mezzo del quale l'organo di governo: 1) realizza l'adeguamento del sistema impresa vitale alle pressioni provenienti da un componente influente di un certo sovrasistema, dal singolo sovrasistema o dal contesto nel complesso; 2) fa sì che gli obiettivi dell'impresa sistema vitale, le sue regole, i suoi *output* in senso lato, vengano accettati come legittimi dal componente, dal sovrasistema o dal contesto.

Ecco che allora il governo della conoscenza può essere letto anche con un'altra chiave rispetto a quanto si è visto più sopra in tema di capacità competitiva. Gli investimenti in R&S da parte di imprese *high tech* e la relativa enfasi con cui sono pubblicizzati attraverso i *mass media*; gli investimenti economici, organizzativi e relazionali sostenuti per imporre una tecnologia proprietaria come *standard* di settore (ad esempio, ricorrendo al *cross licensing*); la segnalazione credibile dell'intenzione di astenersi da comportamenti opportunistici volti a sfruttare la situazione di monopolio tecnologico tramite la cessione gratuita della relativa licenza (*free licensing*) ad altre imprese situate allo stesso livello nella filiera produttiva, trasformando in tal modo il mercato dell'*input* da monopolistico a concorrenziale; la minaccia della dissipazione del patrimonio cognitivo, esperenziale e simbolico paventata da grandi imprese in crisi in caso di loro dissoluzione (come accaduto in passato per Alfa Romeo e, in tempi più recenti, per Alitalia) possono essere letti, e di fatto lo sono, anche come sforzi orientati a rendere accettabile a livello sovrasistemico o addirittura di contesto ciò che l'impresa fa, i suoi *output*, il modo in cui li realizza, in sostanza a legittimare la sua esistenza e la sua sopravvivenza nel lungo termine. Queste considerazioni trovano conforto anche in seno ad un filone di ricerca di matrice economico ed organizzativa: il neoistituzionalismo([117]). Quest'ultimo individua una serie di fattori che aiutano a spiegare perché alcune scelte dei supremi organi decisori di un'organizzazione, che sembrano irrazionali se valutate in termini di impatto sulle *performance* economico-finanziarie, sono invece assolutamente comprensibili se lette quali mezzi per il raggiungimento della legittimazione da parte del contesto in cui l'organizzazione opera (cosiddetto «campo organizzativo»).

Tra i fattori individuati dal neoistituzionalismo, un ruolo centrale è occupato dai processi di isomorfismo, che di seguito si passa brevemente ad analizzare proprio perché consentono ulteriori spunti di riflessione circa il ruolo giocato dalle scelte di *knowledge governance* in tema di consonanza([118]).

Si definiscono processi di isomorfismo quelli attraverso i quali l'impresa si conforma alle pressioni esterne, giungendo nei casi limite a sviluppare una reciproca somiglianza con i suoi sovrasistemi. L'isomorfismo può essere di tre tipi diversi:

– «isomorfismo coercitivo»: pressioni che obbligano a conformarsi in modo cogente, quali norme di legge e clausole contrattuali

---

([117]) Per approfondimenti sul neoistituzionalismo organizzativo, cfr. POWELL W.W., DIMAGGIO P.J. (a cura), *Il neoistituzionalismo nell'analisi organizzativa*, Edizioni di Comunità, 2000, (orig. *The New Institutionalism in Organizational Analysis*, The University of Chicago Press, 1991); BONAZZI G., *Come studiare le organizzazioni*, Il Mulino, 2002, cap. 3.

([118]) Cfr. DIMAGGIO P.J., POWELL W.W., "La gabbia di ferro rivisitata. Isomorfismo istituzionale e razionalità collettiva nei campi organizzativi", in POWELL W.W., DIMAGGIO P.J. (a cura), *Il neoistituzionalismo*, *op.cit.*, pagg. 88-115.

(ad esempio, quelle che l'impresa guida impone alle imprese satelliti). In termini di *knowledge governance*, l'impresa può essere costretta a sviluppare o a sfruttare nuove tecnologie di contenimento dell'inquinamento per conformarsi alle leggi sulla protezione ambientale;

– «isomorfismo mimetico»: processi spontanei di imitazione dinanzi all'incertezza dell'ambiente. Lo sfruttamento della conoscenza sviluppata altrove (l'imitazione, appunto) non è effettuata in vista dell'appropriazione del valore generato da un'innovazione altrui, quanto piuttosto è volta a surrogare una certezza che non si possiede. Ad esempio, i modelli e le prassi organizzative sviluppate dalla imprese giapponesi ed europee come quelli dei circoli della qualità e delle isole di montaggio sono stati rapidamente introdotti nelle imprese americane per affrontare seri problemi di produttività e di gestione del personale. Questi sviluppi possiedono anche una componente rituale: le imprese adottano tali innovazioni per accrescere la loro legittimità, la loro rispettabilità, per dimostrare che quanto meno stanno cercando di migliorare le condizioni di lavoro dei loro dipendenti;

– «isomorfismo normativo»: consapevolezza della superiorità delle nuove conoscenze e delle nuove pratiche rispetto alle vecchie, per cui i nuovi *standard* si ritengono migliori sotto il profilo tecnologico, commerciale, relazionale o professionale. In termini di *knowledge governance*, un meccanismo potente che produce isomorfismo normativo è quello del «filtraggio» del personale attraverso una serie di modalità: l'assunzione di lavoratori già impegnati in altre imprese dello stesso settore, il reclutamento di personale ad alto potenziale proveniente da una rosa ristretta di istituti di formazione e la fissazione di determinati livelli di competenza richiesti per lo svolgimento di mansioni particolari. Nella misura in cui i dirigenti e quanti occupano le posizioni professionali principali vengono reclutati dalle stesse università e filtrati in base alla medesima gamma di criteri, essi tendono a concepire i problemi in modo simile, ad attribuire valore normativo e legittimità al medesimo insieme di politiche, procedure e strutture e così a prendere decisioni in maniera pressoché analoga.

Il richiamo al neoistituzionalismo avvalora ancora una volta le ipotesi dell'approccio sistemico vitale al governo d'impresa, che vede nel binomio capacità competitiva-consonanza il *driver* orientante le scelte dell'organo di governo ai fini dell'aumento della probabilità di sopravvivenza del sistema impresa. I contesti in cui attualmente si muovono le imprese sono fittamente popolati da entità sistemiche pubbliche e private, quali autorità garanti, agenzie di governo centrale e locale, associazioni professionali, associazioni di consumatori, centri di diffusione del sapere (scuole, istituzioni universitarie e società di consulenza). A loro volta, molte di queste entità appartengono ad un sovrasistema, più o meno compiuto che esso sia. Nel loro insieme tali entità e tali sovrasistemi esercitano ininterrottamente un'azione di normazione e controllo sulle decisioni e sull'operato dell'impresa. In particolare, i piani delle imprese, *in primis* quelli di sviluppo, non sono formulati dall'organo di governo in assoluta libertà, ma scontano le pressioni e i condizionamenti esercitati dal contesto, dai sovrasistemi rilevanti e dai singoli elementi dei sovrasistemi. Queste pressioni legittimano l'impresa che vi si conforma, ma non necessariamente hanno origine in oscuri centri di interesse. Il più delle volte derivano da convinzioni e da pratiche socialmente approvate nella presunzione di una loro intrinseca positività.

Con ciò si vuol dire che non di rado l'organo di governo non decide in base a calcoli razionali, ma in base a *routine* prese per buone, a convenzioni che garantiscono la prevedibilità dell'interazione quotidiana, in base a mappe cognitive assunte per ragioni pratiche. È un organo di governo che deve mediare tra le molteplici pluriappartenenze dell'impresa sistema vitale, indotto a decidere in base a *routine* che garantiscono all'impresa la preservazione di ordinati rapporti quotidiani. Tutto ciò fa sì che i fattori più importanti di cui l'organo di governo deve tener conto ai fini della sopravvivenza del sistema impresa sono entità sistemiche, intese sia come sovrasistemi rilevanti che come singole componenti appartenenti a questi ultimi. Ecco allora che il contesto, inteso quale sintesi di una pluralità di sistemi tra loro interrelati, conferma l'esigenza di un'azione di governo capace di coniugare economia reale e finanza, ma anche capacità competitiva e consonanza([119]).

Questo significa che, per far sopravvivere il sistema impresa, l'organo di governo non può aspirare a conseguire il vantaggio competitivo puntando esclusivamente sulle capacità competitive. Il più delle volte questa è una condizione necessaria ma non sufficiente per garantirsi la sopravvivenza. Quest'ultima richiede all'organo di governo di fronteggiare la questione della compatibilità, della legittimità, dell'accettabilità da parte del contesto: la consonanza, nell'approccio sistemico vitale al governo d'impresa.

([119]) Cfr. GOLINELLI G.M., "Recenti sviluppi", *cit.*, pag. 20.

Quasi come fosse un Giano bifronte, all'organo di governo si chiede allora una duplice «sensibilità»: sensibilità per la posizione competitiva, per il miglioramento di questa, per le *performance* economico-finanziarie, ma anche sensibilità per la qualità delle relazioni con i componenti tutti della struttura ampliata, con i sovrasistemi, con il contesto, sensibilità cioè per il grado di consonanza tra queste entità e il sistema impresa.

Sotto un profilo storico-filologico, il concetto di capitalismo sistemico già richiamato ben coglie, ma anche sollecita nello studioso del fenomeno impresa così come nei futuri uomini d'azienda, la preoccupazione per i due fronti e, per tale via, propone un riorientamento sostanziale, un autentico superamento delle ristrette logiche finanziarie di governo dell'impresa, logiche che a vari livelli nel recente passato hanno manifestato tutte le loro debolezze.

In seno a questo riorientamento, un corretto approccio alla risorsa conoscenza costituisce per l'organo di governo dell'impresa sistema vitale una leva polivalente, versatile, estremamente duttile, con cui governare con successo i due versanti della competitività e della consonanza.

4.9. LA CONOSCENZA NEL QUADRO DI UN'AZIONE DI GOVERNO CONSAPEVOLE

Se si prescinde dagli economisti storici – Smith, Marx e Schumpeter, che tutti hanno speculato sui temi della creazione, divisione, sfruttamento e appropriazione della conoscenza – i fondatori della contemporanea economia della conoscenza rispondono ai nomi di Simon, Hayek, Arrow, Machlup e Romer([120]). Grazie a questi pionieri, gli aspetti economici relativi alla conoscenza non sono più confinati all'attività di invenzione ed innovazione svolte dal singolo centro di

---

([120]) In particolare, all'economista dell'Università di Chicago, Paul Romer, si deve la coniugazione di bene non rivale con quello di bene non escludibile, operazione concettuale che ha portato al centro dell'attenzione la proprietà intellettuale nell'economia della conoscenza. Cfr. ROMER P., "Endogenous Technological Change", in *Journal of Political Economy*, n. 98, 1990, pagg. 71-102. Per un'approfondita trattazione in merito alla genesi e all'importanza del contributo di Romer, cfr. WARSH D., *La conoscenza e la ricchezza delle nazioni. Una storia dell'indagine economica*, Feltrinelli, 2007.

ricerca, dalla singola università o dal singolo dipartimento di R&S dell'impresa. Invero, tradizionalmente, e miopemente, fino a non moltissimi decenni fa, quando si pensava all'attività di produzione di conoscenza si faceva riferimento solo alle istituzioni (università, centri di ricerca), o a particolari sub-unità di alcune istituzioni (ad esempio, i dipartimenti di R&S delle imprese), la cui funzione socio-economica è formalmente ed esplicitamente quella di creare nuova conoscenza.

Tuttavia, simili impostazioni ignoravano la dimensione economica di tutti quei processi sociali di *learning by doing*, *learning by using*, *learning by observing*, *learning by cooperating* e *learning by interacting* che invece esplicano un'importanza sostanziale nell'accumulazione, nel trasferimento, nella diffusione e nella creazione di conoscenza, a livello interpersonale, intrasistemico ed intersistemico. In effetti, in molte attività umane (e quindi anche in quelle che vengono svolte dalle imprese), la produzione di conoscenza non è un obiettivo in sé, ma può tuttavia costituire un prodotto «indiretto» (economicamente) rilevante: ogni attività che implichi la produzione o l'utilizzo di un bene o un servizio può generare apprendimento e quindi produzione di conoscenza.

Con riferimento all'impresa, ne è disceso che non si potesse più confinare il governo della conoscenza alla sola attività formale di R&S; quest'ultima è legata, infatti, solo ad una parte – spesso nemmeno la più significativa – delle conoscenze che devono essere oggetto dell'azione dell'organo di governo. Si pensi, a tal proposito, alle implicazioni economiche dell'uso in chiave strategica del portafoglio tecnologico, delle attività di progettazione (e dei relativi problemi di *disclosure*), dell'identificazione e del trasferimento delle *best practices* a livello intra ed interorganizzativo, della ripartizione dei compiti tra imprese *partner* di accordi collaborativi, dello sviluppo di modelli per la gestione del portafoglio prodotti, piuttosto che del portafoglio titoli, delle tecniche che razionalizzano la gestione dei rischi d'impresa (*risk management*), piuttosto che la gestione dei progetti (*project management*).

Questo capitolo ha voluto quindi mettere in luce le problematicità che la conoscenza, quale «bene economico», comporta per l'istituzione capitalistica per eccellenza, l'impresa, e ha delineato le possibili politiche che l'organo di governo può impostare attorno ad essa per raggiungere condizioni di consonanza e competitività, nel convincimento che la scientificazione della *knowledge governance* sia assolutamente propedeutica ad una consapevole azione di governo latamente intesa. L'attenzione è stata dedicata ai temi «caldi» della *knowledge governance* d'impresa negli attuali contesti globalizzati. Dal tema del *trade off* tra sfruttamento della conoscenza esistente ed esplorazione di nuova conoscenza, alla questione, controversa e sempre più nevralgica per la sopravvivenza delle imprese, relativa all'appropriabilità del valore generato dalla conoscenza e a quello intimamente collegato delle politiche di protezione della conoscenza. Dal tema della legittimazione sociale all'uso di certe conoscenze, alle variabili organizzative per la gestione della conoscenza a livello intrasistemico. Sono i temi centrali della *knowledge governance* d'impresa, e danno ampiamente l'idea di quanto critici siano per il *management* e di quanto sia importante svolgere ricerche in tale campo, per comprendere appieno le implicazioni economico-manageriali di questo fattore produttivo che, come si è argomentato, riveste un ruolo centrale nella creazione di valore e rappresenta una risorsa nevralgica per l'impresa di oggi e di domani.

BIBLIOGRAFIA

AHUJA G., "The Duality of Collaboration: Inducements and Opportunities in the Formation of Interfirm Linkages", in *Strategic Management Journal*, n. 21, 2000.

ANAND B.N., KHANNA T., "Do Firms Learn to Create Value?", *Strategic Management Journal*, n. 21, 2000.

ANTON J.J, YAO D.A., "Expropriation and Inventions: Appropriable Rents in the Absence of Property Rights", in *American Economic Review*, n. 1, 1994.

ARORA A., FOSFURI A., GAMBARDELLA A., "Markets for Technology and their Implications for Corporate Strategy", in *Industrial and Corporate Change*, n. 2, 2001.

ARROW K.J., "Economic Welfare and the Allocation of Resources for Invention", in NELSON R.R. (ed.), *The Rate and Direction of Inventive Activity: Economic and Social Factors*, Princeton University Press, 1962.

ARROW K.J., *I limiti dell'organizzazione*, Il Saggiatore, 1986 (orig. *The Limits of Organization*, New York, Norton, 1974).

BADARACCO Jr. J.L., *The Knowledge Link: How Firms Compete through Strategic Aalliances*, Harvard Business School Press, 1991.

BARILE S., "Introduzione alla dinamica della varietà di un sistema vitale", in BARILE S. (a cura di), *L'impresa come sistema. Contributi sull'Approccio Sistemico Vitale (ASV)*, Giappichelli, 2008 (2006[1]).

BOISOT M.H., "Is Your Firm a Creative Destroyer? Competitive Learning and Knowledge Flows in the Technological Strategies of the Firm", in *Research Policy*, n. 24, 1995.

BOISOT M.H, *Knowledge Assets. Securing Competitive Advantage in the Information Economy*, Oxford University Press, 1998.

BOISOT M.H., CHILD J., "Organizations as Adaptive Systems in Complex Environments: The Case of China", in *Organization Science*, n. 3, 1999.

BONAZZI G., *Come studiare le organizzazioni*, Il Mulino, 2002.

BRAUDEL F., *La dinamica del capitalismo*, Il Mulino, 1981.

BURKE P., *Storia sociale della conoscenza*, Il Mulino, 2002 (orig. *A Social History of Knowledge. From Gutemberg to Diderot*, Polity Press-Blackwell, 2000).

CALDERINI M., GRANIERI M., "La gestione della proprietà intellettuale", in GRANDI A., SOBRERO M. (a cura di), *Innovazione tecnologica e gestione d'impresa. La gestione strategica dell'innovazione*, Il Mulino, 2005.

CHANDLER A.D. jr, *Dimensione e diversificazione. Le dinamiche del capitalismo industriale*, Il Mulino, 1994, (orig. *Scale and Scope. The Dynamics of Industrial Capitalism*, Harvard University Press, 1990).

COHEN W.M., LEVINTHAL D.A., "Absorptive Capacity: a New Perspective on Learning and Innovation", in *Administrative Science Quarterly*, n. 35, 1990.

COMBS J.G., KETCHEN D.J. jr, "Explaining Interfirm Cooperation and Performance: Toward a Reconciliation of Predictions from the Resource Based View and Organizational Economics", in *Strategic Management Journal*, n. 20, 1999.

D'AVENI R., *Ipercompetizione: le nuove regole per affrontare la concorrenza dinamica*, Il Sole-24Ore Libri, 1995 (orig. *Hypercompetition: Managing the Dynamics of Strategic Maneuvering*, New York Free Press, 1994).

DAFT R.L., *Organizzazione Aziendale*, Apogeo, 2001.

DAS T.K., TENG B.S., "A Resource Based Theory of Strategic Alliances", in *Journal of Management*, n. 1, 2000.

DELMESTRI G., BIANCHI BAZZI A., "Condivisione della conoscenza e sistemi premianti", in *Sviluppo & Organizzazione*, n. 196, 2003.

DEMSETZ H., "The Theory of the Firm Revisited", in *Journal of Law Economics and Organization*, n. 4, 1988.

DEZI L., *Le dinamiche di convergenza imprenditoriale e settoriale. Risorse immateriali, outsourcing, reti di imprese, cross-border*, Cedam, 1996.

DIMAGGIO P.J., POWELL W.W., "La gabbia di ferro rivisitata. Isomorfismo istituzionale e razionalità collettiva nei campi organizzativi", in POWELL W.W., DIMAGGIO P.J. (a cura di), *Il neoistituzionalismo nell'analisi organizzativa*, Edizioni di Comunità, 2000.

DOZ Y., SANTOS J., WILLIAMSON P., *Da globale a metanazionale. Le strategie di successo nell'economia della conoscenza*, Il Mulino, 2004 (orig. *From Global to Metanational. How Companies Win in the Knowledge Economy*, Harvard Business School Press, 2001).

FAYOL H., *Direzione industriale e generale*, FrancoAngeli, 1973 (orig. *Administration Industrielle et Générale*, H. Doned-E. Pinat, 1916).

FERRER–PACCES F.M., "Prime ricerche intorno al fattore G", in FERRER–PACCES F.M., *I sistemi d'impresa*, Li/Ed, 1974.

FORAY D., *L'economia della conoscenza*, il Mulino, Bologna, 2006 (orig. *L'économie de la connaissance*, La Découverte, 2000).

GAMBARDELLA A., "La reazione dei concorrenti all'innovazione tecnologica", in *Sinergie*, nn. 64-65, 2004.

GAMBARDELLA A, GIURI P., LUZZI A., "The Markets for Patents in Europe", Laboratory of Economics and Management Sant'Anna School of Advanced Sudies (LEM), Working Papers Series, n. 4, 2006.

GAMBARDELLA A., RULLANI E., "Divisione del lavoro tecnologico e media di condivisione delle conoscenze alla ricerca di nuove istituzioni", in *Economia e politica industriale*, nn. 101-102, 1999.

GILLE L., "La protezione della proprietà intellettuale, fattore della divisione internazionale della conoscenza", in PILATI A., PERRUCCI A. (a cura di), *Economia della conoscenza*, Il Mulino, 2005.

GIURI P., "Innovazione, apprendimento e imitazione nelle relazioni verticali. Il caso dell'industria dei motori d'aereo", in *Sinergie*, nn. 64-65, 2004.

GOLINELLI G.M., *L'approccio sistemico al governo dell'impresa*, Vol. I, Cedam, 2005 (2000[1]).

GRANDI A., SOBRERO M., "La collaborazione nello sviluppo tecnologico", in GRANDI A., SOBRERO M. (a cura di), *Innovazione tecnologica e gestione d'impresa. La gestione strategica dell'innovazione*, Il Mulino, 2005.

GRANDORI A., "Reti organizzative e governo delle conoscenze", in AA.VV., *Relazioni interaziendali e dinamica competitiva*, Atti del XXII Convegno annuale dell'Accademia Italiana di Economia Aziendale (AIDEA), Parma, 28-30 ottobre 1999, McGraw-Hill.

GRANDORI A., *Organizzazione e comportamento economico*, Il Mulino, 1999 (1995[1]).

GRANT R.M., "Prospering in Dynamically-Competitive Environments: Organizational Capability as Knowledge Integration", in *Organization Science*, n. 4, 1996.

GRANT R.M., "Toward a Knowledge Based Theory of the Firm", in *Strategic Management Journal*, Winter Special Issue, n. 17, 1996.

GRANT R.M., *L'analisi strategica per le decisioni aziendali*, Il Mulino, 1999 (orig. *Contemporary Strategy Analysis. Concepts, Techniques, Applications*, Oxford Blackwell, 1991).

GRINDLEY P.C., TEECE D.J., "Managing Intellectual Capital: Licensing and Cross-Licensing in Semiconductors and Electronics", in *California Management Review*, n. 2, 1997.

GULATI R., "Network Location and Learning: The Influence of Network Resource and Firm Capability on Alliance Formation", in *Strategic Management Journal*, 20, 1999.

GULATI R., NOHRIA N., ZAHEER A., "Strategic Network", in *Strategic Management Journal*, n. 21, 2000.

HANSEN M.T., NOHRIA N., TIERNY T., "What's your strategy for managing knowledge?", in *Harvard Business Review*, n. 2, 1999.

HARGADON A.B., "Firms as Knowledge Brokers: Lessons in Pursuing Continuos Innovation", in *California Management Review*, n. 3, 1998.

HAYEK F.A. VON, "The Use of Knowledge in Society", in *American Economic Review*, n. 4, 1945.

KALE P. SINGH H., PERLMUTTER H., "Learning and Protection of Property Asset in Strategic Alliances: Building Relational Capital", in *Strategic Management Journal*, n. 21, 2000.

KOGUT B., "The Network as Knowledge: Generative Rules and the Emergence of Structure", in *Strategic Management Journal*, n. 21, 2000.

KROG G. VON, "Care in Knowledge Creation", in *California Management Review*, n. 3, 1998.

LAM A., "Embedded Firms, Embedded Knowledge: Problems of Collaboration and Knowledge Transfer in Global Cooperative Ventures", in *Organizations Studies*, n. 6, 1997.

LAM A., "Tacit Knowledge, Organizational Learning and Societal Institutions: An Integrated Framework", in *Organization Studies*, n. 3, 2000.

LAWRENCE P., LORSCH J., *Organization and Environment. Managing Differentiation and Integration*, Harvard Business School Press, 1967.

LEV B., *Intangibles*, Etas, 2003.

LIPPMAN S.A., RUMELT R.P., "Uncertain Imitability: An Analysis of Interfirm Differences in Efficiency under Competition", in *Bell Journal of Economics*, n. 13, 1982.

LORENZONI G., "Reti di imprese ed imprenditorialità diffusa", in LIPPARINI A., LORENZONI G. (a cura di), *Imprenditori e imprese*, Il Mulino, 2000.

LORENZONI G., LIPPARINI A., "The Leveraging of Interfirm Relationships as a Distinctive Organizational Capability: A Longitudinal Study", in *Strategic Management Journal*, n. 20, 1999.

MACHLUP F., *Knowledge, Its Creation, Distribution and Economic Significance*, Vol. III, Princeton University Press, 1962.

MADHOK A., TALLMAN S.B., "Resources, transactions and rents: Managing value through interfirm collaborative relationship", in *Organization Science*, n. 3, 1998.

MARCH J.G., "Exploration and Exploitation in Organizational Learning", in *Organization Science*, n. 1, 1992.

MARCH J.G, *Prendere decisioni*, Il Mulino, 1998 (orig. *A Primer on Decision Making. How decision Happen*, The Free Press, 1994).

MERTON R., *Teoria e struttura sociale,* Vol. III, *Sociologia della conoscenza e sociologia della scienza*, Il Mulino, 2000.

MOWERY D.C., OXLEY J.E. SILVERMAN B.S., "Strategic Alliances and Interfirm Knowledge Transfer", in *Strategic Management Journal*, n. 17, Winter Special Issue, 1996.

NELSON R.R:, WINTER S.G., *An Evolutionary Theory of Economic Change*, The Belknap Press, 1982.

NONAKA I., "A Dynamic Theory of Organizational Knowledge Creation", in *Organization Science*, n. 1, 1994.

NONAKA I., "Come un'organizzazione crea conoscenza", in *Economia & Management*, n. 3, 1994.

NONAKA I., KONNO N., "The Concept of «Ba»: Building a Foundation for Knowledge Creation", in *California Management Review*, n. 3, 1998.

NONAKA I., TAKEUCHI H., *The Knowledge Creating Company. Creare le dinamiche dell'innovazione,* Guerini e Associati, 1997 (orig. *The Knowledge Creating Company*, Oxford University Press, 1995).

NONAKA I., TOYAMA R., "L'impresa che crea conoscenza", in *Sviluppo & Organizzazione*, n. 197, 2003.

O'DELL C., GRAYSON C.J., "If Only We Knew What We Know: Identification and Transfer of Internal Best Practices", in *California Management Review*, n. 40, 1998.

ORIANI R., "Il finanziamento dell'innovazione", in GRANDI A., SOBRERO M. (a cura di), *Innovazione tecnologica e gestione d'impresa*, Il Mulino, 2005.

PACCES F.M., *vedi* FERRER–PACCES F.M.

PERRONE V., *Le strutture organizzative d'impresa*, Egea, 1990.

PERRONE V., "La rete", in COSTA G., NACAMULLI R. (a cura di), *Manuale di organizzazione aziendale*, Vol. I, *Le teorie dell'organizzazione*, Utet, 1997 (1996[1]).

POLANY M., *Personal Knowledge: Towards a Post-Critical Philosophy*, (corrected ed.), University of Chicago, 1962.

POLANY M., *The Tacit Dimension*, Anchor Books, Garden City, NY, 1967.

PORRECA L., "Le alleanze nel settore aeronautico", in VICARI S. (a cura di), *Le alleanze dei settori ad alta tecnologia. Il caso dell'industria aeronautica*, Egea, 1991.

POWELL W.W., DIMAGGIO P.J. (a cura di), *Il neoistituzionalismo nell'analisi organizzativa*, Edizioni di Comunità, 2000, (orig. *The New Institutionalism in Organizational Analysis*, The University of Chicago Press, 1991).

PRIMO BRAGA C.A., FINK C., PAZ SEPULVEDA C., "Intellectual Property Rights and Economic Development", in *TechNet Working Paper*, 1998.

REED R., DEFILLIPPI R., "Causal Ambiguity, Barriers to Imitation, and Sustainable Competitive Advantage", in *Academy of Management Review*, n. 15, 1990.

REITZIG M., "Strategic Management of Intellectual Property", in *Mit Sloan Management Review*, Spring, 2004.

RICCIUTI C., *Organizzazione Aziendale. Aspetti e problemi di progettazione delle strutture*, Cedam, 2003.

RISPOLI M., *Sviluppo dell'impresa e analisi strategica*, Il Mulino, 1998.

ROBERTS J., *L'impresa moderna*, Il Mulino, 2006 (orig. *The Modern Firm. Organzational design for performance and growth*, Oxford University Press, 2004).

ROMER P., "Endogenous Technological Change", in *Journal of Political Economy*, n. 98, 1990.

RULLANI E., "La conoscenza e le reti: gli orizzonti competitivi del caso italiano e una riflessione metodologica sull'economia d'impresa", in *Sinergie*, n. 31, 1993.

RULLANI E., "Le Capitalisme Cognitif: du Déjà Vu?", in *Multitudes*, n. 2, 2000.

RULLANI E., *Economia della conoscenza*, Carocci, 2004.

SANCETTTA G., *Gli intangibles e le performance dell'impresa. Verso nuovi modelli di valutazione e di comunicazione nella prospettiva sistemica*, Cedam, 2007.

SCHIAVONE F., *Conoscenza, Imprenditorialità, Reti*, Cedam, 2008.

SCHILLING M.A., *Gestione dell'innovazione*, McGraw-Hill, 2005.

SHAPIRO C., "Navigating the Patent Thicket: Cross Licenses, Patent Pools, and Standard-Setting", relazione presentata al *National Bureau of Economic Research Conference*, Washington DC, 11 aprile 2000.

SILVA F., RAMELLO G., "Il mercato delle idee", in *Economia e politica industriale*, n. 101-102, 1999.

SIMON H.A., *Il comportamento amministrativo*, Il Mulino, 1958 (rist. 1993; orig. *Administrative Behavior*, Macmillan, 1947).

SIMON H.A., "A Mechanism for Social Selection and Successful Altruism", in *Science*, n. 250, 1990.

SIMON H.A., "Altruismo ed economia: una breve esposizione", in SIMON H.A., *Scienza economica e comportamento umano*, Edizioni Comunità, 2000 (orig. *Model of Bounded Rationality*, vol. 3. *Empirically Grounded Economic Reason*, Massachusset Institute of Technology, 1997).

SIMONE C., *La Resource Based View e la Knowledge Based View dall'ottica atomistica a quella interaziendale*, Aracne, 2004.

SIMONIN B.L., "Ambiguity and the Process of Knowledge Transfer in Strategic Alliances", in *Strategic Management Journal*, n. 20, 1999.

SPENDER J.C., "Making Knowledge the Basis of a Dynamic Theory of the Firm", in *Strategic Management Journal*, n.17, Winter Special Issue, 1996.

STUART T.E., "Interorganizational Alliances and the Performance of Firms: A Study of Growth and Innovation Rates in a High Technology Industry", in *Strategic Management Journal*, n. 21, 2000.

TEECE D.J., "Come trarre profitto dall'innovazione: implicazioni per l'integrazione, la collaborazione, gli accordi di licenza e le politiche pubbliche", in TEECE D.J. (a cura di), *La sfida competitiva. Strategie per l'innovazione*, McGraw-Hill, 1989.

TEECE D.J., "Competition, Cooperation and Innovation", in *Journal of Economic Behavior*, n. 18, 1992.

TSANG E.W.K., "Transaction Cost and Resource-based Explanations of Joint Ventures: A Comparison and Synthesis", in *Organization Studies*, n. 1, 2000.

WARSH D., *La conoscenza e la ricchezza delle nazioni. Una storia dell'indagine economica*, Feltrinelli, 2007.

WINTER S.G., "Conoscenza e competenze come risorse strategiche", in TEECE D.J. (a cura di), *La sfida competitiva. Strategie per l'innovazione*, McGraw-Hill, 1989.

ZACK M.H., "Managing codified knowledge", in *Sloan Management Review*, n. 4, 1999.

PARTE SECONDA

CULTURA DEL RISCHIO E GOVERNO DELL'IMPRESA

CAPITOLO QUINTO

I RAPPORTI TRA I SISTEMI IMPRESA E FINANZIARIO (*)

5.1. CONSIDERAZIONI INTRODUTTIVE

Tra le varie entità, con qualificazione più o meno sistemica, che

(*) Di GAETANO M. GOLINELLI, CORRADO GATTI, LUCA PROIETTI e GIANLUCA VAGNANI. Pur essendo il lavoro frutto delle riflessioni comuni degli autori, i paragrafi 5.1, 5.3 e 5.6 sono da attribuire a Gaetano M. Golinelli; i paragrafi 5.2, 5.5, 5.5.1, 5.5.2 e 5.5.3 a Corrado Gatti, i paragrafi 5.6.1, 5.6.2, 5.7, 5.7.1, 5.7.2 e 5.7.3 a Luca Proietti ed il paragrafo 5.4. a Gianluca Vagnani.

popolano il contesto che avvolge l'impresa, il sistema finanziario assume particolare significato. Sotto un profilo generale, infatti, le problematiche di carattere finanziario rivestono pregnante rilievo ai fini dell'azione di governo dell'impresa; è sufficiente in proposito ricordare che l'ordinato comporsi nel tempo delle dimensioni reale e finanziaria è condizione determinante per la sopravvivenza del sistema impresa([1]).

Nel quadro dei rapporti intersistemici, quello tra i sistemi impresa e finanziario è così alla base di ogni percorso di ricerca per la realizzazione di un efficace capitalismo, inteso come forma organizzativa della moderna produzione industriale a livello di specifico territorio, di paese nazionale, di comunità di paesi, globale([2]). Una ricerca sempre più difficile, in quanto la dinamica evolutiva del sistema finanziario si è qualificata per uno spinto processo di integrazione su scala mondiale che, unito ad un'incessante innovazione di prodotto, con il conseguente ampliamento dell'offerta di strumenti finanziari sempre più sofisticati e specifici, ha comportato la progressiva autonomia della finanza dall'economia reale, da cui una crescente rischiosità per il sistema economico nel suo complesso([3])([4]).

([1]) Sul legame tra reale e finanziario nell'economia d'impresa, MERLANI C., *Il credito mercantile*, Giuffrè, 1964, pag. 15 sottolinea l'importanza dell'esser consapevoli de «l'intima essenza delle correlazioni economico-finanziarie, sì da poter sincronizzare le successioni di atti tecnici e finanziari in modo da rendere sempre più efficace il processo creativo di utilità e dare all'impresa la massima efficienza che le condizioni ambientali permettono».

([2]) Per una lettura della globalizzazione come trasformazione del capitalismo industriale e superamento dei «capitalismi nazionali», cfr. GRANDINETTI R., RULLANI E., *Impresa transnazionale ed economia globale*, La Nuova Italia Scientifica, 1996.

([3]) Sull'espansione dell'attività degli operatori finanziari su mercati geografici e prodotti sempre più variegati, con il conseguente innalzamento dell'intensità competitiva tra le diverse piazze finanziarie, v. DEMIRGUC-KUNT A., LEVINE R., *Financial Structure and Economic Growth. A Cross-Country Comparison of Banks, Markets and Development*, Mit Press, 2001, pag. 15 e segg.

Sull'innovazione finanziaria, con puntuali riferimenti ai mercati monetario, mobiliare e finanziario, ai sistemi di pagamento e ai meccanismi integratori, cfr. BOYD J. H., SMITH B.D., "The Evolution of Debt and Equity Markets in Economic Development", in *Economic Theory*, n. 12, 1998, pag. 519 e segg. V. pure RUOZI R., "L'evoluzione del sistema finanziario italiano attraverso l'attività di Newfin", intervento al Convegno Newfin sul tema B*anche e mercati mobiliari*, Università Bocconi, 18 settembre 1995, pag. 32 e segg.; ZUCCHELLA A., *Progetti di investimento ed innovazione strategica, organizzativa e finanziaria: la competizione internazionale nei servizi di pubblica utilità,* Giuffrè, 1996. Sull'arricchimento della strumentazione finanziaria di-

Nel contesto delineato, in una prospettiva che prende le mosse dal *micro* e si porta progressivamente al *macro*, va riconosciuto al sistema finanziario il merito di aver favorito l'affermazione, il consolidamento e la diffusione tra gli operatori economici e sociali della cultura del rischio quale fondamentale determinante a base delle attività economiche e sociali([5]). Come si vedrà meglio nel seguito, il sistema finanzia-

---

sponibile quale condizione potenzialmente favorevole alla consonanza tra i sistemi impresa e finanziario, GOLINELLI G., "Economia e finanza nel governo dell'impresa", in *Sinergie*, n. 39, 1996.

([4]) Riguardo ai rischi e ai pericoli di un'economia globale, di grande attualità ci sembra il pensiero di Rullani, secondo il quale «la mondializzazione delle imprese apre una grande contraddizione, tuttora irrisolta: l'economia diventa mondiale senza che esista ancora uno Stato mondiale che possa disciplinare in modo sistemico le interdipendenze che le imprese e il commercio moltiplicano tra i diversi paesi. L'involucro protettivo costruito dalle politiche keynesiane e del *welfare* intorno alla crescita dell'offerta industriale nazionale non si può ripetere a scala mondiale. Di qui una instabilità economica internazionale che, iniziata con gli anni Settanta, non ha ancora finito di manifestare i suoi effetti»: RULLANI E., "La teoria dell'impresa: soggetti, sistemi, evoluzione", in RISPOLI M. (a cura di), *L'impresa industriale. Economia, tecnologia, management,* Il Mulino, 1989 (1984[1]), pagg. 101-102. V. inoltre SOROS G.*, La crisi del capitalismo globale,* Ponte alle Grazie, 1999, pag. 20; VACCÀ S., RULLANI E., "Oltre il modello classico di impresa multinazionale", in *Finanza Marketing e Produzione*, n. 2, 1983, pag. 67.

Per un approfondimento sui fattori critici d'instabilità e vulnerabilità del sistema finanziario, SIRONI A., *Rischio e valore nelle banche. Risk Management e Capital Allocation*, Egea, 2005, pag. 12 e segg.

Per una visione problematica della finanziarizzazione, v. ANDRIANI S., *L'ascesa della finanza. Risparmio, banche, assicurazioni: i nuovi assetti dell'economia mondiale*, Donzelli, 2006; v. in specie laddove (pag. 20), si osserva che l'accelerazione della finanziarizzazione degli ultimi tempi segue al tramonto del capitalismo fortemente assisto dallo Stato nazionale, per cui il cosiddetto «capitalismo statalista» era la risposta che «lo stesso capitalismo stava dando alla sua crisi, in pratica alla crisi del processo di globalizzazione da esso generato e crollato con la grande depressione degli anni trenta. La storia ha dimostrato e sta dimostrando che il modello statalista era anch'esso solo una fase dello sviluppo capitalistico, pronta a essere superata dal rilancio della globalizzazione e della finanziarizzazione». Il tasso di finanziarizzazione dell'economia è in genere misurato dal quoziente tra il complesso degli strumenti finanziari in circolazione in un determinato periodo (azioni, crediti ecc.) ed il prodotto lordo di un singolo paese o dell'economia mondiale.

([5]) L'evoluzione del contesto economico e istituzionale ha favorito, a sua volta, lo sviluppo della cultura finanziaria e del rischio degli operatori (famiglie e imprese), stimolando l'offerta e la domanda di risorse a medio e lungo termine, con strumenti finanziari innovativi e livelli di prezzo più competitivi rispetto al passato. In tale prospettiva, nel 2004 l'*Organisation for Economic Cooperation and Development* (OCSE) ha avviato un progetto teso a sviluppare la cultura finanziaria in tutti i paesi. Cfr.

rio ha nel rischio il proprio fondamentale criterio guida nella veicolazione di risorse finanziarie dalle unità in *surplus* a quelle in *deficit* finanziario([6]). Un criterio che presenta molteplici implicazioni e che, pur informando da sempre il sistema finanziario, ha conosciuto nei tempi più recenti un progressivo affinamento delle logiche di governo che lo interessano, una sorta di «processo di scientificazione» dell'azione di governo del sistema finanziario, ulteriore motivo per cui la considerazione di tale sistema rappresenta un riferimento utile alla comprensione delle possibilità e dei limiti della scientificazione dell'azione di governo del sistema vitale impresa([7]).

La qualificazione del «mondo della finanza» in chiave sistemico vitale si palesa approccio interessante anzitutto per la migliore comprensione della natura di sistema del complesso degli operatori finanziari (banche, altri intermediari finanziari in senso stretto, compagnie assicurative, investitori istituzionali, mercati finanziari, operatori informativi rilevanti nelle transazioni finanziarie ecc.) e degli organismi deputati al loro indirizzo, coordinamento e controllo (comitati interministeriali, banche centrali, autorità di vigilanza ecc.).

Il ricorso all'approccio sistemico permette poi di evidenziare che le tendenze evolutive ed i mutamenti nella struttura e nell'operatività del sistema finanziario non sono stati privi di effetti sulle sue prospettive di stabilità e, quindi, sull'azione del suo organo di governo. Ne è derivata, peraltro, l'adozione di regole tese ad incentivare il corretto ed efficace funzionamento complessivo del sistema finanziario, ponendo crescente attenzione, da un lato, alla tutela dei risparmiatori e, dall'altro, ai rapporti con gli operatori ai quali trasferire risorse finanziarie, tra i quali le imprese([8]).

BONGINI P., DI BATTISTA M.L., NIERI L., PATARNELLO A., *Il sistema finanziario*, Il Mulino, 2004, pag. 9.

([6]) Cfr. *infra*, paragrafo 5.6. e relativi sottoparagrafi.

([7]) Sul concetto di scientificazione dell'azione di governo e di «razionalità consapevole» del massimo decisore aziendale, v. *supra*, Prefazione e Capitolo I, paragrafo 1.1. Sulla (tentata) scientificazione del governo del sistema finanziario, cfr. *infra*, paragrafo 5.7 e relativi sottoparagrafi.

([8]) Per regolamentazione s'intende un intervento indiretto del settore pubblico nell'economia, volto a correggere comportamenti non opportuni sui mercati. In realtà, si tratta di un fenomeno più complesso e di natura circolare: esso, infatti, è la conseguenza ma anche la causa delle caratteristiche degli operatori del sistema finanziario e delle specifiche esigenze che emergono nel tempo. In merito al dibattito sulla regolamentazione del sistema finanziario e sulla possibilità che generi costi ed inefficienze

Risulta dunque agevolata l'analisi dei rapporti tra il sistema finanziario ed altri sistemi, individuati – ai nostri fini – nell'impresa (o nel sistema delle imprese) e nella pluralità degli investitori (o sistema del risparmio). Quello sistemico si palesa così approccio interessante per la migliore comprensione in particolare del rapporto intersistemico tra impresa e sistema finanziario, contribuendo al processo di scientificazione dell'azione di governo del sistema impresa. È sufficiente in proposito rilevare che il sistema finanziario è dotato di caratteristiche che gli consentono, *ex ante*, di esercitare sul sistema impresa attese e pressioni; *ex post*, di svolgere una continua attività di monitoraggio del percorso evolutivo del sistema impresa stesso.

Variegate sono le impostazioni a base del processo di pressione-monitoraggio-intervento sull'impresa alla cui realizzazione è deputato il sistema finanziario:
- migliorare la *corporate governance*;
- suggerire e facilitare processi di riposizionamento e/o sviluppo;
- migliorare gli assetti e le *performance* finanziarie.

Tali pressioni vengono esercitate secondo diverse modalità:
- incontrando frequentemente i dirigenti;
- richiedendo maggiori informazioni sui piani societari;
- stimolando modificazioni nella struttura e *performance* migliori;
- sollecitando il cambiamento dei *manager*;
- richiedendo consigli di amministrazione più forti e indipendenti([9]).

La qualificazione del sistema finanziario in chiave vitale, con i *driver* che permeano la sua dinamica evolutiva e condizionano l'azione del suo organo di governo, unitamente all'analisi delle dimensioni in base alle quali gli attori impostano i rapporti intersistemici, rappresenta in definitiva il momento centrale del percorso di seguito sviluppato. Un percorso che condurrà a riconoscere la pregnante significatività del rischio e la conseguente necessità di una costante evoluzione della cultura del rischio e della capacità di governo dello stesso, per i

---

superiori a quelle che si prefigge di risolvere, cfr. ONADO M., *Economia e regolamentazione del sistema finanziario*, Il Mulino, 2004, pag. 81 e segg. Approfondimenti sulla regolamentazione bancaria sono *infra*, paragrafo 5.7 e relativi sottoparagrafi. Per un esempio indicativo dei problemi di recente emersi, cfr. *infra* il riquadro sulla vigilanza negli Stati Uniti d'America e la connessa nota (28).

([9]) Elaborazione tratta da USEEM M., "I manager e gli azionisti istituzionali", in *Sviluppo e organizzazione*, n. 176, 1999, pag. 67.

sistemi finanziario e delle imprese, al fine di perseguire ambedue la finalità della sopravvivenza che accomuna la generalità dei sistemi vitali.

5.2. LA QUALIFICAZIONE IN CHIAVE VITALE DEL SISTEMA FINANZIARIO

La qualificazione di sistema vitale che, con le sue specificità, viene di seguito attribuita al complesso di istituzioni, imprese e mercati deputato alla realizzazione del processo di intermediazione finanziaria discende dalle impostazioni fondanti dell'approccio sistemico vitale. Seguendo tale approccio, infatti, istituzioni, imprese d'intermediazione finanziaria e mercati finanziari costituiscono componenti che, relazionandosi tra loro e con le componenti di altri sistemi, maturano attitudine e titolo a gestire i flussi finanziari tra unità in *surplus* e unità in *deficit* di risorse finanziarie e ad assumere così quel ruolo a base dell'emergere del sistema finanziario, sistema vitale di ordine L+1 rispetto al sistema, di ordine L, impresa([10]).

L'identificazione della categoria logica dei sistemi vitali nel cui ambito trova specificazione il sistema vitale impresa, la dinamica che caratterizza la struttura e le relazioni che ne consentono l'interazione con l'organo di governo rappresentano gli assunti utili per un'analisi di portata generale, ma al contempo puntuale, dei processi che consentono l'emergere del sistema finanziario e ne guidano la dinamica evolutiva.

I sistemi vitali, come noto, sono qualificati anzitutto da una finalità ben identificata, la sopravvivenza([11]). Pertanto, al fine della qualificazione in chiave vitale del sistema finanziario, assume significato portante la specificazione della sua finalità. Quest'ultima, in linea generale, è individuabile, al pari di tutte le realtà comprese nella categoria dei sistemi vitali, nella sopravvivenza. Sopravvivenza che, nello specifico, si traduce nella capacità a realizzare il processo di intermediazione finanziaria, ossia a sviluppare il collegamento tra unità in

([10]) Cfr. *supra*, Capitolo II, paragrafo. 2.1.

([11]) Sul primo postulato dell'approccio sistemico vitale, GOLINELLI G.M., *L'approccio sistemico al governo dell'impresa,* Vol. I, Cedam, 2005 (2000[1]), pagg. 107 e 116 e segg.

surplus e unità in *deficit*, perseguendo condizioni di efficienza ma, al contempo, prevenendo e contrastando l'instabilità([12]).

I sistemi vitali sono poi contraddistinti dalla presenza di un organo di governo e di una struttura operativa([13]). Il primo risulta individuato dall'estrapolazione dall'area del decidere dell'insieme delle decisioni di governo del sistema. La seconda rappresenta, invece, la sintesi delle restanti decisioni, di natura gestionale, nonché dei processi operativi([14]).

Nell'approccio considerato, analogamente al sistema impresa, la popolazione di operatori finanziari e delle altre entità che concorrono al complessivo processo di trasferimento di risorse finanziarie può essere qualificata come un sistema vitale più o meno compiuto. Si tratta, nello specifico, di un'organizzazione di livello superiore, risultante cioè dalla coesistenza e dal relativo coordinamento di entità più semplici (imprese finanziarie, mercati finanziari, altre imprese non finanziarie, istituzioni ed organismi di regolamentazione, vigilanza e controllo ecc.) operanti ai fini di un sempre più efficace comporsi dei flussi di risparmio e di impiego([15]).

Il sistema finanziario, inteso come sistema vitale, può essere graficamente immaginato come in figura 5.1, da intendersi quale risultante dalla prospettiva di osservazione tanto dall'organo di governo del

---

([12]) Cfr. FABOZZI F., MODIGLIANI F., *Mercati finanziari. Istituzioni e strumenti.* Il Mulino, 1995 (orig. *Capital Markets. Institutions and Instruments*, Prentice Hall, 1992), pag. 85. Sulle variegate istituzioni internazionali e nazionali aventi come particolare funzione il monitoraggio e la salvaguardia della stabilità del sistema (quali il Forum per la stabilità finanziaria e il Comitato di Basilea per la Vigilanza Bancaria), cfr. *infra*, nota (14).

([13]) Sul secondo postulato (o dell'isotropia) a base dell'approccio sistemico vitale, v. GOLINELLI G.M., *L'approccio,* Vol. I, *op.cit.*, pagg. 107-109 e 116 e segg.

([14]) In merito alla distinzione tra governo e gestione nei sistemi vitali, cfr. *supra*, Capitolo I, paragrafo 1.1, ove ampi riferimenti ad autorevole dottrina italiana, *in primis* al contributo di Fazzi.

([15]) Così ALBERICI A., "Ambiente finanziario" in CASELLI L. (a cura di), *Le parole dell'impresa*, FrancoAngeli, 1995, pag. 367, considera il sistema finanziario composto dall'insieme degli operatori, dei circuiti di collegamento, diretti o indiretti, e delle tecniche che consentono lo svolgimento delle transazioni e la circolazione degli strumenti finanziari; FORESTIERI F., MOTTURA P., *Il sistema finanziario*, Egea, 1998, pagg. 19-20, rilevano che il sistema finanziario rappresenta la struttura attraverso cui, in una economia moderna, si svolge l'attività finanziaria, cioè la produzione e l'offerta di servizi finanziari. In questo senso il sistema finanziario si qualifica come un organismo di livello superiore in quanto risulta dalla aggregazione di entità più semplici come sono i mercati finanziari e gli intermediari.

sistema impresa quanto di un generico osservatore([16]).

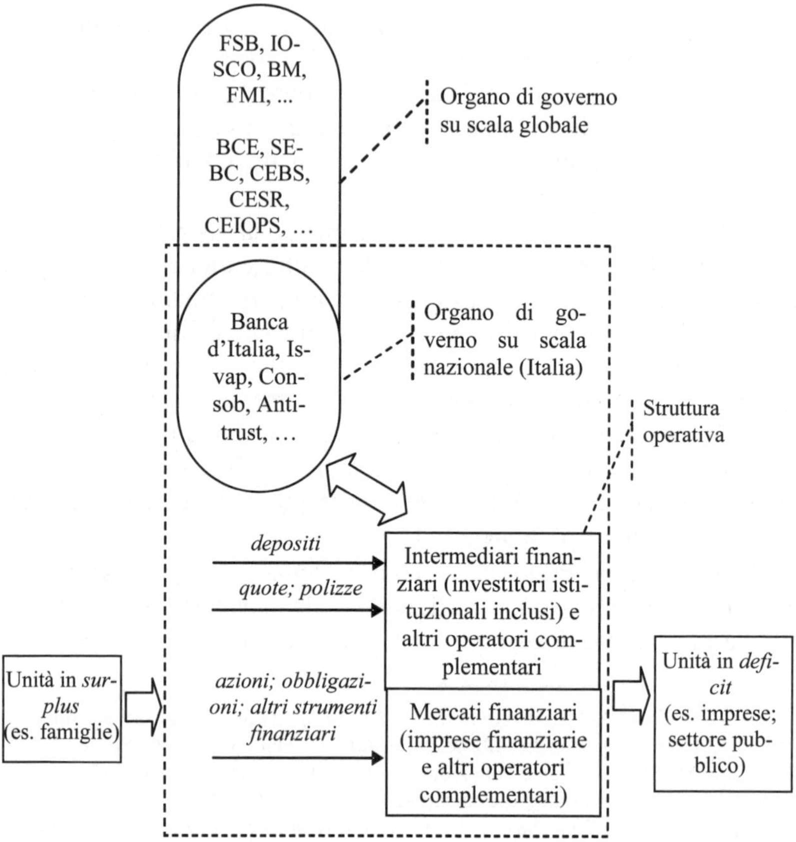

FIG. 5.1 – *Il sistema finanziario come sistema vitale* (fonte: elaborazione personale).

([16]) In base al postulato dell'isotropia, tali soggetti leggono entrambi la struttura (componenti e relazioni tra componenti) e le dinamiche (anche nella loro evoluzione storica) del sistema finanziario, sebbene con finalità d'indagine differenti:

– l'attenzione dell'organo di governo è volta a delineare un modello di rappresentazione del sistema, del suo ambiente e del suo contesto, utile all'assunzione di decisioni funzionali alla sopravvivenza del sistema governato;

– la finalità dell'indagine dello studioso è quella di trarre conclusioni in merito alle logiche comportamentali e alle dinamiche evolutive del sistema focalizzato.

L'interesse verso la problematica concernente i punti di osservazione e le finalità delle indagini era già evidente nel pensiero di FABRIZI C., *Aziende e strutture della distribuzione commerciale*, Cedam, 1974, pag. 239, ove si afferma: «lo studio dei canali di distribuzione, inteso come studio economico dei percorsi compiuti dai prodotti

Ambedue i soggetti leggono:

– un organo di governo del sistema finanziario assai composito, articolato e complesso, in quanto costituito da molteplici istituzioni ed organizzazioni che, oltretutto a livelli geografici differenti, svolgono azioni di indirizzo, coordinamento e controllo del sistema. A livello internazionale, la regia del sistema finanziario è connessa all'attività di importanti organismi, come il Financial Stability Board (Fsb), il Comitato di Basilea delle Banche Centrali (o Comitato per la Regolamentazione Bancaria e le Pratiche di Vigilanza), l'Organizzazione Mondiale delle Autorità di Vigilanza sui Mercati Finanziari (Iosco), la Banca Mondiale (Bm) e il Fondo Monetario Internazionale (Fmi). A livello comunitario, invece, istituzioni di significativo rilievo sono la Banca centrale europea (Bce), il Sistema europeo delle banche centrali (Sebc), il Comitato europeo delle autorità di vigilanza bancaria (Cebs), il Comitato degli organismi europei di sorveglianza delle società quotate (Cesr) e il Comitato delle autorità europee di vigilanza del settore assicurativo e delle pensioni professionali ed aziendali (Ceiops). A livello nazionale, infine, figurano la Banca d'Italia (BdI), l'Isvap, la Consob, l'Autorità Garante per la Concorrenza e il Mercato (Agcm o Antitrust) ecc.([17])([18]);

---

dalla fonte primaria di produzione alla stadio finale di consumo, può interessare – oltreché s'intende lo studioso desideroso di "conoscere" la fenomenologia economica – soprattutto il produttore che deve scegliere le vie più convenienti per avviare i suoi prodotti al consumo; oppure il tecnico consulente che deve saper comparare l'economicità dei diversi canali, od ancora gli organi cui compete la responsabilità della scelta di una determinata politica commerciale».

([17]) Su origini e funzioni del *Financial Stability Forum*, cfr. CHRISTODOULOU P., "The Issue of Democratic Legitimacy of the Eurosystem: a Sketch", in AA.VV., *Legal Aspects of the European System of Central Banks*, in *Liber Amicorum* Paolo Zamboni Garavelli, BCE, 2005, pag. 179 e segg.

In merito al laborioso processo di armonizzazione delle normative bancaria e finanziaria nazionali nell'Ue che ha condotto al Sebc, v. ARNONE M., SEGALOTTO J.F., SOMMER M., "Central Bank Autonomy, Macroeconomic Performance, and Monetary Frameworks: a Global Comparison", in MAZZOLLI M., ARCELLI F., *Atti della prima "Lezione Mario Arcelli"*, Rubettino, 2005.

Circa il ruolo di Comitato di Basilea e Ceiops nella regolamentazione prudenziale di banche e assicurazioni, cfr. *infra*, paragrafo 5.7. Sul riassetto delle *authority* finanziarie in ambito comunitario, v. *infra*, parte conclusiva del paragrafo 5.7.2.

([18]) Nel quadro dell'organo di governo del sistema finanziario, particolare rilievo rivestono le banche centrali nazionali. Diverse le spiegazioni della loro esistenza (cfr. PITTALUGA G.B., CAMA G., *Banche centrali e democrazia*, Hoepli, 2004, *pas-*

– una struttura operativa anch'essa composita, costituita da componenti variegate le quali, secondo modalità differenziate, realizzano il complessivo processo di intermediazione finanziaria. Tali componenti possono essere sommariamente raggruppati in due grandi aree: quella dell'intermediazione finanziaria tradizionale o in senso stretto, in cui un operatore finanziario più o meno specializzato interviene direttamente nel trasferimento di fondi dalle unità in *surplus* a quelle in *deficit* assumendo specifici obblighi, rischi e diritti; e quella dei mercati finanziari, più o meno regolamentati, dove si realizza lo scambio diretto di risorse finanziarie tra risparmiatori e prenditori di fondi([19]). In pratica, i flussi finanziari vengono incanalati dagli operatori in *surplus* a quelli in *deficit* attraverso due modalità principali – il canale indiretto o *bank based* (l'intermediazione per lo più bancaria) e il canale diretto o *market based* (il mercato di borsa in particolare) – i quali caratterizzano, rispettivamente, il capitalismo di Europa continentale e Giappone e quello dei paesi anglosassoni([20]). In realtà, le componenti

sim). Secondo l'approccio neo-istituzionalista, esse riducono asimmetrie informative e costi di transazione nell'interazione tra soggetti (cfr. COASE R.H., "The Nature of the Firm", in *Economica*, n. 16, 1937, pagg. 386-405; WILLIAMSON O.E., *Le istituzioni economiche del capitalismo*, FrancoAngeli, 1987 (tit. orig. *The Economic Institutions of Capitalism: Firms, Markets, Relational Contracting*, The Free Press, 1985); NORTH D.C., *Istitutions, Istitutional Change and Economic Performance*, Cambridge University Press, 1990). Un'altra impostazione intende il sistema finanziario, e quindi la banca centrale, come «veicolo istituzionale per realizzare obiettivi generali di programmazione economica» (DE MAIO M., PATALANO C. (a cura di), *Modelli organizzativi e di controllo nel sistema bancario*, Edibank, 1995, pag. 20), in specie per le politiche monetarie (v. DRAGHI M., *Politica monetaria e sistema bancario. Intervento del Governatore della Banca d'Italia*, Assemblea Ordinaria dell'Associazione Bancaria Italiana, Roma, 11 luglio 2007, pag. 7 e segg.).

([19]) In sostanza, l'intermediario interpone il proprio bilancio e il proprio contratto tra il datore e il prenditore di fondi (BONGINI P., DI BATTISTA M.L., NIERI L., PATARNELLO A., *op.cit.*, pag. 84), trasformando in tal modo qualitativamente la transazione e il rapporto finanziari (ONADO M., *Economia*, *op.cit.*, pag. 15).

I mercati finanziari possono essere anche del tutto informali ed occasionali. Si pensi, ad esempio, a un risparmiatore che conosca personalmente un imprenditore e decida di un progetto innovativo di quest'ultimo: cfr. BONGINI P., DI BATTISTA M.L., NIERI L., PATARNELLO A., *Il sistema op.cit.*, pag. 83.

Classificazioni dei mercati finanziari formali e regolamentati sono in ONADO M., *Economia*, *op.cit.*, pagg. 113 e 119. La funzionalità e l'efficienza di tali mercati si basa sulla numerosità degli attori e delle transazioni, sull'uniformità di applicazione delle regole, sulla circolazione e trasparenza delle informazioni: BASILE I., DE SURY P., *La determinazione del prezzo della azioni destinate alla quotazione*, Laterza, 1997.

([20]) In merito alla distinzione tra sistemi finanziari *bank* e *market based*, cfr. *in-*

della struttura operativa sono assai variegate, spaziando dagli intermediari finanziari tradizionali (come banche, compagnie assicurative, fondi comuni d'investimento mobiliare e/o immobiliare, società di gestione del risparmio, società di *factoring*, *leasing*, *venture capital*, credito al consumo ecc.) agli operatori attivi tipicamente sui mercati finanziari regolamentati (società di gestione delle borse valori, agenti di cambio, promotori finanziari ecc.), dagli operatori finanziari attivi sia come intermediari finanziari sia sui mercati finanziari (come gli investitori istituzionali), sino a quegli operatori «informativi» e non finanziari (come agenzie di *rating*, società di revisione, società di consulenza direzionale, analisti ed *advisor* finanziari ecc.) che svolgono un ruolo complementare ma necessario ai fini dell'effettuazione degli scambi finanziari([21]);

– i risparmiatori o unità in *surplus* (tipicamente, le famiglie) quali entità con le quali il sistema finanziario interagisce proponendosi di soddisfare il loro bisogno di valorizzazione dei risparmi o comunque delle risorse finanziarie in eccesso. Esse sono titolari di depositi e di altre forme di credito verso gli intermediari, nonché di azioni e di obbligazioni emesse sia dagli stessi intermediari sia dalle imprese e dal settore pubblico([22]);

– i prenditori di fondi finanziari o unità in *deficit* (tipicamente, le

---

fra, paragrafo 5.4, ove ampi riferimenti di letteratura in nota.

([21]) Per dettagli sui tipici intermediari finanziari, v. ONADO M., *Economia, op.-cit.*, pag. 104.

REA M.A., *Le imprese finanziarie*, Giappichelli, 1994, pag. 22 e segg. ricorda l'importanza delle realtà non strettamente finanziarie (come *rater*, *advisor* ecc.) che agevolano lo scambio di attività finanziarie, contribuendo anche alla riduzione delle asimmetrie informative che sempre caratterizzano il processo di scambio, ma non partecipano al processo, inteso in senso «manifatturiero» o come «processo terminale settoriale», di intermediazione finanziaria (sul concetto di processo terminale settoriale ed il passaggio da «settore manifatturiero» a «sistema settoriale», cfr. PANATI G., GOLINELLI G.M., *Tecnica economica, industriale e commerciale. Imprese, strategie e management*, 2 voll., La Nuova Italia Scientifica, 1991 (1988[1]), pag. 317 e segg.).

Sulle specificità e la varietà degli investitori istituzionali (fondi comuni d'investimento, fondi speculativi, fondi pensione ecc.), v. ONADO M., *Economia, op.cit.*, pagg. 111 e 113. Sull'intento di tali operatori di valorizzare il risparmi raccolti mediante la crescita di valore delle attività finanziarie detenute e negoziate sui mercati, cfr. DAVIS E. P., STEIL B., *Institutional Investors*, Mit Press, 2001, pag. 12.

([22]) Per una più approfondita classificazione dei bisogni finanziari delle famiglie, cfr. FABRIZI P.L., FORESTIERI G., MOTTURA P., *Strumenti e servizi finanziari*, Egea, 2003, pag. 98; BONGINI P., DI BATTISTA M.L., NIERI L., PATARNELLO A., *Il sistema, op.cit.*, pag. 347 e segg.

imprese e il settore pubblico) quali entità con le quali il sistema finanziario interagisce per soddisfare la loro esigenza di finanziamento. Come già rilevato, il sistema finanziario è in grado di offrire a questi operatori servizi progressivamente più complessi e innovativi([23])([24]);

– i principali strumenti finanziari (o attività finanziarie) utilizzati per effettuare il trasferimento di fondi tra unità in *surplus* ed in *deficit*. Tali strumenti «rappresentano un rapporto di debito/credito fra le parti in causa (o di partecipazione nel caso delle azioni) e sono il frutto di un contratto che disciplina gli impegni e i diritti reciproci»([25]);

– le relazioni intercorrenti sia tra organo di governo e struttura operativa del sistema finanziario, sia tra le componenti di quest'ultima e tra queste e le componenti dell'ambiente/contesto, popolato dalle unità in *surplus* e in *deficit*;

– le regole ed i vincoli che presiedono ora alla «trasmissione» degli indirizzi dall'organo di governo alla struttura operativa del sistema finanziario, ora alle attività tra operatori finanziari ed unità in *surplus* o *deficit* finanziario([26]).

La rappresentazione ideografica del sistema finanziario riportata

---

([23]) Si pensi all'evoluzione dei servizi di *investment* e *corporate banking* che, oltre all'apporto di capitale, garantiscono all'impresa un insieme di servizi di supporto consulenziale. Per un approfondimento sul tema, vedi BONGINI P., DI BATTISTA M.L., NIERI L., PATARNELLO A., *Il sistema*, *op.cit.*, pag. 155.

([24]) Giova osservare che, in base alla lettura del trasferimento finanziario per «tipi» di soggetto interessato (famiglie, imprese, settore pubblico ecc.), nell'attuale contesto, le famiglie sono sovente unità in *deficit* e le imprese unità in *surplus* anziché il contrario. Secondo una diversa lettura, il trasferimento finanziario originerebbe da una divergenza finanziaria settoriale: alcuni settori accumulano risparmio, altri svolgono prevalentemente azioni di investimento. Così FORESTIERI G., MOTTURA P., *Il sistema finanziario*, Egea, 2005, pag. 38.

([25]) Cfr. ONADO M., *Economia*, *op.cit.*, pag. 81 e segg.

([26]) Vincoli e regole del primo tipo, come quelle indicate in nota (29) e analizzate nel paragrafo 5.7 e relativi sottoparagrafi., sono a base della regolazione del sistema finanziario. Disciplinano invece l'attività finanziaria operativa i vincoli e le regole del secondo tipo, come la «legge di equivalenza finanziaria» o le prassi ed impostazioni contrattuali tipicamente seguite, tra le quali le clausole «uso piazza», che rinviano la determinazione di taluni aspetti contrattuali, come gli interessi passivi, alle condizioni praticate usualmente dalle aziende di credito sulla piazza, causando talora eccessiva indeterminatezza per i prenditori di fondi, al punto da essere state ritenute illegittime in taluni ordinamenti giuridici (cfr. FARINA V., "Gli interessi «uso piazza»., l'anatocismo e la commissione di massimo scoperto", in VETTORI G. (a cura di), Cedam, 1992, pag. 423 e segg.). Sulla distinzione tra vincoli e regole, v. GOLINELLI G.M., *L'approccio,* Vol. I, *op.cit.*, pag. 202 e segg.

in figura 5.1 consente di porre in evidenza la differenziazione su scala territoriale del sistema stesso, poiché le componenti che formano tanto il suo organo di governo quanto la struttura operativa possono essere connotate da un raggio di azione più o meno ampio a livello geografico. La diversa competenza territoriale delle entità che, con differenti ruoli, partecipano al sistema finanziario concorre ad alimentare la complessità qualificante sia l'organo di governo sia la struttura operativa(27). Complessità che può essere motivo di ostacolo, difficoltà, debolezza o rallentamento rispetto al formarsi e dispiegarsi dell'azione di governo del sistema finanziario.

Esempio emblematico della complessità dell'organo di governo e dei suoi effetti sulla qualità dell'azione di governo del sistema finanziario è la vigilanza bancaria negli Stati Uniti d'America. Il vigente organo di governo finanziario risponde ad un «modello ad autorità multiple pletorico», costituito da ben 115 organismi di controllo, tra cui la banca centrale federale (*Federal Reserve* o Fed).
Tale impostazione rappresenta il «paradosso americano, di mercati finanziari e globali, governati da un sistema di vigilanza balcanizzato, [...] il più obsoleto, inefficace ed inefficiente sistema di vigilanza conosciuto nel mon-

(27) Si rileva, in proposito, che le entità competenti a livello più ampio, quali ad esempio il Comitato di Basilea o la Banca Centrale Europea, come rientrare nell'organo di governo del sistema finanziario su scala mondiale o comunque sovranazionale. Per lo stesso motivo, nell'ottica della Bce, la Banca d'Italia, mentre partecipa all'organo di governo del subsistema finanziario italiano, è componente, pur di vertice, della struttura operativa del complessivo sistema finanziario comunitario europeo, in quanto soggetto attuatore, con riguardo all'Italia, di determinati indirizzi ed orientamenti di fondo promananti, ad esempio, dal Comitato di Basilea e/o dalla Bce stessa.

(28) Citazioni tratte da MASCIANDARO D., "Le 114 sorelle della Fed. La vigilanza Fed e il paradosso balcanico", in *Il Sole 24ORE*, 21 marzo 2008, pagg. 1 e 4.

Va precisato che articolazione, complessità e persino ridondanza riguardano pure la struttura dell'organo di governo del sistema finanziario comunitario europeo. È stato infatti notato che lo stesso Trattato dell'Unione europea favorisce una certa proliferazione di enti e ruoli in quanto, accanto al principio dell'«unicità» della politica monetaria, statuisce quello della «sussidiarietà», che implica il massimo decentramento possibile sotto il profilo attuativo: v. CIOCCA P., *La moneta e l'economia. Il ruolo delle banche centrali*, Il Mulino, 1983, pag. 30 e segg.

Si precisa infine che la netta separazione tra attività bancaria ed assicurativa è venuta meno in gran parte delle piazze finanziarie, Europa e Italia comprese, donde l'emergere di realtà finanziarie come la «bancassicurazione». Cfr. VINCENZINI M., "Una rilettura della funzione di produzione dell'attività di intermediazione finanziaria", in VINCENZINI M., TREQUATTRINI G.L. (a cura di), *Profili di innovazione istituzionale*

do». Un organo di governo così articolato è, da un lato, residuo storico dell'originaria separazione tra i fondamentali comparti dell'industria finanziaria (bancario, assicurativo e mobiliare), progressivamente abbandonata dal 1999 per creare un unico mercato integrato; dall'altro, applicazione del principio della «*competition in regulation*», secondo cui più autorità in competizione migliorano la qualità della regolazione.
I limiti di siffatta impostazione sono l'inefficienza connessa agli elevatissimi costi di funzionamento dell'apparato regolatorio e l'inefficacia dei controlli. Inefficacia *ex ante*, ossia prima che avvenga la crisi di uno o più operatori finanziari, in quanto «la pletora delle autorità rende paradossalmente più facili i buchi nei controlli, e più probabili gli arbitraggi regolamentari»; *ex post*, perché si «produce il fenomeno della deresponsabilizzazione. [...] Ciascun vigilante scarica sugli altre le responsabili, o su fattori esogeni ed imponderabili». Ne consegue che «una parte rilevante dell'industria finanziaria sfugge alla vigilanza, e [...] nel contempo è focolaio di instabilità»([28]).

La complessità dell'organo di governo del sistema finanziario non ha comunque impedito l'emergere di una concreta azione di governo, in vista di assicurare la capacità del sistema a rispondere alle crescenti esigenze di efficienza e stabilità([29]).

La qualificazione sistemico-vitale del sistema finanziario e l'esplicitazione dei tipici rapporti intersistemici con le unità in *deficit* e in *surplus* finanziario consentono di specificare i «ponti» che veicolano tali rapporti. Ponti che rappresentano, in buona sostanza, concetti riassuntivi degli aspetti e delle variabili che qualificano le relazioni intersistemiche considerate.

Come appare dalla figura esposta, il rapporto tra sistema finanziario e sistema impresa è veicolato sul «ponte» relazionale costituito dal profilo rischio-rendimento. Profilo che rappresenta una conseguenza del principio generale della convenienza economica e dell'avversione al rischio del finanziatore([30]).

---

dell'intermediazione finanziaria, Cedam, 1998, pag. 1 e segg. Sulle convergenze settoriali in generale, cfr. DEZI L., *Le dinamiche di convergenza imprenditoriale e settoriale. Risorse immateriali, outsourcing, reti di imprese, cross-border*, Cedam, 1996.

([29]) Particolare significato riveste, al riguardo, la regolamentazione prudenziale progressivamente sviluppata nel tempo da componenti basilari del sistema finanziario, come il Comitato di Basilea o il Ceiops. Sul punto si torna *infra*, paragrafo 5.7 e relativi sottoparagrafi.

([30]) Il rapporto tra i sistemi impresa e finanziario e l'importanza del sotteso principio del legame tra rendimento e rischio sono analizzati in dettaglio *infra*, paragrafo 5.6 e relativi sottoparagrafi.

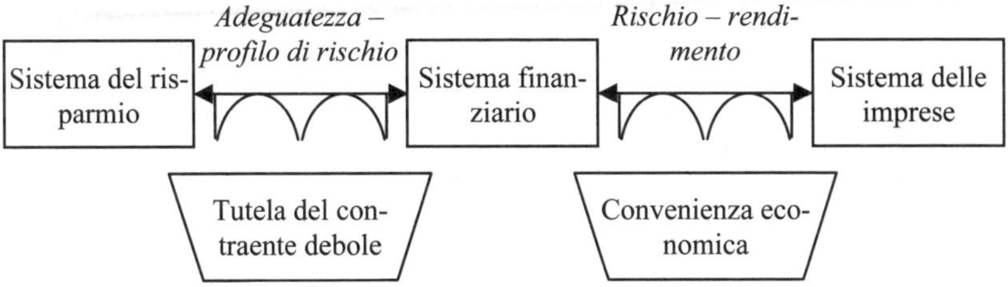

FIG. 5.2 – *I «ponti relazionali» tra impresa, sistema finanziario e risparmio* (fonte: elaborazione personale).

Anche il rapporto tra sistema finanziario e investitori è veicolato su uno specifico «ponte», l'adeguatezza dell'investimento rispetto al profilo dell'investitore([31]). Stante il *focus* del presente studio sul rapporto tra sistema finanziario ed impresa, l'analisi del rapporto tra i sistemi finanziario e del risparmio è circoscritta alle seguenti considerazioni di sintesi.

La cultura finanziaria dei risparmiatori è andata progressivamente crescendo negli anni, ma il risparmiatore resta in una posizione di sostanziale debolezza contrattuale e di asimmetria informativa rispetto al sistema finanziario, con prevalente riferimento agli intermediari finanziari. Ne consegue che gli investitori si trovano tipicamente nella condizione del contraente debole e, come tali, sono meritevoli di tutela([32]).
Ecco dunque che gli intermediari debbono basare il proprio operato su determinati principi, seguendo specifiche regole di comportamento nella prestazione dei servizi di investimento. Trattasi dei principi di diligenza, correttezza e trasparenza e delle sottese regole del «*know your customer*» («conosci il tuo cliente») e della «*suitability*» («adeguatezza»); principi e regole che sono alla base del legame adeguatezza dell'investimento-profilo di rischio dell'investitore, individuato quale ponte che veicola i rapporti tra si-

([31]) Tale «ponte» si fonda a sua volta su tre principi – diligenza, correttezza e trasparenza – sanciti a livello istituzionale dal Testo Unico della Finanza e dal connesso Regolamento Intermediari adottato dalla Consob (ci riferiamo al Decreto legislativo 24 febbraio 1998, n. 58 recante "Testo unico delle disposizioni in materia di intermediazioni finanziaria" (Testo Unico della Finanza o T.U.F.) e al relativo Regolamento di attuazione (Regolamento Intermediari adottato dalla Consob con delibera n. 11522 del 1° luglio 1998 e successive modificazioni)). Principi che rappresentano la conseguenza del principio generale di tutela del contraente debole qualificante il nostro ordinamento giuridico.

([32]) Cfr. ONADO M., *Economia, op.cit.*, pag. 178.

stema finanziario e risparmiatori.
In particolare, la regola del «*know your customer*» («conosci il tuo cliente») impone agli operatori finanziari di conoscere le specifiche caratteristiche del cliente-investitore, il che implica un'opportuna raccolta di informazioni e, dunque, determinati doveri informativi in capo agli intermediari. Il sistema finanziario, nel rapporto con il sistema degli investitori, più specificatamente nel processo di investimento per conto del cliente-investitore, non può poi prescindere dalla valutazione della propensione al rischio dell'investitore. Quest'ultima dipende da numerosi fattori, tra i quali è possibile richiamare l'età, lo *stock* di ricchezza finanziaria e reale posseduta, il livello di reddito attuale, il livello di reddito atteso, il grado di incertezza sul livello di reddito atteso, il tasso di risparmio([33]).
In definitiva, la regola del «*know your customer*» si giustifica con il fatto che ogni cliente presenta caratteristiche, propensione al rischio e capacità di fronteggiarlo specifici. Conseguentemente, solo una conoscenza precisa del cliente può consentire all'intermediario di proporre un investimento adeguato, ossia un'operazione finanziaria che si mantenga nei confini del ponte adeguatezza dell'investimento-profilo di rischio dell'investitore.
La regola della «*suitability*» («adeguatezza») consegue logicamente alla precedente ed impone agli operatori, per un verso, di offrire operazioni adeguate rispetto alle caratteristiche del cliente-investitore, per tipologia, oggetto, frequenza e/o dimensione; per altro verso, quando ricevono dal cliente-investitore disposizioni relative a operazioni non adeguate, di informarlo in maniera opportuna e di palesare le ragioni per le quali non è opportuno procedere con l'esecuzione dell'operazione([34]).
Le considerazioni formulate portano a concludere che l'attrattività di un'alternativa di investimento è connessa all'adeguatezza dell'attività finanziaria rispetto alle caratteristiche dell'investitore, compresa la sua propensione al rischio. Il legame adeguatezza dell'investimento-profilo di rischio dell'investitore viene quindi a rappresentare l'elemento centrale in vista di impostare un modello di analisi delle relazioni tra sistema degli investitori e sistema finanziario.
In Italia, come nel resto dell'Unione europea, il tema ha ricevuto ulteriori innovazioni e sviluppo con l'applicazione della recente «Direttiva dei mercati degli strumenti finanziari» (cosiddetta MiFID: Markets in Financial Instruments Directive). Approvata dal Parlamento Europeo nel 2004, la Mi-

---

([33]) Quelli ricordati sono solo alcuni fattori a base della propensione al rischio dell'investitore. Per un'approfondita analisi, cfr. MOTTURA P., "Nuove tendenze dell'intermediazione finanziaria: analisi dei rapporti fra intermediari e risparmiatori", in AA.VV., *Nuove tendenze dell'intermediazione finanziaria*, Egea, 1991, pag. 80 e segg.

([34]) In merito al concetto di adeguatezza dell'investimento cfr. i contributi classici di DIAMOND D.W., "Financial Intermediation and Delegated Monitoring", in *Review of Economic Studies*, n. 3, 1984, pagg. 393-414; WILLIAMSON S.D., "Costly Monitoring, Financial Intermediation and Equilibrium Credit Rationing", in *Journal of Monetary Economics*, n. 2, 1986, pagg. 159-179.

FID introduce una «armonizzazione forte» nel mercato finanziario europeo con l'obiettivo di: (i) garantire la protezione degli investitori con particolare attenzione alla tutela del piccolo risparmiatore, definendo precise regole di comportamento degli intermediari; (ii) rafforzare l'integrità, l'efficienza e la trasparenza dei mercati, attraverso la loro deregolamentazione; (iii) stimolare la concorrenza tra gli intermediari garantendo regole e condizioni più uniformi nei vari paesi e rendendo le condizioni di costo confrontabili; (iv) introdurre un livello minimo uniforme di sistemi di *governance* e di controllo per gli intermediari, definendo stringenti requisiti organizzativi.

5.3. DAL RAPPORTO INTERSISTEMICO ALLE RELAZIONI TRA COMPONENTI

Il rapporto tra i sistemi finanziario e delle imprese riveste, come già osservato, pregnante significato anzitutto sotto un profilo generale, con riferimento alla qualità del capitalismo industriale. Come osservato, infatti, la ricerca di efficienti modelli organizzativi della moderna produzione industriale si è sempre più incentrata sull'analisi di tale legame, in vista di migliorarne la qualità.

Una ricerca difficile, in quanto la qualità di tale rapporto si configura come un «costrutto», multidimensionale, condizionato dalle esigenze dei due sistemi relazionati e non solo([35]). Essa si basa anzitutto sull'esigenza di efficienza che deve qualificare il trasferimento all'impresa di risorse finanziarie critiche per il suo sviluppo. Efficienza sotto i profili del tempo, del costo, della varietà di prodotti resi disponibili che condiziona capacità competitiva e di consonanza e, dunque, il conseguimento di un vantaggio competitivo durevole da parte del sistema impresa, con i connessi riflessi sul sistema socio-economico nel suo complesso([36]).

([35]) In merito alla nozione di «costrutto», ossia di grandezza significativa ma complessa e non direttamente osservabile e misurabile, cfr. *supra*, Capitolo III, paragrafo 2.3 e segg.

([36]) Sull'evoluzione sull'efficienza nel rapporto tra sistema finanziario, imprese e risparmiatori, v. MYERS S.C., MAJLUF N.S., "Corporate Financing and Investment Decisions. When Firms Have Information that Investors Do Not Have", in *Journal of Financial Economics*, n. 2, 1984, pag. 193 e segg. Crescente varietà di operatori finanziari specializzati; tendenza al contenimento delle asimmetrie informative tra unità in *surplus* e unità in *deficit* finanziario; contrazione dei costi di informazione, transazione ed agenzia, in un quadro di sempre maggiore rapidità e sicurezza delle transa-

Ma la qualità del rapporto tra i sistemi finanziario e delle imprese è anche condizionata dall'esigenza di stabilità nel tempo propria del sistema finanziario. Una esigenza che è andata emergendo con forza ed evidenza crescenti, stimolata e sostenuta anzitutto dal già ricordato processo di integrazione dei sistemi finanziari su scala sopranazionale([37]). La stabilità, lungi dall'implicare la immodificabilità della struttura del sistema finanziario e la conseguente limitazione delle dinamiche competitive tra i componenti della sua struttura operativa, implica la preservazione di quelle condizioni fiduciarie a base degli scambi finanziari([38]).

La qualità del rapporto è infine influenzata da esigenze, di carattere più generale, che palesano una sostanziale istituzionalizzazione del sistema finanziario, cui viene attribuito il compito di supportare la crescita e lo sviluppo economico della collettività, assicurando anzitutto la corretta allocazione delle risorse finanziarie in vista del loro più

---

zioni; superiore intensità competitiva degli operatori finanziari sono alcuni degli aspetti e/o effetti salienti di tale dinamica evolutiva.

L'efficienza del sistema finanziario, con particolare riguardo ai mercati organizzati, è stata distinta in: informativa (prezzi che incorporano tutte le informazioni disponibili); valutativa (le informazioni disponibili sono utilizzate nel modo corretto per determinare il valore dell'impresa che viene così a riflettersi nei prezzi); di completezza (presenza di prodotti diversificati sul piano delle scadenze temporali); funzionale (capacità del sistema di dare un reddito agli operatori specializzati ma anche un contributo all'economia in generale); tecnico-operativa (ragionevolezza delle modalità e dei costi di svolgimento delle operazioni finanziarie). I primi quattro tipi sono indicati da TOBIN J., "On the Efficiency of the Financial System", in *Lloyds Bank Review*, n. 153, 1984, pag. 115 e segg., l'ultimo è aggiunto da VACIAGO G., VERGA G., (a cura di), *Efficienza e stabilità dei mercati*, Il Mulino, 1995, pag. 15.

([37]) PETIX L., *Aspetti tipici di analisi strategica di competizione globale e di finanza internazionale*, Cedam, 1994, con particolare riferimento al cap. 5, pag. 187 e segg. definisce il processo d'integrazione finanziaria avviato a partire dalla metà degli anni '70 come il «più ampio e di maggiore potenzialità spazio-temporale finora realizzato». COTTA RAMUSINO E., *Imprese e industria finanziaria nel processo di globalizzazione*, Giuffrè, 1998, pag. 36 riconduce la propulsività di processo in parte ai notevoli progressi dell'*information technology* negli ultimi decenni.

([38]) In Italia, la stabilità finanziaria è stata invece intesa alla fine degli anni '30 nel senso di una tutela esasperata dello *status quo ante*, con notevoli vincoli per gli operatori: forte specializzazione, limitazione della concorrenza, divieto di relazioni proprietarie della banca nell'industria. In proposito, cfr. PARRILLO F., *La funzione dei sistemi creditizi nell'economia contemporanea*, Edizioni Kappa, 1985, pag. 5 e segg. e MOTTURA P., "La transizione della banca da un sistema amministrato al mercato competitivo", in *Banche e banchieri*, n. 1, 1996, pag. 9 e segg.

proficuo utilizzo in un quadro di scarsità([39]).

L'approccio sistemico consente di leggere il rapporto tra i due sistemi relazionati alla luce della finalità condivisa della sopravvivenza, ancorché qualificata dalle specificità dei due sistemi stessi, sotto i profili del grado di compimento e della rilevanza dei vincoli e delle regole che ne disciplinano l'attività. Esso, peraltro, consente anche di affrontare l'analisi del rapporto, a livello *micro*, con riferimento alla specifica impresa nell'ottica del suo organo di governo. Un rapporto che l'organo di governo avverte come determinante per il sistema impresa e ne legge la centralità in termini di valutazione del grado di compimento e della rilevanza del sovrasistema finanziario per l'impresa([40]).

Il sistema finanziario, come già constatato, presenta un significativo grado di compimento, che si riverbera sia nel determinante ruolo assunto dalla regolamentazione normativa e da apposite istituzioni di supervisione, orientamento e controllo, sia nella presenza di omogeneità e coordinamento nei comportamenti dei variegati operatori finanziari([41]).

La rilevanza del sovrasistema finanziario per l'impresa viene qualificata ponendo attenzione ai *driver* della criticità e dell'influenza. La criticità del rapporto con il sistema finanziario risiede, essenzialmente, nella centralità della risorsa finanziaria per il funzionamento dell'impresa nelle moderne economie, nelle quali il capitale finanziario assolve ad una funzione insostituibile e propulsiva([42]).

([39]) Su allocazione di risorse e sistema finanziario, v. FORESTIERI G., "Sistema finanziario e criteri allocativi: effetti sul grado di innovazione delle strutture produttive", in *Note economiche*, n. 1, 1993 e FORESTIERI G., "La specificità della funzione allocativa del sistema bancario italiano", in *Economia e politica industriale*, n. 83, 1994, pag. 17 e segg.

VACIAGO G., VERGA G. (a cura di), *Efficienza*, *op.cit.*, pag. 50 sostengono che stabilità ed efficienza del sistema finanziario sono il miglior meccanismo per garantire in un paese sviluppato una corretta allocazione delle risorse e una loro adeguata crescita.

([40]) Su tale processo di valutazione, cfr. *supra*, Capitolo II, paragrafo 2.3.2 e relativi sottoparagrafi.

([41]) Per approfondimenti in chiave storico-evolutiva, v. ALLEN L., *Il sistema finanziario globale. Dal 1750 ad oggi*, Mondadori, 2002 (orig. *The Global Financial System 1750-2000*, Reaktion, 2001), cap. 5.

([42]) Sulla correlazione, almeno nel più lungo termine, tra crescita economica di un paese e sviluppo del sistema finanziario, fondamentale è il contributo di GOLDSMITH R. W., *Financial Structure and Development*, Yale University Press, 1969,

L'influenza del sistema finanziario si palesa invece nella capacità degli operatori finanziari di condizionare il rapporto con l'impresa nel corso della sua dinamica. Se, infatti, il finanziatore è tipicamente esposto ad asimmetria informativa *pre* e *post* contrattuale rispetto al soggetto finanziato, il sistema finanziario – quantomeno nelle macrocomponenti degli intermediari finanziari e dei mercati finanziari regolamentati – gode di un particolare potere di condizionamento rispetto all'impresa beneficiaria del trasferimento dei fondi([43]). Tale potere trae origine sia dalla natura tecnico-specialistica delle conoscenze e dei linguaggi che regolano l'economia finanziaria, sia dalle impostazioni contrattuali impiegate in ambito finanziario, qualificate da complessità crescente e dalla facoltà degli operatori finanziari di variare autonomamente talune condizioni del rapporto, anche dopo la sua attivazione. Ne consegue che, attraverso tali peculiarità, il sistema finanziario è in grado di influenzare il rapporto con l'impresa, così come anche con i risparmiatori([44]).

---

che ha analizzato i dati relativi a 35 paesi tra il 1860 e il 1963.

Il sistema finanziario, in specie nella sua macrocomponente creditizia, svolge una basilare funzione di «creazione» di «moneta bancaria» attraverso il noto meccanismo del moltiplicatore dei depositi indotto dalla riserva obbligatoria: sul punto, v. ACOCELLA N., *Fondamenti di politica economica. Valori e tecniche*, La Nuova Italia Scientifica, 1997 (1994[1]). Ancora, sul fatto che le banche siano sovente considerate «il veicolo istituzionale per realizzare obiettivi generali di programmazione economica» in un paese, cfr. DE MAIO M., PATALANO C. (a cura di), *Modelli*, *op.cit.*, pag. 20.

([43]) L'attività finanziaria è tipicamente affetta da problemi di asimmetria informativa in fase *pre* contrattuale di selezione del soggetto da finanziare (*adverse selection*) e in fase *post* contrattuale di monitoraggio della capacità del debitore di fare fronte agli impegni assunti (*moral hazard*). Cfr. AKERLOF G., "The Market for Lemons: Qualitative Uncertainty and the Market Mechanism", in *Quarterly Journal of Economics,* n. 84, 1970, pag. 488.

Per approfondimenti su studi generali sui comportamenti opportunistici nelle imprese e nelle relazioni interorganizzative e, dunque, anche a quella tra l'impresa e i suoi finanziatori, cfr. WILLIAMSON O., *I meccanismi del governo,* FrancoAngeli, 1998 (orig. *The Mechanisms of Governance*, Oxford press, 1996), pag. 101 e segg.; GERVASONI A., SATTIN F., *Private Equity e Venture Capital*, Guerini e Associati, 2000, pag. 35 e segg.

([44]) Sulle direzioni dell'influenza esercitata dal sistema finanziario sull'impresa, giova ricordare, ad esempio, che RULLANI E., "Tra finanza e industria: liberare il «motore» dell'economia della conoscenza", in *Economia e politica industriale*, n. 123, 2004, pag. 9, sottolinea l'importanza della capacità del sistema finanziario, in specie attraverso componenti ad elevata propensione al rischio (come i *venture capitalist*), a sostenere e sollecitare l'innovazione e sperimentazione industriali in periodi economici turbolenti e di transizione. ZINGALES L., "L'evoluzione del settore finanziario in

Ne discende l'importanza, nel quadro dell'azione di governo del sistema impresa, di impostazioni atte ad assicurare e mantenere nel tempo adeguati livelli di consonanza nelle relazioni tra impresa e sistema finanziario. Consonanza che, come si vedrà successivamente, richiede che ambedue i sistemi relazionati concorrano a che i rapporti intercorrenti possano e siano veicolati sull'unico «ponte» relazionale, il profilo rischio-rendimento, in grado di assicurare con continuità nel tempo la sopravvivenza di ambedue i sistemi.

5.4. Ruolo, significato e modelli organizzativi del trasferimento di risorse finanziarie

Lo svolgimento di attività economiche origina flussi reali che si qualificano per il loro spessore economico, espresso da costi e ricavi. Tali flussi hanno la proprietà di generare sempre flussi paralleli di natura monetaria e finanziaria, il governo dei quali riveste determinante rilievo in relazione alla «necessità di un sostanziale e continuativo equilibrio tra gli impieghi di risorse-fattori reali e le fonti finanziarie necessarie per la loro acquisizione»([45]).

L'equilibrato svolgimento dell'articolato processo di produzione della ricchezza richiede, infatti, che i flussi finanziari possano essere incanalati in condizioni di efficienza e nel rispetto di determinate regole dagli operatori in *surplus* a quelli in *deficit.*

Il processo di riequilibrio tra le posizioni in *surplus* e quelle in *deficit* si compie tramite transazioni finanziarie. Queste si realizzano con impostazioni contrattuali diverse attraverso le quali vengono specificate le condizioni, le modalità, i diritti e gli obblighi delle parti connesse allo scambio nel tempo di risorse finanziarie([46]).

Europa e le sfide per il sistema italiano", in DE CAPRARIIS G., GUISO G. (a cura di), *Finanza, legge e crescita delle imprese*, Il Sole 24Ore, 2004, pagg. 43-44 ritiene che i sistemi di finanziamento *relationship-based* possano rappresentare addirittura un freno all'evoluzione delle economie in periodi caratterizzati da grandi cambiamenti, perché: a) le modalità di valutazione delle nuove imprese rendono più probabile che nei sistemi di finanziamento di tipo *arm's lenght* l'esclusione di iniziative realmente innovative; b) la «natura opaca» del sistema aumenta la discriminazione verso nuovi imprenditori o imprese prive di esperienze in certi *business*, al punto che le imprese più incentivate al cambiamento hanno minori risorse per attuarlo.

([45]) Cfr. PANATI G., GOLINELLI G.M, *Tecnica, op.cit.*, pag. 633.

([46]) Cfr. FABOZZI F., MODIGLIANI F., *Mercati, op.cit.*, pagg. 17-18.

Il contratto può essere negoziato direttamente tra risparmiatore e prenditore di risorse finanziarie ovvero può essere la risultante dell'attività di una serie più o meno lunga di soggetti ai quali vengono delegate una o più funzioni connesse con la predisposizione, gestione e conclusione della transazione.

Il mutuo comporsi, ai diversi livelli, dell'attività di tali soggetti si qualifica quindi come uno degli elementi che danno vitalità all'economia reale in quanto il loro operare è determinante a «che ogni frazione di risparmio si trovi sollecitata ad uscire dall'isolamento e dall'inerzia per assumere carattere propulsivo della vita sociale»([47]). Sotto un profilo generale, può dirsi quindi che l'attività degli operatori impegnati nel processo che porterà alla transazione è finalizzata al conseguimento di un proficuo reciproco adattamento tra condizioni d'uso del risparmio e condizioni di svolgimento d'impresa.

La tensione a realizzare, in condizioni di efficacia processi atti a conseguire il proficuo reciproco adattamento tra condizioni d'uso e condizioni d'impiego del risparmio per lo svolgimento di attività economiche, porta all'emergere del sistema. Si delinea così, con riferimento alla matrice concettuale che qualifica l'approccio sistemico vitale, anzitutto la struttura, intesa come insieme organizzato di componenti – istituzioni, mercati ed imprese – idonei a svolgere le specifiche funzioni ed assumere quindi uno specifico ruolo nell'ambito dell'emergente sistema.

Sotto un profilo generale, come si è detto, in tale insieme organizzato agiscono, a diversi livelli, le autorità di vigilanza, che fissano le regole e ne garantiscono l'applicazione; i mercati, che rappresentano degli spazi economici nei quali si vengono a negoziare, in modalità anonima e standardizzata, transazioni finanziarie; le imprese, in cui si ricomprendono sia gli intermediari finanziari, sia i fornitori di servizi ed altre attività complementari (società di revisione, agenzie di *rating*, *advisor* ecc.).

Questa struttura può trovare concretizzazione in assetti fisico/organizzativi diversi in relazione alla varietà dei capitalismi industriali, intesi come forme organizzative della produzione industriale caratterizzate da variegate impostazioni inerenti i modelli proprietari, le dimensioni e i rapporti tra imprese, l'organizzazione dei mercati finan-

---

([47]) Cfr. CAPRARA U., *L'economia dei finanziamenti d'impresa*, Giuffrè, 1966, pag. 10.

ziari e delle istituzioni. In relazione all'evoluzione storica dei diversi capitalismi industriali ed all'attività di indirizzo dell'organo di governo, è possibile distinguere, come già accennato, tra sistemi finanziari con strutture operative basate prevalentemente sull'intermediazione bancaria ovvero sui mercati finanziari: ne consegue la già accennata differenziazione tra sistemi finanziari orientati agli intermediari (*bank based*) e sistemi finanziari orientati ai mercati (*market based*)([48]).

Il diverso ruolo delle due componenti qualificanti la struttura operativa comporta riflessi sulla dinamica evolutiva del sistema finanziario e, più in generale, del sistema economico, con particolare riferimento alla struttura proprietaria delle imprese, alla natura delle relazioni che le imprese intrattengono con gli intermediari, alla quotazione in borsa delle imprese([49]).

Nei sistemi *bank-based*, la proprietà delle imprese è altamente concentrata, le relazioni tra banche e imprese si sviluppano in un'ottica di lungo periodo, il numero delle imprese quotate in borsa è relativamente modesto in rapporto alle potenzialità del tessuto produttivo. In tali sistemi, le banche svolgono un ruolo significativo nella configurazione degli assetti proprietari e nel controllo delle imprese, costituendo, al tempo stesso, la principale fonte di finanziamento a medio e lungo termine per gli investimenti.

Di contro, nei sistemi *market-based*, la proprietà delle imprese si caratterizza per l'azionariato diffuso, le relazioni tra banche e imprese sono improntate al breve periodo, il numero delle imprese quotate in borsa è rilevante in rapporto alla struttura industriale. In tali sistemi, i mercati sono in grado di esercitare il controllo sulla performance delle imprese e quindi sulla capacità del *management*, collegando, seppure

---

([48]) La natura *bank* o *market based* di un sistema finanziario è stata misurata considerando l'indice d'intermediazione, dato dal quoziente tra il totale delle attività finanziarie acquisite dagli intermediari delle varie categorie e le passività finanziarie emesse dai settori che utilizzano risorse finanziarie (imprese, Stato ecc.). Cfr. MAYER C., "The Assessment Money and Banking: Theory and Evidence", in *Oxford Review of Economic Policy*, n. 4, 1994, pag. 10.

([49]) Per un breve inquadramento, anche comparativo, dei sistemi finanziari i sistemi tedesco e giapponese, da una parte, ed anglosassoni, dall'altra, v. ROSSIGNOLI B., "Banche, imprese, risparmio finanziario. Alcune notazioni sullo sviluppo della finanza", in *Rivista milanese di economia*, n. 63, 1997, pag. 51 e segg. Sia consentito rinviare anche ai nostri studi, GOLINELLI G.M., "Economia" *cit.*, pag. 35 e segg.; GOLINELLI G.M., "Il confronto tra capitalismi nazionali; la specificità italiana", in *Finanza marketing e produzione*, supplemento al n. 4, 1999, pag. 387.

attraverso l'intervento degli operatori professionali, domanda e offerta di fondi.

I due modelli di capitalismo hanno *pro* e *contro*([50]). Il modello cosiddetto bancocentrico è tendenzialmente più cauto nell'analisi dei progetti di investimento ma, allo stesso tempo, disponibile a sostenere le imprese nei momenti di crisi, anche derogando alle impostazioni a base della valutazione del merito creditizio.

Al contrario, un sistema orientato al mercato è più funzionale a consentire la raccolta diretta di mezzi finanziari da parte delle imprese, ma è più soggetto a *shock* e instabilità. La maggiore instabilità di un sistema orientato al mercato deriva da due fenomeni in parte tra loro correlati:

– le imprese hanno tendenzialmente una maggiore discrezionalità nelle decisioni di aumento dell'indebitamento e del grado di utilizzo della leva finanziaria rispetto a quanto avviene in un sistema bancocentrico;

– raccogliendo risorse attraverso il collocamento di strumenti finanziari, il rischio d'impresa può essere trasferito dagli operatori finanziari a famiglie o investitori non soggetti a controlli di stabilità([51]).

La distinzione tra i due modelli ricordati sembra peraltro perdere progressivamente di significato. Il continuo processo di integrazione dei sistemi finanziari comporta, infatti, l'esigenza di progressive modificazioni della struttura operativa per favorire migliori condizioni di accoppiamento strutturale tra i sistemi relazionati([52]).

([50]) Annoso è il dibattito sulla superiorità del modello finanziario anglosassone (*market based*), caratterizzato da mercati mobiliari ben sviluppati e finanziamenti bancari a breve termine, o di quello comune al Giappone e all'Europa continentale (*bank based*), in cui le banche esercitano un ruolo prevalente nel processo di intermediazione, fornendo capitale a medio/lungo termine e indirizzando in modo attivo la gestione delle imprese, ha visto nel tempo una forte contrapposizione tra i fautori dei due archetipi. V. ALLEN F., GALE D., *Comparing Financial Systems*, Mit Press, 2001.

([51]) Si pensi, per rimanere al nostro Paese, ai casi Cirio e Parmalat. Con riguardo agli Stati Uniti d'America, si pensi ai casi relativi a Enron, WorldCom e, più recentemente, ai cosiddetti mutui immobiliari *subprime*.

([52]) Una sempre più vasta letteratura ha sostenuto la necessità di integrare le richiamate caratteristiche proprie dei sistemi finanziari *bank based* e *market based*. Ne è discesa la cosiddetta *financial based view*, secondo cui il ruolo esercitato dalle banche e dai mercati non è antitetico, ma complementare, poiché entrambi forniscono servizi essenziali per lo sviluppo delle imprese. In proposito, BOYD J. H., SMITH B. D., "The evolution", *cit.*, pag. 520 e segg.; DEMIRGUC-KUNT A., LEVINE R., *Financial*, *op.cit.*, pag. 20 e segg.

La consonanza tra sistemi viene infatti a rappresentare, in ottica sistemica, un momento pregnante di un processo in continua evoluzione verso la piena realizzazione di un sistema finanziario mondiale. In tale prospettiva, l'analisi teorica e la stessa osservazione delle modificazioni in atto avvalorano il convincimento che l'efficiente allocazione delle risorse finanziarie sia da ricondursi a rapporti di complementarietà tra banche e mercati finanziari.

Si è in proposito correttamente affermato che «tali rapporti di complementarietà riflettono la combinazione degli elementi forti che caratterizzano i sistemi *bank based* e i sistemi *market based*, nel senso che la validità dei progetti di investimento delle imprese viene sottoposta, congiuntamente, al vaglio critico di meccanismi allocativi – banche e mercati – che operano con orizzonti temporali distinti (di lungo periodo per le banche e di minore lunghezza per i mercati) e con informazioni differenziate (riservate per le banche e accessibili a tutti gli operatori nel caso dei mercati)»([53]).

Con riferimento all'Italia, dall'inizio degli anni '90, la struttura operativa del sistema finanziario è stata protagonista di un processo di trasformazione ampio e profondo, volto a integrare le caratteristiche di un sistema bancocentrico, che lo hanno caratterizzato nel secolo passato, con i connotati di un sistema più orientato al mercato in vista di renderlo più rispondente alla crescente competizione internazionale([54]).

5.5. LA DINAMICA EVOLUTIVA DEL SISTEMA FINANZIARIO, TRA INTEGRAZIONE DI SISTEMI NAZIONALI, INTERNAZIONALIZZAZIONE DEGLI INTERMEDIARI E GLOBALIZZAZIONE DEI MERCATI

Le considerazioni svolte in merito alla qualificazione in chiave si-

---

([53]) ROSSIGNOLI B., "Banche", *op. cit*, pag. 52.

([54]) Pareri negativi e positivi circa la progressiva attenuazione del carattere bancocentrico del sistema finanziario italiano sono rispettivamente in COMANA M. (a cura di), *Il mercato finanziario italiano: borsa, competitività delle imprese e tutela del risparmio*, Luiss University Press, 2005, pag. 16 e segg. (che a pag. 14 definisce quello italiano un sistema finanziario amministrato ed ibrido, in cui comunque minore è il peso dei titoli di debito pubblici nei bilanci delle famiglie italiane), e CARDIA L., "I rapporti tra finanza, imprese e risparmio", in *Relazione Annuale della Commissione Nazionale per le Società e la Borsa*, 2005, pag. 20.

stemico vitale dell'industria finanziaria hanno evidenziato l'esistenza, su scala globale, sia di un organo di governo composito, con componenti di indirizzo, coordinamento e controllo differenti, anche per livello geografico di riferimento, sia di una struttura operativa anch'essa composita, con intermediari e mercati che realizzano secondo modalità differenziate il processo di intermediazione finanziaria, entrambi orientati al perseguimento di una comune finalità, identificata nella realizzazione del menzionato processo in condizioni di efficienza e di stabilità([55]). A fronte di tale quadro, è stato sottolineato il ruolo delle diverse componenti strutturali, come pure la complessità di un'azione di governo tesa a ricercare corretti rapporti con l'economia reale.

In un'ottica di sintesi e semplificazione, proponiamo a questo punto una lettura della dinamica evolutiva del sistema finanziario che individua e qualifica due successivi momenti evolutivi: dapprima, la tensione verso il progressivo compimento del sistema finanziario considerato a livello di singolo Stato nazionale, con l'equilibrata combinazione del compimento dell'organo di governo e della struttura operativa nazionali; poi, l'emergere di un sistema finanziario globale, qualificato da un compimento sbilanciato, in quanto caratterizzato da un compimento debole dell'organo di governo e da una struttura operativa invece qualificata da un grado di compimento elevato per via di processi spinti di auto-organizzazione delle componenti operative (o comunque di alcune di loro). Allo squilibrio poc'anzi citato sembra, infine, accompagnarsi un mutamento dei rapporti tra organo di governo e struttura operativa, i quali si palesano meno sinergici e con una più debole unità d'intenti di quanto non fossero a livello nazionale.

([55]) In proposito, si rileva che il sistema finanziario palesa nel tempo una vitalità, ossia una capacità di sopravvivenza, mutevole, alternando momenti di salda vitalità o di suo rafforzamento a momenti di suo indebolimento, con il manifestarsi di un'instabilità a livello sia dei rapporti tra le componenti sia dell'orientamento delle decisioni e azioni rispetto al conseguimento della finalità sistemica. V. GATTI C., VAGNANI G., "Intelligenza, compimento e vitalità dei sistemi di sistemi. Una riflessione sull'industria finanziaria", in *Sinergie*, n. 80, 2009, pagg. 31-68. Per recenti approfondimenti sulla dinamica evolutiva del sistema finanziario cfr., *amplius*, COTTA RAMUSINO E., "Quale governance dopo la crisi? Mercato, Stato e responsabilità. Per l'avvio di un dibattito", in *Sinergie*, n. 80, 2009, pagg. 145-174; COTTA RAMUSINO E., "Il divenire della finanza tra logiche di sistema e comportamenti imprenditoriali", in *Sinergie*, n. 81, 2010, pagg. 173-224.

5.5.1. Il progressivo compimento dei sistemi finanziari nazionali

Nel secolo scorso – e fintanto che il sistema finanziario ha avuto come principale ambito geografico di riferimento quello coincidente con i confini dello Stato nazionale, di tal che prevaleva una pluralità di sistemi finanziari nazionali tra loro meno integrati di quanto è dato riscontrare oggi – si è assistito ad un processo di progressiva crescita del grado di compimento del sistema finanziario a livello nazionale, con l'emergere di sistemi sempre più governati ed organizzati. I sistemi finanziari nazionali si sono così palesati vieppiù compiuti per il combinato disposto della crescita del grado di compimento dell'organo di governo e di quello della struttura operativa. In tutti i Paesi più evoluti, infatti, si è registrato il rafforzamento delle istituzioni deputate allo svolgimento delle azioni di indirizzo, coordinamento e controllo del rispettivo sistema finanziario, nonché alla maggiore connessione delle componenti operative.

L'organo di governo del singolo sistema finanziario nazionale si è evoluto, con la progressiva crescita della propria capacità di regolazione, esplicata in particolare attraverso la vigilanza prudenziale sull'impresa bancaria; ciò per perseguire, attraverso la garanzia della sana e prudente gestione di quella, la finalità della stabilità ed efficienza del sistema finanziario nel suo complesso([56]). In questo senso, le autorità di vigilanza hanno progressivamente ampliato lo spettro degli elementi oggetto di specifica attenzione e regolazione, con le sottese disposizioni, istruzioni e circolari, con riferimento tanto agli aspetti organizzativi ed operativi degli intermediari, quanto a quelli attinenti alla loro condotta generale.

La crescita della compiutezza dell'organo di governo del sistema ha dunque portato alla progressiva qualificazione del contesto normativo e regolamentare di riferimento per gli operatori finanziari, definendo così l'ambito di azione delle componenti strutturali quale contesto fortemente regolamentato([57]).

([56]) Sulla regolamentazione prudenziale nel sistema finanziario quale espressione dell'azione di governo del sistema stesso e sulle sue recenti dinamiche, v. *infra*, paragrafo 5.7 e relativi sottoparagrafi.

([57]) A titolo esemplificativo, si pensi in Italia alle innovazioni introdotte nella disciplina dell'attività bancaria dal D.Lgs. 1° settembre 1993, n. 385 e successive modifiche e integrazioni (Testo Unico Bancario), con la conseguente evoluzione dal modello di banca specializzata a quello di banca universale, nonché alle iniziative di au-

Nello stesso tempo, si è registrata una crescita del grado di compimento della struttura operativa del sistema finanziario, a livello sia di singole componenti sia di struttura operativa nel suo complesso. Una crescita realizzatasi attraverso la moltiplicazione delle opportunità imprenditoriali perseguibili dagli intermediari finanziari e delle sottese vie operative adottate, l'intensificarsi delle relazioni e interdipendenze tra le componenti, nonché il loro maggiore coordinamento.

È, in proposito, opportuno osservare che l'incremento del grado di organizzazione e compimento della struttura operativa nell'ambito dei sistemi finanziari nazionali ha interessato sia la componente «intermediari finanziari» sia la componente «mercati». Con riferimento ai primi, infatti, il progressivo affinamento, in generale, delle tecniche di gestione aziendale e, in particolare, di quelle di valutazione e trattamento dei rischi, così come di studio e soddisfazione delle esigenze dei clienti privati e istituzionali, anche tramite forme di collaborazione tra attori finanziari, ha condotto ad una superiore cultura imprenditoriale, sovente fondamentale per lo sviluppo economico, quando non per il superamento di crisi economiche, nonché per lo sviluppo culturale *lato sensu*([58]). Quanto ai mercati finanziari, dall'analisi dell'evoluzione delle borse nell'Europa continentale emerge come essi, inizialmente istituzioni pubbliche, si siano poi organizzati sotto forma di società per azioni al fine di rispondere all'esigenza di regolare in maniera più efficiente ed efficace l'attività di scambio. Si è ritenuto, infatti, che la società per azioni fosse la soluzione «più coerente con le esigenze operative dell'offerta di servizi finanziari e soprattutto con i processi di aggregazione a livello nazionale e internazionale che erano già in corso»([59]).

Il progressivo compimento del sistema finanziario nei vari Stati nazionali sembra essersi dunque fondato su un equilibrio tra il compimento dell'organo di governo e quello della struttura operativa, con il sotteso consolidarsi sinergico di linee di indirizzo del sistema di natura sia *top-down*, derivanti dalla regolamentazione e dai controlli delle

---

toregolamentazione promosse dall'Associazione Bancaria Italiana (ABI).

([58]) Sul tema si considerino, per tutte, le lucide riflessioni contenute in VANONI E., "Funzione attiva del credito nei programmi di sviluppo economico nazionale", in *Bancaria*, vol. 11, 1955, pagg. 1304-1307, nonché in MENICHELLA D., "I compiti della banca per la ripresa e lo sviluppo economico del Paese", in *Bancaria*, vol. 3, 1959, pagg. 295-303.

([59]) ONADO M., *Economia*, op.cit.; pag. 226.

pubbliche istituzioni, sia *bottom-up*, scaturenti dall'imprenditorialità e dall'auto-organizzazione delle componenti operative. Come conseguenza del richiamato equilibrio, il sistema finanziario ha mostrato un notevole sviluppo nella sua capacità di perseguire la finalità che gli è propria, la realizzazione del processo di intermediazione finanziaria in condizioni di stabilità ed efficienza.

5.5.2. La globalizzazione della finanza e i suoi riflessi sul compimento del sistema finanziario

Parallelamente alla crescita del grado di compimento dei sistemi finanziari nazionali, a livello sia di organi di governo sia di strutture operative, si è assistito alla graduale integrazione dei sistemi stessi, con l'emergere di un sistema finanziario globale([60]). Quest'ultimo, che rappresenta il sistema finanziario come oggi lo osserviamo nei suoi rapporti con famiglie, imprese e pubbliche istituzioni, palesa caratteristiche differenti dai sistemi finanziari nazionali precedentemente delineati. Infatti, il sistema finanziario globale, frutto dell'integrazione di sistemi nazionali in gran parte assai compiuti, palesa un grado di compimento ben più debole. Mentre il sistema finanziario andava verso un elevato grado di compiutezza a livello nazionale, il processo di globalizzazione della finanza lo ha reso progressivamente meno compiuto a livello sovranazionale.

Orbene, al fine di comprendere e delineare i tratti salienti del sistema finanziario globale, con specifico riferimento all'aspetto del suo compimento sistemico, come anche i relativi riflessi sul perseguimento della finalità sistemica, giova soffermarsi brevemente sulla questione – di ordine generale – concernente le possibili conseguenze dell'integrazione tra sistemi, con particolare attenzione al caso dell'integrazione tra sistemi vitali compiuti ed ai possibili esiti di tale processo sul piano del compimento del sistema risultante e della sua attitudine alla

---

([60]) La globalizzazione del sistema finanziario ha ricevuto una spinta decisiva a partire dalla fine degli anni '70, con una rivoluzione del capitalismo originata in Gran Bretagna e negli Stati Uniti e poi progressivamente diffusasi nel resto del mondo, enfatizzando processi di privatizzazione, deregolamentazione dei mercati, libertà di circolazione di persone, beni e capitali. Sul tema, cfr. PANCIOTTI G., "Piazze d'affari, integrazione e globalizzazione", in AA.VV., *Quali banche in Italia?*, Edibank, 1996, pagg. 27-45, nonché ALLEN L., *Il sistema*, op.cit.

sopravvivenza([61]).

Dall'integrazione di due o più sistemi vitali individualmente compiuti, può aversi un sistema qualificato da un grado di compimento uguale, superiore o inferiore a quello caratterizzante i sistemi di partenza. È bene soffermarsi sull'ultima ipotesi avanzata, che è la più problematica in quanto, nella prospettiva sistemico vitale, ad un minore grado di compimento del sistema è normalmente associata una capacità inferiore di perseguimento della finalità sistemica.

In relazione alla predetta fattispecie, almeno due sono le considerazioni di traente significato nel contesto del presente lavoro: la prima riguarda il fatto che il sistema scaturente dall'integrazione è dotato di un organo di governo ed una struttura operativa che sono il frutto dell'integrazione degli organi di governo e delle strutture operative di partenza e che possono risultare, l'uno, l'altra o entrambe queste componenti, meno compiute rispetto a quelle di partenza([62]). In altri termini, l'organo di governo risultante può qualificarsi per un grado di compimento minore rispetto ai due o più organi oggetto di integrazione, a motivo di gradi inferiori di centralizzazione, legittimazione e/o potere. Analogamente, la struttura operativa risultante può palesarsi meno compiuta di quelle di partenza, per via di livelli inferiori di connettività e/o auto-organizzazione([63]).

([61]) Le considerazioni qui delineate vogliono essere solo una prima riflessione sul tema dell'integrazione tra sistemi, suscettibile di analisi ulteriori, che approfondiscano tra l'altro le relazioni tra i caratteri dei sistemi di partenza e quelli del sistema risultante dal processo di integrazione e la distinzione tra il piano strutturale e quello sistemico nell'interpretazione del processo in esame.

([62]) Ove la minore compiutezza del sistema risultante dal processo di integrazione sia dovuta alla minore compiutezza dell'organo di governo, il sistema risultante si paleserebbe carente dal punto di vista della capacità sia a rapportarsi con l'ambiente ed il contesto a fini di competitività e consonanza, sia a guidare le componenti operative al fine di indirizzarne i comportamenti individuali verso obiettivi e finalità di carattere sistemico. Ove la minore compiutezza del sistema risultante sia dovuta alla minore compiutezza della struttura operativa (in alternativa o in aggiunta a quella dell'organo di governo), allora il sistema risultante si paleserebbe carente sul piano della capacità di ciascuna componente operativa a rapportarsi in maniera efficace ed efficiente verso l'interno e verso l'esterno al fine di garantire il perseguimento della sopravvivenza con lo svolgimento dei propri tipici processi operativi. Si noti, infine, che il processo di integrazione può avere un impatto significativo pure sui rapporti tra organo di governo e struttura operativa, i quali possono palesare, nel sistema scaturente, caratteri affatto differenti da quelli propri dei rapporti tra le due citate componenti nei sistemi di partenza.

([63]) In merito ai costrutti qualificanti la compiutezza sistemica, v. *supra*, Capito-

A ciò si aggiunga che, nell'ambito del sistema promanante dall'integrazione, i rapporti tra organo di governo e struttura operativa possono non essere equilibrati come lo erano – secondo diverse possibili impostazioni relazionali – nei sistemi di partenza.

Sul punto, appare di particolare significato evidenziare che la compiutezza risultante, vuoi a livello di organo di governo, vuoi a livello di struttura operativa, così come l'equilibrio nei loro rapporti sono fondamentalmente dipendenti, nell'ottica dell'approccio sistemico vitale, dalla consonanza potenziale tra le componenti oggetto di integrazione e tra i relativi modelli di relazione; una consonanza che investe tanto aspetti operativi quanto aspetti culturali([64]). Le entità oggetto di integrazione possono pertanto essere difficilmente integrabili a motivo della scarsa compatibilità tra loro a livello di caratteristiche dell'organo di governo, della struttura operativa e/o del diverso modello di relazione tra questi esistente.

Nel caso del sistema finanziario, la compiutezza di ciascun sistema (nazionale) oggetto di integrazione è il portato di modalità storicamente diverse di conseguimento delle condizioni di equilibrio tra organo di governo e struttura operativa, nonché di relazione con i sovrasistemi([65]). Ne deriva una naturale difficoltà di integrazione, dacché il sistema finanziario globale palesa un compimento minore ed una dinamica evolutiva contrassegnata da una vitalità più debole, donde un maggiore rischio di non conseguire, anche solo *pro tempore*, la realizzazione del processo di intermediazione in condizioni di efficienza e di stabilità.

La seconda considerazione riguarda la circostanza che il processo di integrazione, così come il sistema risultante, il suo comportamento e la sua capacità di sopravvivenza, sono condizionati dai sovrasistemi dei sistemi di partenza e, in particolare, dalle loro aspettative e pressioni. Inoltre, lo stesso processo di integrazione può, a sua volta, in-

---

lo II, paragrafo 2.3 e relativi sottoparagrafi.

([64]) Per approfondimenti, è possibile consultare utilmente l'ampia letteratura sui processi di integrazione tra imprese a seguito di operazioni di M&A (*mergers & acquisitions*) o di *joint venturing* e, in particolare, gli studi sulle condizioni di potenziale compatibilità tra le imprese oggetto di tali processi. Cfr. per tutti CHILD J., FAULKNER D., *Strategies of Cooperation: Managing Alliances, Networks, and Joint Ventures*, Oxford University Press, 1998.

([65]) Si pensi alla già richiamata differenziazione tra sistemi finanziari *bank-based* e *market-based*: v. *supra*, paragrafo 5.4.

fluenzare tanto la dinamica dei sovrasistemi dei sistemi di partenza quanto le loro aspettative e pressioni. In questo senso, il sistema risultante può venire ad interagire con sovrasistemi parzialmente diversi ovvero con gli stessi sovrasistemi del passato, qualificati però da nuove aspettative e pressioni. Infine, il sistema risultante può palesare una capacità di interpretazione e soddisfazione delle aspettative dei sovrasistemi inferiore rispetto a quella che ciascun sistema di partenza deteneva nei riguardi dei rispettivi sovrasistemi.

Orbene, laddove il sistema scaturente palesi un grado di compimento inferiore rispetto ai sistemi di partenza, può ragionevolmente ipotizzarsi che esso sia anche qualificato da una minore capacità di interpretare e soddisfare le aspettative dei sovrasistemi ovvero non riesca a filtrare e comporre in una visione unitaria, e quindi funzionale alla propria sopravvivenza, le variegate aspettative e pressioni esterne, in quanto più esposto alle stesse e meno capace di governarle. In definitiva, nell'interpretazione di un processo di integrazione, occorre tenere conto della possibile non replicabilità, a livello di sistema risultante, della capacità e delle impostazioni tese alla interpretazione e soddisfazione delle aspettative dei sovrasistemi, con la conseguente necessità di individuare nuove impostazioni o di subire gli effetti di più difficoltosi rapporti intersistemici.

A conclusione della digressione teorica che ci occupa, si sottolinea la crucialità assunta, nei processi di integrazione tra sistemi, dal tempo e dai costi necessari sia per l'integrazione in quanto tale sia, successivamente, per il conseguimento del grado di compimento voluto per il sistema risultante, così come dei livelli di competitività e consonanza diadica e di contesto auspicati per tale sistema. Tempo e costi rappresentano un investimento per la configurazione della struttura da cui emergerà il sistema risultante e non garantiscono comunque che l'integrazione abbia successo; in altri termini, anche dopo opportuni investimenti di tempo e risorse finanziarie, non v'è garanzia che il sistema emergente abbia capacità uguali o superiori a quelle dei sistemi di partenza di perseguire la finalità della sopravvivenza. Insuccessi in tal senso si verificano quando, pur realizzata l'integrazione sul piano strutturale, su quello sistemico non emergono sinergie significative tra i sistemi di partenza, vuoi a livello di organo di governo, vuoi a livello di struttura operativa, vuoi – infine – a livello del sistema complessivamente considerato nella sua capacità di soddisfare i sovrasistemi, di perseguire dunque condizioni di competitività e consonanza sia diadica che di contesto e, in definitiva, di implementare le proprie probabilità di sopravvivenza.

Tornando a questo punto al sistema finanziario, alla luce delle considerazioni poc'anzi formulate, è possibile cogliere come, a seguito del processo di globalizzazione della finanza, il sistema risultante dall'integrazione dei sistemi nazionali appaia al momento qualificato da un grado di compimento inferiore a quello dei sistemi di partenza, essenzialmente a motivo del contenuto compimento dell'organo di governo, anche e soprattutto se confrontato con quello qualificante la struttura operativa.

In merito all'organo di governo del sistema finanziario interna zionale, infatti, il panorama odierno risulta caratterizzato da istituzioni sovranazionali che sono andate via via formandosi e rafforzandosi, con l'emergere di una sempre più evidente esigenza di supervisione a livello globale volta a garantire la stabilità del sistema finanziario([66]). Tuttavia, le varie istituzioni sovranazionali di regolazione risultano per lo più incapaci di orientare pienamente il sistema finanziario e, di conseguenza, non sono in grado di influenzare adeguatamente la struttura operativa che lo caratterizza. Tale carenza trova anzitutto giustificazione, come sopra accennato, nella difficoltà che si manifesta nel momento in cui diventa necessario integrare molteplici organi di governo nel tempo sviluppatisi nell'ambito di culture differenti e che sono parte integrante di ordinamenti politico-istituzionali nazionali tra loro sovente molto diversi.

La struttura operativa del sistema finanziario internazionale si è, invece, ben organizzata, raggiungendo una significativa compiutezza, soprattutto grazie a tecnologie informatiche e giuridiche sempre più avanzate, e perseguendo non trascurabili gradi di discrezionalità rispetto alle indicazioni promananti dall'organo di governo, sino al punto di privilegiare finalità ed obiettivi individuali rispetto alla finalità del sistema finanziario nel suo complesso([67]).

Da quanto detto, discende che le attuali caratteristiche distintive del sistema finanziario globale sembrano riconducibili non solo alla presenza di un organo di governo meno compiuto a livello globale di quanto non fosse a livello nazionale, ma anche a un significativo squi-

([66]) Su tali istituzioni e la loro partecipazione al governo del sistema finanziario globale, v. *supra*, Fig. 5.1 e relativo commento. Su origini, ruolo e dinamica delle banche centrali, cfr. *supra*, nota (18).

([67]) Sul rapporto tra sviluppo delle tecnologie informatiche e giuridiche e dinamica evolutiva del sistema finanziario, GATTI C., VAGNANI G., "Intelligenza", *cit.*

librio tra il compimento dell'organo di governo e quello della struttura operativa, donde una significativa autonomia sostanziale di quest'ultima rispetto all'organo di governo e rapporti tra loro poco sinergici.

Giova peraltro sottolineare come l'autorganizzazione della struttura operativa sia maturata attorno ad un nucleo di operatori finanziari particolarmente importanti; baricentri capaci, con le loro condotte, di influenzare il resto della macchina operativa, le sue componenti e, quindi, il sistema finanziario globale([68]). Pertanto, le componenti periferiche, a causa dell'interdipendenza tra gli attori della struttura operativa e talvolta per via di meri comportamenti mimetici, tendono a conformarsi alle decisioni delle richiamate componenti baricentriche([69]).

([68]) Il Gruppo dei Trenta (*Group of Thirty*), organismo internazionale istituito nel 1978 e composto da banchieri centrali ed esponenti di spicco della finanza, ha teorizzato il concetto di istituzioni sistemicamente significative (*Systemically Significant Institutions*), capaci con il loro comportamento di influenzare il sistema nel suo complesso. Le variabili attraverso le quali identificare tali istituzioni sono: la dimensione, il grado di leva finanziaria, il grado di interconnessione e il grado di specializzazione. V. GROUP OF THIRTY, "Financial Reform. A Framework for Financial Stability", Washington, January 2009. Sul punto si torna anche *infra*, paragrafo 5.7.2, parte conclusiva.

([69]) Con riguardo ai profili teorici, sostanziali e metodologici, delle dinamiche dei sistemi complessi, anche dei cosiddetti *complex adaptive systems* (CAS), cfr. EPSTEIN J.M., AXTELL R., *Growing Artificial Societies: Social Science from the Bottom Up*, Mit Press, 1996; AXELROD R., "Advancing the Art of Simulation in the Social Sciences", in *Japanese Journal for Management Information System, Special Issue on Agent-Based Modeling*, n.3, 2003, pagg. 3-16. Per un approfondimento specifico v. PIRONTI M., REMONDINO M., PISANO P., "Enterprise Clusters Triggered by Radical Innovation: a Modelistic Approach", in *EuroMed Journal of Business*, n.2, 2010, pagg. 232-251. Sul tema cfr., inoltre, TAGLIAGAMBE S., "Soggetti individuali e soggetti collettivi: il nodo della relazione tra individui e imprese", in *Sinergie*, n. 72, 2007, pagg. 187-223, con particolare riferimento al paragrafo 4 che tratta dell'«intelligenza sciame».

In merito all'acceso dibattito sulla teoria delle aspettative razionali, su valenza e limiti dei connessi modelli economici nell'interpretazione della complessità della realtà ed a livello di capacità predittiva, appare di particolare momento il recente intervento di JOSEPH STIGLITZ, "Cari colleghi, scendete a terra. La teoria delle aspettative razionali è stata un flop, ritoccarla non basta", in *Il Sole 24Ore*, 21 agosto 2010, pag. 11. Di fronte al fallimento della richiamata teoria e dei connessi modelli sancito dalla crisi finanziari mondiale del 2007-2008, l'eminente economista afferma, tra l'altro, che «i cattivi modelli portano a cattive politiche, per esempio le banche centrali si sono occupate soprattutto di piccole inefficienze economiche dovute all'inflazione, senza badare a quelle ben maggiori dovute alle disfunzioni dei mercati finanziari e alle bolle dei prezzi degli asset. D'altronde i modelli dicevano che i mercati erano sempre efficienti. Fatto degno di nota, i modelli macroeconomici standard non comprendevano

Componenti, queste, che tendono a perseguire – o quantomeno tale è stata l'esperienza nel recente passato – le proprie finalità individuali in maniera sempre più autonoma e prevalente rispetto alla finalità del sistema nel suo complesso, talora sinanco a discapito di questa e/o della finalità di sopravvivenza dei sovrasistemi.

Il portato di una simile situazione è la mancanza di un effettivo controllo del sistema a livello globale, con conseguenti riflessi sull'efficienza e, soprattutto, sulla stabilità, dunque sulla vitalità del sistema finanziario in quanto tale.

Come in precedenza rilevato sul piano generale, il processo di integrazione è influenzato e a sua volta influenza anche i sovrasistemi di partenza, con le loro aspettative e pressioni, di talché il sistema risultante può palesare una capacità differente ad interpretarne e soddisfarne le istanze. Nel caso specifico del sistema finanziario sovranazionale, appare arduo stabilire la maggiore o minore capacità di soddisfazione delle aspettative dei sovrasistemi rispetto ai sistemi finanziari nazionali; è invece di tutta evidenza che i richiamati caratteri del sistema finanziario globale – in specie i processi di accentuata auto-organizzazione e la prospettiva individuale, più che di sistema, delle componenti operative – sono il frutto non solo di spinte endogene, bensì anche dell'influenza esercitata dai sovrasistemi. Si pensi al quadro politico-istituzionale, che ha condizionato il comportamento competitivo degli operatori con politiche di liberalizzazione, di privatizzazione e di aggregazione degli istituti bancari; al lavoro manageriale, con le politiche retributive non sempre basate su risultati di lungo periodo; ai risparmiatori, negli ultimi decenni alla spasmodica ricerca di rendimenti sempre maggiori, conseguibili per mezzo di prodotti vieppiù complessi, innovativi e, soprattutto, rischiosi([70]).

Va peraltro osservato che il ruolo delle singole componenti della struttura operativa, con i loro valori, orientamenti e comportamenti –

---

neppure un'analisi adeguata delle banche». Lo studioso sottolinea quindi «[...] l'importanza di creare modelli accurati delle interazioni complesse tra gli agenti economici (famiglie, società, banche), interazioni impossibili da studiare nei modelli in cui gli agenti siano tutti uguali».

([70]) Lo sviluppo recente del sistema finanziario si va ad inserire in una realtà mondiale orientata alla deregolamentazione, in cui «l'unica regola è quella di non avere regole. Ed è così che una quota importante del capitalismo è entrata, più che nello schema della deregulation, nel regno dell'anomia»: TREMONTI G., *Economia sociale di mercato?*, Università Cattolica del Sacro Cuore, Milano, 2008, pag. 9.

in passato meno pregnante all'interno di un sistema finanziario nazionale compiuto, in cui le componenti perseguivano la finalità sistemica con il sostegno dell'attività di regolamentazione dell'organo di governo – assume oggi una rinnovata significatività in un sistema finanziario integrato non o poco compiuto, in cui l'organo di governo non riesce ad indirizzare efficacemente le singole componenti operative, la cui condotta è orientata soprattutto alle finalità individuali e/o condizionato da pressioni esterne volte ad accentuare la competizione tra operatori([71]).

Ecco allora che, nel contesto attuale, assume centralità l'intenzionalità delle singole componenti operative, più che l'istituzionalità dell'organo di governo, sicché i comportamenti di ciascuna organizzazione e di ciascun individuo possono assumere un rilievo decisivo ai fini dell'efficienza e della stabilità del sistema finanziario globale.

5.5.3. *Per un sistema finanziario su scala globale qualificato da compiutezza e vitalità superiori*

Giova a questo punto delineare una riflessione tesa ad individuare una strada da percorrere per giungere, anche a livello globale, a un sistema finanziario qualificato da un adeguato compimento e, soprattutto, equilibrato nelle due componenti dell'organo di governo e della struttura operativa, dunque meglio governato ed organizzato, nonché più capace a perseguire la propria finalità.

Per replicare su scala sovranazionale il grado di compimento del sistema finanziario raggiunto in passato nei singoli Stati nazionali, si palesa necessario, per un verso, accrescere la compiutezza della componente deputata al governo del sistema e, per altro verso, condizionare i processi di auto-organizzazione della struttura operativa di modo che questa segua dinamiche virtuose, compatibili con il perseguimento della complessiva finalità sistemica, e sia disponibile ad instaurare rapporti più collaborativi e sinergici con l'organo di governo.

Sotto il primo profilo, le riflessioni di regolatori, operatori e studiosi sono orientate al rinnovamento ed al rafforzamento della regolamentazione, col fine di qualificare progressivamente un organo di go-

---

([71]) Per una distinzione terminologica tra comportamento e condotta, v. *infra*, nota (88).

verno vieppiù compiuto a livello mondiale, inteso come soggetto e complesso di processi capaci di indirizzare, coordinare e controllare efficacemente le componenti operative del sistema finanziario([72]).

Circa il secondo profilo, appare di particolare momento agire sulla finalizzazione dei processi di auto-organizzazione delle componenti operative – in specie quelle di maggiori dimensioni e con influenza sistemica – affinché il conseguimento degli obiettivi individuali (in particolare di competitività) delle componenti risulti sempre subordinato e compatibile con il perseguimento della finalità del sistema finanziario complessivamente considerato. Risulta al riguardo cruciale promuovere un ritorno ai valori e alle responsabilità individuali delle singole componenti, di modo che emerga con piena evidenza, per un verso, l'importanza – per le singole componenti, per i sovrasistemi e, quindi, per il sistema nel suo complesso – di condotte genuinamente orientate alla finalità sistemica, anziché soltanto alle finalità individuali; e, per altro verso, la delicatezza del ruolo, anche sociale, della funzione di intermediazione finanziaria, lì dove consente lo sviluppo di individui ed organizzazioni, dunque della società tutta, attraverso la valorizzazione del risparmio.

Sembra di poter quasi affermare che, in ordine ad una virtuosa dinamica evolutiva del sistema finanziario globale, la leva dei valori e delle responsabilità individuali delle componenti operative assuma una valenza decisiva, forse superiore a quella del maggiore compimento dell'organo di governo. Ciò essenzialmente per due ragioni:

– in primo luogo, la complessità del sistema finanziario, sistema di sistemi costituito da molteplici e variegate componenti e relazioni a livello mondiale che continuamente si modificano. Ne consegue la difficoltà dell'emergere di un organo di governo in grado di regolare efficacemente l'intero sistema;

– in secondo luogo, la possibile inefficacia di azioni di governo incentrate sulla quantità e severità delle regole, le quali possono condurre ad un eccesso di regolamentazione, senza peraltro riuscire a contrastare la tendenza delle singole componenti ad adottare condotte tutte orientate alle finalità individuali e non anche a quella sistemica. Condotte che finirebbero anzi per essere esacerbate dall'esigenza di e-

---

([72]) Cfr. gli approfondimenti su Basilea II e III *infra*, paragrafo 5.7 e relativi sottoparagrafi.

ludere regole troppo stringenti e soffocanti([73]).

Si delineano così due possibili sentieri evolutivi del sistema finanziario, qualificabili come complementari: verso una maggiore capacità di regolazione dell'organo di governo e verso processi di virtuosa auto-organizzazione delle componenti operative, con investimenti e linee d'azione che privilegino le dotazioni culturali e valoriali piuttosto che le capacità computazionali([74]). Affinché si possa raggiungere un maggiore e migliore grado di compimento del sistema finanziario, anche a livello globale, appare pertanto decisivo il perseguimento di un equilibrio tra il compimento dell'organo di governo e quello della struttura operativa, con il contestuale instaurarsi di rapporti sinergici tra entità di governo ed apparato operativo. Ciò implica due dinamiche opposte ma conciliabili: l'una di tipo *top-down*, connessa alla regolamentazione del sistema in quanto tale; l'altra di tipo *bottom-up*, relativa alla libertà di comportamento delle componenti della struttura operativa ed ai processi di auto-organizzazione da queste attivati. In ordine alla sopravvivenza del sistema, è peraltro indispensabile che questi ultimi processi siano pienamente fondati su valori e responsabilità individuali che interpretino sempre il perseguimento degli obiettivi individuali (in specie di competitività) alla luce della finalità sistemica. Emblematiche appaiono, in tal senso, le parole di Gastone Ceccanti: «né la tecnica, né la scienza possono sollevarci dall'uso responsabile della libertà che siamo chiamati ad esercitare. "Ma la libertà umana è propriamente se stessa solo quando risponde al fascino della tecnica con decisioni che siano frutto di responsabilità morale"»([75]).

([73]) Sul particolare approccio regolatorio adottato dai vertici del sistema finanziario globale con Basilea II e III e sui connessi rischi e problemi, v. *infra*, paragrafo 5.7.2.

([74]) Non va sottaciuto che, nell'uno come nell'altro caso, potranno comunque aversi fasi di indebolimento della vitalità sistemica: nel primo caso, ove si dovessero registrare nuovi periodi di inadeguatezza dell'organo di governo dal punto di vista della sua capacità di regolazione; nel secondo, ove il comportamento virtuoso e/o i valori delle componenti operative dovessero opacizzarsi, anche per effetto di influenze sovrasistemiche eventualmente tendenti ad allontanare gli operatori finanziari dal perseguimento delle proprie condizioni di vitalità a vantaggio della finalità di uno più sovrasistemi particolari. V. GATTI C., VAGNANI G., "Intelligenza", *cit.*

([75]) CECCANTI G., "Caritas in veritate. Riflessioni di un tecnico", in *Impresa Progetto – Rivista online del Ditea*, n. 2, 2009, pag. 19. [L'Autore cita a Sua volta il paragrafo n. 22 dell'Enciclica *Caritatis in veritate* di S.S. Benedetto XVI].

5.6. IL PROFILO RISCHIO-RENDIMENTO QUALE MODELLO DI ANALISI DEL RAPPORTO TRA SISTEMA IMPRESA E SISTEMA FINANZIARIO

Chiariti possibilità e limiti della qualificazione in chiave sistemico vitale del sistema finanziario ed evidenziate le sue più recenti dinamiche evolutive su scala sovranazionale, è possbile ora approfondire le impostazioni, codificate nel tempo, che regolano – a livello *macro* – i rapporti tra le imprese (non finanziarie) ed il sistema finanziario e – a livello *micro* – i rapporti tra il sistema impresa e singole componenti strutturali del sistema finanziario. Un'analisi dei rapporti intersistemici che rappresenta un punto centrale ai fini dell'azione di governo come del sistema impresa, così del sistema finanziario([76]).

5.6.1. Dal rischio sotteso all'attività di finanziamento al profilo rischio-rendimento quale «ponte» relazionale tra i sistemi finanziario ed impresa

L'attività di intermediazione finanziaria, in particolare relativa al trasferimento di risorse finanziarie all'impresa, unità in *deficit*, si caratterizza per un contenuto di rischio([77]). Se si accetta che l'investitore, vuoi a titolo di capitale che di finanziamento, si aspetta una remunerazione per il suo investimento e che tale remunerazione non possa non essere diversa in relazione all'entità del rischio proprio dell'investimento, il ponte sul quale veicolare le relazioni tra i due sistemi può essere rappresentato dalla relazione tra rischio e rendimento atteso.

Ecco allora che, come si è correttamente affermato, «il binomio rischio-rendimento si pone come anello di congiunzione tra finanza e gestione d'impresa, rappresentando, da un lato, un'idea forte della finanza moderna, fondamento della teoria del valore, e, dall'altro, la sintesi ultima della performance di impresa»([78]).

([76]) Sui rapporti intersistemici ed il loro governo, GOLINELLI G.M., *L'approccio*, Vol. I, *op.cit.*, cap. 5 e *supra*, Capitolo III.

([77]) Si tratta, nella fattispecie, del rischio di credito e/o del rischio di mercato, oltre ad altri rischi. Su tali nozioni, si torna *infra* Capitolo VI, paragrafo 6.5.1.

([78]) VENANZI D., "La relazione rischio-rendimento. Un'analisi empirica sul caso italiano", in *Sinergie*, n. 38, 1995, pag. 193. L'analisi condotta, al di là delle accurate rivisitazioni dei contributi teorici sull'argomento, rappresenta una approfondita verifica empirica sui limiti e le possibilità di impiego del modello con riferimento all'espe-

Le motivazioni a base del rapporto tra rischio e rendimento sono da collegare alla teoria classica delle decisioni, che postula l'esistenza, *ex ante*, di una relazione positiva rischio-rendimento.

Tale relazione positiva trova fondamento in due ipotesi:

– l'avversione al rischio dei *managers*, ipotesi largamente accettata dalla letteratura manageriale([79]);

– l'accettazione del fatto che «a parità di condizioni (e quindi del rischio) i decisori aziendali preferiscono ritorni maggiori. Analogamente, a parità di altre condizioni (e quindi dei ritorni attesi) i decisori preferiscono rischi minori. L'attrattività, quindi, di un'alternativa è connessa positivamente al rendimento atteso e negativamente al rischio atteso»([80]).

Il profilo rischio-rendimento viene quindi nel nostro studio a rappresentare l'elemento centrale in vista di impostare un modello di analisi delle relazioni tra impresa e sistema finanziario.

Ne consegue che le caratteristiche di ogni operazione di investimento vengono ricondotte a due sole grandezze, il rendimento e il rischio.

5.6.2. Il legame tra rischio e rendimento: l'ottica dell'intermediario finanziario e dell'impresa finanziata

Sotto un profilo generale, si delinea e qualifica la seguente relazione tra rendimento mediamente atteso (E) e rischio, espresso dallo scarto quadratico medio (σ):

$$E = f(\sigma),$$

che viene così a rappresentare il modello per approcciare lo studio del-

---

rienza italiana.

([79]) In proposito MARRIS R., *La teoria economica del capitalismo manageriale*, Einaudi, 1972 (orig. *The Economic Theory of Managerial Capitalism*, MacMillan, 1964), pagg. 60-61, rileva che il sistema di utilità dei *managers*, caratterizzato da elementi psicologici, sociologici ed economici porta gli stessi a «massimizzare il saggio di sviluppo dell'impresa con un vincolo imposto dal movente della sicurezza». In proposito, cfr. anche CECCANTI G., *Corso di tecnica imprenditoriale*, Vol. I, Cedam, 1996, pag. 230. Sul punto, si torna *infra*, Capitolo VIII, nota (30).

([80]) Cfr. VENANZI D., "La relazione", *cit.*, pag. 200.

le relazioni tra sistema finanziario e sistema impresa([81]).

Le ipotesi assunte, tra le quali anzitutto l'avversione al rischio degli investitori e dei *managers* e la constatazione che le alternative di investimento si caratterizzano per diversi gradi di rischio, aiutano ad ipotizzare razionalmente il tipo della relazione tra E e σ. Tali ipotesi, unitamente alle considerazioni formulate, consentono infatti di rilevare che, da un lato, gli investitori chiedono tassi di rendimento crescenti al crescere del rischio, e, dall'altro, le imprese sono portate a realizzare investimenti rischiosi solo se altamente remunerativi.

La relazione rischio-rendimento, vista nell'ottica del finanziatore, può così essere definita come curva di indifferenza di mercato nel senso che la banca (o altro intermediario finanziario), entro un certo spazio di rischio, connesso al suo ruolo nell'ambito del sistema e all'azione di indirizzo e controllo dell'organo di governo, è sostanzialmente indifferente, rispetto a un'attività priva di rischio con un tasso di rendimento ad esempio del 5%, a un'attività moderatamente rischiosa con un tasso di rendimento atteso del 7% e a un'attività molto rischiosa con un rendimento previsto del 15%, come evidenziato dalla curva con tratto pieno nella figura di seguito riportata.

Nell'ottica del sistema impresa, la relazione è vista come profilo di equilibrio tra rischio e rendimento nel senso che l'organo di governo, nelle scelte inerenti il progetto di sviluppo della propria impresa che determinano il tasso di rendimento e il grado di rischio del progetto stesso, deve considerare che il rapporto con il sistema finanziario si baserà sull'equilibrio tra rischio e rendimento anche in presenza di impostazioni progettuali caratterizzate da elevati contenuti di rischio, purché i rendimenti attesi, valutati in base alla probabilità soggettiva dell'investitore, si qualifichino adeguati. E ricordando che la probabilità soggettiva rappresenta, in buona sostanza, il grado di fiducia nella

---

([81]) In merito scostamento quadratico medio quale misura quantitativa del rischio (*rectius*, della volatilità) rispetto ad un'aspettativa di risultato, v. *infra*, Capitolo VI, paragrafo 6.10.2.

Gli assunti del modello della correlazione tra rischio e rendimento sono: a) tutti gli investitori sono in possesso sostanzialmente delle stesse informazioni; b) i rendimenti si distribuiscono normalmente e scontano unicamente rischi connessi ad eventi aleatori; c) gli investitori sono avversi al rischio; ciò significa supporre che l'investitore richiede all'aumentare del rischio un aumento del rendimento atteso; d) tutti gli investitori hanno un medesimo orizzonte temporale e guardano al rendimento del proprio portafoglio su questo intervallo. Cfr. MARKOWITZ H.M., *Portfolio Selection. Efficient Diversification of Investments*, Wiley, 1959.

possibilità del verificarsi del saggio di rendimento atteso, appare evidente il ruolo che riveste, nel processo decisionale dell'investitore, la storia delle relazioni con l'impresa, la coerenza nel tempo dell'azione di indirizzo dell'organo di governo al mantenimento degli impegni assunti.

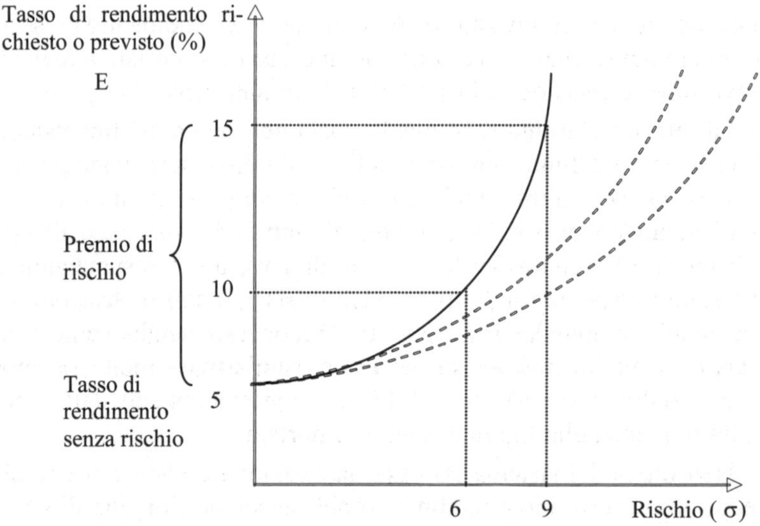

FIG. 5.3 – *La relazione rischio-rendimento* (fonte: rielaborazione da WESTON J.F., BRIGHAM E.F., *Finanza aziendale*, Il Mulino, 1974, pag. 223 (orig. *Essentials of Managerial Finance*, Holt, Rinehart & Winston, 1971)).

La curva rischio-rendimento ha una pendenza crescente: ciò è coerente con il fatto che l'investitore, in generale, presenta un profilo caratteristico di avversione al rischio e, di conseguenza, il maggior rendimento richiesto è più che proporzionale rispetto al maggior rischio accettabile. Una pendenza molto elevata indica che, per molti investitori, esiste una soglia di rischio insuperabile, oltre la quale nessun premio per il rischio viene considerato remunerativo.

Ecco dunque che la possibilità di veicolare i rapporti tra sistema finanziario e impresa sul ponte rappresentato dal profilo rischio-rendimento trova un limite([82]). Cessa cioè, oltre una certa entità di rischio,

([82]) In proposito si rinvia al contributo cfr. PETERS E., *Chaos and Order in the Capital Markets*, Wiley, 1996 pagg. 61-81, il quale, in funzione di un indice, denominato esponente di Hurst, misura il massimo livello rischio che gli investitori finanziari

la ricordata disponibilità del sistema finanziario a finanziare attività che si caratterizzano per rendimenti crescenti all'aumentare del rischio.

Il rapporto tra i sistemi impresa e finanziario, oltre tale limite, non è più qualificabile con riferimento alle due grandezze rischio e rendimento: in tal caso, il rapporto sarà veicolato, se possibile, su un «ponte relazionale» diverso, che sovente travalica il singolo operatore per chiamare in causa il sistema finanziario e/o il sistema paese in relazione all'obiettivo della stabilità([83]).

Tornando alla figura 5.3, giova osservare la presenza di curve diverse. La rappresentazione grafica ha una duplice interpretazione:

– con riferimento ad un determinato tempo T, le molteplici curve rischio-rendimento evidenziano che il sistema finanziario è costituito da un insieme di operatori che presentano profili di rischio-rendimento diversi tra loro, ossia si qualificano per una diversa propensione al rischio. In questa prospettiva, l'investitore che si colloca sulla seconda curva (tratteggiata) è più propenso (o meno avverso) al rischio di quello collocato sulla prima curva (tratto pieno): esso infatti accetta, a parità di rischio, un rendimento inferiore;

– con riferimento ad un intervallo di tempo ΔT, le molteplici curve rischio-rendimento indicano l'evoluzione nel tempo della propensione del complessivo sistema a finanziare progetti d'investimenti qualificati da rischiosità via via crescente. Poiché il profilo rischio-rendimento del sistema finanziario risente della presenza di operatori finanziari appartenenti a variegate classi di propensione al rischio, la crescita della capacità a finanziare progetti imprenditoriali a maggiore rischiosità trova riscontro nelle curve tratteggiate.

La dinamica in ΔT del profilo rischio-rendimento è dovuta alla combinazione di tre fattori principali:

---

sono disposti ad accettare, dato un certo set di scelte di investimento.

([83]) Con particolare riferimento all'impresa, tale limite viene sovente specificato nel quoziente di indebitamento. Sul quoziente d'indebitamento dell'impresa quale indicatore della rischiosità del finanziamento dell'attività aziendale, cfr. *infra*, Capitoli VIII e IX.

In merito alla possibilità di deroghe al principio della correlazione tra rischio e rendimento nel finanziamento delle imprese in ragione di interessi superiori (di stabilità del sistema finanziario o di stabilità dell'industria nazionale), va detto che, in Italia, troppo spesso nel passato essa è stata confusa con la mera e non ragionevole esigenza di conservazione, donde le non felici esperienze del cosiddetto «capitalismo assistito».

– il costante sviluppo da parte degli operatori di nuovi e sempre più sofisticati strumenti per il finanziamento degli investimenti delle imprese;

– la nascita e lo sviluppo di nuovi operatori il cui specifico contesto di operatività è la gestione di progetti di investimento caratterizzati da un elevato profilo di rischio([84]). Ci riferiamo anzitutto ai fondi di *venture capital* e di *private equity*, i quali supportano in misura crescente, quantomeno nei paesi occidentali, nascita e sviluppo di iniziative imprenditoriali a carattere innovativo([85]). Tali operatori intervengono tipicamente nel colmare il *gap* particolarmente accentuato tra domanda e offerta di fondi allo stadio iniziale del ciclo di vita dell'impresa, con riguardo – in ottica sistemica – prima alla realizzazione della struttura e poi all'emergere del sistema([86]). Coerentemente con le impostazioni fondanti dell'approccio sistemico vitale, il sistema finanziario ha dunque teso a garantire nel tempo la progressiva diversificazione e specializzazione della struttura operativa in vista di rispondere in modo adeguato alle esigenze delle imprese, salvaguardando nel contempo la propria stabilità;

– una generalizzata crescita della cultura finanziaria degli investitori e, in particolare, della cultura del rischio e del suo governo. In proposito, si consideri che il richiamato processo di globalizzazione dei mercati finanziari e la connessa esposizione dell'economia ai fattori di rischio hanno fatto emergere le possibilità insite nell'attività di governo del rischio da parte del sistema finanziario.

È interessante rilevare che la crescita della cultura del rischio, a livello di sistema finanziario, se da un lato ha contribuito ad una più

([84]) È sufficiente in proposito fare riferimento alla diversa vocazione al rischio di un *venture capitalist* rispetto a un fondo di investimento deputato a investire nel comparto obbligazionario su titoli quotati in valute forti.

([85]) Sul punto cfr. EUROPEAN VENTURE CAPITAL ASSOCIATION, *Yearbook 2006*, PriceWaterhouseCoopers, 2006. Per approfondimenti su queste due categorie di operatore, v. BONINI S. ZULLO R., "Venture capital ed imprenditorialità. Prospettive e crescita a confronto", in BONINI S., ZULLO R., *Verso un sistema bancario e finanziario europeo?*, Ente per gli studi Monetari, Bancari e Finanziari Luigi Einaudi, Quaderni di Ricerche, n. 30, 2003, pagg. 1-68; GERVASONI A., SATTIN F., *Private*, *op.cit.*; GOMPERS P., "Optimal Investment, Monitoring, and the Staging of Venture Capital", in *Journal of Finance*, n. 5, 1995, pagg. 1461-1489; GOMPERS P., LERNER J., *The Venture Capital Cycle*, Mit Press, 2000; SAPIENZA H.J., "When Do Venture Capitalists Add Value?", in *Journal of Business Venturing*, n. 1, 1992, pagg. 9-27.

([86]) In proposito, cfr. METALLO G., PENCARELLI T., *I circuiti finanziari tra localismi e globalizzazione*, Giuffrè, 1995, pag. 81.

incisiva azione di indirizzo e regolazione da parte dell'organo di governo ed all'implementazione, da parte della struttura operativa, di processi «mappatura» e «mitigazione» dei rischi, dall'altro lato ha evidenziato le grandi possibilità connesse ad azioni di trasferimento del rischio tra diversi operatori. Azioni che possono mettere a repentaglio la stabilità e, per tale via, la sopravvivenza del sistema finanziario.

Sull'altare dell'efficienza operativa, del beneficio economico più immediato e della possibilità di traslare su altri operatori il rischio sottostante l'operazione, l'attività d'intermediazione finanziaria ha progressivamente perduto quella connotazione istituzionale che l'ha qualificata in passato e deve qualificarla anche nel futuro. Il portato di fondo di questa evoluzione è stato l'emergere di un crescente rischio sistemico, ossia della possibilità di una propagazione epidemica degli effetti negativi innescati dalla condotta di un singolo o pochi operatori finanziari al complessivo sistema finanziario, pregiudicandone ulteriormente il grado di coesione, l'attitudine alla sopravvivenza e la capacità di interagire tanto con i risparmiatori quanto con i prenditori([87]).

([87]) Il rischio sistemico (detto anche «effetto domino», *herding effect*, «rischio di contagio», pandemia ecc. e talora erroneamente confuso con il rischio sistematico o non diversificabile) indica la possibilità che una popolazione di entità subisca gli effetti generalizzati di un evento esogeno (come una catastrofe naturale o causata dall'uomo) oppure risenta di vicende o problematiche originariamente relative ad uno solo o pochi operatori. Il verificarsi di rischi sistemici è sovente a base di *shock* ampi e gravi per intere economie o territori (crisi sistemiche).

Il sistema finanziario, attraverso i prestiti interbancari e gli strumenti finanziari innovativi e/o complessi, può essere un canale significativo per il dispiegarsi di crisi sistemiche. Esse possono originare ora dall'esposizione eccessiva di una o poche realtà finanziarie verso imprese industriali o altri debitori insolventi, ora da pratiche finanziarie non corrette.

Per approfondimenti, cfr. TRICHET J.-C., *Systemic Risk*, the Clare College, University of Cambridge, 10 December 2009, http://www.ecb.int/press/key/date/2009/-html/sp091210_1.en.html; BINI SMAGHI L., "Macro-Prudential Supervision", relazione a *The CEPR/ESI 13th Annual Conference on 'Financial Supervision in an Uncertain World'*, European Banking Center at Venice International University, 25-26 September 2009, http://www.ecb.int/press/key/date/2009/html/sp090925.en.html; ROSSI G., *Il conflitto epidemico*, Adelphi, 2003; BAZZANA F., DEBORTOLI F., "Il rischio sistemico in finanza: una rassegna dei recenti contributi in letteratura", in *Alea Tech Reports*, n. 17, 2002, http://www.aleaweb.org. Per riferimenti dottrinali sul «contagio» della crisi dall'impresa bancaria ad altri operatori e nei/tra sistemi-Paese, v. PROIETTI L., "Il Nuovo Accordo di Basilea sul Capitale delle Banche: cultura del rischio e sistema del *rating*", in AA.VV., *Imprese Banche Professioni. Nuove sfide nell'era globale*, Egea, 2003, pag. 142 e segg.

5.7. REGOLAMENTAZIONE PRUDENZIALE SU SCALA SOVRANAZIONALE E GOVERNO DEL SISTEMA FINANZIARIO

Il legame tra rischio e rendimento, cardine del rapporto tra i sistemi impresa e finanziario, ha nel tempo subito il significativo condizionamento esercitato dai vincoli e dalle regole imposti agli operatori finanziari da organismi istituzionali a vario titolo competenti a disciplinare il sistema finanziario. L'esperienza storica ha infatti evidenziato che le condotte spontanee dei singoli operatori possono esitare in «un comportamento collettivo» foriero di forte instabilità per il complessivo sistema finanziario, con effetti negativi sulla liquidità necessaria per le transazioni, sulla fiducia di risparmiatori ed investitori e sinanco sull'economia reale([88]).

Tra i principali condizionamenti spicca la cosiddetta «regolamentazione prudenziale», volta a favorire la sana e prudente gestione di banche, compagnie di assicurazione e gruppi bancassicurativi tramite l'imposizione di vincoli patrimoniali e controlli di vigilanza/supervisione. Simili impostazioni esprimono la volontà dell'organo di governo del sistema finanziario di dare attuazione ad una più incisiva azione di governo nei confronti della rispettiva struttura operativa e, segnatamente, della componente bancaria ed assicurativa, con riflessi più o meno diretti anche sul rapporto con le imprese non finanziarie.

Il processo di regolamentazione prudenziale, storicamente, ha avuto origine dapprima nei singoli Stati nazionali, in risposta a *shocks* più o meno gravi che hanno colpito i diversi sistemi finanziari nazionali([89]). Con l'emergere di un sistema finanziario vieppiù integrato su scala sopranazionale, la vigilanza prudenziale è diventata espressione

---

([88]) Il distinguo tra condotta volontaria individuale e comportamento, anche involontario, collettivo è in PANATI G., GOLINELLI G.M., *Tecnica economica, industriale e commerciale. Imprese, strategie e management*, 2 voll., La Nuova Italia Scientifica, 1991 (1988[1]), pag. 26 e segg. La distinzione è peraltro coerente con la nozione di «proprietà emergente» formulata dagli studi su complessità e sistemi complessi: v. per una sintesi SIMONE C., FAGGIONI F., "Le declinazioni della complessità. Ordine, caos e sistemi complessi", *Sinergie*, n. 79, 2009, pag. 20 e segg.

([89]) Un'interessante ricostruzione in chiave storico-evolutiva dell'origine e funzione, in Occidente e in Italia, del sistema finanziario nelle moderne economie capitalistiche e di mercato, con l'insorgere delle prime esigenze di vigilanza è in DI CHIO G., "Capitale finanziario e disciplina del credito ordinario in Italia: le Banche di interesse nazionale", in COTTINO G. (a cura di), *Ricerca sulle partecipazioni statali. I. Studi sulla vicenda italiana*, Einaudi, 1978, pag. 105 e segg. (in specie, 126 e segg.).

di un indirizzo internazionale, recepito da molti Paesi: questa convergenza ed armonizzazione ha avuto inizio alla metà degli anni '70 del secolo scorso, allorquando il fallimento di un'importante banca commerciale tedesca provocò forti tensioni nella finanza internazionale, dimostrando l'esigenza di un coordinamento, indirizzo e controllo sopranazionali, basati su regole di condotta condivise ed uniformemente applicate([90]). Le regole furono individuate essenzialmente nella detenzione di risorse patrimoniali adeguate ai rischi sostenuti ed in periodici controlli svolti dalle autorità nazionali di vigilanza presso il singolo operatore finanziario.

Le originarie impostazioni – rappresentate, per il subsistema creditizio internazionale, dall'«Accordo di Basilea sui requisiti patrimoniali minimi delle banche» o «Basilea I» (1988) e, per il subsistema assicurativo-previdenziale comunitario, dalle prime direttive di coordinamento in materia di assicurazione danni e vita (1973 e 1979; novellate rispettivamente nel 1988 e 1990) – hanno subito negli ultimi anni sensibili modifiche, tese a risolvere le principali carenze dei previgenti schemi regolamentari([91]). La nuova disciplina è stata definita, per il subsistema creditizio internazionale, prima dal cosiddetto «Basilea II» (2004) e poi da «Basilea III», per il subsistema assicurativo comunitario dai cosiddetti «Solvency I» (2002) e «Solvency II» (2009)([92]).

([90]) Sulla crisi della German Herstatt bank, avvenuto il 26 giugno del 1974, cfr. LUTZ S., "Convergence Within National Diversity: the Regulatory State in Finance" in *Journal of Public Policy*, n. 2, 2004, pagg. 169-197.

([91]) Parla di debolezze delle impostazioni regolamentari BANCA CENTRALE EUROPEA, "Il Nuovo Accordo di Basilea sui requisiti patrimoniali: principali caratteristiche e implicazioni", in *Bollettino mensile della Banca Centrale Europea*, n. 1, 2005, pag. 53. Sul Comitato di Basilea, sorto nel 1974 su iniziativa dei governatori delle banche centrali dei paesi del G10, e sulla sua produzione di raccomandazioni e linee guida per banche centrali e settore creditizio, cfr. CHRISTODOULOU P., "The Issue", *cit.*, pag. 179 e segg.

([92]) Con le espressioni «Nuovo Accordo di Basilea» o «Basilea II» si fa riferimento al documento emanato dal Comitato di Basilea (COMITATO DI BASILEA PER LA VIGILANZA BANCARIA, *Convergenza internazionale della misurazione del capitale e dei coefficienti patrimoniali. Nuovo schema di regolamentazione. Versione integrale*, Bank for International Settlements (Bis), 2006, http://www.bis.org/publ/bcbs128ita.pdf) e divenuto obbligatorio in Europa e in Italia attraverso due nuove direttive comunitarie e conseguenti provvedimenti adottati dal governo italiano e dalla Banca d'Italia: per dettagli su normativa attuativa e tempi di entrata in vigore, cfr. PROIETTI L., *Basilea Due: evoluzione del rapporto banca-impresa e logica del rating*, S.i.p., 2008,

Simili novità regolamentari possono essere comprese nella loro portata di fondo grazie all'approccio sistemico. Approccio che consente di intendere la nuova normativa internazionale di vigilanza, in specie bancaria, come:

– espressione dell'azione di governo del sistema finanziario rivolta *in primis* alla propria struttura operativa e, di riflesso, alle entità del contesto con cui il sistema interagisce, ossia risparmiatori e prenditori di fondi;

– processo di scientificazione dell'azione di governo compiuto negli ultimi anni dall'organo di governo del sistema finanziario sulla base di esperienza pregressa, fatti contingenti ed avanzamenti nelle conoscenze e nelle prassi aziendali;

– fattore evolutivo del rapporto tra il sistema finanziario, attraverso le sue componenti, ed entità del contesto quali, anzitutto, le imprese non finanziarie.

Queste prospettive d'analisi assumono tutte pregnante significato, oltre che per l'organo di governo e per gli operatori della struttura operativa del sistema finanziario, per l'organo di governo del sistema impresa che si rapporta o intende rapportarsi con tale sovrasistema. Sebbene solo la terza prospettiva investa direttamente l'impresa (non finanziaria), le prime due, come si vedrà, forniscono spunti di riflessione circa possibilità e criticità del governo della generalità delle organizzazioni complesse e dinamiche.

5.7.1. *La regolamentazione prudenziale e la sua evoluzione quali modalità d'indirizzo del sistema finanziario*

La regolazione prudenziale è anzitutto uno strumento attraverso cui trova compimento l'azione d'indirizzo e controllo propria dell'organo di governo del sistema finanziario. Un'azione che, nel rispetto dell'autonomia imprenditoriale di ogni operatore finanziario, tende ad

---

pagg. 1-2. Su «Basilea III» si torna *infra*, alla fine del paragrafo 5.7.2.

«Solvency II» indica invece l'ultimo aggiornamento delle direttive europee in materia di assicurazioni danni e vita tendente ad affermare principi analoghi a quelli sanciti da Basilea II. (Cfr. COMMISSIONE EUROPEA, *Amended Framework for Consultation on Solvency II*, 2006, http://ec.europa.eu/internal_market/insurance/docs/markt-2506-04/amended-framework_en.pdf).

orientare la struttura operativa in modo da salvaguardare la sicurezza e la solidità del singolo intermediario e, per tale via, la stabilità del sistema finanziario nel suo complesso([93]). Ne consegue l'imposizione di vincoli e regole sull'adeguatezza patrimoniale della singola impresa finanziaria e dell'eventuale gruppo aziendale d'appartenenza in funzione dei rischi assunti nell'attività bancaria e/o assicurativa([94]).

Le varie revisioni della regolamentazione prudenziale del sistema finanziario originano dall'esigenza di richiamare gli operatori finanziari ad un superiore controllo del rischio sotteso alle attività condotte. Essendo la maggiore attenzione ai rischi prodromica alla detenzione di risorse patrimoniali idonee ad assorbire eventuali perdite, la stabilità dell'intero sistema «sarà pertanto rafforzata dal maggior allineamento dei requisiti patrimoniali con i rischi assunti dalle singole banche»([95]).

Nella prospettiva qui adottata, la nuova normativa internazionale di vigilanza bancaria, diretto portato dell'azione dell'organo di governo del sistema finanziario:

– fornisce un chiaro indirizzo ad una struttura operativa via via più variegata e con crescenti spazi di manovra e di discrezionalità rispetto al passato, in ragione di alcune tendenze significative del contesto, quali il minor intervento diretto degli Stati in ambito finanziario e

---

([93]) BANCA CENTRALE EUROPEA, "Il Nuovo", *cit.*, pag. 53. BALDINI M., "Solvency 2 per le Assicurazioni: analogie e differenze con Basilea 2", in *Basilea 2*, n. 2, 2006, riportato in AA.VV., *Nuovi strumenti per Basilea 2. E-book di Finanza e diritto*, Editrice le fonti, 2006, pagg.92-93 opera la seguente distinzione: «l'obiettivo prudenziale degli accordi di Basilea è potenziare la solidità e la stabilità di un sistema bancario in cui gli operatori dipendono gli uni dagli altri; invece nel settore assicurativo il fine del controllo prudenziale è proteggere gli assicurati contro il rischio di fallimento (isolato) delle imprese singole. [...] Bisogna però sottolineare che [...] entrambi condividono l'esigenza di far evolvere il sistema al fine di renderlo più adeguato agli effettivi rischi delle imprese e di incentivare una migliore gestione interna degli stessi».

([94]) Sulla ricerca di adeguatezza patrimoniale quale espressione ultima del governo del rischio in un'organizzazione economica complessa, cfr. *infra*, Capitoli VI, paragrafo 6.10.4, e VIII.

([95]) BANCA CENTRALE EUROPEA, "Il Nuovo", *cit.*, pag. 53.

Per approfondimenti su origini, moventi ed impostazioni teorico-concettuali a base del processo di definizione della nuova disciplina, v. ampiamente PROIETTI L., "Il Nuovo", *cit.*, pag. 141 e segg.; cfr. pure RESTI A., "Il nuovo accordo di Basilea sulle banche: genesi, contenuti, impatti", in *Newfin working paper*, n. 1, 2005. Sulle varie tematiche legate a Basilea II, un ampio inquadramento ufficiale è in DIERICK F., PIRES F., SCHEICHER M., SPITZER K. G., "The New Basel Capital Framework and Its Implementation in the European Union", in *Occasional Paper Seriesof European Central Bank*, n 42, 2005, pag. 5 e segg.

la conseguente liberalizzazione delle attività finanziarie, l'integrazione su scala globale dei sistemi produttivi, economici e finanziari, la sofisticazione degli strumenti finanziari, il progresso delle tecnologie di comunicazione ecc.;

– salvaguarda anzitutto il *driver* della stabilità, a fronte di un'efficienza relazionale che la struttura operativa del sistema finanziario ha teso a perseguire in modo sempre più autonomo dagli indirizzi dell'organo di governo e dall'economia reale;

– ribadisce la centralità del profilo rischio-rendimento nel rapporto tra il sistema finanziario ed il suo contesto, tentando di contrastare l'eventualità che il singolo operatore finanziario valuti inadeguatamente rischiosità sottesa e/o congruità del rendimento atteso rispetto alle esposizioni assunte. La struttura operativa del sistema in esame è in tal modo indotta ad una gestione più attenta ed avanzata del rischio insito nei rapporti di finanziamento e/o assicurazione, con il ripristino di una migliore corrispondenza tra rendimento atteso e rischio effettivamente sostenuto dal finanziatore/assicuratore.

Che la vigilanza prudenziale sia momento essenziale, ancorché non sufficiente, del rapporto tra organo di governo e struttura operativa del sistema finanziario è dimostrato dal fatto che le più recenti revisioni normative siano state invocate, alla luce del *turmoil* del 2007-2008, dalle massime autorità istituzionali internazionali([96]). «La crisi che ha colpito [...] l'economia mondiale ha fatto ritenere indispensabile un complessivo ripensamento della regolamentazione prudenziale. Sebbene la crisi sia stata la conseguenza di molti fattori concomitanti, certamente l'apparato regolamentare e di supervisione del settore finanziario non è stato in grado di prevenire l'eccessiva dilatazione dei rischi o di imbrigliare la trasmissione della turbolenza finanziaria»([97]). Le nuove impostazioni, pur confermando la filosofia di fondo delle precedenti, «mirano a correggere i limiti delle vigenti regole pruden-

---

([96]) CARUANA J., *Basel III: towards a Safer Financial System*, speech at the 3rd Santander International Banking Conference, Madrid, 15 September 2010, pag. 1 afferma: «better regulation is critical but not enough. It is just one piece of the puzzle». Le proposte di Basilea III sono state commissionate dai Capi di Stato e di Governo dei G20 al Financial Stability Board, donde il coinvolgimento del Comitato di Basilea.

([97]) Citazioni da CAROSIO G., *La riforma delle regole prudenziali. Intervento del Vice Direttore Generale della Banca d'Italia* al convegno dell'ABI (Associazione Bancaria Italiana) "Basilea 3: Banche e imprese verso il 2012", Roma, 4 maggio 2010, pagg. 1-2.

ziali. Obiettivo generale dell'intervento è il contenimento del rischio del sistema finanziario entro livelli sostenibili, assicurando al contempo una maggiore uniformità tra giurisdizioni e operatori e contrastando una pericolosa *competition in laxity*. [...] Nel complesso, la riforma dovrebbe contribuire a ridurre i fattori di instabilità finanziaria (ovvero la probabilità di una crisi) e al contempo creare i presupposti perché gli operatori siano in condizione di affrontare possibili crisi future in condizioni finanziarie più solide, riducendone i costi per la collettività»([98]).

5.7.2. *La regolamentazione prudenziale come espressione della scientificazione dell'azione di governo del sistema finanziario*

La seconda modalità di lettura delle regole di vigilanza finanziaria s'incentra sulle logiche seguite dal Comitato di Basilea e dalle altre componenti il complesso organo di governo del sistema finanziario nell'impostare le rispettive emanazioni. Basilea II e III segnano, sotto il profilo della regolamentazione prudenziale, una scientificazione dell'azione di governo del sistema finanziario, contraddistinta almeno dai seguenti momenti salienti: l'adozione di un approccio regolatorio ampio ed esteso; la scelta di un'architettura di fondo (*framework*) più articolata che in passato, con il passaggio da un solo a tre «pilastri»; la inclusione di una più ampia varietà di rischi nel calcolo del patrimonio minimo bancario; la ricerca, mai definitiva ed esaustiva, di progressi (come l'uso dei *rating* nella misurazione dei rischi di credito) nella quantificazione dei singoli tipi di rischio, con una responsabilizzazione ed un coinvolgimento crescenti della stessa struttura operativa del sistema; l'introduzione di correzioni ed innovazioni a seguito della grave turbolenza del 2007-2008.

Con riguardo al primo profilo, la disciplina rinnovata nel 2004 ha abbandonato la semplicità e brevità delle regole del 1988 in favore di uno schema assai articolato ed approfondito, quasi prolisso, composto da numerose prescrizioni interagenti. Ciò contrasta con gli assunti

---

([98]) MIELI S., *La revisione delle regole prudenziali sul capitale delle banche. Intervento del Direttore Centrale per la Vigilanza bancaria e finanziaria della Banca d'Italia* al convegno dell'ABI (Associazione Bancaria Italiana) "Markets & Investment Banking Conference", Roma, 7 giugno 2010, pag. 2.

propri di evoluzionismo, *laissez faire* e *de-regulation*, secondo i quali, specie in contesti complessi e turbolenti, si ottiene l'efficacia regolatoria con pochi precetti, generali e di semplice implementazione([99]). I vertici del sistema finanziario sembrano invece aderire all'idea che l'efficacia delle norme dipenda non dalla loro quantità, bensì dalla qualità, inclusa la coerenza d'insieme; in ogni caso, per impostazioni così estese sussistono rischi e problemi di interazione tra i vari pilastri, di omogeneità d'applicazione nei diversi ordinamenti giuridici, di coordinamento con gli *standard* contabili e di eccessiva gravosità delle ricadute, in termini di oneri organizzativi e amministrativi per le imprese finanziarie([100]).

In merito al secondo punto, l'architettura di base dei Nuovi Accordi di Basilea poggia essenzialmente su tre «pilastri»:

– i requisiti patrimoniali minimi che la banca deve calcolare in funzione dei rischi connessi ai prestiti erogati, alle attività di *trading* svolte sui mercati finanziari ed agli imprevisti legati ad organizzazione interna ed eventi esterni di tipo catastrofico, verificando poi di detenere mezzi finanziari prontamente disponibili (detti patrimonio di vigilanza o capitale regolamentare) non inferiori ai requisiti stimati;

– il processo di autocontrollo prudenziale che l'impresa bancaria deve svolgere in aggiunta alla vigilanza effettuata dalle autorità competenti tramite periodiche comunicazioni ed ispezioni([101]);

– la cosiddetta «disciplina di mercato», ossia la comunicazione alla comunità finanziaria, unitamente agli usuali prospetti contabili, di dettagliate informazioni ulteriori circa la gestione dei rischi effettuata dalla banca.

([99]) Sulle posizioni di evoluzionisti e fautori della *invisible hand* di Adam Smith, v. RIDLEY M., "The Natural Order of Things", in *The Spectator*, 7 gennaio 2009 e, con riguardo alle strategie aziendali, WHITTINGTON R., *What is Strategy - And Does it Matter?*, Thomson Learning, 2002, pag. 3 e segg.

([100]) BALDINI M., "Solvency 2", *cit.*, pagg. 90 e 92. Cfr. pure le considerazioni formulate *supra*, parte conclusiva del paragrafo 5.5.3.

([101]) In base alla Circolare della Banca d'Italia 263/2006, che ha recepito e specificato a livello nazionale Basilea II, il processo di controllo prudenziale (*Supervisory Review Process* o SRP) a base del secondo pilastro risulta dall'interazione di due sottoprocessi: il processo, interno alla singola banca, di determinazione del livello di capitale adeguato a fronteggiare il rischio (*Internal Capital Adequacy Assessment Process* o ICAAP) ed il processo di revisione e valutazione prudenziale di competenza dell'Autorità di vigilanza (*Supervisory Review and Evaluation Process* o SREP). Cfr. le considerazioni in GAI L., "Il rischio di concentrazione nell'ICAAP delle banche locali", in *Dirigenza bancaria*, n. 129, 2008, pag. 10 e segg.

Questa tripartizione è, di per sé, una forma di scientificazione dell'azione di governo del sistema finanziario: laddove l'originaria disciplina era incentrata pressoché esclusivamente sui requisiti patrimoniali minimi, le successive contemplano vincoli ed incentivi più articolati, che si integrano e completano a vicenda. Le sole norme sul capitale minimo bancario, infatti, possono non essere sufficienti per un adeguato fronteggiamento del rischio; ecco allora che ulteriori obblighi possono migliorare la capacità dell'organo di governo del sistema finanziario di perseguire gli effetti desiderati sulle condotte delle varie componenti la struttura operativa. Ecco allora che, ferma restando la centralità del patrimonio minimo nel complessivo impianto normativo, ciascun operatore finanziario si ritrova sottoposto all'osservazione contestuale di diverse entità: da un lato, l'organo di governo del sistema finanziario attraverso la funzione di vigilanza; dall'altro lato, il mercato finanziario; da un altro lato ancora, l'organizzazione interna e/o terzi indipendenti chiamati a svolgere stabili processi di analisi e valutazione del rischio (*risk assessment*) nell'intermediario finanziario([102]).

Un terzo aspetto da cui traspare la scientificazione dell'azione di governo a partire da Basilea II è la crescente varietà dei rischi inclusi nella quantificazione del capitale minimo che la banca deve detenere a fini prudenziali. Tale ammontare, infatti, era nel 1988 commisurato esclusivamente al rischio di credito, il più tipico rischio sopportato dagli istituti creditizi. Nel 1996, è stato imposto alle banche di detenere risorse patrimoniali prontamente disponibili in funzione anche del rischio di mercato; nel 2004 si è aggiunto il rischio operativo. Le più recenti revisioni hanno infine previsto, sia pure in via ancora transitoria e sperimentale, un onere di capitale aggiuntivo a fronte del rischio di liquidità([103]).

Un'altra evidenza del tentativo di avanzamento nella scientificazione del governo del sistema finanziario concerne l'affinamento delle modalità di rilevazione, anche in senso quantitativo, dei rischi ai quali è esposti la singola banca. Significativo è stato il progresso nella misu-

---

([102]) Sui tre pilastri e la loro azione sinergica, v. PROIETTI L., "Il Nuovo", *cit.*, pag. 150 e segg. Circa la permanenza delle regole sull'adeguatezza del capitale al centro anche di Basilea III,CAROSIO G., *La riforma*, *cit.*, pag. 3.

([103]) Si torna su quest'ultima novità alla fine del presente paragrafo. In merito alle nozioni di rischio di credito, di mercato, operativo, di liquidità ecc., v. *infra*, Capitolo VI, paragrafo 6.5.1.

razione del rischio di credito, qualificante la tipica attività bancaria (erogazione di prestiti e finanziamenti). Gli intermediari creditizi rilevano ed affrontano il rischio di credito anzitutto effettuando accantonamenti specifici, che si riflettono nel conto economico, in relazione ai prestiti per i quali sono presumibili perdite per insolvenze o inadempienze da parte dei rispettivi debitori. Conseguentemente, viene detenuta una quota di patrimonio minima obbligatoria, calcolata in funzione della rischiosità connessa al complesso dei prestiti e non coperta dalla sola svalutazione prudenziale dei singoli crediti.

È soprattutto quest'ultima misura cautelativa che è stata oggetto di attenzione ed avanzamenti con la rifroma del 2004. In Basilea I, la determinazione del capitale minimo a fronte del rischio di credito era piuttosto generica e meccanica, in quanto ciascuna banca applicava coefficienti fissati direttamente dal Comitato di Basilea e/o dalla banca centrale territorialmente competente: ne discendeva che a debitori di uno stesso tipo (ad esempio, imprese, pubbliche amministrazioni, altre banche ecc.) ma di qualità profondamente diversa corrispondesse lo stesso patrimonio minimo da detenere. Con Basilea II, sono stati imposti metodi di rilevazione del rischio di credito anche ai fini di vigilanza più specifici e rigorosi, in grado di apprezzare l'effettiva rischiosità del singolo debitore; l'organo di governo del sistema finanziario ha inteso così rendere la dotazione di capitale delle singole banche realmente più sensibile alla qualità del portafoglio di prestiti concessi.

Lo strumento operativo tramite cui è stata compiuta questa evoluzione è il giudizio sul merito di credito (*credit rating*), ossia la valutazione della capacità del debitore ad onorare entro un anno gli impegni finanziari assunti.

Il capitale minimo bancario esposto al rischio di credito può essere determinato secondo due logiche alternative:
– *rating* esterni. La banca è obbligata a commisurare il capitale al giudizio del merito di credito più prudente espresso da operatori terzi indipendenti detti «emittenti» di *rating* (in genere, un'agenzia di *rating*), appositamente riconosciuti ed autorizzati dalla banca centrale competente per territorio;
– *rating* interni bancari. La banca deve commisurare il capitale minimo a valutazioni del merito di credito elaborate al proprio interno, sulla base di

impostazioni appositamente validate e periodicamente controllate dalle autorità di vigilanza([104]).
Ambedue le logiche presentano criticità applicative: i *rating* esterni possono riflettere la qualità dei debitori con buona approssimazione a condizione che esista un «mercato di *rater* indipendenti» relativamente competitivo, condizione che richiede un'adeguata circolazione delle informazioni aziendali e l'effettiva indipendenza ed obiettività degli «emittenti»; i *rating* interni, d'altro canto, possono essere oggetto di distorsioni da parte della banca ed imporre eccessivi vincoli ed oneri al sistema impresa che intenda rapportarsi con più banche per ricercare le migliori condizioni sui prestiti richiesti.
In entrambe i casi, per essere relativamente attendibile sul piano metodologico, l'elaborazione dei *rating* necessita di trattamenti statistici rigorosi, competenze specifiche ed ampie e consistenti basi di dati, adeguatamente classificate per gruppi omogenei di debitori([105]).

Il menzionato ricorso ai *rating* per la misurazione prudenziale del rischio di credito rappresenta una vera novità perché accompagnato dal principio di «effettività» sancito da Basilea II([106]).

Il principio dell'effettività implica anzitutto che la singola banca è libera di scegliere tra «modelli interni» o «modelli *standard*» per misurare tutti i tipi di rischio (rischi di credito, di mercato, operativi) rispetto ai quali stimare a fini di vigilanza i requisiti patrimoniali minimi.
Nel caso dei modelli interni, le autorità di vigilanza, dopo adeguate verifiche di robustezza metodologica (*soundness*), autorizzano le singole banche a quantificare il capitale minimo a fronte dei suddetti rischi sulla base dei metodi di misurazione che ciascun intermediario ha volontariamente adottato per propri motivi strategici, competitivi e/o di controllo.
Soltanto qualora non disponga già e non sia in grado di adottare per tempo i modelli interni anche a fini di vigilanza, la singola banca deve ricorrere a modelli di misurazione generalizzati e semplificati prestabiliti dal Comitato di Basilea (modelli *standard*).
In secondo luogo, il principio di effettività statuisce che, qualunque sia il modello di misurazione adottato, la banca è tenuta ad applicarlo sistematicamente a tutti i debitori e/o le operazioni di una stessa categoria([107]). Le risul-

---

([104]) In merito alle grandezze di base necessarie per il calcolo di un *rating* interno di credito, v. RESTI A., "Il nuovo", *cit.*, pag. 9 e segg.

([105]) Su specificità e limiti dei due modelli di *rating*, cfr. PROIETTI L., "Il Nuovo", *cit.*, pag. 203 e segg.

([106]) Il principio di effettività (così codificato in Italia dalla Circolare 263/2006 della Banca d'Italia), è anche detto «*ease of use*», «*daily usage*», «*use test*» o «binario unico».

([107]) Le norme consentono all'intermediario di impiegare modelli diversi a cate-

tanze del modello utilizzato devono essere inoltre impiegate dall'intermediario sia per ottemperare agli obblighi di vigilanza (calcolo del capitale minimo), sia per compiere le proprie autonome scelte di governo e gestione, come concedere o meno un certo prestito, richiedere un dato prezzo, stabilire un determinato rendimento per investitori e risparmiatori ecc.
A titolo esemplificativo, l'applicazione del principio di effettività al rischio di credito implica che ad un *credit rating* più alto (cioè attestante una buona qualità del debitore da finanziare) debba corrispondere, da parte della banca, un più ridotto ammontare di capitale da detenere a fronte dello specifico prestito, così come anche migliori condizioni commerciali (ad esempio, un *pricing* più mite, una richiesta di garanzie più contenuta ecc.). Ne consegue il vincolo per la singola banca di impiegare le stesse regole valutative per tutti i potenziali debitori appartenenti ad una certa tipologia, utilizzando il risultato del processo valutativo (*rating*) per determinare tanto il capitale obbligatorio minimo quanto le condizioni contrattuali da concedere al debitore beneficiario del finanziamento.

Il basilare principio di effettività è uno dei tanti esempi di quella «discrezionalità vincolata» o «*trade-off* tra regole e discrezionalità» che anima Basilea II e III([108]). L'organo di governo del sistema finanziario ha infatti inteso conseguire un particolare *mix* tra imposizione di vincoli ed incentivazione delle componenti la struttura operativa a condotte compatibili con le finalità del complessivo sistema. L'ammissibilità dei modelli interni a fini di vigilanza costituisce, in pratica, uno stimolo per le singole banche ad implementare impostazioni di misurazione e gestione dei rischi sempre più accurate ed avanzate, in una logica di miglioramento continuo([109]). L'obbligo di impiegare lo stesso modello di misurazione per fini interni, oltre che di vigilanza, riduce d'altro canto l'eventualità di divergenti valutazioni del rischio a livello di requisiti patrimoniali minimi e di gestione dei rapporti con la clientela; viene così meno la possibilità del cosiddetto «doppio binario», per cui un debitore viene trattato in modo molto severo (o, all'opposto, clemente) sul piano della vigilanza e in maniera ben più clemente (severa) in termini di costo ed altre condizioni negoziali del

gorie diverse, purché in modo sistematico, continuativo.

([108]) Citazione da CAROSIO G., *La riforma*, *cit.*, pag. 7.

([109]) L'uso dei modelli *standard* fissati dal Comitato di Basilea dovrebbe peraltro comportare, a parità di fattori, dei requisiti patrimoniali minimi più alti che in caso di ricorso a validi modelli interni. Da ciò l'incentivo per le banche a concepire e farsi autorizzare modelli interni.

finanziamento([110]).

Nella prospettiva dell'approccio sistemico, i Nuovi Accordi di Basilea, imponendo agli operatori creditizi vincoli più o meno stringenti e promuovendo l'adozione di più moderni e raffinati sistemi interni di misurazione e gestione dei rischi, sono un caso emblematico di rapporto tra organo di governo e struttura operativa tendente, tra l'altro, a riconoscere e stimolare le capacità decisionali interne alla struttura operativa([111]). L'organo di governo del sistema finanziario, infatti, da un lato richiede dotazioni di capitale più adeguate all'effettiva rischiosità assunta dalla banca nel corso della sua dinamica evolutiva, dall'altro ammette l'uso di modelli interni di valutazione del rischio, tipica manifestazione dell'autorganizzazione delle componenti della struttura operativa. In tal modo, un'azione di governo che vuole essere più incisiva ed efficace rispetto al passato si coniuga con il riconoscimento e, anzi, la sollecitazione di logiche autorganizzative nella struttura operativa (nel caso di specie, l'uso di modelli interni di *risk management* sempre più accurati), purché coerenti con le finalità del complessivo sistema.

La crisi del 2007-2008 ha tuttavia denunciato lacune e carenze sinanco nelle regole introdotte da Basilea II. Da ciò la quinta ed ultima manifestazione della scientificazione dell'azione di governo del sistema finanziario internazionale, rappresentata da una sorta di capacità di «fare autocritica», ossia di ripensare le pregresse impostazioni. In tal senso vanno intese le più precenti proposte di Basilea III, ora semplici correttivi e migliorie rispetto a Basilea II, ora innovazioni più profonde.

Punti salienti di Basilea III sono almeno i seguenti([112]):
- incremento quantitativo dei requisiti minimi patrimoniali calcolati in base ai rischi sostenuti;
- innalzamento della qualità del patrimonio di vigilanza, la cui composizione era ferma ai tempi di Basilea I. Le voci di bilancio che possono formare

([110]) Approfondimenti su questi aspetti in PROIETTI L., *Basilea*, *op.cit.*, pag. 21 e segg.

([111]) Sui rapporti tra organo di governo e struttura operativa e, in specie, sullo sviluppo di imprenditorialità interna alla GOLINELLI G.M., *L'approccio*, Vol. I, *op.cit.*, pag. 304 e segg.

([112]) Per dettagli, v. CAROSIO G., *La riforma*, *cit.*, pag. 1 e segg.; MIELI S., *La revisione*, *cit.*, pag. 2 e segg.

il capitale minimo sono state ristrette a quelle con più elevate caratteristiche economiche in termini di permanenza, di capacità di assorbire pienamente le perdite in un'ottica di continuità aziendale e di flessibilità per l'emittente nel sospenderne la remunerazione;
– rivisitazione dei modi di misurazione e copertura di taluni rischi considerati nel calcolo dei requisiti minimi. Specie per i rischi di mercato e per la componente del rischio di credito detta «rischio di controparte», oggetto di forte sottostima nella crisi del 2007-2008, si richiede una più severa valutazione, anche tenendo conto delle correlazioni tra attività in condizioni di *stress*;
– definizione di un trattamento prudenziale specifico per le istituzioni finanziarie e le infrastrutture di mercato sistemicamente rilevanti;
– inclusione del rischio di liquidità nei requisiti patrimoniali minimi, accompagnata da altre regole quantitative sul controllo di tale rischio([113]);
– inserimento di un «pacchetto anticiclico» volto a ridurre la prociclicità del *business* bancario e degli effetti della regolamentazione prudenziale. Sono poste nuove regole contabili per gli accantonamenti, basati non più sulle perdite passate, impostazione molto prociclica, bensì sulle perdite attese. È poi sancito l'obbligo di detenere una dose di capitale al di sopra dei minimi regolamentari (*buffer capital*) più elevata di quella stabilita da Basilea II e formata da tre nuove componenti. La prima, specifica per ogni banca, tende a contrastare le fluttuazioni del capitale minimo nei soli operatori che adottino modelli interni di stima dei rischi; la seconda consiste in un *target ratio* patrimoniale, uguale per tutte le banche, volto ad evitare che politiche di distribuzione di dividendi, riacquisto di azioni proprie ed attribuzione di *bonus* ai *manager* determinino, proprio all'insorgere di una crisi, contrazioni del capitale eccedente accumulato in fasi espansive dell'economia; la terza introduce una prospettiva *macro*prudenziale nella regolamentazione *micro*-prudenziale, obbligando le banche ad accumulare ulteriori risorse patrimoniali solo in periodi di eccessiva crescita degli impieghi, così da renderle in grado di fronteggiare per tempo i rischi montanti;
– introduzione, accanto ai requisiti patrimoniali minimi ed alla metrica *risk-based* di Basilea II, di un *leverage ratio*, un indice non ponderato per il rischio avente la duplice finalità di evitare un'eccessiva espansione degli attivi bancari nelle fasi di forte crescita economica e di supplire ad eventuali carenze/imperfezioni delle metriche *risk-based*, soprattutto se applicate a prodotti finanziari innovativi e/o complessi([114]). L'indicatore, pensato come uno strumento piuttosto semplice da calcolare e di agevole lettura da parte del mercato, viene quantificato includendo le attività fuori bilancio per evi-

---

([113]) Questo punto corregge l'eccessivo *focus* del concetto di adeguatezza del capitale secondo Basilea I e II sulla solidità patrimoniale dell'intermediario, sottolineando l'importanza della liquidità quale fattore di sopravvivenza della banca di fronte ad eventi e *stress* rari e/o imprevisti. Cfr. CAROSIO G., *La riforma*, *cit.*, pagg. 8-9.

([114]) Sul *leverage* o «leva finanziaria» nel governo dell'impresa (anche non finanziaria), cfr. *infra*, Capitolo IX, paragrafo 9.3 e relativi sottoparagrafi.

tare rischi di arbitraggio regolamentare e di aggiramento del limite ed è vincolante solo per le categorie di intermediari che tendono maggiormente a sfruttare la leva finanziaria e nelle sole fasi di crescita particolarmente accentuata dell'economia.

Giova peraltro segnalare che l'instabilità del 2007-2008 ha persino indotto modificazioni strutturali in seno all'organo di governo del sistema finanziario. A livello comunitario, infatti, è stato varato un processo di riordino delle istituzioni europee di supervisione, con la creazione di un'entità centrale per la vigilanza *macro*prudenziale contro il rischio sistemico (Esrb) e di una rete di autorità per la vigilanza *micro*prudenziale (Esfs), la quale includerà sia gli attuali comitati comunitari (Cebs, Ceiops e Cesr, rispettivamente per il comparto bancario, previdenziale-assicurativo e mobiliare) – trasformati in nuovi enti tra loro coordinati (Eba, Eiopa ed Esma) – sia le corrispondenti autorità nazionali chiamate a vigilare sui territori di riferimento([115]).

5.7.3. *La rinnovata regolamentazione quale fattore di cambiamento del rapporto tra i sistemi impresa e finanziario*

L'ultimo modo d'interpretare le più recenti evoluzioni della regolamentazione prudenziale bancassicurativa attiene al mutamento dei rapporti intersistemici, segnatamente tra componenti del sistema finanziario e l'impresa (non finanziaria).

È invero difficile discernere e valutare con sicurezza gli effetti a breve e a più lungo termine di novità come Basilea II e III([116]). Esse

([115]) V. per una sintesi ISVAP, *Indagine conoscitiva sulle Autorità amministrative indipendenti. Audizione del Presidente dell'Isvap Giancarlo Giannini presso la I Commissione - Affari costituzionali della Camera dei Deputati*, Isvap, 19 maggio 2010, pag. 12 e segg.

([116]) Sterminata è la letteratura sul possibile impatto di Basilea II, supportata o meno da evidenze empiriche. Alcuni studi in Italia sono: BENTIVOGLI C., COCUZZA E., FOGLIA A., IANNOTTI S., "I rapporti Banca-Impresa dopo il nuovo accordo sul capitale:un'indagine territoriale", in *Questioni di economia e finanza (Occasional papers) della Banca d'Italia*, n. 6, 2007; UNIONCAMERE DEL VENETO, "Il nuovo accordo di Basilea sul capitale delle banche. Inquadramento metodologico e potenziali impatti sulle PMI in termini di assorbimento patrimoniale", in *Quaderni di ricerca*, n. 5, 2005, pag. 45 e segg.; PALAZZI E., "Vincoli e opportunità di Basilea 2 per lo sviluppo delle PMI: le opinioni degli operatori economici", in *Rivista Piccola Impresa/Small Business*, n.

hanno peraltro suscitato forte preoccupazione sia tra le imprese debitrici che tra le banche circa il rischio che norme più severe non supportino il generale sviluppo economico e penalizzino le imprese finanziarie([117]). Simili timori derivano pure dal fatto che le autorità di vigilanza avevano ufficialmente dichiarato di attendersi da Basilea II un miglioramento della resistenza del sistema finanziario agli *stress* a fronte di un ammontare totale di mezzi patrimoniali «tenuti fermi» dalle banche sostanzialmente invariato, mentre le proposte di Basilea III seguite allo *shock* del 2007-2008 paiono tese ad una generalizzata ricapitalizzazione del sistema finanziario. È stato inoltre chiarito che esiste una inevitabile dicotomia tra sviluppo economico e stabilità finanziaria e che con le ultime revisioni «non si intende punire il settore bancario, tassello fondamentale dello sviluppo economico. Tuttavia, è chiaro sin d'ora che i livelli di redditività registrati in passato – superiori a quelli degli altri settori produttivi – potranno difficilmente ripetersi in futuro. Essi sono stati il risultato dell'esposizione a rischi troppo elevati, non adeguatamente coperti da risorse patrimoniali e di liquidità»([118]).

Gli ultimi orientamenti di vigilanza prudenziale sembrano dunque ritenere che il sistema finanziario sia cresciuto troppo per importanza economica e per attività e funzioni svolte, non sempre opportune, donde la sollecitazione delle banche ad una gestione del rischio più responsabile, trasparente e coerente([119]). Ciò non implica necessariamente un generalizzato inasprimento del rapporto tra banche ed imprese non finanziarie, in termini di minori volumi di credito concessi e/o maggiori interessi richiesti. La superiore attenzione al profilo di ri-

---

2, 2007, pag. 125 e segg.

([117]) Confermano CAROSIO G., *La riforma, cit.*, pag. 1 e MIELI S., *La revisione, cit.*, pag. 11.

([118]) Sul *trade off* predetto, v. BINI SMAGHI L., "Has the Financial Sector Grown Too Big?", *speech at* Nomura Seminar "The Paradigm Shift after the Financial Crisis", Kyoto, 15 April 2010, http://www.ecb.int/press/key/date/2010/html/sp100415.-en.html; citazione da CAROSIO G., *La riforma, cit.*, pag. 11.

([119]) Cfr. STARK J., "EMU – Weathering the Perfect Storm", *speech at the German-British Chamber of Industry & Commerce*, London, 25 June 2009, http://www.-ecb.int/press/key/date/2009/html/sp090625.en.html; BINI SMAGHI L., "Has the Financial Sector", *cit.*; TRICHET J.-C., "A Paradigm Change for the Global Financial System", remarks at the International Colloquium "Nouveau Monde, Nouveau Capitalisme", Paris, 9 January 2009, http://www.ecb.int/press/key/date/2009/html/sp0901-09.en.html.

schio-rendimento del debitore può, piuttosto, comportare una selezione della clientela, per cui la banca praticherà condizioni più severe alle imprese meno patrimonializzate e più «opache» sul piano informativo o addirittura eviterà di finanziarle, accordando invece un trattamento più favorevole alle imprese più solvibili e capaci di una comunicazione tempestiva, sistematica, chiara e completa([120]).

Va d'altra parte osservato che l'organo di governo del sistema finanziario internazionale, con i Nuovi Accordi di Basilea, ha tentato di imprimere un rinnovato indirizzo e coordinamento alla dinamica evolutiva del sistema finanziario, negli ultimi tempi qualificata da crescente concorrenza tra operatori finanziari, con pratiche commerciali talora aggressive e comportamenti sovente non corretti verso risparmiatori ed imprese. Esso non vincola, tuttavia, le imprese bancarie ad un'unica condotta, non mortifica cioè la loro azione di governo: i rispettivi organi di governo sono dunque liberi di impostare le più confacenti traiettorie evolutive, stante l'autonomia propria di ciascuna impresa bancaria, fermo restando però l'imperativo ad una dotazione patrimoniale più allineata che in passato all'effettiva rischiosità sostenuta.

Ecco allora che, per il sistema banca (in specie qualora adotti i *rating* interni), si profilano almeno due strategie relazionali con il sistema impresa:

– la banca può assegnare *rating* (ossia giudizi) piuttosto indulgenti alle imprese clienti, così da non essere obbligata a «tenere ferme» per obblighi di vigilanza elevate quantità di capitale. In questo modo, tuttavia, il più favorevole *rating* emesso determina l'obbligo di praticare un tasso d'interesse sul prestito più contenuto, con una relativa penalizzazione della redditività riflessa nel conto economico bancario;

– alternativamente, la banca può preferire *rating* piuttosto severi, comportanti un maggiore capitale minimo. Ciò consente però di praticare interessi superiori, di revocare più facilmente i fidi in caso di pagamenti mancati o tardivi e/o di offrire servizi per il miglioramento nel tempo dello *standing* creditizio del debitore, aspetti che possono incrementare la redditività bancaria([121]).

L'orientamento delle banche verso l'una o l'altra strategia dipen-

---

([120]) V. pure quanto si dirà tra breve in questo paragrafo e in nota (122).

([121]) La correlazione tra capitale minimo da detenere a fronte della rischiosità dello specifico prestito e condizioni contrattuali praticate al cliente/debitore è diretta conseguenza della clausola del *daily usage* vista in precedenza.

de da molteplici aspetti, tra i quali il costo percepito nel reperimento di risorse patrimoniali da detenere a fini di vigilanza, le attese di remunerazione di investitori e *managers*, l'esigenza di evidenziare una significativa e/o crescente redditività in bilancio, il grado di fiducia e conoscenza pregressa dei clienti debitori ecc. La convergenza degli istituti di credito su una sola delle due menzionate impostazioni può produrre significativi riflessi sui rapporti con le imprese: qualora prevalesse il secondo orientamento, sarebbero infatti più verosimili fenomeni di razionamento del credito, con un inasprimento dei problemi finanziari per le imprese.

L'impatto di Basilea II e III sui rapporti banca-impresa dipende però anche dalle impostazioni seguite dal sistema impresa([122]). Assumono significativo rilievo, al riguardo, la cultura del rischio e la qualità dell'informativa e della comunicazione verso il sistema finanziario.

In relazione al secondo versante, il sistema impresa può evitare rischi o cogliere opportunità nel rapporto con le banche derivanti dall'applicazione della nuova normativa di vigilanza migliorando e stabilizzando il flusso informativo verso i creditori, che sovente risulta lacunoso, di scarsa qualità, occasionale e intempestivo. L'informazione, peraltro, non dovrebbe essere circoscritta ai soli profili economico-finanziari e consuntivi, essendo decisivi, ai fini delle scelte di finanziamento, le previsioni sul futuro, gli aspetti reali e tecnici dei progetti d'investimento e la qualità complessiva del potenziale debitore.

Con riferimento al versante della cultura del rischio, i Nuovi Accordi di Basilea possono rappresentare uno stimolo alla maturazione di un'adeguata attenzione ai rischi anche presso le imprese non finanziarie, in un'ottica coevolutiva([123]). Le impostazioni concettuali a base della normativa di vigilanza bancaria sono difatti mutuabili, con i dovuti distinguo, per la generalità delle imprese([124]).

([122]) Un miglioramento del rapporto banca-impresa da parte non soltanto dell'intermediario finanziario, ma anche dell'impresa nel suo modo di rapportarsi alla banca, è proposto già in COTTA RAMUSINO E., "Imprese e sistema finanziario in Italia: problemi e prospettive", in *Sinergie*, n. 38, 1995. Con precipuo riguardo alle azioni dal lato delle imprese ed al ruolo anche dei servizi pubblici e privati alle imprese in una possibile «infomediazione» tra banche e imprese, v. PROIETTI L., *Basilea*, *op.cit.*, pag. 22 e segg. V. pure considerazioni e riferimenti *infra*, Capitolo IX, nota (45).

([123]) In merito al principio di coevoluzione tra sistemi complessi ed alle applicazioni anche in ambito economico e d'impresa, cfr. *supra*, Capitolo I, nota (14).

([124]) I successivi Capitoli VI e VII evidenziano come la logica del rischio ed il capitale allocato quale ultimo presidio a fronte dei rischi più difficilmente prevedibili

È d'altra parte evidente come l'obbligo per la banca di detenere maggiori quantitativi di risorse patrimoniali trovi corrispondenza nella relativa rischiosità dei propri clienti. Si può dunque concepire la graduazione del capitale di vigilanza dell'impresa bancaria in funzione dell'effettiva rischiosità, tra l'altro, delle esposizioni creditorie come un ideale processo di sostituzione dell'inadeguata capitalizzazione del debitore con l'adeguata capitalizzazione del sistema banca: quanto più il sistema impresa che richiede un prestito risulta esposto a propri rischi difficilmente quantificabili e non coperti da una congrua dotazione patrimoniale di mezzi propri, tanto più il sistema banca che intende finanziarlo è chiamato a detenere risorse patrimoniali minime significative([125]).

Da quanto osservato consegue che il sistema impresa, alla luce dell'evoluzione nelle impostazioni regolamentari prudenziali qualificanti il sistema finanziario, dovrebbe implementare, al fine di conseguire e/o mantenere condizioni di consonanza con tale sovrasistema, concrete misure di governo del rischio connesso alla propria struttura ed alla connessa dinamica evolutiva. Tra queste misure, non può non figurare il reperimento di adeguate risorse patrimoniali, le uniche in grado di coprire l'incertezza di fondo sottesa alle progettate traiettorie evolutive e, soprattutto, di concorrere all'assorbimento di eventi poco prevedibili, manifestazione di rischi non facilmente quantificabili né mitigabili tramite soluzioni diverse da mezzi finanziari prontamente disponibili ed azionabili.

BIBLIOGRAFIA

AA.VV., *Imprese Banche Professioni. Nuove sfide nell'era globale*, Egea, 2003.

AA.VV., *Nuovi strumenti per Basilea 2. E-book di Finanza e diritto*, Editrice le fonti, 2006.

ACOCELLA N., *Fondamenti di politica economica. Valori e tecniche*, La Nuova Italia

---

interessano il governo del sistema impresa. Uno dei primi tentativi di leggere in tal senso ed applicare alle imprese industriali la cultura del rischio sviluppata in origine con riguardo al sistema finanziario e progredita con emanazioni come Basilea II è stato il nostro studio GOLINELLI G.M., *L'approccio sistemico al governo dell'impresa*, Vol. II, Cedam, 2000, pag. 150 e segg. Cfr. pure PROIETTI L., "Il Nuovo", *cit.*, pag. 216.

([125]) Sull'adeguata o meno capitalizzazione dell'impresa rispetto al rischio, cfr. *infra*, Capitoli VI e VIII.

Scientifica, 1997 (1994[1]).

AKERLOF G., "The Market for Lemons: Qualitative Uncertainty and the Market Mechanism", in *Quarterly Journal of Economics*, n. 84, 1970.

ALBERICI A., "Ambiente finanziario" in CASELLI L. (a cura di), *Le parole dell'impresa*, FrancoAngeli, 1995.

ALLEN L., *Il sistema finanziario globale. Dal 1750 ad oggi*, Mondadori, 2002 (orig. *The Global Financial System 1750-2000*, Reaktion, 2001).

ALLEN F., GALE D., *Comparing Financial Systems*, Mit Press, 2001.

ANDRIANI S., *L'ascesa della finanza. Risparmio, banche, assicurazioni: i nuovi assetti dell'economia mondiale*, Donzelli, 2006.

ARNONE M., SEGALOTTO J.F., SOMMER M., "Central Bank Autonomy, Macroeconomic Performance, and Monetary Frameworks: a Global Comparison", in MAZZOLLI M., ARCELLI F., *Atti della prima "Lezione Mario Arcelli"*, Rubettino, 2005.

AXELROD R., "Advancing the Art of Simulation in the Social Sciences", in *Japanese Journal for Management Information System, Special Issue on Agent-Based Modeling*, n.3, 2003.

BALDINI M., "Solvency 2 per le Assicurazioni: analogie e differenze con Basilea 2", in *Basilea 2*, n. 2, 2006, riportato in AA.VV., *Nuovi strumenti per Basilea 2. E-book di Finanza e diritto*, Editrice le fonti, 2006.

BANCA CENTRALE EUROPEA, "Il Nuovo Accordo di Basilea sui requisiti patrimoniali: principali caratteristiche e implicazioni", in *Bollettino mensile della Banca Centrale Europea*, n. 1, 2005.

BASEL COMMITTEE ON BANKING SUPERVISION, *A Strategy for the Formulation, Adoption and Implementation of Sound Principles and Practices to Strengthen Financial Systems*, www.bsi.org, febbraio, 1997.

BASILE I., DE SURY P., *La determinazione del prezzo della azioni destinate alla quotazione*, Laterza, 1997.

BAZZANA F., DEBORTOLI F., "Il rischio sistemico in finanza: una rassegna dei recenti contributi in letteratura", in *Alea Tech Reports*, n. 17, 2002, http://www.alea-web.org.

BELCREDI M., *Economia dell'informazione societaria*, Utet, 1993.

BENTIVOGLI C., COCUZZA E., FOGLIA A., IANNOTTI S., "I rapporti Banca-Impresa dopo il nuovo accordo sul capitale:un'indagine territoriale", in *Questioni di economia e finanza (Occasional papers) della Banca d'Italia*, n. 6, 2007.

BINI SMAGHI L., "Macro-Prudential Supervision", relazione a *The CEPR/ESI 13th Annual Conference on 'Financial Supervision in an Uncertain World'*, European Banking Center at Venice International University, 25-26 September 2009, http://www.ecb.int/press/key/date/2009/html/sp090925.en.html.

BINI SMAGHI L., "Has the Financial Sector Grown Too Big?", *speech at* Nomura Seminar "The Paradigm Shift after the Financial Crisis", Kyoto, 15 April 2010, http://www.ecb.int/press/key/date/2010/html/sp100415.en.html.

BONGINI P., DI BATTISTA M.L., NIERI L., PATARNELLO A., *Il sistema finanziario*, Il Mulino, 2004.

BONINI S., ZULLO R., "Venture capital e imprenditorialità. Prospettive e crescita a confronto", in BONINI S., ZULLO R., *Verso un sistema bancario e finanziario europeo?*, Ente per gli Studi Monetari, Bancari e Finanziari Luigi Einaudi, *Quaderni di Ricerche*, n. 30, 2003.

BOYD J. H., SMITH B. D., "The Evolution of Debt and Equity Markets in Economic Development", in *Economic Theory*, n. 12, 1998.

CAPRARA U., *L'economia dei finanziamenti d'impresa*, Giuffrè, 1966.

CARDIA L., "I rapporti tra finanza, imprese e risparmio", in *Relazione Annuale della Commissione Nazionale per le Società e la Borsa*, 2005.

CAROSIO G., *La riforma delle regole prudenziali. Intervento del Vice Direttore Generale della Banca d'Italia* al convegno dell'ABI (Associazione Bancaria Italiana) "Basilea 3: Banche e imprese verso il 2012", Roma, 4 maggio 2010.

CARUANA J., *Basel III: towards a Safer Financial System*, speech at the 3rd Santander International Banking Conference, Madrid, 15 September 2010.

CECCANTI G., *Corso di tecnica imprenditoriale*, Vol. I, Cedam, 1996.

CECCANTI G., "Caritas in veritate. Riflessioni di un tecnico", in *Impresa Progetto – Rivista online del Ditea*, n. 2, 2009.

CHILD J., FAULKNER D., *Strategies of Cooperation: Managing Alliances, Networks, and Joint Ventures*, Oxford University Press, 1998.

CHRISTODOULOU P., "The Issue of Democratic Legitimacy of the Eurosystem: a Sketch", in AA.VV., *Legal aspects of the European System of Central Banks*, in *Liber Amicorum* Paolo Zamboni Garavelli, BCE, 2005.

CIOCCA P., *La moneta e l'economia. Il ruolo delle banche centrali*, Il Mulino, 1983.

COASE R.H., "The Nature of the Firm", in *Economica*, n. 16, 1937.

COLOMBINI F., *Intermediari e mercati finanziari*, Utet, 2001.

COMANA M. (a cura di), *Il mercato finanziario italiano: borsa, competitività delle imprese e tutela del risparmio*, Luiss University Press, 2005.

COMITATO DI BASILEA PER LA VIGILANZA BANCARIA, *Convergenza internazionale della misurazione del capitale e dei coefficienti patrimoniali. Nuovo schema di regolamentazione. Versione integrale*, Basilea, 2006, http://www.bis.org/publ/bcbs-128ita.pdf.

COMMISSIONE EUROPEA, *Amended Framework for Consultation on Solvency II*, 2006, http://ec.europa.eu/internal_market/insurance/docs/markt-2506-04/amended-framework_en.pdf.

COTTA RAMUSINO E., "Imprese e sistema finanziario in Italia: problemi e prospettive", in *Sinergie*, n. 38, 1995.

COTTA RAMUSINO E., *Imprese e industria finanziaria nel processo di globalizzazione*, Giuffrè, 1998.

COTTA RAMUSINO E., "Quale governance dopo la crisi? Mercato, Stato e responsabilità. Per l'avvio di un dibattito", in *Sinergie*, n. 80, 2009.

COTTA RAMUSINO E., "Il divenire della finanza tra logiche di sistema e comportamenti imprenditoriali", in *Sinergie*, n. 81, 2010.

COTTINO G. (a cura di), *Ricerca sulle partecipazioni statali. I. Studi sulla vicenda italiana*, Einaudi, 1978.

DAVIS E. P., STEIL B., *Institutional Investors*, Mit Press, 2001.

DE CAPRARIIS G., GUISO G. (a cura di), *Finanza, legge e crescita delle imprese*, Il Sole 24Ore, 2004.

DE MAIO M., PATALANO C. (a cura di), *Modelli organizzativi e di controllo nel sistema bancario*, Edibank, 1995.

DEMIRGUC-KUNT A., LEVINE R., *Financial Structure and Economic Growth. A Cross-Country Comparison of Banks, Markets and Development*, Mit Press, 2001.

DEZI L., *Le dinamiche di convergenza imprenditoriale e settoriale. Risorse immateriali, outsourcing, reti di imprese, cross-border*, Cedam, 1996.

DI CHIO G., "Capitale finanziario e disciplina del credito ordinario in Italia: le Banche di interesse nazionale", in COTTINO G. (a cura di), *Ricerca sulle partecipazioni*

statali. I. Studi sulla vicenda italiana, Einaudi, 1978.
DIAMOND D.W., "Financial Intermediation and Delegated Monitoring", in *Review of economic studied*, n. 3, 1984.
DIERICK F., PIRES F., SCHEICHER M., SPITZER K. G., "The New Basel Capital Framework and Its Implementation in the European Union", in *Occasional Paper Seriesof European Central Bank*, n 42, 2005.
DIAMOND D.W., "Financial Intermediation and Delegated Monitoring", in *Review of Economic Studies*, n. 3, 1984.
DRAGHI M., *Politica monetaria e sistema bancario. Intervento del Governatore della Banca d'Italia*, Assemblea Ordinaria dell'Associazione Bancaria Italiana, Roma, 11 luglio 2007.
EPSTEIN J.M., AXTELL R., *Growing Artificial Societies: Social Science from the Bottom Up*, Mit Press, 1996.
EUROPEAN VENTURE CAPITAL ASSOCIATION, *Yearbook 2006,* PriceWaterhouseCoopers, 2006.
FABOZZI F., MODIGLIANI F., *Mercati finanziari. Istituzioni e strumenti.* Il Mulino, 1995 (orig. *Capital Markets. Institutions and Instruments*, Prentice Hall, 1992).
FABRIZI C., *Aziende e strutture della distribuzione commerciale*, Cedam, 1974.
FABRIZI P.L., FORESTIERI G., MOTTURA P., *Strumenti e servizi finanziari*, Egea, 2003.
FARINA V., "Gli interessi «uso piazza»., l'anatocismo e la commissione di massimo scoperto", in VETTORI G. (a cura di), Cedam, 1992.
FORESTIERI G., "Sistema finanziario e criteri allocativi: effetti sul grado di innovazione delle strutture produttive", in *Note economiche*, n. 1, 1993.
FORESTIERI G., "La specificità della funzione allocativa del sistema bancario italiano", in *Economia e politica industriale*, n. 83, 1994.
FORESTIERI G., MOTTURA P., *Il sistema finanziario*, Egea, 2005 (1998[1]).
GAI L., "Il rischio di concentrazione nell'ICAAP delle banche locali", in *Dirigenza bancaria*, n. 129, 2008.
GATTI C., VAGNANI G., "Intelligenza, compimento e vitalità dei sistemi di sistemi. Una riflessione sull'industria finanziaria", in *Sinergie*, n. 80, 2009.
GERVASONI A., SATTIN F., *Private Equity e Venture Capital*, Guerini e Associati, 2000.
GOLDSMITH R. W., *Financial Structure and Development*, Yale University Press, 1969.
GOLINELLI G., "Economia e finanza nel governo dell'impresa", in *Sinergie*, n. 39, 1996.
GOLINELLI G.M., "Il confronto tra capitalismi nazionali; la specificità italiana", in *Finanza marketing e produzione*, supplemento al n. 4, 1999.
GOMPERS P., "Optimal Investment, Monitoring, and the Staging of Venture Capital", in *Journal of Finance*, n. 5, 1995.
GOLINELLI G.M., *L'approccio sistemico al governo dell'impresa*, Vol. I, Cedam, 2005 (2000[1]).
GOLINELLI G.M., *L'approccio sistemico al governo dell'impresa*, Vol. II, Cedam, 2000.
GOMPERS P., "Optimal Investment, Monitoring, and Staging of Venture Capital", in *Journal of Finance*, n. 5, 1995.
GOMPERS P., LERNER J., *The Venture Capital Cycle*, Mit Press, 2000.
GRANDINETTI R., RULLANI E., *Impresa transnazionale ed economia globale*, La Nuova Italia Scientifica, 1996.

GROUP OF THIRTY, "Financial Reform. A Framework for Financial Stability", Washington, January 2009.

ISVAP, *Indagine conoscitiva sulle Autorità amministrative indipendenti. Audizione del Presidente dell'Isvap Giancarlo Giannini presso la I Commissione - Affari costituzionali della Camera dei Deputati*, Isvap, 19 maggio 2010.

LUTZ S., "Convergence Within National Diversity: the Regulatory State in Finance" in *Journal of Public Policy*, n. 2, 2004.

MAINO R., MASERA R., *Impresa Finanza Mercato. La gestione integrata del rischio*, Egea, 2005.

MARKOWITZ H.M., *Portfolio Selection: Efficient Diversification of Investments*, Wiley, 1959.

MARRIS R., *La teoria economica del capitalismo manageriale*, Einaudi, 1972 (orig. *The Economic Theory of Managerial Capitalism*, MacMillan, 1964).

MASCIANDARO D., "Le 114 sorelle della Fed. La vigilanza Fed e il paradosso balcanico", in *Il Sole 24ORE*, 21 marzo 2008.

MAYER C., "The Assessment Money and Banking: Theory and Evidence", in *Oxford Review of Economic Policy*, n. 4, 1994.

MERLANI C., *Il credito mercantile*, Giuffrè, 1964.

METALLO G., PENCARELLI T., *I circuiti finanziari tra localismi e globalizzazione*, Giuffrè, 1995.

MIELI S., *La revisione delle regole prudenziali sul capitale delle banche. Intervento del Direttore Centrale per la Vigilanza bancaria e finanziaria della Banca d'Italia* al convegno dell'ABI (Associazione Bancaria Italiana) "Markets & Investment Banking Conference", Roma, 7 giugno 2010.

MOTTURA P., "Nuove tendenze dell'intermediazione finanziaria: analisi dei rapporti fra intermediari e risparmiatori", in AA.VV., *Nuove tendenze dell'intermediazione finanziaria*, Egea, 1991.

MOTTURA P., "La transizione della banca da un sistema amministrato al mercato competitivo", in *Banche e banchieri*, n. 1, 1996.

MYERS S.C., MAJLUF N.S., "Corporate Financing and Investment Decisions. When Firms Have Information that Investors Do Not Have", in *Journal of Financial Economics*, n. 2, 1984.

NORTH D.C., *Institutions, Institutional Change and Economic Performance*, Cambridge University Press, 1990.

ONADO M., *Economia e regolamentazione del sistema finanziario*, Il Mulino, 2004.

PALAZZI E., "Vincoli e opportunità di Basilea 2 per lo sviluppo delle PMI: le opinioni degli operatori economici", in *Rivista Piccola Impresa/Small Business*, n. 2, 2007.

PANATI G., GOLINELLI G.M., *Tecnica economica, industriale e commerciale. Imprese, strategie e management*, 2 voll., La Nuova Italia Scientifica, 1991 (1988^1).

PANCIOTTI G., "Piazze d'affari, integrazione e globalizzazione", in AA.VV., *Quali banche in Italia?*, Edibank, 1996.

PARRILLO F., *La funzione dei sistemi creditizi nell'economia contemporanea*, Edizioni Kappa, 1985.

PETERS E., *Chaos and Order in the Capital Markets*, Wiley, 1996.

PETIX L., *Aspetti tipici di analisi strategica di competizione globale e di finanza internazionale*, Cedam, 1994.

PIRONTI M., REMONDINO M., PISANO P., "Enterprise Clusters Triggered by Radical Innovation: a Modelistic Approach", in *EuroMed Journal of Business*, n.2, 2010.

PITTALUGA G.B., CAMA G., *Banche centrali e democrazia*, Hoepli, 2004.
PROIETTI L., "Il Nuovo Accordo di Basilea sul Capitale delle Banche: cultura del rischio e sistema del *rating*", in AA.VV., *Imprese Banche Professioni. Nuove sfide nell'era globale*, Egea, 2003.
PROIETTI L., *Basilea Due: evoluzione del rapporto banca-impresa e logica del rating*, S.i.p., 2008.
REA M.A., *Le imprese finanziarie*, Giappichelli, 1994.
RESTI A., "Il nuovo accordo di Basilea sulle banche: genesi, contenuti, impatti", in *Newfin working paper*, n. 1, 2005.
RIDLEY M., "The Natural Order of Things", in *The Spectator*, 7 gennaio 2009.
ROSSI G., *Il conflitto epidemico*, Adelphi, 2003.
ROSSIGNOLI B., "Banche, imprese, risparmio finanziario. Alcune notazioni sullo sviluppo della finanza", in *Rivista milanese di economia*, n. 63, 1997.
RULLANI E., "La teoria dell'impresa: soggetti, sistemi, evoluzione", in RISPOLI M. (a cura di), *L'impresa industriale. Economia, tecnologia, management*, Il Mulino, 1989 (1984[1]).
RULLANI E., "Tra finanza e industria: liberare il «motore» dell'economia della conoscenza", in *Economia e politica industriale*, n. 123, 2004.
RUOZI R., "L'evoluzione del sistema finanziario italiano attraverso l'attività di Newfin", intervento al Convegno Newfin sul tema *Banche e mercati mobiliari*, Università Bocconi, 18 settembre 1995.
SAPIENZA H.J., "When Do Venture Capitalists Add Value?", in *Journal of Business Venturing*, n. 1, 1992.
SIMONE C., FAGGIONI F., "Le declinazioni della complessità. Ordine, caos e sistemi complessi", *Sinergie*, n. 79, 2009.
SIRONI A., *Rischio e valore nelle banche. Risk Management e Capital Allocation*, Egea, 2005.
SOROS G., *La crisi del capitalismo globale,* Ponte alle Grazie, 1999.
STARK J., "EMU – Weathering the Perfect Storm", *speech at the German-British Chamber of Industry & Commerce*, London, 25 June 2009, http://www.ecb.int/-press/key/date/2009/html/sp090625.en.html.
STIGLITZ J., "Cari colleghi, scendete a terra. La teoria delle aspettative razionali è stata un flop, ritoccarla non basta", in *Il Sole 24Ore*, 21 agosto 2010.
TAGLIAGAMBE S., "Soggetti individuali e soggetti collettivi: il nodo della relazione tra individui e imprese", in *Sinergie*, n. 72, 2007.
TOBIN J., "On the Efficiency of the Financial System", in *Lloyds Bank Review*, n. 153, 1984.
TREMONTI G., *Economia sociale di mercato?*, Università Cattolica del Sacro Cuore, Milano, 2008.
TRICHET J.-C., "A Paradigm Change for the Global Financial System", remarks at the International Colloquium "Nouveau Monde, Nouveau Capitalisme", Paris, 9 January 2009, http://www.ecb.int/press/key/date/2009/html/sp090109.en.html.
TRICHET J.-C., "Systemic Risk", the Clare College, University of Cambridge, 10 December 2009, http://www.ecb.int/press/key/date/2009/html/sp091210_1.en.html.
UNIONCAMERE DEL VENETO, "Il nuovo accordo di Basilea sul capitale delle banche. Inquadramento metodologico e potenziali impatti sulle PMI in termini di assorbimento patrimoniale", in *Quaderni di ricerca*, n. 5, 2005.
USEEM M., "I manager e gli azionisti istituzionali", in *Sviluppo e organizzazione*, n. 176, 1999.

VACCÀ S., RULLANI E., "Oltre il modello classico di impresa multinazionale", in *Finanza Marketing e Produzione*, n. 2, 1983.

VACIAGO G., VERGA G. (a cura di), *Efficienza e stabilità dei mercati*, Il Mulino, 1995.

VANONI E., "Funzione attiva del credito nei programmi di sviluppo economico nazionale", in *Bancaria*, vol. 11, 1955.

VENANZI D., "La relazione rischio-rendimento. Un'analisi empirica sul caso italiano", in *Sinergie*, n. 38, 1995.

VINCENZINI M., "Una rilettura della funzione di produzione dell'attività di intermediazione finanziaria", in VINCENZINI M., TREQUATTRINI G.L. (a cura di), *Profili di innovazione istituzionale dell'intermediazione finanziaria*, Cedam, 1998.

WESTON J.F., BRIGHAM E.F., *Finanza aziendale*, Il Mulino, 1974, (orig. *Essentials of Managerial Finance*, Holt, Rinehart & Winston, 1971).

WHITTINGTON R., *What is Strategy - And Does it Matter?*, Thomson Learning, 2002.

WILLIAMSON O.E., *Le istituzioni economiche del capitalismo*, FrancoAngeli, 1987 (tit. orig. *The Economic Institutions of Capitalism: Firms, Markets, Relational Contracting*, The Free Press, 1985).

WILLIAMSON O.E., *I meccanismi del governo*, FrancoAngeli, 1998 (orig. *The Mechanisms of Governance*, Oxford Press, 1996).

WILLIAMSON S.D., "Costly Monitoring, Financial Intermediation and Equilibrium Credit Rationing", in *Journal of Monetary Economics*, n. 2, 1986.

ZINGALES L., "L'evoluzione del settore finanziario in Europa e le sfide per il sistema italiano", in DE CAPRARIIS G., GUISO G. (a cura di), *Finanza, legge e crescita delle imprese*, Il Sole 24Ore, 2004.

ZUCCHELLA A., *Progetti di investimento ed innovazione strategica, organizzativa e finanziaria: la competizione internazionale nei servizi di pubblica utilità*, Giuffrè, 1996.

CAPITOLO SESTO

IL RISCHIO NEL GOVERNO DELL'IMPRESA, TRA SENSO, SUPERAMENTO ED ELUSIONE DEL LIMITE (*)

6.1. BREVI CENNI SUL CONCETTO DI RISCHIO IN GENERALE

La difficoltà ad incardinare l'azione di governo del sistema im-

(*) Di LUCA PROIETTI.

presa entro i rigorosi ma rigidi canoni della scientificazione prevalentemente incentrata sul calcolo – la quale ha in genere più fortuna con riguardo alla gestione, altro basilare momento gestionale tipico delle organizzazioni imprenditoriali – può essere spiegata, tra l'altro, con le particolari condizioni di rischio che attanagliano le decisioni assunte da coloro che attendono a compiti di governo aziendale. Da ciò l'esigenza di approfondire l'analisi del rischio in un'ottica incentrata sul sistema impresa, in parte diversa da quella sinora adottata trattando del rapporto tra l'impresa (non finanziaria) ed il sovrasistema della finanza([1]).

All'apparenza intuitivo, il rischio è tutt'altro che semplice da definire. Esso può essere qui inteso, in prima approssimazione, come l'esposizione di un'entità (un soggetto, un'attività o un obiettivo/risultato) ad eventi/dinamiche possibili, in grado di modificarne più o meno significativamente lo stato([2]).

Il rischio è non un fenomeno, bensì un concetto, un costrutto le cui determinanti possono essere individuate ricorrendo ad una prospettiva obiettiva ovvero soggettiva([3]):

([1]) Cfr. *supra*, Capitolo V, in specie paragrafo 5.6 e relativi sottoparagrafi.

([2]) Tra le innumerevoli definizioni di rischio, v. ad esempio DOUGLAS M., *Come percepiamo il pericolo. Antropologia del rischio*, Feltrinelli, 1991 (orig. *Risk Acceptability According to the Social Sciences*, Routledge, 1986), pag. 40 («il "rischio" è la probabilità di un evento combinata con la magnitudine delle perdite e dei profitti che questo evento comporterà»; dunque, «tutto dipende dal valore che si attribuisce alle conseguenze»); BORGHESI A., *La gestione dei rischi di azienda*, Cedam, 1985, pag. 92 (rischio per l'impresa come «la variazione di segno negativo rispetto ad una data situazione prevista»); DEMARIA G., *Logica della produzione e della occupazione*, Malfasi, 1950, pag. 647 («è rischio economico [...] quello cui sono soggetti individui e cose in quanto ne possono subire in futuro perturbazione nel campo economico»); DI LAZZARO F., *Il rischio aziendale. I modi per il suo fronteggiamento*, Giuffrè, 1990, pagg. 50-55.

([3]) Elementi a favore della prima lettura si ritrovano in DAVIDSON P., "L'incertezza e l'approccio del modello storico", in PACE D. (a cura di), *Economia del rischio. Antologia di scritti su rischio e decisione economica*, Giuffrè, 2004 (traduzione di "Uncertainty and the Historical Method Approach", in DAVIDSON P., *Money and the Real World*, Macmillan, 1972, pagg. 10-32), pag. 166 e, per l'Italia, in DEZZANI F., *Rischi e politiche d'impresa*, Giuffrè, 1971, pag. 33; BERTINI U., *Introduzione allo studio dei rischi nell'economia aziendale*, Giappichelli, 1987, pag. 7; CATTANEO M., *Economia delle aziende di produzione*, Etas, 1993, pagg. 121-122; BRUNETTI G., "La vulnerabilità dell'impresa: una riflessione secondo l'approccio aziendale", in *Rivista Italiana di Ragioneria e di Economia Aziendale*, n. 3-4, 2003, pag. 125.

Sulla seconda visione, v. KNIGHT F. II, *Risk, Uncertainty and Profit*, London

– sul piano oggettivo, il rischio discende dalla non autosufficienza di individui ed organizzazioni, con la conseguente necessità di intrattenere rapporti con «l'esterno», e dal trascorrere del tempo che si frappone tra decisioni, azioni, reazioni e conseguenze;

– sul piano soggettivo, si tende invece a fare riferimento all'insufficiente informazione, ai limiti della conoscenza umana ed alle peculiarità dei concreti processi decisionali, i quali sono privi di quei requisiti di onnipotenza computazionale e di distacco emotivo propri dell'*homo oeconomicus*, con la sua razionalità ideale, detta «assoluta» o «olimpica». Ne consegue che non si può avere piena padronanza e contezza dell'attualità, ancora meno del futuro e, in molti casi, neppure del passato.

Comunque intese, le predette determinanti sono talmente ampie e profonde da rendere l'esposizione al rischio una condizione prevasiva, inevitabile e perenne, che interessa ogni essere vivente e qualsiasi espressione dell'intenzionalità umana, inclusi i singoli atti, i processi e le istituzioni([4]). Ecco allora che non solo il sistema impresa, ma pure

---

School of Economics and Political Science, 1948 (1921[1]), pag. 189, che dichiara: «noi viviamo solo perché conosciamo qualche cosa del futuro; mentre i problemi della vita o almeno della condotta derivano dal fatto che noi ne conosciamo troppo poco. Questo è altrettanto vero negli affari come nelle altre sfere di attività. [...] Non vi è né ignoranza assoluta, né completa e perfetta informazione, ma conoscenza parziale». Conferma ancora DAVIDSON P., "L'incertezza", cit., pag. 167. In Italia, cfr. CORSANI G., *La gestione delle imprese mercantili e industriali*, Cedam, 1939 (1937[1]), pag. 117; SASSI S., *Il sistema dei rischi d'impresa*, Vallardi, 1940, pag. 15; BERTINI U., *Introduzione, op.cit.*, pag. 7; RANALLI F., *Aree funzionali e governo d'impresa*, Aracne, 1992, pag. 51.

([4]) SCRIVE ARROW K. J., "Approcci alternativi alla teoria della scelta in condizioni rischiose", in PACE D. (a cura di), *Economia del rischio. Antologia di scritti su rischio e decisione economica*, Giuffrè, 2004 (traduzione di "Alternative Approaches to the Theory of Choice in Risk-Taking Situations", in *Econometrica*, n. 4, 1951), pag. 62: «si è voluto ricercare nel rischio e nelle reazioni umane nei suoi confronti la spiegazione di qualsiasi cosa, dalla partecipazione ai giochi di probabilità alla struttura capitalistica della nostra economia». Secondo MASO S. (a cura di), *Il rischio e l'anima dell'Occidente*, Cafoscarina, 2005, l'idea di rischio è profondamente radicata nella civiltà occidentale ed identifica una sorta di «filosofia del limite» sin dai tempi dell'antica Grecia; v. pure anche FIORINI P., "Il concetto di rischio: tra dismisura e sistema", in *Rivista della Ssef*, Cerdef, n. 3, 2005, pagg. 329-345. Per una ricostruzione in chiave storica sia del termine che del concetto di rischio, oltre al lavoro appena menzionato, GIDDENS A., *Il mondo che cambia: come la globalizzazione ridisegna la nostra vita*, Il Mulino, 2000, in specie pag. 38 e segg.; LUPTON D., *Il rischio: percezione, simboli, culture*, Il Mulino, 2003, pag. 11.

le varie entità più o meno sistemiche che popolano il suo contesto trovano nel rischio una giustificazione e/o un elemento di criticità: la specializzazione degli operatori economici, l'esistenza di autorità pubbliche di regolazione e controllo, l'adozione di determinate impostazioni contrattuali sono risposte al rischio insito nelle attività socio-economiche; specularmente, tutte le operazioni che stabiliscono un legame tra passato, presente e futuro e/o tra soggetti, come nuove attività produttive, investimenti pluriennali, contratti ultrannuali, finanziamenti a medio-lungo termine, scorte di fattori produttivi e/o di liquidità, lanci di nuovi prodotti, rapporti più o meno durevoli ecc., scontano una qualche rischiosità(5).

Il rischio, ancorché pervasivo ed immanente, non è immutabile o invariante, subendo intensificazioni o diluizioni proprio in funzione delle suddette determinanti. Con l'evolvere di culture e sensibilità, come pure al ricorrere di eventi, fenomeni o processi – come ad esempio la globalizzazione, la sofisticazione dei prodotti finanziari o il passaggio a nuove tecnologie abilianti, dinamiche che accentuano, rispettivamente, l'interdipendenza tra attori, il bisogno di informazioni specifiche e/o lo iato temporale tra scelte e risultati – il livello di rischio può risultare, o sembrare, incrementato(6).

Da quanto sinora indicato, si evince pure che l'idea di rischio implica giocoforza un qualche punto di osservazione, che può o meno coincidere con quello del soggetto/ente esposto al rischio stesso. Ecco allora profilarsi diversi atteggiamenti che l'individuo, come pure un soggetto collettivo, può in concreto nutrire nei confronti del rischio(7):

– da un lato, l'avversione al rischio sottende una visione prevalentemente negativa dello stesso, che si tenta di evitare o almeno ridurre;

---

(5) KNIGHT F. II, *Risk*, *op.cit.*, pag. 381; KEYNES J.M., "The General Theory of Employment", in *Quarterly Journal of Economics*, 1937, riprodotto in HARRIS S.E. (ed.), *The New Economics*, Knopf, 1952, pagg. 293-294; DAVIDSON P., "L'incertezza", cit., pag. 166; ARROW K. J., "Approcci", cit., pag. 69.

(6) Sul rischio come costruzione culturale, quindi sociale, fondante è il contributo delle teorie culturale e sociale del rischio: *infra*, paragrafo 6.2, ultima parte.

(7) In merito ad esseri viventi consapevoli di se stessi quale presupposto del concetto di rischio, HOLTON G. A., "Defining Risk", in *Financial Analysts Journal*, n. 6, 2004, pag. 22; TAMINO G., "Il rischio degli esseri viventi", in MASO S. (a cura di), *Il rischio e l'anima dell'Occidente*, Cafoscarina, 2005, pag. 147 e segg.; ARROW K. J., "Approcci", cit., pag. 67, con riferimento al pensiero di Knight. Su avversione, neutralità o propensione al rischio, ONADO M., *Economia e regolamentazione del sistema finanziario*, Il Mulino, 2008, pag. 83 e segg.

– dall'altro lato, la propensione al rischio implica una concezione più positiva e selettiva, tendente a ricercare o incrementare la soggezione alla rischiosità pur di conseguire uno sperato beneficio.

Simili atteggiamenti si specificano ulteriormente se associati ad altri aspetti, quali intensità e tipo di reazione al rischio rilevato, intenzionalità dell'esposizione, familiarità con le situazioni ritenute a rischio, aspettative sul futuro ecc.: ad esempio, una forte avversione coniugata alla passiva soggezione conduce alla rassegnazione fatalistica, tipica di talune società arcaiche; diversamente, valutazioni superficiali del contesto e/o infondata fiducia in sé spingono ad un'eccessiva spregiudicatezza, propria delle condotte avventate (azzardo). Ancora, si può trascurare il rischio o, meglio, reputarlo un aspetto così marginale, transitorio o esogeno da espungerlo pressoché completamente dalla propria considerazione, ferma restando la sostanziale esposizione allo stesso; questa è, nei fatti, la posizione dell'economia classica e neoclassica che, nella ricerca di modelli dalla levigata formalizzazione, ignora o semplifica oltremodo il rischio insito nelle decisioni e condotte degli operatori([8]).

6.2. IMPRESA, RISCHIO E DINAMICA DI CONTESTO: UNA LETTURA STORICO-EVOLUTIVA

Le precedenti considerazioni sugli atteggiamenti verso il rischio inducono a riflettere, anzitutto in una prospettiva storico-evolutiva, sull'impresa quale tipica istituzione, o attore collettivo, della modernità e sul suo rapporto con il rischio([9]). S'intende qui analizzare la dina-

---

([8]) DOUGLAS M., WILDAVSKY A., *Risk and Culture. An Essay on the Selection of Technological and Environmental Dangers*, University of California Press, 1982 ha proposto un'impostazione (*grid-group cultural model*), poi raffinata in SHWARZ M., THOMPSON M., *Divided We Stand. Redefining Politics, Technology and Social Choice*, University of Pennsylvania Press, 1990 (trad.it. *Il rischio tecnologico. Differenze culturali e azione politica*, Guerini e Associati, 1993), che specifica alcuni comportamenti idealtipici nei confronti del rischio adottati dal singolo sulla base anche del condizionamento culturale e sociale.

([9]) VACCÀ S., "L'economia di impresa alla ricerca di una identità", in *Economia e politica industriale*, n. 45, 1985, pagg. 5-6 sottolinea l'importanza di esaminare l'impresa «nel concreto» delle sue impostazioni adottate nel corso del tempo. Per una mirabile rassegna sull'evoluzione dei paradigmi d'impresa, FERRER–PACCES F.M., *I sistemi d'impresa*, Li/Ed, 1974, sezz. VI-VII.

mica nel tempo non tanto dell'esposizione del sistema impresa al rischio, la quale è generalmente crescente, quanto della disponibilità di tale istituzione ad assumere quote significative e montanti di rischio([10]). Da un lato, infatti, si tende spesso a pensare all'impresa come ad una realtà qualificata da una particolare propensione al rischio; d'altro canto, non mancano orientamenti di tenore contrario.

L'imprenditore-capitalista del diciottesimo secolo, impegnato nei primi opifici manifatturieri e nei grandi traffici mercantili internazionali, era una figura dalla spiccata intraprendenza, quindi con una inclinazione al rischio superiore a quella di altre categorie sociali dell'epoca, come l'aristocrazia fondiaria, e di altre forme di attività economica, quali l'agricoltura curtense, la bottega artigiana o il commercio ambulante di piccolo raggio. Non meno propenso al rischio pare l'imprenditore classico ottocentesco, intento nell'affannosa ricerca di periodiche innovazioni da industrializzare per conseguire lauti guadagni, prima o poi erosi dall'imitazione e dalla concorrenza([11]).

La disponibilità ad assumere significativi profili di rischio è ancora ravvisabile quando il momento imprenditoriale si «istituzionalizza», ossia la complessità delle attività aziendali e del contesto determina il sopravvento dell'aspetto organizzativo/sociale, quindi dell'impresa come soggetto collettivo, sul profilo personale dell'imprenditore fon-

---

([10]) Acutamente SMUTNIAK J., "Living Dangerously: A Survey of Risk,", in *The Economist*, January 24, 2004 sostiene che è difficile dire se il rischio sia aumentato, ma sicuramente sono cambiati i suoi caratteri ed i soggetti su cui grava o che lo innesca. Fra i tanti sostenitori di un *increasingly risky environment* per l'impresa e anche per altri operatori, v. YOUNG P., TIPPINS S., *Managing Business Risk: an Organisation-Wide Approach to Risk Management*, Amacom, 2001, pag. 20; RAYNER K, *Managing Reputational Risk*, Wiley, 2003, pag. 20; BECK U., *La società del rischio. Verso una seconda modernità*, Carocci, 2000 (orig. *Risikogesellschaft. Auf dem Weg in eine andere Moderne*, Suhrkamp, 1986), pagg. 18-35; LUPTON D., *Il rischio*, *op.cit.*, pag. 16; PACE D., "Economia politica del rischio: una rilettura eterodossa", in PACE D. (a cura di), *Economia del rischio. Antologia di scritti su rischio e decisione economica*, Giuffrè, 2004, pagg. 1-2.

([11]) Una sintesi sul rischio quale elemento definitorio, in ottica economica, dell'imprenditore, sulla distinzione tra imprenditore ed impresa e sul rapporto tra nozioni economiche e giuridiche di imprenditorialità è PATTI A., *Crisi di impresa e ruolo del giudice*, Cedam, 2009, pag. 24 e segg. Sulla nozione di imprenditore, sulla visione di Cantillon e sull'imprenditore schumpeteriano, v. DALLA CHIESA N., "Una teoria socio-economica dell'imprenditore", in LORENZONI G., ZANONI A. (a cura di), *Gli studi sull'imprenditorialità in Italia*, Bulzoni, 1988, pag. 7 e segg. (in specie, 10-16). V. anche BUSCARINI C., *La funzione di imprenditorialità e il comportamento strategico*, Aracne, 2008, pag. 13 e segg.

datore, finanziatore e/o conduttore dell'iniziativa. La grande impresa fordista, meccanizzata e verticalmente integrata d'inizio secolo scorso continua così a palesare un non trascurabile orientamento al rischio, in ragione dei notevoli investimenti in capitale fisso necessari per l'avvio della produzione e per il suo dispiegarsi secondo i rigidi metodi e tempi dettati dall'organizzazione scientifica del lavoro d'ispirazione taylorista([12]).

Con il consolidarsi della grande impresa industriale novecentesca, tuttavia, la predisposizione al rischio, sino ad allora distintiva dell'impresa quale motore dello sviluppo economico, inizia a mostrare qualche affievolimento. Nelle più grandi *corporations* a controllo proprietario debole, l'organo di governo, di natura essenzialmente manageriale, tende ad elaborare condotte più prudenti, volte ad espandere le dimensioni aziendali senza alterare il vigente assetto di controllo societario, evitando dunque progetti talmente avventurosi da esaltare troppo le *performance* economico-finanziarie o, al contrario, porre a repentaglio la stessa continuità aziendale([13]).

L'età del cosiddetto capitalismo manageriale non sancisce, invero, un completo rifiuto del rischio; persiste anzi, se non si amplifica, una certa fiducia dei decisori nella possibilità di controllare e modificare significativamente l'esposizione aziendale al rischio, grazie soprattutto alle capacità incorporate in un apparato operativo ormai ampio, articolato, complesso([14]). Questo «ottimismo della volontà» non impedisce, però, una prevalente ricerca di maggiore prudenza sul versante tanto industriale quanto finanziario, resa peraltro possibile dall'evoluzione del contesto: la netta divisione del mondo in una parte

---

([12]) Cfr. ZAPPA G., *Le produzioni nell'economia delle imprese*, vol. III, Giuffrè, 1956, pag. 241, che coglie nel «rischio di inutilizzazione delle precostituite qualificazioni del lavoro e delle immobilizzazioni dei capitali» il passaggio all'età industriale.

([13]) In merito al capitalismo manageriale ed alle manovre del *management* apicale tese a mantenere sotto controllo la circolazione azionaria sui mercati finanziari, v. *infra*, Capitolo VIII, nota (30).

([14]) Così MARRIS R., *La teoria economica del capitalismo manageriale*, Einaudi, 1972 (orig. *The Economic Theory of Managerial Capitalism*, MacMillan, 1964), pag. 46, alludendo alla capacità di *manager* ed organizzazioni d'influire sul corso degli eventi possibili, sinanco modificando le relative distribuzioni di probabilità, vuoi effettivamente vuoi modificando la propria dotazione di informazione e conoscenza. Tale possibilità d'intervento con convinzione sul rischio d'impresa è peraltro accostabile alla «capacità organica», *mix* di qualità dell'organo di governo e dell'apparato operativo del sistema impresa, concetto così fondante nell'approccio sistemico di CECCANTI G., "Il valore della capacità organica", in *Sinergie*, n. 29, 1992, pag. 51 e segg.

molto ricca ed in una assolutamente sottosviluppata e la presenza di un capitalismo ancora in gran parte nazionale, in cui cioè ciascuno Stato nazionale evoluto è in grado sia di sostenere le rispettive imprese nella competizione internazionale, sia di mediare gli eventuali conflitti interni tra impresa, consumatori e lavoratori, sono alcuni dei fattori che assicurano alle imprese buoni margini di crescita, pure a fronte di condotte relativamente più caute([15]).

Tanto durante la predetta fase quanto nella successiva transizione al capitalismo finanziario, il sistema impresa pare, dunque, diventare progressivamente più riluttante all'assunzione di significativi rischi; quando di questi si fa carico, non di rado sussistono condizioni che le consentono di «socializzare» gli eventuali impatti negativi, ossia di ribaltare su altri sistemi l'effetto del verificarsi di un evento avverso o, quantomeno, di condividerlo con loro([16]).

La dinamica del rapporto tra impresa e rischio, pur non mutando direzione, registra ulteriori sollecitazioni negli ultimi decenni. L'inasprimento della competizione internazionale, con il conseguente affermarsi dei Paesi emergenti; il declino dello Stato nazionale quale ideale interlocutore dell'impresa fordista; il deterioramento delle prospettive di crescita dell'economia reale, specie nelle società più opulente; la sempre più marcata integrazione del sistema finanziario su scala sovranazionale, accompagnata dall'esasperazione della contesa di risparmi e capitali tra le istituzioni, dal tendenziale incremento delle attese di guadagno formulate sui mercati finanziari dagli investitori/risparmiatori e dal recupero, da parte della proprietà, di una incisiva capacità di condizionamento del *top management* aziendale; l'accorciamento del ciclo di vita dei prodotti; il deflagrare della produzione di conoscenza in un caleidoscopio di potenzialità tale da far tramontare lo storico paradigma della scarsità delle risorse, senza nel contempo de-

---

([15]) Sul «capitalismo nazionale» a supporto della grande impresa fordista e manageriale e sul suo successivo tramonto con l'avanzare della globalizzazione, v. Sui capitalismi nazionali, GRANDINETTI R., RULLANI E., *Impresa transnazionale ed economia globale*, La Nuova Italia Scientifica, 1996. Pessimismo della ragione ed ottimismo della volontà (noto anche come volontarismo *versus* «pensiero debole») è un aforisma gramsciano illustrato in SPRIANO P., "Pessimismo dell'intelligenza, ottimismo della volontà. Come quella «massima» arrivò fino a Gramsci", in *Il Corriere della Sera*, 29 ottobre 1984, pag. 3.

([16]) In merito al trasferimento di un rischio a soggetti ed economie terze quale apposita logica di trattamento dei rischi, suscettibile di eccessi ed abusi, v. *infra*, paragrafo 6.8.3.

lineare novità industrializzabili così concrete come in passato; nonché l'emergere di consumatori talora in grado di esercitare notevoli pressioni collettive sono alcune delle più significative criticità che attanagliano l'impresa contemporanea.

L'avvento del capitalismo prima degli investitori e poi finanziario non implica però necessariamente stili di conduzione aziendale assai avventurosi ed inclini al rischio, grazie a talune favorevoli concomitanze di contesto([17]). Infatti, il sempre più intenso ricorso alle tecnologie della comunicazione, con le loro geometrie reticolari (*networking*), le logiche di organizzazione flessibile della produzione propugnate dal *post*fordismo, il declino dei tradizionali sistemi di *welfare* legati allo Stato nazionale ed un ricorso sovente esagerato all'indebitamento o a strumenti finanziari complessi in sostituzione di adeguate dosi di capitale conferito dalla proprietà offrono all'impresa non minori occasioni per proseguire, se non accentuare, una revisione a proprio vantaggio di molti rapporti intersistemici, donde una certa riluttanza all'assunzione di rischi, che restano comunque di rimarchevole intensità([18]).

Le considerazioni appena formulate con diretto riferimento all'impresa trovano peraltro significativa conferma in un ampio filone di studi, di stampo prima antropologico-culturale e poi sociologico, noto come «sociologia del rischio» o «teoria sociale del rischio», in seno al quale è venuto consolidandosi il convincimento secondo cui il rischio

---

([17]) La distinzione tra capitalismo degli investitori e finanziario e talune delle tendenze predette sono richiamate e approfondite *infra*, Capitolo X, paragrafi 10.2.1-10.2.2.

([18]) RULLANI E., "La teoria dell'impresa: soggetti, sistemi, evoluzione", in RISPOLI M. (a cura di), *L'impresa industriale. Economia, tecnologia, management,* Il Mulino, 1989 (1984[1]), pagg. 26-27 parla di rischio emergente dall'instabilità, turbolenza e differenziazione dei bisogni dei consumatori nel capitalismo *post*fordista. Per una sintetica ma efficace ricostruzione dell'evoluzione più recente dei paradigmi d'impresa anche sotto il profilo del rischio, v. ARMANO E., *Precarietà e innovazione nel postfordismo. Una ricerca qualitativa sui lavoratori della conoscenza a Torino*, Odoya, 2010, pagg. 33-36, ove ampi riferimenti anche alle tesi di Castels, Sennet, Gallino, oltre che ai teorici della «società del rischio».

Sottolineano invece l'aumento delle possibilità d'azione sui rischi aziendali MARSELLA M., "Presentazione", in BARUFFALDI A. (a cura di), *La gestione dei rischi finanziari*, Cedam, 2000, pag. 1, che cita il pensiero di Arthur Andersen; CLAMPITT P., PATERNI R., *Trasformare l'incertezza in fonte di progresso*, Sistemi & Impresa, n. 5, 2004; NELSON L., *Strategic Risk Management: New Disciplines, New Opportunities",* CFO Publishing Corp, www.cfo.com, 2002; RICHTER QUINN L., "ERM Embracing a Total Risk Model", in *Financial Executive*, January/February, 2005.

sarebbe oggi un tratto talmente assorbente della realtà da aver decretato l'avvento della «società globale del rischio» (*world risk society*)([19]). Con tale espressione si intende significare che, specie nelle società opulente, non più ossessionate dal bisogno di beni, il conflitto sociale, un tempo incentrato sulla distribuzione dei beni in un quadro di scarsità, si focalizza ora su quella dei rischi conseguenti all'industrializzazione([20]). Nella società del rischio, sembrano ridimensionarsi le solidarietà collettive, la valenza ordinatrice delle norme fisse e vincolanti della tradizione, nonché il ruolo forte delle istituzioni tipiche della società industriale, mentre si registra una sovraesposizione del singolo al rischio, quindi una sua sovraresponsabilizzazione. L'individuo risulta così orientato alla ricerca di maggiore autonomia, meno imbrigliato in schemi comportamentali precostituiti ma anche affetto da un crescente stato d'insicurezza([21]).

La transizione alla società del rischio demarca quindi uno spartiacque tra un assetto a rischio socialmente concentrato, basato sulla delega del rischio e, conseguentemente, della decisione a (pochi) operatori – individui o istituzioni – più o meno competenti e specializzati, ed un assetto qualificato da rischio e responsabilità diffuse, in un quadro di profonda e montante complessità([22]). Nella società industriale

([19]) Esponenti esteri di spicco dell'analisi culturale e sociale del rischio sono Bauman, Beck, Beckmann, Douglas, Wildavsky, Focault, Giddens, Japp, Luhmann, Sennet, Lupton ecc. Per una efficace visione d'insieme, v. LUPTON D., *Il rischio, op.cit.*, specie pag. 23 e segg., che sistematizza l'intero dibattito sul rischio distinguendo tra approcci tecnico-scientifici (in cui rientrano pure il probabilismo tradizionale e le visioni economica classica e finanziaria del rischio), psicologici, empiristi (detti anche descrittivi, comportamentisti o satisfatori) e socio-culturalista o del costruttivismo sociale. Quest'ultimo è sua volta suddiviso in approccio simbolico-culturale o struttural-funzionalista, approccio strutturalista critico o dei teorici della «società del rischio», approccio *post*-strutturalista, *post*-moderno o dei «teorici della governamentalità» ed approccio psicoanalitico.

Ricostruzioni epistemologiche sulla teoria *multi*disciplinare del rischio e sullo specifico filone socio-culturale sono pure in NOCENZI M., *Vivere l'incertezza: sociologia, politica e cultura del rischio ambientale nelle insicurezze da inquinamento elettromagnetico*, FrancoAngeli, 2002, pagg. 19-98; NAPOLI L., *La società dopo-moderna. Dal rischio all'emergenza*, Morlacchi, 2007; MASI F., VICINANZA M., *Emergenza, rischio e decisione: modelli della decisione sull'emergenza ecologica e bioetica*, Guida, 2004, pag. 16 e segg.

([20]) BECK U., *La società, op.cit.*, pag. 70 e segg.

([21]) Ancora BECK U., *La società, op.cit.*

([22]) Sul nesso tra rischio e complessità, ARDIGÒ A., *Crisi di governabilità e mondi vitali*, Cappelli, 1984; ARDIGÒ A., MAZZOLI G. (a cura di), *L'ipercomplessità*

di stampo fordista, infatti, vigevano meccanismi di rigida separazione e delega, per cui il fronteggiamento dei rischi era affidato alla conoscenza astratta tecnico-scientifica, agli automatismi di mercato, al tecnicismo dei sistemi esperti; impresa, mercati, Stato nazionale, sindacati ed istituzioni di vario tipo hanno così tentato per decenni di amministrare i rischi della vita economica e sociale degli individui([23]). Nel neocapitalismo globale, per via di processi sociali, tecnologici e naturali – quest'ultimi sovente innescati dall'azione antropica – i rischi hanno raggiunto diffusione sociale e correlazione tali che automatismi e tecnostrutture predette, unitamente alle tradizionali agenzie di integrazione sociale e di controllo centralizzato (famiglia biologica, classe sociale, corporazione professionale, confessione religiosa, ideologie dominanti ecc.), si rivelano sempre meno idonei ad esentare le persone da un incerto futuro individuale e collettivo([24]).

Ecco allora che le istituzioni tipiche della società industriale non soltanto subiscono incisivi processi di ristrutturazione, ripensamento o persino selezione, ma paiono via via meno disposte ad assumersi il rischio o la delega a decidere per conto ed in vece di lavoratori, consumatori, risparmiatori, altri *stakeholder*([25]). Il sistema impresa, pienamente coinvolto in questa dinamica, è forse l'istituzione che ha subito i più precoci e profondi riflessi della trasformazione in atto, pur riuscendo a conservare fino ad ora un rilevante, se non addirittura crescente, ruolo socio-economico, grazie alle favorevoli concomitanze legate al contesto prima dettagliate.

La prospettiva storico-evolutiva restituisce, in definitiva, l'immagine di un'impresa, istituto in origine qualificato da consistente disponibilità e tolleranza rispetto al rischio, la quale è venuta nel tempo riducendo la delega di rischi ricevuta dal contesto, altresì modificando qualitativamente il contenuto di rischio delle proprie attività. Ciò sta a significare non che l'agire imprenditoriale sia oggi meno rischioso che

---

tra socio-sistemica e cibernetiche, FrancoAngeli, 1990; RULLANI, "Economia del rischio e seconda modernità", in MASO S. (a cura di), *Il rischio e l'anima dell'Occidente*, Cafoscarina, 2005, pag. 187, che connette direttamente il rischio all'emergere di crescenti «spazi di disordine o di non-controllo, in cui proliferano varietà, variabilità e indeterminazione».

([23]) V. per dettagli LUPTON D. (ed.), *Risk and Sociocultural Theory: New Directions and Perspectives*, Cambridge University Press, 1999.

([24]) BECK U., *La società, op.cit.*

([25]) RULLANI, "Economia", cit.

un tempo, bensì che è mutata la ripartizione dei rischi come tra l'impresa ed il singolo individuo alla stessa interessato (cliente-consumatore, lavoratore, risparmiatore-investitore, cittadino ecc.), così tra l'impresa ed altre istituzioni del contesto; il tutto su un comune sfondo di rischi dal carattere innovativo, relativamente incontrovertibili e sempre più interdipendenti([26]).

6.3. RISCHIO ED IMPRESA, TRA OTTICA FINANZIARIA ED OTTICA INDUSTRIALE O AZIENDALE

Al di là della dinamica evolutiva tanto del contesto quanto delle imprese, il rischio è legato anzitutto a struttura e logiche di funzionamento delle organizzazioni imprenditoriali. Emergono sul punto però almeno due visioni del rischio d'impresa, l'una finanziaria l'altra industriale, una distinzione peraltro declinabile in vario modo.

Una prima declinazione discende dal fatto che il rischio aziendale trova ultima espressione nella non certezza del rendimento futuro ritraibile da quelle attività nelle quali è impiegato il capitale investito e che giustificano l'esistenza della specifica impresa, ovvero la produzione di beni o servizi, reali o finanziari, destinati allo scambio sui mercati([27]). È, questo, il rischio industriale, che si specifica nel rischio di investimento in impianti ed altri *asset* la cui convenienza dipende da dinamiche di medio-lungo termine, *in primis* dai volumi di domanda da soddisfare; nel rischio d'esercizio riguardante prezzi correnti degli *input* e produttività interna; infine, nel rischio di mercato, attinente alla indeterminatezza del prezzo di scambio dell'*output* finale. Su questa esposizione di fondo al rischio s'innesta quella derivante dal finanziamento tramite capitale di credito e, alla luce dello sviluppo dei mercati finanziari e della conseguente maggiore contendibilità dei capitali

---

([26]) I tre caratteri da ultimo richiamati sono indicati in PERRINGS C., "Rischio ambientale e responsabilità ambientale", in *Studi e note di economia – Quaderni MP-S*, n. 9, 2004, pagg. 10-11.

([27]) Per FERRERO G., *Istituzioni di economia d'azienda*, Giuffré, 1968, pag. 39 e segg. e DI CAGNO P., *Il sistema aziendale tra rischio di impresa e rischio economico generale*, Cacucci, 2002, pag. 32 il rischio aziendale è «l'eventualità che l'azienda non sia in grado di produrre durevolmente ricchezza in quantità adeguata per remunerare congruamente i fattori utilizzati, compreso il capitale».

azionari, sinanco tramite mezzi finanziari «a pieno rischio»([28]).

La richiamata differenza tra visione industriale e finanziaria del rischio d'impresa tende dunque a replicare la mera distinzione tra indeterminatezze proprie delle attività reali o, comunque, degli impieghi aziendali e quelle invece relative alle attività finanziarie ovvero alle fonti di finanziamento attinte dall'esterno e, a regime, pure ai riflessi finanziari dell'autofinanziamento generato dall'operatività del sistema impresa. Si tratta di una lettura certamente di rilievo, accompagnata da misure e strumenti di analisi del grado di elasticità, a livello prima industriale/reddituale e poi anche finanziario, significativi non tanto nel quantificare l'esposizione al rischio, quanto nel segnalarne pregnanza per il sistema impresa e dinamismo nel tempo([29]).

Alla precedente declinazione se ne aggiunge un'altra, non meno suggestiva. Essa sottolinea come ogni decisione aziendale, sin da quelle reali più direttamente legate allo specifico *business*, possa essere ritenuta soggetta ad un grado di rischio interpretato in modo diverso, quando non contrapposto, dal punto vista industriale ovvero finanziario: così, la scelta di un impianto specializzato, in genere più inno-

---

([28]) Così Rullani E., "La finanza e gli investimenti", in Rispoli M. (a cura di), *L'impresa industriale. Economia, tecnologia, management*, Il Mulino, 1989 (1984[1]), pagg. 553-558; Saraceno P., *La produzione industriale*, Libreria Universitaria Editrice, 1978, pagg. 246-248 indicava come tipici rischi d'esercizio dell'impresa industriale «il rischio inerente all'investimento in un impianto le cui condizioni di utilizzo sono soggette ad incertezza» e l'«incertezza quanto ai ricavi conseguibili». V. pure Davidson P., "L'incertezza", cit., pag. 172; Mingale L., "Il rischio d'impresa", in *Parole chiave: rischio*, Donzelli, 2000, pag. 428. Sul *mix* tra capitale di credito e di pieno rischio, nonché sull'interazione tra dimensione reale e finanziara della struttura d'impresa, v. *infra*, Capitoli VIII e IX.

([29]) Si fa riferimento ad impostazioni quali, rispettivamente per i profili industriale e finanziario, la leva operativa (cfr. Golinelli G.M., *L'approccio sistemico al governo dell'impresa*, Vol. I, Cedam, 2005 (2000[1]), pag. 315 e segg.) e quella finanziaria (v. *infra*, Capitolo IX). Da tali impostazioni derivano peraltro indicatori sintetici di elasticità/rischiosità, quali il coefficiente di sicurezza (o rischio) $R/\overline{R}$ ($\overline{R}/R$), riflesso in termini assoluti nelle vendite profittevoli o margine di sicurezza $R-\overline{R}$, i quozienti d'indebitamento effettivo e limite (v. *infra*, Capitolo VIII, paragrafo 8.5 e segg.), nonché *ratios* di bilancio indicanti la rigidità della struttura finanziaria o il grado di liquidabilità degli *asset* aziendali, come l'indice di struttura (grado di copertura del capitale durevolmente investito con mezzi propri e passività consolidate) o quello di tesoreria (capacità aziendale di far fronte ad impegni a breve con liquidità più o meno immediate). V. pure Mantovani G.M., *Rischio e valore dell'impresa. L'approccio contingent claim della finanza aziendale*, Egea, 1998, pag. 34 e Pellicelli A. C., *La gestione dei rischi nelle imprese*, Giappichelli, 2004, pagg. 88-89.

vativo ed a maggiore resa, in luogo di uno polivalente e meno produttivo lascia emergere un certo *trade off* tra una valutazione tecnico-industriale del rischio, più incline a discernere il contenuto qualitativo del rischio assunto, in termini di coerenza con le capacità imprenditoriali e con le tendenze di contesto, ed una valutazione essenzialmente finanziaria, più incentrata sul versante quantitativo. Lo stesso dicasi in caso di scelta di dinamiche evolutive basate su capitale investito, costi di struttura e livelli di meccanizzazione del lavoro crescenti anziché su contenimento di punto di pareggio e fabbisogno finanziario e su evitamento di ambiti innovativi ancora poco perlustrati([30]).

Ecco allora profilarsi una più articolata distinzione tra visione industriale e finanziaria del rischio aziendale, che riflette differenze anzitutto nei rispettivi presupposti culturali. Il rischio in ottica finanziaria è, storicamente, maturato prima dell'altra impostazione, derivando dalla teoria della finanza, prima classica e poi moderna, a sua volta più direttamente legata tanto alla generale scienza economica quanto agli studi logico-matematici e statistico-probabilistici alle origini della teoria del rischio, non privi di un certo sbilanciamento verso la modellizzazione formale e la computazione([31]). Pur avendo il merito di aver introdotto in ambito economico ed aziendale logica e quantificazione del rischio, la visione finanziaria – nonostante taluni suoi più recenti sviluppi teorici – continua ad essere qualificata dal fatto di: intendere il rischio come un dato di fatto, indifferenziato ed esogeno alle scelte individuali; postulare che tutti i soggetti siano animati da una stabile e rigorosa avversione al rischio, priva di cedimenti o imperfezioni; concepire il rischio in modo riduttivo, come variabilità o volatilità delle *performance* economico-finanziarie di un investimento rispetto ad un valore medio atteso conoscibile presupponendo valida la «legge dei grandi numeri»([32]); attribuire quindi più importanza agli equilibri di

---

([30]) RULLANI E., "La finanza", cit., pag. 561 e segg., ove pure pregnanti richiami alla seminale lezione keynesiana, secondo cui livelli correnti del saggio d'interesse ed attese future sullo stesso regolino l'equilibrio tra ottica industriale e finanziaria nella valutazione degli investimenti. Cfr. pure MANTOVANI G.M., *Rischio*, *op.cit.*, pag. 38. Sulla nozione di progetto di sviluppo aziendale, cfr. *infra*, Capitolo IX, nota (1).

([31]) Su origini storiche, acquisizioni e limiti del probabilismo, v. in Italia MORINI S., *Probabilismo. Storia e teoria*, Mondadori, 2004; ESPOSITO E., *Probabilità improbabili. La realtà della finzione nella società moderna*, Meltemi, 2008. V. anche le critiche rivolte ai tradizionali studi sul rischi formulati dalla teoria sociale dei rischio, su cui si torna nel paragrafo successivo.

([32]) La legge dei grandi numeri (detta anche teorema di Bernoulli o dell'ergodi-

mercato che alle capacità dei singoli operatori, così da reputare che il rischio sia eliminabile o almeno riducibile – per una significativa quota detta rischio specifico o idiosincratico – non tramite interventi diretti sul rischio in sé, bensì mediante selezione e ricombinazione delle attività esposte a rischio, ossia allestendo portafogli ben diversificati di impieghi tra loro poco o non correlati([33]). In questo quadro, l'impresa degrada ad un mero portafoglio di investimenti, a punto di accumulazione di rischi di terzi (*conduit of risk*), nella sostanza indifferente o neutrale al rischio([34]).

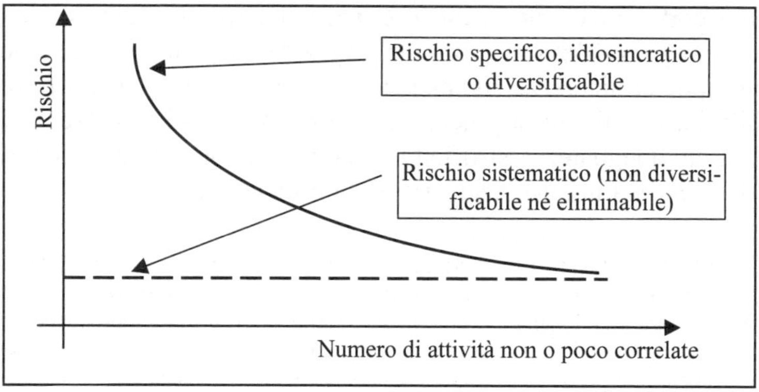

FIG. 6.1 – *Diversificazione: rischio sistematico* versus *specifico* (fonte: elaborazione personale).

La visione industriale o aziendale del rischio, invece, coglie la ge-

---

cità e, pur impropriamente, legge empirica del caso), assunto cardine della teoria stocastico-probabilistica, postula la perfetta normalità e casualità degli eventi, innumerevoli e tra di loro indipendenti, da cui dinamiche più o meno ben definibili e tendenti a ripetersi nel tempo. Ciò consente perlatro l'eliminazione/riduzione del rischio per aggregazione di eventi indipendenti (diversificazione): cfr. HARDY C.O., *Risk and Risk-Bearing*, University of Chicago, 1923, pagg. 20-21.

([33]) Cfr. Fig. 6.2. Su possibilità e limiti della diversificazione rispetto al rischio d'impresa, *infra*, paragrafo 6.8.2.

([34]) Conferme in MANTOVANI G.M., *Rischio, op.cit.*, pag. 24-27. Circa la concezione finanziaria dell'impresa come investimento complesso o portafoglio di investimenti, COLOMBI F., *Baricentro finanziario*, Strategie & finanza, 1995, pag. 257. Sui limiti dei cosiddetti «modelli finanziari di portafoglio», ERZEGOVESI L., "Rischio e incertezza in finanza: classificazione e logiche di gestione", in *Alea Tech Reports*, n. 6, 1999, pagg. 27-28, il quale afferma a pag. 47 che «vi sono motivi validi per ritenere utile [...] l'impostazione metodologica che è tipica dell'economia d'azienda»: v. infatti la nota (36).

nesi del rischio nell'incontro e scontro, a valere nel tempo, tra il dinamismo ambientale ed il ritmato alternarsi di periodi di invarianza relativa e di modificazione della struttura aziendale([35]). Così, da un lato, il rischio d'impresa, oltre che non del tutto evitabile né eliminabile, è sistemico, nel senso di unico, unitario e non suscettibile di completa scomposizione, nonché multidimensionale, dinamico ed almeno in parte controllabile, discendendo dalla concatenazione di molteplici fattori, solo in parte esogeni; dall'altro, l'impresa si configura come un vero e proprio «sistema di rischi»([36]). Ogni impresa si qualifica, pertanto, per un peculiare profilo di rischio e per un'incessante azione sul rischio corso, mediante la quale si accumulano all'interno ovvero si veicolano verso l'esterno, tramite negoziazioni con terze economie, quelle indeterminatezze ritenute rispettivamente più o meno fronteggiabili dal patrimonio aziendale di conoscenze e competenze specifiche, la cui adeguatezza si riflette nella generazione, a valere nel tempo, di ricchezza in misura superiore al normale([37]).

([35]) Così CAVALLIERI E., *Variabilità e strutture d'impresa*, Cedam, 1995, pag. 269; cfr. Capitolo II, nota (8). Può ritenersi che, in un contesto sempre più cangiante, il rischio sotteso alla dinamica evolutiva del sistema impresa sia sempre meno univocamente determinato dalla sua struttura, prevalendo il *focus* sui gradi di complessità che il sistema può produrre e gestire (così MINGALE L., "Il rischio", cit., pagg. 430-431), senonché questi ultimi sono comunque compendiati nei concetti di «struttura» e di «organizzazione» proposti da MATURANA, VARELA, *L'albero della conoscenza*, Garzanti, 1987, pag. 62 e sintetizzati nell'idea di struttura aziendale a base dell'ASV.

([36]) Sulla natura sistemica e unitaria del rischio d'impresa, GIANNESSI E., *Le aziende di produzione originaria*, Vol. I, *Le aziende agricole*, Cursi, 1960, pag. 270-2-81; sulla sua crucialità ed ineliminabilità, ZAPPA G., *Le produzioni*, *op. cit.*, pag. 226 e segg., che parla di inscindibile legame tra rischio e impresa, essendo questa un sistematico assuntore di rischi in grado di ridurli/compensarli in modo complesso e di impedire che ricadano sugli *stakeholder* più avversi al rischio, BERTINI U., *Introduzione*, *op.cit.*, pag. 39 e segg. e pag. 190 («in quanto fenomeno vivente, anche se in senso economico, l'azienda rischia in quanto esiste») e SASSI S., *Il sistema*, *op.cit.*, pag. 95; sulla sua multidimensionalità, MANTOVANI G.M., *Rischio*, *op.cit.*, pag. 72.

Questi assunti della concezione industriale/aziendale del rischio sono peraltro coerenti con la ricordata teoria sociale del rischio, secondo cui non si può raggiungere il «rischio zero», sicché il rischio è opposto alla sicurezza solo concettualmente, dovendosi in realtà distinguere tra «pericolo», ossia una visione passiva, fatalista, esogena o inadeguata del rischio, e «rischio» inteso in modo attento, attivo e consapevole (LUHMANN N., "Rischio e pericolo", in LUHMANN N., *Sociologia del rischio*, Mondadori, 1996 (1991[1]) (orig. "Risiko und Gefahr", in *Soziologische Aufklaerung*, Westdeutscher Verlag, 1991), pag. 37.

([37]) MANTOVANI G.M., *Rischio*, *op.cit.*, pagg. 32-39. STROH P.J., "Enterprise Risk Management at Unitedhealth Group", in *Strategic Finance*, July, 2005, pag. 27 e

La profonda differenza tra approccio finanziario ed aziendalistico al rischio spiega perché l'una abbia enfatizzato la quantificazione dell'esposizione al rischio, mentre l'altra si sia concentrata sulla qualificazione della condizione di rischiosità, in ambedue i casi con limiti e possibilità di futuri, ulteriori avanzamenti. Sviluppi che possono scaturire sinanco dalle complementarietà tra le stesse due ottiche: una basilare convergenza è così ravvisabile nel principio di creazione di valore e nel ruolo assunto nello stesso dal rischio([38]). Se, infatti, la visione aziendale individua da sempre nella capacità a generare sovra-redditi sostenibili nel tempo la manifestazione della maggiore o minore capacità di un'organizzazione a fronteggiare il proprio rischio, è l'ottica finanziaria ad aver contributo alla migliore misurazione del valore creato.

Ecco allora che tra creazione di valore economico, intesa come migliore, ancorché assai complessa, manifestazione e misura della propensione del sistema a perdurare nel tempo, e rischio esiste un nesso ben chiaro, sancito dal principio di equivalenza dei capitali nel tempo a base della matematica finanziaria:

$$W = f(\underset{+}{P}, \underset{-}{R}, \underset{-}{T}) = \frac{P}{R \times T}, \qquad [6.1]$$

dove P indica la «corrente di risultati netti a valere nel tempo» (quindi non puntuali, bensì conseguiti dall'impresa in modo coerente e sostenibile nel più ampio arco della propria dinamica evolutiva; R il grado di rischio sotteso alla predetta corrente di risultati; T la collocazione

---

segg. si limita a sottolineare che le imprese sono remunerate per assumere i rischi. Su tipi di *stakeholder*, loro interessi e relative prospettive rispetto al rischio d'impresa, MERNA T., AL-THANI F.F., *Corporate Risk Management*, Wiley, 2008 (2005[1]), pag. 34 e segg.; circa la valenza anzitutto finanziaria dell'interesse degli *shareholders*, AIROLDI G., BRUNETTI G., CODA V., *Economia aziendale*, Il Mulino, 1994, pag. 107. In PANATI G., GOLINELLI G.M., *Tecnica economica, industriale e commerciale. Imprese, strategie e management*, Vol. I, La Nuova Italia Scientifica, 1991 (1988[1]), pag. 71 si ricorda peraltro che, secondo taluni orientamenti tesi a ripensare la *governance* dell'impresa in senso «democratico», «l'impresa è una comunità (sia pure una comunità di rischi) e non una proprietà».

([38]) Su differenze e complementarietà tra le due impostazioni, ancora MANTOVANI G.M., *Rischio*, *op.cit.*, pagg. 17-18. Alla distinzione in esame si può accostare quella in YOUNG P., TIPPINS S., *Managing*, *op.cit.*, pagg. 16 e 20 e segg. tra approcci al rischio ed al suo governo di tipo *financial based* e *business based*.

temporale remota (rispetto al momento attuale di valutazione) dei singoli risultati attesi con i connessi rischi([39]).

La [6.1], punto di contatto tra le visioni aziendale e finanziaria del rischio, non elimina comunque le diversità di fondo. Laddove la prima tende ad eleggere il rischio a vero e proprio «fattore della produzione», l'altra, nonostante alcuni suoi sviluppi, resta ancorata all'idea che il controllo del rischio non possa contribuire alla creazione di ricchezza, appunto per il richiamato assunto che sia preferibile eliminare la volatilità e/o conseguire rendimenti più elevati tramite diversificazione degli impieghi([40]).

Da quanto sottolineato, discende la centralità di una sana ed adeguata cultura del rischio, premessa indispensabile per un fronteggiamento del rischio teso a considerare con attenzione le molteplici sfaccettature del rischio a livello tanto concettuale quanto del suo del concreto manifestarsi nelle vicende aziendali([41]).

([39]) Conferma KEUL M., "The Imperative of Enterprise Risk Management in the Value-Creating Process", in *Bulletin of the Transilvania University of Brasov*, n. 51, 2009, pagg. 83-86.

La [6.1] è una formula puramente logica e qualitativa del valore economico. Sulla creazione di valore nel governo dell'impresa, cfr. *infra*, Capitolo X, ove riferimenti bibliografici anche sulla misurazione del valore.

([40]) Cfr. MANTOVANI G.M., *Rischio*, *op.cit.*, pagg. 34-36. Tra gli aziendalisti italiani, *contra* l'idea del rischio (*rectius*, incertezza) come fattore della produzione aziendale, FERRER–PACCES F.M., *I sistemi*, *op.cit.*, pag. 119.

Copiose le analisi, anche molto recenti, tendenti a sostenere che rischio e sistemi di *risk governance/management* contribuiscono alle *performance* aziendali: NOCCO B.W., STULZ R., "Enterprise Risk Management: Theory and Practice", in *Journal of Applied Corporate Finance*, n. 4, 2006, pag. 8 e segg.; FORTUNATO S., LIVATINO M., MANTOVANO P., PECCHIARI N. (a cura di), "L'Enterprise risk management. Dal governo dei controlli alla sostenibilità dei rischi", in *Suppl. a Rivista dei dottori commercialisti*, n. 3, 2006, specie pag. 108 e segg.; RESTI A., SIRONI A., *Risk Management and Shareholders' Value in Banking*, Wiley, 2007, spec. pag. 653 ss.; DAMODARAN A., *Strategic Risk Taking: A Framework for Risk Management*, Wharton School Publishing, 2007; D'ONZA G., *Il sistema di controllo interno nella prospettiva del risk management*, Giuffré, 2008, pag. 100 e segg.; PAGACH D.P., WARR R.S., "The Effects of Enterprise Risk Management on Firm Performance", www.ssrn.com, April, 2010. Nel senso che il contributo attivo del *risk management* dipenda da diversi fattori (come turbolenza ambientale, competizione nel settore, dimensione aziendale, complessità organizzativa, monitoraggio apicale), GORDON L.A., LOEBA M.P., TSENG C.-Y., "Enterprise Risk Management and Firm Performance: a Contingency Perspective", in *Journal of Accounting and Public Policy*, n. 4, 2009, pag. 301 e segg.

([41]) Mirabilmente, GIANNESSI E., *Le aziende*, *op.cit.*, pag. 276: «il fronteggiamento è in gran parte legato all'esistenza, nelle persone che amministrano l'azienda o

6.4. GOVERNO E GESTIONE DEL RISCHIO: UNO SCHEMA DI ANALISI

Il fronteggiamento del rischio è solitamente interpretato e rappresentato come un processo, una sequenza di fasi tra di loro coerenti e suscettibili di verifiche, retroazioni e, se opportune, reiterazioni. Le numerose proposte di inquadramento in ottica processuale mostrano una certa evoluzione, sintetizzata nel prospetto che segue; la predetta evoluzione ha favorito e, nel contempo, beneficiato dell'emergere di impostazioni condivise a livello sopranazionale (*standard* e *best practice*)([42]).

Da...	**...a**
– Due, tre o poche fasi soltanto – Netta distinzione tra momento dell'analisi e quello del concreto intervento sul rischio – Andamento strettamente lineare e progressivo dell'*iter* – Considerazione atomistica dei	– Più ampio numero di *step* – Momenti di analisi anche qualitativa – Maggiore interazione tra fasi (possibilità di reiterazioni e *follow-up*) – Attenzione anche al complessivo rischio dell'entità presa a riferimento, con apposite fasi riguardanti la definizione di una qualche «strategia

---

nello stesso soggetto economico quando esercita tale funzione, di una coscienza del rischio». Conferma LAMANNA DI SALVO D., *L'influenza del fattore rischio nella gestione aziendale*, Uni Service, 2004, pag. 42 e segg.

([42]) Tra le varie schematizzazioni del menzionato processo, v. BORGHESI A., *La gestione*, *op.cit.*, pag. 27 e segg. e pagg. 141-142; SELLERI L., *L'impresa e il rischio. Introduzione all'enterprise wide management*, Pubblicazioni dell'ISU Università Cattolica, 2006, pag. 136 e segg. (che prevede a monte un'ulteriore fase di «sensibilizzazione» al rischio); NEPI A., *Project risk management. Analisi e gestione dei rischi di progetto*, FrancoAngeli, 2007, pagg. 23-24. MANTOVANI G.M., *Rischio*, *op.cit.*, pag. 46 e segg. prevede come modalità alternative di intervento su un dato rischio in *processing* interno, *processing* esterno, *embedding* esterno ed *embedding* interno.

Circa gli *standard* internazionali, tra i più noti al momento è l'ERM (*Entreprise Risk Management*), emanato nel 2004 dal CoSO (Committee of Sponsoring Organizations of the Treadway Commission) ed esposto in Italia in ASSOCIAZIONE ITALIANA INTERNAL AUDITORS (AIIA), PRICEWATERHOUSECOOPERS (PWC) (a cura di), *La gestione del rischio aziendale. ERM - Enterprise Risk Management: modello di riferimento e alcune tecniche applicative*, Il Sole 24Ore, 2006. Qualche riferimento figura pure negli *standard* Uni-En-Iso (v. CIBIEN M., "Gestione del rischio e normazione alla ricerca di un punto d'incontro", http://www.uni.com/uni/controller/it/comunicare/come_comunica/uec/uec_8_2005/rm_set2005.htm, 2005). Riferimento essenziale circa la autovalutazione del grado di sistematicità e diffusione della strumentazione di analisi e fronteggiamento dei dati nell'impresa, a livello anche di struttura operativa, è THE JOINT FORUM, *Trends in Risk Integration and Aggregation*, Bank for International Settlements, 2003, pag. 1 e segg.

singoli rischi specifici	del rischio», nonché comunicazione e monitoraggio del rischio

TAB. 6.1 – *Evoluzione del processo di fronteggiamento del rischio: una sintesi* (fonte: elaborazione personale).

La figura 6.2 espone un processo di fronteggiamento del rischio coerente con la prospettiva di una scientificazione consapevole dell'azione di governo del sistema impresa. Traspare anzitutto una distinzione tra il complessivo ed unitario rischio d'impresa ed i rischi nei quali quello viene solitamente scomposto; si alternano così momenti di *focus* sul generale rischio aziendale – in specie, la esplicitazione della complessiva strategia di rischio e la stima del capitale allocato – ad altri incentrati sui singoli tipi di rischio in cui lo stesso viene declinato.

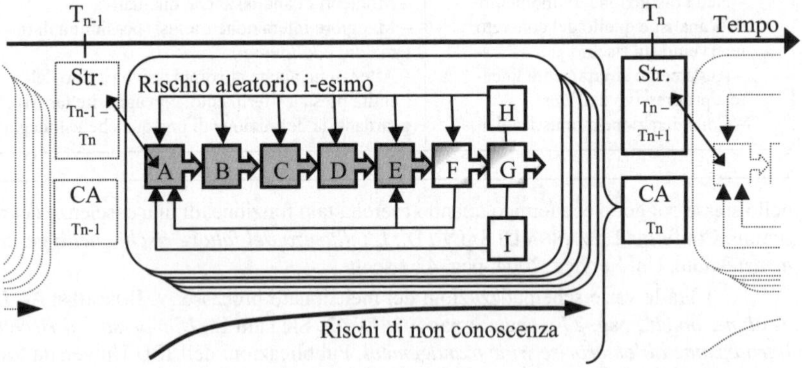

Legenda: A = definizione della strategia per il rischio i-esimo ed analisi di contesto; B = identificazione o rilevazione del rischio; C = analisi quantitativa o almeno qualitativa; D = valutazione (in genere, qualitativa) e pianificazione; E = trattamento; F = verifica o controllo del rischio residuo alla luce della strategia; G = stima del (contributo al) capitale allocato; H = comunicazione del rischio; I = monitoraggio del rischio e revisione della strategia; [riquadro grigio] = componente inerente del rischio i-esimo; [riquadro sfumato] = componente residua del rischio i-esimo; Str. $_{Ti - Ti+1}$ = strategia aziendale di rischio per un dato periodo di tempo; CA_{Ti} = stima *pro tempore* finale del capitale allocato a fronte di tutti i rischi residui e di non conoscenza.

FIG. 6.2 – *Il fronteggiamento del rischio: schema di sintesi* (fonte: elaborazione personale).

Ne consegue la diversità fra «governo del rischio» (*risk governance*) e «gestione del rischio» (*risk management*), troppo spesso trascurata. Pur nel quadro di una visione integrata e contestuale, compete al primo stabilire la complessiva propensione del sistema impresa al rischio; instillare nell'organizzazione convinzioni e vincoli qualificanti le logiche di creazione di valore ammissibili e, di riflesso, il rischio globale massimo sopportabile([43]); preordinare l'intero processo di fronteggiamento del rischio in modo che si svolga compiutamente e con un adeguato equilibrio tra le varie fasi; occuparsi direttamente dei rischi più ingenti e critici in un dato momento; dedicarsi con costante sforzo all'elaborazione di un'indicazione unitaria e di sintesi del rischio sostenuto dall'impresa attraverso la stima del capitale allocato. La gestione del rischio, invece, presidia le fasi di rilevazione, analisi e trattamento dei singoli rischi, in specie di quelli più significativi, nei quali viene scomposto l'unitario rischio d'impresa.

Dallo schema proposto, si evincono peraltro le significative differenziazioni tra rischio aleatorio e di non conoscenza, nonché tra rischio inerente e residuo, sulle quali ci si sofferma nel prosieguo.

6.5. DALLA SCOMPOSIZIONE E CATEGORIZZAZIONE DEL RISCHIO ALLA RILEVAZIONE ED IDENTIFICAZIONE DEI RISCHI

Rilevazione ed identificazione sono le tappe iniziali del percorso che conduce a fronteggiare un dato rischio. La rilevazione, in particolare, è strettamente legata ad aspetti propri degli individui che operano nell'organizzazione, quali sensibilità, esperienze pregresse, cultura, attenzione, capacità, sicché difficile è stabilire impostazioni oggettive e di generale validità idonee a rafforzare nel concreto le capacità individuali a percepire per tempo i rischi.

Esistono nondimeno soluzioni organizzative di vario tipo che il sistema impresa può e dovrebbe implementare per supportare e potenziare le individualità. Soluzioni che spaziano dai sistemi informativi, più o meno tecnologicamente avanzati, alle procedure interne volte a coinvolgere il più ampio numero di soggetti nella tempestiva rilevazione e segnalazione di fattori di rischio, sino alle iniziative, forse con

---

([43]) Confermano SIMONS R., *Sistemi di controllo e misure di performance*, Egea, 2004; TONELLI G., "Valutare e gestire il rischio migliorando il processo decisionale", in *Quaderni di management*, n. 28, 2007; TROTTA C., "Integrated Risk Management: opportunità e vantaggi", in *Quaderni di management*, n. 28, 2007.

ricadute più a lungo termine ma non di rado cruciali, tese a favorire la formazione di una cultura organizzativa il più possibile omogenea ed attenta al rischio([44]).

Una volta che un rischio è stato rilevato, con l'identificazione si tenta di affinarne la comprensione. Anche in questo caso, qualità e capacità individuali tendono a prevalere sulle impostazioni organizzative più o meno standardizzate; può essere tuttavia utile allo scopo diffondere nel sistema l'impiego di strumenti vari, tra i quali le tassonomie dei tipi di rischio.

6.5.1. Utilità e limiti di una tipica tassonomia dei rischi d'impresa

Innumerevoli sono, invero, le interpretazioni e classificazioni del rischio, a seconda del o dei caratteri presi a riferimento([45]). Il rischio è stato inteso ora come esclusivamente negativo oppure anche positivo([46]), ora come foriero di effetti negativi in senso assoluto (danni e

---

([44]) Sull'inserimento del rischio quale elemento basico dei sistemi informativi d'impresa, THE JOINT FORUM, *Trends*, *cit.*, pag. 4 e segg. Per un'ampia rassegna dei principali metodi di rilevazione e misurazione dei rischi, cfr. lo *standard* PD ISO/IEC Guide 73:2002, lo *standard* sul *project management* PROJECT MANAGEMENT INSTITUTE (PMI), *A Guide to the Project Management Body of Knowledge (PMBOK® Guide)*, Pmi, 2004, pagg. 247-248 e soprattutto NEPI A., *Project*, *op.cit.*, pagg. 26-141. V. anche PELLICELLI A.C., *La gestione*, *op.cit.*, pagg. 81-82 sull'uso in ottica previsionale di modelli come le "cinque forze competitive" di Porter, i *behavioral model* e le analisi *what if* e GAUDENZI B., BORGHESI A., "Managing Risks in the Supply Chain Using the AHP Method", in *International Journal of Logistics Management*, n. 17, 2006 sull'uso del metodo detto *analytic hierarchy process*.

([45]) Conferma KPMG, *Study into the Methodologies to Assess the Overall Financial Position of an Insurance Undertaking from the Perspective of Prudential Supervision*, European Commission, 2002, pag. 23.

([46]) La dicotomia tra *down-side risk* o rischi puri, asimmetrici o ad effetti unilaterali (che possono produrre solo conseguenze negative) ed alee, rischi speculativi, simmetrici o ad effetti bilaterali (che includono pure opportunità o *upside risk*) trova conferma in BORGHESI A., *La gestione, op.cit.*, pag. 33; CONTI C., *L'esposizione dell'impresa ai rischi finanziari. Corporate financial risk exposure*, Egea, 1996, pag. 12 e segg. V. anche BERTINI U., *Introduzione, op.cit.*, pag. 17 e segg.; CAPRARA U., "Liquidità bancaria e controllo dell'inflazione", in *Rivista Bancaria*, 1952, pag. 506; SPENCER M.H., SIEGELMAN L., *Managerial Economics. Decision Making and Forward Planning*, Homewood, 1964, pag. 5; MATTEN C., *Managing Bank Capital*, Wiley, 2000 (1996[1], pag. 102 e segg.).

HALLER M., "New Dimensions of Risk: Consequences for Management", in *The*

perdite nette) ovvero relativo (risultati anche positivi, ma inferiori alle attese)([47]), ora come espressione di una condizione – talora persino ignara – di mera passività a forze esogene (pericolo; rischio esterno o di condizione) o come esito in ogni caso di proprie scelte (rischio interno o di decisione/azione)([48]), ora come aspetto oggettivo ovvero soggettivo (rischio reale, effettivo ed oggettivo, esistente a prescindere dalla percezione umana e determinato in genere da esperti tramite impostazioni rigorose *versus* rischio percepito o soggettivo, avvertito in modo personale da una o più persone anche «comuni»)([49]).

Le tassono più diffuse e di pratica utilizzazione nella fase identificativa sono del tipo di quella sinteticamente riportata nella parte su-

---

Geneva Papers on Risk and Insurance, n. 7, 1978, pag. 5 ritiene invece speciosa la distinzione; PANATI G., "Presentazione", in BORGHESI A., *La gestione dei rischi di azienda,* Cedam, 1985, pag. 13 denomina «rischi imprenditoriali» i secondi e reputa che la dicotomia vada ormai sfumando; similmente MEULBROEK L. K., *Integrated Risk Management for the Firm: A Senior Manager's Guide,* Harvard Business School Working Paper, 2002. BERTINI U., *Introduzione, op.cit.*, pag. 17 sottolinea che «un risultato più favorevole di quello ipotizzato, non solo non crea alcun problema per l'azienda, ma, in un certo senso, è anche sperato dai responsabili della gestione».

Diverse accezioni di rischio, rischio puro e alea si trovano invece in BIANCONI R., "A proposito di gestione del rischio", in AA.VV., *Atti del Seminario «Risk Management nei Settori Strategici»*, Milano 20 ottobre 2007, www.aicq.it, 2007, pagg. 1-2; CAPALDO G., *Contratto aleatorio e alea*, Giuffrè, 2004, pag. 11 nota (27).

([47]) Nel primo senso, prevalente in dottrina, FAZZI R., *Il contributo della teoria delle funzioni e dei rischi allo studio dei comportamenti imprenditoriali*, Cursi, 1957, pagg. 7-8 e FABRIZI C., *Tecnica del commercio estero*, Cedam, 1976, pagg. 38-39. Pare propendere per il secondo senso CORSANI G., *La gestione*, *op.cit.*, pagg. 101 e 103.

([48]) Su queste categorie, con posizioni talora diverse HALLER M., "New Dimensions", *cit.*, pagg. 7-8; BERNSTEIN P., *Più forti degli dei*, Il Sole 24Ore, 2002 (orig. *Against The Gods. The Remarkable Story of Risk*, Wiley, 1996, pag. 1; seconda parte della nota (36).

([49]) Questa diversità, emersa con gli studi sperimentali sul comportamento reale dei decisori, è stata a lungo sostenuta in difesa dell'approccio tradizionale, determinista e tecnico-ingegneristico, al rischio, reputando che una adeguata informazione fosse sufficiente a superare i ricorrenti e tipici errori commessi dagli individui nella percezione e valutazione del rischio, il quale avrebbe dunque una valenza oggettiva ed assoluta. Le migliori rassegne su questo ampio filone sono: KAHNEMAN D., SLOVIC P., TVERSKY A., *Judgement Under Uncertainty: Heuristics and Biases*, Cambridge University Press, 1982; SLOVIC P., FISCHHOFF B., LICHTENSTEIN S., "Why Study Risk Perception?", in *Risk Analysis*, n. 2, 1982, pag. 123 e segg.; SLOVIC P., *The Perception of Risk*, Earthscan, 2000. Chiosa LUPTON D., *Il rischio*, *op.cit.*, pag. 35: «il rischio risulta quindi un fenomeno costantemente costruito e negoziato in quanto elemento di una rete di interazione sociale e di produzione di senso»; «nessun rischio è mai pienamente oggettivo».

periore della figura che segue.

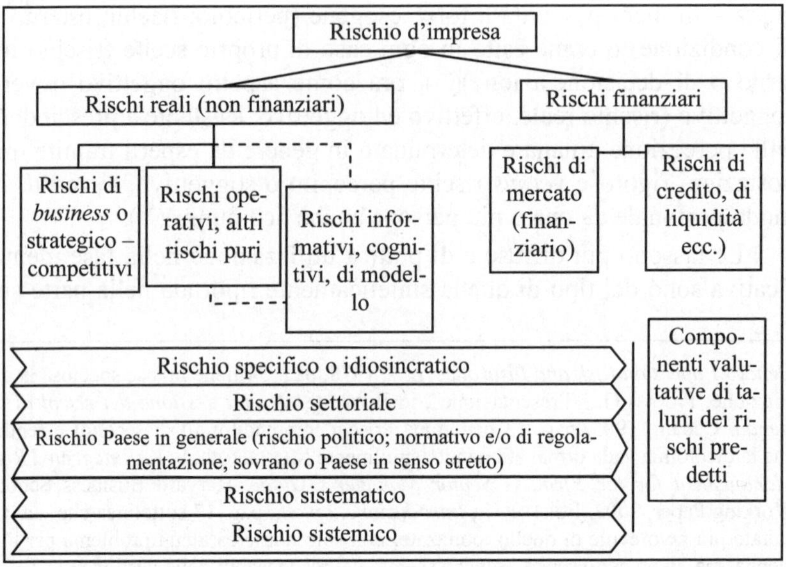

FIG. 6.3 – *Una tassonomia dei rischi d'impresa* (fonte: elaborazione personale)([50]).

Si tratta comunque di una tassonomia orientativa e relativa, essendo impensabile elencare in modo compiuto, esaustivo e definitivo ogni rischio che può interessare l'impresa. Nell'ideale scomposizione dell'unitario rischio d'impresa in componenti più facilmente sottoponibili

---

([50]) Tassonomie significative e talora vicine questa sono in FLOREANI A., *Introduzione al risk management. Un approccio integrato alla gestione dei rischi aziendali*, Etas, 2005; DELOACH J.W., *Enterprise-Wide Risk Management. Strategies for Linking Risk and Opportunity*, Pearson Education, 2000, pag. 251 e segg., che articola i rischi non finanziari in *environment* (o *externally driven*) *risk*, *process* (o *internally driven*) *risk*, information for *decision-making* (o *decision driven*) *risk*; YOUNG P., TIPPINS S., *Managing*, *op.cit.*, pag. 70; FRAME J.D., *Managing Risks in Organization*, Jossey-Bass, 2003, pag. 186, secondo cui i rischi d'impresa riguardano le dimensioni mercatistica (domanda dei prodotti), tecnica, operativa (modello gestionale complessivo), economico-finanziaria e legislativa (conformità a vincoli); SELLERI L., *L'impresa*, *op.cit.*, pagg. 41-52. Tassonomie di questo tipo, a fini di vigilanza, per le imprese assicurative e bancarie sono, rispettivamente, in KPMG, *Study*, *op.cit.*, pagg. 18 e segg. e COMITATO DI BASILEA PER LA VIGILANZA BANCARIA, *Convergenza internazionale della misurazione del capitale e dei coefficienti patrimoniali. Nuovo schema di regolamentazione. Versione integrale*, Basilea, 2006, http://www.bis.org/publ/bcbs128ita.pdf.

alle fasi di *risk management*, occorrerà, peraltro, porre attenzione ad eventuali duplicazioni o sovrapposizioni tra i diversi tipi e ad esplicitare le reciproche interdipendenze.

La tipologia sintetizzata nella figura 6.3 origina dal discrimine tra rischi reali e finanziari([51]). Esso risiede non tanto nel fatto che sono finanziari i rischi riguardanti una variabile espressione della dimensione finanziaria, quanto nel fatto che non esiste nei secondi un danno distinto dalla perdita economico-finanziaria. Un rischio reale, diversamente, trova manifestazione in un impatto diretto ed immediato su una qualche attività reale o finanziaria del sistema impresa, ed innesca ulteriori effetti, indiretti e consequenziali, trovando sintesi in una perdita monetaria finale, che riconduce all'unitario metro monetario tutti i riflessi del rischio stesso([52]).

L'ulteriore specificazione risulta molto più agevole per i rischi finanziari che per i reali, sia per la predetta coincidenza tra effetti ed impatto monetario, sia perché i primi sono stati al centro dell'attenzione delle imprese finanziarie (banche e assicurazioni), le quali hanno storicamente elaborato per prime logica e cultura del rischio. Tra i rischi finanziari, spiccano i cosiddetti «rischi di mercato (finanziario)», ossia possibili variazioni del valore di scambio di entità relativamente standardizzate e comparabili stabilmente negoziate sui mercati organizzati, motivo per cui essi sono ritenuti più facilmente quantificabili attraverso stime stocastiche che presuppongono distribuzioni probabilistiche normali e controllabili/eliminabili in base alla già menzionata legge dei grandi numeri([53]). Altri rischi finanziari sono invece il rischio di credito, nelle sue varie accezioni, gradazioni e componenti, e quello di liquidità([54]).

([51]) Detti anche, rispettivamente, *standard* e non *standard* in MANTOVANI G.M., *Rischio*, *op.cit.*, pag. 44 e segg.

([52]) V. *infra*, nota (71).

([53]) Sono rischi di mercato i rischi di prezzo di strumenti finanziari e beni (*commodities*) quotati su mercati regolamentati; di cambio; di tasso d'interesse; di investimento in partecipazioni e altri titoli similari (*equity* o *investment risk*), articolati in rischi relativi ai guadagni periodici (dividendi, cedole d'interesse ecc.) ed allo sperato incremento di valore dell'attività finanziaria al momento della futura rivendita/liquidazione (cosiddetto *capital gain*).

([54]) Il rischio di credito indica l'impossibilità, totale o parziale, del creditore di recuperare il capitale eventualmente prestato e ricevere gli interessi maturati. Esso riflette pure il semplice deterioramento del «merito di credito» del debitore nel corso dell'obbligazione e si specifica nei rischi di *default* (insolvenza tecnica), di regola-

Meno agevole è dettagliare i rischi reali, così significativi in una impresa non finanziaria([55]). I rischi strategici o di *business* indicano possibili eventi legati almeno in parte alle decisioni aziendali ed in grado di produrre benefici o pregiudizi per l'impresa, coinvolgendo i rapporti con clienti e distributori, con i mercati reali d'approvvigionamento e del lavoro, con i *competitor*, con il resto del contesto di riferimento, incluso il sistema finanziario per il reperimento di quel bilanciato *mix* di capitale proprio e di credito senza cui la dinamica evolutiva dell'impresa risulta affetta da «limiti allo sviluppo» (*financial constraints*). I rischi operativi qualificano invece eventualità foriere essenzialmente di danni e perdite per l'impresa, derivanti da dinamiche esogene o endogene all'organizzazione([56]). I rischi informativi, cogni-

---

mento (pagamento tardivo e parziale), di *downgrading*/migrazione/declassamento (peggioramento della qualità del debitore), di controparte, di «doppio *default*» (insolvenza pure del garante) e di concentrazione del credito. Il rischio di liquidità esprime la possibile incapacità a far fronte ad improvvisi ed ingenti esborsi, anche per la difficoltà a liquidare un certo *asset* in tempi brevi ad un prezzo desiderato.

Sul rischio di credito in generale, MALINCONICO A., *Rischio di credito e modern portfolio theory. Modelli innovativi per la gestione dei prestiti bancari*, FrancoAngeli, 2000 adotta una definizione restrittiva (possibile insolvenza in senso stretto), mentre altri, in linea con le statuizioni internazionali del Comitato di Basilea, ammettono il rischio come ogni possibile variazione del «merito di credito» del debitore (SIRONI A., MARSELLA M. (a cura di), *La misurazione e la gestione del rischio di credito. Modelli, strumenti, politiche*, Bancaria, 1998, pag. 31; SAITA F., *Il risk management in banca. Performance corretta per il rischio e allocazione del capitale*, Egea, 2000). V. anche JORION P., *Value at Risk. The New Benchmark for Managing Financial Risk*, McGraw-Hill, 2000, pagg. 313-338. Sui motivi che rendono poco applicabili i criteri di *pricing* del rischio della teoria di portafoglio a mercati non concorrenziali e caratterizzati da frizioni, come sono quelli bancari della raccolta e degli impieghi con clientela ordinaria, cfr. FORESTIERI G., "Efficienza allocativa e criteri di valutazione dei fidi", in AA.VV., *Finanza aziendale e mercato finanziario, Scritti in onore di G. Pivato*, Giuffré, 1982 e MASON J.M. *Financial Management of Commercial Banks*, Gorham & Lamont, 1979, pagg. 6-7 e 73-86.

([55]) Nell'impresa finanziaria, la distinzione tra rischi finanziari e di *business* quasi scompare, perché il *business* è l'attività finanziaria stessa (CASSERLEY D., *Facing Up to the Risks*, Wiley, 1993, pag. 6; MATTEN C., *Managing, op.cit.*); nell'impresa industriale, invece, i rischi finanziari sono di complemento rispetto a quelli di *business*. In merito a questi ultimi, v. pure quanto detto sui rischi di relazione e di reputazione, *infra*, paragrafo 6.8.3.

([56]) I rischi operativi in senso stretto comprendono i rischi per errori, omissioni e malfunzionamenti connessi a processi (inclusi quelli d'innovazione dei prodotti), organizzazione interni, comportamento del personale e degli organi societari, nonché tecnologie usate; gli eventi catastrofali esterni non troppo rari (come furti, incendi, allagamenti, crolli, sismi, guerre, disordini civili ecc.), i rischi legali ed i rischi di *com-*

tivi e di modello, infine, tentano di cogliere possibili complicanze legate ad approcci cognitivi, processi decisionali e sistemi informativi impiegati nell'impresa, specie dai decisori apicali([57]).

La parte inferiore della figura 6.3 evidenzia peraltro che, per alcuni dei tipi di rischio precedentemente menzionati, la successiva analisi e valutazione può beneficiare della considerazione di apposite «componenti» in grado di spiegare, idealmente, il singolo rischio([58]). Per quanto rilevi nella prospettiva più di un investitore/finanziatore che del funzionamento aziendale, questa tassonomia deve essere tenuta in considerazione per consentire al sistema impresa di adeguatamente rapportarsi, anche sotto il profilo del rischio, con il contesto, segnatamente con il sistema finanziario.

La categorizzazione sinora discussa ha l'innegabile vantaggio di essere piuttosto chiara e, ormai, ampiamente condivisa e diffusa tra gli operatori. Non è tuttavia immune da limiti e criticità: in primo luogo, essa può risultare troppo statica e schematica, quasi istituendo marcate separazioni tra i vari tipi di rischio. La sua non esaustività può inoltre indurre alla ricerca esasperata di nuove fattispecie da aggiungere a quelle più consolidate, nel tentativo (illusorio) di esaurire l'ambiguità ed il polimorfismo insiti nello stesso concetto di rischio. Ne discende un ulteriore eventuale limite, consistente nel trascurare sovrapposizioni, ridondanze ed interdipendenze tra i vari tipi, donde sovra o sottostime nelle successive quantificazioni. Da ultimo, si può erroneamente supporre che esistano rischi in assoluto più facilmente catturabili dai tradizionali strumenti di calcolo di altri([59]).

---

pliance legale.

([57]) In merito al rischio di modello, in un'accezione utile ai fini della conduzione aziendale, si consenta di rinviare a PROIETTI L., "Rischio e conoscenza nel governo dell'impresa. Una analisi del «rischio di modello» nel Gruppo Alenia Aeronautica", in *Sinergie*, n. 76, 2008, pag. 191 e segg., ove ampi riferimenti bibliografici.

([58]) Sulla distinzione, in ottica finanziaria, tra rischio specifico e sistematico, v. *supra*, Fig. 6.2 e relativo commento. KPMG, *Study*, *op.cit.*, pag. 19 parla di rischi specifici o idiosincratici (i quali sorgono essenzialmente a livello di impresa o di sue componenti, come linee di prodotto, progetti, reparti, funzioni ecc.), sistematici (i quali hanno origine nel settore di appartenenza) o sistemici (quando la fonte è l'economia generale). Sul rischio sistemico, cfr. *supra*, Capitolo V, nota (87).

([59]) Circa la possibilità che familiarità e abitudine con un rischio possano distorcere la sua percezione e valutazione, cfr. i riferimenti bibliografici in nota (49).

6.5.2. *Una tassonomia preferibile ai fini del governo dell'impresa: rischio aleatorio e rischio di non conoscenza*

Alla luce delle problematiche appena richiamate, specialmente in ambito economico ed aziendalistico sono state avanzate altre tassonomie del rischio incentrate soprattutto prospettiva del decisore/valutatore e sulle sue capacità ad effettuare misurazioni anche quantitative.

> L'impostazione in questa sede adottata discende anzitutto dai seminali contributi autonomamente sviluppati da Knight e Keynes agli inizi del Novecento. In particolare, il primo distingue tra:
> – incertezza misurabile (o rischio), relativa ad eventi rispetto ai quali si può ricorrere a probabilità statistiche, basate su dati storici omogenei, o quantomeno a probabilità soggettive;
> – incertezza (o rischio non calcolabile), concernente situazioni e decisioni «uniche» ed irripetibili, sicché non si può conoscere la probabilità dell'evento([60]).
>
> Nel secondo, l'idea di non conoscenza è ancora più ampia, includendo l'incertezza radicale e l'ignoranza totale, peraltro largamente prevalenti nella realtà concreta. Mentre il rischio è misurabile, l'incertezza è incommensurabile e non ordinabile, non potendosene conoscere la probabilità([61]).

([60]) Cfr. KNIGHT F. II, *Risk*, *op.cit.*, specie pag. 233. Richiamandosi a Knight, FERRER–PACCES F.M., *I sistemi*, *op.cit.*, pag. 92 e segg. distingue le cause dell'incertezza in: non conoscenza del futuro; isolamento dell'impresa sul mercato (cioè non conoscenza esatta neppure della domanda attuale); non conoscenza delle reazioni individuali o di gruppo alle decisioni d'impresa, per via dell'irrazionalità individuale e sociale.

Il termine incertezza assume significato diverso in altri contributi: BURTON R. M., OBEL B., *Strategic Organizational Diagnosis and Design: Developing Theory for Application*, Kluwer Publishers, 1998, pag. 176 parlano di «incertezza» ed «equivocabilità» per riferirsi a rischi più facilmente quantificabili ovvero difficilmente immaginabili e configurabili; per HOLTON G. A., "Defining", cit., pag. 21 e segg. e DELOACH J.W., *Enterprise-Wide*, *op.cit.*, pag. 48, l'incertezza è un elemento/condizione per potersi parlare di rischio. COLOMBI F., *Finanza condizionata e teoria del valore*, vol. II, *Rischio e opportunità di investimento*, Aracne, 2003 intende il rischio come valutazione soggettiva, quindi non sempre corretta, dell'oggettiva condizione di incertezza.

([61]) Così KEYNES J.M., *A Treatise on Probability*, Macmillan, 1921, specie pagg. 95-99. Il *post*keynesiano DAVIDSON P., "Rational Expectations: a Fallacious Foundation for Studying Crucial Decision-Making Processes", in *Journal of Post-Keynesian Economics*, n. 2, 1982-1983, pagg. 182-198 (trad.it. "Aspettative razionali: un fondamento erroneo per l'analisi dei processi decisionali di importanza cruciale", in VISCO I. (a cura di), *Le aspettative nell'analisi economica*, Il Mulino, 1985, pagg. 315-332) parla al riguardo di un mondo dominato, soprattutto per l'azione antropica, da

A partire da questi lavori, non sono mancati altri contributi teorici, pure in Italia([62]). Si è così parlato di rischi connessi «ad eventualità note agli operatori nella sussistenza ed incerte riguardo alla misura ed allo sviluppo delle loro particolari manifestazioni nel tempo e nello spazio» e quelli «collegati ad eventualità ignote agli operatori anche nella sussistenza almeno con riguardo all'attuazione di determinate operazioni aziendali e quindi note soltanto come generiche eventualità di danno che gravano sulla gestione»([63]).
Si è ancora distinto tra certezza, quando il futuro è presupposto perfettamente noto o conoscibile; rischio, quando i risultati futuri di una decisioni non sono esattamente prevedibili, ma è nota la probabilità di manifestazione di ciascun risultato; incertezza probabile, riconducibile ad una situazione parzialmente nota; ed incertezza assoluta, concernente uno stato di totale assenza di informazione([64]).
Si è poi reputato che i rischi possono essere legati ad eventi di diversa natura: ipotizzabili, legati a situazioni note della vita dell'azienda e dell'ambiente economico sociale che possono pertanto essere previste nel loro concreto manifestarsi con attendibile probabilità; poco ipotizzabili, legati a situazioni aziendali e d'ambiente meno note, il verificarsi delle quali, solo in una certa misura, può essere ipotizzato attraverso stime di probabilità; non ipotizzabili, ricollegati a situazioni di assoluta anormalità. Questi ultimi presentano un carattere ignoto e rifuggono da qualsiasi quantificazione([65]).
Con un più diretto riferimento all'approccio probabilistico, si è discriminato tra rischio statico, caratterizzato dalla preventiva conoscenza della distribu-

---

processi stocastici non ergodici, in cui cioè i movimenti e le fluttuazioni osservate nel passato non possono riprodursi in modo identico per ogni periodo di tempo; tesi recentemente ripresa dal *neo*istituzionalista e Premio Nobel NORTH D. C., *Understanding the Process of Economic Change*, Princeton University Press, 2005 (trad.it. *Capire il processo di cambiamento economico*, Il Mulino, 2006), specie il cap. 2 ("Uncertainty in a Non-ergodic World"). Più recentemente, TALEB N.N., PILPEL A., "I problemi epistemologici del risk management", in PACE D. (a cura di), *Economia del rischio. Antologia di scritti su rischio e decisione economica*, Giuffrè, 2004, pag. 849 e segg. parlano del problema dell'incertezza come de «il caso sfortunato delle distribuzioni di probabilità non osservabili».

([62]) Restando all'estero, v. WILLET A. H. *The Economic Theory of Risk and Insurance*, Philadelphia University Press, 1951, pagg. 43-44 ed i concetti di «sorpresa potenziale» ed «ambiguità» rispettivamente in SHACKLE G.L.S., *Expectations in Economics*, Cambridge University Press, 1949, pagg. 6-7 ed ELLSBERG D., "Risk, Ambiguity, and the Savage Axioms", in *Quarterly Journal of Economics*, vol. 75, 1961, pag. 643 e segg. Cfr. pure i riferimenti bibliografici *infra*, paragrafo 6.8.4.

([63]) CORSANI G., *La gestione*, *op.cit.*, pag. 115.

([64]) FERRERO G., *Istituzioni*, *op.cit.*, pagg. 301-304.

([65]) BERTINI U., *Introduzione*, *op.cit.*, pagg. 54-55.

([66]) DEZZANI F., *Rischi*, *op.cit.*, pag. 31.

([67]) RULLANI E., "La finanza", cit., pagg. 558 e 559. L'Autore precisa che gran parte delle dinamiche intenzionali d'impresa ricadono nella seconda classe.

zione di probabilità dei futuri accadimenti che possono generare eventi dannosi per l'impresa; rischio quasi dinamico, qualificato dalla non conoscenza preventiva della distribuzione degli accadimenti futuri, che può essere peraltro ricondotta ad una distribuzione nota attraverso procedure statistiche; rischio dinamico, connesso ad accadimenti per i quali vi è una assoluta impossibilità di previsione da parte degli individui(66).
Da ultimo, si è inteso per rischio assicurabile (qui denominato aleatorio) «i rischi di eventi che hanno natura ricorrente e per i quali dunque possono essere formulate leggi statistiche di probabilità, sulla base delle frequenze rilevate con l'esperienza», mentre l'incertezza «riguarda eventi non ricorrenti e non soggetti a regolarità statistiche»(67).

Quanto richiamato sottolinea che esistono eventi per i quali è possibile effettuare *ex ante* attendibili valutazioni sul loro verificarsi e sulle relative conseguenze, mentre per altri eventi questa possibilità non sussiste. Si delinea così uno spartiacque tra eventi ripetibili e quindi conoscibili e computabili ed eventi caratterizzati dalla non ripetitività.

È allora possibile differenziare un generico rischio in aleatorio e di non conoscenza. Con il primo, si fa riferimento ad eventi noti ed in relazione ai quali è possibile formulare indicazioni probabilistiche relativamente attendibili. Il decisore riesce in tal caso ad individuare gli eventi, a stabilire la loro probabilità di manifestazione e, quindi, a valutare razionalmente le possibili conseguenze del loro verificarsi sui risultati attesi.

Il rischio di non conoscenza consegue, invece, sia ad eventi ignoti sia ad eventi che l'organo di governo dell'impresa ritiene di non considerare poiché, pur avendo coscienza della possibilità del loro verificarsi, non ne riesce a valutare le probabilità del manifestarsi e le possibili conseguenze sui risultati attesi, anche perché l'evento stesso può essere interrelato con altri eventi(68). In questa categoria, peraltro, rientra, oltre al rischio di ignoranza in senso stretto, pure il rischio di insufficiente capacità ad analizzare compiutamente il rischio aleatorio(69).

La bipartizione appena illustrata gode del vantaggio di essere fles-

---

(68) SASSI S., *Il sistema, op.cit.*, pag. 13.

(69) Si può dunque sinanco pensare ad una tripartizione tra rischio aleatorio, rischio di inadeguata valutazione dell'aleatorietà e rischio di non conoscenza in senso stretto. Per semplicità espositiva, si ritiene preferibile distinguere tra due sole classi, accorpando al terzo tipo il secondo.

sibile e soggettiva, in quanto uno stesso possibile evento può, in relazione alla cultura del rischio che caratterizza l'impresa, ricadere nell'una o nell'altra categoria. Viene così meno l'inclinazione ad intendere *a priori* un certo rischio (ad esempio, il rischio di prezzo di un titolo obbligazionario) più facilmente quantificabile e/o controllabile di un altro (ad esempio, il rischio di credito o il rischio di lancio di un nuovo prodotto). Essa assume inoltre, come si chiarirà nel prosieguo, una portata cruciale nelle successive fasi di valutazione e trattamento del rischio, sino alla conclusiva determinazione del capitale allocato.

6.6. L'ANALISI DEL RISCHIO, TRA COMPRENSIONE E MISURAZIONE

Dopo che un rischio viene rilevato ed identificato, con l'analisi si aspira a specificarne la significatività, a perimetrarlo, senza ovviamente dimenticare né le interdipendenze tra rischi né quella globalità di visione che proprio l'approccio sistemico pone come complemento e moderazione rispetto al pur necessario riduzionismo.

L'analisi del rischio, soprattutto quando esitante nella misurazione quantitativa, è a tutt'oggi ancorata alle impostazioni più tradizionali e risalenti della teoria del rischio. Si tende pertanto a sintetizzare un qualsiasi rischio con l'espressione:

$$ {}_i\mathrm{Risk}(x) = {}_i P(x) \bullet {}_i I(x), \qquad [6.2](^{70}) $$

dove P indica la possibilità d'accadimento ed I l'impatto o gravità del rischio, ossia l'entità degli effetti derivanti dal verificarsi dell'evento possibile.

La [6.2], pur così consolidata e diffusa sul piano sia teorico che applicativo, va impiegata con attenzione e cautela. Occorre, infatti, anzitutto considerare la criticità della stima dell'impatto il quale, si è detto, può riflettere effetti diretti, indiretti e consequenziali assai diffi-

---

([70]) La [6.2] ha valenza probabilistica, come chiarisce KAPLAN S., "The Words of Risk Analysis", in *Risk Analysis*, n. 4, 1977, pag. 2, in quanto il generico rischio x considerato dall'analista i viene scomposto in un *set* di scenari, ciascuno qualificato dai caratteri propri dello specifico scenario, dalla connessa probabilità di accadimento e dagli effetti.

cili da delimitare e quantificare([71]). La problematicità principale è però rappresentata dalla stima della possibilità d'accadimento, che può essere misurata dalla probabilità o frequenza d'accadimento, desumibile da dati storici omogenei (ottica frequenti sta retrospettiva o *backward looking*) soltanto nel caso di un rischio ritenuto aleatorio e per il quale valga la «legge dei grandi numeri»([72]). Quest'ultimo punto evidenzia, in pratica, che la [6.2] riflette una visione più finanziaria che industriale/aziendale del rischio, perché essa coglie, più che il rischio in sé, la volatilità o esposizione al rischio, sempre vigendo i presupposti appena ricordati([73]).

Al di là di opportunità e criticità connesse all'impiego della [6.2], nell'analisi del rischio si suole distinguere tra approcci qualitativi e quantitativi, tra di loro rapportandoli variamente. Si può sinteticamente precisare, in proposito, che:

– in base ad un principio di economia sia di tempo che di attenzione, l'analisi qualitativa del rischio può essere intesa come prodromica a quella quantitativa, tale da consentire uno sguardo d'insieme, nonché uno *screening* ed una prioritizzazione tra i vari rischi. La predetta selezione viene in genere effettuata ricorrendo a procedure di *risk mapping* ed a strumenti come la *risk matrix*, che applicano la logica alla base della [6.2], pur in chiave descrittiva e qualitativa, rispetto ad una «popolazione» di rischi, riservando la successiva quantificazione ai soli rischi più salienti;

– secondo altri orientamenti, l'analisi qualitativa segue e completa quella quantitativa, considerando aspetti e fattori che il mero calcolo non riesce a cogliere e sancendo l'ingresso nella successiva fase di valutazione del rischio. Anche in questo caso, possono essere usate *risk*

([71]) Effetti diretti, indiretti e consequenziali possono essere tutti riflessi nella perdita (assoluta o relativa) monetaria finale o netta. Gli effetti diretti indicano il danno immediato arrecato dall'evento col suo verificarsi; gli indiretti attengono alle complicazioni ulteriori innescate dagli effetti diretti fino alla loro eventuale riduzione/neutralizzazione ed ai maggiori costi e/o minori ricavi emersi sino al ripristino dello *status quo ante* o della «normalità»; i conseguenti sono invece altri danni insorgenti anche successivamente al suddetto ritorno alla normalità (NEPI A., *Project*, *op.cit.*, pag. 145). SADGROVE K., *The Complete Guide to Business Risk Management*, Gower, 1997, pag. 6 parla di effetto iniziale e finale del manifestarsi del rischio.

([72]) Sulle criticità nel caso di rischi di non conoscenza, si torna *infra*, paragrafo 6.8.4.

([73]) In merito a questo limite della [6.2] si torna *infra*, paragrafo 6.10.2.

matrix e *map*(74).

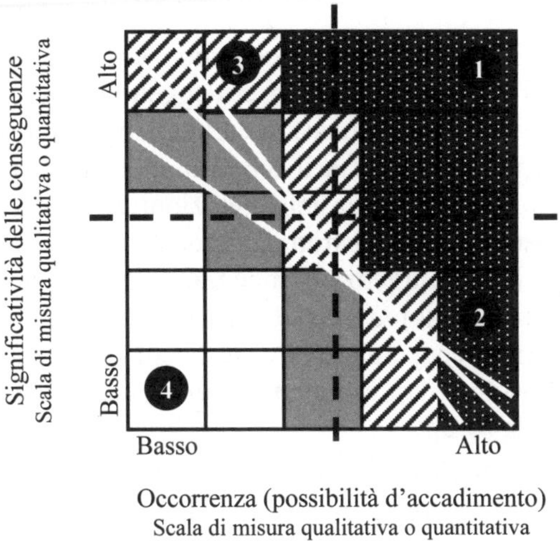

Legenda e precisazioni: = eventi con occorrenza e/o impatto elevati; = eventi con occorrenza e/o impatto medio-alti; = eventi con occorrenza e/o impatto medio-bassi; = eventi con occorrenza e/o impatto bassi; 1 = prevenire il più possibile all'origine, anche mutando fortemente condizioni interne e, se possibile, esterne, ovvero addirittura evitare *in toto* l'esposizione; 2 = monitorare periodicamente, impostare modi di detenzione specifici e predisporre azioni emergenziali; 3 = monitorare costantemente e predisporre risposte *ex ante*; 4 = monitorare con impegno più lieve; le semirette bianche esprimono ideali frontiere psicologiche (con pendenza variante da valutatore a valutatore) delineate per considerare l'accettabilità o meno di un singolo rischio; le diverse aree della matrice di dimensione 5x5 sono state definite nel presupposto di una sottesa distribuzione di probabilità degli eventi considerati di tipo *log normal* (ipotesi meramente esemplificativa).

FIG. 6.4 – *Matrice o mappa di rischio, con conseguenti linee di azione* (fonte: elaborazione personale)(75)

(74) Cfr. la rassegna in MASI F., VICINANZA M., *Emergenza, op.cit.*, 2004, pagg. 26 e 31.

(75) Si noti che per lo strumento rappresentato valgono molti dei limiti e delle cautele ricordati per altri strumenti complessi d'analisi in GOLINELLI G.M., *L'approccio*, Vol. I, *op.cit.*, cap. 4.

6.7. DALLA VALUTAZIONE DEL RISCHIO ALLA PIANIFICAZIONE DEGLI INTERVENTI

Il singolo rischio, una volta analizzato, se possibile ed opportuno anche in termini quantitativi, può essere oggetto di una più complessiva valutazione, volta a cogliere sia le caratteristiche non adeguatamente sintetizzabili nel calcolo, sia il rapporto con gli altri rischi individuati. Dal complesso di simili considerazioni discende la predisposizione di una sorta di piano di fronteggiamento dello specifico rischio, qualificato dal grado di urgenza o impegno ritenuto appropriato e dalla scelta delle impostazioni più utili per affrontarlo. In questa fase, peraltro, viene di norma recuperata una visione più articolata, qualitativa e complessa del rischio, non esaurentesi nelle pur fondamentali dimensioni riflesse nella [6.2].

Secondo questa visione, il rischio può essere inteso come sintesi dell'interazione di diverse componenti, quali le cause o fattori di rischio, ossia gli elementi la cui variabilità non è predeterminata dal soggetto che li percepisce; i nessi, motivi che rendono una o più cause rilevanti per un un dato soggetto percettore ed il sistema impresa di riferimento; le attese o aspettative, visioni o scenari che un soggetto formula (in modo talora non consapevole né esplicito) e sulla cui base assume decisioni sia preesistenti che connesse alle altre componenti di rischio; le tolleranze o tollerabilità, cioè le capacità/disponibilità del soggetto a sopportare ed assorbire passivamente gli effetti non desiderabili dell'evento possibile; la reattività, vale a dire la capacità d'attivazione di un processo decisionale teso a modificare tempestivamente la complessiva percezione del rischio([76]). Assumono rilievo pure le reciproche interdipendenze fra le menzionate componenti: ad esempio, cause particolarmente intense o rare riducono tollerabilità e reattività, stimolando pure aspettative di andamenti futuri analoghi oppure opposti a quelli di recente osservati; tollerabilità ed aspettative di rischio si condizionano reciprocamente, sicché il ridursi della prima induce attese sul futuro più caute e pessimiste, mentre attese positive ed ottimistiche tendono ad aumentare la tolleranza del rischio; i nessi possono se-

---

([76]) MANTOVANI G.M., *Rischio, op.cit.*, pag. 34.

Per talune precisazioni in merito ai termini quali *risk driver* o *factor* e *risk source* e *risk owner*, v. GAUDENZI B., *La gestione dei rischi nelle catene di fornitura*, Giuffrè, 2006, pagg. 52-54 e SMULLEN J., *Risk Management for Company Executives*, Pearson Education, 2000, pag. 90 e segg.

riamente vincolare reattività e/o tolleranze; cause e/o nessi significativi e/o crescenti non implicano necessariamente un maggiore rischio percepito, dipendendo questo anche da tolleranze e reattività([77]).

6.8. Il trattamento del rischio: opzioni percorribili e criteri di scelta

Il trattamento è il momento dell'applicazione di regole organizzative ed azioni concrete, definite in sede di valutazione e pianificazione, volte ad intervenire sul rischio modificando almeno uno dei caratteri riscontrati nelle precedenti fasi analitico-valutative.

Ancora una volta l'approccio sistemico consente una utile visione unitaria, d'insieme. Assunto base di una *risk governance* coerente e consapevole è, infatti, che il rischio va fronteggiato sempre e soltanto *ex ante*, ossia prima che si verifichi concretamente l'evento e che il rischio scada in mero problema, contingenza, criticità, danno, perdita monetaria; diversamente, si impiegheranno altre logiche di amministrazione – come le azioni emergenziali e la gestione in base alle contingenze – non già una corretta e rigorosa logica del rischio. Ne consegue che i trattamenti di un certo rischio rilevato devono essere tutti previsionali, ovvero individuati, adottati ed applicati *ex ante*; tuttavia, soltanto alcuni sono preventivi o precauzionali, cioè dispiegano la rispettiva azione necessariamente prima del manifestarsi dell'evento, mentre altri sono mitigatori, rimediali o protettivi, essendo il loro effetto prodotto solo a seguito del verificarsi dell'evento stesso.

La figura 6.5, con riferimento ad uno specifico evento o tipo di rischio sinteticamente qualificato secondo la [6.2], evidenzia la differenza fra un trattamento preventivo e protettivo; laddove il primo tende a ridurre o contenere la possibilità d'accadimento, l'altro mira a controllare soprattutto l'impatto. La curva di isorischio (*isorisk curve*), ideale sentiero geometrico formato da combinazioni di possibilità di accadimento ed impatto accomunate da un predeterminato livello di tolleranza del rischio da parte del valutatore, consente appunto di «visualizzare» la portata di uno o più trattamenti adottabili. In tal modo, si può peraltro vagliare l'efficacia di trattamenti alternativi, anche te-

---

([77]) Argomentando da MANTOVANI G.M., *Rischio*, *op.cit.*, pag. 35.

nendo conto dei rispettivi profili economici e tecnici([78]).

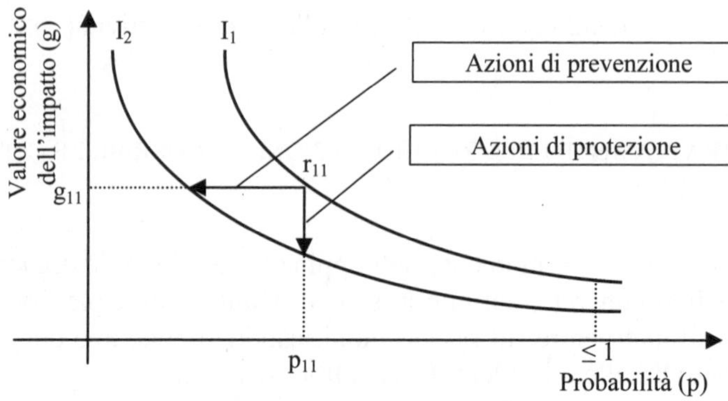

FIG. 6.5 – *Curve di isorischio e logiche basilari di trattamento del rischio* (fonte: elaborazione personale).

La demarcazione fra trattamenti preventivi e protettivi costituisce un primo essenziale criterio di orientamento nella scelta dei trattamenti. Gli operatori sovente privilegiano i trattamenti rimediali, poiché questi non richiedono un particolare impegno nella qualificazione della possibilità di accadimento dell'evento incerto e paiono assicurare un più semplice controllo del rischio, intervenendo sulle sue conseguenze. Nella realtà, poiché la protezione dal danno può risultare ben inferiore alle aspettative, lo sforzo di stima delle probabilità d'accadimento può potenziare le capacità di monitoraggio del rischio ed i trattamenti preventivi sono più coerenti con il principio di controllo anticipato nel tempo al fine di ridurre/evitare eventuali maggiori problemi, un approccio consapevole al fronteggiamento dei rischi dovrebbe accordare preferenza, in linea di principio, ai trattamenti preventivi([79]).

([78]) Su tali profili si torna alla fine del paragrafo.

Su mappatura dei rischi e, in specie, curve di isorischio, v. BRAUNCHWEILER H., "Security as a Service", in *The Geneva Papers on Risk and Insurance*, n. 7, 1978, pag 44 e segg.; DIAPPI L., BOLCHI P., FRANZINI L., "Urban Sustainability: Complex Interactions and the Measurement of Risk", in *Cybergeo: revue européenne de géographie*, dicembre, 2006; STRAßBERGER M., "Risk Capital Allocation in Trading Divisions of Financial Institutions", Working Paper, Friedrich Schiller University of Jena, 2004, pag. 16, che usa curve concave anziché convesse per isorischi tra due categorie di rischio.

([79]) Circa l'assicurazione, FRIEDMAN M., SAVAGE L. J., "The Utility Analysis of Choices Involving Risk", in *Journal of Political Economy*, vol. 56, 1948, pagg. 280-2-

Si può infatti ragionevolmente reputare che questi ultimi siano tanto più opportuni quanto più il sistema impresa non abbia già sostenuto significativi investimenti in tal senso. Mano a mano che le iniziative preventive, con i connessi costi d'investimento e d'esercizio, si sono consolidate, la convenienza ad effettuare nuovi trattamenti di tal genere scema, in termini così di efficacia nell'abbattimento del rischio come di efficienza rispetto ai costi addizionali sostenuti. I trattamenti rimediali dovrebbero dunque intervenire solo in seconda battuta, dopo un attento esame circa la validità di nuovi, ulteriori trattamenti preventivi([80]).

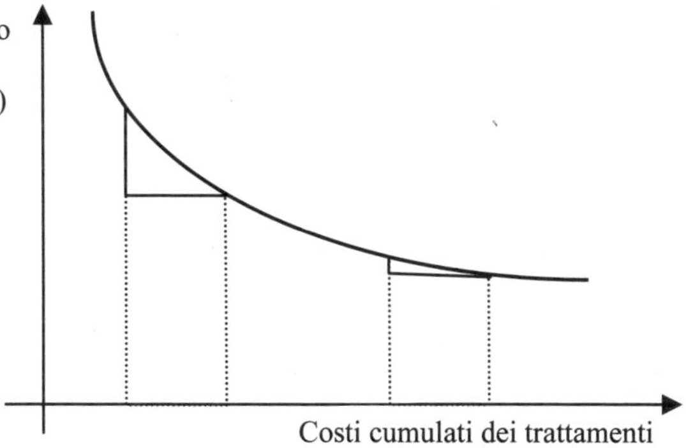

FIG. 6.6 – *Preferenza per la prevenzione e suo andamento rispetto agli investimenti in trattamenti preventivi* (fonte: elaborazione personale)([81]).

---

91 parlano di preferenza di una piccola perdita certa alla bassa probabilità di incorrere in una grande perdita; FERRER–PACCES F.M., *I sistemi*, *op.cit.*, pag. 119 ammette l'inclinazione delle imprese «a minimizzare l'incertezza, a ridurla, quando possibile, a rischio assicurabile, a trasformare il rischio in un costo certo a priori, il premio di assicurazione». In senso critico, BIANCONI R., "A proposito", *cit.*, ritiene l'assicurazione una «rinuncia» al vero governo e controllo del rischio. Già HICKS J. R., "The Theory of Uncertainty and Profit", in *Economica*, vol. 11, 1931, pag. 175-178 sottolineava che assicurazioni e garanzie contrattuali non consentono trasferimenti completi dei rischi, essendoci sempre un qualche rischio di fallimento. SELLERI L., *L'impresa*, *op.cit.*, pagg. 143-144 evidenzia i principi di scelta del miglior *mix* tra ritenzione/trattamento diretto ed assicurazione.

([80]) Cfr. Fig. 6.6.

([81]) Curve decrescenti e monotòne evidenzianti *trade off* sono piuttosto frequenti negli studi su rischio e *risk management*. Esse solitamente correlano però intensità del rischio (oppure una quantificazione economico-finanziaria sintetica dell'esposizione al rischio, come il *value at risk*) e costi di trattamento, oppure il rischio residuale e il costo di trattamento corrispondente. Cfr. ad esempio DE FALCO M., "La gestione delle

Il complesso processo decisionale che guida la scelta del trattamento del rischio sottende una pluralità di principi e criteri, che non si esaurisce nel pur basilare *discrimen* fra azioni preventive e protettive e nella preferenza condizionata per le prime. Altri significativi assunti sono i seguenti: rispetto ad un certo rischio, giova adottare più trattamenti, tali che essi siano non di un unico tipo (preventivi ovvero mitigatori); nella selezione del trattamento, è bene considerare se esso incida su aspetti tecnici/reali o meramente economico-finanziari del rischio (donde la distinzione tra tecniche di controllo fisico *versus* finanziario) nonché esprima un atteggiamento del valutatore relativamente attivo oppure passivo rispetto all'evento possibile([82]); comunque essenziali sono i criteri di fattibilità tecnica e di convenienza economica, il secondo da intendersi a livello di efficacia e di efficienza, non già di mera comparazione tra i costi d'adozione di trattamenti differenti. Infatti, come desumibile pure da quanto detto con riguardo alla figura 6.6, la selezione del trattamento in base al solo costo può disincentivare l'adozione di quelle misure più precauzionali, favorendo soluzioni rimediali, oggi più standardizzate ed apparentemente a buon mercato, come contratti (non assicurativi) con terze parti e polizze assicurative.

L'azione di governo del rischio dovrebbe peraltro fare in modo che la struttura operativa ricerchi il più possibile un bilanciamento tra le varie logiche di trattamento, le quali sono tra di loro complementari, più che alternative. Nel *mix* di trattamenti adottato, si dovrebbe conseguentemente tentare di contemplare azioni differenziate sotto svariati criteri, fermo restando che, per talune fattispecie di rischio, la scelta tra le varie forme d'intervento può essere sensibilmente limitata da vari fattori: necessità di interconnessione con entità del contesto ed assenza di terzi operatori all'uopo disponibili; elevati costi d'adozione; scarsa efficacia e/o tempestività; breve durata o intermittenza dell'effetto nel tempo; possibilità d'innesco di nuovi rischi, forse superiori agli originari; ecc.

---

operations in una organizzazione produttiva internazionale", in CAROLI M.G., *Economia e gestione delle imprese internazionali*, McGraw-Hill, 2008, pag. 238.

([82]) La dicotomia fra trattamenti a controllo fisico o finanziario è in BORGHESI A., *La gestione*, *op.cit.* e NEPI A., *Project*, *op.cit.*, pag. 14.

6.8.1. Principali logiche di intervento sul rischio

Il comporsi dei vari trattamenti adottabili con riguardo ai diversi tipi di rischio sostenuti dal sistema impresa può delineare una o più complessive strategie di fronteggiamento del rischio. Evitamento del fattore di rischio, contenimento/riduzione delle possibilità di accadimento (prevenzione), contenimento/riduzione del danno (protezione), accettazione/ritenzione/elusione del rischio sono, in estrema sintesi, le principali strategie di riferimento.

Come anticipato, la prevenzione indica qualsiasi iniziativa, comportante in genere costi d'investimento e/o correnti, tesa a controllare la possibilità d'accadimento delle eventualità; esempi possono essere l'introduzione di controlli di qualità a campione sui prodotti, il monitoraggio di fornitori e collaboratori, il riscontro delle forniture in entrata, i *test* tecnologici e di *marketing* su prodotti ancora da lanciare, il varo di procedure organizzative interne e di codici etici per l'esenzione da responsabilità amministrativa dell'ente, la formazione del personale, l'istituzione di apposite unità organizzative per la comunicazione esterna e la collaborazione con determinati *stakeholder* ecc. La protezione comprende, invece, quei trattamenti volti a mitigare le conseguenze eventuali del rischio; rientrano qui essenzialmente tre soluzioni:

– il trasferimento esterno assicurativo, ossia la sottoscrizione di polizze assicurative, le quali – dietro corresponsione di un costo certo (il premio) – indennizzano da uno specifico rischio puro traslandolo in capo ad un soggetto terzo, specializzato nel fronteggiamento di tale rischio e fiducioso che l'evento avverso non si verifichi per un ampio numero di assicurati;

– l'assicurazione interna o auto-assicurazione, consistente nella costituzione di fondi per oneri e rischi tramite accantonamento di utili non distribuiti i vista di eventi avversi;

– il trasferimento esterno non assicurativo, per cui l'impresa riesce per via negoziale a traslare un proprio rischio ad un'altra entità, la quale se lo accolla più o meno volontariamente e consapevolmente.

Le predette strategie scontano l'ipotesi che i rischi oggetto di intervento abbiano prevalente natura aleatoria, sicché non sia eccessivamente difficoltoso né arbitrario stimare probabilità d'accadimento e/o conseguenze, donde l'esperibilità e controllabilità di azioni preventive e/o protettive([83]). Se, infatti, è possibile valutare razionalmente l'efficacia di un trattamento, a rigori devono essere note l'esposizione tanto iniziale quanto successiva al trattamento, potendo essere formulata una qualche attendibile quantificazione.

Quando tuttavia si è in presenza di incertezze, ossia di rischi di non conoscenza, simili strategie risultano inattuabili, insufficienti o comunque molto discrezionali. Ecco allora l'evitamento e la ritenzione/elusione: la prima implica la completa rinuncia all'attività esposta all'evento possibile ed è la soluzione più drastica, come tale raramente adottabile, pena lo svilimento, a lungo andare, di funzione e ruolo dell'impresa. L'accettazione/ritenzione/elusione del rischio consiste, invece, nella decisione di sostenere determinati rischi senza apportare, nella sostanza, significativi mutamenti alle loro determinanti; l'impiego da parte di individui ed organizzazioni di questa soluzione, sebbene non priva di notevoli criticità sul piano sia astratto che concreto, è molto più frequente e cruciale di quanto si tenda a reputare([84]).

6.8.2. Rischio e diversificazione di output, input *ed attività aziendali*

La diversificazione di prodotti, attività, risorse viene non di rado annoverata tra le strategie di controllo del rischio, in aggiunta a quelle precedentemente menzionate. Ritenuta coerente con la legge dei grandi numeri, essa consiste, in pratica, nella frammentazione e proliferazione degli oggetti esposti al rischio al fine di minimizzare l'entità delle perdite subite al verificarsi di eventi avversi. Evidente è il legame con la già ricordata moderna teoria della finanza, incentrata sull'allestimento di portafogli ben diversificati di attività finanziarie tra loro debolmente correlate. Siffatta logica è andata poi affermandosi pure nell'economia reale, con l'avvento della grande impresa fordista

---

([83]) RULLANI E., "La finanza", cit., pag. 559 sostiene invero che almeno le traslazioni transazionale e speculativa possano essere impiegate pure per l'incertezza. V. però *infra*, paragrafo 6.8.3; su possibilità e limiti del trasferimento di quote del rischio di non conoscenza in capo a terze parti, si torna anche *infra*, Capitolo VIII, paragrafo 8.3. Si leggano peraltro in MANTOVANI G.M., *Rischio*, *op.cit.*, pag. 17 le opposte considerazioni sulla perfezione dei mercati (reali o finanziari) riconducibili alle già ricordate ottiche aziendale e finanziaria in tema di rischio e suo fronteggiamento. Cfr. pure nota (83).

([84]) Sul punto, si torna *infra*, paragrafo 6.8.4.

a conduzione manageriale, per essere in seguito oggetto di crescenti critiche, che ne hanno ridimensionato significato e portata.

Se, infatti, le iniziative aziendali di diversificazione, in genere accompagnate da incrementi dimensionali, possono talora arrecare benefici finanziari, di *marketing*, organizzativi ecc., più discutibile è la bontà degli effetti a livello di controllo del rischio. Il ricorso alla diversificazione ai fini del fronteggiamento del rischio tradisce, a ben vedere, un'interpretazione distorsiva della predetta logica dei grandi numeri, una sua applicazione eccessivamente estensiva e *sui generis*, la non considerazione di costi di transazione e *sunk cost* connessi alle operazioni necessarie, nonché un atteggiamento di sostanziale passività ed inerzia nei confronti degli eventi possibili: assunti forse coerenti con le teorie finanziarie, meno con una adeguata e realistica concezione dell'impresa e del suo governo([85]). In effetti, la semplice decisione di espandere volumi di attività e dimensioni aziendali riunendo in un unico conglomerato complessi aziendali operanti ciascuno in un diverso settore o *business* ovvero di moltiplicare il numero di prodotti realizzati e venduti, di segmenti di mercato serviti, di fornitori impiegati e/o di unità organizzative in servizio (magazzini, depositi, siti produttivi ecc.) non contrasta automaticamente il verificarsi degli eventi avversi a livello, rispettivamente, di andamento settoriale, vendite, penetrazione del mercato, continuità dei processi operativi e contenimento del costo di produzione([86]).

([85]) ARROW K. J., "Approcci", cit., pagg. 68-69 nota che il rischio (rispettivamente, la sua riduzione tramite diversificazione e il timore del fallimento per gli ingenti finanziamenti contratti a titolo di capitale di rischio e di debito) sia stato impiegato come giustificazione teorica tanto della crescita quanto del contenimento della dimensionale aziendale. CONTI C., *L'esposizione*, *op.cit.*, pag. 20 e segg. critica l'idea che la diversificazione possa eliminare i rischi aziendali rendendo irrilevante governo e gestione del rischio. Sui limiti della diversificazione nell'economia reale, conferma MANTOVANI G.M., *Rischio*, *op.cit.*, pag. 36 e nota (23).

([86]) Mirabili le sferzanti parole di FERRER–PACCES F.M., *I sistemi*, *op.cit.*, pag. 110: chi sostiene l'utilità della diversificazione rispetto al rischio «confonde la compensazione con la riduzione dei rischi. È del tutto pacifico che un conglomerato (o un'impresa molto diversificata) interessato in cinque prodotti-mercati diversi, otterrà di neutralizzare i cattivi risultati di esercizio dell'industria A e B con i buoni risultati delle industrie C, D, E. Ma questo non significa affatto aver ridotto i rischi delle industrie A e B [...]; significa aver annacquato gli utili delle industrie C, D, E per affogarvi le perdite delle industrie A e B. [...] Non solo non si osservano riduzioni di incertezza in confronto ad altri tipi di impresa, ma, al contrario, un aggravamento dovuto per lo più a debolezza congenita e incompetenza manageriale e ad inefficienza di con-

Si può obiettare che la ridondanza organizzativa (*slack resources*) non di rado associata alla diversificazione sia una leva azionabile nel controllo dei rischi e che, specie nelle grandi imprese *inter*, *multi*, *trans* o *meta*nazionali, la diversificazione promuova una sorta di competizione simulata e virtuosa (*managed competition*) tra i vari centri decisionali ed operativi, favorendo così efficienza e/o innovazione. A ciò si può però ribattere che equilibrati *mix* di collaborazione e competizione *intra*organizzativi possono produrre risultati non inferiori, mentre la complessità organizzativa in genere connessa alla diversificazione e gli *slack* organizzativi possono sinanco accentuare il rischio corso dall'impresa (o dal gruppo aziendale), soprattutto favorendo una eccessiva «rilassatezza», la quale ostacola e disincentiva sia l'apprendimento a tutti i livelli organizzativi, sia la focalizzazione dei decisori apicali sul rischio e sulla sua tempestiva considerazione.

6.8.3. Dal risk shifting *o* hedging *interno ed esterno al* risk sharing

Il trattamento di un rischio, al di là della dicotomia tra azioni preventive e rimediali, può essere concepito pure in termini di trasformazione del rischio inizialmente rilevato in uno o vari altri rischi ritenuti più facilmente gestibili dal sistema impresa, generalmente accompagnati dal sostenimento di un qualche costo addizionale. Il *risk shifting* indica proprio questa trasformazione di un rischio in uno o più altri rischi e costi; segnatamente, si parla di *internal risk shifting* quando il *risk processing* convolge esclusivamente risorse detenute più stabilmente dall'impresa.

> Il rischio di fuori scorta o di inaffidabilità dei fornitori può essere, ad esempio, trasformato con la costituzione e detenzione di un certo ammontare di scorte di materie prime e materiali in magazzino. In tal modo, l'impresa sostiene un costo certo, pari all'onere figurativo maturante sul capitale circolante «tenuto fermo», ed un nuovo rischio, relativo all'ammanco, deterioramento o obsolescenza tecnologica delle componenti immagazzinate([87]).

Si verifica invece *external risk shifting* ogniqualvolta l'impresa

trollo».

([87]) Un esempio simile è in CONTI C., *L'esposizione*, *op.cit.*, pagg. 15-16.

trasformi un rischio avvalendosi di rapporti intersistemci e scambi con l'esterno. In simili fattispecie, la trasformazione del rischio implica una sua traslazione ad altre entità sistemiche; in ogni caso, il sistema impresa sostiene un qualche costo certo ed uno o più nuovi rischi.

> Un'impresa che realizza prodotti con proprio marchio trasforma il rischio di domanda instabile e/o di accorciamento del ciclo di vita dei propri articoli – che rende problematico il periodico investimento in disegni, stampi e macchinari costosi, altamente specifici e non riutilizzabili per prodotti successivi – ricercando fornitori stabili e dedicati (*sub*fornitori e contoterzisti) disposti a compiere almeno parte degli investimenti in capitale fisso ed a produrre per l'impresa cliente secondo le sue esigenze e specifiche. Questa potrebbe, a fronte della collaborazione, concedere anticipi o prezzi di fornitura relativamente più elevati; in ogni caso correrà un rischio di mercato (future richieste di aumento del compenso da parte del *co-maker*, molto critico) ed il rischio che il *partner* apprenda gratuitamente *know-how* aziendale utile a rendersi poi più autonomo, divulghi a concorrenti diretti informazioni riservate e/o risulti inaffidabile nel rapporto di *co-making*.

Accanto al *risk shifting*, è possibile annoverare anche la «copertura del rischio» o *risk hedging*, anch'essa interna o esterna. Indirizzata soprattutto ai rischi finanziari, tale opzione differisce concettualmente dallo *shifting* solo perché questo trasforma il rischio sostituendo all'attività aziendale esposta a rischio una diversa attività, mentre invece l'*hedging* aggiunge *ex novo* una nuova attività o nuove transazioni con l'esterno, senza alterare la preesistente attività a rischio, che continua ad essere svolta come prima([88]).

> A livello di attività economiche reali, chiari esempi di *hedging* esterno ed interno sono, rispettivamente, la sottoscrizione di polizze assicurative contro sinistri e l'istituzione di apposite unità organizzative tese a facilitare la familiarizzazione del pubblico con un nuovo prodotto e/o a gestire casi di presunti articoli difettosi e/o non conformi.
> Segnatamente, nella prima fattispecie, l'impresa stipulante un'assicurazione

---

([88]) L'*hedging*, in sostanza, affianca ad una posizione di rischio già in essere una o più altre posizioni di rischio inversamente correlate (controbilanciamento o *risk offsetting*). Per approfondimenti sulla copertura sul rischio e su altre logiche valide specialmente per i rischi finanziari di mercato (come arbitraggio e speculazione), CONTI C., *L'esposizione*, *op.cit.*, pag. 121. ADAM T., "How Firms Hedge", http:/cms.cffit.-de/fileadmin/content/cffrc/documents/2004/adam_how_firms_hegde.pdf, 2003 parla di strategie di rischio «concave» e «convesse» (vendita e acquisto di opzioni).

contro furti o eventi esterni rari (incendi, allagamenti ecc.) trasferisce alla compagnia assicuratrice il rischio relativo al sinistro assicurato, sostenendo un costo certo (il premio). Dal rapporto di assicurazione discende pure almeno un nuovo rischio per il sistema impresa, rappresentato dal rischio legale, ossia la possibilità che, in caso di sinistro, la copertura prevista dal contratto non sia fornita o risulti inferiore alle attese, per via di clausole esimenti o derogatorie a vantaggio dell'assicuratore.

Dall'ultimo esempio testé proposto, si evince che uno stesso rapporto *inter*sistemico sia nel contempo fattore di mitigazione e fonte di rischio per l'impresa. Ciò si verifica sinanco quando il *risk hedging* (lo stesso vale per lo *shifting*) esterno sia del tipo non assicurativo.

Nel compimento di un processo decisionale del tipo «*make or buy*», un'impresa decide di non produrre all'interno un certo semilavorato, rivolgendosi in *outsourcing* ad uno o più fornitori indipendenti. Il rischio di *performance* connesso alla produzione (incertezze nelle vendite totali, possibilità di costi operativi aggiuntivi, eventuali irrigidimento della struttura ed innalzamento del *break even point* ecc.) viene sostituito, almeno in parte, con il costo certo della fornitura, con il rischio di mercato relativo a tale prezzo-costo e con il rischio di relazione (*relational risk*) concernente uno o più fornitori, ossia con la possibilità che la controparte non si comporti adeguatamente nell'erogare forniture conformi alle richieste, tempestive, continuative ecc.

Il *risk shifting* o *hedging*, tanto interno quanto esterno, è praticabile soprattutto nel caso di rischi essenzialmente o prevalentemente aleatori, essendo più agevole trovare impostazioni interne per una conveniente trasformazione del rischio e/o individuare nel contesto entità disposte ad accollarselo. L'effettiva aleatorietà del rischio da manipolare tramite *shifting/hedging* esterno si riflette, peraltro, nella sostenibilità del rischio di relazione o intersistemico assunto di conseguenza dall'impresa.

Si è, al riguardo, anticipato che il rischio è ontologicamente legato all'interdipendenza tra attore e contesto, dunque all'apertura del sistema impresa, sicché i rapporti diadici interorganizzativi hanno una portata ambivalente, ora acuendo ora temperando la rischiosità aziendale. Il concetto di rischio *inter*sistemico assume, tuttavia, rilievo proprio in sede di valutazione dell'opportunità di ricorrere all'*external risk shifting/hedging*, consentendo di decidere, per un verso, se optare per tale soluzione e, per un altro, con quale entità del contesto instaurare o utilizzare nel senso desiderato il rapporto diadico([89]).

Quando infatti si opera, solitamente con l'intento (illusorio) di liberare l'impresa da eventualità preoccupanti, il trasferimento o la copertura esterna, assicurativa o meno, di un rischio prevalentemente di non conoscenza, si finisce – a ben vedere – per adottare una soluzione il più delle volte inefficace, se non peggiorativa. Ciò in quanto l'impresa che ha traslato il rischio risulta non solo gravata da costi aggiuntivi, ma soprattutto esposta a rischi conseguenti al trattamento non meno significativi di quelli iniziali; inoltre, la o le entità esterne che si sono accollate il rischio sulla base di inadeguata valutazione o subalternità negoziale potrebbero retroagire negativamente sul sistema impresa o, comunque, a provocargli qualche *feedback* avverso, sinanco sollecitando reazioni negative da parte del più generale contesto. Quest'ultima precisazione riposa sul fatto che, specie per imprese con capacità e grado di apertura assai elevati, con una dinamica evolutiva esposta ad una chiara percezione da parte del contesto, nonché operanti in un quadro di «capitalismo sistemico», assume crescente portata il rischio di reputazione, esprimente la possibilità che le *performance* aziendali subiscano pregiudizi per via di mutamenti, in questo caso sfavorevoli, nelle percezioni elaborate dalla globalità degli attori di contesto([90]).

([89]) La letteratura sul rischio di relazione è assai ampia anche se non sempre focalizzata o esaustiva. Tra i contributi più significativi, ricordiamo NOOTEBOOM B., BERGER H., NOORDERHAVEN N.G., "Effects of Trust and Governance on Relational Risk", in *Academy of Management Journal*, n. 2, 1997, pag. 308 e segg; GOMBERA P., OKOROH M., SAGOO A., "A Risk Management Model for Healthcare Facility Services Purchasers", in *Proceedings of the CIB W70 2002 Global Symposium*, 2002, pag. 91 e segg.; DELERUE H., "Relational Risks Perception in European Biotechnology Alliances: The Effect of Contextual Factors", in *European Management Journal*, n. 5, 2004, pagg, 546-556; DAS T., "Time-Span and Risk of Partner Opportunism in Strategic Alliances", in *Journal of Managerial Psychology*, n. 8, 2004, pag. 744 e segg.; DAS T., TENG B.S., "Trust, Control and Risk in Strategic Alliances: An Integrated Framework", in *Organization Studies*, n. 2, 2004, pagg. 251 e segg.

Per approfondimenti sui rischi nei rapporti verticali, di canale o di fornitura, GAUDENZI B., *La gestione*, *op.cit.*, pag. 125 e segg.; BORGHESI A., GAUDENZI, B., "Risk management nella supply chain", in *Sinergie*, 63, 2004, pagg. 145-170; PROIETTI L., *Il rischio nel governo delle organizzazioni imprenditoriali, tra calcolo ed arte. Principi e tecniche per l'analisi e la gestione dei rischi*, Aracne, 2008, cap. 9 (ove anche riferimenti al rischio di reputazione).

([90]) Circa il rischio reputazionale, OLIVER, WYTMAN & COMPANY, *Study on the*

Appurato che, di fronte all'incertezza, il *risk shifting* o *hedging* esterno non assicurativo può essere esperito, potendo però risultare in concreto non praticabile ovvero inefficace, il ricorso ai rapporti *inter*-sistemici per intervenire sul rischio trova un'ulteriore specificazione, nel caso di rischi anche di non conoscenza, nel *risk sharing* o «condivisione del rischio». Questo implica che il sistema impresa fronteggi il rischio non traslandolo *tout court* su altre entità, bensì ricercando la loro attiva collaborazione, secondo principi di coinvolgimento anticipato e di mutuo adattamento e supporto. In tal modo, i molteplici soggetti che intervengono nel fronteggiare il rischio di non conoscenza sono disposti a ripartirsi così le perdite come i benefici eventuali dell'iniziativa a rischio (principio di *profit/risk sharing partnership*); soprattutto, il loro intervento è significativo non tanto perché priva l'impresa di una quota rischio, quanto per il fatto di apportare competenze e capacità d'attenzione in grado di agevolare la vigilanza e la tempestiva rilevazione del rischio.

Esempio emblematico di miscelazione e «messa a sistema» delle diverse logiche di trattamento del rischio del tipo *risk sharing* e *risk shifting/hedging* sono le operazioni di ingegneria/innovazione finanziaria, incluso il *project financing*, che combinano in modo particolare strumenti finanziari e clausole giuridiche tradizionali sia per attribuire specifiche fattispecie di rischio a singole categorie di operatore, sia per sollecitare un controllo congiunto sui rischi non computabili né tantomeno ripartibili. Spicca in tal senso la finanza di progetto o *project finance*, generalmente impiegata per il finanziamento di progetti d'investimento di complessità, durata temporale e portata economica elevate (opere pubbliche, di pubblica utilità ecc.)([91]), la quale prevede diverse soluzioni volte al governo dei rischi nella prospettiva dei vari operatori coinvolti (ente pubblico o altra organizzazione committente, promotrice e titolare dell'opera; impresa *ad hoc* che realizza il progetto/opera; creditori ed altri finanziatori del progetto; imprese subfornitrici ecc.):

– separazione o segregazione giuridica ed economica del progetto dal promotore e dall'attuatore, mediante la costituzione di una «società veicolo»

Risk Profile and Capital Adequacy of Financial Conglomerates, Oliver, Wytman & Company Llc, 2001, pag. 14; RAYNER K, *Managing*, *op.cit.*, 2003. In Italia, v. GABBI G., MATTHIAS M., "Il rischio reputazionale nei contribute di Tancredi Bianchi: appunti per una teoria", in COMANA M. (a cura di), *Banca, Credito e Rischi*, vol. 2, *Saggi in onore di Tancredi Bianchi*, Bancaria, 2009, pag. 179 e segg.

Sul capitalismo sistemico, v. *supra*, Capitolo I, nota (75) e paragrafo 2.2.3, nota (28).

([91]) Una definizione del *project finance* è contenuta *supra*, Capitolo III, paragrafo 3.1.4 e nota (52).

(*special purpose vehicle* o *project company*), solitamente a durata limitata ed avente per oggetto esclusivo la realizzazione del progetto;
– conferimento in capo alla sola società veicolo dei finanziamenti necessari al progetto;
– ripartizione dei prestiti alla società veicolo in parti relativamente contenute ed eguali (o rapportate alla dimensione del finanziatore) tra una pluralità di banche concedenti (*credit pooling*);
– intervento di un soggetto terzo fiduciario (*trustee*) che, dall'attivazione dell'opera, riceve direttamente i proventi derivanti dalla commercializzazione dell'*output* per provvedere al rimborso dei creditori del progetto, che sono così più garantiti;
– sigla di una convenzione (*master agreement*) con il governo del Paese ospite (se estero o di incerta stabilità) volta a stabilire impegni precisi e vincolanti di tale amministrazione verso il progetto;
– definizione di accordi tra impresa-progetto e fornitori che garantiscono alla prima il rimborso di determinati importi in caso di mancata realizzazione dell'opera o di non conformità delle forniture e conseguente ricorso ad altri approvvigionatori;
– definizione di accordi di commercializzazione dell'*output* del progetto tra impresa-progetto ed acquirenti che garantiscono alla prima il versamento dei ricavi pattuiti anche se l'*output* non è più richiesto o l'opera non può essere attivata per cause di forza maggiore([92]).

Per quanto, nella sua interpretazione più nobile, il *risk sharing* sia idealmente compatibile con l'ipotesi di rischi indefiniti ed incommensurabili, la complessità della sua architettura e la possibilità di condotte opportunistiche dei singoli attori possono ridurne sensibilmente l'efficacia ovvero far scadere l'intera iniziativa nella mera frammentazione di un originario rischio imprenditoriale e di *performance* in una pletora di rischi traslati verso innumerevoli soggetti più o meno subalterni, dunque in un'esasperazione della logica del *risk shifting/hedging*.

([92]) Per approfondimenti, cfr. GATTI C., "Project financing e multi-project financing per lo sviluppo dei sistemi economici locali: aspetti organizzativi e finanziari", in *Finanza, marketing e produzione*, n. 1, 1999; SINGER P., *Economia e finanza nell'impresa «general contractor»*, Cedam, 1995, pagg. 62-67 e GOLINELLI G.M., *L'approccio sistemico al governo dell'impresa*, Vol. II, Cedam, 2000, pag. 174-183. V. anche *infra*, Capitolo VIII, nota (20).

6.8.4. *Approcci di precauzione in condizioni d'incertezza, tra cultura del rischio, ricerca di una misurazione ed esigenza di decidere*

In molte delle precedenti considerazioni, è emersa la ricordata diversità tra rischi aleatorio e di non conoscenza, ossia tra rischio (calcolabile) ed incertezze più complesse ed indeterminate. Essa, lungi dal giovare, come altre, soprattutto in sede di riconoscimento e classificazione dei singoli rischi di volta in volta rilevati, consente di approcciare con la dovuta cautela e flessibilità la scelta dei trattamenti, evitando così quell'eccesso di determinismo che può qualificare i processi di *risk management*([93]).

Appurate possibilità e limitazioni del ricorso al *risk shifting/hedging* non assicurativo e sinanco al *risk sharing* per affrontare i rischi più sfuggenti, le logiche d'azione più idonee restano in tal caso l'evitamento dell'attività a rischio e, soprattutto, l'accettazione/ritenzione/elusione. Poiché la prima risulta sovente troppo conservativa e penalizzante per la dinamica evolutiva aziendale, è l'ultima ad assumere pregnante rilievo.

Escludendo l'ipotesi di un approccio avventato, superficiale ed imprudente al rischio, questa strategia sottende uno sforzo soprattutto cognitivo e culturale, di crescita e potenziamento delle capacità intangibili e della dotazione sinanco patrimoniale in grado di assorbire il manifestarsi di avversità difficilmente predicibili e perimetrabili. Si tenta così di trasferire con continuità nel tempo gli eventi dall'area della non conoscenza a quella della complicazione, realizzando dunque processi di riduzione di quella complessità, inizialmente percepita, a base dell'incertezza([94]).

È di fronte al rischio di non conoscenza che, a ben vedere, si

---

([93]) Per una critica a diffuse teorie e pratiche di gestione dei rischi, POWER M., *Risk management of Everything. Rethinking the Politics of Uncertainty*, Demos, 2004, pag. 17 e segg.

Altre tassonomie dei rischi utili nel senso detto possono essere, ad esempio, in MANTOVANI G.M., *Rischio*, *op.cit.*, pag. 42 e segg., che distingue i rischi in base al combinarsi dei caratteri della trasferibilità e dell'eliminabilità; ed in ERZEGOVESI L., "Rischio", *cit.*, pag. 41 e segg., che dettaglia i rischi in base al combinarsi dei caratteri di specificità/sistematicità, di esogenità/endogenità e di correlazione.

([94]) Sul governo della complessità come riconduzione degli eventi dalla non conoscenza alla complicazione, cfr. GOLINELLI G.M., *L'approccio*, Vol. I, *op.cit.*, pag. 157 e segg.

pongono le maggiori criticità evidenziate dai molteplici contributi che, pur in ambiti assai diversi (dalla teoria logico-matematica e statistico--probabilistica alle teorie sulla decisione, dall'analisi antropologico-psicologica dei comportamenti concreti alle problematiche tecnologiche, economiche e finanziarie ecc.), si sono occupati del rischio e dell'agire umano in condizioni incerte. Se, infatti, non è nota la distribuzione di probabilità di tutti i possibili eventi e/o addirittura l'insieme di tutti gli eventi possibili, diventa impensabile, sul piano logico, non soltanto quantificare l'esposizione al rischio (*rectius*, incertezza), ma pure delineare razionali modalità di decisione/azione, non esistendo elementi obiettivi per discriminare una condotta da un'altra([95]); nonostante ciò, individui ed istituzioni sono chiamate comunque ad agire e, nella realtà, operano.

È in relazione a questo apparente paradosso che si è sviluppato un annoso e mai concluso dibattito sulle possibilità di un razionale comportamento in condizioni d'incertezza, con l'emergere di svariati orientamenti, tra loro sovente contrapposti, circa l'individuazione di metodiche come per la misurazione, quantitativa o meno, così per l'intraprendimento di decisioni/azioni che diano un contenuto più definito alla «elusione dell'incertezza» intesa come strategia di fronteggiamento dei rischi di non conoscenza più idonea. Le varie posizioni spaziano dalla quasi esclusione di ogni possibilità di misurazione ma non di quella di azione/decisione all'ammettere stime solo qualitative o comunque basate su probabilità soggettive, sino a ribadire la validità dell'impianto statistico-probabilistico, in virtù di impostazioni che tentano di incorporare nel calcolo ora le evidenze raccolte a livello sperimentale in ordine alle concrete specificità manifestate dai valutatori/-decisori in fatto di rischio, ora logiche più o meno sofisticate volte ad emulare o modellizzare «il caso»([96]).

([95]) Cfr. per tutti TALEB N.N., PILPEL A., "I problemi", cit., pag. 853 e segg.

([96]) Per una rassegna delle diverse posizioni di Autori come Fisher, Ramsey, de Finetti, Knight, Keynes, Laplace, Shackle, Von Neuman e Morgenstern, Wald, Savage, Hurwicz ecc., ARROW K. J., "Approcci", cit., pag. 61 e segg. (v. in specie le critiche a Knight a pagg. 96-97). PELLICELLI G., *Economia e direzione delle imprese*, Giappichelli, 2000, pagg. 89-91 ricorda i criteri per la riduzione, possibile solo in ipotesi di distribuzioni di probabilità limitate, delle situazioni d'incertezza al calcolo probabilistico tramite il criterio: del *maxmax* o dell'ottimismo/pessimismo (a seconda che la variabile considerata sia un successo o una perdita); di Wald o del *maxmin* o del pessimismo/ottimismo; dell'atteggiamento bilanciato di Hurwicz (una composizione lineare dei due precenti); dell'indifferenza o della ragione insufficiente o dell'e-

Quanto richiamato chiarisce anzitutto che perimetrare (in modo

---

quiprobabilità di Laplace; del minimo rimpianto (*minmax regret*) di Savage.

La sensibilità al rischio e la relativa insufficienza delle impostazioni quantitative possono peraltro favorire un certo immobilismo, inducendo a rinviare o evitare decisioni. V. DAVIDSON P., "L'incertezza", *cit.*, pag. 170: «le azioni meno costose da invertire diventano tanto più diffuse quanto maggiore è il grado di incertezza. In un mondo di incertezza, esitare significa riservarsi la possibilità di rinviare le decisioni ad un altro giorno»; BELL D. E., "Regret in Decision Making Under Uncertainty", in *Operations Research*, n. 5, 1982, pag. 961 e segg., secondo cui gli studi hanno posto attenzione più al «rischio del fare» (o di commissione) che a quello di «omissione»; TALEB N.N., PILPEL A., "I problemi epistemologici del risk management", in Pace D. (a cura di), *Economia, op.cit.,* pag. 855 e segg). Conferma LUHMANN N., "Rischio", *op.cit.*, pag. 39: «anche una non.decisione è una decisione» (esposta a rischio).

SHACKLE G.L.S., *Expectations*, *op.cit.*, pagg. 10-17, 43 e segg., 128 e segg. sottolinea invece che l'ignoranza è una condizione non necessariamente negativa in quanto, impedendo ogni riferimento probabilistico, consente un approccio positivo ed attivo (donde il suo criterio decisionale detto sorpresa potenziale o della sfiducia di Shackle). Mirabilmente, KEYNES J.M., "The General", *cit.*, cap. 12 osserva: «la maggior parte, forse, delle nostre decisioni [.....] si può considerare soltanto come il risultato di tendenze dell'animo, di un stimolo spontaneo all'azione anziché all'inazione, e non come il risultato di una media ponderata di vantaggi quantitativi moltiplicati per probabilità quantitative [...] Se quindi le tendenze dell'animo si offuscano, e se l'ottimismo spontaneo svanisce, lasciandoci dipendere soltanto da una speranza matematica, l'intraprendenza illanguidisce e muore; benché il timore di perdita può non avere una base più ragionevole di quella che la speranza di profitto aveva innanzi» (sulla complessa visione di Keynes, v. pure CROTTY J.R., "Are Keynesian Uncertainty and Macrotheory Compatible? Conventional Decision Making, Institutional Structures, and Conditional Stability in Keynesian Macromodels", in DYMSKI G., POLLIN R. (eds.), *New Perspectives in Monetary Macroeconomics: Explorations in the Tradition of Hyman Minsky*, University of Michigan Press, 1994, pag. 105 e segg.).

In merito al comportamento dei *manager* di fronte all'incertezza ed alla loro tendenza all'auto-indulgenza (*overconfidence*), v. CYERT R.M., MARCH J.G., *A Behavioral Theory of the Firm*, Cambridge, 1992 (Englewood Cliffs, 1963[1]), MARCH J.G., SHAPIRA Z., "Managerial Perspectives on Risk and Risk Taking", in *Management Science*, n. 11, 1987, pag. 1404 e segg. e LUHMANN N., "Rischio", *op.cit.*, pag. 32. Circa le decisioni incerte di rilevanza pubblica, lo studio per la Commissione Europea di HARREMOËS P., GEE D., MACGARVIN M., STIRLING A., KEYS J., WYNNE B., GUEDES VAZ S. (eds.), "Late Lessons from Early Warnings: the Precautionary Principle", in European Environment Agency, *Environment Issue Report*, n. 22, 2001 sui meccanismi per stabilire la probabilità di eventi incerti e sottolinea l'importanza di un processo analitico e decisionale robusto, trasparente e soprattutto tenuto a render conto delle scelte fatte, quindi formalizzato ed esplicitato.

Infine, per le logiche stocastiche di stima quantitativa di tipo simulativo e creativo (ottica di stima prospettica o *forward looking*), che in ogni caso non esimono dalla possbilità di imponderabili errori derivanti dallo stesso modo di ragionare del valutatore, cfr. *infra*, nota (105).

addirittura quantitativo) i rischi di non conoscenza ed affrontarli tendono a rappresentare, nella sostanza, un unico problema, in quanto – dinanzi ad eventualità pressoché ignote – ricercare una qualche misurazione/valutazione può rappresentare già un fondamentale trattamento (in senso lato), implicando il dedicare tempo ed attenzione a rilevare, qualificare e monitorare un rischio assai evanescente. Accettare/eludere l'incertezza resta in ogni caso una strategia il cui contenuto, in termini di robustezza metodologica e di ragionevolezza, resta a tutt'oggi ancora ambiguo ed estremamente variabile, rappresentando di fatto un aspetto rispetto al quale maggiori sono le criticità, come pure le possibilità di avanzamento nella direzione di una scientificazione consapevole.

Nella prospettiva della determinazione del capitale allocato, come più avanti specificata, il principale riferimento teorico è, al momento, rappresentato da evoluzioni ed affinamenti della «perdita massima possibile (o potenziale)» e del «minimo rimpianto». Simili Tali impostazioni esprimono gli esiti del futuro incerto in termini di perdite (assolute o relative) anziché di utilità; suppongono un atteggiamento verso i rischi più remoti ed indefiniti cauto e pessimistico, ma non catastrofico; postulano che gli individui formino opinioni soggettive sulle conseguenze future delle proprie azioni, alla luce delle dinamiche contestuali, sino a desumere distribuzioni di probabilità soggettive per insiemi di eventi possibili più o meno definiti.

6.9. DAL TRATTAMENTO SPECIFICO DEL RISCHIO AL CAPITALE ALLOCATO: RISCHI INERENTI, RISCHI RESIDUI E LORO CONTROLLO/MONITORAGGIO

Analizzate le basilari logiche di trattamento specifico di un dato rischio ed il ricomporsi dei vari trattamenti in strategie di fronteggiamento del rischio d'impresa, il complessivo processo richiamato in figura 6.2 non può non prevedere momenti di verifica dell'appropriatezza e sufficienza delle azioni pianificate ed implementate. Portata ed utilità di simili fasi di controllo possono essere colte ricorrendo alla dicotomia tra rischio inerente e residuo: laddove il primo indica la rischiosità valutata *ex ante,* ossia prima di ogni trattamento diverso dalla mera analisi/misurazione, l'altro è il portato di una valutazione *ex post,* una volta assunte ed applicate le impostazioni tese a ridurlo, contenerlo o, semplicemente, controllarlo nel tempo([97]).

Lo iato tra un rischio inerente ed il corrispondente residuo palesa, dunque, l'efficacia o meno dei trattamenti intrapresi, sebbene un confronto diretto e meramente quantitativo tra le due forme di rischio possa essere sovente assai difficile, nel caso (generalmente prevalente) in cui il rischio residuo assume natura o qualità difforme dall'originario rischio inerente. È peraltro significativo riflettere su punti di contatto e di diversità tra questa tassonomia e quella incentrata sui rischi aleatori e di non conoscenza: entrambe trovano sintesi in una bipartizione e sono relative, nel senso che un certo rischio, inquadrato secondo uno dei vari tipi indicati nella precedente figura 6.3, quasi mai si rivela essere integralmente un rischio aleatorio (ovvero di non conoscenza) né un rischio inerente (residuo).

Ogni rischio avvertito tende, in altre parole, a comporsi di una quota di aleatorietà e di una sottesa, persistente quota di non conoscenza. Analogamente, lo stesso rischio si paleserà dapprima inerente e poi, a seguito dell'applicazione di quei trattamenti più razionalmente idonei a ridurre o, addirittura, eliminare l'aleatorietà, residuo. Il rischio residuo, così, segnala quella ideale porzione di rischio che il valutatore ha difficoltà sinanco a quantificare in modo esaustivo ed attendibile e, a maggior ragione, ritiene di non poter sottoporre efficacemente ad ulteriori trattamenti specifici.

Le dicotomie tra rischi aleatorio e di non conoscenza e tra rischi inerente e residuo non sono del tutto sovrapponibili: laddove la prima assume significato in generale e risulta fondamentale in sede sia di analisi che di scelta dei trattamenti (nonché, si vedrà, di determinazione del capitale allocato), l'altra ha valenza essenzialmente procedurale. Essa tende, in pratica, a richiamare l'attenzione sugli effetti, nel tempo, delle scelte di fronteggiamento di un certo rischio sul rischio stesso come su altri rischi, giacché ogni intervento produce o modifica, ri-

---

([97]) Su rischi inerenti e residui, cfr. COMITATO DI BASILEA PER LA VIGILANZA BANCARIA, *Convergenza*, cit., pag. 34, par. 115 e pag. 231) e AIIA (ASSOCIAZIONE ITALIANA INTERNAL AUDITORS), PWC (PRICEWATERHOUSECOOPERS) (a cura di), *La gestione*, *op.cit.*, pag. 4). Pur con qualche sfumatura di senso, il rischio inerente è detto anche originario, intrinseco, esplicito o lordo; quello residuo residuale, implicito o netto (cfr. ad esempio LANZA A., SPINSANTI L., "Progetto Risk Management e Control Risk Self Assessment in RFI", in *RFI Argomenti,* n. 7, 2005, pagg. 101 e 106, ove un *case study* sulla società ferroviaria RFI).

corsivamente, rischi ed oneri.

Distinguere fra rischio inerente e residuo ha, in ogni caso, il pregio di ribadire, ancora una volta, la flessibilità e soggettività della differenziazone tra rischio aleatorio e di non conoscenza. La possibilità di avere un rischio completamente aleatorio, dunque totalmente riducibile e, anzi, eliminabile tramite i predetti trattamenti specifici, è infatti più astratta che concreta. Con riguardo ai rischi più imponderabili, invece, si può ammettere l'esistenza di rischi pressoché interamente di non conoscenza, ma senza trascurare quei rischi di non conoscenza che affiorano sotto forma di rischi residui rilevabili dopo la progettazione ed esecuzione di un *set* di trattamenti. Ecco che, come evidenziato dalla figura 6.2 e chiarito di seguito, il capitale allocato d'impresa, nel sintetizzare in un unico numero il rischio complessivamente sostenuto dal sistema impresa ad un certo stadio del processo di governo del rischio stesso, risulta alimentato dai rischi di non conoscenza sia emergenti come rischi residui, sia da quelli quasi inimmagibili o non specificabili, in quanto ai limiti dell'ignoto.

6.10. IL CAPITALE ALLOCATO, PRESIDIO ULTIMO DEL RISCHIO D'IMPRESA, E LA SUA DETERMINAZIONE

Momento culminante del processo di governo del rischio in precedenza delineato, il capitale allocato commisura l'esposizione aziendale al rischio nel suo complesso e, dunque, la quantità di risorse patrimoniali delle quali il sistema impresa ha bisogno per salvaguardare ragionevolmente la propria vitalità.

Il capitale allocato è un concetto dalla portata universale, essendo ancorato alle fondamenta dell'economia d'impresa e dell'economia capitalistica di mercato([98]). Esso è tuttavia tornato in *auge*, con riguar-

---

([98]) Mirabili le parole di DAVIDSON P., "L'incertezza", *cit.*, pagg. 166-167 e 177: «l'intero proposito dell'accumulazione di ricchezza è quello di produrre risultati e far fronte ad eventi imprevisti»; «lo *stock* di capitale esistente è il ponte tra i progetti passati (di solito errati), le aspettative correnti e le previsioni sul futuro enigmatico». V. pure KEYNES J.M., "The General", *cit.*, pag. 47.

Sul capitale allocato, basilare il contributo di MERTON R. C., PEROLD A. F., "Theory of Risk Capital in Financial Firms", in *Journal of Applied Corporate Finance*, n. 3, 1993, pagg. 16-32, seguito dal tentativo di generalizzazione alle imprese non finanziarie di SHIMPI P., *Integrating Corporate Risk Management*, Swiss Re New

do alla *risk governance*, solo molto recentemente, affermandosi come «linguaggio privilegiato» o «denominatore comune» ed unico della rischiosità globale aziendale, sebbene al momento impiegato quasi esclusivamente in grandi imprese finanziarie([99]).

6.10.1. Il capitale allocato, tra governo del rischio e governo del sistema impresa

Frutto di un'autovalutazione condotta dall'organo di governo sulla base di dato livello di tolleranza del rischio e di uno specificato orizzonte temporale, nonché quasi sempre con il fattivo supporto della struttura operativa, il capitale allocato segnala l'ammontare di risorse patrimoniali prontamente e stabilmente disponibili necessario per consentire al sistema impresa di condurre la propria normale attività, assorbendo eventuali perdite impreviste nel mentre persegue, possibilmente, traiettorie di sviluppo([100]). Esso indica pertanto il *quantum* di risorse «a pieno rischio» determinato nel presupposto della continuità

Markets, 2001 (v. in specie pagg. 26-27, ove si distingue tra capitale operativo, capitale integrativo per il rischio e capitale segnaletico per gli *stakeholder*).

In Italia, sul tema v.– oltre al seminale contributo in GOLINELLI G.M., *L'approccio*, Vol. II, *op.cit.*, 2000, cap. 11 – CONTI C., *Introduzione al corporate financial risk management. Una chiave di lettura finanziaria per il board*, Pearson, 2006, pag. 35 e segg.; COLOMBI F., *Finanza, op.cit.*; GIUDICI P., DALLA VALLE L., "Metodi statistici per la valutazione di un'impresa in condizioni di incertezza", in COTTA RAMUSINO E., RINALDI L. (a cura di), *La valutazione d'azienda*, Il Sole 24Ore, 2003, pag. 749 e segg.

([99]) In questa sede, sono considerati sinonimo di «capitale allocato» o CA (*allocated capital* o AC) altre locuzioni come *economic capital* (EC), *economic (risk) capital* (ERC), *risk capital* (RC), *risk based capital* (RBC), *minimum risk based capital* (MRBC), *risk sensitive capital, capital at risk* (CaR), *economic capital at risk* (EC-aR), *capital requirements*. A nomi diversi corrispondono sovente metriche lievemente differenti, ad esempio a livello di grado di tolleranza o *risk appetite* (v. *infra*, paragrafo 6.10.2); sul piano aziendale, nondimeno, il concetto è lo stesso. CA non va peraltro confuso con il capitale effettivo o disponibile d'impresa (*actual* o *available capital*), né con il capitale assorbito (*absorbed capital*), ossia la quota del capitale allocato che, integralmente «tradotto» in risorse finanziarie prontamente disponibili, si rivela *ex post* effettivamente eroso da eventi di rischio.

([100]) SOCIETY OF ACTUARIES RISK (SOA), *Specialty Guide on Economic Capital*, SoA, 2004, pag. 5. Cfr. anche BARRO D., "Un'introduzione ai modelli di rischio di credito per portafogli finanziari", in *Working Paper*, Università Ca' Foscari di Venezia, Dipartimento di Matematica Applicata, n. 124, 2004, pagg. 8-9.

della dinamica evolutiva aziendale (*on-going concern*) e del sotteso assetto di governo([101]).

Per il diretto legame tra sopravvivenza del sistema e capitale allocato, la determinazione di quest'ultimo assume una portata centrale non solo nel processo di governo del rischio, ma anche nella prospettiva del governo dell'impresa([102]).

Trattandosi di un costrutto che aspira a cogliere la rischiosità aziendale nella sua globalità, il capitale allocato ha suscitato un'ampia varietà di opinioni circa la sua quantificazione, la quale non può che risultare impegnativa per il decisore aziendale([103]).

Qualunque sia la procedura di calcolo, l'organo di governo deve essere comunque consapevole che la determinazione di un'entità così complessa e sfuggente non può che essere altamente soggettiva ed approssimativa. Resta però ferma la centralità del capitale allocato quale stimolo per l'organo di governo e le componenti della struttura operativa a considerare con continuità i rischi assunti nel corso dell'attività.

6.10.2. Verso la determinazione del capitale allocato

Come anticipato, la logica di fondo che presiede alla quantificazione del capitale allocato si ispira all'idea, già richiamata, della stima della massima perdita possibile o potenziale.

Per comprendere i passi in concreto necessari per tale stima, è do-

([101]) KPMG, *Study*, *op.cit.*, pagg. 219-220.

([102]) Ciò è peraltro coerente con BERTINI U., *Introduzione*, *op.cit.*, pag. 190, secondo cui la generale politica aziendale e la politica dei rischi tenderebbero ad identificarsi l'una con l'altra..

([103]) Riferimenti utili alla comprensione e quantificazione del capitale allocato sono SMITHSON C., "Idee di capitale economico", in *Class notes. Risk Italia*, n. 3, 2007, pag. 36 e segg.; SOA, *Specialty*, *op.cit.*; MUELLER H., SIBERÒN J., "Economic Capital in the Limelight", in *Risk Management*, March, 2005, pag. 14 e segg.; KPMG, *Study*, *op.cit.*; CASUALTY ACTUARIAL SOCIETY (CAS), *Overview of Enterprise Risk Management*, CAS, 2003, pag. 102 e segg.; HALL C., "Economic Capital: Towards an Integrated Risk Framework", in *Risk*, October, 2002, pag. 33 e segg.; SCOTT J., "Economic Capital: at the Heart of Managing Risk and Value", in *Balance Sheet*, n. 3, 2002, pagg. 10-13; OLIVER, WYTMAN & COMPANY, *Study*, *op.cit.*; MIKES A., "Enterprise Risk Management in Action", in *Carr discussion paper*, n. 35, 2005, *cit.*; THE JOINT FORUM, *Trends, cit.*

veroso chiarire che la tradizionale quantificazione del rischio espressa dalla [6.2] fornisce un'indicazione del rischio (*rectius*, volatilità), espressa come perdita attesa o *expected loss* (EL), sufficiente solo se vige la legge dei grandi numeri, ossia supponendo eventi casuali definenti una distribuzione proabilità normale gaussiana. Poiché invece non vale il principio di infinita ripetibilità degli esperimenti proprio delle scienze esatte, l'uomo può significativamente condizionare il corso dei fatti, lo stesso contesto può orientare la dinamica fenomenica e la realtà è non ergodica, si prefigurano ulteriori risultati possibili, detti perdite impreviste o *unexpected loss* (UL), che non sono «catturati» dai tradizionali indicatori statistici di volatilità (dispersione), come varianza (σ^2) o scarto quadratico medio(σ), validi per le distribuzioni normali gaussiane([104]).

Ecco allora che, per arrivare a preordinare la dotazione patrimoniale aziendale affinché il sistema impresa dimostri una ragionevole resistenza a risultati negativi in assoluto o rispetto alle attese, si procede anzitutto esaminando e quantificando in termini di perdite attese ed inattese i singoli tipi di rischio ai quali l'impresa è esposta (rischi di *business*, operativi, di mercato finanziario, di credito, operativi, legali, di reputazione ecc.). Si opera poi l'integrazione o aggregazione delle singole funzioni di probabilità tenendo conto delle correlazioni tra i vari rischi nonché della possibilità di ulteriori incertezze, al momento neppure specificabili, sino a ricomporre il tutto in modo combinatorio, così da «estrarre casualmente» le probabilità di perdita inattesa relative ed infine delineare la distribuzione di probabilità relativa all'intero sistema impresa([105]).

([104]) L'idea, a base della moderna teoria della finanza, di misurare il rischio con i menzionati indicatori statistici di volatilità (o di portafoglio) si deve a MARKOWITZ H., "Portfolio Selection", in *Journal of Finance*, n. 1, 1952, pag. 77 e segg. (una delle migliori trattazioni del modello in Italia è in MIGLIETTA A., *Elementi e modelli per la valutazione dei valori mobiliari*, Giuffrè, 1988). HOLTON G. A., "Defining", *cit.*, pag. 21 acutamente nota che Markowitz non definì in modo esplicito il rischio nel suo contributo, limitandosi a parlare di media e varianza (quindi di volatilità), sebbene in taluni passaggi (pagg. 77 e 89) lasciasse intendere l'idea della varianza come *proxy* del rischio. V. le note su Markowitz in BERNSTEIN P., *Più forti*, *op.cit.*, pagg. 277-278.

Cfr. i limiti dell'ottica finanziaria del rischio esposti *supra*, paragrafo 6.3.

([105]) Un'efficace descrizione delle fasi da compiere nella stima di rischi assai indeterminati è in DEZZANI F., *Rischi*, *op.cit.*, pagg. 30-31. Un'accessibile descrizione dei processi iterativi basati sulla simulazione è pure in ORICCHIO G., *La stima dell'aleatorietà nelle valutazioni del capitale economico d'impresa*, Giappichelli, 1994, cap.3. Il processo è peraltro approfondito *infra*, Capitolo VII.

La figura 6.7 visualizza lo stadio finale dell'accennato processo di stima del capitale allocato.

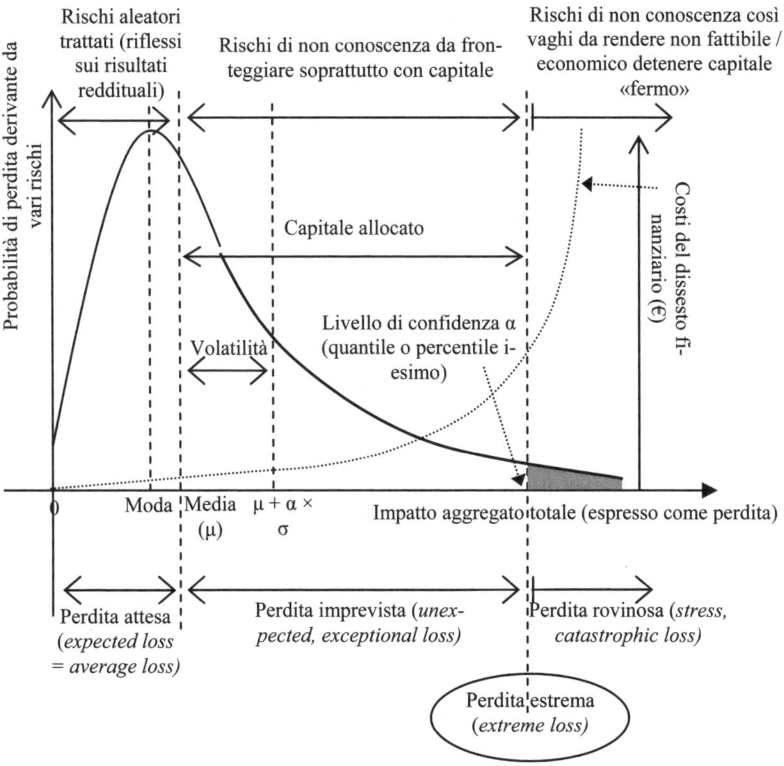

FIG. 6.7 – *Logica e stima del capitale allocato: una sintesi* (fonte: elaborazione personale).

La distribuzione di probabilità raffigurata, pur meramente esemplificativa, si caratterizza per il fatto di:

– riferirsi all'intero sistema impresa, presupponendo il predetto *iter* di stima analitica e poi di aggregazione dei singoli tipi di rischio;

– essere non normale/gaussiana;

– avere forma tale che le perdite inattese più ingenti siano comunque molto remote e più rare delle perdite, sempre impreviste, più contenute (se non addirittura negative, quindi risultati superiori alle attese). Tale ipotesi può essere convincente con riguardo alla realtà d'impresa, in cui l'entità del capitale investito limita *ex ante* il massimo impatto, nonché possono essere disponibili tempo e capacità aziendali per reagire sia ai primi singoli eventi incerti sia al successivo combinarsi o concorrere di più eventi inattesi ecc.([106]).Da quanto detto, si evince che la quantificazione del capitale allocato richiede molteplici decisioni significative. Elementi chiave per la sua stima sono, infatti, l'arco o orizzonte temporale entro cui valutare i rischi di perdita attesa e, soprattutto, inattesa; la qualità (in termini di effettività e pronta disponibilità) delle risorse patrimoniali che dovrebbero in concreto rappresentare la garanzia di resilienza espressa dal capitale allocato; il tipo di misura di rischio impiegata per quantificare le perdite impreviste; i tipi di rischio in cui viene scomposto l'unitario rischio aziendale e che sono ricompresi nel calcolo del capitale allocato; la metodologia complessiva di quantificazione impiegata per stimare i rischi considerati; le logiche impiegate per quantificare gli effetti di correlazione, aggregazione e diversificazione rispetto ai vari rischi([107]).

Il terzo degli aspetti summenzionati spiega, in particolare, il modo con cui si perviene alla stima della perdita imprevista esposta nella figura precedente, quindi alla quantificazione del capitale allocato. Attualmente, il riferimento è al *Value at Risk* (VaR) ovvero ad impostazioni assai similari o a sue rivisitazioni([108]). Con tale riferimento, si in-

---

([106]) Resta fermo che l'aggregazione delle curve di probabilità relative ai singoli rischi aziendali può generare una funzione finale anche diversa da quella qui ipotizzata.

([107]) KPMG, *Study*, *op.cit.*, pag. 220 precisa che la stima del capitale allocato incorpora sempre un *set* di previsioni circa l'andamento dell'attività d'impresa entro un certo arco temporale.

Nelle imprese finanziarie, per fini sia interni che di vigilanza, il capitale allocato viene sovente calcolato in funzione solo di taluni rischi, essendo altri reputati come non ragionevolmente quantificabili. Gli ultimi Accordi di Basilea escludono dal capitale regolamentare minimo (concetto vicino al capitale allocato) i rischi strategici e reputazionali (COMITATO DI BASILEA PER LA VIGILANZA BANCARIA, *Convergenza*, *op.cit.*, pag. 225) e lo stesso si evince da recenti indagini sulle autovalutazioni interne in banche ed assicurazioni (THE JOINT FORUM, *Trends, cit.*, pag. 6 e OLIVER, WYTMAN & COMPANY, *Study*, *op.cit.*, pag. 14).

([108]) Una chiara ed efficace esposizione dei fondamenti del VaR è in PEDERZOLI C., TORRICELLI C., *Una rassegna sui metodi di stima del value at risk (VaR)*, Dipartimento di Economia Politica dell'Università degli Studi di Modena e Reggio Emilia, 1999. L'uso del VaR nel *trading* sul mercato finanziario è stato oggetto di crescenti critiche: v. CELLINO M., URSINO G., "VaR, modello sotto accusa", in *Il Sole 24Ore*, 20 ottobre 2007, pag. 9.

La determinazione del capitale allocato (CaR) ricorrendo al VaR o a sue rielaborazioni è peraltro consentita dal fatto che il VaR può assumere come grandezza di riferimento una qualsiasi entità (*Entity at Risk* o EnaR), come flussi reddituali (*Earning*

dica non tanto un preciso metodo, quanto una misura statistica del rischio impiegabile, con le dovute accortezze, pure in assenza delle condizioni di normalità gaussiana delle distribuzioni probabilistiche e consistente, in estrema sintesi, nella definizione di un grado di massima tolleranza per il rischio (l'intervallo di confidenza) tramite scelta di un certo quantile/percentile o una qualche elaborazione di quest'ultimo([109]).

Le modalità di determinazione del capitale allocato possono essere peraltro sintetizzate in due categorie, delle quali la più rigorosa, in linea di principio, è la *income based*, che stima la massima perdita possibile avendo a riferimento i flussi di risultato (redditi o flussi monetari di cassa non rileva in questa sede) del sistema impresa in un arco temporale futuro ΔT più o meno ampio. Questa modalità trova ulteriore specificazione in una variante sintetica o *top down* ed in una analitica o *bottom up*.

> La variante *top down*, meno laboriosa e più sintetica, determina il capitale allocato come rendita perpetua, scontata per un saggio di capitalizzazione *risk free*, della volatilità dei risultati aziendali([110]). Essa presuppone copiosi dati (storici o, preferibilmente, forniti da un generatore di simulazioni) sui risultati il più possibile periodici (giornalieri, settimanali, mensili ecc.) e/o specificati a livello delle varie unità organizzative aziendali (reparti, dipartimenti, divisioni, filiali, siti produttivi, imprese dell'eventuale gruppo aziendale ecc.), così da poter essere delineata una qualche distribuzione di probabilità del risultato netto aziendale complessivo che, si ritiene, rifletta sia il combinarsi dei più vari rischi che la loro correlazione.

---

at Risk o EaR), flussi monetari (*Cash Flow at Risk* o CFaR) o valori patrimoniali (*Asset Valute at Risk* o AVaR).

Nella ricerca di una migliore stima del capitale allocato, numerosi e recenti sono i tentativi di sviluppare, partendo dal VaR, misure di rischio secondo impostazioni quali *Economic Cost of Ruin* (ECoR), *Expected shortfall* ed *Extreme value theory* (EVT). Si parla così di indicatori di VaR «evoluti» (*Expected shortfall* o ES, *Conditional VaR* o CVaR; *Tail VaR* o TVaR; *Conditional Tail Exposure* o CTE; *Extreme Value at Risk* o EVaR; *Ruin Probability*). Essi implicano, rispetto alla figura 6.7, uno spostamento dell'intervallo di confidenza più verso destra rispetto a quanto ottenuto con il VaR tradizionale.

([109]) Un VaR al 95% pari a θ, pertanto, significa che θ sarà la perdita uguagliata o ecceduta «il 5% delle volte», dove quest'ultima espressione va riferita ad un «campione» di osservazioni, la cui dimensione (ed anche qualità) rispetto alla popolazione totale degli eventi è il vero elemento chiave per comprendere l'affidabilità di una valutazione probabilistica.

([110]) Su questa variante, MATTEN C., *Managing*, *op.cit.*, 2000, pagg. 222–223.

La variante *bottom up*, più accurata e raffinata, perviene alla funzione di distribuzione del complessivo risultato netto aziendale dopo aver delineato ed aggregato le distribuzioni probabilistiche delle varie determinanti del risultato netto (ricavi e costi ovvero entrate ed uscite di vario tipo), le quali a loro volta risultano dalla stima dei diversi tipi di rischio alle quali sono esposte.

Le logiche che hanno trovato maggiore impiego operativo, anche perché sviluppate dalle imprese finanziarie (*in primis*, bancarie) e successivamente sinanco recepite nelle regolamentazioni prudenziali, rientrano tuttavia nella categoria *asset sided*, ossia stimano il capitale allocato con riferimento ad impreviste perdite di valore degli *asset* costituenti la dotazione strutturale aziendale impiegata dall'impresa. In una sorta di «contabilità ai valori corretti in base al rischio», si specifica l'esposizione delle singole componenti patrimoniali, attive e passive, ai vari tipi di rischio e, tenuto conto di correlazioni ed interdipendenze fra rischi, per ciascuna componente si passa dal valore nominale di bilancio ad un valore aggiornato, sensibile e allineato ai rischi aziendali (*risk adjusted fair value*)([111]).

([111]) Per una efficace riconduzione del metodo *assed sided* (detto anche *building up approach* o metodo per *building blocks*) a quello *income based*, DE FELICE M., MORICONI M., *Sistema dei controlli interni e gestione dei rischi. Considerazioni in margine alla circolare 577/D dell'Isvap*, Associazione Amici della Scuola Normale Superiore, Istituto Italiano degli Attuari, 2006, pag. 14. Un recente studio sulle logiche di stima del capitale allocato in ambito bancario, anche non per fini di vigilanza, è BASEL COMMITTEE ON BANKING SUPERVISION, *Range of Practices and Issues in Economic Capital Modelling. Consultative Document. Issued for Comment by 28 November 2008*, www.bsi.org, agosto, 2008. CLARK M., OLECHOWSKI C., *Economic Capital. Correlation Matrices and Other Techniques – A Survey and Discussion*, Ernst & Young, Society of Actuaries (SoA), 2008, p. 7 distingue tra un approccio basato sui flussi di risultato monetari (*cash flow method*) e due basati sugli *asset* (*fair value* e *statutory solvency method*, di cui il secondo per fini di vigilanza).

Nella correzione dei valori contabili di passività e, soprattutto, attività, occorre tenere conto pure di quei profili non immediatamente riflessi nella dotazione strutturale «contabile» ma di pregnante rilievo nella valutazione del rischio, quali il grado di concentrazione e/o granularità, l'esistenza e qualità di procedure ed impostazioni di controllo interno e gli *intangibles*. Su concentrazione e granularità dei crediti bancari, v. RESTI A., "Il nuovo accordo di Basilea sulle banche: genesi, contenuti, impatti", in *Newfin working paper*, n. 1, 2005, pag. 10.

Sulla contabilità a valori di mercato, che solo idealmente può approssimare quella basata sul rischio, cfr. MONDSCHEAN T., "Market Value Accounting for Commercial Banks", in *Economic Perspectives - Federal Reserve Bank of Chicago*, Janua-

Le regolamentazioni prudenziali adottate dal sistema finanziario hanno, di fatto, impiegato versioni semplificate della stima del capitale allocato d'impresa secondo l'approccio *asset sided* per stabilire il capitale minimo che la singola impresa bancario-assicurativa è tenuta a detenere a fini di vigilanza. Con specifico riguardo al comparto creditizio, subsistema del sistema finanziario internazionale, i cosiddetti «Accordi di Basilea» hanno formulato impostazioni che trovano sintesi nel seguente «coefficiente di solvibilità»:

$$\frac{\text{Patrimonio di vigilanza («}CA_{\text{BASILEA}}\text{»)}}{\text{Attività «corrette» per il rischio}} \geq 8\% \,. \qquad [6.3]$$

In base alla [6.3], il «patrimonio di vigilanza» può essere qui inteso come il complesso di risorse finanziarie disponibili per fronteggiare l'eventuale manifestarsi dei rischi essenzialmente di non conoscenza insiti negli ammontari posti al denominatore. Si può allora riesprimere la [6.3] come segue:

$$CA_{\text{BASILEA}} = 8\% \times \sum_{i=1}^{n} (w_i \times C_i), \qquad [6.4]$$

dove C_i indica la singola attività patrimoniale e w_i il fattore o peso di rischio (con $w_i \geq 0$)([112]).

I requisiti patrimoniali minimi imposti, con le logiche appena viste, a banche ed assicurazioni a fini di vigilanza presentano in ogni caso punti di contatto come pure profonde differenze rispetto al capitale allocato d'impresa. Essi sono infatti il portato di un tentativo di valutazione esterna al sistema impresa, operata secondo algoritmi più o meno semplificati ed in parte standardizzati per essere validi per organizzazioni. Il capitale allocato, nell'ottica qui adottata, esprime invece il punto di vista dell'organo di governo dello specifico sistema ed è quantificato nel modo ritenuto più opportuno per la salvaguardia del sistema. Nondimeno, la conoscenza delle suddette configurazioni «esterne» può essere di supporto nell'approcciare la stima del capitale

ry-February, 1992; DRAGO D., "La valutazione al mercato dei portafogli di attività e di passività finanziarie: concetti e misure elementari", in FABRIZI, P.L. (a cura di), *La gestione integrata dell'attivo e del passivo nelle aziende di credito*, Giuffrè, 1991, pagg. 127-190.

([112]) Il CA risultante può essere minore della somma se si ritengono contenute le correlazioni tra gli *asset* d'impresa.

allocato([113]).

6.10.3. Dal capitale allocato al valore economico creato dall'impresa

Si è già avuto modo di evidenziare, con la [6.1], l'intimo legame logico tra valore economico ed esposizione al rischio. Rinviando alla copiosa letteratura in tema di misurazione del valore economico ed a successivi approfondimenti circa la creazione di valore nel governo dell'impresa, si può qui osservare che la determinazione del capitale allocato consente di addivenire a misure *risk sensitive* aventi un duplice pregio: da un lato, diversamente dalle tradizionali impostazioni contabili, esplicitano il grado di rischio assunto, evidenziando l'effettiva redditività di un'attività economica; dall'altro, consentono una migliore qualificazione del processo di creazione di valore, contrastando non corrette interpretazioni della *shareholder view*, ossia del principio di residualità del profitto([114]).

Di cruciale portata è, in particolare, il *Risk Adjusted Return On Risk Adjusted Capital* o RARORAC:

$$\text{RARORAC} = \frac{P_o}{CA}, \qquad [6.5]([115])$$

([113]) Ad esempio, una grande impresa quotata sui mercati internazionali può porre l'intervallo di confidenza, uno degli *input* necessari per calcolare il capitale allocato, pari a quello associato ad un certo giudizio di *rating* di elevata qualità adottato da una nota agenzia di *rating*, in modo da comunicare al contesto l'immagine di un governo aziendale particolarmente attento e prudente. Sulle diverse visioni del capitale aziendale per il governo d'impresa, gli azionisti, le autorità di controllo e le agenzie di *rating*, v. BESSON J.-L., DACOROGNA M.M., DE MARTIN P., KASTENHOLZ M., MOLLER M., "How Much Capital Does a Reinsurance Need?", in *The Geneva Papers*, n. 34, 2009, pag. 159 e segg.

([114]) La teoria della creazione di valore da parte dell'impresa ha le sue origini nella teoria della residualità del profitto (*residual income theory*: cfr. MIGLIETTA A., *La gestione dell'impresa fra competizione e valore*, Giuffrè, 2001, pag. 45 e segg.) ed è stata più recentemente riaffermata dal *value based management*, trovando formulazioni applicative nei modelli dell'*economic value added* (EVA) e dello *shareholder value added* (SVA). Il principio, piuttosto semplice, a base di tali teorizzazioni consiste nel fatto che le imprese creano valore economico finale conseguendo risultati economici superiori al costo del capitale di rischio: cfr. *infra*, Capitolo X. Sul legame tra *risk management* e creazione di valore, MIKES A., "Enterprise", *cit.*, pagg. 7-8.

([115]) Indicatori come il RARORAC rientrano nelle cosiddette *Risk Adjusted Pro-*

pari al quoziente tra il «risultato atteso corretto per il rischio» ed il «capitale corretto per il rischio», ossia il capitale allocato (CA)([116]).

Tale indicatore può utilmente supportare ed orientare l'organo di governo dell'impresa nelle sue decisioni, poiché compendia al numeratore sia la tensione verso prestazioni sempre migliori sul piano economico, quindi il *driver* della competitività, sia i rapporti diadici, vale a dire la consonanza – segnatamente, diadica – l'altro essenziale *driver* del governo dell'impresa; ciò in quanto P scaturisce dalla corretta remunerazione delle entità con le quali s'intrattengono rapporti transazionali (scambi economici). Al denominatore, invece, CA sintetizza tutti i rischi che l'organo di governo d'impresa ritiene di non poter valutare e trattare singolarmente e che sono il portato delle più varie possibili combinazioni di attese e pressioni del contesto, essendo così inversamente legato alla consonanza, soprattutto complessiva o di contesto (inclusa, peraltro, la consonanza diadica relativa a rapporti *inter*-sistemici privi di contenuto strettamente economico)([117]).

Già da queste precisazioni emerge che la creazione di valore non può originare da un'azione di governo tesa ad incrementare artificiosamente la capacità competitiva o una qualche condizione di consonanza diadica del sistema impresa a detrimento della consonanza di contesto; nell'uno come nell'altro caso, al crescere di P per effetto di maggiori correnti di ricavo o minori correnti di costo, corrisponderebbe un incremento di CA, donde un possibile peggioramento, anziché incremento, del RARORAC([118]). Anche nell'ipotesi limite di miglioramenti vuoi nella competitività, vuoi nella consonanza diadica rifles-

---

fitability – o *Performance* – *Measures* (RAPM). Per una rassegna, v. MERTON R. C., PEROLD A. F., "Theory", *cit.*, pag. 27; JAMES C., "RAROC Based Capital Budgeting and Performance Evaluation: a Case Study of Bank Capital Allocation", in *Wharton-working paper*, n. 96-40, 1996, pag. 2; SAITA F., "Allocation of Risk Capital in Financial Institutions", in *Financial Management*, vol. 28, 1999, pag. 97.

([116]) È evidente che il RARORAC non coincide con alcuno dei tradizionali indicatori desunti dalle impostazioni di bilancio incentrate sulla contabilità a costi storici, tra i quali il ROE. Sul ROE e le sue relazioni con le scelte inerenti alla struttura finanziaria del sistema impresa, cfr. *infra*, Capitolo IX, paragrafo 9.3 e segg. Come il RARORAC può consentire una più corretta impostazione e lettura del processo di creazione di valore è esposto *infra*, Capitolo X.

([117]) Su competitività e consonanza quali *driver* dell'azione di governo, cfr. *supra*, Capitolo I, paragrafo 1.1 e segg. Circa l'analisi dei rapporti intersistemici diadici, v. *supra* Capitolo III.

([118]) Queste tematiche sono approfondite e sviluppate *infra*, Capitolo X.

sa in P, la creazione di valore sarebbe vanificata qualora si verificassero azioni in spregio della consonanza di contesto, donde un innalzamento di P più che compensato da uno di CA.

6.10.4. Il capitale allocato, tra ricerca dell'adeguata capitalizzazione, sviluppo del sistema impresa e governo dei rapporti intersistemici

La stima del capitale allocato assume pregnante significato non soltanto con riguardo alla creazione di valore, questione che impegna un arco temporale prospettico più o meno ampio. Nel corso dell'esercizio, il sistema impresa può assumere tale costrutto anche per l'assunzione di altre importanti decisioni, peraltro a doppio filo legate con la creazione di valore, quali la valutazione dell'adeguata capitalizzazione aziendale, il governo dei rapporti intersistemici, in ottica tanto diadica quanto di contesto, ed il perseguimento di sostenibili percorsi di sviluppo.

Laddove il capitale allocato è espressione della capacità dell'organo di governo ad apprezzare e plasmare nel tempo la rischiosità insita nella struttura e nella dinamica evolutiva del sistema impresa, l'ammontare di capitale proprio riflette i rapporti con la proprietà e la componente «mercati» del sistema finanziario. Il loro confronto (*matching*) consente così di appurare l'adeguatezza delle risorse patrimoniali «di ultima istanza», ossia disponibili per fronteggiare eventualità difficilmente prevedibili o quantificabili in dettaglio, in grado di porre a repentaglio la sopravvivenza del sistema.

Il capitale allocato rappresenta, pertanto, l'ultimo e più generale trattamento, rimediale e mitigatorio, del rischio d'impresa, dacché:

– interviene solo quando il rischio si è manifestato ed è diventato attualità, rendendo (auspicabilmente) sopportabile le perdite inattese ed assicurando così continuità al sistema;

– implica l'assunzione, in capo all'impresa, di un onere certo (ancorché figurativo) a fronte del diritto di usufruire di una copertura patrimoniale che si spera sufficiente ad assorbire gli eventi più imprevedibili. Tale onere si concreta nell'esposizione del sistema impresa e del suo organo di governo al condizionamento esercitato dai conferenti le risorse, ai quali l'ordinamento giuridico attribuisce particolari diritti amministrativi e patrimoniali([119]).

Una volta determinato, il capitale allocato può essere dunque adottato dall'organo di governo del sistema impresa come grandezza «teorica» o «di regolazione», cui cioè comparare l'effettivo capitale «a pieno rischio» presente nel sistema per verificare la sussistenza o meno di una «dotazione patrimoniale di sicurezza»([120]). Si vedrà nel prosieguo che una differenza nulla, positiva oppure negativa tra i mezzi propri conferiti all'impresa ed il suo capitale allocato indica una situazione di equilibrata, sovra o sottocapitalizzazione dell'impresa([121]).

Ne discende, peraltro, un importante riflesso per il governo dei rapporti *inter*sistemici: la capacità del contesto di «leggere» con sempre maggiore chiarezza, sino al limite della coincidenza con la prospettiva propria dell'organo di governo dell'impresa, la capitalizzazione del sistema impresa può indurre le entità circostanti a retroagire in vario modo, ritenendo il sistema impresa, a seconda dei punti di vista e delle circostanze, più o meno in grado di svolgere la sua funzione istituzionale e di assumere un ruolo apprezzabile.

Nello specifico caso della sovracapitalizzazione, si riscontra un eccesso di capitale, detto *free* o *buffer capital*, segnaletico di una «ri-

---

([119]) Il parallelismo tra capitale allocato ed assicurazioni non è infondato, anche perché, almeno nel corso degli ultimi vent'anni, ci sono stati tentativi dell'industria finanziaria di definire prodotti assicurativi complessi che addirittura svolgessero la funzione propria dei mezzi di proprietà (o comunque delle risorse finanziarie a pieno rischio). Fermo restando che l'evoluzione del sistema finanziario e la sofisticazione dei prodotti finanziari (cfr. *supra*, Capitolo V, paragrafo 5.1) non escludono il conseguimento di simili traguardi, oggi il ruolo della proprietà appare quantomai centrale e difficilmente surrogabile da contributi di altri sovrasistemi, nel bene e nel male (cfr. ZANDA G., "L'evoluzione della cultura aziendale nel corso dei tempi", in *Dirigenza bancaria*, n. 128, 2007, pag. 10 e segg.).

([120]) Rappresentata *in primis* dalle risorse apportate dalla proprietà e solo in via eccezionale e complementare da porzioni del capitale di credito fornite da componenti del sistema finanziario realmente consapevoli dell'elevato grado di rischio assunto

Si noti infatti che politiche opportunistiche e di scarsa trasparenza, ad esempio indotte o imposte all'organo di governo dalla proprietà, volte a contenere al massimo l'impegno finanziario dei soggetti proprietari ed a coinvolgere i finanziatori a titolo di credito nel «rischio d'impresa» oltre la capacità di garanzia offerta, appunto, dal patrimonio aziendale non sono ammissibili in un adeguato calcolo del capitale allocato, perché implicherebbero dei rischi di tensioni finanziarie con la proprietà e, soprattutto, con il sistema finanziario ed altre entità del contesto, tali da incrementare il capitale allocato e richiedere di riflesso, come si vedrà, un incremento dei mezzi propri.

([121]) V. *infra*, Capitolo VIII, paragrafo 8.4 e relativi sottoparagrafi.

serva» di risorse patrimoniali prontamente disponibili per l'azione di governo. Si potrà allora decidere di:

– mantenere tale eccesso, interamente o almeno per una sua porzione, costantemente disponibile nel tempo, lasciandolo dunque inutilizzato. Ciò a titolo sia di «correzione» di possibili sottostime nella quantificazione del capitale allocato, sia di supplemento di capitale allocato a fronte di nuovi rischi di non conoscenza eventualmente insorti nel periodo di invarianza della stima del capitale allocato e/o volutamente non considerati in quel calcolo per difficoltà computazionali;

– impiegare il detto eccesso, interamente o per la quota residuante dalla precedente scelta, come *surplus* di risorse da valorizzare al più presto in validi ed adeguati progetti di sviluppo, incorporati in un apposito piano industriale volto a consolidare e migliorare le prospettive di sopravvivenza del sistema impresa([122]).

6.11. CONSIDERAZIONI CONCLUSIVE

L'attenzione al rischio si pone come coerente conseguenza dell'accurata considerazione delle esigenze di competitività e di consonanza, fondamentali *driver* del governo del sistema impresa. Eleggere il rischio a vero e proprio «fattore della produzione» del sistema impresa significa, infatti, ricondurre i fondamentali *driver* predetti e, di conseguenza, il vantaggio competitivo a valere nel tempo alla creazione di valore economico, manifestazione ultima dell'attitudine del sistema a sopravvivere.

Un'azione di governo sensibile al rischio richiede anzitutto una corretta cultura del rischio, in cui l'aspirazione alla misurazione quantitativa dell'unitario rischio d'impresa, idealmente scomposto in una varietà di rischi specifici tra loro interrelati, si compenetra e contempera con la consapevolezza dell'impossibilità di ridurre a mero calcolo tutte le eventualità, in gran parte ignote ed indeterminate. Una concezione prudente ma non catastrofica né esclusivamente negativa del rischio consente così di approcciare con sistematicità e, nel contempo,

([122]) Il *free capital* è talvolta detto *excess capital* o *buffer capital* (quest'ultima locuzione è anche in Basilea II e III, pur con un'accezione in parte diversa). L'integrazione tra il *free capital* emergente dalla stima di CA a livello di vigente struttura d'impresa ed ulteriori progetti o iniziative assumibili nel tempo è descritta *infra*, Capitolo VII, paragrafo 7.6.

ragionevolezza modelli e tecniche di rilevazione, identificazione, analisi, misurazione, trattamento (trasformazione, copertura, trasferimento) e monitoraggio dei rischi aziendali([123]).

L'incessante manipolazione, sovente anche tramite scambi con il contesto, realizzata dalla struttura operativa d'impresa ricorrendo alle logiche di *risk management* e riguardante i singoli rischi via via colti e più agevolmente specificabili (rischi aleatori) viene peraltro costantemente inquadrata dall'azione di governo in una considerazione complessiva, integrata e globale della rischiosità insita nella dotazione strutturale e connessa alla dinamica evolutiva impressa al sistema (*risk governance*). L'organo di governo dell'impresa, non freddo calcolatore dalle illimitate capacità razionali e computazionali né giocatore d'azzardo passivamente esposto alla cieca fortuna, costretto da regole precostituite e/o sopraffatto dalle emozioni, è così chiamato ad elaborare una visione d'insieme che trova massima sintesi nella determinazione, necessariamente approssimativa e mai definitiva, del capitale allocato, grandezza chiave per stabilire l'adeguatezza di quelle risorse patrimoniali effettivamente e prontamente disponibili come presidio ultimo contro il rischio ineliminabile, più imponderabile e meno accuratamente quantificabile e circoscrivibile (rischi di non conoscenza).

BIBLIOGRAFIA

AA.VV., *Finanza aziendale e mercato finanziario, Scritti in onore di G. Pivato*, Giuffré, 1982.

ADAM T., "How Firms Hedge", http://cms.cffit.-de/fileadmin/content/cffrc/documents/2004/adam_how_firms_hegde.pdf, 2003.

AIROLDI G., BRUNETTI G., CODA V., *Economia aziendale*, Il Mulino, 1994.

ARDIGÒ A., *Crisi di governabilità e mondi vitali*, Cappelli, 1984.

ARDIGÒ A., MAZZOLI G. (a cura di), *L'ipercomplessità tra socio-sistemica e cibernetiche*, FrancoAngeli, 1990.

ARMANO E., *Precarietà e innovazione nel postfordismo. Una ricerca qualitativa sui lavoratori della conoscenza a Torino*, Odoya, 2010.

ARROW K. J., "Approcci alternativi alla teoria della scelta in condizioni rischiose", in

([123]) Ci piace conclusivamente richiamare, in proposito, la seguente statuizione contenuta in PILOTTI L., RULLANI E., "Corporate governance e società della conoscenza tra teoria e prassi", in *Sinergie*, n. 73-74, 2007, pag. 77: «c'è ancora qualcuno che riesce a calcolare "oggettivamente" le scelte da fare? Dove non arriva il calcolo, l'unica soluzione che regge è quella di avere una mente curiosa, aperta alle sorprese, e capace di osare».

PACE D. (a cura di), *Economia del rischio. Antologia di scritti su rischio e decisione economica*, Giuffrè, 2004 (traduzione di "Alternative Approaches to the Theory of Choice in Risk-Taking Situations", in *Econometrica*, n. 4, 1951).

ASSOCIAZIONE ITALIANA INTERNAL AUDITORS (AIIA), PRICEWATERHOUSECOOPERS (PWC) (a cura di), *La gestione del rischio aziendale. ERM - Enterprise Risk Management: modello di riferimento e alcune tecniche applicative*, Il Sole 24Ore, 2006.

BARRO D., "Un'introduzione ai modelli di rischio di credito per portafogli finanziari", in *Working Paper*, Università Ca' Foscari di Venezia, Dipartimento di Matematica Applicata, n. 124, 2004.

BASEL COMMITTEE ON BANKING SUPERVISION, *Range of Practices and Issues in Economic Capital Modelling. Consultative Document. Issued for Comment by 28 November 2008*, www.bsi.org, agosto, 2008.

BECK U., *La società del rischio. Verso una seconda modernità*, Carocci, 2000 (orig. *Risikogesellschaft. Auf dem Weg in eine andere Moderne*, Suhrkamp, 1986).

BELL D. E., "Regret in Decision Making Under Uncertainty", in *Operations Research*, n. 5, 1982.

BERNSTEIN P., *Più forti degli dei*, Il Sole 24Ore, 2002 (orig. *Against The Gods. The Remarkable Story of Risk*, Wiley, 1996).

BERTINI U., *Introduzione allo studio dei rischi nell'economia aziendale*, Giappichelli, 1987.

BESSON J.-L., DACOROGNA M.M., DE MARTIN P., KASTENHOLZ M., MOLLER M., "How Much Capital Does a Reinsurance Need?", in *The Geneva Papers*, n. 34, 2009.

BIANCONI R., "A proposito di gestione del rischio", in AA.VV., *Atti del Seminario «Risk Management nei Settori Strategici»*, Milano 20 ottobre 2007, www.aicq.it, 2007.

BORGHESI A., *La gestione dei rischi di azienda*, Cedam, 1985.

BORGHESI A., GAUDENZI, B., "Risk management nella supply chain", in *Sinergie*, 63, 2004.

BRAUNCHWEILER H., "Security as a Service", in *The Geneva Papers on Risk and Insurance*, n. 7, 1978.

BRUNETTI G., "La vulnerabilità dell'impresa: una riflessione secondo l'approccio aziendale", in *Rivista Italiana di Ragioneria e di Economia Aziendale*, n. 3-4, 2003.

BURTON R. M., OBEL B., *Strategic Organizational Diagnosis and Design: Developing Theory for Application*, Kluwer Publishers, 1998.

BUSCARINI C., *La funzione di imprenditorialità e il comportamento strategico*, Aracne, 2008.

CAPALDO G., *Contratto aleatorio e alea*, Giuffrè, 2004.

CAPRARA U., "Liquidità bancaria e controllo dell'inflazione", in *Rivista Bancaria*, 1952.

CAROLI M.G., *Economia e gestione delle imprese internazionali*, McGraw-Hill, 2008.

CASSERLEY D., *Facing Up to the Risks*, Wiley, 1993.

CASUALTY ACTUARIAL SOCIETY (CAS), *Overview of Enterprise Risk Management*, CAS, 2003.

CATTANEO M., *Economia delle aziende di produzione*, Etas, 1993.

CAVALLIERI E., *Variabilità e strutture d'impresa*, Cedam, 1995.

CECCANTI G., "Il valore della capacità organica", in *Sinergie*, n. 29, 1992.

CELLINO M., URSINO G., "VaR, modello sotto accusa", in *Il Sole 24Ore*, 20 ottobre

2007.

CIBIEN M., "Gestione del rischio e normazione alla ricerca di un punto d'incontro", http://www.uni.com/uni/controller/it/comunicare/come_comunica/uec/uec_8-_2005/rm_set2005.htm, 2005.

CLAMPITT P., PATERNI R., *Trasformare l'incertezza in fonte di progresso*, Sistemi & Impresa, n. 5, 2004.

CLARK M., OLECHOWSKI C., *Economic Capital. Correlation Matrices and Other Techniques – A Survey and Discussion*, Ernst & Young, Society of Actuaries (SoA), 2008.

COLOMBI F., *Baricentro finanziario*, Strategie & finanza, 1995.

COLOMBI F., *Finanza condizionata e teoria del valore*, vol. II, *Rischio e opportunità di investimento*, Aracne, 2003.

COMANA M. (a cura di), *Banca, Credito e Rischi*, vol. 2, *Saggi in onore di Tancredi Bianchi*, Bancaria, 2009.

COMITATO DI BASILEA PER LA VIGILANZA BANCARIA, *Convergenza internazionale della misurazione del capitale e dei coefficienti patrimoniali. Nuovo schema di regolamentazione. Versione integrale*, Basilea, 2006, http://www.bis.org/publ/-bcbs128ita.pdf.

CONTI C., *L'esposizione dell'impresa ai rischi finanziari. Corporate financial risk exposure*, Egea, 1996.

CONTI C., *Introduzione al corporate financial risk management. Una chiave di lettura finanziaria per il board*, Pearson, 2006.

CORSANI G., *La gestione delle imprese mercantili e industriali*, Cedam, 1939 (1937[1]).

COTTA RAMUSINO E., RINALDI L. (a cura di), *La valutazione d'azienda*, Il Sole 24Ore, 2003.

CROTTY J.R., "Are Keynesian Uncertainty and Macrotheory Compatible? Conventional Decision Making, Institutional Structures, and Conditional Stability in Keynesian Macromodels", in DYMSKI G., POLLIN R. (eds.), *New Perspectives in Monetary Macroeconomics: Explorations in the Tradition of Hyman Minsky*, University of Michigan Press, 1994.

CYERT R.M., MARCH J.G., *A Behavioral Theory of the Firm*, Cambridge, 1992 (Englewood Cliffs, 1963[1]).

DALLA CHIESA N., "Una teoria socio-economica dell'imprenditore", in LORENZONI G., ZANONI A. (a cura di), *Gli studi sull'imprenditorialità in Italia*, Bulzoni, 1988.

DAMODARAN A., *Strategic Risk Taking: A Framework for Risk Management*, Wharton School Publishing, 2007.

DAS T., "Time-Span and Risk of Partner Opportunism in Strategic Alliances", in *Journal of Managerial Psychology*, n. 8, 2004.

DAS T., TENG B.S., "Trust, Control and Risk in Strategic Alliances: An Integrated Framework", in *Organization Studies*, n. 2, 2004.

DAVIDSON P., "L'incertezza e l'approccio del modello storico", in PACE D. (a cura di), *Economia del rischio. Antologia di scritti su rischio e decisione economica*, Giuffrè, 2004 (traduzione di "Uncertainty and the Historical Method Approach", in DAVIDSON P., *Money and the Real World*, Macmillan, 1972, pagg. 10-32).

DAVIDSON P., "Rational Expectations: a Fallacious Foundation for Studying Crucial Decision-Making Processes", in *Journal of Post-Keynesian Economics*, n. 2, 1982-1983, pagg. 182-198 (trad.it. "Aspettative razionali: un fondamento erroneo per l'analisi dei processi decisionali di importanza cruciale", in VISCO I. (a cura di), *Le aspettative nell'analisi economica*, Il Mulino, 1985).

DE FALCO M., "La gestione delle operations in una organizzazione produttiva internazionale", in CAROLI M.G., *Economia e gestione delle imprese internazionali*, McGraw-Hill, 2008.

DE FELICE M., MORICONI M., *Sistema dei controlli interni e gestione dei rischi. Considerazioni in margine alla circolare 577/D dell'Isvap*, Associazione Amici della Scuola Normale Superiore, Istituto Italiano degli Attuari, 2006.

DELERUE H., "Relational Risks Perception in European Biotechnology Alliances: The Effect of Contextual Factors", in *European Management Journal*, n. 5, 2004.

DELOACH J.W., *Enterprise-Wide Risk Management. Strategies for Linking Risk and Opportunity*, Pearson Education, 2000.

DEMARIA G., *Logica della produzione e della occupazione*, Malfasi, 1950.

DEZZANI F., *Rischi e politiche d'impresa*, Giuffrè, 1971.

D'ONZA G., *Il sistema di controllo interno nella prospettiva del risk management*, Giuffré, 2008.

DI CAGNO P., *Il sistema aziendale tra rischio di impresa e rischio economico generale*, Cacucci, 2002.

DI LAZZARO F., *Il rischio aziendale. I modi per il suo fronteggiamento*, Giuffrè, 1990.

DIAPPI L., BOLCHI P., FRANZINI L., "Urban Sustainability: Complex Interactions and the Measurement of Risk", in *Cybergeo: revue européenne de géographie*, dicembre, 2006.

DOUGLAS M., *Come percepiamo il pericolo. Antropologia del rischio*, Feltrinelli, 1991 (orig. *Risk Acceptability According to the Social Sciences*, Routledge, 1986).

DOUGLAS M., WILDAVSKY A., *Risk and Culture. An Essay on the Selection of Technological and Environmental Dangers*, University of California Press, 1982.

DRAGO D., "La valutazione al mercato dei portafogli di attività e di passività finanziarie: concetti e misure elementari", in FABRIZI, P.L. (a cura di), *La gestione integrata dell'attivo e del passivo nelle aziende di credito*, Giuffrè, 1991.

DYMSKI G., POLLIN R. (eds.), *New Perspectives in Monetary Macroeconomics: Explorations in the Tradition of Hyman Minsky*, University of Michigan Press, 1994.

ELLSBERG D., "Risk, Ambiguity, and the Savage Axioms", in *Quarterly Journal of Economics*, vol. 75, 1961.

ERZEGOVESI L., "Rischio e incertezza in finanza: classificazione e logiche di gestione", in *Alea Tech Reports*, n. 6, 1999.

ESPOSITO E., *Probabilità improbabili. La realtà della finzione nella società moderna*, Meltemi, 2008.

FABRIZI C., *Tecnica del commercio estero*, Cedam, 1976.

FABRIZI, P.L. (a cura di), *La gestione integrata dell'attivo e del passivo nelle aziende di credito*, Giuffrè, 1991.

FAZZI R., *Il contributo della teoria delle funzioni e dei rischi allo studio dei comportamenti imprenditoriali*, Cursi, 1957.

FERRER–PACCES F.M., *I sistemi d'impresa*, Li/Ed, 1974.

FERRERO G., *Istituzioni di economia d'azienda*, Giuffré, 1968.

FIORINI P., "Il concetto di rischio: tra dismisura e sistema", in *Rivista della Ssef*, Cerdef, n. 3, 2005.

FLOREANI A., *Introduzione al risk management. Un approccio integrato alla gestione dei rischi aziendali*, Etas, 2005.

FORESTIERI G., "Efficienza allocativa e criteri di valutazione dei fidi", in AA.VV., *Finanza aziendale e mercato finanziario, Scritti in onore di G. Pivato*, Giuffré, 1982.

FORTUNATO S., LIVATINO M., MANTOVANO P., PECCHIARI N. (a cura di), "L'Enterprise risk management. Dal governo dei controlli alla sostenibilità dei rischi", in *Suppl. a Rivista dei dottori commercialisti*, n. 3, 2006.

FRAME J.D., *Managing Risks in Organization*, Jossey-Bass, 2003.

FRIEDMAN M., SAVAGE L. J., "The Utility Analysis of Choices Involving Risk", in *Journal of Political Economy*, vol. 56, 1948.

GABBI G., MATTHIAS M., "Il rischio reputazionale nei contribute di Tancredi Bianchi: appunti per una teoria", in COMANA M. (a cura di), *Banca, Credito e Rischi*, vol. 2, *Saggi in onore di Tancredi Bianchi*, Bancaria, 2009.

GATTI C., "Project financing e multi-project financing per lo sviluppo dei sistemi economici locali: aspetti organizzativi e finanziari", in *Finanza, marketing e produzione*, n. 1, 1999.

GAUDENZI B., *La gestione dei rischi nelle catene di fornitura*, Giuffrè, 2006.

GAUDENZI B., BORGHESI A., "Managing Risks in the Supply Chain Using the AHP Method", in *International Journal. of Logistics Management*, n. 17, 2006.

GIANNESSI E., *Le aziende di produzione originaria*, Vol. I, *Le aziende agricole*, Cursi, 1960.

GIDDENS A., *Il mondo che cambia: come la globalizzazione ridisegna la nostra vita*, Il Mulino, 2000.

GIUDICI P., DALLA VALLE L., "Metodi statistici per la valutazione di un'impresa in condizioni di incertezza", in COTTA RAMUSINO E., RINALDI L. (a cura di), *La valutazione d'azienda*, Il Sole 24Ore, 2003.

GOLINELLI G.M., *L'approccio sistemico al governo dell'impresa*, Vol. I, Cedam, 2005 (2000[1]).

GOLINELLI G.M., *L'approccio sistemico al governo dell'impresa*, Vol. II, Cedam, 2000.

GOMBERA P., OKOROH M., SAGOO A., "A Risk Management Model for Healthcare Facility Services Purchasers", in *Proceedings of the CIB W70 2002 Global Symposium*, 2002.

GORDON L.A., LOEBA M.P., TSENG C.-Y., "Enterprise Risk Management and Firm Performance: a Contingency Perspective", in *Journal of Accounting and Public Policy*, n. 4, 2009.

GRANDINETTI R., RULLANI E., *Impresa transnazionale ed economia globale*, La Nuova Italia Scientifica, 1996.

HALL C., "Economic Capital: Towards an Integrated Risk Framework", in *Risk*, October, 2002.

HALLER M., "New Dimensions of Risk: Consequences for Management", in *The Geneva Papers on Risk and Insurance*, n. 7, 1978.

HARDY C.O., *Risk and Risk-Bearing*, University of Chicago, 1923.

HARREMOËS P., GEE D., MACGARVIN M., STIRLING A., KEYS J., WYNNE B., GUEDES VAZ S. (eds.), "Late Lessons from Early Warnings: the Precautionary Principle", in European Environment Agency, *Environment Issue Report*, n. 22, 2001.

HARRIS S.E. (ed.), *The New Economics*, Knopf, 1952.

HICKS J. R., "The Theory of Uncertainty and Profit", in *Economica*, vol. 11, 1931.

HOLTON G. A., "Defining Risk", in *Financial Analysts Journal*, n. 6, 2004.

JAMES C., "RAROC Based Capital Budgeting and Performance Evaluation: a Case Study of Bank Capital Allocation", in *Wharton-working paper*, n. 96-40, 1996.

JORION P., *Value at Risk. The New Benchmark for Managing Financial Risk*, McGraw-Hill, 2000.

KAHNEMAN D., SLOVIC P., TVERSKY A., *Judgement Under Uncertainty: Heuristics and Biases*, Cambridge University Press, 1982.

KAPLAN S., "The Words of Risk Analysis", in *Risk Analysis*, n. 4, 1977.

KEUL M., "The Imperative of Enterprise Risk Management in the Value-Creating Process", in *Bulletin of the Transilvania University of Brasov*, n. 51, 2009.

KEYNES J.M., *A Treatise on Probability*, Macmillan, 1921.

KEYNES J.M., "The General Theory of Employment", in *Quarterly Journal of Economics*, 1937, riprodotto in HARRIS S.E. (ed.), *The New Economics*, Knopf, 1952.

KNIGHT F. II, *Risk, Uncertainty and Profit*, London School of Economics and Political Science, 1948 (1921[1]).

KPMG, *Study into the Methodologies to Assess the Overall Financial Position of an Insurance Undertaking from the Perspective of Prudential Supervision*, European Commission, 2002.

LAMANNA DI SALVO D., *L'influenza del fattore rischio nella gestione aziendale*, Uni Service, 2004.

LANZA A., SPINSANTI L., "Progetto Risk Management e Control Risk Self Assessment in RFI", in *RFI Argomenti,* n. 7, 2005.

LORENZONI G., ZANONI A. (a cura di), *Gli studi sull'imprenditorialità in Italia*, Bulzoni, 1988.

LUHMANN N., "Rischio e pericolo", in LUHMANN N., *Sociologia del rischio*, Mondadori, 1991 (orig. "Risiko und Gefahr", in *Soziologische Aufklaerung*, Westdeutscher Verlag, 1991).

LUPTON D. (ed.), *Risk and Sociocultural Theory: New Directions and Perspectives*, Cambridge University Press, 1999.

LUPTON D., *Il rischio: percezione, simboli, culture*, Il Mulino, 2003.

MALINCONICO A., *Rischio di credito e modern portfolio theory. Modelli innovativi per la gestione dei prestiti bancari*, FrancoAngeli, 2000.

MANTOVANI G.M., *Rischio e valore dell'impresa. L'approccio contingent claim della finanza aziendale*, Egea, 1998.

MARCH J.G., SHAPIRA Z., "Managerial Perspectives on Risk and Risk Taking", in *Management Science*, n. 11, 1987.

MARKOWITZ H., "Portfolio Selection", in *Journal of Finance*, n. 1, 1952.

MARRIS R., *La teoria economica del capitalismo manageriale*, Einaudi, 1972 (orig. *The Economic Theory of Managerial Capitalism*, MacMillan, 1964).

MARSELLA M., "Presentazione", in BARUFFALDI A. (a cura di), *La gestione dei rischi finanziari*, Cedam, 2000.

MASI F., VICINANZA M., *Emergenza, rischio e decisione: modelli della decisione sull'emergenza ecologica e bioetica*, Guida, 2004.

MASO S. (a cura di), *Il rischio e l'anima dell'Occidente*, Cafoscarina, 2005.

MASON J.M. *Financial Management of Commercial Banks*, Gorham & Lamont, 1979.

MATTEN C., *Managing Bank Capital*, Wiley, 2000 (1996[1]).

MATURANA, VARELA, *L'albero della conoscenza*, Garzanti, 1987.

MERNA T., AL-THANI F.F., *Corporate Risk Management*, Wiley, 2008 (2005[1]).

MERTON R. C., PEROLD A. F., "Theory of Risk Capital in Financial Firms", in *Journal of Applied Corporate Finance*, n. 3, 1993.

MEULBROEK L. K., *Integrated Risk Management for the Firm: A Senior Manager's Guide,* Harvard Business School Working Paper, 2002.

MIGLIETTA A., *Elementi e modelli per la valutazione dei valori mobiliari*, Giuffrè,

1988.
MIGLIETTA A., *La gestione dell'impresa fra competizione e valore*, Giuffrè, 2001.
MIKES A., "Enterprise Risk Management in Action", in *Carr discussion paper*, n. 35, 2005.
MINGALE L., "Il rischio d'impresa", in *Parole chiave: rischio*, Donzelli, 2000.
MONDSCHEAN T., "Market Value Accounting for Commercial Banks", in *Economic Perspectives - Federal Reserve Bank of Chicago*, January-February, 1992.
MORINI S., *Probabilismo. Storia e teoria*, Mondadori, 2004.
MUELLER H., SIBERÒN J., "Economic Capital in the Limelight", in *Risk Management*, March, 2005.
NAPOLI L., *La società dopo-moderna. Dal rischio all'emergenza*, Morlacchi, 2007.
NELSON L., *Strategic Risk Management: New Disciplines, New Opportunities"*, CFO Publishing Corp, www.cfo.com, 2002.
NEPI A., *Project risk management. Analisi e gestione dei rischi di progetto*, FrancoAngeli, 2007.
NOCENZI M., *Vivere l'incertezza: sociologia, politica e cultura del rischio ambientale nelle insicurezze da inquinamento elettromagnetico*, FrancoAngeli, 2002.
NOCCO B.W., STULZ R., "Enterprise Risk Management: Theory and Practice", in *Journal of Applied Corporate Finance*, n. 4, 2006.
NOOTEBOOM B., BERGER H., NOORDERHAVEN N.G., "Effects of Trust and Governance on Relational Risk", in *Academy of Management Journal*, n. 2, 1997.
NORTH D. C., *Understanding the Process of Economic Change*, Princeton University Press, 2005 (trad.it. *Capire il processo di cambiamento economico*, Il Mulino, 2006).
OLIVER, WYTMAN & COMPANY, *Study on the Risk Profile and Capital Adequacy of Financial Conglomerates*, Oliver, Wytman & Company Llc, 2001.
ONADO M., *Economia e regolamentazione del sistema finanziario*, Il Mulino, 2008.
ORICCHIO G., *La stima dell'aleatorietà nelle valutazioni del capitale economico d'impresa*, Giappichelli, 1994.
PACE D., "Economia politica del rischio: una rilettura eterodossa", in PACE D. (a cura di), *Economia del rischio. Antologia di scritti su rischio e decisione economica*, Giuffrè, 2004.
PACE D. (a cura di), *Economia del rischio. Antologia di scritti su rischio e decisione economica*, Giuffrè, 2004.
PAGACH D.P., WARR R.S., "The Effects of Enterprise Risk Management on Firm Performance", www.ssrn.com, April, 2010.
PANATI G., "Presentazione", in BORGHESI A., *La gestione dei rischi di azienda,* Cedam, 1985.
PANATI G., GOLINELLI G.M., *Tecnica economica, industriale e commerciale. Imprese, strategie e management*, Vol. I, La Nuova Italia Scientifica, 1991 (1988[1]).
PATTI A., *Crisi di impresa e ruolo del giudice*, Cedam, 2009.
PEDERZOLI C., TORRICELLI C., *Una rassegna sui metodi di stima del value at risk (VaR)*, Dipartimento di Economia Politica dell'Università degli Studi di Modena e Reggio Emilia, 1999.
PELLICELLI A. C., *La gestione dei rischi nelle imprese*, Giappichelli, 2004.
PELLICELLI G., *Economia e direzione delle imprese*, Giappichelli, 2000.
PERRINGS C., "Rischio ambientale e responsabilità ambientale", in *Studi e note di economia – Quaderni MPS*, n. 9, 2004.
PILOTTI L., RULLANI E., "Corporate governance e società della conoscenza tra teoria e

prassi", in *Sinergie*, n. 73-74, 2007.

POWER M., *Risk management of Everything. Rethinking the Politics of Uncertainty*, Demos, 2004.

PROIETTI L., *Il rischio nel governo delle organizzazioni imprenditoriali, tra calcolo ed arte. Principi e tecniche per l'analisi e la gestione dei rischi*, Aracne, 2008.

PROIETTI L., "Rischio e conoscenza nel governo dell'impresa. Una analisi del «rischio di modello» nel Gruppo Alenia Aeronautica", in *Sinergie*, n. 76, 2008.

PROJECT MANAGEMENT INSTITUTE (PMI), *A Guide to the Project Management Body of Knowledge (PMBOK® Guide)*, Pmi, 2004.

RANALLI F., *Aree funzionali e governo d'impresa*, Aracne, 1992.

RAYNER K, *Managing Reputational Risk*, Wiley, 2003.

RESTI A., "Il nuovo accordo di Basilea sulle banche: genesi, contenuti, impatti", in *Newfin working paper*, n. 1, 2005.

RESTI A., SIRONI A., *Risk Management and Shareholders' Value in Banking*, Wiley, 2007.

RICHTER QUINN L., "ERM Embracing a Total Risk Model", in *Financial Executive*, January/February, 2005.

RISPOLI M. (a cura di), *L'impresa industriale. Economia, tecnologia, management,* Il Mulino, 1989 (1984^1).

RULLANI E., "La finanza e gli investimenti", in RISPOLI M. (a cura di), *L'impresa industriale. Economia, tecnologia, management*, Il Mulino, 1989 (1984^1).

RULLANI E., "La teoria dell'impresa: soggetti, sistemi, evoluzione", in RISPOLI M. (a cura di), *L'impresa industriale. Economia, tecnologia, management,* Il Mulino, 1989 (1984^1).

RULLANI, "Economia del rischio e seconda modernità", in MASO S. (a cura di), *Il rischio e l'anima dell'Occidente*, Cafoscarina, 2005.

SADGROVE K., *The Complete Guide to Business Risk Management*, Gower, 1997.

SAITA F., "Allocation of Risk Capital in Financial Institutions", in *Financial Management*, vol. 28, 1999.

SAITA F., *Il risk management in banca. Performance corretta per il rischio e allocazione del capitale*, Egea, 2000.

SARACENO P., *La produzione industriale*, Libreria Universitaria Editrice, 1978.

SASSI S., *Il sistema dei rischi d'impresa*, Vallardi, 1940.

SCOTT J., "Economic Capital: at the Heart of Managing Risk and Value", in *Balance Sheet*, n. 3, 2002.

SELLERI L., *L'impresa e il rischio. Introduzione all'enterprise wide management*, Pubblicazioni dell'ISU Università Cattolica, 2006.

SHACKLE G.L.S., *Expectations in Economics*, Cambridge University Press, 1949.

SHIMPI P., *Integrating Corporate Risk Management*, Swiss Re New Markets, 2001.

SHWARZ M., THOMPSON M., *Divided We Stand. Redefining Politics, Technology and Social Choice*, University of Pennsylvania Press, 1990 (trad.it. *Il rischio tecnologico. Differenze culturali e azione politica*, Guerini e Associati, 1993).

SIMONS R., *Sistemi di controllo e misure di performance*, Egea, 2004.

SINGER P., *Economia e finanza nell'impresa «general contractor»*, Cedam, 1995.

SIRONI A., MARSELLA M. (a cura di), *La misurazione e la gestione del rischio di credito. Modelli, strumenti, politiche*, Bancaria, 1998.

SLOVIC P., *The Perception of Risk*, Earthscan, 2000.

SLOVIC P., FISCHHOFF B., LICHTENSTEIN S., "Why Study Risk Perception?", in *Risk Analysis*, n. 2, 1982.

SMITHSON C., "Idee di capitale economico", in *Class notes. Risk Italia*, n. 3, 2007.

SMULLEN J., *Risk Management for Company Executives*, Pearson Education, 2000.

SMUTNIAK J., "Living Dangerously: A Survey of Risk,", in *The Economist*, January 24, 2004.

SOCIETY OF ACTUARIES RISK (SOA), *Specialty Guide on Economic Capital*, SoA, 2004.

SPENCER M.H., SIEGELMAN L., *Managerial Economics. Decision Making and Forward Planning*, Homewood, 1964.

SPRIANO P., "Pessimismo dell'intelligenza, ottimismo della volontà. Come quella «massima» arrivò fino a Gramsci", in *Il Corriere della Sera*, 29 ottobre 1984.

STRAßBERGER M., "Risk Capital Allocation in Trading Divisions of Financial Institutions", Working Paper, Friedrich Schiller University of Jena, 2004.

STROH P.J., "Enterprise Risk Management at Unitedhealth Group", in *Strategic Finance*, July, 2005.

TALEB N.N., PILPEL A., "I problemi epistemologici del risk management", in PACE D. (a cura di), *Economia del rischio. Antologia di scritti su rischio e decisione economica*, Giuffrè, 2004.

TAMINO G., "Il rischio degli esseri viventi", in MASO S. (a cura di), *Il rischio e l'anima dell'Occidente*, Cafoscarina, 2005.

THE JOINT FORUM, *Trends in Risk Integration and Aggregation*, Bank for International Settlements, 2003.

TONELLI G., "Valutare e gestire il rischio migliorando il processo decisionale", in *Quaderni di management*, n. 28, 2007.

TROTTA C., "Integrated Risk Management: opportunità e vantaggi", in *Quaderni di management*, n. 28, 2007.

VACCÀ S., "L'economia di impresa alla ricerca di una identità", in *Economia e politica industriale*, n. 45, 1985.

VISCO I. (a cura di), *Le aspettative nell'analisi economica*, Il Mulino, 1985.

WILLET A. H. *The Economic Theory of Risk and Insurance*, Philadelphia University Press, 1951.

YOUNG P., TIPPINS S., *Managing Business Risk: an Organisation-Wide Approach to Risk Management*, Amacom, 2001.

ZANDA G., "L'evoluzione della cultura aziendale nel corso dei tempi", in *Dirigenza bancaria*, n. 128, 2007.

ZAPPA G., *Le produzioni nell'economia delle imprese*, vol. III, Giuffrè, 1956.

CAPITOLO SETTIMO

RISCHIO E DINAMICA EVOLUTIVA DELL'IMPRESA: VERSO UN MODELLO DI ANALISI (*)

7.1. CONSIDERAZIONI INTRODUTTIVE

Le considerazioni formulate in merito ai concetti di rischio aleatorio e di non conoscenza, unitamente alla qualificazione del capitale allocato che caratterizza il sistema impresa in un determinato tempo T della sua dinamica evolutiva, consentono di valutare *ex-ante* l'eventuale fabbisogno di capitale connesso alla rischiosità del piano di sviluppo inerente l'intervallo di tempo ΔT, orizzonte temporale di riferimento per l'organo di governo.

(*) Di GIANLUCA VAGNANI e CORRADO GATTI.

Un fabbisogno di capitale che consegue alla rischiosità dei progetti incorporati nel piano attraverso i quali l'organo di governo si propone di modificare gli assetti strutturali in vista di proiettare il sistema in una dinamica evolutiva sempre più rispettosa dei due *driver*, competitività e consonanza, che, forieri di un vantaggio competitivo durevole, guidano verso la creazione di valore e quindi l'incremento di quella probabilità di sopravvivenza che è il fine ultimo che accomuna la generalità dei sistemi vitali.

Se, come precedentemente osservato, l'analisi e le tecniche di gestione del rischio si sono sviluppate nell'ambito del sistema finanziario, in particolare con riferimento alle relazioni tra questo e il sistema impresa, le problematiche attinenti il rischio assumono una sempre più ampia rilevanza anche per l'impresa industriale([1]).

La dottrina aziendalistica ha sempre rilevato la centralità delle problematiche attinenti il rischio per la generalità delle imprese, tanto da potersi ragionevolmente affermare che si stia andando verso una vera e propria «istituzionalizzazione» della cultura del rischio([2]).

([1]) In relazione a questi fenomeni si sono sviluppate tecniche differenziate di gestione dei rischi, soprattutto di natura finanziaria (rischio di cambio, di interesse, di credito ecc.). Tra queste ha trovato spazio, in particolare, il *Value at Risk* (VaR), il *Capital at Risk* (CaR), l'*Earning at Risk* (EaR) e il *Cash Flow at Risk* (CfaR). Cfr. in proposito BETTI F., *Value at Risk. La gestione dei rischi finanziari e la creazione del valore*, Il Sole 24Ore, 2001, pag. 19. Sul tema cfr. anche, tra gli altri, JORION P., *Value at Risk. The New Benchmark for Managing Financial Risk*, McGraw-Hill, 2000, *passim*. Più di recente, cfr. COLOMBI F., *Finanza condizionata e teoria del valore*, Aracne, 2003, con particolare riferimento al cap. 1.

([2]) Sulla cultura del rischio, cfr. *supra*, Capitolo VI. Con specifico riferimento al nostro Paese, Zappa sostiene che: «il rischio è elemento caratteristico di ogni sorta di investimenti patrimoniali». Cfr. ZAPPA G., *Le produzioni nell'economia delle imprese*, Vol. I, Giuffrè, 1956, pag. 228. Fazzi sottolinea che: «il rischio, insomma, questo fattore determinante dei comportamenti imprenditoriali, è fenomeno che la tecnica economica non può ignorare o esaminare in superficie». Cfr. FAZZI R., *Il contributo della teoria delle funzioni e dei rischi allo studio dei comportamenti imprenditoriali*, Cursi, 1957, pag. 7. Merlani propone che «è compito della tecnica amministrativa, quindi, discernere – nei limiti del possibile – le fonti del rischio e ricercarne i mezzi più efficaci di difesa». Cfr. MERLANI C., *Lineamenti dell'impresa industriale e dell'impresa mercantile*, Cedam, 1963, pag. 50. Ferrero mette in risalto che: «il rischio, economicamente inteso, è correlato all'incertezza di cui è permeato il divenire di ogni azienda, è esso stesso condizione di esistenza di tutte le aziende, qualunque sia l'oggetto che ne caratterizza la funzione strumentale». Cfr. FERRERO G., *Istituzioni di economia d'azienda*, Giuffrè, 1968, pag. 37. L'Autore sottolinea inoltre come il rischio sia unico e molteplice ad un tempo. Il rischio economico generale è unico ed è rappresentato dall'eventualità che l'impresa non abbia, nel lungo andare, l'attitudine a remunerare con-

L'interesse alla rischiosità che permea l'agire dell'impresa è andato crescendo in modo particolarmente significativo a partire dall'ultimo quarto del secolo passato(3).

Ciò è riconducibile alla dinamica delle condizioni d'ambiente e di contesto all'attività imprenditoriale, qualificate da varietà e velocità di cambiamento crescenti, con la presenza di entità, con qualificazione più o meno sistemica, aventi attese e capacità di pressione sempre maggiori nei confronti dell'impresa(4).

Il processo che, partendo dalla qualificazione degli elementi/aspetti di rischiosità del piano di sviluppo relativo all'intervallo ΔT, consente la valutazione complessiva della rischiosità stessa è pertanto momento centrale dell'azione di governo del sistema.

7.2. RISCHIO E DINAMICA DEL SISTEMA IMPRESA: UNO SCHEMA VALUTATIVO DI RIFERIMENTO

La rischiosità del piano di sviluppo impostato al tempo T può essere definita come una stima della possibilità del verificarsi di scostamenti negativi, di entità più o meno significativa, dagli obiettivi del piano. Scostamenti che, opportunamente filtrati da un modello probabilistico e in relazione al livello di sicurezza che l'organo di governo ritiene debba qualificare il processo valutativo del sistema impresa,

---

gruamente i fattori produttivi. Esso è però molteplice nelle sue singole manifestazioni che originano i rischi particolari (rischio di furto, rischio di non vendita ecc.) (pag. 39).

(3) Per una puntuale disamina dell'evoluzione storica del concetto di rischio e delle impostazioni per il suo governo cfr. BERNSTEIN P., *Più forti degli dei*, Il Sole 24Ore, 2002 (orig. *Against the Gods*, Wiley & Sons, 1996).

(4) Significativo in proposito il fatto che in numerosi Paesi organismi pubblici impongono alle organizzazioni imprenditoriali regole in tema di analisi, gestione e comunicazione dei rischi. Ad esempio, in Australia e in Nuova Zelanda sono stati fissati una serie di *standard* comuni, seppur ad adesione volontaria, per il *risk management*; negli Stati Uniti la Sec impone alle imprese impegnate in operazioni di finanza straordinaria di redigere una dichiarazione sugli aspetti di rischio suscettibili di impattare sulle *performance* finanziare future; in Gran Bretagna, il Combined Code adottato dalla Borsa di Londra in tema di *corporate governance* assegna ai presidenti delle società precise responsabilità per l'istituzione di sistemi di gestione del rischio, revisione periodica della loro efficacia e comunicazione; in Germania una disposizione di legge impone al consiglio di amministrazione di stabilire adeguati sistemi di *risk management* e comunicarne le indicazione che ne discendono al comitato di vigilanza.

permettono di determinare il fabbisogno di capitale che, raffrontato con l'eccesso/difetto di capitale qualificante l'impresa al tempo T di inizio del piano, consentirà l'assunzione di razionali decisioni sulla copertura del rischio([5]).

Orbene, l'analisi della rischiosità del piano può essere impostata dal valutatore, sia esso interno o esterno all'impresa, sulla base dello schema di riferimento di figura 7.1([6]).

Il processo di normalizzazione comporta anzitutto l'individuazione delle unità di valutazione, con i relativi dati di conto economico per i vari esercizi che corrispondono, con le impostazioni seguite nel presente studio, ai diversi stati di funzionamento del sistema impresa nell'arco di tempo ΔT di riferimento del piano.

L'individuazione delle unità di valutazione è connessa al livello di aggregazione al quale riferire l'analisi, con l'articolazione del piano in società del gruppo, divisioni, aree d'affari, progetti ecc. In tal modo vengono individuate le unità di valutazione per le quali il processo valutativo, impostato secondo lo schema riportato, consente di quantificare la rischiosità e quindi l'eventuale esigenza di capitale allocato a presidio della rischiosità stessa([7]).

([5]) In merito all'importanza della sicurezza nel quadro della funzione di utilità dei dirigenti cfr. MARRIS R., *La teoria economica del capitalismo manageriale*, Einaudi, 1972 (orig. *The Economic Theory of Managerial Capitalism*, MacMillan, 1964), pag. 49 e segg.

([6]) Valutatore interno è nella generalità dei casi l'*internal auditing*. Valutatori esterni possono essere qualificati soggetti su incarico della stessa impresa e/o operatori del sistema finanziario interessati a stimare il rischio connesso alla traiettoria evolutiva del sistema quali società di *rating*, investitori istituzionali, *advisor*.

([7]) Il valutatore può scegliere un livello di aggregazione diverso, maggiore o minore, rispetto a quello che risulta individuato dal piano. Nel primo caso si ha una perdita di informazioni, che può incidere sulla significatività dell'analisi e che è tanto maggiore quanto più le aree di affari sono disomegenee tra di loro; nel secondo occorre reperire informazioni aggiuntive che possono o meno essere disponibili presso l'impresa.

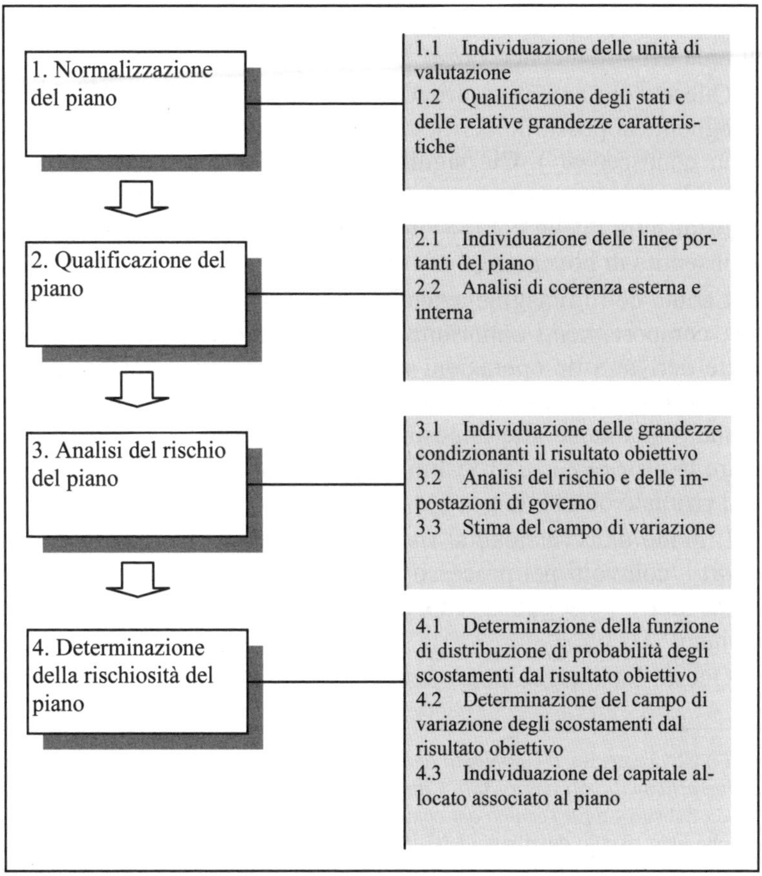

FIG. 7.1 – *Schema di valutazione della rischiosità del piano di sviluppo* (fonte: elaborazione personale).

Lo sviluppo del processo valutativo, con lo studio delle linee portanti del piano e della loro coerenza con gli assetti strutturali e le tendenze ambientali e di contesto, l'individuazione delle grandezze di sintesi del piano, con la loro esposizione al rischio, consentono, come già osservato, di legare i possibili scostamenti negativi dal risultato atteso alla rischiosità del piano stesso.

Non appare inutile osservare che, nell'impostazione qui seguita, il rischio si associa al potenziale verificarsi, in un definito intervallo temporale, di scostamenti in negativo rispetto ad un risultato atteso, indipendentemente dal fatto di generare o meno una perdita. Ciò nel convincimento che, quando si registra uno scostamento, esso è comunque conseguenza del manifestarsi di eventi di rischio rientranti nell'area della non conoscenza([8]).

Questi scostamenti esprimono pertanto la rischiosità del piano conseguente al possibile verificarsi di eventi riconducibili all'area della non conoscenza([9]). Ciò significa anche che il processo valutativo sconta che il piano sia stato oggetto di un attento processo di «depurazione» di tutte quelle componenti di rischio che la cultura d'impresa ha consentito di governare([10]).

Caduta dell'immagine aziendale, fuoriuscita di un manager di talento, comportamenti opportunistici di dipendenti, clienti o fornitori, perdite derivanti da operazioni in titoli, esito sfavorevole di un contenzioso sono manifestazioni delle tante possibili circostanze che concorrono, unitamente alle impostazioni di governo del rischio, a determinare la distribuzione probabilistica dei possibili scostamenti negativi dal risultato obiettivo.

Il grado di avversione al rischio dei soggetti – proprietà e *management* – coinvolti nel processo decisionale, consentirà poi l'identificazione del fabbisogno di capitale allocato connesso alla attuazione del piano([11]).

Questo fabbisogno potrà essere coperto attraverso l'eventuale ec-

---

([8]) Cfr. FAZZI R., *Il contributo della teoria delle funzioni e dei rischi allo studio dei comportamenti imprenditoriali*, Cursi, 1957, pagg.15-17. Al riguardo, inoltre, FABRIZI C., nel suo studio *Tecnica del commercio estero*, Cedam, 1976, pagg. 38-39, osserva che «per rischio deve intendersi la probabilità del verificarsi di eventi, prevedibili o imprevedibili, che possono essere cagione di danno, di perdita, di costi per l'azienda, di modo che il risultato reddituale sperato, derivante dalla complessiva gestione aziendale, risulti in via finale più sfavorevole di quello previsto o proclamato al momento della ideazione dell'atto gestionale».

([9]) In merito alla qualificazione del concetto di rischio di non conoscenza v. *supra*, Capitolo VI, paragrafi 6.5.2 e 6.8.4. In tema di problematiche metodologiche di valutazione e gestione dei rischi cfr. DERMAN E., *Model Risk*, Quantitative Strategies Research Notes, Goldman Sachs, 1996, pag. 1: «this reliance on models to handle risk carries its own risks».

([10]) Al riguardo, si osserva che la qualificazione degli eventi di rischio varia nel tempo e nello spazio. Per una stessa impresa, un rischio precedentemente rientrante nell'area della non conoscenza potrebbe, in relazione allo sviluppo della cultura del rischio, rientrare nell'area dell'aleatorietà. In egual misura, lo stesso evento di rischio potrebbe essere collocato nell'area della non conoscenza da parte di una impresa e nell'area della aleatorietà per un'altra.

([11]) Circa la definizione e stima del capitale allocato con riguardo alla dotazione strutturale del sistema impresa, cfr. *supra*, Capitolo VI, paragrafo 6.10.2; in merito al capitale allocato connesso ad un piano di sviluppo, cfr. *infra*, in questo Capitolo.

cesso di capitale disponibile al tempo T di inizio piano e/o con modifiche negli assetti patrimoniali dell'impresa con il conferimento da parte della proprietà di mezzi propri.

7.3. LA NORMALIZZAZIONE DEL PIANO

La fase di normalizzazione del piano consiste nella sua rilettura secondo le impostazioni a base dell'approccio sistemico al governo dell'impresa.

Tale rilettura, come già osservato, comporta l'individuazione delle unità di valutazione ovvero del livello di articolazione del piano a cui riferire le analisi (per esempio, divisioni, aree di affari, progetti).

Per ciascuna unità di valutazione occorre poi riclassificare i costi previsti a piano in costi di struttura e costi di utilizzo della struttura([12]). Il riferimento a questa impostazione consente al valutatore di meglio cogliere le impostazioni sulle quali l'organo di governo ha basato il percorso per la valorizzazione delle capacità incorporate nella struttura specifica, con il conseguente spazio/opportunità per l'azione di governo vincolato alla varietà dei fenomeni di contesto e alla loro variabilità nel tempo([13]). Avendo a base questa riclassificazione è possibile quindi leggere la prevista traiettoria evolutiva dell'impresa, intesa come successione di stati dallo stato iniziale e quello obiettivo, attraverso alcune grandezze caratteristiche di sintesi a livello industriale

---

([12]) Si ricorda che i costi di struttura sono l'espressione, in termini contabili, di capacità a forte specificità che l'organo di governo ritiene idonee, in relazione ad un prestabilito schema organizzativo definito, a supportare la dinamica evolutiva dell'impresa nel suo complesso. I costi di utilizzo sono invece sostenuti in relazione a flussi di servizi necessari per assicurare il funzionamento della struttura e, a differenza del costo di struttura, variano anche nei cambiamenti di stato conseguenti a processi di adeguamento. In proposito, cfr. GOLINELLI G.M., *L'approccio sistemico al governo dell'impresa*, Vol. I, 2005 (2000[1]), pag. 396 e segg. Inoltre, FICI L., nel suo studio *La gestione del valore delle attività di supporto per il controllo dei costi di struttura,* Cedam, 2000, pagg. 40-41, qualifica come costi di struttura di natura strategica i costi «sostenuti dall'impresa nel tentativo di volgere a proprio favore l'instabilità delle condizioni ambientali, con il preciso scopo di mantenere o accrescere la propria forza competitiva sul mercato. Possono essere inquadrati in questa classe, ad esempio, i costi concernenti studi di settore, previsioni delle vendite, ricerche e sviluppo, pianificazione strategica».

([13]) Cfr. GOLINELLI G.M., *L'approccio*, Vol. I, *op.cit.*, con particolare riferimento al par. 8.2.2.

(quali il tasso di contribuzione, ricavo atteso, ricavo di equilibrio) e finanziario (quali il quoziente di indebitamento) che, nel loro insieme, qualificano le leggi di funzionamento del sistema impresa nei diversi stati([14]).

La scelta del risultato netto quale indicatore per calcolare gli effetti connessi al verificarsi degli eventi di rischio è da ricondurre al fatto che tale grandezza è sintesi non solo delle impostazioni industriali e finanziarie ma anche di quelle inerenti i rapporti con la proprietà([15]). Il piano si caratterizza quindi per una successione di risultati netti attesi connessi alle leggi di funzionamento inerenti i vari stati s_{ij}.

Nell'approccio proposto, tra i diversi stati di operatività del sistema previsti nell'intervallo di tempo ΔT, il valutatore presterà particolare attenzione alle leggi di funzionamento del sistema nello stato obiettivo s_o e al relativo risultato netto obiettivo P_o. Questa impostazione assume significato ove si consideri che l'obiettivo della creazione di valore, attraverso il processo di valorizzazione delle capacità incorporate nelle strutture specifiche, deve essere visto nel lungo periodo. Il risultato netto obiettivo a completamento del piano rappresenta quindi la grandezza con riferimento alla quale viene quantificato lo scostamento massimo possibile con riferimento al livello di sicurezza che l'organo di governo ritiene adeguato per l'impresa impegnata nel piano di sviluppo.

7.4. LA QUALIFICAZIONE DEL PIANO

Come osservato, le leggi di funzionamento del sistema impresa in

---

([14]) Al riguardo, ricordiamo che il funzionamento del sistema in un determinato stato trova la sua sitensi ultima nell'espressione del risultato netto atteso $P = TC \cdot (R - \bar{R})$, dove TC è il tasso di contribuzione, R il ricavo atteso e $\bar{R}$ il ricavo di equilibrio. Cfr. GOLINELLI G.M., *L'approccio*, Vol. I, *op.cit.*, pag. 404 e segg. Non appare intutile osservare che, in relazione agli obiettivi del valutatore, altre grandezze possono essere prese a base nel processo di valutazione della rischiosità del piano (per esempio, il margine operativo lordo, il margine operativo netto, il flusso di cassa).

([15]) Le impostazioni a base del piano di sviluppo sono oggetto di valutazione da parte della proprietà essendo la sua remunerazione residuale collegata al risultato netto e dovendo la proprietà intervenire per coprire l'eventuale fabbisogno di capitale da allocare a presidio della rischiosità del piano. Al riguardo, cfr. GOLINELLI G., *L'approccio*, Vol. I, *op.cit.*, con particolare riferimento alla teoria della residualità del profitto.

un determinato stato possono essere espresse attraverso alcune grandezze di sintesi ([16]).

L'analisi di tali grandezze nei diversi stati del sistema nell'intervallo ΔT, orizzonte temporale del piano, in particolare nello stato s_o (stato obiettivo) si palesa di significativo interesse per un razionale processo valutativo.

Essa consente, infatti, di qualificare il piano con riferimento:

– alle linee portanti che lo caratterizzano attraverso la determinazione e l'analisi delle grandezze di sintesi e delle loro relazioni;

– alla coerenza tra gli andamenti previsti in ΔT per le grandezze critiche con riferimento alle tendenze ambientali e di contesto (coerenza esterna) ed alle loro relazioni (coerenza interna).

Le considerazioni che seguono hanno a base il modello di analisi dell'operatività del sistema impresa proposto nel volume primo del presente studio, con le leggi di funzionamento che si susseguono nei vari stati in ΔT espresse attraverso le ricordate grandezze caratteristiche di sintesi([17]).

7.4.1. Le linee portanti del piano

Il primo passo della qualificazione del piano consiste nel cogliere le impostazioni di fondo assunte dall'organo di governo nella costruzione del piano stesso, per valutarne fattibilità e rischiosità.

A tal fine si procede alla determinazione delle grandezze di sintesi e quindi alla loro analisi sulla base di modelli capaci di rappresentare efficacemente la dinamica evolutiva del sistema sia nelle sue linee di fondo con riferimento al piano nella sua interezza sia alle sue leggi di funzionamento nei vari stati che si susseguono nell'intervallo ΔT, orizzonte temporale del piano([18]).

La considerazione congiunta delle grandezze di sintesi e dei modelli si inserisce a pieno titolo nel processo di scientificazione dell'a-

---

([16]) Cfr. GOLINELLI G.M., *L'approccio*, Vol. I, *op.cit.*, pag. 404 e segg.

([17]) *Ibidem*, pag. 417 e segg.

([18]) Per quanto attiene l'articolato processo che, partendo dalla determinazione delle grandezze di sintesi, perviene alla qualificazione del piano prospettando così un modello di analisi della dinamica evolutiva del sistema impresa si rinvia a GOLINELLI G.M., *L'approccio*, Vol. I, *op.cit.*, capp. 8-9-10.

zione di governo del sistema, consentendo di individuare le linee portanti del piano di sviluppo e l'avvio di un consapevole processo valutativo della sua rischiosità([19]).

7.4.2. *L'analisi di coerenza*

Dopo aver individuato le linee portanti del piano di sviluppo, al fine di approfondire l'analisi delle grandezze caratteristiche critiche per il conseguimento del risultato obiettivo P_o, un secondo momento di studio consiste nel verificare la coerenza sia degli andamenti nell'intervallo di tempo ΔT di tali grandezze rispetto alla prevista dinamica degli indicatori macroeconomici (analisi di coerenza esterna) che dei criteri adottati nel configurare i loro andamenti con particolare riferimento al versante dei ricavi e a quello dei costi (analisi di coerenza interna)([20]).

È già in questa fase del processo che la considerazione del rischio assume rilievo e che un'adeguata cultura del rischio può supportare il valutatore nell'individuare i fattori di rischio che concorrono più significativamente alla determinazione di P_o([21]).

7.4.2.1. *L'analisi di coerenza esterna*

L'analisi di coerenza esterna comporta, in primo luogo, l'indivi-

---

([19]) A titolo esemplificativo, un incremento di leva operativa dallo stato iniziale allo stato obiettivo segnala un accrescimento della sensibilità del risultato obiettivo alle variazioni dei ricavi di vendita. In tal caso, il valutatore dovrà porre particolare attenzione alla rischiosità della grandezza caratteristica ricavi di vendita, considerando anzitutto se a base del previsto incremento sia da collegare a variazioni nelle quantità o nei prezzi unitari.

([20]) Al riguardo, SCIARELLI S., nel suo lavoro *Il processo decisorio nell'impresa,* Cedam, 1967, pag. 178, nota: «I piani, non bisogna dimenticare, sono definiti in rapporto ad un insieme di premesse, legate alle previsioni operate sui fenomeni interessanti la vita aziendale: premesse, quindi, che possono trovare o meno verificazione nel corso effettivo della gestione».

([21]) Al riguardo, il valutatore può trovare giovamento nella sua analisi considerando, tra l'altro, le varie classificazioni dei rischi, in specie quella vista *supra,* Capitolo VI, paragrafo 6.5.1.

duazione degli indicatori macroeconomici con i quali confrontare gli andamenti ipotizzati per le grandezze caratteristiche.

Tali indicatori possono essere o meno esplicitati nel piano([22]). Se esplicitati, si tratterà di verificarne l'attendibilità attraverso il confronto con i dati desunti da documenti ufficiali([23]). Ove sussistano discrepanze, ai fini della propria analisi, il valutatore farà riferimento alle indicazioni che da tali documenti sono desumibili.

Qualora, invece, gli indicatori non siano stati esplicitati, andranno di volta in volta individuati da parte del valutatore facendo riferimento ai documenti ufficiali in precedenza richiamati.

Il confronto tra gli andamenti di tali indicatori macroeconomici con quelli ipotizzati per le grandezze caratteristiche (es. variazione dei prezzi unitari e tasso di inflazione, variazione dei prezzi-costo e variazione del costo delle materie prime, tasso di crescita delle quantità vendibili e tasso di crescita del PIL a livello settoriale) consente l'avvio di un consapevole processo di valutazione della coerenza delle ipotesi a base del piano([24]).

([22]) Gli indicatori macroeconomici a cui ci si riferisce consistono in una serie di grandezze ritenute rilevanti per l'influenza che possono esercitare sulla traiettoria evolutiva del sistema. Ad esempio, possiamo fare riferimento al tasso di crescita del Prodotto Interno Lordo (PIL), al tasso di inflazione, all'andamento del costo del lavoro, ai tassi di cambio, ai tassi di interesse ecc. I suddetti indicatori vengono esplicati in apposite sezioni del piano industriale talora denominate «*assumptions*», «presupposti e parametri» o «scenario macroeconomico».

([23]) Ci riferiamo, per esempio, al Documento di Programmazione Economico-Finanziaria del Governo e, per imprese operanti in diversi Paesi, ai documenti dell'Organisation for Economic Cooperation and Development (OECD) denominati "Financial Market Trends" e "OECD Benchmark Definition of Foreign Direct Investment".

([24]) In merito ai dati utili per effettuare la ricordata analisi di coerenza si prendano in considerazione, ad esempio, le informazioni contenute nel Documento di Programmazione Economico-Finanziaria 2007-2011. In particolare, nel cap. 4 del Documento viene riportato l'andamento programmatico dell'economia e della finanza pubblica italiana. In tale ambito viene illustrato il quadro programmatico per l'economia italiana che tiene conto dell'impatto del programma di politica economica del Governo stimato con il modello econometrico ITEM (Italian Treasury Econometric Model) del Ministero del Tesoro. A partire dal ricordato documento è possibile pertanto porre a confronto i parametri macroeconomici presi a base del piano soggetto a valutazione (siano essi esplicitati o meno) con i dati previsti nel quadro macroeconomico programmatico dell'economia elaborato dal Governo quali, ad esempio, il PIL, il tasso di inflazione, il tasso di cambio, gli investimenti fissi lordi (in macchinari, attrezzature ecc.), le esportazioni di beni e servizi, il costo del lavoro per unità di prodotto, le retribuzioni.

Nell'intervallo di tempo ΔT di vigenza del piano, la presenza di incoerenze non giustificate dal decisore tra gli andamenti delle grandezze caratteristiche del piano e gli indicatori macroeconomici (es. un tasso di crescita dei prezzi di molto superiore al tasso di inflazione, un tasso di interesse non in linea con i tassi di interesse di mercato, un tasso di crescita delle quantità vendibili fortemente superiore al tasso di crescita del PIL settoriale) segnala aree di possibile criticità sulle quali il valutatore dovrà focalizzare l'attenzione per valutare poi la rischiosità del piano([25]).

7.4.2.2. L'analisi di coerenza interna

L'analisi di coerenza interna comporta la verifica dei criteri assunti per la determinazione delle grandezze di sintesi, con le loro variazioni e relazioni nel tempo.

Tale verifica riveste significativo interesse anzitutto con riferimento alle impostazioni a base della quantificazione dei ricavi e dei costi.

Così, ad esempio, qualora il valutatore osservi un adeguamento all'inflazione attesa solo sul versante dei prezzi-ricavo e non anche sul versante dei prezzi-costo, evidenzierà un'area di criticità in relazione ai prezzi-costo. È ragionevole infatti ritenere che così come l'impresa ha previsto un aggiornamento dei prezzi, analogamente si dovrebbero comportare i fornitori.

Si consideri, inoltre, il caso in cui il valutatore osservi una crescita nelle quantità vendute che non trova concordanza nella crescita delle quantità di materie e servizi acquistati. In questo caso verrà evidenziata una area di criticità in relazione alla circostanza che presumibilmente a maggiori quantità prodotte e vendute, a parità della produttività dei processi produttivi, debba corrispondere un maggior consumo di materie prime e servizi.

Sempre sul versante dei costi, il valutatore dovrà porre particolare attenzione a quei casi in cui sono previsti tassi di variazione nei prezzi-costi dei vari *input* (per esempio, materie prime, componenti, servizi).

([25]) L'analisi della significatività dello scostamento ai fini della individuazione delle aree critiche risulta strettamente dipendente dalla sensibilità del valutatore.

Si prenda ancora a riferimento un piano nel quale siano previsti elevati tassi di crescita dei ricavi attesi a fronte di una sostanziale costanza (o riduzione) dei costi di struttura. In tal caso, il valutatore dovrà approfondire l'appropriatezza dell'attuale set di capacità umane, tecniche e finanziarie incorporate nella struttura specifica a supportare la crescita dei ricavi.

Con riferimento infine agli aspetti finanziari, rilevanti incrementi nel quoziente di indebitamento non supportati da prudenziali valutazioni circa il costo dei capitali di credito e di rischio possono rappresentare aree di rischiosità più o meno accentuate in relazione anche alle tendenze di contesto.

7.4.2.3. Considerazioni di sintesi sull'analisi di coerenza

L'individuazione delle linee portanti del piano, la verifica di coerenza esterna, ottenuta confrontando gli andamenti delle grandezze caratteristiche con gli indicatori economico generali, ed interna con l'individuazione dei criteri a base delle ipotizzate variazioni delle grandezze caratteristiche, con riferimento agli aspetti reali e finanziari che sempre connotano un piano di sviluppo, consentono di affrontare la quantificazione della rischiosità del piano e del connesso fabbisogno di capitale da allocare a suo presidio.

7.5. LA RISCHIOSITÀ DEL PIANO

Come in precedenza osservato, la rischiosità del piano è legata alla possibilità che si verifichino degli scostamenti negativi rispetto al risultato netto obiettivo P_0.

Scostamenti negativi che, tenuto conto delle impostazioni di governo del rischio, sono riconducibili al rischio di non conoscenza ed al rischio di insufficiente capacità ad analizzare compiutamente il rischio aleatorio([26]).

Nella misura in cui è oggetto di analisi e copertura, il rischio aleatorio non rileva per la determinazione della volatilità del risultato netto

---

([26]) Cfr. *supra*, Capitolo VI, paragrafo 6.5.2.

atteso e pertanto sui possibili scostamenti negativi che potranno verificarsi a consuntivo. Rileva, invece, nel senso di contenimento di tale volatilità, il trasferimento su fornitori e clienti, realizzato nel piano con tecniche opportune, di una quota parte del rischio non aleatorio e non quantificabile e pertanto riferibile alla non conoscenza ma sempre presente nell'agire d'impresa.

La possibilità che si manifestino scostamenti negativi rispetto al risultato netto obiettivo è riconducibile al manifestarsi di eventi espressione del rischio di non conoscenza. Si tratta di eventi assai indeterminati, difficilmente prevedibili o non ipotizzabili, tra loro concatenati e combinati in modo tale da rendere non opportuno qualsiasi tentativo di particolare specificazione.

Quanto sopra spiega la possibile volatilità del risultato atteso P_0([27]). Alla stima di tale volatilità e quindi dei possibili scostamenti negativi dal risultato obiettivo si può pervenire con approcci probabilistici di tipo sintetico e analitico([28]).

7.5.1. *L'approccio sintetico alla valutazione degli scostamenti negativi dal risultato obiettivo*

Nell'approccio sintetico si cerca di valutare la distribuzione di probabilità del risultato netto riferito al piano nel suo insieme o, ove previste, a sue sotto-articolazioni (es. società del gruppo, aree di affari, divisioni).

Tale impostazione si basa sulla considerazione che, sotto un profilo generale, a prescindere dalla specificità della singola impresa, gli

---

([27]) Tali approcci hanno trovato significative applicazioni e continue implementazioni nel settore finanziario. Sono stati così individuati i fattori di rischio di importanza prevalente per l'impresa bancaria: rischi di mercato derivanti da variazioni inattese dei prezzi di mercato (tassi di interesse, tassi di cambio); rischi di credito derivanti da variazioni nel merito creditizio della controparte (*default* e declassamento del credito inattesi); rischi operativi derivanti da errori in operazioni (sistemi informativi, processi ecc.). Sulla base di rilevazioni effettuate presso primari operatori, l'importanza dei considerati fattori di rischio per una banca può essere indicativamente così quantificata: rischi di mercato, 20-30%; rischi di credito, 60-70%; rischio operativo, 10-20%.

([28]) In merito alle impostazioni sintetica e analitica cfr. ANDÉRN N., JANKENSGARD H., OXELHEIM L., "Exposure Based Cash Flow at Risk: An Alternative to Var for Industrial Companies", in *Journal of Applied Corporate Finance*, n. 17, 2005.

eventi che possono dare origine a rischi sono di natura diversa, numerosi possono avere effetti anche contrastanti e generare scostamenti di entità diversa dal valore obiettivo sia in positivo che in negativo.

Ne consegue la possibilità, in ottica probabilistica, di utilizzare una distribuzione di tipo normale e quindi il risultato atteso P_0 come valore medio *M(P)* della distribuzione stessa.

L'andamento della distribuzione di probabilità è quindi funzione del parametro $\sigma(P)$. Esso esprime il grado di variabilità che caratterizza la distribuzione del risultato obiettivo e la sua stima può basarsi su rilevazioni empiriche inerenti imprese in generale, più o meno consolidate ecc. ma non può prescindere dal considerare la specificità dell'impresa considerata con la qualità del *management* e la cultura del rischio che la caratterizza.

Comunque, assunto con criteri di prudenzialità un determinato scostamento quadratico medio, è possibile formulare alcune considerazioni circa i limiti entro i quali, con un determinato grado di attendibilità, sarà compreso l'effettivo risultato netto del piano e quindi determinare lo scostamento massimo possibile qualificante lo stato obiettivo s_0 (*SMP*)([29]).

7.5.2. *L'approccio analitico alla valutazione degli scostamenti negativi dal risultato obiettivo*

L'approccio analitico si basa sull'individuazione dell'insieme di grandezze, opportunamente connesse tra loro, il cui andamento, in relazione al possibile verificarsi di eventi di rischio ed alle impostazioni atte a governarli, è condizionante il conseguimento del risultato obiettivo qualificante il piano nel suo insieme e/o nelle sue sotto-articolazioni([30]).

([29]) Da considerazioni di ordine teorico, si ha che con il 68,27% di probabilità gli scostamenti negativi dal risultato netto obiettivo del piano saranno compresi tra $M(P) - \sigma(P)$ e $M(P) + \sigma(P)$; con il 95,45% tra $M(P) - 2\sigma(P)$ e $M(P) + 2\sigma(P)$; con il 99,73% tra $M(P) - 3\sigma(P)$ e $M(P) + 3\sigma(P)$. Ove si scelga un livello di sicurezza del 99,73% si avrà quindi: $SMP=3\sigma(P)$.

([30]) Al riguardo FERRERO G., *Impresa e management*, Giuffrè, 1987, pag. 118, evidenzia che i rischi dell'impresa nel loro manifestarsi possono incidere: «1) o sul flusso di ricavi, riducendone e quindi menomandone, a parità di flusso di costi, la capacità rimunerativa: si pensi, ad esempio, ai minor ricavi originati dal manifestarsi del

In questo approccio dunque il risultato obiettivo allo stato obiettivo s_0 viene espresso in funzione dei traguardi fissati a livello delle singole grandezze caratteristiche e la sua variabilità collegata alla possibilità che si manifestino nell'intervallo di tempo ΔT di vigenza del piano cedimenti più o meno rilevati e duraturi nei richiamati traguardi per effetto del manifestarsi di eventi di rischio rientranti nell'area della non conoscenza che l'organo di governo non è stato in grado o non ha ritenuto di governare.

7.5.2.1. Le grandezze condizionanti il conseguimento del risultato obiettivo

Avendo a base l'articolazione del piano, così come definita nella fase di normalizzazione e tenuto conto delle indicazioni emergenti dalla fase di qualificazione, con la determinazione delle linee portanti del piano e della sua coerenza esterna e interna, lo sviluppo dell'analisi per la valutazione dell'esposizione al rischio delle grandezze qualificanti il piano può partire dal considerare la più semplice e generale espressione del risultato netto come differenza tra i ricavi totali R_t e i costi totali C_t:

$$P = R_t - C_t$$

Il processo valutativo può quindi svilupparsi con riferimento al versante dei ricavi che a quello dei costi([31]).

---

rischio di insolvenza di taluni clienti [...]; 2) o sul flusso di costi, aumentandolo, a parità di ricavi, e quindi indirettamente erodendo il margine cui si commisura il reddito comunque configurato: si pensi, ad esempio, al rischio di garanzia [...]; 3) o su entrambi, riducendo il flusso di ricavi e contemporaneamente aumentando il flusso di costi, e perciò incidendo negativamente sul reddito: si pensi, ad esempio, ai rischi di collaudo».

([31]) Ove l'articolazione del piano abbia evidenziato l'opportunità di riferirsi ad una unità di valutazione diversa dall'impresa nel suo complesso quale, ad esempio, la divisione, la mappa di esposizione del risultato obiettivo andrà opportunamente definita in maniera specifica per ciascuna di tali unità. Va inoltre osservato che l'individuazione delle grandezze che influenzano il risultato netto può essere più o meno dettagliata. Ciò in relazione sia alle indicazioni derivanti dalla qualificazione del piano con l'evidenziazione delle aree di maggiore criticità che ne discende, sia all'analisi degli eventi di rischio condizionanti la traiettoria evolutiva della specifica impresa.

Sul versante dei ricavi, le grandezze caratteristiche condizionanti il conseguimento del risultato netto obiettivo possono essere così esemplificate:

$$R_t = f(p_{ui}, Q_{Mi}, q_{Ti}, \ldots)$$

dove:

– p_{ui} rappresenta il prezzo unitario del prodotto i-esimo;

– Q_{Mi} rappresenta la quota di mercato relativa al prodotto i-esimo;

– q_{Ti} rappresenta la quantità totale domandata del prodotto i-esimo([32]).

Con riferimento al versante dei costi, considerando la distinzione tra costi di utilizzo della struttura (C_u) e costi di struttura (CS), è possibile scrivere:

$$C_t = f(p_{Ii.j}, K_{Ii.j}, q_{vi}, cs_n, \ldots)$$

dove:

– $p_{Ii.j}$ rappresenta il prezzo di acquisto dell'input j-esimo riferito al prodotto i-esimo;

– $K_{i.j}$, rappresenta il coefficiente tecnico di produzione, che esprime il rapporto tra la quantità acquistata dell'input j-esimo e la quantità venduta del prodotto i-esimo([33]);

– q_{vi} rappresenta la quantità vendibile del prodotto i-esimo;

– cs_n rappresenta il costo necessario per assicurare all'impresa il flusso di servizi derivante dalla n-esima componente a carattere umano, tecnico o finanziario che l'organo di governo ha ritenuto di includere nella struttura specifica dell'impresa (S_T) e che nel loro complesso determinano il costo di struttura (CS).

Il processo valutativo si incentra così su quelle variegate grandezze che con il loro mutuo comporsi determinano quelle di sintesi e quindi le linee portanti ed il risultato del piano.

Detto processo può avvalersi a questo punto di approcci di tipo probabilistico, con l'individuazione di funzioni di distribuzione che

---

([32]) Si noti che partendo dalla espressione del ricavo $R = p_u \cdot q_v$, e moltiplicando e dividendo tale espressione per la quantità complessivamente domandata dal mercato servito otteniamo che $R = p_u \cdot q_v \cdot (q_T/q_T)$. Analogamente $R = p_u \cdot (q_v/q_T) \cdot q_T$, da cui si ottiene che $R = p_u \cdot Q_M \cdot q_T$.

([33]) In merito a tale impostazione cfr. DRINGOLI A., *Struttura e sviluppo dell'impresa industriale,* McGraw Hill, 1995, con particolare riferimento alle pagine 127 e segg.

consentono di restringere e filtrare il grado di incertezza che insiste sulle diverse grandezze, associando a ciascun valore della grandezza considerata una determinata probabilità di accadimento([34]).

> Una funzione di distribuzione utilizzabile a questi fini è la Beta di seguito riportata([35]). Rinviando ad altri studi per una analisi più approfondita delle motivazioni a base del frequente ricorso a tale tipo di distribuzione, evidenziamo che essa consente di tenere opportunamente conto del giudizio del valutatore in merito al possibile effetto degli eventi di rischio sulla grandezza considerata *X* ([36]).

([34]) Per l'individuazione di tali valori, il valutatore può fare riferimento a diverse modalità di definizione del predetto campo di variazione. Si pensi, ad esempio, a rilevazioni empiriche di transazioni effettuate su mercati ampi e regolamentati oppure a stime soggettive del valutatore supportate da panel di esperti e/o da interviste con il *management* dell'impresa. Non appare inutile osservare che per i rischi di non conoscenza viene a mancare un solido ancoraggio a passate osservazioni o al patrimonio di varietà incorporato nell'impresa di modo che le valutazioni di probabilità risentiranno della specificità della singola impresa. Al riguardo, cfr. anche SARACENO P., *La produzione industriale*, Libreria Universitaria Editrice, 1978, pagg.187-194. Sull'importanza di considerare le impostazioni probabilistiche per meglio qualificare il rischio cfr. BERNOULLI D., "Specimen Theoriae Novae de Mensura Sortis", *Econometrica*, n. 22, 1954, pagg. 23-36.

([35]) In proposito cfr., *amplius*, GOLINELLI G.M., *Il pert. Una nuova tecnica di pianificazione e controllo dei programmi di lavoro,* Giuffré, 1967, pag. 63 e segg.

([36]) Si consideri che, ove il valutatore lo ritenga opportuno, è possibile ricorrere anche a funzioni di distribuzione di probabilità diverse dalla Beta,. In merito alle diverse funzioni di distribuzione e alle loro applicazioni in ambito finanziario cfr. GLANTZ M., *Scientific financial management. Advances in financial intelligence capabilities for corporate valuation and risk assessment,* Amacom, 2000, in particolare pag. 103 e segg. Per un approfondimento degli aspetti statistici si può fare utilmente riferimento a DIXON W.J., MASSEY F.J.JR., *Introduction to Statistical Analysis*, McGraw-Hill, 1983, in particolare pag. 23 e segg. e pag. 59 e segg.; LETI G., *Statistica descrittiva*, Il Mulino, 1983, in particolare pag. 310 e segg., pag.379 e segg. e pag. 587 e segg.; PETERS W., SUMMERS G., *Statistical Analysis for Business Decisions*, Prentice-Hall, 1968, in particolare i capp. 4 e 5; infine, a WONNACOTT T.H., WONNACOTT R.J., *Introduzione alla statistica*, FrancoAngeli, 1998 (orig. *Introductory Statistics*, Wiley, 1998), in particolare pag. 31 e segg., pag. 87 e segg. e pag. 118 e segg.

([37]) In merito alla validità di tale scelta cfr., per tutti, MATTEN C., *Managing Bank Capital*, Wiley, 2000, pag. 202.

([38]) In proposito CECCANTI G., nel suo lavoro *Corso di tecnica imprenditoriale*, Vol. II, Cedam, 1996, pag. 268, osserva che «dovendo ricorrere a parametri tecnici e mercatistici per i quali non esistono metodi di stima precisi ed affidabili, gli operatori più avveduti non si accontentano di una sola determinazione, ma considerano almeno valori pessimistici ed ottimistici insieme a quelli centrali che ritengono più probabili».

Una valutazione sufficientemente realistica dei parametri della funzione probabilistica Beta relativa alla grandezza *X* (*M(X)* e *σ(X)*) può essere ottenuta mediante tre stime del valutatore in merito al possibile campo di variazione, con valori legati a situazioni qualificate da andamenti particolarmente avversi (valori pessimistico VP) o, viceversa, assai favorevoli (valore ottimistico VO) o, infine, normali (valore normale VN)([37]). Si ha, infatti, M(X) = (VP + 4VN + VO) / 6 e σ(X) = (VO – VP) / 6([38]).

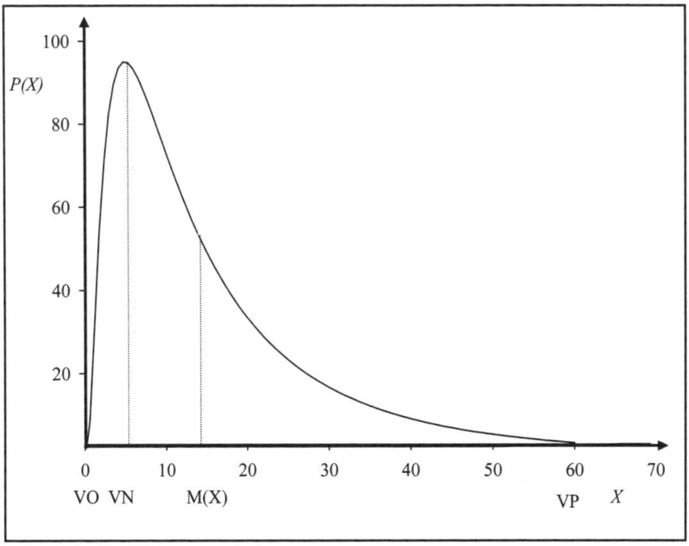

FIG. 7.2 – *La funzione di tipo Beta* (fonte: elaborazione personale).

Nell'ambito del processo valutativo è necessario tener presenti anche le possibili correlazioni tra le richiamate grandezze([39]). Si pensi, ad esempio, ad un'impresa rispetto alla quale il valutatore abbia riscontrato che determinati incrementi dei prezzi generano pari riduzioni delle quantità vendibili ovvero che incrementi in determinate componenti di costo si traducono in riduzioni di altre componenti di costo. Nella valutazione della rischiosità del piano, il valutatore dovrà quindi esprimere le correlazioni esistenti tra le predette grandezze, determi-

([39]) Queste correlazioni possono riguardare due o più grandezze sottese ad una medesima area (es. area di affari) oppure a diverse aree in cui il piano è articolato (es. due aree d'affari o due divisioni della stessa impresa).

nando intensità e segno, positivo o negativo, della correlazione([40]).

L'inclusione delle relazioni tra gli andamenti delle grandezze caratteristiche è necessaria al fine di tenere conto della concreta realtà dell'impresa nella quale i fenomeni appaiono tra loro interconnessi ed interdipendenti. Solo una loro lettura il più possibile congiunta, per quanto complicata e parziale, può permettere quindi una migliore comprensione ed una più efficace valutazione del rischio cui la trattoria evolutiva del sistema impresa è esposta([41]).

7.5.2.2. Il governo del rischio

Il processo valutativo verso la quantificazione della rischiosità del piano non può prescindere ed anzi deve trovare fondamento nelle specificità del sistema impresa e, più in particolare, nella valutazione della sua capacità di governo del rischio([42]).

Il governo del rischio nella progettata dinamica evolutiva del sistema impresa costituisce, come già osservato, un concetto approfondito nella dottrina sia italiana che estera.

Per quanto attiene alla Scuola di Economia d'impresa italiana, riteniamo significativo considerare il contributo di Gaetano Corsani, il quale, nell'ambito delle «vie della gestione che portano all'eliminazione o all'attenuazione dei rischi», distingue quelle volte alla gestione

---

([40]) Si pensi ancora ad un'impresa che presenti nella propria struttura patrimoniale una posta del passivo cui è associato un determinato tasso di interesse. Quest'ultimo viene correlato dal management ad un tasso attivo riferito ad una posta dell'attivo patrimoniale in modo tale che variazioni in aumento del primo siano compensate da variazioni del secondo. In tal caso, nella mappa di esposizione, il valutatore dovrà tenere adeguatamente conto della correlazione tra la grandezza caratteristica prezzo costo rappresentata dal tasso passivo e la grandezza caratteristica prezzo ricavo rappresentata dal tasso attivo.

([41]) In proposito va osservato che «i problemi dell'economia d'azienda non possono essere risolti ignorandone la dinamica unità; se questa si spezza, si annulla o si altera quanto è stato disgiunto e si sconvolge il tutto complesso» ZAPPA G., *Le produzioni*, Vol. I, *op.cit.*, pag. 4.

([42]) In proposito, CAPRARA G., nel suo studio *Economia delle imprese industriali*, Giuffrè, 1971, pag. 185, rileva che: «Il rischio d'impresa, nel suo aspetto di eventualità sfavorevole, è indubbiamente destinato ad accrescersi col ridursi della capacità dell'impresa a rinnovare le proprie combinazioni con la celerità imposta dal mutare delle circostanza interne e di mercato».

dei «rischi con probabilità statistiche» mediante trasferimento alle imprese di assicurazione o tramite «procedimenti di interna assicurazione» da quelle volte ad attenuare i rischi tramite procedimenti gestionali. Questi ultimi sono riferiti, in particolare, ai rapporti con i mercati di provvista e di collocamento e ai caratteri delle connesse negoziazioni, oltre che alle condizioni organizzative dell'impresa([43]).

Un aspetto rilevante è poi colto da Antonio Borghesi, il quale ritiene che, nell'ambito del processo di gestione del rischio, la fase del suo trattamento, che succede a quella della sua misurazione, comporta anche un'attività di riduzione dei rischi, che significa «intervenire sulle due dimensioni che lo definiscono, cioè la frequenza e la gravità»([44]).

Per quanto attiene agli Autori d'oltreoceano, essi il più delle volte focalizzano l'attenzione sulla classificazione delle differenti impostazioni finalizzate a proteggere l'impresa dal possibile verificarsi di eventi di rischio([45]).

([43]) Cfr. CORSANI G., *La gestione delle imprese mercantili e industriali*, Cedam, 1939 (1937[1]), pag. 251 e segg. Dalle lucide parole dell'Autore emerge con chiarezza la pervasività della politica del rischio nell'impresa quando afferma che i criteri di gestione dei rischi «sono suscettibili di essere studiati sotto diversi aspetti e sarebbe irrazionale riguardarli quali meri procedimenti atti a proteggere l'azienda dal rischio. Secondo noi, dunque, lo studio della politica del rischio non può essere disgiunto da quello delle vie d'impresa in generale» (pag. 265).

([44]) Cfr. BORGHESI A., *La gestione dei rischi di azienda,* Cedam, 1985, pag. 211. In proposito, per una razionale classificazione dei rischi a livello della specifica impresa si fa riferimento alla probabilità del verificarsi dell'evento ed al suo impatto sulla grandezza considerata.

([45]) Al riguardo, DELOACH J., *Enterprise-Wide Risk Management. Strategies for Linking Risk and Opportunity*, Pearson Education, 2000, pag. 129 e segg. focalizza l'attenzione sulle seguenti impostazioni: a) *exploit* (frammentazione e correlazione delle attività dell'impresa in modo tale che andamenti sfavorevoli su un versante possano essere compensati da andamenti di segno opposto su un altro versante); b) *avoid* (eliminazione completa); c) *retain* (assunzione *in toto*); d) *reduce* (riduzione della probabilità di manifestazione dell'evento e/o attenuazione dell'impatto del suo manifestarsi sull'economia dell'impresa); e) *transfer* (trasferimento a terze economie). YOUNG P. e TIPPINS S., nel loro lavoro *Managing Business Risk*, Amacom, 2001, pag. 128 e segg. tra le impostazioni di *risk control* (ossia «any strategy, program, tool, or technique that seeks to avoid, prevent, reduce, or eliminate risk and uncertainty») attribuiscono particolare significato ai seguenti aspetti: a) *risk neutralization* (riduzione degli effetti negativi di un evento di rischio attraverso la sua correlazione con un altro evento i cui effetti risultano di segno opposto) b) *risk avoidance* (eliminazione completa); c) *risk tranfer and distribution* (trasferimento e ripartizione tra più soggetti); d) *risk/uncertainty reduction* (riduzione della probabilità di manifestazione dell'evento);

Ecco dunque palesarsi l'opportunità per il valutatore, in ordine alla stima delle grandezze caratteristiche, di esaminare puntualmente le specificità che qualificano le impostazioni di governo del rischio della singola impresa.

Impostazioni che possono essere ricondotte, ai nostri fini, al trasferimento contrattuale ovvero alla ritenzione.

In merito al trasferimento contrattuale è possibile distinguere, sulla base della natura della controparte, il trasferimento assicurativo dal trasferimento ad altri soggetti.

Quanto al trasferimento contrattuale a soggetti diversi dalle imprese assicurative, ci riferiamo a forme contrattuali ovvero a singole clausole specificamente volte a trasferire parzialmente o integralmente a terzi, quali clienti, fornitori, dipendenti o operatori specializzati, l'onere del verificarsi degli eventi di rischio([46]).

Passando a considerare le impostazioni qualificabili come ritenzione, tra queste è possibile individuare, da una parte, le forme di assicurazione interna (per esempio, accantonamenti a fondi rischi), dall'altra, le capacità incorporate nella struttura specifica, *pro tempore* vigente, atte a proteggere l'impresa dal possibile verificarsi di eventi di rischio.

Quanto alle capacità, occorre considerare la dotazione complessiva del sistema composta, da un lato, dalle capacità di base a carattere sia elementare che composito e, dall'altro, dalle capacità dinamiche([47]). Si considerino, ad esempio, le capacità manageriali ed operative qualificanti le componenti umane sottese all'unità organizzativa *marketing*. Il valutatore può analizzare tali capacità sulla base di una serie

---

e) *loss prevention* (prevenzione delle perdite possibili); f) *loss reduction* (riduzione delle perdite possibili).

([46]) Cfr. RULLANI E., "La finanza e gli investimenti", in RISPOLI M. (a cura di), *L'impresa industriale. Economia, tecnologia, management*, Il Mulino, 1989 (1984[1]), pag. 559.

([47]) Con riferimento all'importanza di disporre di adeguate capacità atte a fronteggiare i rischi cui la dinamica evolutiva del sistema risulta esposta, si consideri il suggestivo esempio riportato da MARRIS R., *La teoria, op.cit.*, pag. 6 in merito all'interdipendenza tra rischio ed organizzazione: «se la domanda di un prodotto assume un andamento sfavorevole, un dirigente rapido nelle sue decisioni può recuperare la propria posizione variando il tipo di produzione, o per lo meno può minimizzare le perdite ritirandosi in tempo. Un dirigente lento nelle sue decisioni, invece, può cadere in una spirale viziosa di declino finanziario; agendo troppo tardi incontra delle perdite che a loro volta provocano decisioni che causano perdite ulteriori e così via».

di aspetti opportunamente individuati, quali, la specifica esperienza funzionale e settoriale maturata dalle ricordate componenti; i meccanismi di controllo e di incentivazione previsti; i risultati riportati in passato e così via. In relazione ai diversi aspetti considerati, il valutatore attribuisce a ciascuna componente considerata un giudizio basato su una certa scala di valori([48]).

Ripetendo il procedimento per le altre componenti che riterrà di considerare, anche in relazione alle risultanze della qualificazione del piano e dell'analisi degli eventi di rischio, il valutatore procederà, quindi, a definire un quadro delle capacità atte a fronteggiare gli eventi di rischio e quindi a supportare il conseguimento del risultato obiettivo del piano. Si pensi, ad esempio, a operazioni di copertura tramite opportuni strumenti contrattuali, che concorrono a contenere il campo di variazione riferito al prezzo/costo di acquisto di un determinato *input*. Si pensi, ancora, ad una copertura sul rischio di cambio che definisce il campo di variazione del prezzo ricavo di un determinato prodotto

Nel contesto considerato, la meditata riflessione del valutatore in merito alla capacità di governo del rischio propria dell'impresa può portarlo anche ad annullare il campo di variazione e quindi all'attribuzione di un valore puntuale alla grandezza considerata. Si pensi, ad esempio, ad un contratto di compravendita a termine che fissa il prezzo di vendita di un prodotto ovvero il prezzo di acquisto di un *input*.

Sotto un profilo più generale, con riferimento a quanto precedentemente osservato in merito alla distribuzione probabilistica dei valori di una determinata grandezza X che concorre a determinare il risultato atteso P_0, l'azione di governo del rischio, frutto della cultura del rischio qualificante l'impresa, si manifesta attraverso il progressivo addensarsi dei possibili valori di X intorno al valore medio in relazione alla contrazione del campo di variazione. Ne consegue la riduzione della varianza unitamente all'avvicinamento del valore normale a quello medio.

In conclusione il valutatore, attraverso il percorso valutativo delineato, perviene a qualificare le variegate grandezze determinanti il risultato atteso dal piano di sviluppo attraverso le funzioni di distribu-

---

([48]) In merito allo sviluppo ed alla valutazione delle risorse umane cfr. COSTA G. (a cura di), *Manuale di gestione del personale,* Utet, 1992, *passim.* Cfr. inoltre KOCHANSKI J.T., RUSE D.H., "Competenze e sviluppo delle risorse umane", in *Sviluppo & Organizzazione*, n. 160, 1997.

zione di probabilità del loro valore e le relazioni e interazioni tra loro intercorrenti.

7.5.2.3. *La stima della rischiosità del piano*

Per la determinazione della distribuzione di probabilità del risultato netto obiettivo e quindi dei possibili scostamenti negativi, anche in considerazione delle relazioni e interazioni intercorrenti tra le distribuzioni di probabilità relative alle diverse grandezze, il valutatore può far ricorso a modelli di simulazione([49]).

Più in particolare, è possibile far riferimento ad un modello di simulazione di tipo Monte Carlo i cui passi possono essere così sintetizzati([50]):

– per ciascuna grandezza viene estratto casualmente un valore compreso nel suo campo di variazione, con i diversi valori caratterizzati ciascuno da una diversa probabilità di estrazione;

([49]) In merito cfr. il lavoro fondante di HERTZ D., "Risk Analysis in Capital Investment", in *Harvard Business Review*, gennaio-febbraio 1964. Come osservato da Saraceno (1978), l'elaboratore «permette di sapere di più; la possibilità di memorizzare economicamente un numero di elementi molto più grande e di elaborarli prontamente pure in modo economico ai fini più vari, permette di cogliere connessioni che altrimenti si dovrebbero ignorare». Cfr. SARACENO P., *La produzione*, *op.cit.*, pag. 198. Al riguardo cfr., per tutti, TURBAN E., MEREDITH J., *Management*, Jackson, 1990, cap. 16, pag. 5 (orig. *Fundamentals of Management Science*, Business Public, 1988). Per un'applicazione dei modelli di simulazione alla gestione d'impresa cfr. EMINENTE G., CUOMO G., JACCOD P., LANCIOTTI P., PEPE C., *Manuale delle simulazioni di gestione,* FrancoAngeli, 1983.

([50]) La formulazione del metodo Monte Carlo è attribuita al matematico di origine polacca Stanislow Ulam, che con l'aiuto di John Von Neumann, ha sviluppato una tecnica per simulare matematicamente processi complessi, centinaia o migliaia di volte, alterando casualmente determinate variabili per ogni simulazione ed ottenendo così un *range* di probabilità dei possibili risultati. In proposito si rimanda a CLARK D., "Monte Carlo Analysis: Ten Years of Experience", in *Cost Engineering,* n. 43, 2001. L'utilizzazione dela simulazione Monte Carlo per la stima del rischio nelle decisioni di investimento costituisce un'impostazione presente in numerosi testi di finanza ed ingegneria finanziaria. Cfr. in generale LEVY H., SARNAT M., *Optimal Investment and Financial Decisions*, Prentice Hall, 1994; PARK C.S., SHARP-BETTE J.P., *Advanced Engineering Economics*, Wiley, 1990; SEITZ N.E., *Capital Budgeting and Long-Term Finance Decisions*, The Druyden Press, 1994. Sull'opportunità del ricorso a tali modelli nell'ambito di processi di analisi del rischio cfr. anche DELOACH J., *Enterprise*, *op.cit.*, pag. 128, nonché MATTEN C., *Managing*, *op.cit.*, pag. 202.

– l'insieme dei valori estratti per le singole grandezze consente di determinare un valore del risultato netto;

– il valore del risultato netto così determinato viene confrontato con il risultato netto obiettivo, valutando segno e intensità dello scostamento;

– se lo scostamento è negativo (il risultato netto determinato dalla simulazione è inferiore a quello obiettivo) il relativo valore viene salvato; se positivo lo scostamento viene rigettato;

– la procedura viene ripetuta *n* volte, con *n* abbastanza grande([51]).

Terminata la procedura, per ciascuno degli scostamenti negativi dal risultato netto obiettivo viene calcolata la frequenza relativa (numero di volte che si è determinato un certo scostamento negativo rispetto al numero totale degli scostamenti negativi), pervenendo, così, all'individuazione della distribuzione degli scostamenti negativi dal risultato netto obiettivo P_o([52]).

Si supponga, ad esempio, un piano che prevede un risultato netto obiettivo di 40 a cui concorrono i prezzi unitari pari a 3, le quantità vendibili pari a 110, i costi unitari di utilizzo pari a 2, i costi di struttura pari a 40. A questi si aggiunge una stima dei costi connessi ai furti pari a 30.
Alla luce delle menzionate grandezze, tenuto conto dell'analisi degli eventi di rischio e delle impostazioni di governo degli stessi, il valutatore formula le seguenti considerazioni:
– le quantità vendibili si distribuiscono normalmente intorno alla media di 100 con uno scostamento quadratico medio pari a 20;
– i costi di utilizzo si distribuiscono come una Beta con l'estremo inferiore pari ad 1, il valore normale pari a 2, l'estremo superiore pari a 3;
– per i prezzi si stima un valore puntuale pari a 2;
– il numero di furti annui si distribuisce come una normale di media 15 e varianza 5, mentre l'impatto economico di un furto si distribuisce come una funzione lognormale con valore massimo 60.
Sulla base dei parametri predetti, viene avviato il modello di simulazione con un numero massimo di iterazioni pari a 100.000.
Da queste iterazioni, sono state ottenuti 65.000 scostamenti negativi (*sn*) del risultato netto atteso da quello obiettivo. Tali scostamenti, opportunamente normalizzati, hanno permesso di determinare la relativa distribuzione di

([51]) In proposito il numero delle iterazioni deve essere tale da consentire che una ulteriore iterazione non modifica in maniera significativa la distribuzione di probabilità degli scostamenti negativi dal risultato netto obiettivo.

([52]) Cfr. in proposito LORANCE R., WENDLING R., "Basic Techniques for Analyzing and Presentation of Cost Risk Analysis", in *Cost Engineering,* n. 43, 2001. Al riguardo, cfr. anche CECCCANTI G., *Corso*, Vol. II, *op.cit.*, pagg. 268-269.

probabilità (Figg. 7.3 e 7.4).

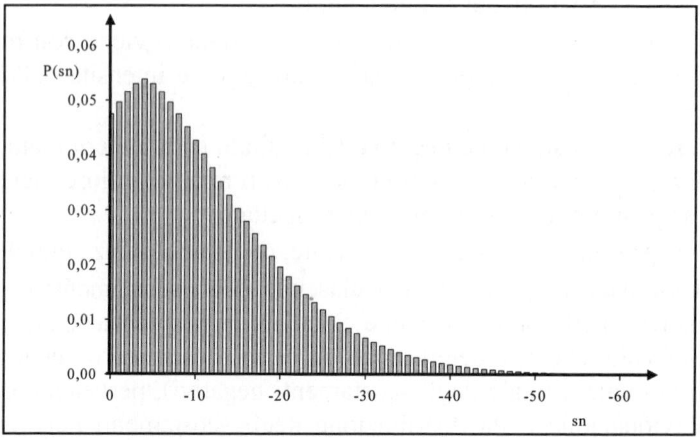

FIG. 7.3 – *La funzione di distribuzione di probabilità degli scostamenti negativi dal risultato netto obiettivo* P_o (fonte: elaborazione personale)([53]).

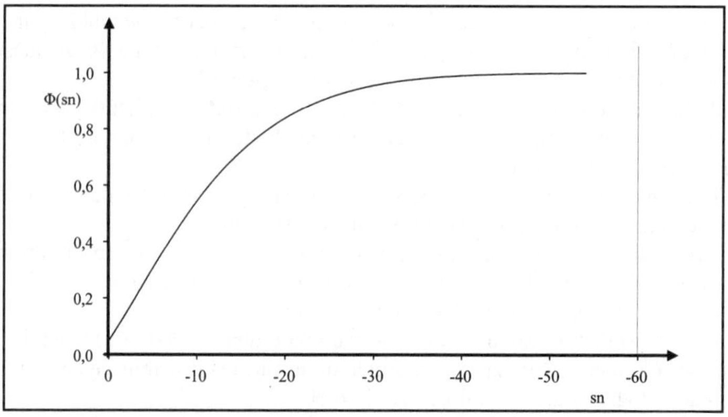

FIG. 7.4 – *La funzione cumulata di probabilità degli scostamenti negativi dal risultato netto obiettivo* P_o (fonte: elaborazione personale)([54]).

([53]) Si noti che, nella funzione di distribuzione di probabilità, sull'asse delle ordinate con f_r si indica la frequenza relativa percentuale associata a ciascun risultato derivante dalla procedura di simulazione. L'intercetta della funzione con l'asse delle ordinate rappresenta la probabilità che si manifesti uno scostamento nullo dal risultato obiettivo.

([54]) La funzione esprime la probabilità che gli scostamenti del risultato netto P siano inferiori ad un determinato valore k. Ad esempio, la probabilità che gli scostamenti dal risultato obiettivo siano inferiori a -20 è pari a circa 0.75.

La funzione di distribuzione e la relativa funzione di ripartizione, ottenute in forma esemplificativa con il procedimento sopra descritto, presentano determinate caratteristiche:
– *range* dei possibili valori degli scostamenti dal risultato netto obiettivo, cioè l'intervallo compreso tra il valore massimo e quello minimo del risultato netto (nella figura 7.3 rispettivamente pari a 0 e -58);
– moda che costituisce le informazioni di base circa la localizzazione degli scostamenti più probabili dal risultato netto obiettivo (nel caso è pari a circa -8);
– scostamento quadratico medio, che rappresenta un indicatore della dispersione dei risultati intorno alla media (nel caso è pari a 7,52).

In sintesi, l'utilizzo di modelli di simulazione ai fini dell'analisi del rischio consente di tenere adeguatamente conto dei variegati eventi di rischio potenzialmente condizionanti la dinamica evolutiva del sistema, così come riflessi nelle leggi di distribuzione di probabilità delle grandezze caratteristiche.

7.4.2.4. L'analisi dei possibili errori nella valutazione della rischiosità del piano

Nelle analisi volte a determinare la funzione di distribuzione degli scostamenti negativi dal risultato obiettivo, il valutatore deve tener conto dell'esistenza di possibili errori. Tali errori sono almeno riconducibili ai seguenti:

– all'aver considerato una determinata funzione di distribuzione di probabilità (es. tipo Beta) mentre la «effettiva» distribuzione della grandezza caratteristica è di tipo diverso;

– all'aver definito i parametri tipici della distribuzione di probabilità della grandezza in esame X sulla base di stime per le quali la soggettività del valutatore è comunque rilevante;

– all'aver supposto interdipendenze tra le funzioni di distribuzione delle grandezze condizionanti il risultato netto che non riflettono adeguatamente le «reali» connessioni.

Dai richiamati errori possono discendere effetti più o meno significativi sulla capacità della funzione di distribuzione degli scostamenti dal risultato netto obiettivo a cogliere l'impatto di possibili eventi di rischio sulle variegate grandezze e quindi sul conseguimento dell'obiettivo P_o([55]).

Per contenere tale eventualità, il valutatore può effettuare una analisi di sensitività. Questa analisi consente infatti di valutare la rispondenza di un'informazione in uscita da un calcolo a variazioni in una o più informazioni in entrata del medesimo([56]). Ai nostri fini, l'analisi di sensitività si concretizza nel determinare l'effetto sulla distribuzione degli scostamenti dal risultato obiettivo della variazione di una o più ipotesi e stime a base del modello di valutazione della rischiosità del piano.

Con specifico riferimento alle ipotesi o stime maggiormente condizionanti la funzione di distribuzione di probabilità degli scostamenti negativi dal risultato obiettivo, il valutatore potrà quindi considerare l'opportunità di un approfondimento volto ad incrementarne la fondatezza([57]).

7.4.2.5. La determinazione dello scostamento massimo possibile

La funzione di distribuzione degli scostamenti negativi dal risultato netto obiettivo, opportunamente verificata e validata anche alla luce degli esiti dell'analisi di sensitività, consente di individuare il *range* entro il quale, con un certo grado di probabilità, sarà compreso lo scostamento dal risultato obiettivo conseguibile dall'impresa.

Assumendo un certo intervallo di confidenza, dipendente dal livello di sicurezza richiesto dall'organo di governo, è possibile quindi determinare lo scostamento massimo possibile (*SMP*) dal risultato netto obiettivo del piano.

([55]) A riguardo PANATI G. nel suo lavoro "I calcoli di convenienza tecnico economica", in ARDEMANI E. (a cura di), *Manuale di amministrazione aziendale,* Isedi, 1974, pag. 129 afferma che «peraltro, anche per l'analisi del rischio la precisione del calcolo può essere illusoria, se non vi è precisione nelle informazioni in entrata, cioè nelle stime che conducono alla distribuzione probabilistica delle varie grandezze che determinano il profitto».

([56]) Riguardo all'analisi di sensibilità ed al suo utilizzo nei calcoli di convenienza economica cfr., per tutti, PANATI G., "I calcoli", *cit.*, pag. 20.

([57]) Si consideri, ad esempio, il caso in cui il valutatore abbia riscontrato che la funzione di distribuzione degli scostamenti sia particolarmente sensibile alle variazioni del prezzo di un certo *output*. In tal caso, il valutatore dovrà considerare con particolare attenzione la fondatezza delle ipotesi a base della distribuzione dei valori della richiamata grandezza caratteristica.

7.6. DALLA VALUTAZIONE DELLA RISCHIOSITÀ ALL'AZIONE DI GOVERNO DEL PIANO

Il processo valutativo del piano si è concluso con una stima dello scostamento massimo possibile dal risultato obiettivo con quel livello di probabilità che il valutatore ritiene corretto anche in relazione alla capacità di reazione del sistema al verificarsi di eventi di rischio.

L'approccio seguito ha a suo fondamento il convincimento che il processo di mitigazione del rischio, anche se sviluppato da un'impresa qualificata da una elevata cultura del rischio, non sia sufficiente a eliminare quella componente di volatilità connessa alla rischiosità che permea l'agire delle organizzazioni imprenditoriali.

Questa volatilità che qualifica le variegate grandezze determina la rischiosità del piano che trova quantificazione nel ricordato scostamento massimo possibile (*SMP*) dal risultato netto obiettivo([58]).

La quantificazione della rischiosità del piano comporta, in armonia all'approccio seguito nel nostro studio, che all'attuazione del piano si collega l'insorgere di un fabbisogno di capitale a presidio della rischiosità stessa.

Questo fabbisogno di capitale, che indichiamo come capitale allocato (*CA*) qualificante il piano, è rappresentato appunto dal ricordato scostamento massimo possibile (*SMP*) ad un certo livello di probabilità. Si ha pertanto che:

$$CA=SMP.$$

In presenza di un piano qualificato dall'esaurimento della generalità delle possibili azioni di mitigazione del rischio, la copertura del richiamato fabbisogno non può che far capo alla proprietà([59]).

([58]) Va in proposito osservato che l'analisi di rischiosità potrebbe spingere l'organo di governo a ritenere il piano nel suo complesso non sostenibile ove lo scostamento massimo atteso risulti eccedente una determinata soglia il cui livello è dipendente dalle specificità dell'impresa e/o del contesto.

([59]) Cfr. GOLINELLI G.M., *L'approccio*, Vol. II, *op.cit.,* pag. 169. In proposito, rimandiamo anche al pensiero di Gino Zappa, il quale, pur con argomentazioni diverse, sostiene che «Il rischio [...] ricade in gran parte sul capitale proprio». Cfr. ZAPPA G., *Le produzioni*, Vol. I, *op.cit.,* pag. 226. Cfr., infine, CAPALDO P., *Capitale proprio e capitale di credito nel finanziamento d'impresa,* Giuffrè, 1967, pag. 39, il quale ritiene che «via via che cresce il rischio dovrebbe diminuire, *ceteris paribus*, il complessivo indebitamento dell'impresa ed aumentare corrispondentemente il capitale di

Le decisioni di governo del sistema inerenti la copertura di tale fabbisogno non possono, peraltro, prescindere dal considerare che il piano si inserisce nella dinamica evolutiva del sistema al tempo T dove gli assetti patrimoniali dell'impresa possono essere qualificati da eccesso o difetto di capitale.

Nel caso di un eccesso di capitale allocato, questo potrà essere sufficiente a coprire il fabbisogno di capitale richiesto a presidio del piano o potrà comunque concorrere alla sua copertura.

In questa seconda fattispecie o quando al tempo T non vi sia eccedenza ma carenza di capitale si determina un fabbisogno di capitale di rischio che l'impresa può contenere sia intervenendo sul piano attraverso nuove e più incisive azioni di governo del rischio sia richiedendo un conferimento aggiuntivo di mezzi propri alla proprietà, sia sviluppando un processo più spinto di ritenzione degli utili nel corso della progettata dinamica evolutiva.

In questa ottica, il capitale di rischio, nella sua veste di *risk taking capital*, diventa un'entità variabile nel tempo in dipendenza solo dei rischi qualificanti lo stato iniziale ma anche e soprattutto della rischiosità che qualifica la progettata traiettoria evolutiva del sistema impresa. Il capitale allocato assume così la connotazione di grandezza di regolazione strumentale alla formulazione di fondati giudizi in merito alla corretta capitalizzazione dell'impresa rispetto al rischio, alla qualità del percorso di sviluppo previsto a piano e, come osservato in precedenza, alla possibilità/necessità che entità sistemiche di contesto diverse dalla proprietà contribuiscano a coprire il rischio di non conoscenza a cui l'impresa è soggetta.

BIBLIOGRAFIA

ANDÉRN N., JANKENSGARD H., OXELHEIM L., "Exposure Based Cash Flow at Risk: An Alternative to Var for Industrial Companies", in *Journal of Applied Corporate Finance*, n. 17, 2005.

BARONCELLI A., *La strategia di disinvestimento,* Masson, 1996.

BENASSI M., "Tutti i rischi dell'outsourcing. Il caso IBM-Celestica: come valutare il passaggio di interi processi produttivi", in *IlSole24Ore*, 22/01/00.

BERNOULLI D., "Specimen Theoriae Novae de Nensura Sortis", in *Econometrica*, n. 22, 1954.

---

proprietà».

BERNSTEIN P., *Più forti degli dei*, IlSole24Ore, 2002 (orig. *Against the Gods*, Wiley & Sons, 1996).
BERTOLI G., *Crisi d'impresa, ristrutturazione e ritorno al valore*, Egea, 2000.
BETTI F., *Value at Risk. La gestione dei rischi finanziari e la creazione del valore*, IlSole24Ore, 2001.
BOGANI R., DE MARCH E. (a cura di), *Basilea 2*, Esselibri, 2008.
BORGHESI A., *La gestione dei rischi di azienda,* Cedam, 1985.
BOWMAN E.H., SINGH H., "Corporate Restructuring: Reconfiguring the Firm", in *Strategic Management Journal*, n. 1, 1993.
BOWMAN E.H., SINGH H., USEEM M., BHADURY R., "When Does Restructuring Improve Economic Performance?", in *California Management Review*, n. 2, 1999.
BRUGGER G., "Le decisioni finanziarie", in PIVATO G. (a cura di), *Trattato di finanza aziendale,* FrancoAngeli, 1983.
CAFFERATA R., *Sistemi, ambiente e innovazione. Come si integrano la continuità e il mutamento nell'impresa*, Giappichelli, 1995.
CAPALDO P., *Capitale proprio e capitale di credito nel finanziamento d'impresa,* Giuffrè, 1967.
CAPRARA G., *Economia delle imprese industriali*, Giuffrè, 1971.
CASCIO W.F., "Downsizing: What do We Know? What Have We Learned?", in *Academy of Management Executive*, n. 1, 1993.
CECCANTI G., *Corso di tecnica imprenditoriale*, Vol. II, Cedam, 1996.
CHIERCHIA V., "Riassetto Marks&Spencer. Il top management deve dare l'esempio. Sindacati contro il bonus per tagliare i posti", in *IlSole24Ore*, 28/04/01.
CLARK D., "Monte Carlo Analysis: Ten Years of Experience", in *Cost Engineering*, n. 43, 2001.
COLOMBI F., *Finanza condizionata e teoria del valore*, Aracne, 2003.
CORSANI G., *La gestione delle imprese mercantili e industriali*, Cedam, 1939 (1937[1]).
COSTA G. (a cura di), *Manuale di gestione del personale,* Utet, 1992.
DELOACH J.W., *Enterprise-Wide Risk Management. Strategies for Linking Risk and Opportunity*, Pearson Education, 2000.
DERMAN E., *Model Risk*, Quantitative Strategies Research Notes, Goldman Sachs, 1996.
DIXON W.J., MASSEY F.J. JR., *Introduction to Statistical Analysis*, McGraw-Hill, 1983.
DRINGOLI A., *Struttura e sviluppo dell'impresa industriale,* McGraw Hill, 1995.
EMINENTE G., CUOMO G., JACCOD P., LANCIOTTI P., PEPE C., *Manuale delle simulazioni di gestione,* FrancoAngeli, 1983.
FABRIZI C., *Tecnica del commercio estero*, Cedam, 1976.
FAZZI R., *Il contributo della teoria delle funzioni e dei rischi allo studio dei comportamenti imprenditoriali*, Cursi, 1957.
FERRERO G., *Istituzioni di economia d'azienda*, Giuffrè, 1968.
FERRERO G., *Impresa e management*, Giuffrè, 1987.
FICI L., *La gestione del valore delle attività di supporto per il controllo dei costi di struttura,* Cedam, 2000.
GATTI C., *Vita, crisi e ristrutturazione di un gruppo industriale pubblico. Il caso Finmeccanica*, Cedam, 2002.
GAUGHAN P.A., *Mergers, Acquisitions and Corporate Restructurings*, Wiley, 1999.
GERVASONI A., RAZELLI G., *Gestire & Innovare. Modelli ed esperienze dai casi Alfa Romeo e Ferrari*, IlSole24Ore, 1990.
GILARDONI A., DANOVI A., *Cambiamento, ristrutturazione e sviluppo dell'impresa,*

Egea, 2000.
GLANTZ M., *Scientific Financial Management. Advances in Financial Intelligence Capabilities for Corporate Valuation and Risk Assessment,* Amacom, 2000.
GOLINELLI G.M., *Il pert. Una nuova tecnica di pianificazione e controllo dei programmi di lavoro,* Giuffré, 1967.
GOLINELLI G.M., *L'approccio sistemico al governo dell'impresa*, Vol. I, Cedam, 2005 (2000[1]).
GOLINELLI G.M., *L'approccio sistemico al governo dell'impresa,*Vol. II, Cedam, 2000.
GUATRI L., *Turnaround. Declino, crisi e ritorno al valore*, Egea, 1995.
HERTZ D., "Risk Analysis in Capital Investment", in *Harvard Business Review*, gennaio-febbraio 1964.
HOFER C.W., SCHENDEL D.E., *La formulazione della strategia aziendale*, FrancoAngeli, 1984 (orig. *Strategy Formulation. Analytical Concepts*, West Publishing Co., 1978).
HURLEY W., "On the Use of Martingales in Monte Carlo Approaches to Multiperiod Parameter Uncertainty in Capital Investment Risk Analysis", in *The Engineering Economist*, n. 43, 1998.
JORION P., *Value at Risk. The New Benchmark for Managing Financial Risk*, McGraw-Hill, 2000.
KOCHANSKI J.T., RUSE D.H., "Competenze e sviluppo delle risorse umane", in *Sviluppo & Organizzazione*, n. 160, 1997.
LETI G., *Statistica descrittiva,* Il Mulino, 1983.
LEVY H., SARNAT M., *Optimal Investment and Financial Decisions*, Prentice Hall, 1994.
LIPPARINI A., "Architetture relazionali inter-impresa", in *Sviluppo & Organizzazione*, n. 153, gennaio/febbraio 1996.
LORANCE R., WENDLING R., "Basic Techniques for Analyzing and Presentation of Cost Risk Analysis", in *Cost Engineering,* n. 43, 2001.
MANTOVANI G.M., *Rischio e valore dell'impresa. L'approccio contingent claim della finanza aziendale*, Egea, 1998.
MARRIS R., *La teoria economica del capitalismo manageriale*, Einaudi, 1972 (orig. *The Economic Theory of Managerial Capitalism*, MacMillan, 1964).
MATTEN C., *Managing Bank Capital*, Wiley, 2000.
MERLANI C., *Lineamenti dell'impresa industriale e dell'impresa mercantile*, Cedam, 1963.
MERRIDEN T., "A Turnaround in Progress", in *Management Review*, n. 1, 2000.
MILLER K.D., REUER J.J., "Measuring Organizational Downside Risk", in *Strategic Management Journal*, vol.17, n.9, 1996.
PANATI G., "I calcoli di convenienza tecnico economica", in ARDEMANI E. (a cura di), *Manuale di amministrazione aziendale,* Isedi, 1974.
PANICCIA P., *Il tempo nel governo dell'impresa industriale. Tempo e conoscenza nell'economia delle imprese*, Giappichelli, 1999.
PARK C.S., SHARP-BETTE J.P., *Advanced Engineering Economics*, Wiley, 1990.
PETERS W., SUMMERS G., *Statistical Analysis for Business Decisions*, Prentice-Hall, 1968.
RISPOLI M., *Sviluppo dell'impresa e analisi strategica*, Il Mulino, 1998.
RUEFLI T.W., COLLINS J.M., LACUGNA J.R., "Risk Measures in Strategic Management Research: Auld Lang Syne ?", in *Strategic Management Journal*, n.2, 1999.

RULLANI E., "La finanza e gli investimenti", in RISPOLI M. (a cura di), *L'impresa industriale. Economia, tecnologia, management*, Il Mulino, 1989 (1984[1]).

SARACENO P., *La produzione industriale*, Libreria Universitaria Editrice, 1978.

SCIARELLI S., *Il processo decisorio nell'impresa*, Cedam, 1967.

SEITZ N.E., *Capital Budgeting and Long-Term Finance Decisions*, The Druyden Press, 1994.

SICCA L., IZZO F., *La gestione dei processi di turnaround. Un caso esemplare: la Pirelli S.p.A.*, Edizioni Scientifiche Italiane, 1995.

SMULLEN J., *Risk Management for Company Executives*, Pearson Education, 2000.

TURBAN E., MEREDITH J., *Management*, Jackson, 1990 (orig. *Fundamentals of Management Science*, Business Public, 1988).

WONNACOTT T.H., WONNACOTT R.J., *Introduzione alla statistica*, FrancoAngeli, 1998 (orig. *Introductory Statistics*, Wiley, 1998).

YOUNG P., TIPPINS S., *Managing Business Risk: an Organisation-Wide Approach to Risk Management*, Amacom, 2001

ZAPPA G., *Le produzioni nell'economie delle imprese*, vol. I, Giuffrè, 1956.

CAPITOLO OTTAVO

ASSETTI PATRIMONIALE E FINANZIARIO D'IMPRESA: RISCHIO E RAPPORTI INTERSISTEMICI (*)

SOMMARIO: 8.1. Dalla cultura del rischio alla qualificazione della struttura patrimoniale dell'impresa. – 8.2. La struttura patrimoniale «limite». – 8.3. La ripartizione del rischio di non conoscenza tra le diverse entità del contesto: verso un modello di analisi. – 8.4. Il ruolo del capitale allocato per la lettura della struttura patrimoniale. – 8.4.1. Impresa sovracapitalizzata con riferimento al rischio di non conoscenza. – 8.4.2. Impresa sottocapitalizzata con riferimento al rischio di non conoscenza. – 8.5. La struttura finanziaria ed il suo governo: il quoziente d'indebitamento «limite». – 8.6. Dal quoziente d'indebitamento limite al modello del margine di discrezionalità. – 8.7. Considerazioni conclusive. – Bibliografia.

8.1. DALLA CULTURA DEL RISCHIO ALLA QUALIFICAZIONE DELLA STRUTTURA PATRIMONIALE DELL'IMPRESA

Il rischio insito nell'attività imprenditoriale, con le sue due componenti aleatoria e di non conoscenza, consente di qualificare l'assetto patrimoniale dell'impresa in un determinato momento T della sua dinamica evolutiva([1]). Il percorso di analisi correla, anzitutto, l'assetto

(*) Di GAETANO M. GOLINELLI.

([1]) Un primo accenno alla distinzione tra rischio aleatorio e di non conoscenza si ritrova in GOLINELLI G.M., *L'approccio sistemico al governo dell'impresa*, Vol. I, Cedam, 2005 (2000[1]), pag. 158. Per un inquadramento più esaustivo del rischio nel governo del sistema impresa, cfr. *supra*, Capitoli VI e VII.

Come si chiarisce nel prosieguo, in questo Capitolo s'introduce una distinzione tra assetti (o strutture) patrimoniale e finanziario dell'impresa, troppo spesso confusi e sovrapposti. La struttura finanziaria indica la composizione dei mezzi di finanziamento (o capitale finanziario) dell'impresa, incentrati essenzialmente sui mezzi propri e sul capitale di credito, e trova sintesi nel quoziente d'indebitamento $q = \frac{D}{K}$.

patrimoniale alla ripartizione del rischio tra le due grandi categorie di fornitori di risorse finanziarie, a titolo di capitale di rischio (MP_T) e di capitale di credito (D_T) che, al tempo T, sono investite nell'impresa a fronte del capitale investito netto contabile (K_T)(2).

Sotto un profilo generale, le grandezze determinanti l'assetto patrimoniale dell'impresa al tempo T sono pertanto:

– le attività (*asset*) investite nell'impresa al tempo T al netto delle passività direttamente correlate al normale funzionamento aziendale (come i debiti commerciali verso fornitori) e dei fondi rischi ed oneri in essere al tempo T, questi ultimi destinati, unitamente ai trasferimenti di rischio ad entità esterne all'impresa (ad esempio, tramite polizze assicurative), a coprire le possibili perdite connesse ai rischi aleatori;

– i mezzi propri, comprendenti le risorse finanziarie apportate nel tempo dalla proprietà e le riserve di capitale accumulate dall'impresa nel corso della sua vita passata;

– il capitale di credito, strutturalmente investito nell'impresa in relazione alla sua dinamica evolutiva.

Per semplicità e brevità, ci si limita a considerare il capitale di terzi nella sua globalità, senza operare ulteriori approfondimenti d'analisi, concernenti i possibili variegati soggetti apportatori di risorse finanziarie a titolo di credito, le caratteristiche e forme tecniche delle operazioni di finanziamento e/o la correlazione delle fonti di finanzia-

---

La struttura patrimoniale, invece, esprime la complessiva articolazione delle risorse impiegate nell'impresa, con riguardo al versante sia attivo (beni materiali, immateriali, attività finanziarie), sia passivo (passività finanziarie).

In merito alla nozione di patrimonio aziendale quale complesso dei diritti ed obblighi e dei rapporti giuridici attivi e passivi facente capo all'impresa e soggetto a continue variazioni in relazione alla dinamica evolutiva aziendale, cfr. Cass. n. 488/-1965, in *Il foro italiano*, 1965, I, pag. 764. Sulla nozione di struttura finanziaria e sulla *querelle* in ordine alla capacità della struttura finanziaria di creare valore nell'impresa, cfr. WESTON F., "What M & M Have Wrought", in *Financial Management*, n. 18, 19-89, ove ampi riferimenti di letteratura e, in Italia, v. VENANZI D., *La scelta della struttura finanziaria. Teoria ed evidenza empirica*, Utet, 1999.

Sull'intimo legame tra struttura finanziaria e struttura patrimoniale, pur nella loro fondamentale distinzione, sembra già insistere DEMATTÈ C., *La valutazione della capacità di credito*, Vallardi, 1974, pag. 55, quando sostiene che la valutazione della capacità di credito può essere svolta in funzione: della garanzia di talune poste dell'attivo, del capitale proprio e/o delle caratteristiche dell'attivo.

(2) Sulla rappresentazione contabile della struttura d'impresa, sulla sua utilità e sui suoi limiti, v. GOLINELLI G.M., *L'approccio, op.cit.*, pagg. 367-369.

mento con i vari *asset* investiti nell'impresa([3]).

I fondi rischi ed i trasferimenti assicurativi si riflettono sulla quantificazione del capitale investito netto al tempo T, in quanto attraverso di loro, K_T viene «depurato», in misura più o meno ampia, dei possibili effetti del rischio aleatorio. Sia i trasferimenti all'esterno che gli accantonamenti ai fondi rischi, i primi attraverso i relativi costi sostenuti dall'impresa nei confronti di entità esterne ed i secondi attraverso valutazioni interne che assicurano la congruità dei fondi rischi stessi, rappresentano componenti negative del conto economico e così concorrono, nel tempo, ad immunizzare K_T dal rischio aleatorio.

Questo continuo processo di immunizzazione di K_T dai rischi più facilmente computabili costituisce un momento di grande significato nel quadro di un'azione di governo consapevole del rischio, orientata alla consonanza di contesto e qualificata da un attento e costante monitoraggio dei rapporti intersistemici. Esso prelude all'analisi del rischio di non conoscenza ed alla comprensione di come la sua copertura possa ripartirsi tra le varie entità sistemiche del contesto con le quali l'impresa si rapporta([4]).

([3]) Queste distinzioni sono a base delle più rigorose ed autorevoli impostazioni di analisi e governo delle decisioni d'investimento e finanziamento nelle imprese. Sul punto, già CAPALDO P., *Capitale proprio e di credito nel finanziamento d'impresa*, Giuffrè, 1967, pag. 4 e LIBERATORE L., *Elementi di scienza dell'amministrazione dell'impresa. Aspetti organizzativi e gestionali*, Cremonese, 1971, pag. 208 e segg. sostenevano che gli investimenti a più «lento rigiro», come le immobilizzazioni, dovrebbero essere finanziati tramite capitale proprio o credito a lunga scadenza, laddove gli impieghi a più «rapido rigiro» possono esser coperti con credito a breve scadenza. Oltre alla rapidità di rigiro, occorre considerare la durevolezza del fabbisogno di capitale, per cui anche il capitale cosiddetto circolante può presentare porzioni strutturalmente investite nell'impresa e che richiedono fonti di finanziamento adeguate sul piano quali-quantitativo: così ONIDA P., *Economia d'azienda*, Utet, 1989.

In merito alla varietà di possibili finanziatori e modalità di finanziamento, ci riferiamo ad esempio alle istituzioni creditizie con le diverse possibili forme tecniche di finanziamento, ai mercati di collocamento di prestiti obbligazionari ed ai dipendenti con il fondo di liquidazione. La dilazione nei pagamenti concessa dai fornitori e le anticipazioni dei clienti sulle forniture di beni e/o servizi concorrono invece direttamente a definire l'ammontare di K_T. Per approfondimenti, cfr. VENANZI D., BISIRRI G., *Decisioni di investimento e di finanziamento. Materiali applicativi*, Giappichelli, 2007 e METALLO G., *Finanza sistemica per l'impresa*, Giappichelli, 2007 (2002[1]), pag. 197 e segg. e 337 e segg.

([4]) Si ricorda che la gestione dei rischi aleatori tramite assicurazioni interne (accantonamenti a fondi rischi) ed esterne (polizze assicurative ecc.) rientra nelle logiche di governo del rischio di tipo mitigatorio. Cfr. *supra*, Capitolo VI. Sulla ripartizione

La struttura patrimoniale contabile dell'impresa al tempo T trova la sua rappresentazione di sintesi nell'espressione seguente:

$$K_T = MP_T + D_T\,([5]). \qquad [8.1]$$

Indicando con A_T e FR_T il totale delle attività e dei fondi rischi al tempo T, il capitale investito netto K_T indicato nella [8.1] può essere espresso anche come:

$$K_T = A_T - FR_T([6]). \qquad [8.2]$$

La [8.1] e la [8.2] consentono una duplice lettura di K_T:

– nell'ottica dell'attivo della situazione patrimoniale al tempo T, K_T rappresenta il totale delle attività al netto dei fondi rischi; una lettura di non grande interesse, atteso che le impostazioni contabili limitano la completa rappresentazione degli *asset*, tangibili e non, impiegati nella dinamica aziendale e che gli *asset* non rappresentati contabilmente sono una componente di grande e crescente rilievo nell'economia dell'impresa([7]). Di conseguenza K_T, pur essendo depurato del rischio aleatorio, non è in grado di cogliere in modo integrale il complesso delle attività, tangibili e non, effettivamente impiegate nell'impresa ed esposte in T al rischio di non conoscenza, una volta fronteggiato il rischio aleatorio tramite adeguati accantonamenti e trasferi-

---

del rischio di non conoscenza tra le varietà entità del contesto si torna *infra*, paragrafo 8.3.

([5]) Cfr. GOLINELLI G.M., *L'approccio*, Vol. I, *op.cit.*, pag. 368.

([6]) In questa trattazione, FR_T indica l'ammontare dei fondi direttamente rettificativi di poste dell'attivo patrimoniale (come fondi d'ammortamento, svalutazioni di crediti specifici ecc.) e dei fondi per rischi ed oneri. Per un inquadramento sui fondi per rischi ed oneri e le passività, v. SANTESSO E., SÒSTERO U., "Fondi per rischi ed oneri, il TFR e i debiti", in *Contabilità finanza e controllo*, 1997, n. 4, pagg. 360-400.

Con specifico riferimento ai fondi rischi ed oneri, nei limiti di iscrivibilità in bilancio derivanti dalle normative sul bilancio societario, si rinvia a: ONETO C., "I fondi rischi e i costi futuri nel bilancio d'esercizio", in *Contabilità finanza e controllo*, 1995, n. 4, pag. 373 e segg. e SASSO C., "Fondi rischi specifici e fondi rischi generici nel bilancio", in *Le società*, 1996, n. 8, pag. 873 e segg.

([7]) Con particolare riguardo alle risorse immateriali (*intangibles*) ed al loro significativo ruolo nella dinamica evolutiva dell'impresa, v. SANCETTA G., *Gli intangibles e le performance dell'impresa. Verso nuovi modelli di valutazione e di comunicazione nella prospettiva sistemica*, Cedam, 2007.

menti all'esterno([8]);

– nell'ottica del passivo della struttura patrimoniale al tempo T, quella più interessante ai fini della nostra analisi, K_T indica sinteticamente il totale delle risorse finanziarie, a titolo di rischio e di credito, investite nell'impresa. La qualificazione dell'assetto patrimoniale dell'impresa al tempo T è legata al comporsi di tali due categorie di risorse finanziarie nel fronteggiare il rischio di non conoscenza sotteso alla struttura e alla dinamica evolutiva del sistema impresa.

8.2. LA STRUTTURA PATRIMONIALE «LIMITE»

Partiamo dall'assunto che, tra gli obiettivi della consapevole azione di governo del sistema impresa, figuri l'integrale copertura del rischio aleatorio e che tale obiettivo sia conseguito, come osservato, mediante opportuni accantonamenti e trasferimenti assicurativi. Nel presupposto di ciò, il capitale investito netto al tempo T, letto nell'ottica del passivo (ossia come complesso di risorse finanziarie investite nell'impresa al tempo T), è chiamato a fronteggiare il solo rischio di non conoscenza, quantificato al tempo T dal capitale allocato CA_T([9]). Qualora si verifichi la condizione per cui i mezzi propri MP_T coincidano con il capitale allocato CA_T, siamo in presenza di quella che può essere definita «struttura patrimoniale limite». In tale fattispecie, la proprietà si fa integralmente carico della copertura del rischio di non conoscenza ed i prestatori di risorse finanziarie a titolo di credito sono sostanzialmente esonerati dal sostenimento dei rischi di carattere vuoi aleatorio che di non conoscenza([10]).

([8]) Come chiarito nel Capitolo VI, paragrafo 6.10.2, la parzialità delle componenti patrimoniali comprese in K_T non impedisce una stima del rischio di non conoscenza basato sulla rivalutazione a valori non contabili delle poste patrimoniali (approccio *asset based*); ciò in quanto tale rivalutazione è integrata dalla considerazione di altri aspetti non espressamente previsti dalla situazione patrimoniale contabile d'impresa.

([9]) Tra i primi contributi a delineare le logiche di quantificazione del capitale allocato nelle imprese industriali, sia consentito rinviare a GOLINELLI G.M., *L'approccio sistemico al governo dell'impresa*, Vol. II, Cedam, 2000, pag. 162 e segg. Per approfondimenti, cfr. *supra*, Capitolo VI, paragrafo 6.10 e relativi sottoparagrafi, e Capitolo VII, paragrafo 7.6.

([10]) L'assunto secondo cui, sotto certe ipotesi, il finanziamento a titolo di credito sosterrebbe impieghi aziendali nella sostanza privi di rischio è confermato da MI-

Ecco dunque che il capitale allocato si palesa quale «capitale di regolamento», in quanto misura della ripartizione del rischio tra portatori di capitale a pieno rischio e portatori di capitale a titolo di credito (o rischio limitato)([11]).

Nella concreta dinamica evolutiva del sistema impresa, la ricordata struttura patrimoniale «limite», qualificabile come situazione ideale sotto il profilo del rischio, può non trovare effettivo riscontro. Ciò per motivi diversi, riconducibili da un lato alla complessità che avvolge l'agire d'impresa e, dall'altro, al fatto che la coincidenza tra capitale allocato e mezzi propri può non rientrare nelle impostazioni a base dell'azione di governo. E ciò in relazione alla specificità della singola impresa, alle motivazioni dell'organo di governo, alla qualità e capacità di pressioni ed attese dei sovrasistemi, con particolare riferimento a quelli finanziario e della proprietà.

Sotto un profilo più generale, considerare la struttura patrimoniale «limite» quale obiettivo cui l'organo di governo dovrebbe tendere comporta necessariamente di ritenere ideale la situazione per cui i finanziatori di capitale a titolo di credito finanzino solo investimenti privi di rischio (di non conoscenza). Tale impostazione, in effetti, non riflette la realtà; è sufficiente, in proposito, ricordare che il rapporto tra i sistemi impresa e finanziario s'incentra sulla relazione tra rischio e rendimento, per cui il finanziatore tende a sostenere dei rischi nel mo-

---

GLIETTA A., *La gestione dell'impresa tra competizione e valore*, Giuffrè, 2001, pag. 217 e segg.

([11]) La distinzione tra il capitale a pieno rischio ed il capitale di credito come capitale esposto a rischio nullo o comunque più contenuto, in una logica coerente con l'impostazione seguita nel presente volume e sistematizzata attraverso le categorie logiche del rischio aleatorio e di non conoscenza e del capitale allocato, si rinviene già in FERRERO G., *Finanza aziendale*, Giuffrè, 1985 (1981[1]), laddove identifica nel capitale conferito dalla proprietà il «capitale a pieno rischio» di acquisizione esterna (pag. 94 e segg.) e nell'autofinanziamento la «fonte di capitale a pieno rischio di origine interna» (pag. 90 e segg.); nella riedizione del 1985, v. pag. 25. Cfr. anche FERRERO G., *Imprese e management*, Giuffrè, 1987, pag. 13.

Sostanzialmente conforme gran parte della dottrina aziendalista italiana, fra cui MASINI M., "Il capitale proprio nelle banche", in *Lecco economia*, n. 3, 1990, pag. 2; DEZZANI F., *Il bilancio di esercizio nell'informativa esterna d'impresa*, Giuffrè, 1993, pag. 296; CAPALDO P., *Capitale*, *op. cit*, pag. 4.

A sua volta, il capitale di credito è stato qualificato come «capitale ad onere prioritario»: così DELLEPIANE N., "Problemi di misura della dipendenza da capitale ad onere prioritario (capital gearing) e della leva finanziaria (leverage)", in *L'impresa*, n. 2-3, 1976, pag. 121 e segg.

mento in cui alloca risorse finanziarie([12]). Come già osservato, le ipotesi a base di tale modello, tra le quali anzitutto la relativa avversione al rischio degli investitori e dei *manager* e la constatazione che le alternative di investimento si qualificano per differenti gradi di rischiosità, aiutano a definire razionalmente l'andamento della relazione tra rischio e rendimento, per cui è ragionevole ritenere che, da un lato, gli investitori richiedano tassi di rendimento crescenti all'aumentare del rischio e, dall'altro, le imprese tendano a realizzare investimenti rischiosi solo in presenza di adeguati ritorni.

Il profilo rischio-rendimento, visto nell'ottica dell'investitore, può così essere definito come «curva di indifferenza di mercato», nel senso che l'investitore, entro un certo livello di rischio connesso al suo ruolo nel quadro del sistema finanziario ed alla azione di indirizzo e controllo operata dall'organo di governo di tale sistema, è sostanzialmente indifferente rispetto ad una attività priva di rischio con un determinato tasso di rendimento atteso ed un'attività più rischiosa con un rendimento atteso più elevato.

Nell'ottica del sistema impresa, la relazione rischio-rendimento è vista come «condizione di equilibrio», nel senso che l'organo di governo del sistema impresa, nelle scelte inerenti al progetto di sviluppo della sua impresa e determinanti il tasso di rendimento ed il grado di rischio del progetto stesso, tiene conto del fatto che il rapporto con il sistema finanziario si baserà su un determinato *mix* tra le due grandezze([13]).

([12]) Su tale relazione, cfr. *supra*, Capitolo I, secondo riquadro nel paragrafo 1.3, e Capitolo V, paragrafo 5.6 e relativi sottoparagrafi.

In merito al fatto che non necessariamente il credito bancario sia escluso dalla copertura del rischio di non conoscenza del sistema impresa, mirabile la riflessione di PORTALE G.B., "I 'finanziamenti' dei soci nelle società di capitali", in *Banca, borsa e titoli di credito*, I, 2003 pag. 666 e segg., specie laddove si nota (pag. 682), anche con il conforto dell'analisi comparatistica, che sempre maggiore è la difficoltà di demarcazione tra capitale proprio e capitale di credito, al punto dall'essere consigliabile un «concetto mobile» di capitale proprio, basato più sulla sostanza economica che sulla forma giuridica del negozio di finanziamento, da cui l'emerge di uno iato tra una nozione nominale ed una materiale di capitale proprio.

([13]) In merito alle varie letture della relazione rischio-rendimento, v. *supra*, Capitolo V, paragrafo 5.6 e relativi sottoparagrafi.

8.3. LA RIPARTIZIONE DEL RISCHIO DI NON CONOSCENZA TRA LE DIVERSE ENTITÀ DEL CONTESTO: VERSO UN MODELLO DI ANALISI

Nella concreta realtà d'impresa, può verificarsi che il rischio di non conoscenza, riflesso nella quantificazione del capitale allocato, possa non ricadere integralmente in capo ai conferenti i mezzi propri([14]). La possibile diversa partecipazione dei conferenti risorse finanziarie alla copertura del rischio di non conoscenza consente uno stimolante percorso di riflessione. Per quanto, infatti, la proprietà sia istituzionalmente chiamata ad apportare il capitale di rischio quale fondamentale risorsa produttiva e, al contempo, di garanzia rispetto ai più sfuggenti ed imponderabili rischi d'impresa (quindi al rischio di non conoscenza), anche altre entità del contesto possono più o meno direttamente sostenere il rischio di non conoscenza, apprestando risorse finanziarie astrattamente o nella realtà in grado di rappresentare, almeno in parte, il capitale allocato([15]).

La banca, ad esempio, nella sua attività imprenditoriale, è istituzionalmente deputata all'assunzione di rischi sottesi all'attività del soggetto finanziato([16]). La disponibilità al sostenimento di rischi non

---

([14]) RULLANI E., "La teoria dell'impresa: soggetti, sistemi, evoluzione", in RISPOLI M. (a cura di), *L'impresa industriale. Economia, tecnologia, management*, Il Mulino, 1989 (1984[1]), pag. 37 e segg. osserva che, in linea di principio, «potere e rischio sono attribuiti infatti a chi conferisce il *capitale di rischio*», conseguendo «facoltà di acquisire i profitti, necessità di rispondere delle perdite».

([15]) Sulla duplice natura del capitale di rischio di fattore produttivo finanziario e di mezzo di garanzia nell'impresa industriale, cfr. ALBERTI G., *Il capitale proprio nelle imprese industriali*, Giuffrè, 1982; TAGI G., "Riflessioni sulle relazioni tra la funzione di finanziamento e quella di controllo del capitale proprio", in *Finanza marketing e produzione*, n. 3, 1991, pag. 99 e segg.; ARMOUR J., "Share Capital and Creditor Protection: Efficient Rules for a Modern Company Law", in *Modern Law Review*, n. 63, 2000. Con riguardo all'impresa bancaria, v. invece BIRINDELLI G., "La funzione strategica del patrimonio", in BIRINDELLI G, CAPARVI R., *La nuova attività bancaria. Economia e tecniche di gestione*, FrancoAngeli, 2000, pag. 737 e segg.

([16]) In merito alla possibilità che i creditori finanziari partecipino al rischio di non conoscenza, scrive efficacemente CASTELLINO G., nel lavoro *Problematica del finanziamento delle imprese,* Giappichelli, 1967, pag. 6: «in mancanza di un capitale proprio esplicitamente disposto a fronteggiare le più salienti manifestazioni del rischio di impresa, queste implicitamente dovrebbero ricadere sui finanziamenti a titolo di credito, i quali, restando esposti alla prospettiva di una rimunerazione incerta, assumerebbero, se non il nome, la posizione che qualifica il vincolo di capitale».

Il credito bancario rappresenta un'attività economica di interesse generale, in quanto a base di fondamentali processi di crescita per le comunità sociali: oltre alle

meramente aleatori dei clienti può essere più accentuata in quegli enti creditizi esplicitamente votati a segmenti di clientela meno affidabili o ad operazioni complesse ed insidiose (finanziamenti concentrati, *merchant banking* ecc.), ma ciò non implica che le altre banche siano del tutto estranee alla copertura del rischio di non conoscenza dei rispettivi debitori.

Anche altri soggetti, diversi dalla proprietà e dal sistema finanziario, possono concorrere alla copertura del rischio di non conoscenza gravante sull'impresa. Se tuttavia l'impresa bancaria, per vocazione nella sua attività imprenditoriale, è deputata all'assunzione di rischi, diversa è la posizione di altri operatori.

Emblematico, sotto tale profilo, il fornitore. Il rapporto tra impresa e fornitore è talora qualificato da una relazione tra prezzo della fornitura e partecipazione al rischio di non conoscenza dell'impresa cliente. In tale fattispecie il fornitore, attratto da allettanti condizioni di prezzo, viene ad assumere un ruolo di finanziatore attraverso il credito cosiddetto commerciale, mercantile, di regolamento o di fornitura([17]).

---

considerazioni svolte *supra* (Capitolo V, paragrafo 5.3), ci piace ricordare le lungimiranti riflessioni, recentemente ripubblicate, di ARGENZIANO R., "La Banca d'Italia e gli istituti speciali di credito", in FANFANI T. (a cura di), *Il sentiero del credito. La banca nell'età dello sviluppo. Ricostruzione, miracolo economico e crisi (1936-1973)*, Associazione Bancaria Italiana, Bancaria, 2006; SARACENO P., "Sviluppo economico e banca locale. Riflessioni su un settantacinquennio di storia bancaria italiana", in FANFANI T. (a cura di), *Il sentiero, op.cit.*, 2006; SARACENO P., "Banca, industrializzazione e crescita economica", in FANFANI T. (a cura di), *Il sentiero del credito. Banca moderna, Etica e Sviluppo economico*, Associazione Bancaria Italiana, Bancaria, 2004.

D'altra parte, la banca si qualifica come un'impresa a tutti gli effetti, in Italia in specie a partire dalla riforma varata dal Testo Unico Bancario del 1992: sul punto, doveroso il ricordo dei contributi di FERRI N., "Alcune riflessioni in tema di funzionalità dell'impresa 'banca'", in *Rivista bancaria. Minerva bancaria (1945)*, n. 2, 1991, pag. 37 e CAPRARA G., "L'impresa-banca osservata da un aziendalista", in *Problemi di gestione dell'impresa*, n. 24, 1998, pagg. 7-11.

([17]) Alcuni studi basati sulla teoria dell'agenzia giungono a modellizzare la possibilità che i processi di fissazione dei prezzi di scambio tra cliente e fornitore incorporino il rischio. Sul punto, cfr. MASSARONI E., "Forme, caratteri e divenire sistemico dei rapporti di fornitura", in GOLINELLI G.M., *L'approccio sistemico al governo dell'impresa*, Vol. III, Cedam, 2002, pagg. 164-166.

Autorevole dottrina qualifica il credito commerciale come un tipico finanziamento indiretto, generalmente non o poco oneroso, spontaneo (o autogenerantesi), elastico e, di solito, a breve termine. Per approfondimenti, PENCARELLI T., *Aspetti della gestione dei crediti commerciali*, Clua, 1990, pag. 13 e segg. Il credito mercantile e di

È interessante al riguardo rilevare che la crescente complessità del contesto, il ruolo sempre più significativo della logistica per lo sviluppo dell'impresa, le opportunità offerte dalla cooperazione verticale (tra fornitore ed impresa industriale cliente e/o tra questa e la distribuzione commerciale) volta a ridurre i costi e/o ad incrementare il livello di servizio al cliente, con il conseguente ricorso a processi di esternalizzazione sfocianti nella creazione di articolate reti di fornitura, hanno comportato significativi riflessi sul rapporto impresa-fornitore([18]). E ciò in particolare nei settori ad elevata tecnologia nei quali, in relazione alla ravvisata esigenza di condividere con il fornitore processi di innovazione tecnologica, questo viene a partecipare al rischio di non conoscenza([19]).

---

fornitura è una politica influenzata da molteplici aspetti, sia esterni, riferiti principalmente alle condizioni di pagamento sostenibili da fornitori e clienti ed alle caratteristiche del mercato, che interni, relativi ai prodotti scambiati e alla situazione economica e finanziaria dell'impresa: così già PETIX L., *Aspetti tecnici del factoring*, Guido Pastenga, 1969, pag. 14.

Giova ricordare come RULLANI E., "La finanza e gli investimenti", in RISPOLI M. (a cura di), *L'impresa*, *op.cit.*, pagg. 548-549, richiamando il pensiero di Saraceno, includa anche il credito di fornitura, oltre agli utili ritenuti ed ai costi/ricavi privi di manifestazione monetaria, quale legittima forma di autofinanziamento, in quanto direttamente incidente sulla formazione del risultato economico d'esercizio e al contempo produttivo di riflessi finanziari. La possibilità di ottenere dilazioni di pagamento non può essere considerata, infatti, una mera scelta finanziaria, dipendendo dai volumi di acquisti e vendite, per cui al loro aumento possono corrispondere incrementi di crediti verso clienti e debiti verso fornitori.

Sulla distinzione tra credito al consumo, in cui il soggetto acquirente è un consumatore finale, e credito commerciale in senso stretto, v. MERLANI C., *Il credito mercantile*, Giuffrè, 1956, pag. 97 e segg.; FABRIZI P. L., *Il credito al consumo*, Giuffrè, 1975.

([18]) Con particolare riferimento alla logistica, sulle possibili impostazioni del governo del rapporto intersistemico da parte dell'impresa cliente, cfr. MASSARONI E., *Il sistema logistico*, *progettazione, governo e gestione della logistica e della supply chain*, Cedam, 2007, pagg. 90 e segg.

([19]) La partecipazione del fornitore al rischio di non conoscenza facente capo all'impresa cliente si riscontra in particolare quando l'organo di governo imposta le relazioni impresa-fornitore in vista del conseguimento dell'eccellenza logistica: cfr. MASSARONI E., *Il sistema*, *op. cit*, pag. 98 e segg.

Il rapporto intersistemico, specie se di lungo periodo, può implicare l'assunzione di rischi pure da parte dell'impresa cliente. Si pensi all'effetto *lock in* (dipendenza sempre più serrata da un fornitore), al disapprendimento (perdita di capacità e competenze specifiche), al *moral hazard* (condotte opportunistiche del fornitore critico) o all'effetto *hold up* (improvvisa interruzione del servizio da parte di un dato fornitore). Cfr. KLEIN B., "Hold Up Problem", in *The New Palgrave: a Dictionary of Economics*

Non va poi sottaciuto che, sotto certe condizioni, anche altri portatori d'interesse aziendali, come i clienti finali, le risorse umane impiegate nell'impresa e la collettività possono accollarsi quote più o meno significative del rischio di non conoscenza connesso all'attività d'impresa([20]). Ritenendo tuttavia che, in linea di principio, non competa a tali entità del contesto concorrere alla copertura del rischio di non conoscenza, può dirsi che quest'ultima investa anzitutto la proprietà, poi il sistema finanziario e, in ultimo, quello della fornitura([21]). La ripartizione del rischio fra i tre soggetti muta nel corso del tempo in relazione a condizioni d'impresa e di contesto: in situazioni di difficoltà dell'impresa può verificarsi, ad esempio, la progressiva sostituzione del fornitore alla banca nel conferimento di risorse finanziarie,

---

and Law, Newman ed., 1998.

([20]) In merito alla possibilità di traslare il rischio, anche di non conoscenza, in capo ai fornitori e/o ai clienti, emblematica è la fattispecie della finanza di progetto (*project finance*), in cui il realizzatore/gestore dell'opera, tramite apposite impostazioni contrattuali, può conseguire patti di riacquisto da parte del fornitore o obblighi d'acquisto del prodotto da parte del cliente/titolare dell'opera (clausole «*take or pay*»).

Per un inquadramento delle impostazioni contrattuali che consentono al realizzatore del *project finance* di traslare rischi su clienti, fornitori ecc. (cosiddetto *project financing* «con rivalsa»), si rinvia a GATTI C., "Project financing e multi-project financing per lo sviluppo dei sistemi economici locali: aspetti organizzativi e finanziari", in *Finanza marketing e produzione*, n. 1, 1999, pag. 115 e segg. ed al nostro lavoro GOLINELLI G.M., *L'approccio*, Vol. II, *op.cit.*, pag. 174 e segg., ove ampi riferimenti bibliografici. Per una specifica applicazione delle logiche di *risk shifting* al *project financing* relativo alla produzione di energie rinnovabili, v. EINOWSKI E. D., ROEK K., "Risk Shifting Major Element in Project Finance for Renewables", in *Natural Gas & Electricity*, n. 3, 2007, pagg. 1-6. Sulla nozione di *project financing*, v. *supra*, Capitolo III, paragrafo 3.1.4. Sul *risk shifting/hedging* ed il governo del rischio tramite rapporti intersistemici, cfr. *supra*, Capitolo VI, paragrafo 6.8.3.

([21]) *Contra* l'esposizione della forza lavoro al rischio di non conoscenza dell'impresa nel quadro di un razionale governo aziendale, PANATI G., GOLINELLI G.M., *Tecnica economica, industriale e commerciale. Imprese, strategie e management*, 2 voll., La Nuova Italia Scientifica, 1991 (1988[1]), pag. 511 e segg.

Nel concreto, anche prescindendo da condotte non corrette dell'organo di governo, il rischio di non conoscenza che permea l'agire imprenditoriale può comportare effetti negativi che si riflettono sia sui clienti che sugli individui operanti nell'impresa. Giova osservare che una ricaduta di quote eccessivamente ampie o crescenti del rischio di non conoscenza relativo all'impresa su entità del contesto differenti dalla proprietà e, al limite, dalle componenti del sistema finanziario maggiormente propense al rischio può condurre a «crisi di legittimità» dell'impresa, anche come istituto generale, rispetto al contesto socio-economico: cfr. CASELLI L., "La ri-legittimazione sociale dell'impresa", in *Sinergie*, n. 31, 1993, pag. 21 e segg.

con irrazionali incrementi del credito commerciale([22]).

Se, allora, indichiamo con CA_P, CA_B e CA_F la partecipazione al capitale allocato CA dei tre soggetti, proprietà, banca e fornitore, al tempo T, avremo:

$$CA = CA_P + CA_B + CA_F.$$

Orbene, considerando che l'apporto di capitale allocato al tempo T della proprietà è rappresentato dai mezzi propri in T, si ha:

$$CA = MP + CA_B + CA_F.$$

Nel caso della struttura patrimoniale limite, in cui si ha:

$$CA = MP$$

i fornitori di risorse finanziarie a titolo di credito (sia finanziario che commerciale) non sono esposti al rischio di non conoscenza, che rimane nella sua interezza in capo alla proprietà.

Diversamente, nel caso in cui sia:

$$CA > MP$$

e quindi:

$$CA - MP = CA_B + CA_F > 0,$$

i fornitori di risorse finanziarie a titolo di credito ed i fornitori commerciali risultano, per una parte più o meno ampia, esposti al rischio di non conoscenza.

8.4. IL RUOLO DEL CAPITALE ALLOCATO PER LA LETTURA DELLA STRUTTURA PATRIMONIALE

La distinzione tra struttura patrimoniale «limite» ed «effettiva» rappresenta un significativo contributo alla scientificazione dell'azione di governo del sistema impresa. Azione che trova nella qualifica-

([22]) Approfondimenti sui rapporti intersistemici, con attenzione pure al rischio, sono *supra*, Capitolo III, paragrafo 3.1.4 e segg.

zione della struttura patrimoniale «limite» e nella sua comparazione con quella «effettiva» un momento di pregnante significato, in quanto utile a comprendere l'adeguatezza del governo del rischio di non conoscenza sotteso alla struttura ed alla prevista dinamica evolutiva del sistema impresa. Se da un lato, infatti, l'azione di governo può esitare in una struttura patrimoniale effettiva anche molto differente da quella limite, dall'altro lato tale diversità, specialmente se di rilevante entità e prolungata nel tempo, può pregiudicare quell'armonia di contesto che è una delle condizioni a base del vantaggio competitivo a valere nel tempo dell'impresa, con possibili effetti negativi per la propensione alla sopravvivenza del sistema impresa([23]).

Ne consegue che una consapevole azione di governo deve porre particolare attenzione alla qualificazione della struttura patrimoniale «limite» ed alle logiche che possono presiedere alla composizione di quella «effettiva». Composizione che, nelle grandezze di sintesi rappresentative della struttura patrimoniale «effettiva», consegue:

– alle mutevoli circostanze per le quali la finanza è chiamata a supportare, con interventi variegati, quell'articolato percorso di adeguamenti e trasformazioni che è il progettato piano di sviluppo. Queste circostanze sono da collegare al percorso di sviluppo dell'impresa, alla capacità del sistema finanziario a realizzare l'intermediazione in condizioni di crescente efficacia sotto i profili della quantità e della qualità, all'azione di governo dei rapporti con il sistema della fornitura ed alla disponibilità del sistema della fornitura, conscio o non conscio del rischio, a contribuire al capitale allocato;

– alla specificità della singola impresa. Tale specificità, nell'ottica qui considerata, è da collegare:

– all'assetto proprietario, con le conseguenti capacità ad esercitare attese e pressioni sul sistema impresa;

– all'assetto dell'organo di governo ed alle impostazioni a base della sua azione di indirizzo, anche alla luce del processo di delega alla struttura operativa dotata, oltre che di capacità decisionali delegate dal vertice aziendale, anche di capacità di auto-organizzazione e di assunzione del rischio sottostante alle proprie decisioni.

La struttura patrimoniale «effettiva», in ragione delle considerazioni sopra richiamate, può dunque divergere – anche in modo significativo – da quella «limite». Il confronto tra le due strutture al tempo T

([23]) V. *supra*, nota (21).

è definibile, in termini assoluti, con una grandezza di sintesi che prende il nome di eccesso/difetto di capitale (EDC):

$$EDC = MP - CA \gtreqless 0 \text{ (}^{24}\text{)}.$$

Ecco, dunque, che ad ognuno degli stati di funzionamento che, nella loro successione, specificano la dinamica evolutiva del sistema, corrispondono, oltre alle grandezze TC ed $\bar{R}$, anche le grandezze MP, D, K e CA e, quindi, EDC([25]).

Ed è in proposito opportuno ancora ricordare che, mentre MP è una grandezza effettivamente qualificante lo stato, CA è una «grandezza di regolamento», strumentale alla formulazione di analisi e giudizi sulla copertura del rischio e sulla sua ripartizione tra i tre soggetti proprietà, finanziatore e fornitore di cui si è detto precedentemente. Comunque espresso, in termini assoluti o relativi, il divario tra capitale effettivo ed allocato, esso consente di qualificare l'impresa come «sovracapitalizzata» o «sottocapitalizzata» con riferimento al rischio di non conoscenza, conglobando in questo anche il rischio connesso ad una non adeguata quantificazione e copertura del rischio aleatorio([26]). Ecco dunque che la capitalizzazione del sistema impresa trova la sua qualificazione di fondo nella considerazione del rischio, in specie di quella componente del rischio più difficilmente stimabile e fronteggiabile, rispetto alla quale la dotazione patrimoniale rappresenta il presidio o baluardo di ultima istanza([27]).

([24]) Ovviamente, si parlerà di «eccesso di capitale» quando EDC > 0 e di «difetto di capitale» se EDC < 0. Ai fini della valutazione della significatività dello scostamento dalla situazione in cui i fornitori di capitale a titolo di credito sono al riparo dai rischi aleatori e di non conoscenza, la grandezza di sintesi EDC può essere anche espressa in termini percentuali, anziché assoluti, ricorrendo al seguente quoziente:

$$edc = \frac{EDC}{K} = \frac{EDC}{MP + D} \gtreqless 0.$$

([25]) In merito al tasso di contribuzione (TC) ed al ricavo di equilibrio ($\bar{R}$) quali grandezze caratteristiche del sistema impresa, cfr. GOLINELLI G.M., *L'approccio*, Vol. I, *op.cit.*, capp. 8-10.

([26]) Sull'inadeguata stima dell'aleatorietà e sulla sua assimilazione al rischio di non conoscenza, v. *supra*, Capitolo VI, paragrafo 6.5.2.

([27]) In merito alle diverse nozioni di «capitalizzazione» o «patrimonializzazione» del sistema impresa ed alle connesse qualificazioni delle situazioni di sovra/sottocapitalizzazione, cfr. *supra*, Capitolo VI, paragraf0 6.10.4. Giova sin d'ora chiarire

Esaminiamo separatamente le due fattispecie, cercando di darne una lettura secondo le due logiche, finanziaria ed industriale, alle quali si fa sovente riferimento per comprendere la dinamica delle organizzazioni imprenditoriali([28]).

8.4.1. Impresa sovracapitalizzata con riferimento al rischio di non conoscenza

La fattispecie esaminata si qualifica per le condizioni di seguito espresse, con riguardo alle grandezze chiave testé individuate:

$$MP > CA$$

e

$$EDC > 0.$$

Sotto un profilo generale, la situazione di sovracapitalizzazione è propria di un'impresa che dispone, con riferimento al rischio di non conoscenza che avvolge l'agire d'impresa, di un eccesso di mezzi propri.

La prima lettura, propria della logica finanziaria, vede la proprietà impegnata a coprire, oltre il rischio di non conoscenza, anche il rischio aleatorio che, in situazioni di corretta gestione, è invece coperto con il ricorso all'assicurazione interna (mediante la costituzione di fondi rischi) o esterna (assicurazione). In tale fattispecie, essendo i mezzi propri eccedenti rispetto al capitale allocato, l'impresa potrebbe dar luogo ad una restituzione di mezzi propri, fino ad annullare la differenza tra questi ed il capitale allocato, sostituendoli con un pari incremento del capitale di credito.

La seconda lettura, propria della logica industriale, qualifica l'eccesso di capitale come una riserva di capacità utilizzabile dall'impresa per fronteggiare la non conoscenza, in particolare quella ai limiti dell'ignoto, dove gli eventi possibili sembrano aumentare di numero,

---

che la nozione di «sovra/sottocapitalizzazione» qui adottata assume una qualificazione relativa, in quanto riferita al rischio di non conoscenza percepito dall'organo di governo del sistema impresa. Cfr. quanto si dirà *infra*, paragrafo 8.5 e segg.

([28]) Con riguardo alla distinzione tra logiche industriale e finanziaria, cfr. RULLANI E., "La finanza", *cit.*, pagg. 605-609.

mentre si rende più difficile il processo attraverso cui l'impresa perviene a conoscere prima e a quantificare poi l'indeterminatezza([29]). Ecco allora che la differenza tra mezzi propri e capitale allocato si palesa appunto come «riserva di capacità di indebitamento» per la realizzazione di opportuni nuovi investimenti in ricerca e sviluppo, per l'implementazione della struttura e degli apparati per l'acquisizione e la gestione dei flussi informativi, per il miglioramento delle qualità professionali delle persone che a tutti i livelli operano nelle unità organizzative costituenti la struttura.

La sovracapitalizzazione si qualifica, in definitiva, come una riserva di capacità attraverso cui è possibile un'azione di governo attiva del rischio in un contesto di complessità crescente. Con riferimento alle impostazioni seguite, la sovracapitalizzazione acquista così una più puntuale specificazione quale riserva per assicurare quelle capacità necessarie a progettare e realizzare nel tempo modificazioni strutturali atte a fronteggiare gli eventi sfavorevoli, suscettibili di intaccare la sopravvivenza del sistema impresa; riserva «utilizzabile per fronteggiare con prontezza eventuali cedimenti strutturali e per ricostituire le opportunità di reddito a conferma della credibilità del modello di sviluppo»([30]).

([29]) Relativamente alla non conoscenza e, in specie, all'ignoto quale massima espressione di tale condizione, cfr. GOLINELLI G.M., *L'approccio*, Vol. I, *op.cit.*, pag. 174.

([30]) Cfr. CECCANTI G., *Corso di tecnica imprenditoriale*, Vol. I, Cedam, 1996, pag. 264.

La situazione di sovracapitalizzazione del sistema impresa rispetto al rischio di non conoscenza può essere posta in relazione anche agli equilibri che s'instaurano tra l'organo di governo e il sovrasistema proprietario. In particolare, nel caso delle imprese cosiddette manageriali (o a controllo proprietario debole), emblematica è la condotta dei massimi dirigenti aziendali volta a soddisfare la loro esigenza di sicurezza (sul punto, cfr. *supra*, Capitolo V, nota (79), e VII, nota (5)). In proposito, MARRIS R., *La teoria economica del capitalismo manageriale*, Einaudi, 1972 (orig. *The Economic Theory of Managerial Capitalism*, MacMillan, 1964), pagg. 60-61, rileva che il sistema di utilità dei *managers*, caratterizzato da elementi psicologici, sociologici ed economici porta gli stessi a «massimizzare il saggio di sviluppo dell'impresa con un vincolo imposto dal movente della sicurezza». Pertanto i dirigenti tendono, tenuto costante per motivi di prudenza il quoziente d'indebitamento, ad espandere gli investimenti oltre l'opportunità economica, finanziandoli con autofinanziamento (ritenzione di utili) e nuove emissioni azionarie; ciò determina l'incremento progressivo del valore contabile del patrimonio netto (*book value*: MP_T), a fronte di un suo valore di mercato (*market value*: V_T) che non cresce di pari passo. Ne consegue che il quoziente V_T/MP_T (detto *market* (o *price*) *to book value*), tipicamente monitorato da investitori (anche

8.4.2. *Impresa sottocapitalizzata con riferimento al rischio di non conoscenza*

La seconda fattispecie ipotizzata è contraddistinta dal ricorrere delle condizioni di seguito espresse, in relazione alle grandezze chiave testé individuate:

$$MP < CA$$

e

$$EDC < 0.$$

Nell'ottica finanziaria, e nel già ricordato presupposto che il rischio di non conoscenza non debba gravare sui clienti e sulle risorse umane impiegate, la sottocapitalizzazione è manifestazione di un'allocazione di parte del rischio di non conoscenza in capo ai finanziatori a titolo di credito e/o ai fornitori. Tale allocazione, in presenza di un efficace ed efficiente sistema finanziario si riflette, entro prefissati intervalli di sopportabilità del rischio, nell'incremento delle attese di rendimento dei finanziatori. Ne consegue che l'impresa, per mantenersi in consonanza con i propri finanziatori dovrebbe, secondo il già richiamato modello del profilo rischio-rendimento, offrire un rendimento adeguato, ricercando e selezionando progetti relativamente più ambiziosi.

Nell'ottica industriale, la sottocapitalizzazione implica un limite allo sviluppo ed una carenza di protezione per l'assorbimento di perdite inattese. Ne consegue che, in momenti di difficoltà o di possibile sviluppo dell'impresa, la proprietà debba intervenire per ricostruire o implementare il presidio del rischio di non conoscenza ovvero per dotare l'impresa di quelle capacità necessarie a realizzare il continuo processo di adeguamenti e trasformazioni strutturali in cui si dispiega

---

potenziali) sui mercati finanziari, potrà risultare decrescente nel tempo, sino ad un «livello minimo o soglia» al di sotto del quale diventa significativo il «rischio di *take over*», ossia d'ingresso di nuovi gruppi di capitalisti in grado di esprimere una nuova proprietà di riferimento, in grado di mettere a repentaglio il potere acquisito dai dirigenti e finanche di rimuoverli. Ecco dunque che la condotta dei massimi dirigenti tesa ad espandere gli investimenti ed a ridurre il *market to book value* trova un impulso nel contenimento del rischio di insicurezza del *manager* ed un freno nel rischio di *take over*: cfr. CECCANTI G., *Corso*, Vol. I, *op.cit.*, pagg. 230-231.

Sul *market* (o *price*) *to book value* (ossia V_T/MP_T), v. DAMODARAN A., *Investment Valuation*, Wiley Finance, 2002, pagg. 575-605.

il progettato percorso di sviluppo.

8.5. LA STRUTTURA FINANZIARIA ED IL SUO GOVERNO: IL QUOZIENTE D'INDEBITAMENTO «LIMITE»

Come osservato precedentemente, la rappresentazione contabile della struttura al tempo T è espressa dalla relazione [8.1]. Ed è proprio partendo da tale espressione che viene definito il quoziente di indebitamento q_T, principale indicatore finanziario di sintesi, che riveste notevole importanza nel quadro di una consapevole azione di governo([31]):

$$q_T = \frac{D_T}{K_T}. \qquad [8.3]$$

La [8.3] sottolinea che il sistema impresa è qualificato, ad un determinato tempo T della sua dinamica evolutiva e sotto il profilo finanziario, per un determinato quoziente di indebitamento effettivo q_T. Nulla, sotto un profilo generale, può dirsi circa l'adeguatezza di tale quoziente([32]). Un razionale percorso valutativo di q_T può essere impo-

---

([31]) Sul ruolo dell'indebitamento nel supportare i processi di sviluppo dell'impresa qualificati da un incremento delle risorse totali investite nette, sul quoziente d'indebitamento quale grandezza chiave per la regolazione della struttura finanziaria e sulle relazioni tra questo indicatore, le altre variabili della struttura finanziaria e la redditività aziendale, cfr. *infra*, Capitolo IX.

([32]) L'idea di un valore ottimale del quoziente q rimanda all'interrogativo, oggetto di annosi dibattiti negli studi d'impresa, se la struttura finanziaria dell'impresa (intesa come *mix* tra mezzi propri e di terzi) sia irrilevante ovvero contribuisca alla creazione di valore e, quindi, alla sopravvivenza del sistema impresa. Qualora si propenda per la tesi della non irrilevanza, si ammette – almeno in astratto – l'esistenza di una struttura finanziaria ottimale e, dunque, di un q di riferimento. In merito alla ricordata *querelle*, v. CECCANTI G., *Corso*, Vol. I, *op.cit.*, pag. 254 e segg. e MIGLIETTA A., *La gestione*, *op.cit.*, pag. 197 e segg.

Nell'impostazione qui adottata, si ritiene che non esistano razionali assunti che consentano di assegnare a q uno o più valori (cosiddetti parametri) indicativi in assoluto dell'adeguata capitalizzazione di ogni impresa. L'adeguatezza patrimoniale dell'impresa può essere valutata solo in senso relativo, ossia con riguardo ai rischi di non conoscenza sottesi alla sua configurazione strutturale e dinamica evolutiva (cfr. *supra*, nota (27) e Capitoli VI e VII). È solo in tal senso che si può pensare «torni ad esistere un quoziente ottimo di indebitamento, sia pure con fondamenti diversi da quelli attribuiti dalla teoria tradizionale»: così CECCANTI G., *Corso*, Vol. I, *op.cit.*, pag. 258.

stato solo con riferimento alla specifica impresa ed al suo contesto. Alla base di tale percorso, troviamo ancora il rischio con le sue componenti, aleatoria e di non conoscenza.

Grazie alla quantificazione del rischio di non conoscenza resa possibile dal capitale allocato (CA_T), è infatti possibile delineare la già ricordata «struttura patrimoniale limite», sintetizzata dalla relazione:

$$K_T = CA_T + D^*_T, \qquad [8.4]$$

dove D^*_T indica l'ammontare di capitale di credito che, stante il capitale investito netto detenuto al tempo T, il sistema impresa dovrebbe conseguire dal sovrasistema finanziario, senza che quest'ultimo sostenga alcuna parte del rischio di non conoscenza.

Alla [8.4] corrisponde la formulazione del «quoziente d'indebitamento limite» q^*_T:

$$q^*_T = \frac{D^*_T}{K_T}. \qquad [8.5]$$

È agevole dimostrare che, soltanto quando sia MP = CA e $D = D^*$, i quozienti q_T e q^*_T coincidono. Diversamente, nel caso di un'impresa sottocapitalizzata, si avrà $q_T > q^*_T$, in quanto $D_T > D^*_T$; mentre in un'impresa sovracapitalizzata, risulterà $q_T < q^*_T$, essendo $D_T < D^*_T$.

Si supponga ora che, al tempo T:

– il patrimonio aziendale sia totalmente immunizzato dal rischio aleatorio;

– i mezzi propri siano eccedenti il capitale allocato per cui si ha eccedenza di capitale, ossia:

$$EDC_T = MP_T - CA_T > 0.$$

Stanti le ipotesi dette, in vista della realizzazione di un progetto di sviluppo, l'impresa potrà incrementare il proprio indebitamento, pur nel rispetto della condizione dell'integrale copertura del rischio di non conoscenza da parte della proprietà([33]). Ne consegue, nelle condizioni d'impresa e di contesto in T, che il quoziente di indebitamento «limi-

---

([33]) Sul progetto di sviluppo e la sua codificazione in termini formali, si torna *infra*, Capitolo IX, nota (1) e paragrafi 9.1 e 9.2.

te» q^*_T risulterà maggiore del reale quoziente di indebitamento q_T.

Sotto un profilo generale, può dirsi che, in presenza di un eccesso di capitale, la copertura del rischio di non conoscenza rimane in capo alla proprietà sino all'assorbimento dell'eccesso di capitale connesso all'incremento del debito da D_T a D^*_T e del quoziente di indebitamento da q_T a q^*_T.

Il nesso tra i due quozienti di indebitamento predetti può essere determinato a partire dalle relazioni che seguono:

$$EDC_T = MP_T - CA_T$$

e

$$K_T = MP_T + D_T = MP_T + q_T \bullet MP_T.$$

Nel caso di integrale utilizzo dell'eccesso di capitale, essendo:

$$EDC_T = 0$$

e

$$MP_T = CA_T,$$

risulta:

$$K_T = CA_T + D^*_T = CA_T + q^*_T \bullet K_T$$

e, quindi:

$$MP_T + q_T \bullet K_T = CA_T + q^*_T \bullet K_T,$$

da cui:

$$MP_T - CA_T = K_T \bullet (q^*_T - q_T),$$

ossia:

$$q^*_T = q_T + \frac{EDC_T}{K_T} \gtreqless q_T. \qquad [8.6]$$

La [8.6] evidenzia chiaramente che l'entità dell'eccesso di capitale, rapportata a quella del capitale investito netto, condiziona il quoziente di indebitamento limite al tempo T, dato un certo quoziente di indebitamento effettivo q_T. La formula, però, mostra soprattutto che un diretto legame connette la determinazione del quoziente d'indebitamento, grandezza sintetica espressione della struttura patrimoniale limite, all'eccesso o difetto di capitale, quindi al capitale legato, grandezza di regolamento che sintetizza l'assetto patrimoniale limite.

Ne consegue che, con riferimento alle ipotesi assunte a base dell'analisi, il rischio di non conoscenza, quantificato attraverso il capitale allocato, e la presenza di eccesso di capitale per la sua copertura guidano l'azione di governo degli assetti finanziari, volta a sostenere un progetto di sviluppo ed orientata all'incremento del quoziente di indebitamento([34]). Infatti, sia il sistema impresa che la componente del sistema finanziario con cui si è entrati in rapporto in vista dell'ottenimento delle necessarie risorse finanziarie, debbono essere consapevoli che l'incremento del debito da D_T a D^*_T e quindi, a parità di mezzi propri, l'aumento del quoziente di indebitamento, da q_T a q^*_T, non comporta traslazione del rischio di non conoscenza sui prestatori del capitale a titolo di credito.

Tale situazione riveste interesse anche nella negoziazione del costo della risorsa finanziaria ed in ordine alla possibilità di ottenerla presso variegate componenti del sistema finanziario. Nelle condizioni richiamate, infatti, il finanziamento è teoricamente privo di rischio per il sistema finanziario e l'operazione è fattibile per la generalità dei finanziatori([35]).

Oltre q^*_T, invece, il governo dell'indebitamento si fa più problematico. Il contesto, e segnatamente la qualità del sistema finanziario intesa come capacità a finanziare progetti o comunque piani di sviluppo facendosi carico di quote crescenti del rischio di non conoscenza, riveste in tal caso crescente rilievo. Solo un sistema finanziario articolato su variegate componenti, tra le quali alcune specializzate nel finanziamento di progetti ad elevato rischio o di imprese con quozienti di indebitamento elevati, consente di sostenere lo sviluppo dell'impresa attraverso l'indebitamento senza compromettere la stabilità del finanziatore e del complessivo sistema finanziario([36]).

([34]) Sull'essenzialità della componente finanziaria per consentire il regolare svolgimento del processo produttivo e l'attuazione di razionali e convenienti investimenti, v. CARAMIELLO C., *L'azienda. Operazioni di gestione e "dinamica dei valori"*, Giuffrè, 1986, pag. 3.

([35]) Per un'analisi dettagliata della variabilità del costo del debito in funzione della possibilità che il finanziatore, attraverso l'apprestamento di risorse finanziarie, sostenga quote significative e/o crescenti del rischio di non conoscenza relativo al sistema impresa., cfr. *infra*, Capitolo IX, paragrafi 9.3.4 e 9.3.5, ove si distingue tra variazione esogena ed endogena del costo del credito.

([36]) Sulla varietà di operatori componenti la struttura operativa del sistema finanziario e qualificati da diverse disponibilità a sostenere rischi delle unità *in deficit* di risorse finanziarie, cfr. *supra*, Capitolo V, paragrafo 5.2. In merito alle possibili di-

In assenza di progetti di sviluppo, l'impresa potrebbe utilizzare l'eccedenza di capitale per una riduzione dei mezzi propri, fino ad annullare la differenza tra questi ed il capitale allocato, sostituendoli o meno con un aumento dell'indebitamento e del quoziente di indebitamento effettivo, che tenderà in ogni caso a raggiungere quello limite q^*_T. Si realizza pur sempre un riallineamento tra struttura patrimoniale limite ed effettiva, ma senza un'espansione del capitale investito netto K_T.

8.6. DAL QUOZIENTE D'INDEBITAMENTO LIMITE AL MODELLO DEL MARGINE DI DISCREZIONALITÀ

Ricordando la distinzione tra sovra e sottocapitalizzazione rispetto al capitale allocato e focalizzando l'attenzione sui rapporti tra impresa e sistema finanziario, le argomentazioni formulate nel precedente paragrafo trovano una più compiuta specificazione con riferimento ad una grandezza, che definiamo margine di discrezionalità, ed al suo andamento in funzione del quoziente di indebitamento. Margine di discrezionalità che si palesa quale «riserva di capacità» atta ad assicurare all'impresa il necessario spazio di attività, in specie nei confronti del sovrasistema finanziario, in un contesto qualificato da una sempre maggiore complessità([37]).

Col progressivo incremento del quoziente di indebitamento, il margine di discrezionalità di cui dispone l'impresa tende a diminuire, fino ad annullarsi quando il ricordato quoziente, superato il valore limite q^*, tende al valore massimo q^M. La relazione che lega il margine di discrezionaliltà al rapporto di indebitamento si può supporre, nelle nostre impostazioni, del tipo di quella di cui alla figura riportata.

---

namiche di finanziamento di un progetto di sviluppo del sistema impresa attraverso il crescente indebitamento, v. *infra*, Capitolo IX, paragrafo 9.2. e segg.

([37]) Sulla capacità di tale strumento di rappresentare il corretto indebitamento dell'impresa e la sua «capacità di credito» (ossia la possibilità di reperire ulteriore credito), sia consentito rinviare al nostro lavoro GOLINELLI G. M., "Economia e finanza nel governo dell'impresa", in *Sinergie*, n. 39, 1996, pag. 28.

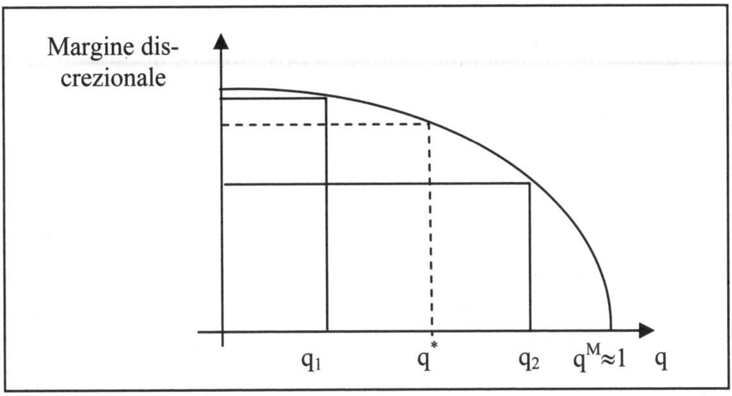

FIG. 8.1 – *L'andamento del margine di discrezionalità dell'impresa* (fonte: elaborazione personale).

Il quoziente q* è dunque spartiacque tra una situazione ($q \leq q^*$) dove è assicurata la consonanza tra i sistemi finanziario ed impresa ed una ($q^* \leq q \leq q^M$) in cui il permanere di condizioni di consonanza è legata all'attenta azione di indirizzo dell'organo di governo. Giova peraltro osservare come le suddette situazioni evidenzino ancora una volta il diretto collegamento con la più o meno adeguata capitalizzazione del sistema impresa rispetto al capitale allocato, giacché nel caso di $q \leq q^*$ si avrà una situazione di relativa sovracapitalizzazione, essendo l'ammontare dei debiti effettivi D inferiore al livello limite D*, mentre a $q^* \leq q \leq q^M$ corrisponderà uno stato di sottocapitalizzazione, con un ammontare di debiti D superiore a D*.

Mano a mano che q si allontana da q* per dirigersi verso q^M, il margine di discrezionalità tende a diminuire con crescente intensità e rapidità. Il persistere di condizioni di consonanza si fa più precario; progressivamente il rapporto si fa meno armonico ed il suo persistere dipende dalla propensione al rischio del singolo intermediario, sottoposto al monitoraggio del complessivo sistema finanziario, e dalla capacità dell'impresa di comunicare e motivare le proprie esigenze di finanziamento([38]).

([38]) In ordine alla graduazione dell'indebitamento nel tempo in modo compatibile con la capacità del sistema impresa a veicolare il rapporto con il sistema finanziario secondo il «ponte» rischio-rendimento, cfr. ZANDA G., *La grande impresa. Caratteristiche strutturali e di comportamento*, Giuffré, 1974, pag. 52; DRINGOLI A., *Margini sui costi e vita economica degli impianti*, FrancoAngeli, 1980, pag. 127 e segg.

Quanto precede induce a ritenere che, per una impresa ben governata, il quoziente di indebitamento q si posizionerà in un intorno relativamente circoscritto di q*, con $q_1 < q^*$ e $q_2 > q^*$. Si avrà pertanto:

$$q_1 \leq q \leq q_2. \qquad [8.4]$$

Tale intorno sarà più o meno esteso in relazione alla logica industriale o finanziaria qualificante l'azione dell'organo di governo ed alle accennate caratteristiche del sistema finanziario nel suo complesso ed a livello di singoli operatori. Oltre q_2, il rapporto tra impresa e sistema finanziario può ancora essere veicolato mediante quel ponte ideale rappresentato dal profilo rischio-rendimento, ma il tasso di decremento del margine discrezionale dell'impresa al crescere dell'indebitamento sarà sempre più rapido ed accentuato, potendo condurre a situazioni nelle quali può venire a mancare la condizione di consonanza tra i due sistemi relazionati.

Nell'esperienza italiana, segnatamente intorno alla metà del secolo passato, il sistema finanziario, in base ad un'errata concezione del corretto obiettivo di «stabilità», ha sovente ignorato le regole di comportamento nei rapporti con il sistema delle imprese sottese al profilo rischio-rendimento. Si ricade così in quelle particolari situazioni di «capitalismo assistito», concetto ben diverso da quello di capitalismo inteso come efficiente organizzazione della produzione industriale([39]).

8.7. CONSIDERAZIONI CONCLUSIVE

Le considerazioni formulate consentono alcune riflessioni di carattere generale. Assetti patrimoniali e finanziari d'impresa, nettamente distinti sotto il profilo concettuale, sono accomunati dal rilievo che, singolarmente e complessivamente, rivestono con riferimento alla rischiosità che qualifica la struttura e la dinamica evolutiva del sistema impresa.

([39]) In merito al profilo rischio-rendimento ed al suo rilievo nel rapporto del sistema impresa con quello finanziario, cfr. *supra*, Capitolo V, paragrafo 5.6 e relativi sottoparagrafi. Sul capitalismo assistito, v. PANATI G., GOLINELLI G.M., *Tecnica economica, industriale e commerciale. Imprese, strategie e management*, 2 voll., La Nuova Italia Scientifica, 1991 (1988[1]), pag. 522 e segg.

La valutazione dell'adeguatezza dell'indebitamento della specifica impresa al tempo T ha a suo fondamento la conoscenza dell'assetto patrimoniale e delle connesse modalità di copertura del rischio. Ne discende che è possibile, per un'impresa, conseguire un indebitamento anche assai elevato ove lo stesso, in relazione alla cultura del rischio ed alla capacità di governarne la copertura, risulti adeguato all'assetto patrimoniale *pro-tempore* vigente.

Nella concreta realtà, il quoziente di indebitamento eccede non di rado il quoziente di indebitamento «limite». Tale impostazione è sovente coerentemente seguita dall'organo di governo, a condizione che il finanziatore a titolo di credito, sulla base del proprio profilo di rischio-rendimento, sia disposto ad assumersi una aliquota, più o meno elevata, del rischio di non conoscenza a fronte di adeguati rendimenti.

Tale possibilità/opportunità è connessa – come si vedrà meglio successivamente, attraverso opportune modellizzazioni – a considerazioni di carattere economico-tecnico e finanziario, inerenti alla possibilità di incrementi di redditività correlati ad un aumento dell'indebitamento, in un quadro di rischiosità razionalmente accettabile([40]). Il quadro di accettabile rischiosità, influenzato dall'entità dello scostamento tra q e q*, è peraltro anche legato alle già ricordate caratteristiche di vocazione e propensione al rischio che qualificano anzitutto il sistema finanziario nel suo complesso e, poi, lo specifico operatore finanziario con cui il sistema impresa interagisce([41]).

Variegati fattori condizionano il governo del quoziente di indebitamento con riferimento all'eventuale sussistenza di un eccesso di capitale. Tra questi, ricordiamo:

– lo sviluppo della cultura del rischio con i connessi riflessi sul passaggio di componenti del rischio di non conoscenza al rischio aleatorio, e sui processi di immunizzazione di quest'ultima categoria di rischio;

– la pressante esigenza di disporre di una riserva di capacità utilizzabile dall'impresa per fronteggiare la non conoscenza, in particolare quella ai limiti dell'ignoto, dove gli eventi possibili sembrano aumentare di numero mentre si rende più difficile il processo attraverso cui l'impresa perviene a conoscere prima e quantificare poi l'indeterminatezza;

([40]) V. *infra*, Capitolo IX.

([41]) Cfr. *supra*, Capitolo V, paragrafo 5.6 e relativi sottoparagrafi.

– la qualificazione prospettica della dinamica evolutiva, che può presentare profili di stazionarietà, se non addirittura d'involuzione, o di crescita e sviluppo più o meno rischiosi.

Le considerazioni formulate circa l'azione di governo in merito all'adeguata capitalizzazione del sistema impresa ed al suo indebitamento si basano sull'ipotesi di costanza dei mezzi propri. Va tuttavia osservato che, sulla base delle evidenze fornite dal modello del margine discrezionale, il progressivo crescere di q oltre q* può essere avvertito dalle entità del contesto non solo come incremento di rischiosità, con i conseguenti possibili riflessi sul costo delle risorse finanziarie, ma anche come erosione, per il sistema impresa, di quegli spazi di manovra, a livello di governo e di gestione, necessari a consentire possibili non previsti e talora necessari interventi correttivi al progetto in corso di realizzazione. L'attenzione delle istituzioni e del sistema del risparmio alla stabilità del sistema finanziario, lo sviluppo della cultura del rischio nell'ambito di tale sistema e l'attenzione allo sviluppo dell'impresa in condizioni di crescente indebitamento fanno sì che la proprietà sia chiamata ad intervenire per costituire o ricostituire anzitutto il presidio al rischio di non conoscenza e poi per dotare l'impresa di quelle risorse finanziarie indispensabili per assicurare alla stessa le capacità necessarie a realizzare il continuo ciclo di adeguamenti e trasformazioni strutturali nel quale trova espressione il processo di sviluppo.

BIBLIOGRAFIA

ALBERTI G., *Il capitale proprio nelle imprese industriali*, Giuffrè, 1982.

ARGENZIANO R., "La Banca d'Italia e gli istituti speciali di credito", in FANFANI T. (a cura di), *Il sentiero del credito. La banca nell'età dello sviluppo. Ricostruzione, miracolo economico e crisi (1936-1973)*, Associazione Bancaria Italiana, Bancaria, 2006.

ARMOUR J., "Share Capital and Creditor Protection: Efficient Rules for a Modern Company Law", in *Modern Law Review*, n. 63, 2000.

BIRINDELLI G, CAPARVI R., *La nuova attività bancaria. Economia e tecniche di gestione*, FrancoAngeli, 2000.

CAPALDO P., *Capitale proprio e capitale di credito nel finanziamento d'impresa*, Giuffrè, 1967.

CAPRARA G., "L'impresa-banca osservata da un aziendalista", in *Problemi di gestione dell'impresa*, n. 24, 1998.

CARAMIELLO C., *L'azienda. Operazioni di gestione e "dinamica dei valori"*, Giuffrè, 1986.

CASELLI L., "La ri-legittimazione sociale dell'impresa", in *Sinergie*, n. 31, 1993.

CASTELLINO G., *Problematica del finanziamento delle imprese,* Giappichelli, 1967.
ECCANTI G., *Corso di tecnica imprenditoriale*, Vol. I, Cedam, 1996.
DAMODARAN A., *Investment Valuation*, Wiley Finance, 2002.
DELLEPIANE N., "Problemi di misura della dipendenza da capitale ad onere prioritario (capital gearing) e della leva finanziaria (leverage)", in *L'impresa*, n. 2-3, 1976.
DEMATTÈ C., *La valutazione della capacità di credito*, Vallardi, 1974.
DEZZANI F., *Il bilancio di esercizio nell'informativa esterna d'impresa*, Giuffrè, 1993.
EINOWSKI E. D., ROEK K., "Risk Shifting Major Element in Project Finance for Renewables", in *Natural Gas & Electricity*, n. 3, 2007.
FABRIZI P. L., *Il credito al consumo*, Giuffrè, 1975.
FANFANI T. (a cura di), *Il sentiero del credito. Banca moderna, Etica e Sviluppo economico*, Associazione Bancaria Italiana, Bancaria, 2004.
FANFANI T. (a cura di), *Il sentiero del credito. La banca nell'età dello sviluppo. Ricostruzione, miracolo economico e crisi (1936-1973)*, Associazione Bancaria Italiana, Bancaria, 2006.
FERRERO G., *Finanza aziendale*, Giuffrè, 1981.
FERRERO G., *Imprese e management*, Giuffrè, 1987.
FERRI N., "Alcune riflessioni in tema di funzionalità dell'impresa 'banca'", in *Rivista bancaria. Minerva bancaria (1945)*, n. 2, 1991.
GATTI C., "Project financing e multi-project financing per lo sviluppo dei sistemi economici locali: aspetti organizzativi e finanziari", in *Finanza marketing e produzione*, n. 1, 1999.
GOLINELLI G. M., "Economia e finanza nel governo dell'impresa", in *Sinergie*, n. 39, 1996.
GOLINELLI G.M., *L'approccio sistemico al governo dell'impresa*, Vol. I, Cedam, 2005 (2000[1]).
GOLINELLI G.M., *L'approccio sistemico al governo dell'impresa*, Vol. II, Cedam, 2000.
GOLINELLI G.M., *L'approccio sistemico al governo dell'impresa*, Vol. III, Cedam, 2002.
KLEIN B., Hold Up Problem, in *The New Palgrave: a Dictionary of Economics and Law*, Newman ed., 1998.
LIBERATORE L., *Elementi di scienza dell'amministrazione dell'impresa. Aspetti organizzativi e gestionali*, Cremonese, 1971.
MARRIS R., *La teoria economica del capitalismo manageriale*, Einaudi, 1972 (orig. *The Economic Theory of Managerial Capitalism*, MacMillan, 1964).
MASINI M., "Il capitale proprio nelle banche", in *Lecco economia*, n. 3, 1990.
MASSARONI E., "Forme, caratteri e divenire sistemico dei rapporti di fornitura", in GOLINELLI G.M., *L'approccio sistemico al governo dell'impresa*, Vol. III, Cedam, 2002.
MASSARONI E., *Il sistema logistico, progettazione, governo e gestione della logistica e della supply chain*, Cedam, 2007.
MERLANI C., *Il credito mercantile*, Giuffrè, 1956.
METALLO G., *Finanza sistemica per l'impresa*, Giappichelli, 2007 (2002[1]).
MIGLIETTA A., *La gestione dell'impresa tra competizione e valore*, Giuffrè, 2001.
ONETO C., "I fondi rischi e i costi futuri nel bilancio d'esercizio", in *Contabilità finanza e controllo*, n. 4, 1995.
ONIDA P., *Economia d'azienda*, Utet, 1989.
PANATI G., GOLINELLI G.M., *Tecnica economica, industriale e commerciale. Imprese,*

strategie e management, 2 voll., La Nuova Italia Scientifica, 1991 (1988[1]).

PENCARELLI T., *Aspetti della gestione dei crediti commerciali*, Clua, 1990.

PETIX L., *Aspetti tecnici del factoring*, Guido Pastenga, 1969.

PORTALE G.B., "I 'finanziamenti' dei soci nelle società di capitali", in *Banca, borsa e titoli di credito*, I, 2003.

RISPOLI M. (a cura di), *L'impresa industriale. Economia, tecnologia, management*, Il Mulino, 1989 (1984[1]).

RULLANI E., "La finanza e gli investimenti", in RISPOLI M. (a cura di), *L'impresa industriale. Economia, tecnologia, management*, Il Mulino, 1989 (1984[1]).

RULLANI E., "La teoria dell'impresa: soggetti, sistemi, evoluzione", in RISPOLI M. (a cura di), *L'impresa industriale. Economia, tecnologia, management*, Il Mulino, 1989 (1984[1]).

SANCETTA G., *Gli intangibles e le performance dell'impresa. Verso nuovi modelli di valutazione e di comunicazione nella prospettiva sistemica*, Cedam, 2007.

SANTESSO E., SÒSTERO U., "Fondi per rischi ed oneri, il TFR e i debiti", in *Contabilità finanza e controllo*, n. 4, 1997.

SARACENO P., "Banca, industrializzazione e crescita economica", in FANFANI T. (a cura di), *Il sentiero del credito. Banca moderna, Etica e Sviluppo economico*, Associazione Bancaria Italiana, Bancaria, 2004.

SARACENO P., "Sviluppo economico e banca locale. Riflessioni su un settantacinquennio di storia bancaria italiana", in FANFANI T. (a cura di), *Il sentiero del credito. La banca nell'età dello sviluppo. Ricostruzione, miracolo economico e crisi (1936-1973)*, Associazione Bancaria Italiana, Bancaria, 2006.

SASSO C., "Fondi rischi specifici e fondi rischi generici nel bilancio", in *Le società*, n. 8, 1996.

TAGI G., "Riflessioni sulle relazioni tra la funzione di finanziamento e quella di controllo del capitale proprio", in *Finanza marketing e produzione*, n. 3, 1991.

VENANZI D., *La scelta della struttura finanziaria. Teoria ed evidenza empirica*, Utet, 1999.

VENANZI D., BISIRRI G., *Decisioni di investimento e di finanziamento. Materiali applicativi*, Giappichelli, 2007.

WESTON F., "What M & M Have Wrought", in *Financial Management*, n. 18, 1989.

PARTE TERZA

LA DINAMICA EVOLUTIVA DELL'IMPRESA TRA ECONOMIA E FINANZA: VERSO LA CREAZIONE DI VALORE

CAPITOLO NONO

IL RUOLO DELLA FINANZA NELLO SVILUPPO DEL SISTEMA IMPRESA: POSSIBILITÀ E LIMITI DEL RICORSO ALL'INDEBITAMENTO (*)

9.1. CONSIDERAZIONI INTRODUTTIVE

L'approccio sistemico qualifica un progetto di sviluppo come una successione di stati di funzionamento del sistema impresa, risultante di processi di adeguamento e trasformazione strutturali nell'intervallo di tempo ΔT, orizzonte temporale di riferimento del progetto stesso. Un progetto di sviluppo, contraddistinto da una determinata rischiosità e da un crescente capitale investito netto, ossia dall'incremento delle risorse finanziarie strutturalmente investite a titolo di rischio o di credito, richiede attenta riflessione per una consapevole azione di governo degli assetti sia patrimoniale che finanziario([1]).

(*) Di GAETANO M. GOLINELLI.

([1]) Giova chiarire sin da ora che la locuzione «progetto di sviluppo» impiegata

Tale azione deve basarsi su due fondamentali momenti di analisi:

– la compatibilità finanziaria, che s'incentra, a sua volta, sulla considerazione:

– della composizione delle risorse a titolo di mezzi propri e di debito disponibili o che si ritiene comunque di investire per il necessario incremento del capitale investito netto;

– degli effetti dell'incremento dell'indebitamento sul previsto necessario incremento del capitale investito netto;

– la redditività, che s'incentra sulla considerazione:

– della relazione ROE = f(ROI) tra redditività netta rapportata ai mezzi propri (ROE) ed operativa rapportata al capitale investito netto (ROI), in presenza di un determinato quoziente di indebitamento (q) e di un certo costo del capitale di credito (i);

– degli effetti sulla relazione ROE = f(ROI) di una variazione incrementativa del quoziente di indebitamento in ipotesi di invarianza del costo del capitale di credito;

– degli effetti sulla relazione ROE = f(ROI) di una variazione incrementativa del quoziente di indebitamento con parallelo incremento del costo del capitale.

I predetti momenti di analisi richiedono, peraltro, una attenta riflessione circa il rischio relativo sia al piano di sviluppo prefigurato, sia alle modalità di finanziamento del connesso incremento del capitale investito netto. Ancora una volta, quindi, assume primario rilievo il

---

nella presente trattazione fa riferimento ad una qualsiasi traiettoria evolutiva del sistema impresa contraddistinta da un incremento del capitale investito netto (ossia, come si chiarirà tra breve, $\Delta K > 0$). Tale condizione può essere compatibile con i vari percorsi evolutivi (mera crescita dimensionale, razionalizzazione, crescita/espansione, sviluppo in senso proprio) contenuti nella «matrice delle alternative strategiche» o «delle azioni di sviluppo» indicata in GOLINELLI G.M., *Struttura e governo dell'impresa. Verso la formulazione di un modello di comportamento*, 1994 (1988[1]), pag. 60 e segg. ed in GOLINELLI G.M., *L'approccio sistemico al governo dell'impresa*, Vol. I, Cedam, 2005 (2000[1]), pag. 479 e segg. e qualificati, peraltro, da un incremento delle capacità incorporate nella struttura specifica del sistema impresa ($\Delta CS > 0$). Taluni percorsi sono tuttavia più tipicamente qualificati da un crescente capitale investito: il $\Delta K > 0$ può essere dovuto, nella mera crescita dimensionale, ad un sovradimensionamento degli investimenti non pienamente rispondente alla capacità di assorbimento del prodotto da parte dei mercati di sbocco; nella crescita/espansione al maggior capitale circolante (scorte di prodotti per la vendita, materiali per la produzione, crediti connessi a vendite su dilazione, liquidità derivante dalle crescenti vendite ecc.) funzionale alla superiore penetrazione del mercato; nello sviluppo, agli investimenti in ricerca e sviluppo a base di un migliore presidio dei mercati ecc.

rischio nel quadro dell'azione di governo dell'impresa; rischio sotteso al legame tra assetti patrimoniali e finanziari, redditività netta e industriale([2]).

Una variazione incrementativa del quoziente di indebitamento che non comporti effetti sul costo del capitale di credito può infatti aversi, almeno sotto il profilo teorico, quando non si superi il quoziente di indebitamento «limite». Ciò significa che l'impresa sta affrontando il progetto di sviluppo con un assetto patrimoniale che configura un eccesso di capitale o, il che è lo stesso, con una struttura finanziaria qualificata da un grado d'indebitamento che ancora non sfrutta intensamente il margine di discrezionalità residuo nei confronti del sovrasistema finanziario([3]).

In ottica industriale, questa condizione è ideale: l'impresa, utilizzando questa sua «riserva di capacità», incrementa la redditività netta attesa senza alterare le condizioni di consonanza che qualificano il suo rapporto con il sistema finanziario. Giova anzi osservare che lo sfruttamento della riserva di capacità può persino incrementare il livello di consonanza con il sistema finanziario. Ciò si verifica, ad esempio nel caso di un'azienda quotata, quando il mercato dei capitali valuta positivamente il progetto di sviluppo e pertanto l'eccesso di capitale che qualifica l'assetto patrimoniale trova una proficua utilizzazione. Utilizzata la ricordata «riserva di capacità», mano a mano che il quoziente di indebitamento supera e si allontana da quello limite, il costo del capitale di credito può incrementarsi in relazione alla percezione di un rischio crescente da parte dell'investitore. Le caratteristiche del profilo rischio-rendimento di sistema, riferite alla specifica impresa, consentiranno di valutare, nel quadro di una azione di governo consapevole, la possibile corretta espansione del quoziente di indebitamento.

Composizione del *mix* di risorse finanziarie nonché possibilità e limiti dell'indebitamento rappresentano, in definitiva, momenti signi-

---

([2]) Per una complessiva analisi del rischio nel governo dell'impresa, v. *supra*, Capitolo VI. In ordine alla qualificazione del rischio di non conoscenza sotteso ad un piano industriale, cfr. *supra*, Capitolo VII. Sull'importanza del rischio per la comprensione e migliore impostazione degli assetti patrimoniale e finanziario dell'impresa, cfr. *supra*, Capitolo VIII paragrafo 8.4 e relativi sottoparagrafi, nonché le considerazioni che seguono in questo Capitolo.

([3]) Sui concetti di struttura patrimoniale limite, struttura finanziaria limite, quoziente d'indebitamento limite, eccesso/difetto di capitale e margine di discrezionalità, v. *supra*, Capitolo VIII, paragrafo 8.4 e segg.

ficativi per l'azione di governo del sistema impresa impegnato nella realizzazione del ricordato progetto di sviluppo.

9.2. COMPATIBILITÀ FINANZIARIA DI UN PROGETTO DI SVILUPPO CHE COMPORTI INCREMENTI NEL CAPITALE INVESTITO NETTO

Dato un progetto di sviluppo estrinsecantesi in una successione di stati di funzionamento del sistema, qualificata da un incremento delle capacità incorporate nella struttura, quindi da incrementi nei costi di struttura e, di riflesso, nel capitale investito, la valutazione della compatibilità finanziaria del progetto consente di determinare l'ammontare dei mezzi finanziari a titolo di credito idoneo a conseguire quell'aumento nelle attività tangibili ed intangibili reputato necessario per il perseguimento del desiderato risultato, in termini di redditività, prima industriale e poi netta, attesa([4]).

Consideriamo l'impresa impegnata nel progetto di sviluppo specificato nella successione di stati come evidenziato nella figura 9.1 di seguito riportata.

Le grandezze di stato associate allo stato iniziale s_{11} sono:

$$MP_{11}; \qquad D_{11}; \qquad K_{11}; \qquad q_{11}.$$

Esse sono legate dalle seguenti relazioni:

$$K_{11} = MP_{11} + D_{11},$$

$$q_{11} = \frac{D_{11}}{K_{11}}.$$

Allo stato s_{11} viene anche associata la grandezza di regolamento capitale allocato CA_{11}, riflessa nel quoziente di indebitamento «limite» q^*_{11}([5]).

([4]) Sul rilievo della redditività nel governo della struttura finanziaria, v. *infra*, paragrafo 9.3 e sottoparagrafi.

([5]) Sul fatto che il quoziente di indebitamento «limite» q* rifletta il capitale allocato relativo al sistema impresa, cfr. *supra*, Capitolo VIII, paragrafo 8.5 e segg.

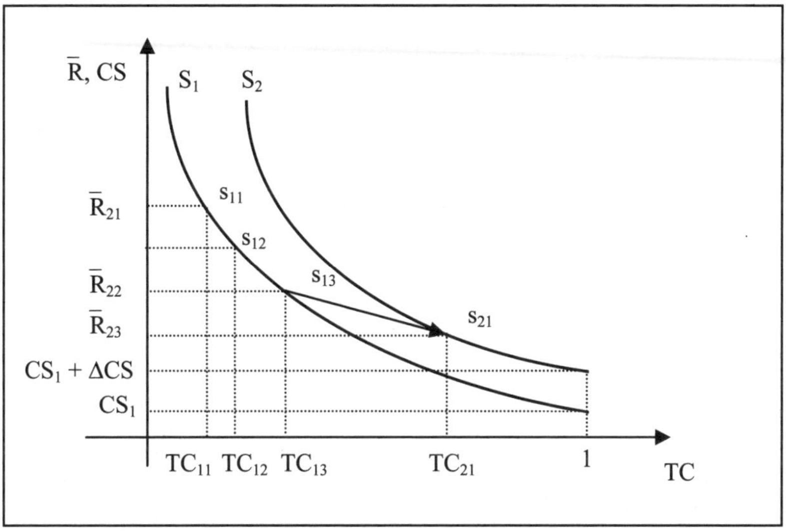

FIG. 9.1 – *L'impresa e la sua dinamica evolutiva nel caso di implementazione di un progetto di sviluppo comportante un incremento del capitale investito netto ($\Delta K>0$ ovvero $\Delta CS>0$)* (fonte: elaborazione personale).

Supponiamo che:

$$MP_{11} > CA_{11}$$

$$q_{11} < q^*_{11}$$

Il decisore è impegnato a valutare la fattibilità finanziaria del piano che comporta, con riferimento allo stato finale, un capitale investito netto K_{21} tale che:

$$K_{21} > K_{11}$$

con un incremento ΔK pari a:

$$\Delta K = K_{21} - K_{11} > 0.$$

Ricordando le seguenti relazioni, valide in generale:

$$K = MP + D \qquad \text{e} \qquad q = \frac{D}{K},$$

risulta che:

$$K = MP + K \bullet q$$

$$K \bullet (1 - q) = MP$$

e quindi:

$$K = \frac{MP}{1 - q}.$$

Possiamo allora scrivere:

$$K_{11} = \frac{MP_{11}}{1 - q_{11}} \qquad \text{e} \qquad K_{21} = \frac{MP_{21}}{1 - q_{21}}$$

e, ponendo $MP_{21} = MP_{11} + \Delta MP$, si ha:

$$\Delta K = K_{21} - K_{11} = \frac{MP_{11} + \Delta MP}{1 - q_{21}} - \frac{MP_{11}}{1 - q_{11}} =$$

$$= \frac{MP_{11} \bullet (1 - q_{11}) + \Delta MP \bullet (1 - q_{11}) - MP_{11} \bullet (1 - q_{21})}{(1 - q_{11}) \bullet (1 - q_{21})} =$$

$$= \frac{MP_{11} \bullet (1 - q_{11} - 1 + q_{21}) + \Delta MP \bullet (1 - q_{11})}{(1 - q_{11}) \bullet (1 - q_{21})} =$$

$$= \frac{MP_{11} \bullet (q_{21} - q_{11}) + \Delta MP \bullet (1 - q_{11})}{(1 - q_{11}) \bullet (1 - q_{21})}$$

Ponendo ancora $q_{21} - q_{11} = \Delta q$, si ha:

$$\Delta K = K_{21} - K_{11} = \frac{MP_{11} \bullet \Delta q + \Delta MP \bullet (1 - q_{11})}{(1 - q_{11}) \bullet (1 - q_{21})} \qquad [9.1].$$

Per comprendere il significato di tale espressione, è opportuno anzitutto considerare il caso in cui il quoziente di indebitamento rimanga costante nel percorso dallo stato iniziale s_{11} a quello finale s_{21}. Ciò significa che si ritiene vincolante per l'accettabilità del piano la invarianza del quoziente di indebitamento. Poiché in tal caso è:

$$q_{21} = q_{11} = q$$

si ha:

$$\Delta K = K_{21} - K_{11} = \frac{\Delta MP}{1 - q} \qquad [9.2].$$

La [9.2] mostra che il quoziente di indebitamento esercita un effetto moltiplicatore della variazione nell'ammontare dei mezzi propri, in quanto il denominatore è inferiore all'unità, essendo $0 \leq q < 1$(6).

Nel caso invece che si ritenga accettabile una variazione (che supponiamo incrementativa) del quoziente di indebitamento, dividendo per $(1 - q_{11})$ numeratore e denominatore della [9.1], risulta:

$$\Delta K = \frac{\dfrac{MP_{11} \bullet \Delta q}{1 - q_{11}} + \Delta MP}{1 - q_{21}}.$$

Ponendo $q_{21} = q_{11} + \Delta q$, consegue che:

$$\Delta K = \frac{K_{11} \bullet \Delta q + \Delta MP}{1 - q_{21}} = \frac{K_{11} \bullet \Delta q + \Delta MP}{1 - (q_{11} + \Delta q)} = \frac{K_{11} \bullet \Delta q}{1 - (q_{11} + \Delta q)} + \frac{\Delta MP}{1 - (q_{11} + \Delta q)} \qquad [9.3].$$

La [9.3] evidenzia che:

– nel caso di un incremento previsto del quoziente di indebitamento Δq, anche in assenza di un incremento nei mezzi propri, è possibile realizzare un piano che comporti un incremento nel capitale investito netto che soddisfi la relazione:

---

(6) L'incremento dei mezzi propri ΔMP ipotizzato può essere concretamente conseguito dal sistema impresa attraverso l'autofinanziamento (ritenzione di utili di periodo) ovvero il conferimento, in natura, crediti o denaro, di nuove risorse da parte della proprietà. Fondanti i contributi della dottrina italiana sull'autofinanziamento nell'economia d'impresa: v. D'ALESSANDRO L., *Autofinanziamento d'impresa e sua importanza nell'economia moderna*, Abbaco, 1962; SPRANZI A., *Ammortamento e autofinanziamento*, Giuffrè, 1968 (1967[1]); CAPALDO P., *L'autofinanziamento nell'economia dell'impresa*, Giuffrè, 1968.

$$\Delta K \leq \frac{K_{11} \bullet \Delta q}{1-(q_{11}+\Delta q)}.$$

L'incremento nel capitale netto investito è quindi influenzato fortemente dal programmato incremento nel quoziente di indebitamento;

– nel caso in cui sia previsto anche un incremento dei mezzi propri ΔMP, il programmato incremento del quoziente di indebitamento contribuisce, in positivo, all'effetto moltiplicatore delle variazioni dei mezzi propri.

Può dirsi pertanto, sotto un profilo più generale, che l'incremento nel quoziente di indebitamento amplifica, in misura tanto maggiore quanto più rilevante è l'entità dell'incremento stesso, l'espansione delle capacità tangibili ed intangibili condizionanti la fattibilità del progetto([7]).

9.3. REDDITIVITÀ E RELAZIONI TRA REDDITIVITÀ INDUSTRIALE E NETTA IN FUNZIONE DELL'INDEBITAMENTO: IL MODELLO DELLA LEVA FINANZIARIA

9.3.1. Redditività, indebitamento e costo del capitale di credito

L'analisi fin qui condotta sui processi di sviluppo imprenditoriale, e in particolare sulla compatibilità finanziaria di modificazioni strutturali comportanti incrementi delle capacità tangibili ed intangibili in-

---

([7]) In questo senso, la verifica di compatibilità/fattibilità finanziaria dimostra la capacità dell'indebitamento (e del suo incremento nel tempo) ad ampliare le possibilità d'investimento in attività che sostengano, auspicabilmente, il conseguimento/mantenimento del vantaggio competitivo durevole nel tempo da parte del sistema impresa.

L'«effetto moltiplicatore» segnalato dalla suddetta verifica può essere inteso, in sostanza, come il corrispondente, a livello *micro*, del meccanismo noto, nella teoria economica generale, come «moltiplicatore dei depositi e del credito» ed operante a livello *macro* (cfr. per dettagli ACOCELLA N., *Fondamenti di politica economica. Valori e tecniche*, La Nuova Italia Scientifica, 1997 (1994[1]), pag. 434 e segg.). Come nel complessivo sistema economico il credito bancario accresce la liquidità disponibile per gli impieghi, così a livello di sistema impresa il crescente ricorso all'indebitamento, sotto certe condizioni, accresce la capacità d'investimento dell'impresa.

corporate, con i conseguenti riflessi sulle risorse finanziarie necessarie e sui rapporti con il sistema finanziario, ha tralasciato di considerare gli effetti sulla redditività delle modificazioni stesse. Tali effetti, come già osservato, possono essere oggetto di analisi con riferimento agli incrementi attesi sulla redditività industriale (ROI) da tali trasformazioni ed ai conseguenti riflessi sulla redditività rapportata ai mezzi propri (ROE)([8]).

Ne consegue che a tali indicatori l'organo di governo potrà far riferimento per valutare l'appetibilità delle diverse alternative strutturali se, come è realistico pensare, si pone obiettivi/vincoli di redditività con riferimento alle attese e pressioni delle variegate entità sistemiche che popolano il contesto. L'analisi in termini prospettici delle modificazioni strutturali, con riferimento alla redditività riferita sia al complesso delle risorse investite che ai mezzi propri, si palesa quindi di rilevante interesse, in quanto consente di precisare alcune interrelazioni tra aspetti finanziari ed economico/industriali della gestione([9]).

In relazione all'approccio sistemico in questa sede adottato ed al connesso modello dell'isocosto di struttura, concernente la dinamica evolutiva dell'impresa come una successione di stati di funzionamento del sistema (s_{ij}) emergenti da una serie di strutture specifiche (S_i) che l'organo di governo progetta e realizza e sulle quali esercita azioni

---

([8]) ROI e ROE rappresentano due tipici e fondamentali indicatori di bilancio delle imprese. Sull'utilizzazione delle analisi di bilancio allo scopo di esercitare una funzione di «controllo» (in questa sede, più in ottica preventiva d'indirizzo che in senso consuntivo di riscontro), v. GRINAKER R.L., BAN B.B., *Auditing, the Examination of Financial Statements*, Irwin, 1965, pag. 440 e segg. Sui limiti della *ration analysis* che sono, in definitiva, gli stessi dei bilanci (consuntivi o di previsione) che si vogliono esaminare, cfr. ONIDA P., *Economia d'azienda*, Utet, 1965, pag. 810.

([9]) Circa l'importanza dell'analisi della redditività nel governo e nella gestione dell'impresa, cfr. almeno BRUSA L., GUELFI S., ZAMPROGNA L., *Finanza d'impresa. Logiche e strumenti di gestione finanziaria per creare valore*, Etas, 2001 (1995[2]), pag. 45 e segg.

Sull'uso di indicatori e quozienti (*ratios*) nell'analisi dell'assetto e della dinamica evolutiva del sistema impresa, si rinvia a CODA V., BERGAMIN BARBATO M., *Indici di bilancio e flussi finanziari*, Etas, 1985 (1974[2]); CARAMIELLO C., DI LAZZARO F., FIORI G. (a cura di), *Indici di bilancio. Strumenti per l'analisi della gestione aziendale*, Giuffré, 2003; PANATI G., GOLINELLI G.M., *Tecnica*, Vol. II, *op.cit.*, pag. 684 e segg.; METALLO G., *Finanza sistemica per l'impresa*, Giappichelli, 2007 (2002[1]), pag. 41 e segg. Originale il contributo della scuola romana di finanza aziendale all'analisi finanziaria per indici e flussi, attraverso la proposta del «baricentro finanziario»: cfr. COLOMBI F., *Baricentro finanziario*, Strategie & finanza, 1995.

modificatrici e rinnovatrici, il quoziente d'indebitamento q, combinato con il costo del capitale di credito e vigendo un dato regime di tassazione, risulta elemento determinante il processo di governo della struttura d'impresa, sul piano anzitutto finanziario([10]). È con riguardo al grado d'indebitamento, infatti, che può essere implementato il percorso di scientificazione dell'azione di governo del sistema impresa, con precipuo riferimento al rapporto tra economia e finanza. Un percorso che conduce ad un modello di analisi il quale, pur con i limiti di ogni modellizzazione, consente di approfondire il ricordato nesso tra redditività industriale e redditività rapportata ai mezzi propri, agevolando l'assunzione da parte dell'organo di governo di decisioni in merito ai rapporti anzitutto con la proprietà e, di riflesso, con il sistema finanziario.

9.3.2. Redditività operativa, redditività netta e loro relazioni funzionali

Consideriamo la nostra impresa al tempo T con la sua struttura specifica, sintetizzata dalla [8.1], ossia dal complesso delle risorse finanziarie acquisite K, e dal quoziente di indebitamento q esposto nella [8.3]([11]).

L'analisi dei flussi dei costi e dei ricavi connessi all'operare dell'impresa in relazione alle leggi di funzionamento proprie dello stato

---

([10]) In merito all'importanza del costo del capitale di credito nelle scelte di governo del sistema impresa ed alle relazioni tra costo del capitale di credito ed indebitamento, cfr. *infra*, paragrafo 9.3.4.

([11]) Il quoziente q viene denominato anche «leva finanziaria semplice» o *(capital) gearing* o, ancora, *(financial) leverage*: cfr. DELLEPIANE N., "Problemi di misura della dipendenza da capitale ad onere prioritario (capital gearing) e della leva finanziaria (leverage)", in *L'impresa*, n. 2-3, 1976, pag. 121 e segg. Più propriamente, la «leva finanziaria netta» o *(financial) leverage* indica ciò che, in questa sede, è indicato come «leva finanziaria» o «effetto leva finanziaria», ossia la variazione della reattività della redditività netta rispetto alla redditività industriale per effetto di variazioni di q: cfr. *infra*, paragrafo 9.3 e segg.

Giova osservare che il complemento all'unità di q è dato dall'indice di patrimonializzazione (detto anche di autonomia o indipendenza finanziaria), pari al quoziente MP/K. Su tale indicatore, v. PAGANELLI O., *Analisi*, *op.cit.*, pag. 79; in merito ai limiti di tale indice nel segnalare l'adeguata capitalizzazione dell'impresa, cfr. *supra*, Capitolo VIII, specie paragrafo 8.4 e segg.

considerato costituisce un razionale approccio allo studio delle interrelazioni tra redditività operativa e netta nei processi di sviluppo imprenditoriale. L'approccio considerato consente, infatti, la determinazione del cosiddetto risultato operativo (RO) e quindi, attraverso l'individuazione degli oneri finanziari (OF) e degli oneri tributari (OT), del risultato netto (RN)([12]). Risulta pertanto:

$$RN = RO - OF - OT$$ ([13]).

Dividendo tutti i membri per MP, si ha:

$$\frac{RN}{MP} = \frac{RO}{MP} - \frac{OF}{MP} - \frac{OT}{MP} \qquad [9.4].$$

Considerando che:

– $OF = i \bullet D = i \bullet q \bullet K$, essendo i il costo medio del capitale di credito;

– $OT = t \bullet (RO - OF)$, essendo t il tasso di prelievo fiscale([14]);

e ricordando che:

$$K = MP + D$$

per cui:

$$K = MP + K \bullet q$$

([12]) Per semplicità di analisi, nell'impostazione adottata si assume per ipotesi che l'impresa sia qualificata da un'unica area di *business* (detta area tipica o caratteristica della gestione) e che non figurino dunque né proventi né oneri connessi ad aree della gestione di tipo extracaratteristico (o atipico) e/o straordinario. La rimozione di tali ipotesi non comporta comunque il venire meno degli assunti di fondo cui perviene la modellizzazione: per un'analisi della relazione ROE = f(ROI) in presenza anche delle suddette aree di gestione, atipica e straordinaria, v. le precisazioni *infra*, nota (17).

([13]) Con tale impostazione, eventuali proventi di carattere finanziario, generalmente inferiore agli oneri finanziari, sono sottratti a tali oneri (per cui si può parlare di oneri finanziari netti). Qualora i proventi fossero superiori agli oneri finanziari, concorrono alla formazione del risultato operativo.

([14]) Il tasso di prelievo fiscale t è qui considerato indipendente dalla entità del risultato prima delle imposte o reddito lordo RL = RO – OF e, quindi, dal quoziente di indebitamento; in particolare, questa condizione è verificata nel sistema tributario italiano. Sulla distinzione tra il tasso di prelievo fiscale effettivo di una specifica impresa e l'aliquota legale fissata d'imposizione fiscale vigente, cfr. MASSARONI E., "Il tasso di prelievo fiscale: sua influenza sull'effetto leva finanziaria", in GOLINELLI G.M., *Struttura, op.cit.*, pag. 118 e segg.

$$MP = K \bullet (1 - q)$$

nonché considerando la redditività netta rapportata ai mezzi propri, espressa dal quoziente:

$$ROE = \frac{RN}{MP}$$ ([15]);

e la redditività operativa (detta anche industriale o tecnica) rapportata al capitale investito netto, espressa dal quoziente:

$$ROI = \frac{RO}{K}$$ ([16]);

è possibile esplicitare la relazione tra ROE e ROI in termini di funzione ROE = f(ROI)([17]).

([15]) L'acronimo ROE sta per «*return on equity*» (rendimento rapportato ai mezzi propri). Per approfondimenti tecnico-contabili su tale indicatore, v. CODA V., BERGAMIN BARBATO M., *Indici, op.cit.*, pag. 10 e segg.; BRUNETTI G., CODA V., FAVOTTO F., *Analisi, previsioni, simulazioni economico-finanziarie di imprese*, Etas, 1991 (1989[1]), pag. 35 e segg.; FERRERO G., DEZZANI F., *Manuale delle analisi di bilancio*, Giuffrè, 1979, pag. 296 e segg.; CARAMIELLO C., *Indici di bilancio. Strumenti per l'analisi della gestione aziendale*, Giuffré, 1993 (Ipsoa, 1986[1]), pag. 239 e segg.; PAGANELLI O., *Analisi, op.cit.*, pag. 39 e segg.; TESSITORE A., *Redditività dell'impresa in periodi di inflazione*, Cedam, 1979; TORCIVIA S., *La determinazione del ROE*, Giuffrè, 1990.

([16]) L'acronimo ROI sta per «*return on investment*» (rendimento rapportato al capitale investito netto). Per approfondimenti tecnico-contabili su reddito operativo e redditività operativa, v. FERRERO G., DEZZANI F., *Manuale, op.cit.*, pag. 265 e segg.; PAGANELLI O., *Analisi, op.cit.*, pag. 41; CODA V., BERGAMIN BARBATO M., *Indici, op.cit.*, pagg. 14 e 61 e segg.; BRUNETTI G., CODA V., FAVOTTO F., *Analisi, op.cit.*, pagg. 13, 42 e segg. e 63 e segg.; CARAMIELLO C., *Indici, op.cit.*, pag. 221 e segg.

([17]) Circa la redditività operativa riferita al totale delle attività investite espressa dal ROI, giova qui ricordare, anche in vista di evidenziare i legami esistenti tra i diversi indicatori di redditività, che essa è legata alla redditività operativa riferita al fatturato in valore (R) dalla relazione:

$$ROI = \frac{RO}{K} = \frac{RO}{R} \bullet \frac{R}{K} = ROS \bullet T_K$$

dove il quoziente

$$ROS = \frac{RO}{R}$$

(acronimo che sta per «*return on sales*», cioè rendimento rapportato alle vendite in valore) è un indicatore sintetico della redditività delle vendite, mentre il quoziente

$$T_K = \frac{R}{K}$$

(detto *capital turnover*) esprime il tasso di rotazione delle risorse investite al tempo T nell'impresa ed è indicatore di efficienza economica nell'impiego del complesso delle capacità che hanno consentito (analisi di consuntivo) o consentiranno (impostazioni prospettiche) il conseguimento del fatturato (R). Rinviando ad altri studi per una più approfondita analisi di questi indicatori, vogliamo qui solo evidenziare in merito a T_K che, se indichiamo con:

$$T_I = \frac{R}{I} \qquad T_S = \frac{R}{S} \qquad T_C = \frac{R}{C} \qquad \text{(essendo } K = I + S + C\text{)}$$

i tassi di rotazione relativi, rispettivamente, ad immobilizzazioni, scorte di magazzino e disponibilità (rappresentate prevalentemente da crediti), si ha:

$$T_K = \frac{R}{K} = \frac{R}{I+S+C} = \frac{\frac{R}{R}}{\frac{I+S+C}{R}} = \frac{1}{\frac{I}{R}+\frac{S}{R}+\frac{C}{R}} = \frac{1}{\frac{1}{T_I}+\frac{1}{T_S}+\frac{1}{T_C}}$$

ossia:

$$T_K = \frac{1}{\frac{1}{T_I}+\frac{1}{T_S}+\frac{1}{T_C}}$$

Questa espressione chiarisce come, attraverso provvedimenti gestionali tesi a incrementare i quozienti T_C, T_S, T_I, si possa incrementare T_K e quindi, a parità di redditività operativa rapportata alle vendite (ROS), quella riferita al totale delle risorse investite (ROI).

Il *capital turnover* T_K (ossia il quoziente tra capitale investito netto e vendite) è interpretato come indice dell'intensità di capitale, utile in prima approssimazione a discernere il fabbisogno finanziario atteso: cfr. DEMATTÈ C., *La valutazione della capacità di credito*, Vallardi, 1974, pag. 140.

Come accennato in nota (13), la rimozione dell'ipotesi di assenza di oneri e proventi di natura atipica, accessoria e/o straordinaria non fa venire meno la significatività della relazione ROE = f(ROI), poiché:

– l'indicatore ROI può in tal caso contenere al denominatore la totalità degli impieghi netti. Il quoziente ottenuto esprimerà allora il rendimento economico dell'intero capitale investito, a prescindere dalla tipicità della gestione in cui è impiegato, e

Si ha infatti:

$$ROE = \frac{RO}{K \bullet (1-q)} - \frac{i \bullet q \bullet K}{K \bullet (1-q)} - \frac{-t \bullet RO}{K \bullet (1-q)} + \frac{t \bullet i \bullet q \bullet K}{K \bullet (1-q)} =$$

$$= \frac{ROI}{1-q} - \frac{i \bullet q}{1-q} - \frac{-t \bullet ROI}{1-q} + \frac{t \bullet i \bullet q}{1-q} = \frac{1-t}{1-q} \bullet ROI - i \bullet q \bullet \frac{1-t}{1-q}$$

da cui:

$$ROE = \frac{1-t}{1-q} \bullet (ROI - i \bullet q) \qquad [9.5]$$

È opportuno osservare che, sovente, la relazione ROE = f(ROI) viene espressa in forma diversa da quella indicata nella [9.5], poiché si fa riferimento a diversi indicatori del grado di indebitamento([18]). In particolare, se si adotta la formulazione del coefficiente di indebitamento d:

$$d = \frac{D}{MP}$$ ([19]),

---

costituisce un indicatore assai valido per valutare l'efficienza economica della gestione caratteristica e degli investimenti accessori insieme considerati (così PAGANELLI O., *Analisi*, *op.cit.*, pag. 41);

– lo stesso ROE può essere spiegato in termini di incidenza (positiva o negativa) delle gestioni non tipiche, misurata dal divario esistente tra RO e RN. Infatti, si può anche scrivere:

$$ROE = \frac{RN}{MP} = \frac{RO}{R} \bullet \frac{R}{K} \bullet \frac{K}{MP} \bullet \frac{RN}{RO},$$

relazione che mostra come il ROE sia funzione di ROS, T_k, quoziente d'indebitamento (cfr. *supra*, nota (11)) e RN/RO, quoziente che misura appunto il rilievo della gestione non tipica.

([18]) In proposito, autorevole dottrina utilizza quale indicatore del grado di indebitamento il rapporto K/MP ed esprime la relazione ROE = f(ROI) nella forma:

$$ROE = (1-t) \bullet i + (1-t) \bullet \frac{K}{MP} \bullet (ROI - i)$$

con la distinzione tra «effetto semplice di leverage» (ROI – i) ed «effetto ponderato di leverage» (ROI – i) • K/MP; cfr. FERRERO G., *Finanza aziendale*, Giuffrè, 1985 (1981[1]), pag. 179 e segg.

([19]) I quozienti q e d, ambedue indicatori di sintesi della struttura finanziaria

si ha:

$$MP = \frac{D}{d} \qquad e \qquad \frac{1}{MP} = \frac{d}{D}.$$

Ricordando che:

$$K = MP + D$$

per cui:

$$K = MP + d \bullet MP \text{ ossia } K = MP \bullet (1 + d)$$

la [9.4] può essere scritta come segue:

$$ROE = \frac{RO \bullet (1+d)}{K} - \frac{OF \bullet d}{D} - t \bullet \left[\frac{RO \bullet (1+d)}{K} - \frac{OF \bullet d}{D} \right].$$

Si ha, quindi:

$$\begin{aligned} ROE &= (1 - t) \bullet ROI \bullet (1 + d) - i \bullet d \bullet (1 - t) = \\ &= (1 - t) \bullet [ROI + d \bullet (ROI - i)] \qquad [9.6]. \end{aligned}$$

La relazione ROE = f(ROI), espressa nella forma [9.5] o [9.6], è comunque di tipo lineare. In presenza di una struttura specifica, con le sue componenti industriale e finanziaria, sintetizzata la seconda da un quoziente di indebitamento (q o d), un costo medio di provvista del capitale di credito (i) ed un tasso di prelievo fiscale sul risultato economico al lordo delle imposte (t) determinati, la menzionata funzione evidenzia anzitutto il legame diretto tra ROI e ROE.

Esplicitata nella forma [9.5], la relazione può essere rappresentata graficamente come in figura 9.2. Si noti che, dato un certo valore di i e di t, le rette esprimenti la relazione ROE = f(ROI) per diversi valori di q si dispongono come un fascio di rette passante per il punto di coordinate ROI = i e ROE = (1 – t) • i([20]).

---

dell'impresa, sono legati dalle seguenti relazioni:

$$q = \frac{1}{1+d} \qquad e \qquad d = \frac{1-q}{q}.$$

([20]) Tale punto notevole può essere analiticamente determinato anzitutto ponendo a sistema la [9.5], nella sua generale formulazione con q > 0, e la sua particolare versione nel caso di q = 0, pari a ROE = (1 – t) • ROI. Il sistema di due equazioni con

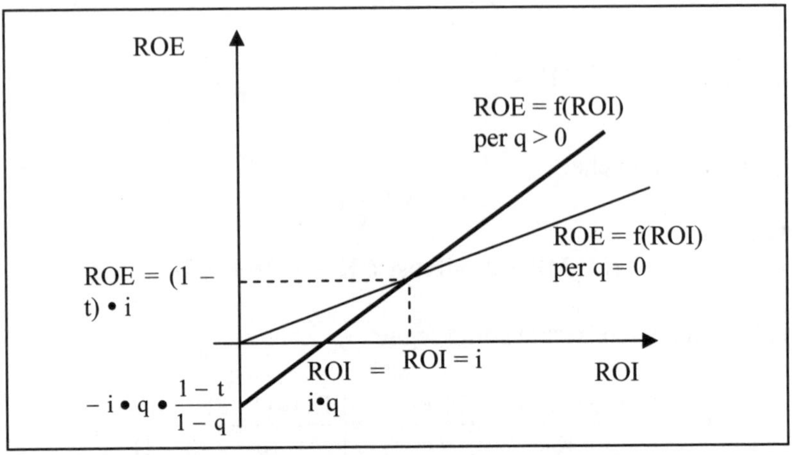

FIG. 9.2 – *ROE = f(ROI) in costanza della struttura finanziaria, qualificata dal quoziente d'indebitamento q (con 0 ≤ q < 0), dal costo medio del capitale di credito i e dal tasso di prelievo fiscale sul risultato al lordo delle imposte t* (fonte: elaborazione personale).

Al fascio di rette appartiene anche la particolare retta qualificata dal quoziente d'indebitamento q = q*, valore limite oltre il quale il sistema finanziario assume crescenti livelli di rischio di non conoscenza e si fanno più incerte e problematiche le condizioni di consonanza tra i sistemi impresa e finanziario([21]).

In pratica, la relazione ROE = f(ROI) qualificata da q = q* viene a rappresentare una sorta di «frontiera»([22]). Una frontiera nel senso che le relazioni ROE = f(ROI) qualificate da un q > q*, pur concettualmente possibili, debbono essere oggetto di attenta riflessione da parte dell'organo di governo, nella consapevolezza del rischio di pregiudicare la consonanza con il sistema finanziario e, nel più lungo termine, l'economia del sistema impresa([23]).

altrettante incognite va quindi risolto prima in ROI e poi in ROE.

([21]) Sul significato di q*, sul suo legame con la ripartizione tra i vari *stakeholder* aziendali del rischio di non conoscenza e sul margine di discrezionalità, cfr. *supra*, Capitolo VIII, paragrafo 8.6.

([22]) V. *infra*, Fig. 9.3.

([23]) Sul perché al crescere di q, sino ed oltre q*, si abbiano rette via via più inclinate e ripide ma pur sempre passanti per il punto notevole di coordinate ROI = i e ROE = (1 – t) • i, v. *infra*, paragrafo 9.3.3.

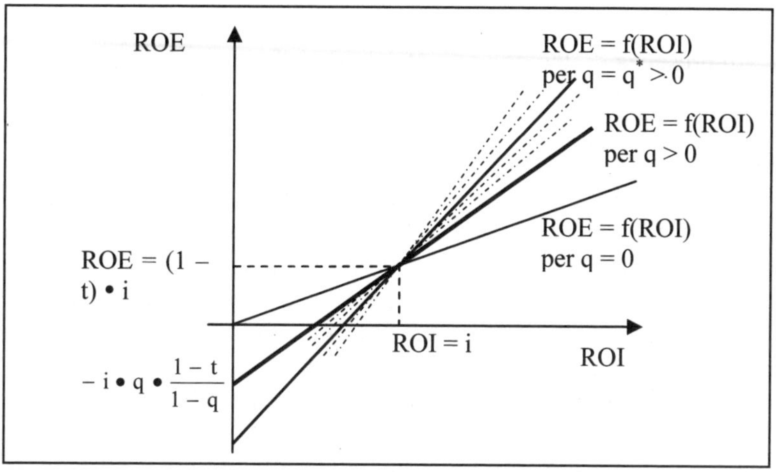

FIG. 9.3 – *La funzione ROE = f(ROI) in costanza della struttura finanziaria, con evidenziazione della «frontiera» rappresentata dalla retta in cui q = q** (fonte: elaborazione personale).

Alla decisione di superare la menzionata «frontiera» deve, quindi, seguire una incisiva azione di governo del rapporto con il sistema finanziario, con particolare riguardo alla comunicazione delle motivazioni a base della scelta sotto i profili delle attese di creazione di valore connesse alle condizioni di competitività e consonanza qualificanti il progetto di sviluppo([24]).

In ogni caso, la relazione ROE = f(ROI) nella forma [9.4] e la sua rappresentazione grafica consentono di valutare gli effetti di una variazione del ROI sul ROE anzitutto in condizioni di invarianza della componente finanziaria della struttura (qualificata da una data combinazione di q, i e t). La relazione, infatti, permane valida anche in presenza di modificazioni strutturali comportanti incrementi ΔK nelle attività investite e nella redditività industriale (ΔROI), in ipotesi di invarianza di q, i e t, per cui si ha:

$$\frac{\Delta ROE}{\Delta ROI} = \frac{1-t}{1-q}.$$

([24]) Circa il legame tra creazione di valore, vantaggio competitivo durevole e condizioni/capacità di consonanza e competitività, v. *supra*, Capitolo I, paragrafo 1.1. e segg. In merito alla creazione di valore, in ottica complessiva e con riguardo anche ai rapporti tra impresa e sistema finanziario, cfr. *infra*, Capitolo X.

In presenza di una determinata struttura finanziaria, espressa da una data combinazione di q, i e t, il quoziente (1-t)/(1-q) determina quindi la reattività del ROE al variare del ROI, reattività che si mantiene costante al variare del ROI stesso([25]).

La leva finanziaria, come si vedrà di seguito, esprime invece la variazione della reattività del ROE al variare del ROI in presenza di modificazioni che investono la struttura finanziaria, espresse da diversi quozienti di indebitamento([26]). Le considerazioni precedentemente svolte inducono peraltro a ritenere che, almeno in presenza di determinate condizioni, esista un legame fra quoziente di indebitamento q e costo del capitale di credito i, potendo essere correlati positivamente: al crescere del quoziente di indebitamento, l'impresa diventa più rischiosa ed i finanziamenti più costosi in termini di oneri finanziari. Di

---

([25]) Cfr. *infra*, Fig. 9.4. Dal punto di vista analitico, il quoziente (1-t)/(1-q) rappresenta la pendenza, ossia il coefficiente angolare, di ogni retta ROE = f(ROI) esplicitata nella forma [9.5].

Ad esempio, per t = 0,3635 e per q = 0,55, ad un ΔROI del 2% corrisponderà un ΔROE = (0,6365 / 0,45) • 0,02 = 2,829%, da cui un ΔROE/ΔROI = 0,02829 / 0,02 = 1,445 > 1.

Se la relazione ROE = f(ROI) è esplicitata nella forma [9.6] si ha:

$$\frac{\Delta \text{ROE}}{\Delta \text{ROI}} = (1 - t) \bullet (1 + d) \cdot$$

([26]) La leva finanziaria, come sarà più chiaro dalla lettura dei successivi paragrafi, può essere intesa, in definitiva, sia come indice del rischio finanziario connesso alla struttura finanziaria *pro tempore* vigente, sia come misura dell'influsso che la stessa struttura esercita sul saggio di reddito netto: METALLO G., "L'analisi di bilancio", in PETIX L. (a cura di), *Complementi al corso di tecnica industriale e commerciale*, Kappa, 1993, pag. 97.

Lo sfruttamento della leva finanziaria attraverso la ricerca di un elevato e/o crescente indebitamento può essere connesso, peraltro, alla volontà di mantenere il controllo con investimenti limitati da parte della proprietà, specie in rapporti di gruppo (PETIX L., *Aspetti della gestione finanziaria dei gruppi*, Cedam, 1979, pag. 23 e segg.) o, ancora, allo scopo di aumentare il rischio di non conoscenza sotteso ed incrementare, per tale via, le attese di rendimento (DAMODARAN A., *Finanza aziendale*, Apogeo, 2006, in specie cap. 3; SANTOVITO S. "Il rischio e la dimensione reale e finanziaria della struttura operativa d'impresa. Il caso delle imprese di comunicazione", in SCICUTELLA M., MAIZZA A. (a cura di), *Elementi di governo e gestione delle imprese di comunicazione*, Liberrimi, 2002, pag. 103 e segg.).

Sul legame tra costo e rendimento del capitale proprio, v. MIGLIETTA A., "Il costo e il rendimento del capitale proprio", in *Sinergie*, n. 38, 1995, pag. 119 e segg.

qui l'esigenza di approfondire l'analisi della variazione della reattività ΔROE/ΔROI al variare del quoziente di indebitamento nelle due ipotesi di invarianza o variazione del costo del capitale di credito([27]).

9.3.3. L'effetto leva finanziaria in ipotesi di invarianza del costo del capitale di credito al variare del quoziente di indebitamento

Lo studio degli effetti delle variazioni nella struttura finanziaria, a parità di altre condizioni, sulla redditività del capitale proprio è stato approfondito soprattutto mediante analisi comparative tese a mettere in evidenza come, in presenza di situazioni congiunturali favorevoli, capaci di assicurare una adeguata redditività industriale, l'impresa possa perseguire obiettivi di crescita attraverso l'indebitamento nel rispetto di sufficienti livelli di redditività([28]). L'analisi può essere ulteriormente sviluppata attraverso modelli e schematizzazioni che consentano, nel contesto della dinamica del sistema impresa, anche attraverso la specificazione dei rapporti tra momento industriale e momento finanziario della gestione e redditività attesa, di evidenziare la stretta relazione che intercorre tra decisioni reali e finanziarie.

Si viene in buona sostanza ad evidenziare la complementarietà tra azione di governo a livello industriale e finanziario che i modelli della leva operativa e della leva finanziaria aiutano a specificare e quantificare([29]).

([27]) In merito alle determinanti del livello d'indebitamento e della sua dinamica nel tempo, cfr. VENANZI D., *La scelta della struttura finanziaria. Teoria ed evidenza empirica*, Utet, 1999, pag. 151 e segg.

([28]) Un caso particolare di progetto di sviluppo può essere connesso ad iniziative innovative appositamente intraprese dal sistema impresa. In tale ipotesi, il crescente ricorso al capitale di credito può risultare decisivo nel sostenere l'attività innovativa: su tale problematica, cfr. MIGLIETTA A., SINGER P., DALLOCCHIO M., "La finanza a sostegno dei processi innovativi d'impresa", in *Sinergie*, n. 55, 2001, pag. 169 e segg.

In merito alle esigenze di finanziamento del sistema impresa lungo il proprio «ciclo di vita» ed alle problematiche del rapporto banca-impresa in momenti di difficoltà economica generale o di discontinuità negativa, cfr. GERVASONI A., *Finanziare l'attività imprenditoriale. Capitali privati e capitali pubblici per l'avvio e la trasmissione d'impresa*, Guerini, 1996, pag. 109 e segg.

([29]) Per una analisi congiunta della leva finanziaria e della leva operativa e della loro applicazione a livello di sistema Italia, cfr. DOSSENA G., "Leva operativa e leva finanziaria nello sviluppo dell'impresa industriale", in *Finanza marketing e produzio-*

Questo approccio ha a base lo studio del processo di modificazione strutturale attraverso cui l'impresa, in aderenza all'azione di governo, evolve da uno stato iniziale verso una nuova configurazione strutturale, che, in ottica prospettica, viene a rappresentare lo stato obiettivo, risultante di scelte, tra loro interrelate, di carattere industriale e finanziario; esso viene così ad inserirsi in quel filone di studi di finanza aziendale che si caratterizza appunto per la visione unitaria della gestione d'impresa([30]).

La relazione ROE = f(ROI) costituisce il punto di partenza per tali approfondimenti. Come osservato, infatti, in presenza di un adeguamento strutturale che investe le componenti industriali della struttura con incrementi nel tasso di contribuzione a parità di ricavi attesi o di un maggiore utilizzo delle capacità incorporate con incremento nei ricavi o di ambedue le fattispecie considerate, con conseguenti miglioramenti nella redditività operativa, la relazione ROE = f(ROI) esplicita, in costanza della struttura finanziaria, i riflessi di una variazione della redditività operativa (espressa dal ROI) sulla redditività netta (espressa dal ROE).

---

ne, n. 1, 1998, pagg. 73-110. V. anche la «leva combinata» in PANATI G., GOLINELLI G.M., *Tecnica*, Vol. II, *op.cit.*, pag. 693 e segg. e ZIINO O., *Le leve*, *op.cit.*, pag. 129 e segg.

([30]) Contributi di rilevante interesse allo sviluppo di tali impostazioni, con particolare attenzione all'effetto leva finanziaria (*leverage*), sono: GAHLON J.M., GENTRY J.A., "On the Relationship Between Systematic Risk and the Degree of Operating and Financial Leverage", in *Financial Management Summer*, 1982; HUFFMAN D., "Operating Leverage, Financial Leverage and Equity Risk", in *Journal of Banking and Finance*, 1983; PERZAS A.P., "Effects of Debts on The Degrees of Operating and Financial Leverage", in *Financial Management Summer*, 1987.

In Italia, in merito agli aspetti quantitativi generali ed a particolari fattispecie, v. BRUSA L., GUELFI S., ZAMPROGNA L., *Finanza, op.cit.*, pagg. 52-55 e 233 e segg.; ZIINO O., *Le leve aziendali. Considerazioni critiche e spunti di analisi*, Giappichelli, 1996, pag. 95 e segg.; SCIARELLI S., "La leva finanziaria nelle politiche di marketing" in AA.VV., *Scritti in onore di L. Guatri*, Giuffré, 1988.

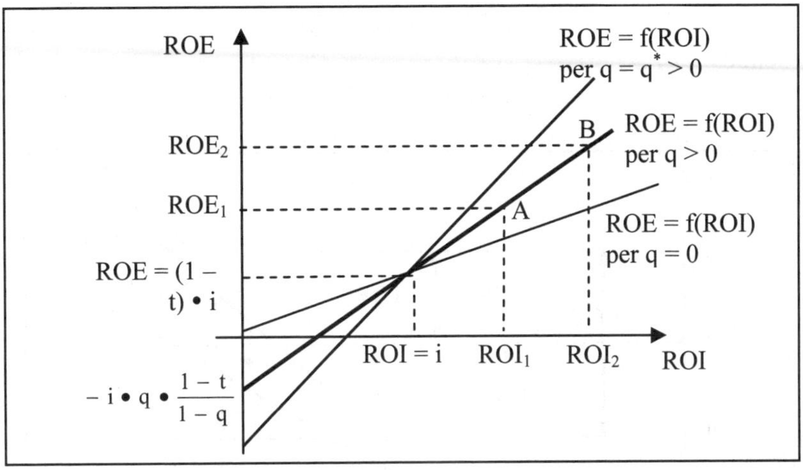

FIG. 9.4 – *Effetti di variazioni della redditività industriale sulla redditività netta, data la relazione ROE = f(ROI), in costanza della struttura finanziaria* (fonte: elaborazione personale).

Ma la relazione ROE = f(ROI) esplicitata nella forma [9.5] consente di affrontare, ancora nell'ipotesi di invarianza del costo di provvista del capitale di credito i e del tasso di prelievo fiscale t sul risultato al lordo delle imposte, l'analisi del rapporto intercorrente tra variazioni della redditività operativa e netta al variare della struttura finanziaria, variazione sintetizzata dal quoziente di indebitamento. Essa, pertanto, collegando un indicatore strettamente economico/industriale (ROI) con un indicatore economico/finanziario (ROE), consente di esplicitare come la struttura finanziaria (sintetizzata dal quoziente di indebitamento) amplifichi o limiti gli effetti positivi o negativi conseguenti a modificazioni strutturali che investono le componenti industriali della struttura.

Tale fattispecie è rappresentata dal fascio di rette r passante per il punto di coordinate ROI = i e ROE = (1 – t) • i come schematizzato nella seguente figura 9.5. Ci riferiamo, come evidenziato nel grafico, ad una modificazione strutturale nelle componenti industriale e finanziaria, che comporta anzitutto un incremento della redditività operativa([31]):

([31]) La relazione ROE=f(ROI), esplicitata nella forma [9.6], evidenzia peraltro l'opportunità di incentrare l'analisi su trasformazioni strutturali qualificate da una redditività operativa maggiore del costo di provvista del capitale di credito (ROI > i).

$$\Delta ROI = ROI_2 - ROI_1,$$

essendo

$$ROI_2 > ROI_1.$$

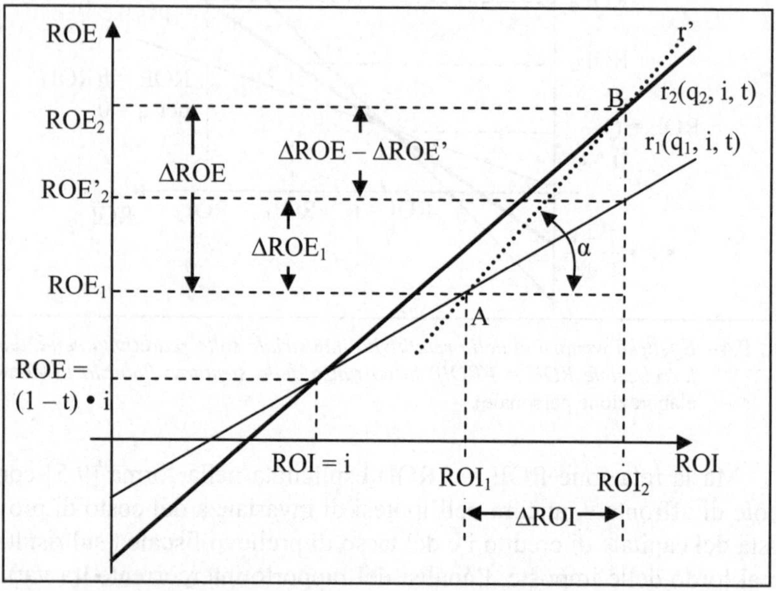

FIG. 9.5 – *Rappresentazione della relazione ROE = f(ROI) per diversi livelli di indebitamento, in costanza di costo del capitale di credito ed aliquota di prelievo fiscale sul risultato al lordo delle imposte, e della semiretta r' passante per i punti A (ROI_1, ROE_1) e B (ROI_2, ROE_2), il cui coefficiente angolare rappresenta la reattività del ROE al variare del ROI in presenza di una modificazione strutturale comportante un incremento nella redditività operativa (ΔROI) e nell'indebitamento (Δq)* (fonte: elaborazione personale).

A tale incremento della redditività industriale si associa l'investimento di ulteriori risorse finanziarie ΔK reperite, in via prevalente, mediante il ricorso al capitale di credito, con un conseguente innalzamento del livello di indebitamento da q_1 a q_2, per cui:

$$q_2 - q_1 = \Delta q > 0, \text{ essendo } q_2 > q_1 \text{ (32)}.$$

(32) Con riferimento alla relazione ROE = f(ROI) esplicitata nella forma [9.6], tale condizione è rappresentata da:

$$d_2 > d_1 \text{ con } d_2 - d_1 = \Delta d.$$

Tale modificazione comporta un incremento della redditività riferita ai mezzi propri pari a:

$$\Delta ROE = ROE_2 - ROE_1.$$

Si tratta di una variazione maggiore di quella che si sarebbe avuta in costanza del quoziente di indebitamento, pari a:

$$\Delta ROE' = ROE_2' - ROE_1.$$

La maggiore variazione del ROE evidenzia appunto il cosiddetto «effetto leva finanziaria» per il quale, in date condizioni di risultati operativi e di domanda ed offerta di fondi, il crescente ricorso all'indebitamento, nell'ambito dei processi di sviluppo comportanti incrementi nel totale delle risorse investite, consente di aumentare la redditività riferita ai mezzi propri. La leva finanziaria viene qui considerata e quantificata in un processo di sviluppo e, nel caso in esame, è rappresentata dalla differenza:

$$\Delta ROE - \Delta ROE' = ROE_2 - ROE_2'.$$

Attraverso semplici elaborazioni, si perviene alla determinazione di tale differenza:

$$\Delta ROE - \Delta ROE' = \frac{1-t}{1-q_2} \bullet (ROI_2 - i \bullet q_2) - \frac{1-t}{1-q_1} \bullet (ROI_2 - i \bullet q_1) =$$

$$= \frac{1-t}{(1-q_1) \bullet (1-q_2)} \bullet [ROI_2 \bullet (1-q_1) - i \bullet q_2 \bullet (1-q_1) +$$

$$- ROI_2 \bullet (1-q_2) - i \bullet q_1 \bullet (1-q_2] = \frac{1-t}{(1-q_1) \bullet (1-q_2)} \bullet [ROI_2 - ROI_2 \bullet q_1 +$$

$$- i \bullet q_2 + i \bullet q_1 \bullet q_2 - ROI_2 \bullet - ROI_2 \bullet q_2 - i \bullet q_1 + i \bullet q_1 \bullet q_2] =$$

$$= \frac{1-t}{(1-q_1) \bullet (1-q_2)} \bullet (q_2 - q_1) \bullet (ROI_2 - i) =$$

$$= \frac{1-t}{(1-q_1) \bullet (1-q_2)} \bullet \Delta q \bullet (ROI_2 - i).$$

Ne discende che $\Delta ROE - \Delta ROE' > 0$ per $q_2 > q_1$ e per $ROI_2 >$

$ROI_1 > i$ ed è crescente al crescere della differenza $q_2 - q_1 = \Delta q$.

L'effetto leva è ancora maggiormente evidenziato con riferimento alla funzione ROE = f(ROI) esplicitata nella forma [9.6]. Si ha infatti:

$$\begin{aligned}\Delta ROE - \Delta ROE' = {} & (1 - t) \bullet [ROI_2 + d_2 \bullet (ROI_2 - i) - ROI_2 + \\ & - d_1 \bullet (ROI_2 - i)] = (1 - t) \bullet (d_2 - d_1) \bullet (ROI_2 - i) = \\ & = (1 - t) \bullet \Delta d \bullet (ROI_2 - i).\end{aligned}$$

Differenza che è positiva per $\Delta d > 0$ e per $ROI_2 > ROI_1 > i$ e crescente all'aumentare dell'indebitamento espresso da Δd.

Diversamente da quanto precedentemente osservato circa la costanza della reattività di ROE al variare di ROI in caso di indebitamento costante, nella fattispecie considerata tale reattività è invece variante in relazione alla modificazione strutturale considerata, espressa in via sintetica dall'incremento programmato della redditività operativa ΔROI e nel quoziente di indebitamento Δq (o Δd).

Con riferimento alla figura precedente, questa reattività è espressa dalla tangente dell'angolo coefficiente angolare della semiretta r' passante per i punti A (ROE_1; ROI_1) e B (ROE_2; ROI_2); essa può quindi essere determinata, sempre con riferimento alla figura precedente, osservando che:

$$\tan g\alpha = \frac{ROE_2 - ROE_1}{ROI_2 - ROI_1};$$

pertanto, esprimendo ROE_2 e ROE_1 attraverso la [9.5], si ha:

$$\tan g\alpha = \frac{\frac{1-t}{1-q_2} \bullet (ROI_2 - i \bullet q_2) - \frac{1-t}{1-q_1} \bullet (ROI_1 - i \bullet q_1)}{\Delta ROI} =$$

$$= \frac{\frac{1-t}{(1-q_1) \bullet (1-q_2)} \bullet [(ROI_2 - i \bullet q_2) \bullet (1 - q_1) - (ROI_1 - i \bullet q_1) \bullet (1 - q_2)]}{\Delta ROI} =$$

$$= \frac{\frac{1-t}{(1-q_1) \bullet (1-q_2)} \bullet \begin{bmatrix} ROI_2 - ROI_2 \bullet q_1 - i \bullet q_2 + i \bullet q_1 \bullet q_2 - ROI_1 + \\ + ROI_1 \bullet q_2 + i \bullet q_1 - i \bullet q_1 \bullet q_2 \end{bmatrix}}{\Delta ROI}.$$

Aggiungendo e sottraendo al numeratore, all'interno delle parentesi quadre, la quantità $ROI_1 \bullet q_1$, si perviene a:

$$\tan\alpha = \frac{\frac{1-t}{(1-q_1)\bullet(1-q_2)}\bullet[ROI_2 - ROI_1 - ROI_2\bullet q_1 + ROI_1\bullet q_2 + i\bullet q_1 - i\bullet q_2}{\Delta ROI} +$$

$$+\frac{ROI_1\bullet q_1 - ROI_1\bullet q_1]}{\Delta ROI} =$$

$$= \frac{\frac{1-t}{(1-q_1)\bullet(1-q_2)}\bullet[\Delta ROI - q_1\bullet(ROI_2 - ROI_1) + ROI_1\bullet(q_2 - q_1) - i\bullet(q_2 - q_1)] =}{\Delta ROI}$$

$$= \frac{\frac{1-t}{(1-q_1)\bullet(1-q_2)}\bullet[\Delta ROI\bullet(1-q_1) + \Delta q\bullet(ROI_1 - i]}{\Delta ROI} =$$

$$= \frac{1-t}{1-q_1}\bullet\left[\frac{1-q_1}{1-q_2} + \frac{\Delta q}{\Delta ROI}\bullet\frac{ROI_1 - i}{1-q_2}\right] \qquad [9.7]$$

Tale espressione consente di chiarire il concetto di leva finanziaria e quantificarne l'entità. In presenza di una apposita modificazione strutturale comportante una variazione della redditività operativa e dell'indebitamento, la [9.7] sottolinea che la leva finanziaria si configura come un moltiplicatore della reattività del ROE al variare del ROI([33]).

Infatti, ricordando che, in costanza del quoziente di indebitamento, si ha:

$$\frac{\Delta ROE}{\Delta ROI} = \frac{1-t}{1-q},$$

la [9.7] evidenzia e quantifica la leva finanziaria (LF) quale moltiplicatore della reattività al variare dell'indebitamento. Si ha pertanto:

$$LF = \frac{1-q_1}{1-q_2} + \frac{\Delta q}{\Delta ROI}\bullet\frac{ROI_1 - i}{1-q_2}$$

con

$$LF > 1 \text{ per } \Delta q > 0 \text{ e } ROI_2 > ROI_1 > i.$$

([33]) Giova ricordare che, nella fattispecie considerata, il costo del capitale di credito è supposto invariante.

Ne consegue che la leva finanziaria è connessa ad uno specifico stato di partenza attraverso le grandezze ROI_1 e q_1 e ad una determinata modificazione strutturale qualificata da un incremento della redditività operativa ΔROI e da un incremento del quoziente di indebitamento Δq.

9.3.4. *L'effetto leva finanziaria in ipotesi di variazione del costo del capitale di credito al variare del quoziente di indebitamento*

La fattispecie finora analizzata sconta l'invarianza di i al variare di q o, ciò che è lo stesso, di d. Tale ipotesi, accettabile in presenza di incrementi del quoziente di indebitamento contenuti, deve essere tuttavia attentamente considerata. La dinamica ambientale può rendere indifferibile l'attuazione di processi di investimento necessari a mantenere od accrescere la capacità competitiva dell'impresa anche in situazioni di difficoltà nel reperimento di risorse finanziarie con vincolo di capitale o di costi crescenti del capitale di credito([34]).

([34]) Sul rilievo del costo dell'indebitamento nell'economia d'impresa e sulle relazioni tra costo del capitale di credito ed indebitamento, cfr. le approfondite analisi nel quadro degli studi di finanza aziendale e, in specie, le chiare considerazioni in PIVATO G., "Finanza aziendale: scorcio storico comparato. La dottrina italiana e straniera ed i relativi sostegni empirici. I contenuti attuali della disciplina e l'area di esercizio della funzione finanziaria di impresa", in PIVATO G. (a cura di), *Trattato di finanza aziendale*, FrancoAngeli, 1983, pag. 136.

RULLANI E., "La finanza e gli investimenti", in RISPOLI M. (a cura di), *L'impresa industriale. Economia, tecnologia, management*, Il Mulino, 1989 (1984[1]), pag. 555 sottolinea l'importanza di graduare l'indebitamento all'aumentare del costo del debito sino a livelli tali da mettere a repentaglio la redditività aziendale.

Un'impresa con buona capacità di reddito può comunque sopportare anche elevati tassi d'indebitamento. Eventuali difficoltà finanziarie saranno di breve periodo, legate a sfasamenti temporali tra flussi monetari in entrata e uscita: così BRUGGER G., *La funzione finanziaria dell'impresa*, FrancoAngeli, 1979.

Sul fatto che il sistema impresa sostenga oneri finanziari tanto più gravosi quanto più è estesa nel tempo la scadenza del prestito, essendo l'impresa costretta a pagare gli interessi anche in periodi in cui può non avere necessità di tali fondi, cfr. VAN HORNE J. C., *Teoria e tecnica della finanza d'impresa*, Il Mulino, 1984, pag. 624. La consapevolezza di ciò può indurre tuttavia le imprese a ricercare forme di indebitamento non adeguate all'effettivo profilo temporale dei loro fabbisogni, prediligendo aperture di credito da parte del sistema finanziario a troppo breve scadenza e immedia-

È quindi opportuno esaminare i rapporti intercorrenti tra variazioni della redditività operativa e della redditività netta, e cioè l'effetto leva finanziaria, anche nel caso di modificazioni strutturali comportanti incrementi nelle attività investite e nel quoziente di indebitamento, in presenza di variazioni, che supponiamo incrementative, nel costo della provvista di capitale di credito.

Se consideriamo quindi una generica modificazione strutturale da s_{11} a s_{ij} (con i e/o j $\neq$ 1) comportante:

– un incremento ΔK nelle attività investite che passano da K_1 a K_2;

– un incremento Δq nel quoziente di indebitamento che passa da q_1 a q_2;

– un incremento nei debiti che passano da $D_1 = q_1 \bullet K_1$ a $D_2 = q_2 \bullet K_2$;

– una variazione dei mezzi propri da $MP_1 = K_1 \bullet (1 - q_1)$ a $MP_2 = K_2 \bullet (1 - q_2)$ connessa agli incrementi ΔK e Δq;

– un incremento Δi nel costo di provvista, che passa da i_1 a i_2;

– un incremento nel risultato operativo, che passa da RO_1 a RO_2, e nella connessa redditività operativa, che passa da $ROI_1 = \frac{RO_1}{K_1}$ a $ROI_2 = \frac{RO_2}{K_2}$.

Nella fattispecie considerata, l'analisi può essere condotta considerando che essa si caratterizza, rispetto alla precedente, per una variazione Δi, che supponiamo incrementativa, del costo medio del capitale di credito connessa al previsto incremento Δq del quoziente di indebitamento.

Con riferimento a quanto precedentemente osservato ed al grafico seguente, ciò induce a considerare il nuovo fascio di rette r" passante per il punto di coordinate $ROI = i_2$ e $ROE = (1 - t) \bullet i_2$.

---

tamente revocabili, con inevitabili rischi per la continuità dell'esercizio per il sistema impresa.

Per approfondimenti su aspetti formali e quantitativi delle relazioni che legano costo del debito e livello d'indebitamento, v. CORSI C., *I riflessi del costo dell'indebitamento sulla redditività aziendale: un modello di analisi*, Cedam, 2002, pag. 65 e segg.

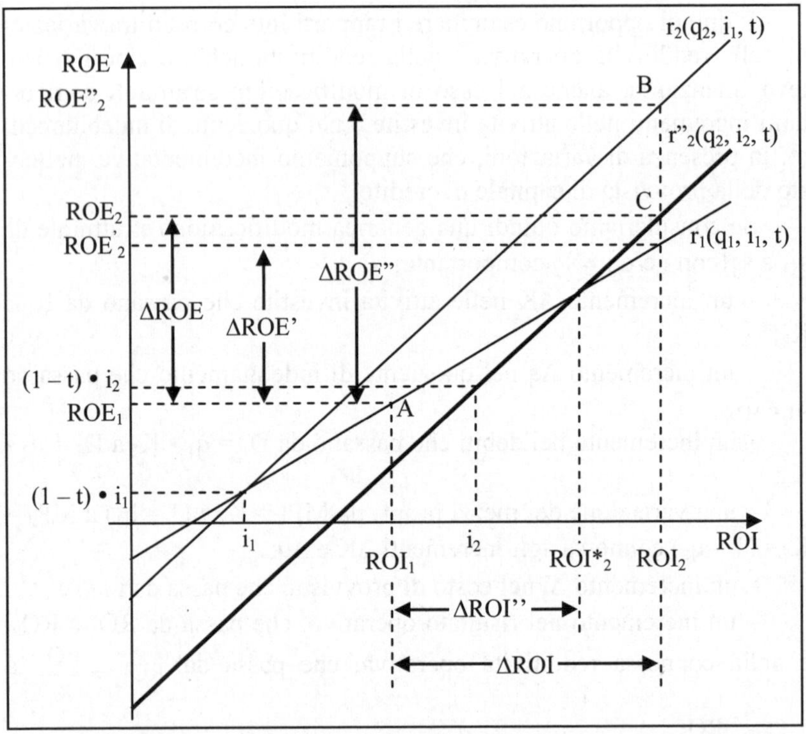

FIG. 9.6 – *Rappresentazione della relazione ROE = f(ROI) per due diversi livelli di indebitamento e due diversi valori del costo del capitale di credito conseguenti alla variazione del quoziente di indebitamento (per cui i = f(q)), in costanza dell'aliquota di prelievo fiscale sul risultato al lordo delle imposte* (fonte: elaborazione personale).

La figura 9.6 evidenzia che la modificazione strutturale considerata comporta, in relazione all'incremento ΔROI, un incremento nella redditività rispetto ai mezzi propri pari a:

$$\Delta ROE = ROE_2 - ROE_1.$$

Onde verificare l'esistenza o meno dell'effetto «leva finanziaria», tale incremento va raffrontato con quello che si sarebbe avuto in condizioni di invarianza dell'indebitamento e, quindi, del costo del capitale di credito(35), ossia con:

(35) In questo approccio alla fattispecie in esame, si considera infatti i = f(q), per

$$\Delta ROE' = ROE_2' - ROE_1.$$

Nel caso considerato, risulta ΔROE > ΔROE', per cui si manifesta il ricordato effetto leva finanziaria. Giova tuttavia sin d'ora osservare che, in conseguenza dell'incremento del costo del capitale di credito Δi, l'effetto leva è più limitato di quello che si sarebbe avuto in assenza di Δi, a parità di incremento del quoziente di indebitamento Δq. Si ha infatti ΔROE" = ROE"$_2$ – ROE$_1$, risultando ΔROE" > ΔROE([36]).

Il grafico riportato sottolinea che, in presenza di una variazione incrementativa prevista Δi nel costo di provvista del capitale di credito, perché una modificazione strutturale incentrata sull'incremento del quoziente di indebitamento Δq assicuri quantomeno il mantenimento della stessa redditività rispetto ai mezzi propri relativa alla situazione di invarianza strutturale, è necessario un aumento della redditività operativa pari a:

$$ROI_2 - ROI_1 = \Delta ROI \geq \Delta ROI^* = ROI^*_2 - ROI_1.$$

Il valore ROI^*_2 è facilmente determinabile con riferimento al grafico precedente, essendo l'ascissa del punto d'incontro delle rette r_1-(q_1, i_1, t) e $r''_2(q_2, i_2, t)$. Esso si ottiene analiticamente risolvendo il sistema di equazioni seguente:

$$\begin{cases} ROE'_2 = \dfrac{1-t}{1-q_1} \bullet (ROI_2 - i_1 \bullet q_1) \\ ROE_2 = \dfrac{1-t}{1-q_2} \bullet (ROI_2 - i_2 \bullet q_2) \end{cases} ;$$

per ROI = ROI^*_2, si ha $ROE'_2 = ROE_2$ e, quindi:

$$\frac{1-t}{1-q_1} \bullet (ROI^*_2 - i_1 \bullet q_1) = \frac{1-t}{1-q_2} \bullet (ROI^*_2 - i_2 \bullet q_2) \qquad [9.8]$$

cui all'indebitamento q_1 è associato il costo del capitale di credito i_1.

([36]) Nel grafico ROE", e quindi ΔROE", viene determinato tracciando la retta r_2 (q_2, i_1, t_1) del fascio r parallela alla retta $r'(q_2, i_2, t_1)$ del fascio r'.

$$(ROI^*_2 - i_1 \bullet q_1) \bullet (1 - q_2) - (ROI^*_2 - i_2 \bullet q_2) \bullet (1 - q_1) = 0$$

$$ROI^*_2 - ROI^*_2 \bullet q_2 - i_1 \bullet q_1 + i_1 \bullet q_1 \bullet q_2 - ROI^*_2 + ROI^*_2 \bullet q_1 + \\ + i_2 \bullet q_2 - i_2 \bullet q_1 \bullet q_2 = 0.$$

Aggiungendo e sottraendo $i_2 \bullet q_1$, si ha:

$$-ROI^*_2 \bullet (q_2 - q_1) - q_2 \bullet q_1 \bullet (i_2 - i_1) + i_2 \bullet q_2 - i_1 \bullet q_1 + i_2 \bullet q_1 - i_2 \bullet q_1 = 0$$

$$ROI^*_2 \bullet \Delta q = i_2 \bullet (q_2 - q_1) + q1 \bullet (i_2 - i_1) - q_2 \bullet q_2 \bullet (i_2 - i_1)$$

$$ROI^*_2 = \frac{i_2 \bullet \Delta q + \Delta i_2 \bullet q_1 \bullet (1 - q_2)}{\Delta q}$$

$$ROI^*_2 = i_2 + \frac{\Delta i}{\Delta q} \bullet q_1 \bullet (1 - q_2) \qquad [9.9]$$

$$ROI^*_2 = i_2 + \Delta i \bullet \frac{q_1 \bullet (1 - q_2)}{\Delta q} \qquad [9.10]$$

Esprimendo ROI^*_2, nella formulazione [9.9], in funzione dello stato di partenza e delle variazioni attese nella grandezze q ed i, si ha:

$$ROI^*_2 = i_1 + (1 - q_1) \bullet (\Delta i + \frac{\Delta i}{\Delta q} \bullet q_1)\ (^{37}).$$

La relazione evidenzia che ROI^*_2, oltre che dipendere dalle con-

---

([37]) Infatti, tenendo conto che $i_2 = i_1 + \Delta i$ e che $q_2 = q_1 + \Delta q$, la [9.8] diventa:

$$ROI^*_2 = i_1 + \Delta i + \frac{\Delta i}{\Delta q} \bullet (1 - q_1 - \Delta q) = i_1 + \Delta i + \frac{\Delta i}{\Delta q} \bullet q_1 \bullet (1 - q_1) - \Delta i \bullet q_1 =$$

$$= i_1 + \Delta i \bullet (1 - q_1) + \frac{\Delta i}{\Delta q} \bullet q_1 \bullet (1 - q_1) = i_1 + (1 - q_1) \bullet \left(\Delta i + \frac{\Delta i}{\Delta q} \bullet q_1 \right).$$

dizioni strutturali di partenza, cresce all'aumentare di Δi e del rapporto incrementale $\Delta i/\Delta q$. Trova conferma, nella fattispecie, quanto precedentemente analizzato circa la possibilità, attraverso la modelizzazione proposta:

– di qualificare il rischio connesso all'incremento del costo del capitale quale rischio aleatorio. Essa consente infatti, in relazione:

– alle condizioni di indebitamento e costo del capitale che qualificano lo stato di partenza;

– all'incremento del quoziente di indebitamento valutato necessario per la realizzazione del piano di sviluppo;

– al possibile incremento del costo del capitale conseguente all'incremento nel quoziente di indebitamento;

– di qualificare gli effetti di tale ritenuto possibile incremento Δi sulla redditività netta attraverso la determinazione di quella redditività industriale ROI^*_2 che consentirebbe, al verificarsi di Δi, di assicurare comunque la redditività netta prevista a piano in assenza di Δi.

L'ipotesi di una relazione diretta e forte tra costo del capitale di credito e quoziente di indebitamento del tipo $i = f(q)$ può rappresentare un razionale approccio alla valutazione del possibile incremento del costo del capitale Δi in relazione al previsto incremento Δq del quoziente di indebitamento([38]).

([38]) Con riferimento alla relazione ROE = f(ROI) esplicitata nella forma [9.6], la [9.8] diviene:

$$(1 - t)\bullet[ROI^*_2 + d_2\bullet(ROI^*_2 - i_2)] = (1 - t)\bullet[ROI^*_2 + d_1\bullet(ROI^*_2 - i_1)]$$

$$d_2\bullet(ROI^*_2 - i_2) = d_1\bullet(ROI^*_2 - i_1).$$

Aggiungendo e sottraendo $i_2\bullet d_2$, si ottiene:

$$ROI^*_2 \bullet (d_2 - d_1) = i_2\bullet d_2 - i_1\bullet d_1 + i_2\bullet d_1 - i_2\bullet d_1$$

$$ROI^*_2 = \frac{[i_2 \bullet (d_2 - d_1) + d_1 \bullet (i_2 - i_1)]}{d_2 - d_1}$$

$$ROI^*_2 = i_2 + d_1 \bullet \frac{\Delta i}{\Delta d}.$$

9.3.5. La natura (esogena o endogena) delle variazioni del costo del capitale di credito e sua influenza sulla quantificazione dell'effetto leva finanziaria

La fattispecie incentrata su una variazione, che si suppone incrementativa, del costo del capitale di credito ($i_2 > i_1$ con $i_2 - i_1 = \Delta i$) può essere ulteriormente approfondita con riferimento alle cause interne (variazioni del quoziente di indebitamento) oppure esterne (dinamica dei sistemi finanziari) che determinano tale variazione. Se, infatti, il rapporto tra variazioni della redditività operativa e netta viene esaminato nell'ipotesi (come nella fattispecie precedentemente vista) che sia $i = f(q)$, l'esistenza e quantificazione dell'effetto leva comporta, con riferimento alla precedente figura 9.6, il raffronto tra ΔROE e ΔROE'.

Se invece la prevista variazione del costo del capitale di credito è indipendente dal quoziente di indebitamento ed interviene prima ancora che si passi da q_1 a q_2, l'esistenza e la quantificazione dell'effetto leva vanno riferiti non già alla situazione iniziale caratterizzata da $q = q_1$ e $i = i_1$, bensì ad una situazione in cui è ancora $q = q_1$ ma $i \neq i_1$, e pari ad i^*, intermedio tra i_1 e i_2 ($i_1 \leq i^* \leq i_2$), ove i_2 indica il costo del capitale di credito innescato dall'incremento di q sino a q_2.

Ne consegue che i^* rappresenta il costo medio atteso di provvista del capitale di credito per la nostra impresa in costanza del quoziente di indebitamento ma in presenza di previsti incrementi del costo del denaro, connessi alla dinamica dei sistemi finanziari ed in particolare alle decisioni di politica monetaria dell'organo di governo di tale sistema. Tale fattispecie è analizzata nel grafico di figura 9.7 attraverso la individuazione di un terzo fascio di rette r^* il cui centro ha coordinate $ROI = i^*$ e $ROE = (1 - t) \bullet i^*$.

La figura 9.7 pone in evidenza che il riferimento ad una fattispecie diversa influenza la quantificazione dell'effetto leva. Si ha infatti:

$$\Delta ROE = ROE_2 - ROE_1$$

$$\Delta ROE' = ROE'_2 - ROE_1$$

$$\Delta ROE^* = ROE_2 - ROE_1$$

$$\Delta ROE - \Delta ROE^* > \Delta ROE - \Delta ROE'.$$

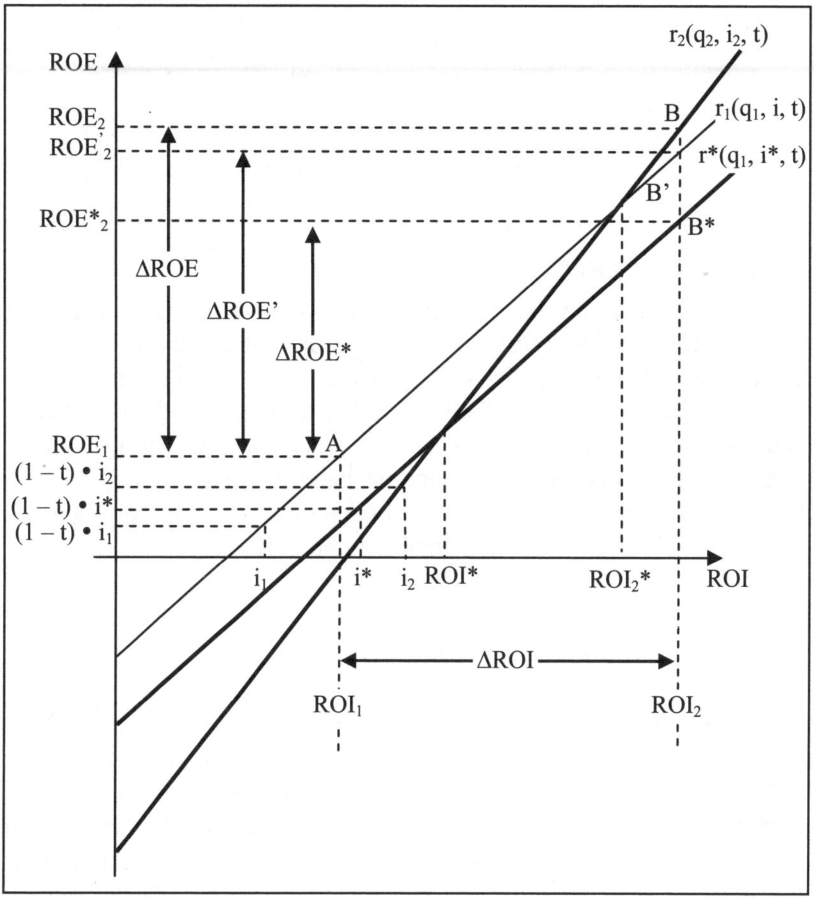

FIG. 9.7 – *Rappresentazione della relazione ROE = f(ROI) per due diversi livelli di indebitamento, in presenza di variazioni del costo del capitale di credito conseguenti a motivi di carattere esterno e interno all'impresa, in costanza della aliquota di prelievo fiscale sul risultato al lordo delle imposte* (fonte: elaborazione personale).

In buona sostanza, il far riferimento ad $i^* > i_1$ contrae l'incremento del costo di provvista del capitale di credito da prendere a base per la quantificazione dell'effetto leva ($\Delta i^* = i_2 - i^* < \Delta i = i_2 - i1$) e pertanto, a parità di $\Delta q = q_2 - q_1$, ne risulta un effetto leva maggiore.

Quanto sopra trova conferma con riferimento alla equazione [9.10]. Si ha infatti:

$$ROI^*_2 = i_2 + \Delta i \bullet \frac{q_1 \bullet (1-q_2)}{\Delta q}$$

$$ROI^* = i_2 + \Delta i^* \bullet \frac{q_1 \bullet (1-q_2)}{\Delta q}$$

e, quindi, $ROI^* < ROI^*_2$.

Ciò significa che, in presenza di una variazione prevista Δi^* nel costo di provvista del capitale di credito conseguente a motivi esterni all'impresa, per cui l'analisi viene riferita ad un $i^* > i_1$, l'incremento della redditività operativa ($ROI^* - ROI_1$) necessario ad assicurare il mantenimento della stessa redditività rispetto ai mezzi propri è inferiore rispetto a quello che si sarebbe palesato necessario ($ROI^*_2 - ROI_1$) ove l'incremento nel costo del capitale fosse stato conseguenza solamente dell'incremento dell'indebitamento dell'impresa.

9.4. I LIMITI DEL RICORSO ALL'INDEBITAMENTO

I modelli di analisi proposti, incentrati il primo sulla considerazione della compatibilità finanziaria ed il secondo sulla relazione che lega il ROE al ROI e sul conseguente principio della leva finanziaria, si qualificano per il fatto di porre al centro dell'attenzione dell'organo di governo l'intimo legame tra le dimensioni reale e finanziaria dell'impresa([39]). Tali modelli, nell'evidenziare le possibilità del ricorso all'indebitamento per sostenere il progetto di sviluppo dell'impresa, sottendono alcune ipotesi di significativa importanza.

La verifica della compatibilità finanziaria si basa sulla considerazione delle sole grandezze *stock* relative sia agli investimenti sottesi al progetto di sviluppo che ai mezzi per il loro finanziamento; nulla dice invece circa il risultato atteso del progetto ed il grado di onerosità dell'indebitamento, i quali sono rispettivamente presupposti ed ignorati. Essa, inoltre, sconta una situazione di iniziale sovracapitalizzazione del sistema impresa, senza però tenere esplicitamente conto, nella pro-

---

([39]) Sulle molteplici dimensioni della struttura operativa d'impresa, le quali non possono non riflettersi nella dinamica evolutiva del sistema, sia consentito rinviare a GOLINELLI G.M., *L'approccio*, Vol. I, *op.cit.*, pagg. 324 e segg. e 365 e segg.

propria codificazione, della dinamica del rischio di non conoscenza, quindi del capitale allocato.

L'analisi dell'effetto leva finanziaria introduce l'esplicita considerazione della redditività tanto industriale quanto netta, nonché del costo dei finanziamenti a titolo di credito. Anche tale modellizzazione, però, non esplicita il ruolo del rischio di non conoscenza e della sua ripartizione tra i conferenti i mezzi finanziari.

Entrambe i modelli, peraltro, presuppongono che il progetto da realizzare generi effettivamente il previsto incremento nella redditività industriale e, sulla base di ciò, si valutano gli effetti sulla redditività netta di diversi livelli del quoziente di indebitamento, accompagnati o meno da variazioni nel costo del debito([40]). Il modello del legame tra ROE e ROI, in particolare, non considera il rischio connesso al possibile non economico utilizzo dell'investimento ed alla conseguente contrazione della redditività industriale, con effetti negativi sulla redditività netta che risulteranno tanto maggiori quanto più elevato è il concorso dell'indebitamento al *mix* delle risorse finanziarie che, a titolo di rischio e di debito, concorrono al capitale investito netto.

Non viene tantomeno considerato il rischio, sotto il profilo finanziario, di incremento dell'indebitamento oltre certi limiti, con una contrazione di quel margine di discrezionalità che sempre qualifica, in positivo, la capacità di sopravvivenza e di sviluppo dell'impresa e/o nell'incremento del costo del capitale di credito per motivi esogeni all'impresa e legati alla «volatilità» dei mercati finanziari([41]). Sotto un profilo generale può dirsi, pertanto, che le modellizzazioni proposte, pur compatibili con l'ipotesi che la quantificazione della redditività attesa sconti il razionale corretto processo di «immunizzazione» dal rischio aleatorio, prescindono dal rischio di non conoscenza che permea gli aspetti reale e finanziario del progettato percorso di sviluppo.

L'organo di governo deve, pertanto, essere ben conscio dei limiti delle ricordate impostazioni ai fini dell'assunzione delle scelte in ordine al progettato piano di sviluppo ed al reperimento delle necessarie risorse finanziarie, coerentemente con l'esigenza che il processo decisionale abbia a base una «scientificazione consapevole» dell'azione di

---

([40]) Come si è visto nella formalizzazione analitica di cui al paragrafo 9.3 e sottoparagrafi, il menzionato miglioramento della redditività industriale (detta anche operativa o tecnica) è sintetizzato nella condizione $\Delta ROI > 0$.

([41]) Circa il margine discrezionale, cfr. *supra*, Capitolo VIII, paragrafo 8.6 e Fig. 8.1.

governo del sistema impresa, *in primis* del governo del rischio([42]). Il governo della struttura finanziaria del sistema impresa e del relativo supporto al progettato percorso di sviluppo si palesa così incentrato su un delicato *mix* fra ricerca di sicurezza finanziaria e di redditività; *mix* che trova nella considerazione del rischio un elemento centrale, in quanto il quoziente d'indebitamento q è indice della rischiosità dell'impresa sotto il profilo finanziario e, al contempo, della capacità del maggior ricorso al capitale di terzi di ampliare le risorse disponibili e, sotto certe condizioni, di migliorare la redditività netta([43]).

Ecco allora che, nel fare ricorso ai due modelli predetti, è doveroso tenere presente il legame esistente tra indebitamento, capacità di credito e costo del capitale vuoi di rischio che di credito. Orbene, la nozione di capitale allocato, così come quella – collegata – di margine di discrezionalità – è di aiuto in tale processo valutativo. Essa, come osservato, consente la individuazione di condizioni di sovra e sottocapitalizzazione con riferimento al rischio di non conoscenza che qualifica l'impresa nello stato iniziale della preordinata dinamica evolutiva,

---

([42]) Sul concetto di razionalità o scientificazione consapevole dell'azione di governo del sistema impresa, cfr. *supra*, Capitolo I, paragrafo 1.1 e note (4-6). In merito ai limiti che qualificano i modelli di analisi, anche con specifico riferimento alle problematiche d'impresa, GOLINELLI G.M., *L'approccio*, Vol. I, *op.cit.*, pag. 192 e segg. e VOLPATO G., *Concorrenza impresa strategie. Metodologia dell'analisi dei settori industriali e della formulazione delle strategie*, Il Mulino, 2008 (1986[1]), pag. 45 («le migliori teorie applicate alla gestione dell'impresa sono imperfette in quanto costruite su delle semplificazioni, sulla scelta di alcuni elementi della realtà che, pur essendo presumibilmente i più importanti, rappresentano comunque solo una parte di quella realtà. Di conseguenza, il soggetto che, nella gestione d'impresa, intenda applicare la teoria più accreditata, quella che alla prova dei fatti si è dimostrata la più corretta ed efficace (o se preferite la meno erronea), non può esimersi dal cercare di interpretare al meglio questa teoria adattandola alla realtà specifica della sua situazione»).

Su difficoltà interpretative e limiti della leva finanziaria, cfr. in particolare BIRINDELLI G., "Aspetti comparativi e limitativi della leva finanziaria", in *Credito popolare*, n.11-12, 1989.

([43]) Al riguardo, GREMILLET A., *Les Ratio Net Leur Utilization*, Les editions d'organisation, 1979, pag. 56 parla del governo della struttura finanziaria come un «arbitraggio permanente» fra esigenze di sicurezza finanziaria ed esigenze di redditività. Sulla capacità dell'indebitamento di ampliare il capitale disponibile e, a determinate condizioni, la redditività dei mezzi propri, v. PAGANELLI O., *Analisi di bilancio. Indici e flussi*, Utet, 1986, pag. 77. Cfr. anche i concetti di «punto critico» ed «ipercritico» nella ricerca di equilibrio della struttura finanziaria illustrati in PAOLONE G., D'AMICO L. (a cura di), *L'economia aziendale nei suoi principi parametrici e modelli applicativi*, Giappichelli, 2001. Sull'ambivalente significato di q, cfr. *supra*, paragrafo 9.3 e segg. e Capitolo VIII, paragrafi 8.5-8.6.

stato iniziale dove trovano sintesi passato e futuro([44]).

Con riferimento all'esemplificazione riportata nel precedente paragrafo, supponiamo che, nello stato del sistema s_{11}, sia:

$$MP > CA$$

e quindi:

$$q < q^*.$$

Abbiamo dunque ipotizzato una situazione di sovracapitalizzazione con riferimento al rischio di non conoscenza che qualifica l'impresa nello stato s_{11}. In tale situazione, l'utilizzo dell'indebitamento si palesa non solo possibile, ma sinanco opportuno.

Possibile, nel senso che, nell'ipotesi di adeguata immunizzazione del rischio aleatorio, all'aumentare dell'indebitamento fino a q*, il sistema finanziario svolge la sua attività di intermediazione in condizioni di sostanziale assenza di rischio. Ne discende che non viene pregiudicata la consonanza tra sistema finanziario e sistema impresa.

Può dirsi, pertanto, che:

$$EDC = MP - CA \geq 0$$

o, ciò che è lo stesso, che:

$$q \leq q^*;$$

in altri termini, pur passando il sistema impresa dallo stato s_{11} ad un nuovo stato s_{21} qualificato da un superiore quoziente d'indebitamento (ossia $q_{11} < q_{21}$), è assicurato il mantenimento della consonanza tra i due sistemi.

Ciò non significa che con il progressivo tendere di q a q* il costo del capitale di credito si mantenga costante. Nella sua ottica soggettiva, il finanziatore vede comunque aumentare il rischio anche se, sotto il profilo oggettivo, permangono adeguate condizioni di copertura del rischio di non conoscenza attraverso i mezzi propri.

Opportuno in quanto, come già constatato, il progetto di sviluppo,

---

([44]) Per un inquadramento della nozione di capitale allocato, v. *supra*, Capitolo VI, paragrafo 6.10 e segg. Per l'analisi delle situazioni di sovra/sottocapitalizzazione del sistema impresa rispetto al rischio di non conoscenza, si rinvia al Capitolo VIII, paragrafo 8.4.

se qualificato da adeguate condizioni di redditività, rappresenta una valida occasione di utilizzo delle capacità incorporate nella struttura.

Il verificarsi o meno di incrementi nel costo del capitale di credito viene qui a dipendere dalla capacità di comunicazione dell'impresa, in vista di facilitare all'intermediario la corretta lettura del piano, in cui si prevede un razionale incremento dell'indebitamento([45]). La situazione, caratterizzata da:

$$EDC = 0$$

ossia:

$$MP = CA$$

e

$$q = q^*,$$

viene, in definitiva, a rappresentare, nella nostra ottica, il limite oltre il quale il mantenimento di condizioni di consonanza tra i due sistemi deve essere oggetto di più attenta considerazione.

Si specificano così ulteriormente alcune riflessioni in precedenza formulate, nel senso che oltre il limite indicato si intravedono situazioni per le quali il profilo rischio-rendimento, ponte tra sistema impresa e sistema finanziario, può progressivamente perdere la capacità a veicolare i rapporti tra i due sistemi; si va verso un ponte diverso, che può portare, se non gestito con attenzione dal sistema finanziario, al già ricordato «capitalismo assistito»([46]).

BIBLIOGRAFIA

ACOCELLA N., *Fondamenti di politica economica. Valori e tecniche*, Nuova Italia Scientifica, 1997 (1994[1]).

AA.VV., *Scritti in onore di L.Guatri*, Giuffré, 1988.

([45]) Sull'importanza della comunicazione e circolazione informativa nei rapporti di finanziamento e, in specie, tra i sistemi impresa e finanziario, cfr. *supra*, Capitolo V, paragrafi 5.6.3. e 5.7. In ordine alle modalità, alle tecniche ed ai limiti della comunicazione con il sistema finanziario, cfr. PASTORE A., VERNUCCIO M., *Impresa e comunicazione. Principi e strumenti per il management*, Apogeo, 2006, pagg. 83-92 e GATTI M., "La comunicazione quale strumento per l'apprezzabilità dei rischi d'impresa. Funzioni e limiti del rapporto annuale di gestione", in *Sinergie*, nn. 43-44, 1997, pag. 239 e segg.

([46]) Cfr. *supra*, Capitolo VIII, nota (39).

BIRINDELLI G., “Aspetti comparativi e limitativi della leva finanziaria”, in *Credito popolare*, n.11-12, 1989.

BRUGGER G., *La funzione finanziaria dell'impresa*, FrancoAngeli, 1979.

BRUNETTI G., CODA V., FAVOTTO F., *Analisi, previsioni, simulazioni economico-finanziarie di imprese*, Etas, 1991 (1989[1]).

BRUSA L., GUELFI S., ZAMPROGNA L., *Finanza d'impresa. Logiche e strumenti di gestione finanziaria per creare valore*, Etas, 2001 (1995[2]).

CAPALDO P., *L'autofinanziamento nell'economia dell'impresa*, Giuffrè, 1968.

CARAMIELLO C., *Indici di bilancio. Strumenti per l'analisi della gestione aziendale*, Giuffré, 1993 (Ipsoa, 1986[1]).

CARAMIELLO C., DI LAZZARO F., FIORI G. (a cura di), *Indici di bilancio. Strumenti per l'analisi della gestione aziendale*, Giuffré, 2003.

CODA V., BERGAMIN BARBATO M., *Indici di bilancio e flussi finanziari*, Etas, 1985.

COLOMBI F., *Baricentro finanziario*, Strategie & finanza, 1995.

CORSI C., *I riflessi del costo dell'indebitamento sulla redditività aziendale: un modello di analisi*, Cedam, 2002.

D'ALESSANDRO L., *Autofinanziamento d'impresa e sua importanza nell'economia moderna*, Abbaco, 1962.

DAMODARAN A., *Finanza aziendale*, Apogeo, 2006.

DELLEPIANE N., “Problemi di misura della dipendenza da capitale ad onere prioritario (capital gearing) e della leva finanziaria (leverage)”, in *L'impresa*, n. 2-3, 1976.

DEMATTÈ C., *La valutazione della capacità di credito*, Vallardi, 1974.

DI GREGORIO A., *La valutazione della strategia*, Utet, 1996.

DOSSENA G., “Leva operativa e leva finanziaria nello sviluppo dell'impresa industriale”, in *Finanza marketing e produzione*, n. 1, 1998.

DRINGOLI A., *Margini sui costi e vita economica degli impianti*, FrancoAngeli, 1980.

FERRERO G., *Finanza aziendale*, Giuffrè, 1985 (1981[1]).

FERRERO G., DEZZANI F., *Manuale delle analisi di bilancio*, Giuffrè, 1979.

GAHLON J.M., GENTRY J.A., “On the Relationship Between Systematic Risk and the Degree of Operating and Financial Leverage”, in *Financial Management Summer*, 1982.

GATTI M., “La comunicazione quale strumento per l'apprezzabilità dei rischi d'impresa. Funzioni e limiti del rapporto annuale di gestione”, in *Sinergie*, nn. 43-44, 1997.

GERVASONI A., *Finanziare l'attività imprenditoriale. Capitali privati e capitali pubblici per l'avvio e la trasmissione d'impresa*, Guerini, 1996.

GOLINELLI G.M., *Struttura e governo dell'impresa. Verso la formulazione di un modello quantitativo per l'analisi dei processi di sviluppo*, Cedam, 1994 (1988[1]).

GOLINELLI G.M., *L'approccio sistemico al governo dell'impresa*, Vol. I, Cedam, 2005 (2000[1]).

GREMILLET A., *Les Ratio Net Leur Utilization*, Les editions d'organisation, 1979.

GRINAKER R.L., BAN B.B., *Auditing, the Examination of Financial Statements*, Irwin, 1965.

HUFFMAN D., “Operating Leverage, Financial Leverage and Equity Risk”, in *Journal of Banking and Finance*, 1983.

MASSARONI E., “Il tasso di prelievo fiscale: sua influenza sull'effetto leva finanziaria”, in GOLINELLI G.M., *Struttura e governo dell'impresa. Verso la formulazione di un modello di comportamento*, 1994 (1988[1]).

METALLO G., "L'analisi di bilancio", in PETIX L. (a cura di), *Complementi al corso di tecnica industriale e commerciale*, Kappa, 1993.
METALLO G., *Finanza sistemica per l'impresa*, Giappichelli, 2007 (2002[1]).
MIGLIETTA A., "Il costo e il rendimento del capitale proprio", in *Sinergie*, n. 38, 1995.
MIGLIETTA A., SINGER P., DALLOCCHIO M., "La finanza a sostegno dei processi innovativi d'impresa", in *Sinergie*, n. 55, 2001.
PAGANELLI O., *Analisi di bilancio. Indici e flussi*, Utet, 1986.
PANATI G., GOLINELLI G.M., *Tecnica economica, industriale e commerciale. Imprese, strategie e management*, 2 voll., La Nuova Italia Scientifica, 1991 (1988[1]).
PAOLONE G., D'AMICO L. (a cura di), *L'economia aziendale nei suoi principi parametrici e modelli applicativi*, Giappichelli, 2001.
PASTORE A., VERNUCCIO M., *Impresa e comunicazione. Principi e strumenti per il management*, Apogeo, 2006.
PERZAS A.P., "Effects of Debts on The Degrees of Operating and Financial Leverage", in *Financial Management Summer*, 1987.
PETIX L., *Aspetti della gestione finanziaria dei gruppi*, Cedam, 1979.
PETIX L. (a cura di), *Complementi al corso di tecnica industriale e commerciale*, Kappa, 1993.
PIVATO G., "Finanza aziendale: scorcio storico comparato. La dottrina italiana e straniera ed i relativi sostegni empirici. I contenuti attuali della disciplina e l'area di esercizio della funzione finanziaria di impresa", in PIVATO G. (a cura di), *Trattato di finanza aziendale*, FrancoAngeli, 1983.
PIVATO S., *Trattato di finanza aziendale*, FrancoAngeli, 1983.
RISPOLI M. (a cura di), *L'impresa industriale. Economia, tecnologia, management*, Il Mulino, 1989 (1984[1]).
RULLANI E., "La finanza e gli investimenti", in RISPOLI M. (a cura di), *L'impresa industriale. Economia, tecnologia, management*, Il Mulino, 1989 (1984[1]).
SANTOVITO S. "Il rischio e la dimensione reale e finanziaria della struttura operativa d'impresa. Il caso delle imprese di comunicazione", in SCICUTELLA M., MAIZZA A. (a cura di), *Elementi di governo e gestione delle imprese di comunicazione*, Liberrimi, 2002.
SCIARELLI S., "La leva finanziaria nelle politiche di marketing", in AA.VV., *Scritti in onore di L.Guatri*, Giuffré, 1988.
SCICUTELLA M., MAIZZA A. (a cura di), *Elementi di governo e gestione delle imprese di comunicazione*, Liberrimi, 2002.
SPRANZI A., *Ammortamento e autofinanziamento*, Giuffrè, 1968 (1967[1]).
TESSITORE A., *Redditività dell'impresa in periodi di inflazione*, Cedam, 1979.
TORCIVIA S., *La determinazione del ROE*, Giuffrè, 1990.
VAN HORNE J. C., *Teoria e tecnica della finanza d'impresa*, Il Mulino, 1984.
VENANZI D., *La scelta della struttura finanziaria. Teoria ed evidenza empirica*, Utet, 1999.
VOLPATO G., *Concorrenza impresa strategie. Metodologia dell'analisi dei settori industriali e della formulazione delle strategie*, Il Mulino, 2008 (1986[1]).
ZANDA G., *La grande impresa. Caratteristiche strutturali e di comportamento*, Giuffré, 1974.
ZIINO O., *Le leve aziendali. Considerazioni critiche e spunti di analisi*, Giappichelli, 1996. ACOCELLA N., *Fondamenti di politica economica. Valori e tecniche*, Nuova Italia Scientifica, 1997 (1994[1]).

CAPITOLO DECIMO

IL GOVERNO DELL'IMPRESA TRA ORIENTAMENTO AL PROFITTO E CREAZIONE DI VALORE (*)

10.1. L'IMPRESA: FUNZIONE E RUOLO

L'impresa, in quanto istituzione, rappresenta una realtà storicamente determinata, «oggettivata» in relazione alla sua funzione, lo svolgimento di un'attività produttiva finalizzata allo scambio, nel rispetto del principio di economicità. Il perseguimento dell'economicità, sottoposto a specifici requisiti di efficienza tecnica e di valorizzazione della produzione immessa sul mercato, rende possibile la rigenerazione dei mezzi impiegati nei precedenti cicli produttivi, consentendo all'impresa di reiterare nel tempo la propria attività.

(*) Di GAETANO M. GOLINELLI, MAURO GATTI, LUCA PROIETTI e LOREDANA VOLPE.

Pur essendo il lavoro frutto delle riflessioni comuni degli autori, i paragrafi 10.4, 10.4.1 e 10.4.3 sono da attribuire a Luca Proietti ed i paragrafi 10.2 e 10.2.1 a Loredana Volpe.

Nell'accezione che la considera come «strumento dell'operare umano in campo economico»([1]), l'impresa, manifestando nel tempo la propria idoneità ad adempiere alla suddetta funzione e fornendo un contributo significativo al processo di generazione di ricchezza economica, ha ottenuto ampio riconoscimento ed elevati livelli di legittimazione sociale. Il consenso che la collettività ha attribuito allo strumento-impresa, anche quando contrastato dalla necessità di arginare il potere che le grandi realtà imprenditoriali esercitano sull'ambiente, sulla società e sull'individuo, ne ha così permesso l'istituzionalizzazione da assicurarle stabilità e permanenza nel quadro delle odierne istituzioni sociali.

Accanto alla funzione ed alle correlate condizioni oggettive (tecniche ed economiche) del suo operare, l'impresa si caratterizza per essere un «sistema sociale», immerso nel più ampio ambiente sociale. Gli individui preposti al suo governo, definendone l'indirizzo strategico, ne orientano la dinamica evolutiva ed esplicitano le modalità con cui lo strumento in esame viene di fatto «utilizzato».

Si pone, di conseguenza, il problema di individuare e meglio definire le modalità con cui i sostanziali comportamenti soggettivi incidono tanto sul funzionamento dell'impresa quanto sulla vita degli esseri umani, sulla loro aspirazione al progresso e al benessere. Il complesso dei concreti comportamenti, cangianti in relazione alla mutevole configurazione dell'ambiente e delle entità con cui l'impresa si rapporta, unitamente al diverso conformarsi delle aspettative della collettività, concorre a determinare la percezione collettiva del «ruolo» dell'impresa nella società (e, di riflesso, sul ruolo assunto dal *management* che per la stessa agisce).

La funzione dell'impresa strumento è immutata e immutabile. Al contrario il suo ruolo, soggettivamente assunto e svolto da coloro che la governano, si modifica nel tempo. Ciò accade perché i canoni di valutazione ed i metri di giudizio dei comportamenti specifici, tanto dell'impresa nel suo complesso quanto degli attori che ne assumono il controllo, sono sottoposti a costante revisione in funzione del mutare delle aspettative, delle istanze collettive e dell'etica comune che contraddistinguono l'evoluzione della società.

In tale quadro di riferimento, caratterizzato dal rapporto dialettico «funzione-ruolo», si rinnova negli studi d'impresa e nella prassi il di-

---

([1]) Cfr. FERRERO G., *Impresa e management*, Giuffrè, 1987.

battito sugli scopi che l'impresa persegue, sull'individuazione degli interessi prioritari che ne influenzano l'azione di governo e sulle forme di razionalità che ne caratterizzano l'agire(2).

Il controllo della capacità dell'impresa a svolgere la propria funzione secondo canoni di efficienza e di economicità richiede un processo di valorizzazione del suo agire che conduce, necessariamente, ad utilizzare una metrica basata su parametri tecnici ed economici: il conseguimento dell'equilibrio economico a valere nel tempo garantisce, sotto il profilo «oggettivo» (per l'appunto, tecnico-economico), il corretto utilizzo dello «strumento-impresa» e la vitalità del sistema-impresa. Si tratta, dunque, di rispettare il requisito di funzionamento su cui si fonda l'esigenza vitale dell'impresa come strumento economico, espresso dal differenziale positivo fra ricavi ottenuti dalla vendita e costi delle risorse impiegate (ivi inclusi quelli per la ricostituzione delle risorse stesse e per l'«equa» remunerazione spettante ai portatori del capitale di rischio); l'eventuale *surplus*, opportunamente reinvestito nel circuito della gestione, mira a rafforzare la capacità dell'impresa a mantenersi in equilibrio vitale.

Le suddette considerazioni consentono di cogliere nell'economicità la condizione necessaria e sufficiente per il «normale» funzionamento del sistema impresa, in assenza della quale esso, di fatto, non sarebbe in grado di sopravvivere nel lungo termine in forma autonoma(3). Tuttavia, il giudizio sull'economicità non è in grado di spiegare, con la mera logica quantitativo-numerica, la qualità dell'instabile equilibrio perseguito, che può in concreto ottenersi sacrificando taluni interessi a vantaggio di altri, talora impoverendo patrimoni, come quelli delle risorse ambientali e territoriali, difficilmente riflessi nella metrica tipica dell'equilibrio economico.

Se uno strumento, di per sé, non può definirsi più o meno etico o più o meno responsabile, in quanto non può perseguire obiettivi diversi da quelli dei soggetti che ne fanno uso, il giudizio deve focalizzarsi sulle differenti modalità con cui lo strumento-impresa viene in concreto utilizzato, sugli specifici comportamenti umani, sulle modalità con cui vengono impostati *ex ante* i parametri che definiscono l'equazione

---

(2) Sulla distinzione tra funzione e ruolo dell'impresa, cfr. GATTI M., BIFERALI D., VOLPE L., "Il governo dell'impresa tra profitto e creazione di valore", in *Sinergie*, n. 79, 2009, pag. 145 e segg.

(3) Per quanto attiene alle problematiche connesse al conseguimento dell'equilibrio finanziario nei percorsi di sviluppo dell'impresa, cfr. *supra*, Capitoli VIII e IX.

dell'equilibrio economico, sul sistema di valori che guida le scelte e i percorsi con cui l'economicità viene realizzata (a vantaggio o a svantaggio «di chi»). Non è allora più possibile considerare l'impresa solo nelle condizioni «oggettive» di funzionamento: entrano in gioco le diverse «soggettività» che, con le loro scelte, ne influenzano le condizioni operative ed i risultati([4]).

In proposito, giova ricordare che un'impresa non può nascere senza l'impulso creativo (e lucrativo) e l'apporto finanziario del suo fondatore o della compagine promotrice, né può essere ignorato che le risorse di cui essa necessita sono apportate da soggetti o gruppi esterni all'impresa collegati da rapproti più o meno duraturi. Allo stesso tempo, le attività e i processi interni sono realizzati da individui operanti in gruppi e unità organizzative che, di fatto, sviluppano con il passare del tempo proprie logiche relazionali e sociali, caratterizzate sovente dalla strenua difesa di interessi particolari, tali non di rado da disincentivare l'impegno alla cooperazione necessario per il conseguimento di obiettivi comuni.

In altri termini, insieme alle esigenze di ordine economico dettate dallo svolgimento della propria funzione, l'impresa provvede a soddisfare un ampio ventaglio di interessi e bisogni umani, oltre a quelli dei consumatori e dei portatori del capitale di rischio: il prestigio sociale e il potere di coloro che la governano; la continuità del rapporto di lavoro e la crescita professionale del personale in essa operante; la continuità delle commesse assicurate ai fornitori; lo sviluppo dell'occupazione in un certo ambito territoriale, ecc.. Avendo riguardo agli interessi soggettivi, l'impresa si configura come una coalizione di individui e gruppi sociali i quali, secondo un'attenta valutazione del rapporto tra contributi offerti e ricompense attese, decidono se e fino a quando assicurare il loro sostegno all'economia dell'impresa, se ed in quali

([4]) L'accennata distinzione tra funzione dello strumento e ruolo connesso alle soggettività che lo usano ed alle modalità di concreto impiego dello stesso echeggiano nelle mirabili parole contenute in CECCANTI G., "Caritas in veritate. Riflessioni di un tecnico", in *Impresa Progetto – Rivista online del Ditea*, n. 2, 2009, pag. 12: «le vie distorte della ricerca del profitto e del potere sono purtroppo più numerose di quelle che qui si possano elencare. Eppure esse sono una chiara conferma di quanti e quali gradi di libertà siano consentiti dalle istituzioni tradizionali: "è la ragione oscurata dell'uomo a produrre queste conseguenze, [...] non è lo strumento a dover essere chiamato in causa, ma l'uomo, la sua coscienza morale e la sua responsabilità personale e sociale"» [l'Autore cita a Sua volta il paragrafo n. 36 dell'Enciclica *Caritatis in veritate* di S.S. Benedetto XVI].

forme esercitare pressioni affinché l'organo di governo dell'impresa collochi le loro aspettative al vertice delle priorità da soddisfare([5]).

L'azione di governo, come evidenziato nel primo capitolo, è costantemente influenzata da forze e pressioni soggettive, esterne e interne e dalla continua rimodulazione dell'ordine di priorità degli interessi in gioco. L'esercizio del potere, insito nelle pressioni che gruppi e soggetti riversano sull'impresa, è teso dunque a volgere a proprio favore la sua gestione e i relativi risultati, a tal punto che l'organo di governo, esso stesso talora permeato da interessi contrastanti di cui sono portatori i suoi componenti, nel tentativo di assecondare attese e pressioni di volta in volta dominanti, può perdere di vista il rispetto delle intrinseche necessità vitali dello strumento-impresa([6]).

L'azione dell'organo di governo necessita, dunque, di una «equilibrata» tensione a contemperare gli interessi dei diversi gruppi (consonanza di contesto, esterna ed interna) con le imprescindibili esigenze di vitalità del sistema impresa (competitività ed economicità duratura). La diversa percezione circa il ruolo dell'impresa nella società e il diverso grado di consenso pubblico (fondato sul giudizio e sulla legittimazione sociale) di cui essa gode, attengono proprio ai termini in base ai quali vengono selezionati gli interessi soggettivi prioritari e resi compatibili con le esigenze vitali dell'impresa([7]).

([5]) Si tratta del concetto di «benefici relazionali netti»: cfr. *supra*, Capitolo II, paragrafo 2.3.2.1.

Sulla natura dell'impresa come coalizione di soggetti ed d'interessi, v. CYERT R., MARCH J., *A Behavioral Theory of the Firm*, Prentice Hall, 1963; MARCH J.G., SIMON H.A., *Organizations*, Blackwell, 1993 (trad. it., *Teoria dell'organizzazione*, Etas, 1995). Circa l'impatto che il gioco degli interessi soggettivi produce sulla razionalità, RULLANI E., "La teoria dell'impresa: soggetti, sistemi, evoluzioni", in RISPOLI M. (a cura di), *L'impresa industriale. Economia, tecnologia, management*, Il Mulino, 1989 (1984[1]), pagg. 40-61. Sul concetto di impresa come «istituzione sociale complessa», cfr. PILOTTI L., *L'impresa post manageriale. Oltre la separazione fra proprietà e controllo, fra rischio e potere*, Egea, 1991, pag. 361 e segg.; TAGLIAGAMBE S., USAI G., "Soggetti umani e soggetti collettivi nell'impresa e oltre l'impresa", in *Sinergie*, n. 79, 2009, pag. 173 e segg.; MASTROBERARDINO P., "La governance del sistema impresa tra istituzionalizzazione e azione del soggetto imprenditoriale", in *Sinergie*, n. 81, 2010.

([6]) MASTROBERARDINO P., "La governance", cit.

([7]) Al contempo, il giudizio sull'impresa e sul suo *management* non può essere disgiunto da quello sul comportamento degli attori istituzionali (*policy maker*, enti ed organismi di controllo, ecc.) e culturali (organismi preposti alla formazione, *opinion leader,* mezzi di comunicazione di massa) le cui azioni ed orientamenti possono ostacolare o agevolare il percorso dell'impresa verso il conseguimento dell'economicità.

I successivi paragrafi, partendo dal necessario collegamento tra i concetti di profitto e valore, intendono evidenziare anzitutto come la sottovalutazione delle esigenze vitali dell'impresa e la mancanza di sintonia con l'ambiente di riferimento possano generare effetti negativi sulle probabilità di sopravvivenza dell'impresa e richiedano, come evidenziato nel capitolo terzo, una azione di governo del sistema proiettata, con il superamento della consonanza diadica, verso la consonanza di contesto([8]). In secondo luogo, intendono stimolare una riflessione sulle conseguenze, in termini di perdita di consenso e legittimazione sociale, di una concezione ristretta dell'uso strumentale dell'impresa, quando cioè la sua dinamica evolutiva, trascurando non solo le aspettative di altri qualificati portatori di interessi, ma sinanco le vitali necessità dell'impresa, sia asservita ad un unico egemone interesse([9]).

10.2. DALL'ORIENTAMENTO AL PROFITTO ALL'ORIENTAMENTO AL VALORE

Nel contesto delineato, si profila con chiarezza l'esigenza di approfondire i concetti di profitto e valore, in quanto espressione e sintesi di due diversi orientamenti dell'azione di governo del sistema impresa, dove funzione e ruolo trovano diversa valenza.

10.2.1. L'orientamento al profitto

Nella letteratura economica, il profitto viene accostato al reddito

---

Sull'argomento, GHOSHAL S., "*Le cattive teorie manageriali distruggono le buone pratiche*", in *Sviluppo & Organizzazione*, n. 210, 2005 (orig. *Bad Management Theories Are Destroying Good Management Practices* in *Academy of Management Learning & Education*, n. 1, 2005, pagg. 75-91).

([8]) Sui concetti di consonanza diadica e di contesto e sulle attese della collettività, cfr. *supra*, Capitolo III, paragrafi 3.1.4 e 3.2 e relativi sottoparagrafi.

([9]) L'approccio sistemico vitale permette, in proposito, interessanti sviluppi di riflessione per i quali sia consentito rinviare al nostro lavoro GOLINELLI G.M., "L'approccio sistemico vitale: nuovi orizzonti di ricerca per il governo dell'impresa. Introduzione alla ricerca su «Il governo dei sistemi complessi tra creazione e distruzione di valore. L'impresa e oltre l'impresa»", in *Sinergie*, nn. 79-80, 2009.

dell'imprenditore (ad una sua parte o alla sua totalità)([10]) e considerato remunerazione delle capacità imprenditoriali (organizzative, direzionali, decisionali, ecc.)([11]). Nella concezione dell'imprenditore-capitalista, l'elemento comune alla riflessione sul tema del profitto è rappresentato sovente dal legame con il rischio che accompagna l'impiego di capitali nell'attività di impresa([12]).

Emergono, però, differenze nell'articolazione degli elementi che compongono il profitto. Se per la teoria economica classica il profitto rappresenta l'ammontare complessivo della remunerazione dell'imprenditore capitalista, nella tradizione economica francese si rinviene la prima concezione del profitto come reddito «lordo» destinato all'imprenditore, articolabile nelle due componenti dell'interesse sul capitale e dello «stipendio» direzionale([13]); il primo atto a remunerare i capitali apportati dall'imprenditore, il secondo destinato a ricompensarlo per il lavoro di direzione e di coordinamento dei fattori della produzione. In altri termini, a partire dal reddito dell'imprenditore, designato come «profitto lordo», si giunge ad isolare un «profitto netto» dopo aver eliminato dal primo l'interesse sui capitali prestati e lo stipendio direzionale([14]). In ultima analisi, il profitto, come categoria economica, costituisce la remunerazione delle capacità dell'imprendito-

---

([10]) Cfr. GRAZIANI A., *Sulla teoria generale del profitto*, Fratelli Dumolard, 1887, pag. 61.

([11]) Cfr., tra gli altri, CECCHERELLI A., *Economia aziendale e amministrazione delle imprese*, G. Barbera, 1948 e, più recentemente, SCIARELLI S., *Il sistema d'impresa*, Cedam, 1985.

([12]) In proposito, FERRER-PACCES F.M., *Nostro tempo della rivoluzione industriale*, Einaudi, 1939, pagg. 94-95 commisura i rischi dell'attività di impresa ai costi «incerti», definendo il profitto come «[...] quella parte dei ricavi che copre i rischi dell'impresa; [...] L'assenza del rischio eliminerebbe, o permetterebbe di eliminare, il profitto».

([13]) Contributi fondanti dell'economia classica sono: SMITH A., *An Inquiry into the Nature and Causes of Wealth of Nations*, Methuen and Co. Ltd., ed. Edwin Cannan, 1904 (orig. 1776); RICARDO D., *On the Principles of Political Economy and Taxation*, John Murray Publ., 1817; STUART MILL J., *Principles of Political Economy*, Longmans, 1848.

Sulle componenti da remunerare con il profitto, cfr. CANTILLON R., *Essai sur la nature du commerce in general* (Essay on the Nature of Trade in General), Frank Cass and Co. Ltd., 1959; SAY J.B., A *Treatise on Political Economy: or the Production, Distribution and Consumption Of Wealth*, Augustus M. Kelley, 1803.

([14]) Sul tema si vedano in particolare: MARCHAL J. "The Construction of a New Theory of Profit", in *The American Economic Review*, n. 4, 1951; PIROU G., *Economie libérale et economie dirigée,* Sedes, 1938.

re, in associazione all'assunzione del rischio d'impresa([15]). Il necessario corollario del legame tra rischio e profitto è poi l'attribuzione del profitto, inteso come «residuo», al soggetto che tale rischio sopporta, ossia l'imprenditore.

Lungo le tappe dell'evoluzione capitalistica, soprattutto con l'affermarsi della grande impresa, contributi successivi, di scuola sia anglosassone sia francese, iniziano a porre le premesse per il passaggio da una concezione del profitto come remunerazione dell'imprenditore (sia lorda sia netta) a remunerazione dell'organismo aziendale. Il profitto diviene «reddito dell'impresa, ed in quanto tale prezzo pagato per svolgere la funzione dell'impresa»([16]). L'imprenditore incarna la figura dell'artefice ed esecutore della «funzione strumentale» storicamente attribuita all'impresa.

A partire, dunque, da una visione composita del profitto e dalla necessità/utilità della sua esistenza, il dibattito accademico si focalizza su un duplice ordine di questioni: la misura nella quale il profitto dovrebbe essere perseguito e l'individuazione del soggetto e/o dei soggetti ai quali esso dovrebbe essere destinato.

Nella teoria classica, com'è noto, l'imprenditore, in virtù di un comportamento perfettamente razionale, agisce per massimizzare la propria funzione di utilità, rappresentata dal profitto. La tensione verso la massimizzazione del profitto, per altro verso, rappresenterebbe proprio l'elemento che concorre a conferire «razionalità» all'agire dell'imprenditore e dell'impresa([17]).

Successivamente, la critica alla tesi della massimizzazione del profitto impegna la riflessione degli economisti e degli studiosi d'impresa. In particolare, la rivisitazione della funzione di utilità dell'imprenditore, che porta ad affermare che l'imprenditore possa massimizzare anche variabili diverse dal profitto([18]); l'ampliamento delle sog-

---

([15]) Sull'introduzione del concetto di incertezza e la distinzione con il rischio, v. KNIGHT F.H., *Risk, Uncertainty and Profit*, Hart, Schaffner & Marx, Houghton Mifflin Co., 1921.

([16]) Cfr. MARCHAL J., "The Construction", *cit.*

([17]) Sull'importanza del profitto nel modello economico capitalistico, v. SEN A., "The Profit Motive", in *Lloyds Bank Review*, n. 147, 1983.

([18]) Sulla funzione di utilità dell'imprenditore, cfr. MARRIS R., *La teoria economica del capitalismo manageriale*, Einaudi, 1972 (orig. *The Economic Theory of Managerial Capitalism*, MacMillan, 1964). V., inoltre, SCITOVSKY T., "A Note on Profit Maximization and Its Implications", in *Review of Economics and Statistics*, n.1, 1943, il quale ritiene che la funzione di utilità dell'imprenditore sia sensibile non solo al

gettività e dei relativi obiettivi degli individui e dei gruppi che le compongono([19]) nonché il concetto di razionalità limitata attenuano progressivamente l'ipotesi di massimizzazione del profitto come criterio guida delle decisioni di governo dell'impresa([20]).

Alle critiche sopra riportate se ne aggiungono altre evidenziate da alcuni studi di matrice manageriale e comportamentista. A sintetizzarle è soprattutto Saraceno, il quale collega la critica alla massimizzazione del profitto alle condizioni in cui le decisioni aziendali sono prese ed in particolare:

– alla presenza di una pluralità di organismi e di individui che presentano interessi ed obiettivi variegati;

– all'esistenza nella condotta delle imprese di obiettivi diversi dal reddito, quali la continuità del reddito, l'aumento della dimensione, la massimizzazione del volume delle vendite;

– alla natura delle forze che hanno il potere di concorrere a determinare le direttive di gestione e di indurre, in considerazione delle loro attese e pressioni, motivazioni diverse dal profitto([21]).

Al dibattito sulla ragionevolezza o meno dell'assegnazione all'impresa dell'obiettivo della massimizzazione del profitto si associa anche il tema della sua destinazione. Tema che può essere affrontato facendo riferimento alle due distinte logiche (o ottiche), quella produttiva e quella distributiva, che sono a base del processo di qualificazione del profitto([22]).

La logica produttiva individua il profitto nel momento della produzione della ricchezza attraverso l'attività d'impresa; la logica distri-

---

profitto, ma anche al tempo libero. Di conseguenza, massimizzare tale funzione equivarrebbe a ricercare un valore del profitto inferiore a quello massimo.

([19]) Sull'impresa come coalizione di soggetti e interessi, v. *supra*, nota (5).

([20]) Cfr. WINTER S., "Economic Natural Selection and the Theory of the Firm", in *Yale Economic Essays*, n. 4, 1964, con particolare riferimento al paragrafo "A Criticisms of the Assumption of Profit Maximization". Circa i limiti delle impostazioni massimizzanti, cfr. SIMON H.A., *Il comportamento amministrativo*, Il Mulino, 1958 (rist. 1993; orig. *Administrative Behavior*, Macmillan, 1947); GOLINELLI G.M., "Economia e finanza nel governo dell'impresa", in *Sinergie*, n. 39, 1996, pag. 25 e segg.

([21]) V. SARACENO P., *Il governo delle aziende*, Libreria Universitaria Editrice, 1972, con particolare riguardo al cap.3. In riferimento agli obiettivi perseguiti dal *management* nella grande impresa di matrice anglo-sassone, si rinvia a GOLINELLI G.M., *L'approccio sistemico al governo dell'impresa*, Vol. I, Cedam, 2005 (2000[1]),, cap.6.

([22]) In merito alla distinzione, nell'ambito del processo di qualificazione del profitto, tra logica produttiva e distributiva, cfr. GATTI M., BIFERALI D., VOLPE L., "Il governo", cit., in specie pag. 150 e segg.

butiva relega invece il profitto al momento della distribuzione della ricchezza generata dall'attività aziendale. Nell'un caso, il profitto coincide con l'esito stesso dell'attività aziendale; nell'altro, il profitto emerge solo al momento della distribuzione del risultato (o prodotto netto) aziendale. In ottica produttiva, il profitto «è l'entità che, nel tempo, accresce le disponibilità dell'impresa, coperti che siano tutti i costi di produzione. Esso scaturisce da un'attività del produrre solo quando questa è organizzata in modo da risultare redditizia»([23]).

Dal punto di vista quantitativo, il profitto è, pertanto, ciò che residua dai ricavi, coperti i vari costi di gestione, gli ammortamenti, gli accantonamenti e i nuovi stanziamenti. Esso è al netto di una quota definibile come «contributo di ripristino», capace cioè di reintegrare il capitale economico «consumato» nel corso del periodo e di garantire la capacità di sopravvivenza del sistema impresa([24]).

La logica produttiva sottende evidentemente una concezione del profitto come reddito, residuale e non contrattualizzato. La presenza di un profitto, inteso non solo come mera differenza tra ricavi e costi, ma anche come garanzia del ripristino degli *asset*, andrebbe quindi a sostenere il progetto di sviluppo dell'impresa nel tempo([25]).

([23]) Cfr. DEL PUNTA V., "Del profitto e della sua massimizzazione: chiose ad un convegno di studi", in *Rivista di politica economica*, n. 10, 1969, pag. 7.

([24]) CECCHERELLI A., *Economia*, *op.cit.*, il quale rileva: «il profitto si presenta come quota dei ricavi lordi dell'impresa, cioè come componente di una somma che prima di assumere le caratteristiche economiche e contabili del profitto deve essere decurtata di quanto occorre per riportare il capitale alla precedente misura». La logica produttiva appare il portato dell'evoluzione del concetto di rischio da un ambito statico, per cui il rischio è presente in qualunque ambiente economico, ad un ambito dinamico, nel quale invece il rischio tende ad assumere il significato di incertezza di risultato dovuta a mutazioni economiche ambientali. La teoria economica del profitto si ispira al criterio per cui ad ogni fattore della produzione spetta una remunerazione per l'apporto reso. Qualora a tali apporti si aggiungano l'iniziativa e l'organizzazione (da cui si fa dipendere il superamento degli elementi rischio e incertezza) e gli oneri ne vengano attribuiti all'imprenditore, a quest'ultimo, di conseguenza, dovranno essere attribuiti anche i relativi vantaggi sottoforma di profitto».

([25]) AMADUZZI A., *L'azienda nel suo sistema e nell'ordine delle sue rilevazioni*, Utet, 1966. Secondo l'Autore, il profitto esiste in quanto risulti assicurata l'equazione del reddito economico, inteso come differenza tra ricavi, costi di ripristino ed oneri figurativi del capitale. In tal senso, il profitto è assimilato ad una «qualità residuale» dell'organizzazione, distribuibile solo quando il reddito totale sia maggiore di quello economico. Cfr. pure CASSANDRO P.E., *Scritti vari* (1929-1990), Cacucci, 1991. Anche in campo giuridico, FERRI G., *Manuale di diritto commerciale*, Utet, V Ed., 1980, pag. 56 sostiene che «[…] non si deve confondere l'intento lucrativo con le modalità

Di contro, l'ottica distributiva chiama in causa le modalità di distribuzione del profitto. Potenzialmente, infatti, un problema «distributivo» emerge ogniqualvolta occorra ripartire la ricchezza generata dall'impresa. Di conseguenza, l'ottica distributiva porta a considerare il profitto alla luce della posizione e del ruolo della proprietà rispetto ad altri portatori di interesse; la proprietà, oltre a dare impulso alle iniziative imprenditoriali, apporta il capitale di rischio, assumendo su di sé il relativo rischio imprenditoriale. A tale rischio deve corrispondere, «quale contropartita, la necessità di un'adeguata remunerazione, seppure in forma residuale, attraverso appropriati livelli di profitto»([26]).

Il rapporto diadico tende così ad assumere pregnante significato nel quadro dell'azione di governo.

A ben vedere, la dicotomia tra logica produttiva e distributiva condiziona la dinamica del capitalismo nel tempo. La prima ha caratterizzato l'epoca del capitalismo manageriale, qualificata dalla netta separazione tra proprietà e controllo dell'impresa([27]). Con il tramonto di tale stagione, a partire dalla metà degli anni '60 del secolo scorso, si registra, in risposta alla forte e diffusa caduta dei profitti delle imprese, l'ascesa del capitalismo «dell'investitore», contraddistinto dal recupero, da parte della comunità finanziaria, della volontà e capacità a condizionare l'operato manageriale([28]). Una capacità di condizionamento che è andata crescendo nel tempo, al punto che la remunerazione dell'investitore da «residuale» diviente sostanzialmente «contrattuale»; i rendimenti attesi, elevati ed a breve termine, finiscono così per condizionare in modo pregnante l'azione di governo del sistema

---

di devoluzione dell'utile una volta che sia realizzato. Intento lucrativo è intento di produrre nuova ricchezza. E la redditività dell'impresa è elemento essenziale e imprescindibile anche in una concezione sociale dell'impresa, qual è quella dei tempi moderni».

([26]) Da GOLINELLI G.M., *L'approccio*, Vol. I, *op.cit.*, pag. 272. Sul ruolo della proprietà e sulla sua posizione rispetto all'impresa, si rinvia al cap. 6 della menzionata Opera.

([27]) V. BERLE A.A., JR. MEANS G. C., *The Modern Corporations and Private Property*, Macmillan, 1932.

([28]) Per una puntuale disamina dei motivi a base della caduta dei profitti verificatasi tra la metà degli anni '60 e la fine degli '80 del Novecento nella generalità delle economie industrializzate e della conseguente evoluzione del capitalismo, cfr. ZANDA G., *Il governo della grande impresa nella società della conoscenza*, Giappichelli, 2009, pag. 138 e segg.

impresa, con la frequente assunzione, a livello sia strategico che operativo, di scelte avventurose, con riflessi pesantemente negativi sulla dinamica evolutiva del sistema e sul suo ruolo nella società.

Il capitalismo dell'investitore evolve così verso quel capitalismo finanziario che trova progressiva affermazione a partire dalla seconda metà degli anni '80 del secolo passato.

Con il capitalismo dell'investitore, prima, e finanziario, dopo, la concezione del profitto in ottica distributiva tende sempre più a prevalere su quella produttiva, con i conseguenti riflessi sull'azione di governo dell'impresa. La logica produttiva enfatizza, infatti, il profitto in termini di *surplus* volto anzitutto a reintegrare e ad incrementare il patrimonio d'impresa; il profitto trova, pertanto, la sua prima finalizzazione nel garantire condizioni di sopravvivenza duratura all'impresa. Nell'ottica distributiva, al contrario, il profitto appare specificamente rivolto alla soddisfazione delle attese della proprietà.

La salda permanenza dell'impresa nel proprio contesto, con l'incremento, nel tempo, della sua probabilità di sopravvivenza, appare incompatibile con l'adozione di una logica puramente distributiva. Questa, infatti, non solo «snatura» il profitto come «reddito d'impresa» ma, come osservato, lo muta in vincolo all'azione di governo talora così stringente da privarla di sostanza e dignità. All'opposto, l'ottica produttiva si pone assai più in linea con l'approccio sistemico al governo dell'impresa. Approccio che alla razionalità soggettiva dei vari partecipanti fa, appunto, prevalere una «razionalità sistemica», tesa a ricercare condizioni foriere di sempre più elevate probabilità di sopravvivenza per l'impresa come istituzione([29]).

Si palesano così l'insufficienza ed i pericoli di un'applicazione esclusiva ed esasperata della logica distributiva, dischiudendo ulteriori riflessioni in merito ai rapporti tra perseguimento e destinazione del profitto, sopravvivenza dell'impresa e processo di creazione di valo-

---

([29]) Cfr. RULLANI E., *La teoria*, cit., pagg. 34 e segg. L'ottica distributiva implicitamente sottende una logica soggettiva nella misura in cui fa dipendere l'impresa da un dato soggetto (di comando). La logica sistemica, al contrario, sottrae l'impresa al potere di qualsiasi soggetto esterno, per valorizzarla come organizzazione (complessa) fondata su se stessa, con un proprio fine – la sopravvivenza dell'impresa-sistema – solo in parte coincidente con quello del soggetto di comando. Anche SOLOMON E., *Finanza aziendale*, Il Mulino, Bologna, 1972 si rifà ad una dicotomia simile distinguendo tra profitto (concetto che fa perno sulla figura del proprietario) e redditività (concetto invece operativo che si interessa soltanto al processo di produzione o di creazione di nuova ricchezza).

re([30]).

10.2.2. Verso l'orientamento al valore

Richiamata la nozione di profitto dell'impresa e delineate le due logiche, produttiva e distributiva, che presiedono alla sua interpretazione, è doveroso chiedersi per quali ragioni, così negli studi d'impresa come nella prassi manageriale, si faccia ampio riferimento alla categoria logica del valore piuttosto che ricercare la corretta qualificazione del profitto. Le ragioni che hanno favorito la transizione dall'orientamento al profitto a quello verso la creazione di valore sono da ricercare, a nostro giudizio, anzitutto nel mutato ruolo dell'impresa in un quadro di complessità ambientale e di contesto([31]).

([30]) Il favore per la concezione «produttiva» del profitto appare echeggiare già nel mirabile contributo di CECCANTI G., "Caritatis", *cit.*, pagg. 10-11, in specie ove si delinea il nesso logico tra principio di sussidiarietà, impresa quale primario attore che realizza tale principio, «innovazione autentica» e «profitto autentico»: «l'innovazione autentica (...) permette di accrescere quel sovrappiù di prodotti sui mezzi di produzione che, sotto appropriate condizioni, può essere assunto, almeno in prima approssimazione, proprio come una misura della crescita del bene comune. (...) Gli ordinamenti che, applicando il principio di sussidiarietà, realizzano in guise decentrate, tramite imprese autosufficienti, la condizione generale di autosufficienza economica della cultura, portano anche a decentrare verso le imprese stesse gran parte dei tentativi di innovazione. Il contributo che ciascuna di esse fornisce, sia con la propria originale attività creativa sia con validi tentativi di imitazione e di emulazione, sia ancora con interventi di intermediazione finanziaria, alla genesi e alla diffusione delle novità e, quindi, del sovrappiù che misura il bene comune, costituisce quella parte del suo risultato economico che chiamerò *profitto autentico*. (...) Le *possibilità di reddito* (...) sono alla lunga portate ad esaurimento da complesse tendenze irreversibili. (...) Per la singola impresa, le tendenze accennate non sono fronteggiabili se non partecipando attivamente alla gara innovativa, ossia alla intelligente esplorazione di quelle regioni meno battute dello spazio sociale, dove sembrano annidarsi novità tecnologiche, organizzative e mercantili, idonee a ricostituire le possibilità di reddito e a prolungare le traiettorie irreversibili del moto sociale. Il profitto autentico derivante dal successo di questi tentativi sembra esprimere nel modo migliore il contributo dell'impresa al bene comune, quale obiettivo necessario, anche se non sufficiente, di un sano ordinamento ispirato ai principi di gratuità e di sussidiarietà. Inteso in questo senso, il profitto non è soltanto tollerabile, esso è il frutto del compimento della principale missione dell'impresa sana, quando siano davvero rispettate, cosa non facile, tutte le condizioni richieste per la piena reintegrazione dei fattori produttivi (compreso l'uso dei fattori ambientali) e la promozione dello sviluppo di tutti i soggetti e gruppi coinvolti».

([31]) Sulla distinzione tra funzione e ruolo, con riguardo all'impresa, v. *supra*, pa-

La complessità che qualifica i nostri tempi, con particolare riferimento alla globalizzazione ed allo sviluppo tecnologico, mina infatti alla radice quel principio di scarsità delle risorse che è stato a base dell'operare delle imprese agli esordi del moderno capitalismo industriale. Al tramonto della convinzione circa la scarsità delle risorse fa da contraltare la crescente enfasi sull'*asset* conoscenza e sul suo sempre più centrale ruolo nell'economia del sistema impresa([32]).

In questo mutato scenario, l'orientamento al profitto appare affetto da una serie di limiti che non danno piena contezza della reale ricchezza creata dal sistema impresa con il suo operare. La progressiva «de-materializzazione» del processo di generazione di nuova ricchezza pone quindi all'attenzione degli studiosi la necessità di approfondire l'impatto che sullo stesso processo esercitano i fattori immateriali([33]). I limiti contabili alla rilevazione del contributo produttivo delle risorse intangibili presenti all'interno dell'organizzazione, nonché l'incapacità degli indicatori di bilancio tradizionali a qualificare i fattori «rischio» e «tempo» rendono necessaria l'adozione di una nuova metrica che soddisfi la necessità di decifrare la reale ricchezza generata dall'impresa.

In breve, l'«orientamento alla creazione di valore» diviene, non solo nella letteratura ma anche nella prassi, la locuzione più ricorrente per far intendere a quale obiettivo ultimo l'impresa debba essere indirizzata([34]). L'attenzione si sposta così sulle modalità di una corretta

---

ragrafo 10.1.

([32]) In proposito, si rinvia all'ampia disamina *supra*, Capitolo IV.

([33]) Conferma sul punto FERRANDO P.M., "Il valore e le diverse accezioni del termine «Economia Aziendale»", in *Impresa Progetto – Rivista online del Ditea*, n. 1, 2004, pag. 8.

([34]) La «teoria del valore» ha, nelle discipline economiche e manageriali, una rilevante tradizione. Sin dal secolo XIX i processi di creazione e di distribuzione del valore economico impegnano i maggiori studiosi di economia, ponendosi come i principali ambiti problematici del pensiero economico. Cfr., in proposito, SCHUMPETER J.A., *History of Economic Analysis*, Oxford University Press, 1954.

In questa sede, con riferimento alle discipline aziendalistiche e manageriali, corre l'obbligo di sottolineare il rilevante contributo offerto sull'argomento dalla dottrina italiana e, in particolare, da LUIGI GUATRI, a partire dalle pubblicazioni sulla valutazione delle imprese (v. *La valutazione delle aziende*, Giuffrè, 1981, ripubblicato con estensione nel 1990 per la Egea e, recentemente, nel 2007 per la stessa casa editrice, con BINI M.), a *La teoria di creazione del valore. Una via europea*, Egea, 1991 e *La diffusione del valore*, con MASSARI M., Egea, 1992. Da notare che, nell'impostazione dell'Autore, la «creazione di valore è un obiettivo non solo razionale, in quanto deter-

declinazione dell'orientamento al valore.

Un problema cruciale e difficile, ove si consideri che esprimere l'impresa attraverso il valore, valutarne funzione e ruolo per il tramite della sua capacità a creare valore significano ricondurre a dati numerici «la pluralità articolata e sfuggente di intenzioni, conoscenze, situazioni e relazioni che fanno capo all'impresa»([35]). Una pluralità condizionante la possibilità e la capacità di calibrare correttamente la distinzione tra funzione e ruolo dell'impresa (e del suo organo di governo). Non è un caso che, affrontando la problematica in oggetto, gli studiosi d'impresa chiamino spesso in causa concetti quali la responsabilità sociale, l'etica, l'ideologia, i sistemi dei valori diffusi nella società([36]).

Nasce da qui la ricerca di una metrica del valore. Una metrica che non può che avere a base il processo che genera il valore stesso; un processo spesso confuso e talora ambiguo, che trova espressione e forma nella progettata dinamica evolutiva del sistema impresa. La corretta declinazione dell'orientamento al valore viene allora a connettersi strettamente con la visione dell'impresa come «progetto», avente sintesi nella elaborazione di un apposito piano industriale([37]). Quest'ulti-

---

mina la priorità di concetti come la ricerca di una crescente capacità reddituale ed il controllo dei rischi; ma anche largamente condivisibile da tutti coloro che hanno interesse alla vita dell'impresa». La teoria della creazione del valore supporta al grado più elevato il processo di scientificazione che aspira all'individuazione di una forma dottrinale del governo d'impresa in quanto, come GUATRI stesso sostiene, «costituisce un complesso di principi, di regole, di prescrizioni suscettibile di applicazioni concrete [...] per condurre l'impresa nell'interesse di lungo termine di tutti i suoi stakeholder». Cfr. GUATRI L., "La teoria del valore tra economia e finanza", in *Sinergie*, n. 39, 1996, pagg. 51-57.

V. anche: PANATI G., GOLINELLI G.M., *Tecnica economica, industriale e commerciale. Imprese, strategie e management*, 2 voll., La Nuova Italia Scientifica, 1991 (1988[1]), pagg. 859-910; CARAMIELLO C., *La valutazione dell'azienda*, Giuffrè, 1993. Si sostiene, inoltre, la necessità che il valore del capitale economico si rifletta, attraverso opportune politiche di comunicazione/diffusione, anche sul valore di mercato dell'impresa (GUATRI L., MASSARI M., *La diffusione*, *op.cit.*).

([35]) Cfr. RULLANI E., "Il valore per l'economia d'impresa: nuova giovinezza di una categoria tradizionale", in *Sinergie*, n. 31, 1993, pag. 217.

([36]) V. GHOSHAL S., "Le cattive", *cit.*, e le critiche che l'Autore rivolge alla concezione della funzione dell'impresa e del *management* teorizzata in diversi scritti da Milton Friedman, ritenuto esponente di spicco del pensiero economico neo-liberista.

([37]) Circa le impostazioni di base che presiedono alla formulazione del piano industriale nell'approccio sistemico, con particolare attenzione alla considerazione dei rischi tanto aleatori quanto di non conoscenza, cfr. *supra*, Capitolo VII. Sulla concezione dell'impresa come progetto, v. GENCO P., "La dematerializzazione del territorio

mo, con il suo *iter* formativo in cui trovano progressivamente qualificazione, quantificazione e sintesi la creazione di valore tanto a livello diadico quanto a livello di contesto o sistemico, viene a rappresentare il momento saliente di una metodica, prima, e metrica, poi, del valore, idonee a cogliere il ruolo dell'impresa e dei suoi interlocutori, protagonisti della complessiva creazione di valore([38]).

Nel contesto delineato, non si può prescindere anzitutto dal considerare che lo stesso concetto di valore assume diversa connotazione e portata quando inteso in ottica diadica o sistemica. Orbene, con l'avvento di un capitalismo qualificato dal ritorno dell'investitore nella condizione di esercitare un ruolo determinante nel governo dell'impresa, l'attenzione al valore assume una qualificazione spiccatamente diadica. Il peso crescente della finanza nell'economia d'impresa, supportato da nuove concezioni teoriche che avallano l'idea di un *management* asservito all'interesse della proprietà (come, ad esempio, la «teoria dell'agenzia»), rimodella infatti il rapporto tra sistema proprietario e vertice dell'impresa. Nuovi incentivi (*stock option*, *bonus* ed altre forme di remunerazione legate al valore azionario dell'impresa), unitamente alla possibilità da parte degli investitori di esercitare l'opzione «*exit*» ed alle minacce di «*take-over*», tendono ad allineare gli interessi del *management* a quelli dei finanziatori; l'attenzione del governo dell'impresa si rivolge verso la necessità di assicurare agli azionisti rendimenti il più possibile elevati nel breve periodo. Tale impostazione comporta effetti di grande portata nei rapporti tra economia (reale) e finanza nel governo dell'impresa, travalicando progressivamente nel tempo le problematiche interne all'impresa per investire i rapporti tra

---

e dell'impresa: l'impresa-progetto", in *Sinergie*, n. 70, 2006, pag. 99 e segg.

([38]) Afferma VACCÀ S., "L'ambiente come forza produttiva", in *Politica ed economia*, n. 10, 1983: «gli interlocutori interni ed esterni non pongono semplici *vincoli* all'impresa, ma sono protagonisti diretti del processo di interdipendenza e cooperazione da cui nasce l'innovazione creativa di valore». Similmente, GUATRI L., MASSARI M., *La diffusione*, op.cit., pag. XIV, definiscono il valore creato dall'impresa quale «ragione essenziale della sua sopravvivenza a lungo termine, della sua attiva partecipazione alla creazione di risorse per la collettività». Ancora, RULLANI E., "Il valore", *cit.*, parla di protagonisti interni ed esterni alla creazione e diffusione del valore (pagg. 218-219), di strategie creatrici di valore come «una ragionevole e fondata "scommessa collettiva" su una certa prospettiva» (pag. 221), di valore come portato della capacità dei soggetti di impresa ad ottenere fiducia e risorse dall'ambiente (pag. 224) e di soggetti interni ed esterni all'impresa «chiamati (...) a co-produrre il valore» (pagg. 224-225).

sistema finanziario e sistema industriale([39]).

L'orientamento al valore nella prospettiva diadica palesa pertanto i suoi limiti, incorrendo nel rischio di impostazioni di governo sostanzialmente rispondenti all'orientamento al profitto in ottica distributiva precedentemente analizzato. Ne discende l'esigenza di passare dalla concezione diadica del valore a quella sistemica, unica in grado di coniugare funzione e ruolo dell'impresa in modo da esaltare la centralità di tale istituto nella creazione di ricchezza e, al contempo, di benessere sociale([40]).

10.3. La creazione di valore: dalla prospettiva diadica alla prospettiva sistemica

Nella ricerca di un razionale approccio al processo di scientificazione dell'azione di governo, due sono i *driver* ritenuti determinanti: competitività e consonanza([41]). L'analisi dei rapporti intersistemici a livello diadico e di contesto consente di distinguere tra consonanza diadica e di sistema; la qualificazione di quest'ultima permette infine

([39]) Sia consentito, in proposito, rinviare ai contributi dello scrivente, GOLINELLI G.M., "Economia", cit., e "Recenti sviluppi nelle relazioni tra economia e finanza nel governo dell'impresa: spunti di riflessione", in *Sinergie*, n. 67, 2005, pag. 13 e segg..

Ancora, DEMATTÉ C., "Teoria del valore: serve davvero per guidare meglio le imprese?", in *Economia & Management*, n. 2, 1997, pag. 7 sottolinea il ricorso a "ristrutturazioni selvagge" che socializzano costi aziendali per soddisfare esigenze di risultati economico-finanziari sempre più accentuate. Conferma RULLANI E., "Il valore", cit., pag. 223.

Cfr. anche la precedente nota (28).

([40]) Emblematicamente, in CECCANTI C., "Caritatis", *cit.*, pag. 12 si afferma: «la parola profitto o reddito d'impresa copre una varietà di cose diverse, mentre una sorte non migliore tocca al concetto di "creazione di valore", negli ultimi trent'anni assurto a pietra di paragone dell'efficienza manageriale. Proprio la moda cosiddetta della creazione del valore si è distinta per troppo facili modalità di quantificazione a breve dei risultati aziendali»; e ancora a pag. 15: «un aspetto di questo problema pare risolversi positivamente con il riconoscimento, da parte degli imprenditori e dirigenti più consapevoli, che la missione generale cui sono chiamati include una funzione essenziale di mediazione e di armonizzazione di tutte le categorie di interessi che gravitano attorno all'impresa, una funzione che può essere assolta in sintonia con gli obiettivi aziendali di sviluppo, specie attraverso attività promozionali di capacità individuali e di gruppo, nonché tramite il potenziamento di stabili collegamenti in rete delle imprese fornitrici, distributrici e finanziatrici».

([41]) V. *supra*, Capitolo I, paragrafi 1.1. e 1.2.

di orientare alla consapevolezza l'azione di governo, in coerenza con l'esigenza di distinguere e, allo stesso tempo, coniugare funzione e ruolo del sistema impresa([42]).

Il pregnante rilievo della distinzione tra ottica diadica e di contesto trova ulteriore conferma nel fatto che le impostazioni degli economisti d'impresa fanno sovente riferimento a concetti di valore che si delineano secondo una prospettiva «diadica», inerente al rapporto tra l'impresa ed una singola categoria di portatori di interesse. Poca attenzione, viceversa, viene attribuita alla ricerca di una concezione del valore riferita all'impresa come entità sistemica che riesca, con una visione d'insieme, a conciliare interessi «soggettivi» ed interesse «sistemico».

10.3.1. L'orientamento al valore nella prospettiva diadica

A ben vedere, la logica diadica appare come un tentativo che, nelle sue varie modellizzazioni, mira a conferire una base di razionalità all'azione di governo e all'agire d'impresa, dal momento che la categoria di interessi soggettivi prescelta è assunta come criterio ordinatore della dinamica evolutiva del sistema impresa.

Una prima elaborazione del valore che risponde a tali requisiti è rappresentata dal «valore per il consumatore» (*customer value*), che mutua dall'economia i concetti di «valore d'uso» e «valore di scambio» trasponendoli, insieme al nuovo concetto di «valore percepito», nell'ottica del *marketing*. Ispirata all'idea della sovranità del consumatore, tale concezione presuppone che l'obiettivo ultimo dell'impresa sia rappresentato dal soddisfacimento, nella maggiore misura possibile, dei bisogni del consumatore([43]). Il grado di soddisfazione del consumatore è così espresso dal «valore reso al cliente», pari alla differìnza o al quoziente tra il valore da questi percepito (che incorpora il valore d'uso) ed il valore di scambio (prezzo pagato per l'acquisto di un

([42]) Cfr. *supra*, Capitolo III, paragrafi 3.1.4 e 3.2 con relativi sottoparagrafi. Nel paragrafo 3.2.1, in specie si legge: «La visione puramente diadica va dunque ricondotta nella più am-pia prospettiva del contesto quale reticolo di entità sistemiche variegate ed in grado di condizionare più o meno direttamente e significati-vamente la dinamica del sistema impresa».

([43]) KEITH R.J., "The Marketing Revolution", in *Journal of Marketing*, n. 3, 1960.

bene o servizio); tale indicatore commisura e condiziona nel tempo la consonanza con i sovra-sistemi del consumo e/o della distribuzione commerciale([44]).

In questa visione, dunque, la capacità di sopravvivenza nel lungo termine dell'impresa poggia sul grado di consonanza tra l'impresa ed il sistema del consumo, alimentata dalla qualità/competitività del sistema di offerta (*product offering*).

Una seconda elaborazione del concetto di valore, ampiamente accolta nella dottrina manageriale, è quella di «valore per l'azionista» (*shareholder value*); la sua significativa affermazione e la sua logica pervasiva l'hanno elevata a vera e propria «teoria del valore». In questo caso, gli studi d'impresa, in stretta congiunzione con quelli sulla *corporate finance*, elabora diverse declinazioni della dimensione del valore (valore di mercato delle azioni; valore economico del capitale, ecc.) e più metodiche di misurazione (attualizzazione dei flussi di cassa; attualizzazione dei flussi reddituali; differenziale tra valore del capitale di rischio e costo dello stesso; attribuzione di un valore corrente a particolari *assets* ecc.). Rinviando all'ampia letteratura sul tema, ci si limita in questa sede ad osservare che l'assunto di fondo della visione centrata sulla proprietà come *residual claimant* – secondo cui generare valore in questa direzione equivale a creare valore per tutti gli *stakeholder* e per l'impresa stessa([45]) – in virtù dei diritti di controllo ed

---

([44]) Sul valore percepito e reso, rispettivamente, dal e al cliente, cfr. KOTLER P., *Marketing Management*, XI ed. a cura di W.G. SCOTT, Pearson – Prentice Hall, 2004, pag. 72 e segg. V. anche BARILE S., PASTORE A., "Forme, caratteri e divenire sistemico dei rapporti con la distribuzione e il consumo", in GOLINELLI G.M., *L'approccio sistemico al governo dell'impresa*, Vol. III, Cedam, 2002, pag. 203 e segg. Vedi anche *supra*, Capitolo I, Fig. 1.2 e relativa analisi.

([45]) In proposito, COPELAND T., KOLLER T., MURRIN J., nel lavoro *Il valore dell'impresa*, III edizione, Il Sole 24Ore, 1998, pag. 3, sostengono che l'obiettivo ultimo dell'impresa, creare valore per gli azionisti, non è in contrasto con la visione di quella parte di studiosi, soprattutto europei, che vedono l'impresa come una comunità di soggetti. Questa posizione richiama quella emersa decenni fa in una animata *querelle* tra Michael Porter e Frankling Allen, segnalata in un nostro lavoro (GOLINELLI G.M., "Economia e finanza", cit., pag. 25): in tale occasione, Allen rigettava le critiche allo *shareholder value*, sostenendo che la pressione sulle imprese esercitata da investitori alla ricerca di rendimenti ed attivi su mercati finanziari via via più efficienti avrebbe rafforzato, anziché indebolito, il buon governo aziendale e l'economia reale.

Contra, sempre in quel nostro contributo ("Economia e finanza", cit., pag. 39), si notava la posizione di SOLOMON E., *Finanza*, *op.cit.*, pagg. 22 e 45, secondo cui percorsi di crescita e sviluppo delle attività reali d'impresa consentiti dalla complessi-

al risultato residuo da questa vantati rappresentauna prospettiva non solo parziale, in quanto concepita in ottica diadica, ma potenzialmente dannosa. Ciò poiché:

– tale impostazione viene di fatto applicata in una prospettiva di breve e brevissimo periodo (*shortermism*), anche per effetto dei suddetti meccanismi di incentivazione del *management*. In questo modo, si sacrificano le prospettive di sopravvivenza dell'impresa nel lungo periodo (contrazione degli investimenti ed attenzione spasmodica all'«efficientamento» della gestione nel breve termine) e si generano spinte alla «manipolazione» dei dati di bilancio, nel tentativo di raggiungere «ad ogni costo» gli obiettivi prefissati;

– una parte crescente del valore (economico) generato dall'impresa deriva dal contributo del capitale umano ed intellettuale, dai rapporti con i fornitori, dai rapporti instaurati con il territorio, ecc., per cui il governo e la gestione d'impresa non possono essere interamente asservite all'interesse degli azionisti([46]);

– nel momento in cui gli obiettivi di rendimento degli azionisti sono collocati al vertice della gerarchia degli obiettivi aziendali, lo *shareholder value* viene di fatto de-residualizzato, ossia risulta negoziato ed imposto all'organo di governo *ex ante*. Si ripropongono così gli stessi problemi già analizzati a proposito del profitto nell'ottica distributiva.

Una terza corrente di pensiero, la (*multi-*)*stakeholder theory*, propone la ricerca di nuovi modelli di misurazione del valore generato, più compatibili con una visione dell'impresa alla ricerca della sintonia con la generalità dei suoi interlocutori, fino a considerare entità quali la collettività, il territorio, l'ambiente naturale e sinanco le generazioni future. Così facendo, tuttavia, la proposta avanzata dalla teoria in esame di addivenire ad una concezione più ampia del valore, il cosiddetto «valore ampliato»([47]), dovendo necessariamente poggiare su modelli multivariati ricomprendenti la molteplicità di rapporti diadici tra l'im-

---

va struttura finanziaria sono non solo compatibili, ma anzi essenziali per creare valore nell'ottica degli azionisti, mentre non è vero il viceversa.

([46]) Conferma MORAN P., GHOSHAL S. "Markets, Firms, and the Process of Economic Development", in *The Academy of Management Review*, n. 3, 1999, pag. 390 e segg.

([47]) Sul concetto di "valore allargato", v. SCIARELLI S., "La produzione del valore allargato quale obiettivo dell'etica nell'impresa", in *Finanza, Marketing e Produzione*, n. 4, 2002, pagg. 5-17.

presa e i vari portatori di interesse, si scontra con la difficoltà della sua misurazione (si pensi, ad esempio, alla difficoltà di determinare il valore generato nel rapporto diadico impresa-dipendenti). Secondo taluni, pertanto, l'indeterminatezza di cui sarebbe affetta la teoria degli *stakeholder* rischia di indurre il *management* a forme di immobilismo decisionale([48]). La necessità di stabilire un obiettivo unico e supremo quale punto di riferimento dell'azione di governo e della gestione d'impresa continua, pertanto, ad essere concepito quale fattore in grado di assicurare all'agire d'impresa razionalità e ordine. I quesiti di fondo riguardano allora la possibilità di conciliare interessi degli azionisti e degli altri *stakeholder* e di rendere questi compatibili con l'interesse vitale dell'impresa alla sopravvivenza nel tempo.

A simili interrogativi tenta di rispondere l'impostazione che pone al centro dell'attenzione il «valore economico del capitale», determinato in modo obiettivo([49]). Utilizzato come base per la determinazione del prezzo di cessione dell'impresa o di quote del suo capitale di rischio e inteso come espressione in grado di misurare la capacità dell'impresa a generare valore, esso può assurgere a fattore ordinatore della razionalità dell'azione di governo e dell'agire d'impresa, in quanto:

– non risente delle distorsioni determinate dai corsi di borsa e del-

---

([48]) Cfr., in proposito, JENSEN M.C., "Value Maximization, Stakeholder Theory and the Corporate Objective Function", in *Business Ethics Quarterly*, n. 2, 2002, pagg. 235-256.

([49]) Questo concetto, uno dei capisaldi della dottrina economico-aziendale, affonda le sue radici nel pensiero di insigni studiosi anglosassoni (come Fisher, Hicks, Böhm-Bawerk, Wicksell, Samuelson) e, in Italia, nella visione dell'impresa come unità in divenire e del reddito da questa conseguito quale sua massima sintesi (ZAPPA G., *Il reddito di impresa*, Giuffré, 1950, pag. 81). Esso è stato più di recente richiamato e nuovamente legato al tema della creazione di valore da GUATRI L., *La teoria*, *op.cit.*, 1991, pag. 6, il quale scrive: "creare valore significa accrescere la dimensione del capitale economico, cioè in breve il valore dell'impresa intesa come investimento".

Conferma anche CAPALDO P., *Reddito, capitale e bilancio di esercizio. Una introduzione*, Giuffré, 1998, pag. 112 e segg. il quale, dopo aver esaminato le varie configurazioni possibili del capitale, assume il valore economico del capitale come riferimento cui commisurare la congrua remunerazione, sostenendo che esso corrisponde «alla somma cui si rinuncia per conservare la titolarità dell'impresa; ed è proprio questa somma che [...] deve trovare adeguata remunerazione» nel tempo.

Per una breve ricostruzione dei contributi fondanti della dottrina aziendalistica italiana e della sua peculiare attenzione al valore d'impresa, cfr. FERRANDO P.M., "Il valore", *cit.*, pag. 9 e segg.

le imperfezioni dei mercati finanziari;

– conferisce maggior rilievo all'ottica «produttiva» rispetto a quella «distributiva»;

– risulta allineato alla natura «sistemica» dell'impresa, dal momento che implica la determinazione del valore di avviamento, «proprietà emergente» attribuibile alle capacità organizzative e alle sinergie derivanti dall'unione delle singole parti([50]);

– è qualificato dai requisiti di razionalità, di accettazione e condivisione, nonché di misurabilità secondo impostazioni abbastanza codificate.

Tale impostazione, al di là dei metodi di calcolo (patrimoniali, reddituali o misti) specificamente adottati per la quantificazione della capacità del sistema a creare valore, necessita, a nostro giudizio, di essere ulteriormente approfondita per tenere conto ed esplicitare l'importanza del *driver* della consonanza, a livello prima diadico e poi sistemico. L'analisi deve quindi incentrarsi sul processo di creazione del valore partendo dall'attenta considerazione dei rapporti con i vari interlocutori, per pervenire poi alla consonanza sistemica che dovrà qualificare la progettata dinamica evolutiva([51]).

Solo così può trovare conferma ed evidenza la natura sistemica dei processi di creazione di valore; l'impresa, infatti, non ha valore da sola, di per sé, essendo – come osservato – protagonista del processo di creazione del valore unitamente e contestualmente alla generalità dei suoi specifici interlocutori([52]).

([50]) Sui concetti di «emergenza» o «proprietà emergente» quale proprietà fondamentale dei sistemi, in specie di quelli complessi, v. SIMONE C., FAGGIONI F., "Le declinazioni della complessità. Ordine, caos e sistemi complessi", in *Sinergie*, n. 79, 2009, pag.20 e segg.

([51]) Conferma al riguardo BARILE S., MEROLA B., CALABRESE G., "L'Equilibrio Vitale del Sistema (EVS). Un modello di analisi del valore nella prospettiva dell'AS-V", in BARILE S., *L'impresa come sistema. Contributi sull'Approccio Sistemico Vitale*, Giappichelli, 2006, pag. 358. V. pure BARILE S., CALABRESE M. L., "The Value of Enterprise in Optical Vital Systemic", The 11th International Conference of Society for Global Business and Economic Development (SGBED), *Proceedings*, 2009.

([52]) Oltre ai riferimenti riportati *supra*, nota (38), emblematiche le parole di CASELLI C., "Il paradigma del valore e la sua rottura: il caso del *non profit*", in *Impresa Progetto – Rivista online del Ditea*, n. 1, 2004, pag. 4: «il fenomeno della creazione di valore non può essere correttamente analizzato se non a livello di "filiera": ciò che va valutato è l'apporto alla complessivia creazione di valore di filiera: va da sé che l'idea di filiera implica una serie di relazioni concatenate».

10.3.2. L'orientamento al valore nella prospettiva sistemica

Come osservato, la qualificazione e, ove possibile, la quantificazione del valore dall'angolo visuale dell'organo di governo dell'impresa hanno avuto a riferimento anzitutto l'ottica diadica, basata sull'analisi del rischio che l'apporto di risorse di particolare importanza, conferite all'impresa da specifiche categorie di interlocutori, possa in futuro venire a cessare([53]). Il modello di analisi sviluppato in precedenza, prendendo le mosse dalle ricordate impostazioni, vuole affermare l'esigenza di qualificare, a partire dall'analisi della consonanza a livello diadico, la consonanza di contesto, che non è la semplice risultante delle variegate consonanze diadiche. È sufficiente, in proposito, ricordare che la consonanza diadica può essere posizionata su livelli diversi, varianti nel tempo proprio in ragione della ricerca della consonanza di contesto. Ciò in quanto, nella prospettiva sistemica:

– la ricerca della piena consonanza con una entità di contesto può non essere compatibile con un sufficiente livello di consonanza con altre entità;

– la preminenza di particolari categorie di interessi può avere valenza *pro tempore*, con riguardo alle definite priorità dettate dalle contingenti esigenze vitali del complessivo sistema impresa([54]);

– l'approccio basato sulla consonanza diadica non rende pienamente evidenti le interdipendenze tra categorie di interessi, trascurando le ricadute derivanti dal disattendere istanze non classificabili sotto il profilo soggettivo e particolaristico ma ascrivibili all'ambiente (sociale, fisico-naturale ecc.) nel quale l'impresa opera ed alle molteplici entità che, pur non esercitando in un dato momento un'influenza diretta sull'impresa, possono comunque attivarsi per effetto di un innesco dato dalla diffusione di informazioni circa comportamenti dissonanti dell'impresa e della loro trasmissione intersistemica([55]).

La consapevolezza dei rischi di non coerenza tra consonanza dia-

---

([53]) Cfr. *supra*, Capitolo III, in specie paragrafo 3.2.1 e Fig. 3.4.

([54]) V. *supra*, Capitoli I e III.

([55]) Un esempio di trasmissione intersistemica è dato dall'influenza che il sovra-sistema dei *media* potrebbe avere sul sovra-sistema del consumo e, in particolare, sul comportamento di acquisto dei consumatori, denunciando pratiche e comportamenti scorretti di una determinata impresa. Sul punto, si rinvia all'interessante lavoro di DOSSENA G., *L'impresa nel processo di governance della competizione. Riflessioni sulla competizione sleale*, Egea, 2009.

dica e consonanza di contesto possono essere percepiti solo da un orientamento di governo qualificato da una concezione sistemica del valore la quale, contemperando consonanza diadica e consonanza di contesto, può portare ad attribuire agli interessi soggettivi un diverso grado di rilevanza rispetto a quanto consentito dalla sola considerazione della consonanza diadica, nel convincimento che la più ampia sintonia con il contesto nella sua globalità è la determinante della probabilità di sopravvivenza dell'impresa nel lungo andare. La consonanza di contesto assume così significato e concretezza in relazione all'ampiezza dei portatori di interesse, presenti tanto nel contesto di riferimento quanto al più ampio livello ambientale, che l'organo di governo, anche con il supporto delle capacità cognitive, informative ed elaborative delle unità operative agenti al confine dell'organizzazione d'impresa, prende a riferimento. In effetti, come è stato sottolineato, l'impresa «(...) si trova al centro di una complessa catena di giudizi di valore», per cui «(...) ogni soggetto preme per creare valore nella massima misura possibile dal proprio punto di vista»([56]). Ecco allora che le capacità negoziali, di mediazione e di comunicazione qualificanti l'azione di governo costituiscono requisiti indispensabili per la ricerca della consonanza e dell'armonia con il contesto di riferimento dell'impresa.

L'orientamento al valore nella prospettiva sistemica riporta, in definitiva, alla distinzione, evidenziata all'inizio del capitolo, tra funzione e ruolo dell'impresa. La creazione di valore sistemico ha come suo presupposto la consapevolezza, da parte dell'organo di governo, della funzione (e della funzionalità) dello strumento-impresa intesa come coordinazione economica destinata a perdurare nel tempo e, parallelamente, del suo ruolo nel variegato comporsi delle aspettative sociali, donde la ricerca di una consonanza di contesto, oltre che diadica, in vista del necessario consenso al progettato indirizzo della dinamica evolutiva dell'impresa.

10.4. VERSO UNA «METRICA» PER LA MISURAZIONE DEL VALORE

La creazione di valore come obiettivo trova conferma anzitutto

---

([56]) DONNA G., *La creazione di valore nella gestione d'impresa*, Carocci, 1999, pagg. 25-31.

nel fatto che alla stessa fa riferimento la comunità finanziaria distinguendo tra progetti che creano e progetti che distruggono valore. Ne consegue l'esigenza di misurare tale obiettivo in termini quantitativi, riferiti alla progettata dinamica evolutiva del sistema impresa nell'intervallo di tempo ΔT o, se del caso, alla ravvisata esigenza di raffrontare tra loro percorsi di sviluppo diversi.

In tale ottica, il piano industriale, con il suo processo di costruzione, è il riferimento basilare per misurare la creazione di valore atteso dalla dinamica evolutiva impostata. L'elaborazione del piano segue, peraltro, un processo complesso ed articolato, interessato anche da profili sociali che chiamano in causa i diversi protagonisti della creazione di valore – l'impresa ed i suoi interlocutori – che richiedono all'organo di governo capacità creative, progettuali e di negoziazione. Il valore prefigurato dal piano ha natura potenziale e deve essere attivamente costruito dai soggetti in gioco, essendo il portato ed il momento di congiunzione degli interessi dell'impresa, dei singoli suoi interlocutori e della collettività in generale([57]).

10.4.1. La creazione di valore attesa a piano

Il processo di costruzione del piano richiede l'attenta valutazione delle aspettative dei portatori di interesse e delle dinamiche in atto nei sovrasistemi cui questi fanno riferimento. La necessità di realizzare condizioni di consonanza, a valere lungo tutto l'arco temporale di estensione del piano, impone anzitutto all'organo di governo l'attenta considerazione delle aspettative di ciascun interlocutore, in relazione alla criticità della risorsa apportata e alle specifiche capacità di pressione.

L'evoluzione storica dell'agire d'impresa mostra, infatti, la crescente esigenza di porre attenzione, soprattutto in contesti ad elevata pressione competitiva, a tutte le categorie di interlocutori portatori di interesse sotto ambedue i profili della capacità ad esercitare pressioni e di contribuire alla formazione di vantaggi competitivi. In simili contesti, nessun rapporto tra impresa e singolo portatore di interesse può essere trascurato. Ne scaturisce la complessità dell'azione di governo, ossia il contemperare interessi diversi e talora confliggenti coagulan-

([57]) Cfr. RULLANI E., "Il valore", cit., pag. 219.

doli attorno ad un progetto di sviluppo che deve risultare credibile in virtù di acquisite e dimostrate capacità di *leadership* e di reputazione dei membri dell'organo di governo e di una complessiva affidabilità e capacità gestionale implementata ad ogni livello dell'organizzazione.

Dalla ricerca del più ampio grado di consonanza nei rapporti diadici, si procede così alla ricerca della consonanza di contesto; una sfida che richiede l'impegno dell'intera organizzazione a considerare i valori presenti nella collettività, aspetto questo che consente di incrementare, nel lungo periodo, il patrimonio di immagine e di reputazione dell'impresa presso i suoi molteplici interlocutori([58]).

Il processo di scientificazione si incentra così sulla ricerca di quel livello di consonanza nel rapporto diadico che, adeguato rispetto alle attese del singolo portatore d'interesse, risulta al contempo compatibile con la consonanza di contesto. Il livello di consonanza che viene a qualificare il singolo rapporto diadico consente di determinare la creazione di valore per il singolo portatore di interesse.

Ne consegue, in armonia a quanto precedentemente osservato, che si avrà creazione di valore a livello diadico se ed in quanto i benefici previsti a piano per il singolo portatore d'interesse eccedano le sue attese, qualificate e/o quantificate dall'organo di governo del sistema impresa in coerenza con la progettata consonanza di contesto.

Con riferimento alla dimensione temporale, può dirsi che la creazione di valore per il portatore di interesse i-esimo ($v_{i,\Delta T}$) potrà variare nell'intervallo ΔT di orizzonte del piano in relazione al variare del livello di consonanza diadica *pro tempore* previsto, in vista del mantenimento di un adeguato livello di consonanza di contesto. La progettata dinamica evolutiva dell'impresa richiede così il conseguimento, oltre che degli equilibri economico e finanziario, anche di un «equilibrio tendenzialmente sincronico del valore»([59]).

([58]) Sotto questo profilo giova ricordare che – negli ultimi anni – nel sovrasistema finanziario va affermandosi una particolare categoria di investitori che orientano le proprie scelte di investimento in imprese definite «socialmente responsabili». Tali sono considerate quelle imprese che incorporano «valori etici, sociali e ambientali nella formulazione delle strategie e nella definizione delle scelte di gestione dell'impresa». Per un'analisi approfondita dell'argomento v. PERRINI F., "Corporate social responsibility e performance d'impresa. Un modello d'analisi della creazione di valore per la gestione delle imprese", in *Finanza, Marketing e Produzione*, n. 4, 2003, pagg. 25-60.

([59]) BARILE S., MEROLA B., CALABRESE G., "L'Equilibrio", cit., pag. 367 e segg., propongono al riguardo un modello di misurazione basato sulla logica «media-varianza» e, in specie, sugli indicatori EVS^* e EVS_σ, esprimenti rispettivamente la media dei

Questo equilibrio trova concretezza nel fatto che il valore diadico atteso, pur variante in ΔT, dovrà essere qualificato, da un lato, per una «ragionevolezza» tale da consentire all'impresa un adeguato spazio di negoziazione, senza al contempo disattendere le attese di fondo della specifica entità di contesto; e, dall'altro, per la sua compatibilità con la creazione di valore complessiva([60]).

Il valore di contesto, funzione e sintesi dei «valori diadici» attesi a piano dovrà a sua volta qualificarsi per una sua coerenza, intesa come compatibilità con l'esigenza di competitività che deve necessariamente qualificare l'agire imprenditoriale. Ritornano così i due *driver*, consonanza e competitività, che – come osservato all'inizio di questo studio – debbono essere a base dell'azione di governo per assicurare nel tempo la sopravvivenza del sistema impresa([61]).

10.4.2. Orientamento al valore e sostenibilità del piano

Le considerazioni formulate comportano l'esigenza di verificare se il piano, qualificato da adeguati livelli di consonanza nelle due dimensioni, diadica e di contesto, soddisfi parimenti l'esigenza di competitività connaturata alla funzione tipica delle organizzazioni imprenditoriali. Questa verifica richiede la valutazione della «sostenibilità» del piano con riferimento al profilo economico-reddituale, con i conseguenti riflessi di ordine finanziario.

Ricordando che il piano sconta l'immunizzazione della dinamica evolutiva dai rischi aleatori attraverso la previsione di opportuni accantonamenti e dei costi connessi al trasferimento assicurativo esterno o ad altre logiche di trattamento dei rischi, si inserisce, ora, nel processo valutativo la considerazione del rischio residuo, ossia del rischio di non conoscenza([62]). La quantificazione del capitale allocato associato

---

«valori disdici» e la loro dispersione. Da tale modello ci si discosta qui ritenendo che EVS^* debba essere il più possibile positivo (anziché nullo), in quanto la tendenziale sincronia del summenzionato equilibrio consiste nel fatto che il *quantum* di valore diadico creato, pur non dovendo essere immutabile in ogni istante temporale ti, risulti comunque adeguato e coerente nell'arco temporale ΔT.

([60]) Sulle negoziazioni nelle azioni di governo e gestione dell'impresa, cfr. quanto detto *supra*, Capitolo III.

([61]) Cfr. *supra*, Capitolo I, con particolare riguardo alla Fig. 1.1.

([62]) Sulla distinzione fra rischi aleatori e di non conoscenza, v. *supra*, Capitolo

al piano rappresenta così un momento essenziale nella determinazione della reale redditività del piano e, pertanto, della sua capacità a creare valore.

Il piano, oltre che per la sua redditività in termini contabili, espressa a livello industriale dal ROI e rispetto ai mezzi propri dal ROE, viene a qualificarsi per una redditività rapportata al capitale allocato quale «grandezza di regolamento» (RARORAC). Tale redditività corretta per il rischio si ottiene, come già osservato([63]), rapportando il risultato netto obiettivo del piano (P_o) al capitale allocato (CA):

$$\text{RARORAC} = \frac{P_o}{CA}.$$

Il risultato netto atteso a piano è grandezza capace di esprimere in sintesi l'insieme delle scelte industriali e finanziarie caratterizzanti il preordinato percorso di sviluppo dell'impresa. Il quoziente tra P_o e CA rappresenta, pertanto, nel processo valutativo *ex ante*, la redditività attesa del piano, avendo soddisfatto, con riferimento al processo valutativo sviluppato dall'organo di governo, le aspettative dei diversi sovrasistemi, qualificate e – ove possibile – quantificate su livelli ritenuti compatibili con la consonanza di contesto e con la competitività del sistema impresa([64]).

Ne consegue che un RARORAC crescente nel tempo, attraverso l'implementazione del risultato atteso ed il contenimento dei rischi di non conoscenza, è indicatore della sostenibilità del piano e quindi, tenuto conto del rispetto delle condizioni di consonanza diadica e di contesto sottese, della competitività del sistema impresa.

Il piano industriale, espressione della progettata dinamica evolutiva del sistema impresa, qualificata da adeguati livelli di consonanza diadica e di contesto e da una redditività correttamente determinata alla luce del rischio sia aleatorio che di non conoscenza, richiede un ulteriore momento valutativo, concernente il rapporto tra capitale di rischio (mezzi propri) e capitale di credito (indebitamento finanziario) previsto nel piano e giudicato appropriato dall'organo di governo in

---

VI, paragrafo 6.5.2; con riguardo ai variegati trattamenti dei rischi a maggiore contenuto aleatorio, cfr. ancora il Capitolo VI, paragrafo 6.8 e relativi sottoparagrafi.

([63]) V. *supra*, Capitolo VI, paragrafo 6.10.3.

([64]) Cfr. *supra*, Capitolo III, Fig. 3.4.

vista del conseguimento degli obiettivi stabiliti nel piano stesso, nonché del corretto livello di capitalizzazione a supporto della sua sostenibilità. La negoziazione delle risorse finanziarie necessarie ad assicurare il suddetto quoziente tra mezzi propri ed indebitamento finanziario rappresenta, nei processi di acquisizione delle risorse da impiegare per l'attuazione del piano, una delle fasi più critiche ed impegnative per l'organo di governo. La maggiore o minore disponibilità dei soggetti finanziatori a supportare il piano di sviluppo contribuisce a rendere la formazione del piano un processo iterativo, che si interrompe solo in seguito ad una accertata disponibilità di massima che consente all'organo di governo di determinare il livello degli oneri finanziari e di «fissarne» l'importo all'interno della grandezza P_o.

10.4.3. Il rapporto tra sistema impresa e proprietà: un particolare rapporto diadico condizionante l'attuazione del piano

Nel quadro del processo iterativo sopra ricordato, la creazione di valore per i fornitori di risorse finanziarie a titolo di capitale di rischio (proprietà e/o mercato) viene ad assumere determinante significato. Al termine della costruzione del piano, si ripropone quindi il rapporto diadico con tale interlocutore, la quale si palesa condizionante l'attuazione del piano.

Se indichiamo con K_e il costo del capitale di rischio previsto a piano – risultato talora dell'esplicita negoziazione tra proprietà ed organo di governo dell'impresa, talaltra di congetture e stime di quest'ultimo – si ha creazione di valore per i fornitori di risorse finanziarie di pieno rischio se la redditività del piano è superiore a K_e, ossia:

$$\frac{P_o}{CA} > K_e .$$

Il costo previsto del capitale di rischio, oltre che delle scelte industriali, risente della composizione delle fonti di finanziamento (rapporto tra capitale di rischio e capitale di credito), in quanto l'impostazione del nuovo piano sconta il vincolo di una struttura finanziaria preesistente che è frutto di scelte ed azioni riferite alla pregressa dinamica evolutiva dell'impresa. Tale struttura finanziaria assume rilevanza tanto in relazione alle condizioni di sovra o sottocapitalizzazione (eccesso/-difetto di capitale, EDC) quanto in riferimento all'ampiezza del «margine di discrezionalità» connesso alle politiche di indebitamento e riflesso dal differenziale tra q e q^*(65).

Orbene, in relazione ai fabbisogni di mezzi finanziari richiesti dal piano, qualora i conferenti le risorse finanziarie di pieno rischio non fossero disponibili ad apportare i nuovi capitali reputati necessari, l'organo di governo potrebbe percorrere diverse strade(66). Alcune di queste non richiedono una sostanziale revisione del piano: è il caso della migliore comunicazione alla proprietà delle ipotesi e dei contenuti del piano, volta a superare le resistenze ed a mitigare le attese di rendimento (K_e), probabilmente troppo elevate, elaborate da soci ed azionisti; analogamente dicasi per la ricerca di nuovi soggetti disposti ad effettuare i conferimenti addizionali in capitale di rischio.

Nell'ipotesi in cui non vi siano le condizioni per l'accesso al finanziamento da parte di nuovi investitori in capitale di rischio, l'organo di governo è chiamato a riformulare il piano, sul versante della struttura finanziaria a supporto delle azioni e/o delle attività industriali previste. Tralasciando l'ipotesi di una rivisitazione delle linee portanti a livello industriale volta a contenere il fabbisogno finanziario, si potrebbe optare per un superiore ricorso all'indebitamento finanziario, spingendo il quoziente q fino ed oltre il livello q*. Ne conseguirebbe, anzitutto, il riposizionamento del livello del risultato netto atteso per tenere conto dei maggiori oneri finanziari, in termini sia assoluti (posto il maggiore indebitamento su cui calcolare tali oneri) sia unitari (a fronte di un eventuale incremento del tasso di interesse per effetto del maggiore rischio corso dai finanziatori a titolo di capitale di credito). Va peraltro ricordato che, nell'ottica di un adeguato approccio al ri-

---

(65) V., a questo proposito, *supra*, Capitoli VII e VIII.

(66) A conferma di quanto segue, si rinvia a COLOMBI F., *Baricentro finanziario*, Strategie & finanza, 1995, pag. 268 secondo cui, sintetizzando gli assunti salienti del *value based management* di stampo nordamericano (Rappaport, Stewart, Donaldson, Van Horne), la creazione di valore s'incentra su: selezione delle linee industriali di sviluppo (per migliorare la redditività attesa); contenimento del fabbisogno finanziario tramite rinuncia a progetti troppo impegnativi per via del loro «profilo rischio-rendimento»; riduzione del costo del capitale (anche tramite adeguata comunicazione agli azionisti); ricerca di una politica dei dividendi in grado di promuovere lo sviluppo equilibrato dell'impresa; preordinazione dell'equilibrio finanziario, affinché si verifichi un coretto grado di liquidità e di solvibilità nel tempo.

schio d'impresa, q non può spingersi troppo oltre q*, pena l'incrinarsi delle condizioni di consonanza diadica con i fornitori così del capitale di credito come del capitale di rischio([67]). Un eccessivo distacco da q*, infatti, oltre a porre a repentaglio le condizioni din consonanza con il sovrasistema finanziario, finirebbe per suscitare nella stessa proprietà la percezione di un maggiore rischio finanziario collegato al nuovo quoziente di indebitamento, da cui un circolo vizioso in grado di rendere insostenibile il piano.

Nell'approccio seguito in questo studio, il conferente risorse finanziarie di pieno rischio viene così a rivestire un ruolo pregnante, anche in relazione alla richiamata condizione di sopravvivenza, essendo il portatore di interesse deputato a fronteggiare il rischio di non conoscenza. L'attenzione alla creazione/distruzione di valore rispetto alle sue attese non significa trascurare le attese di rendimento degli altri interlocutori, le quali sono state adeguatamente interpretate e soddisfatte nel processo di creazione del valore atteso, che trova espressione e sintesi nel piano industriale, in armonia con quella condizione di «equilibrio del valore», indice di un adeguato equilibrio intersistemico([68]).

Con riguardo al soddisfacimento o meno delle attese degli apportatori di capitali di pieno rischio, giova specificare meglio dove e come esse si formino, come vengano trasmesse all'impresa e quali possibilità ha la proprietà di monitorare e intervenire sulla dinamica evolutiva del sistema.

L'approccio sistemico, interpretando l'impresa come un sistema vitale rispetto al quale la proprietà si configura come un'entità, anch'essa sistemica, prioritaria ma esterna, sembra indicare una linea di ragionamento sufficientemente chiara rispetto ai due basilari modelli di assetto proprietario significativi per lo studio dei rapporti tra proprietà e sistema impresa([69]). Nell'impresa a controllo proprietario forte, che si qualifica per il potere della proprietà nell'azione di indirizzo e controllo, sia *ex-ante* sia *ex-post*, della dinamica evolutiva del sistema, la proprietà, a fronte del presidio al rischio, proietta sul sistema impresa attese di rendimento; disponendo di capacità di monitoraggio

---

([67]) Cfr. *supra*, Capitolo VIII, paragrafo 8.6.

([68]) V. *supra*, nota (45).

([69]) Si tratta del modello dell'impresa a proprietà forte o concentrata e del modello dell'impresa a controllo proprietario debole o addirittura «assente». Per approfondimenti, v. GOLINELLI G.M., *L'approccio*, Vol. I, *op.cit.*, cap. 6.

e di utilizzo di opportuni strumenti di pressione, vigila al fine di contenere la probabilità che le sue attese vengano deluse.

All'opposto, nell'impresa a controllo proprietario debole, dove i titolari del capitale di rischio non sono in grado di esercitare né *ex-ante* né sovente *ex-post* i poteri di iniziativa, monitoraggio e controllo del sistema, l'organo di governo prospetta il progetto al sistema finanziario, che si assume così la responsabilità della valutazione, in relazione al profilo rischio-rendimento, del monitoraggio e dell'esercizio delle possibili azioni al fine di contenere la probabilità che le attese degli investitori vengano deluse. Ne discende che la proprietà, e ciò vale particolarmente per le imprese le cui azioni sono quotate sui mercati regolamentati, esercita le proprie attese e pressioni sul sistema impresa in via mediata, attraverso il sovrasistema finanziario. In base a quanto appena sostenuto e date le interdipendenze tra creazione di valore per il contesto, per l'impresa e per la proprietà, è possibile affermare che queste si saldano nell'indicatore RARORAC e nel suo confronto con K_e.

È evidente che attese o imposizioni di rendimento troppo elevate da parte dei fornitori di capitale a pieno rischio spingono alla ricerca di RARORAC sempre più elevati e, quindi, all'elaborazione di piani qualificati da risultati più elevati, con possibile sottovalutazione di rischi in grado di compromettere un percorso di sviluppo equilibrato e duraturo, dunque la stessa capacità dell'impresa a svolgere la sua funzione istituzionale([70]).

([70]) Questa conclusione è coerente con l'approccio sistemico, secondo cui il comportamento di un sistema socio-economico può essere fortemente influenzato dalle pressioni dei sovrasistemi. Si può al riguardo considerare la grave crisi finanziaria globale del 2007-2008; una delle motivazioni a base della crisi che ha colpito il sistema finanziario internazionale può essere individuata proprio nella ricerca di crescenti rendimenti da parte del sistema dei risparmiatori ed investitori. Queste ed altre ipotesi interpretative sono adombrate in IANNUZZI E., SANCETTA G., RENZI A., "Un'interpretazione delle crisi del sistema finanziario", in *Sinergie*, n. 80, 2009, pag. 69 e segg.; PROIETTI L., QUATTROCIOCCHI B., "Crisi e complessità dei sistemi economici e sociali: dalla sinergia al contagio", in *Sinergie*, n. 79, 2009, pag. 77 e segg.

10.5. La creazione di valore per la proprietà: verso la sua misurazione

Nel modello d'impresa «a proprietà forte», tipica del capitalismo industriale del nostro Paese, la proprietà, espressione di un gruppo circoscritto di azionisti, concorre a delineare obiettivi di creazione di valore assumendo il ROE atteso come indicatore di costo del capitale di pieno rischio apportato. Tali obiettivi discendono, nei fatti, da più o meno complessi processi di negoziazione tra l'organo di governo del sistema impresa e la proprietà, dove si intrecciano considerazioni e motivazioni di ordine economico e finanziario.

Tenendo conto che il piano si qualifica per una sua rischiosità espressa dal capitale allocato, la creazione di valore, con riferimento alle attese della proprietà, scaturisce dal confronto tra la redditività negoziata ed attesa dalla proprietà e quella che il sistema impresa genera tenendo conto del rischio. In buona sostanza, qualora il rendimento rapportato al rischio che qualifica il progetto sia maggiore del rendimento negoziato ed atteso dalla proprietà si genera, nel rispetto della finalità sistemica, anche una creazione di valore per la proprietà.

Ne discende che il progetto, riflesso nel piano industriale e qualificato da una rischiosità quantificata dal capitale allocato, da un risultato netto atteso (P_o) e da una redditività attesa dalla proprietà (espressa in termini di ROE), è idoneo a creare valore per gli azionisti per una percentuale pari a:

$$\text{sva} = \text{RARORAC} - \text{ROE}$$

ovvero per un ammontare, in termini assoluti, pari a:

$$\text{SVA} = (\text{RARORAC} - \text{ROE}) \times \text{MP}$$ [71].

È interessante notare che l'incremento di valore per l'azionista è direttamente proporzionale ai mezzi propri conferiti, per cui lo stesso, in assenza di investimenti alternativi, con rendimenti attesi maggiori del ROE, può essere disposto ad investire ulteriormente nell'impresa impegnata nel processo di sviluppo caratterizzato da determinate atte-

---

([71]) SVA è acronimo di *shareholder value added* e, quando scritto minuscolo, indica una misura relativa o percentuale; se maiuscolo, indica un'entità espressa in moneta di conto.

se di rischiosità e redditività.

Nel caso dell'impresa a proprietà debole, con particolare riferimento alle imprese i cui titoli sono quotati, la creazione di valore per la proprietà viene a trovare una sua definizione con riferimento alle attese che si formano attraverso l'informazione societaria filtrata dal sistema finanziario. La comunicazione societaria e la capacità di analisi delle variegate componenti strutturali del sistema finanziario deputate alla valutazione e selezione delle opportunità di investimento che concorrono al corretto posizionamento del sistema impresa sul profilo rischio-rendimento del sistema finanziario stesso, vengono a ricoprire, in tale fattispecie, un significativo ruolo.

Il progetto viene allora a qualificarsi per una rischiosità, quantificata dal capitale allocato, per un risultato netto atteso e per una redditività attesa dal finanziatore a titolo di pieno rischio che, stavolta, deve corrispondere al rendimento offerto da impieghi di capitale senza rischio, aumentato da un premio commisurato al rischio attribuibile allo specifico sistema impresa. Tale redditività attesa dal finanziatore a titolo di pieno rischio coincide con il costo del capitale proprio K_e ([72]). Vale pertanto la relazione:

$$K_e = r_f + p_e$$

dove r_f sta ad indicare il cosiddetto *risk-free rate*, cioè il tasso di rendimento per un investimento privo di rischio e p_e il premio per il rischio.

Per quanto attiene p_e, la teoria finanziaria, assumendo che l'investitore detenga un portafoglio di investimenti finanziari più o meno ampio e ben diversificato, suggerisce di determinarlo partendo dal premio medio di mercato, che indichiamo con p_m, ed applicando a questo un fattore β, incrementativo o decrementativo, corrispondente al maggiore o minore rendimento rispetto a quello medio suddetto. La determinazione del premio appropriato per una particolare impresa dipenderà dal grado di rischiosità relativo di questa, per cui sarà:

([72]) Circa tale impostazione e, più in generale, sui concetti di costo e rendimento del capitale proprio, cfr. MIGLIETTA A., "Il costo e il rendimento del capitale proprio", in *Sinergie*, n. 38, 1995; COTTA RAMUSINO E., ONETTI A., *Strategia d'impresa*, Il Sole 24Ore, 2005, *passim*.

$$p_e = \beta \times p_m$$

dove β è il coefficiente che esprime il grado di rischiosità relativo([73]).

Da quanto precisato, deriva che la capacità del progetto a creare valore per i finanziatori con vincolo di capitale di pieno rischio risulta espressa, in percentuale, da:

$$sva = RARORAC - (r_f + \beta \times p_m)$$

ed in valore assoluto da:

$$SVA = [RARORAC - (r_f + \beta \times p_m)] \times MP.$$

Nella fattispecie considerata, la cultura del rischio, intesa come capacità a correttamente valutare, quantificare e comunicare al mercato la rischiosità del progetto, creando così le condizioni per l'apprezzamento dell'azione di governo, influenza in modo determinante il coefficiente β.

Nell'ipotesi in cui il capitale di rischio sia in parte detenuto da soggetti proprietari rappresentanti il nucleo del capitale di controllo (le cui attese sono sintetizzate dal ROE) ed in parte diffuso presso una molteplicità di investitori/risparmiatori e di soci di minoranza, un RARORAC maggiore tanto del ROE quanto del K_e determinato con la procedura appena esposta esprime la capacità dell'impresa a creare valore per il complessivo sistema proprietario articolato nel senso detto.

10.6. CONSIDERAZIONI CONCLUSIVE

La distinzione tra orientamento al profitto ed orientamento al valore e la transizione dal primo al secondo trovano una importante e suggestiva chiave di lettura nel rapporto tra funzione e ruolo dell'impresa nell'attuale contesto economico, sociale, politico, istituzionale.

Il ruolo dell'impresa nella società è legato alle modalità con cui

([73]) Per una puntuale disamina del significato e dei criteri di determinazione di β x p_m, e quindi di p_e, cfr. DONNA G., *La creazione*, *op.cit.*, pag. 129 e segg.; COTTA RAMUSINO E., ONETTI A., *Strategia*, op.cit., pag. 132 e segg.

l'organo di governo ed il *management* tengono conto, nel processo decisionale, dell'esigenza che con l'attività d'impresa «le risorse della società vengono raccolte, sviluppate e utilizzate per far partire e controllare i processi di sviluppo economico»([74]). Come recenti vicende hanno evidenziato, l'incapacità del *management* a comprendere ed interpretare le istanze provenienti dalla società e ad adempiere al rispetto delle necessità vitali dell'impresa ha significativamente contribuito, nella percezione collettiva, a delegittimare il ruolo dell'impresa nella società.

L'impresa è un sistema complesso il cui governo esige capacità a filtrare e graduare, nel rispetto di opportune priorità, le attese delle entità sistemiche che qualificano il contesto. La «divisione degli utili» – e quindi il conseguimento di un profitto – è stimolo potente e di per sé positivo all'iniziativa imprenditoriale: esso è consustanziale al concetto di impresa e alla sua funzione. Come ricordato in precedenza, a partire dagli anni '70 del secolo scorso, con la fine del capitalismo manageriale e l'avvento del capitalismo «degli investitori» prima e di quello finanziario in seguito, in un contesto di deregolamentazione dell'economia, prima il profitto e poi il valore per la proprietà si sono progressivamente imposti come obiettivi prioritari e talora unici dell'agire d'impresa. Il mutamento delle logiche alla base dell'approccio al profitto e la concezione diadica del valore hanno così determinato un modello di governo dell'impresa diverso da quello, storicamente affermatosi, attento tanto alle esigenze di tutti i suoi interlocutori quanto a quelle di garantire equilibrio e stabilità per la sopravvivenza dell'impresa nel tempo.

Per preservare all'impresa il livello di consenso guadagnato nel tempo, la creazione di valore deve essere intesa in senso ampio e sistemico. Creare valore significa, allora, non solo perseguire una differenza positiva tra ricavi e costi, in armonia con la funzione di stimolo all'iniziativa imprenditoriale riconosciuta al profitto, ma assicurare al contempo le necessarie condizioni di consonanza e competitività che consentono al sistema impresa, nella sua dinamica evolutiva, di mantenersi in equilibrio durevole. Nel contesto delineato, l'implementazione di una «cultura del rischio» viene a rappresentare un momento significativo dell'azione di governo del sistema in vista di coniugare produzione e distribuzione del valore, miglioramento delle *perfor-*

([74]) Cfr. MORAN P., GHOSHAL S. "Markets", *cit.*, pag. 391.

mance e consonanza, intesa, quest'ultima, come ricerca di armonia e di legittimazione sociale nei rapporti con le molteplici «soggettività» interne ed esterne all'impresa. Un'azione di governo così qualificata assume contemporaneamente i caratteri della «scienza» e dell'«arte», del calcolo e della capacità di «ascolto», di «lettura» e di «interpretazione» del contesto.

Si apre così la via per una approfondita riflessione in vista del superamento di quelle manifestazioni degenerative e patologiche del capitalismo finanziario legate alla fiducia nel mercato competitivo quale essenziale e pressoché automatico misuratore e regolatore delle condotte economiche e, soprattutto, alla massimizzazione del valore per l'azionista, da conseguire non soltanto con la produzione di beni e servizi, ma anche, talora prevalentemente, con articolate e spregiudicate operazioni finanziarie, che compromettono sinanco la natura e le vitali esigenze dell'impresa. In questo quadro, l'approccio che vede l'impresa come un sistema, entità unitaria in continuo divenire con l'intrecciarsi nel tempo di relazioni, interazioni e negoziazioni tra i vari interlocutori, attori del processo di creazione di valore, ripropone con forza l'esigenza e la possibilità di coniugare funzione e ruolo dell'impresa nel divenire della società civile.

Tale approccio, mai dimentico della complementarietà tra la dimensione istituzionale e quella del singolo e dei gruppi di individui, fa luce sul nesso tra creazione di valore e ricerca del «bene comune», nella consapevolezza che «il legame tra profitto e successo innovativo, pur quando esiste, non è sufficiente a garantire un orientamento delle attività economiche conforme a un vero progresso» e che «lo sviluppo non sarà mai garantito compiutamente da forze in qualche misura automatiche e impersonali, siano esse quelle del mercato o quelle della politica», rimanendo comunque centrali i valori e le personalità dei singoli attori umani([75]).

BIBLIOGRAFIA

AMADUZZI A., *L'azienda nel suo sistema e nell'ordine delle sue rilevazioni*, Utet, 1966.

BARILE S., PASTORE A., "Forme, caratteri e divenire sistemico dei rapporti con la di-

([75]) Così mirabilmente CECCANTI G., "Caritatis", cit., pagg. 17-18, con diretti riferimenti al paragrafo n. 71 dell'Enciclica *Caritatis in veritate* di S.S. Benedetto XVI.

stribuzione e il consumo", in GOLINELLI G.M., *L'approccio sistemico al governo dell'impresa*, Vol. III, Cedam, 2002.

BARILE S., *L'impresa come sistema. Contributi sull'Approccio Sistemico Vitale*, Giappichelli, 2006.

BARILE S., CALABRESE M. L., "The Value of Enterprise in Optical Vital Systemic", The 11th International Conference of Society for Global Business and Economic Development (SGBED), *Proceedings*, 2009.

BARILE S., MEROLA B., CALABRESE G., "L'Equilibrio Vitale del Sistema (EVS). Un modello di analisi del valore nella prospettiva dell'ASV", in BARILE S., *L'impresa come sistema. Contributi sull'Approccio Sistemico Vitale*, Giappichelli, 2006.

BERLE A.A., JR. MEANS G. C., *The Modern Corporations and Private Property*, Macmillan, 1932.

CANTILLON R., *Essai sur la nature du commerce in general* (Essay on the Nature of Trade in General), Frank Cass and Co. Ltd., 1959.

CAPALDO P., *Reddito, capitale e bilancio di esercizio. Una introduzione*, Giuffré, 1998.

CARAMIELLO C., *La valutazione dell'azienda*, Giuffrè, 1993.

CASELLI C., "Il paradigma del valore e la sua rottura: il caso del *non profit*", in *Impresa Progetto – Rivista online del Ditea*, n. 1, 2004.

CASSANDRO P.E., *Scritti vari* (1929-1990), Cacucci, 1991.

CECCANTI G., "Caritas in veritate. Riflessioni di un tecnico", in *Impresa Progetto – Rivista online del Ditea*, n. 2, 2009.

CECCHERELLI A., *Economia aziendale e amministrazione delle imprese*, G. Barbera, 1948.

COLOMBI F., *Baricentro finanziario*, Strategie & finanza, 1995.

COPELAND T., KOLLER T., MURRIN J., *Il valore dell'impresa*, III edizione, Il Sole 24Ore, 1998.

COTTA RAMUSINO E., ONETTI A., *Strategia d'impresa*, Il Sole 24Ore, 2005.

CYERT R., MARCH J., *A Behavioral Theory of the Firm*, Prentice Hall, 1963.

DEL PUNTA V., "Del profitto e della sua massimizzazione: chiose ad un convegno di studi", in *Rivista di politica economica*, n. 10, 1969.

DEMATTÉ C., "Teoria del valore: serve davvero per guidare meglio le imprese?", in *Economia & Management*, n. 2, 1997.

DONNA G., *La creazione di valore nella gestione d'impresa*, Carocci, 1999.

DOSSENA G., *L'impresa nel processo di governance della competizione. Riflessioni sulla competizione sleale*, Egea, 2009.

FERRANDO P.M., "Il valore e le diverse accezioni del termine «Economia Aziendale»", in *Impresa Progetto – Rivista online del Ditea*, n. 1, 2004.

FERRER–PACCES F.M., *Nostro tempo della rivoluzione industriale*, Einaudi, 1939.

FERRERO G., *Impresa e management*, Giuffrè, 1987.

FERRI G., *Manuale di diritto commerciale*, Utet, 1980.

GATTI M., BIFERALI D., VOLPE L., "Il governo dell'impresa tra profitto e creazione di valore", in *Sinergie*, n. 79, 2009.

GENCO P., "La dematerializzazione del territorio e dell'impresa: l'impresa-progetto", in *Sinergie*, n. 70, 2006.

GHOSHAL S., "*Le cattive teorie manageriali distruggono le buone pratiche*", in *Sviluppo & Organizzazione*, n. 210, 2005 (orig. *Bad Management Theories Are Destroying Good Management Practices* in *Academy of Management Learning &*

Education, n. 1, 2005).
GOLINELLI G.M., "L'approccio sistemico vitale: nuovi orizzonti di ricerca per il governo dell'impresa. Introduzione alla ricerca su «Il governo dei sistemi complessi tra creazione e distruzione di valore. L'impresa e oltre l'impresa»", in *Sinergie*, nn. 79-80, 2009
GOLINELLI G.M., "Economia e finanza nel governo dell'impresa", in *Sinergie*, n. 39, 1996.
GOLINELLI G.M., *L'approccio sistemico al governo dell'impresa*, Vol. I, Cedam, 2005 (2000[1]).
GOLINELLI G.M., *L'approccio sistemico al governo dell'impresa*, Vol. III, Cedam, 2002.
GRAZIANI A., *Sulla teoria generale del profitto*, Fratelli Dumolard, 1887.
GUATRI L., *La teoria di creazione del valore. Una via europea*, Egea, 1991.
GUATRI L., *La valutazione delle aziende*, Giuffrè, 1981.
GUATRI L., *La valutazione delle aziende*, Egea, 1990.
GUATRI L., "La teoria del valore tra economia e finanza", in *Sinergie*, n. 39, 1996.
GUATRI L., BINI M., *La valutazione delle aziende*, Egea, 2007.
GUATRI L., MASSARI M., *La diffusione del valore*, Egea, 1992.
IANNUZZI E., SANCETTA G., RENZI A., "Un'interpretazione delle crisi del sistema finanziario", in *Sinergie*, n. 80, 2009.
JENSEN M.C., "Value Maximization, Stakeholder Theory and the Corporate Objective Function", in *Business Ethics Quarterly*, n. 2, 2002.
KEITH R.J., "The Marketing Revolution", in *Journal of Marketing*, n. 3, 1960.
KNIGHT F.H., *Risk, Uncertainty and Profit*, Hart, Schaffner & Marx, Houghton Mifflin Co., 1921.
KOTLER P., *Marketing Management*, XI ed. a cura di W.G. SCOTT, Pearson – Prentice Hall, 2004.
MARCH J.G., SIMON H.A., *Organizations*, Blackwell, 1993 (trad. it., *Teoria dell'organizzazione*, Etas, 1995).
MARCHAL J. "The Construction of a New Theory of Profit", in *The American Economic Review*, n. 4, 1951.
MARRIS R., *La teoria economica del capitalismo manageriale*, Einaudi, 1972 (orig. *The Economic Theory of Managerial Capitalism*, MacMillan, 1964).
MASTROBERARDINO P., "La governance del sistema impresa tra istituzionalizzazione e azione del soggetto imprenditoriale", in *Sinergie*, n. 81, 2010.
MIGLIETTA A., "Il costo e il rendimento del capitale proprio", in *Sinergie*, n. 38, 1995.
MORAN P., GHOSHAL S. "Markets, Firms, and the Process of Economic Development", in *The Academy of Management Review*, n. 3, 1999.
PACCES F.M., *vedi* FERRER–PACCES F.M.
PANATI G., GOLINELLI G.M., *Tecnica economica, industriale e commerciale. Imprese, strategie e management*, 2 voll., La Nuova Italia Scientifica, 1991 (1988[1]).
PERRINI F., "Corporate social responsibility e performance d'impresa. Un modello d'analisi della creazione di valore per la gestione delle imprese", in *Finanza, Marketing e Produzione*, n. 4, 2003.
PILOTTI L., *L'impresa post manageriale. Oltre la separazione fra proprietà e controllo, fra rischio e potere*, Egea, 1991.
PIROU G., *Economie libérale et economie dirigée,* Sedes, 1938.
PROIETTI L., QUATTROCIOCCHI B., "Crisi e complessità dei sistemi economici e sociali: dalla sinergia al contagio", in *Sinergie*, n. 79, 2009.

RICARDO D., *On the Principles of Political Economy and Taxation*, John Murray Publ., 1817.
RULLANI E., "La teoria dell'impresa: soggetti, sistemi, evoluzioni", in RISPOLI M. (a cura di), *L'impresa industriale. Economia, tecnologia, management*, Il Mulino, 1989 (1984[1]).
RULLANI E., "Il valore per l'economia d'impresa: nuova giovinezza di una categoria tradizionale", in *Sinergie*, n. 31, 1993.
SARACENO P., *Il governo delle aziende*, Libreria Universitaria Editrice, 1972.
SAY J.B., A *Treatise on Political Economy: or the Production, Distribution and Consumption Of Wealth*, Augustus M. Kelley, 1803.
SCHUMPETER J.A., *History of Economic Analysis*, Oxford University Press, 1954.
SCIARELLI S., *Il sistema d'impresa*, Cedam, 1985.
SCIARELLI S., "La produzione del valore allargato quale obiettivo dell'etica nell'impresa", in *Finanza, Marketing e Produzione*, n. 4, 2002.
SCITOVSKY T., "A Note on Profit Maximization and Its Implications", in *Review of Economics and Statistics*, n.1, 1943.
SEN A., "The Profit Motive", in *Lloyds Bank Review*, n. 147, 1983.
SIMON H.A., *Il comportamento amministrativo*, Il Mulino, 1958 (rist. 1993; orig. *Administrative Behavior*, Macmillan, 1947).
SIMONE C., FAGGIONI F., "Le declinazioni della complessità. Ordine, caos e sistemi complessi", in *Sinergie*, n. 79, 2009.
SMITH A., *An Inquiry into the Nature and Causes of Wealth of Nations*, Methuen and Co. Ltd., ed. Edwin Cannan, 1904 (orig. 1776).
SOLOMON E., *Finanza aziendale*, Il Mulino, Bologna, 1972.
STUART MILL J., *Principles of Political Economy*, Longmans, 1848.
TAGLIAGAMBE S., USAI G., "Soggetti umani e soggetti collettivi nell'impresa e oltre l'impresa", in *Sinergie*, n. 79, 2009.
VACCÀ S., "L'ambiente come forza produttiva", in *Politica ed economia*, n. 10, 1983.
WINTER S., "Economic Natural Selection and the Theory of the Firm", in *Yale Economic Essays*, n. 4, 1964.
ZANDA G., *Il governo della grande impresa nella società della conoscenza*, Giappichelli, 2009.
ZAPPA G., *Il reddito di impresa*, Giuffré, 1950.

BIBLIOGRAFIA GENERALE

AA.VV., *Studi di ragioneria e tecnica economica. Scritti in onore del Prof. Alberto Ceccherelli*, Le Monnier, 1960.

AA.VV., *Finanza aziendale e mercato finanziario, Scritti in onore di G. Pivato*, Giuffré, 1982.

AA.VV., *Scritti in onore di L.Guatri*, Giuffré, 1988.

AA.VV., *Quali banche in Italia?*, Edibank, 1996.

AA.VV., *Imprese Banche Professioni. Nuove sfide nell'era globale*, Egea, 2003.

AA.VV., *La riconfigurazione dei processi decisionali nel quadro evolutivo della competizione*, Atti del XXVII Convegno AIDEA, Università di Catania, 7-8 ottobre 2004, Giappichelli, 2005.

AA.VV., *Nuovi strumenti per Basilea 2. E-book di Finanza e diritto*, Editrice le fonti, 2006.

AA.VV., "Il governo dei sistemi complessi tra creazione e distruzione di valore. L'impresa e oltre l'impresa. Parte prima", in *Sinergie*, n. 79, 2009.

AA.VV., "Il governo dei sistemi complessi tra creazione e distruzione di valore. L'impresa e oltre l'impresa. Parte seconda", in *Sinergie*, n. 80, 2009.

AA.VV., "La governabilità dei sistemi complessi tra creazione e distruzione di valore. L'impresa e oltre l'impresa", in *Sinergie*, n. 81, 2010.

ACOCELLA N., *Fondamenti di politica economica. Principi, valori e tecniche*, La Nuova Italia Scientifica, 1997 (1994[1]).

ADAM T., "How Firms Hedge", http://cms.cffit.-de/fileadmin/content/cffrc/documents/2004/adam_how_firms_hegde.pdf, 2003.

AHUJA G., "The Duality of Collaboration: Inducements and Opportunities in the Formation of Interfirm Linkages", in *Strategic Management Journal*, n. 21, 2000.

AIROLDI G., BRUNETTI G., CODA V., *Economia aziendale*, Il Mulino, 1994.

AKERLOF G., "The Market for Lemons: Qualitative Uncertainty and the Market Mechanism", in *Quarterly Journal of Economics*, n. 84, 1970.

ALBERICI A., "Ambiente finanziario" in CASELLI L. (a cura di), *Le parole dell'impresa*, FrancoAngeli, 1995.

ALBERTI G., *Il capitale proprio nelle imprese industriali*, Giuffrè, 1982.

ALCHIAN A.A., DEMSETZ H., "Production, Information Costs, and Economic Organization", in *American Economic Review*, n. 5, 1972.

ALLEN F., GALE D., *Comparing Financial Systems*, Mit Press, 2001.

ALLEN L., *Il sistema finanziario globale. Dal 1750 ad oggi*, Mondadori, 2002 (orig. *The Global Financial System 1750-2000*, Reaktion, 2001).

ALTMAN E.J., SMITH R.C., "Ristrutturazioni per mezzo di leveraged buy out, un ruolo per l'Europa", in *Economia & Management*, n. 1, 1993.

AMADUZZI A., *L'azienda nel suo sistema e nell'ordine delle sue rilevazioni*, Utet, 1966.

AMOROSO M., *Come migliorare i rapporti nel sistema franchising*, Isedi, 1996.
AMOROSO M. "Internazionalizzazione e franchising", in AMOROSO M., QUATTROCIOCCHI B. (a cura di), "Analisi del sistema franchising nel territorio nazionale: la propensione all'internazionalizzazione delle reti italiane", in *Sinergie. Rapporti di ricerca*, n. 14, 2003.
AMOROSO M., BONANI G., GRASSI P., *Il franchising. Valutare, organizzare e gestire un'attività in franchising*, Il Sole 24Ore, 2001.
AMOROSO M., QUATTROCIOCCHI B. (a cura di), "Analisi del sistema franchising nel territorio nazionale: la propensione all'internazionalizzazione delle reti italiane", in *Sinergie. Rapporti di ricerca*, n. 14, 2003.
ANAND B.N., KHANNA T., "Do Firms Learn to Create Value?", *Strategic Management Journal*, n. 21, 2000.
ANDÉRN N., JANKENSGARD H., OXELHEIM L., "Exposure Based Cash Flow at Risk: An Alternative to Var for Industrial Companies", in *Journal of Applied Corporate Finance*, n. 17, 2005.
ANDERSON, E., LODISH, L., AND WEITZ, B., "Resource Allocation Behavior in Conventional Channels", in *Journal of Marketing Research*, February, 1987.
ANDREWS K.R., *The Concept of Corporate Strategy*, Down Jones-Irwin, 1971.
ANDRIANI S., *L'ascesa della finanza. Risparmio, banche, assicurazioni: i nuovi assetti dell'economia mondiale*, Donzelli, 2006.
ANSOFF H.I., *Corporate Strategy*, McGraw-Hill, 1965.
ANTON J.J, YAO D.A., "Expropriation and Inventions: Appropriable Rents in the Absence of Property Rights", in *American Economic Review*, n. 1, 1994.
ARDIGÒ A., *Crisi di governabilità e mondi vitali*, Cappelli, 1984.
ARDIGÒ A., MAZZOLI G. (a cura di), *L'ipercomplessità tra socio-sistemica e cibernetiche*, FrancoAngeli, 1990.
ARGENZIANO R., "La Banca d'Italia e gli istituti speciali di credito", in FANFANI T. (a cura di), *Il sentiero del credito. La banca nell'età dello sviluppo. Ricostruzione, miracolo economico e crisi (1936-1973)*, Associazione Bancaria Italiana, Bancaria, 2006.
ARMANO E., *Precarietà e innovazione nel postfordismo. Una ricerca qualitativa sui lavoratori della conoscenza a Torino*, Odoya, 2010.
ARMOUR J., "Share Capital and Creditor Protection: Efficient Rules for a Modern Company Law", in *Modern Law Review*, n. 63, 2000.
ARNONE M., SEGALOTTO J.F., SOMMER M., "Central Bank Autonomy, Macroeconomic Performance, and Monetary Frameworks: a Global Comparison", in MAZZOLLI M., ARCELLI F., *Atti della prima "Lezione Mario Arcelli"*, Rubettino, 2005.
ARORA A., FOSFURI A., GAMBARDELLA A., "Markets for Technology and their Implications for Corporate Strategy", in *Industrial and Corporate Change*, n. 2, 2001.
ARROW K. J., "Approcci alternativi alla teoria della scelta in condizioni rischiose", in PACE D. (a cura di), *Economia del rischio. Antologia di scritti su rischio e decisione economica*, Giuffrè, 2004 (traduzione di "Alternative Approaches to the Theory of Choice in Risk-Taking Situations", in *Econometrica*, n. 4, 1951).
ARROW K.J., "Economic Welfare and the Allocation of Resources for Invention", in NELSON R.R. (ed.), *The Rate and Direction of Inventive Activity: Economic and Social Factors*, Princeton University Press, 1962.
ARROW K.J., *I limiti dell'organizzazione*, Il Saggiatore, 1986 (orig. *The Limits of Organization*, New York, Norton, 1974).
ASSOCIAZIONE ITALIANA INTERNAL AUDITORS (AIIA), PRICEWATERHOUSECOOPERS

(PWC) (a cura di), *La gestione del rischio aziendale. ERM - Enterprise Risk Management: modello di riferimento e alcune tecniche applicative*, Il Sole 24Ore, 2006.

AXELROD R., "Advancing the Art of Simulation in the Social Sciences", in *Japanese Journal for Management Information System, Special Issue on Agent-Based Modeling*, n.3, 2003.

BACCARANI C., "Qualità e governo dell'impresa", in *Sinergie. Quaderni*, n. 7, 1991.

BACCARANI C., "Meditazioni di un tecnico industriale perplesso", in GIARETTA E., *Alle origini della tecnica industriale e commerciale. Uno sguardo al passato per contribuire al futuro*, Giappichelli, 2003.

BACCARANI C., *Imprese commerciali e sistema distributivo*, Giappichelli, 2005.

BACCARANI C., GOLINELLI G.M., "Fermate il mondo... voglio scendere! Il vantaggio competitivo della riflessione", in *Sinergie*, n. 63, 2004

BADARACCO Jr. J.L., *The Knowledge Link: How Firms Compete through Strategic Aalliances*, Harvard Business School Press, 1991.

BAGOZZI R.P. (edit by), *Principles of Marketing Research*, Backwell, 1994. BAIN J., *Barriers to New Competition*, Harvard University Press, 1956.

BAGOZZI R.P., *Causal Models in Marketing*, Wiley, 1980.

BAGOZZI R.P., "Structural Equation Models in Marketing Research: Basic Principles", in BAGOZZI R.P. (a cura di), *Principles of Marketing Research*, Blackwell, 1994.

BAIN J., *Barriers to New Competition*, Harvard University Press, 1956.

BAIN J., *Industrial Organization*, Wiley, 1968.

BALDINI M., "Solvency 2 per le Assicurazioni: analogie e differenze con Basilea 2", in *Basilea 2*, n. 2, 2006, riportato in AA.VV., *Nuovi strumenti per Basilea 2. E-book di Finanza e diritto*, Editrice le fonti, 2006.

BANCA CENTRALE EUROPEA, "Il Nuovo Accordo di Basilea sui requisiti patrimoniali: principali caratteristiche e implicazioni", in *Bollettino mensile della Banca Centrale Europea*, n. 1, 2005.

BANCA D'ITALIA, *Nuove disposizioni di vigilanza prudenziale per le banche. Circolare n. 263 del 27 dicembre 2006*, Banca d'Italia, 2006.

BARBATO M., LUO H.B. (a cura di), "I distretti industriali nello scenario della globalizzazione. Italia e Cina a confronto", in *Economia italiana*, numero speciale, 2008.

BARILE S., *Le formule di distribuzione al dettaglio. Analisi dei fattori condizionanti e degli aspetti evolutivi*, Cedam, 1996.

BARILE S., "Introduzione alla varietà di un sistema vitale", in *Sinergie. Rapporti di ricerca*, n. 21, 2005.

BARILE S., "Introduzione alla dinamica della varietà di un sistema vitale", in BARILE S. (a cura di), *L'impresa come sistema. Contributi sull'Approccio Sistemico Vitale (ASV)*, Giappichelli, 2008 (2006[1]).

BARILE S., CALABRESE M. L., "The Value of Enterprise in Optical Vital Systemic", The 11th International Conference of Society for Global Business and Economic Development (SGBED), *Proceedings*, 2009.

BARILE S., MASTROBERARDINO P., "Ciclo sistemico e approccio funzionale: una sintesi ricostituita attraverso il percorso risorse-capacità-competenze", in *Esperienze d'Impresa. Serie speciale,* S/1, 2002.

BARILE S., MEROLA B., CALABRESE G., "L'Equilibrio Vitale del Sistema (EVS). Un modello di analisi del valore nella prospettiva dell'ASV", in BARILE S., *L'impresa come sistema. Contributi sull'Approccio Sistemico Vitale*, Giappichelli, 2006.

BARILE S., NIGRO C., "La misurazione della rilevanza percepita dalle imprese 'Star' dei sovrasistemi del consumo e della distribuzione", in *Esperienze d'impresa*, n. 2, 2004.

BARILE S., NIGRO C., TRUNFIO M., "Un modello per la valutazione della rilevanza dei sovrasistemi", in *Esperienze d'impresa*, Numero Speciale, S/1, 2002.

BARILE S., NIGRO C., TRUNFIO M., "Problematiche metodologiche per la qualificazione del modello della rilevanza dei sovrasistemi", in BARILE S. (a cura di), *L'impresa come sistema. Contributi sull'Approccio Sistemico Vitale (ASV)*, Giappichelli, 2008 (2006[1]).

BARILE S., PASTORE A., "Forme, caratteri e divenire sistemico dei rapporti con la distribuzione e il consumo", in GOLINELLI G.M., *L'approccio sistemico al governo dell'impresa*, Vol. III, Cedam, 2002.

BARILE S., POLESE F., "Linking the Viable System and Many-To-Many Network Approaches to Service—Dominant Logic and Service Science", in *International Journal of Quality and Service Sciences, Special Issue*, n.1, 2010.

BARILE S., SAVIANO M., "Elementi di qualificazione del pensiero sistemico", in BARILE S. (a cura di), *Contributi sul pensiero sistemico in economia d'impresa*, Collana Arnia, Wm. Editore, 2000.

BARILE S. (a cura di), *L'impresa come sistema. Contributi sull'Approccio Sistemico Vitale (ASV)*, Giappichelli, 2008 (2006[1]).

BARNEY J.B., "Firm Resources and Sustained Competitive Advantage", in *Journal of Management*, n. 17, 1991.

BARNEY J.B., *Gaining and Sustaining Competitive Advantage*, Prentice Hall, 2007.

BARNEY J.B., *Risorse, competenze e vantaggi competitivi*, Carocci, 2006.

BARONCELLI A., *La strategia di disinvestimento,* Masson, 1996.

BARRO D., "Un'introduzione ai modelli di rischio di credito per portafogli finanziari", in *Working Paper*, Università Ca' Foscari di Venezia, Dipartimento di Matematica Applicata, n. 124, 2004.

BASEL COMMITTEE ON BANKING SUPERVISION, *A Strategy for the Formulation, Adoption and Implementation of Sound Principles and Practices to Strengthen Financial Systems*, www.bsi.org, febbraio, 1997.

BASEL COMMITTEE ON BANKING SUPERVISION, *Range of Practices and Issues in Economic Capital Modelling. Consultative Document. Issued for Comment by 28 November 2008*, www.bsi.org, agosto, 2008.

BASILE I., DE SURY P., *La determinazione del prezzo della azioni destinate alla quotazione*, Laterza, 1997.

BAUM J.A.C., "Whole-Part Coevolutionary Competition in Organizations", in BAUM J.A.C., MCKELVEY B. (eds.), *Variations in Organization Science*, Sage Publications, 1999.

BAUM J.A.C., MCKELVEY B. (eds.), *Variations in Organization Science*, Sage Publications, 1999.

BAUM J.A.C., SINGH J.V. (eds.), *Evolutionary Dynamics of Organizations*, Oxford University Press, 1994.

BAZERMAN M.H., LEWICKI R.J. (a cura di), *Negotiating in Organizations*, Sage, 1983.

BAZERMAN M.H., LEWICKI R.J., SHEPPARD B.H. (a cura di), *Research on Negotiation in Organizations: Handbook of Negotiation Research*, Vol. 3, JAI Press, 1991.

BAZZANA F., DEBORTOLI F., "Il rischio sistemico in finanza: una rassegna dei recenti contributi in letteratura", in *Alea Tech Reports*, n. 17, 2002, http://www.aleaweb.org.

BECK U., *La società del rischio. Verso una seconda modernità*, Carocci, 2000 (orig. *Risikogesellschaft. Auf dem Weg in eine andere Moderne*, Suhrkamp, 1986).

BEETHAM D., *La teoria politica di Max Weber*, Il Mulino, 1989.

BELL D. E., "Regret in Decision Making Under Uncertainty", in *Operations Research*, n. 5, 1982.

BELCREDI M., *Economia dell'informazione societaria*, Utet, 1993.

BELUSSI F. (a cura di), *Nuovi modelli di imprese, gerarchie organizzative ed imprese-reti*, FrancoAngeli, 1992.

BENASSI M., "Tutti i rischi dell'outsourcing. Il caso IBM-Celestica: come valutare il passaggio di interi processi produttivi", in *IlSole24Ore*, 22/01/00.

BENNIS W.G., O'TOOLE J., "How Business Schools Lost Their Way", in *Harvard Business Review*, May, 2005.

BENTIVOGLI C., COCUZZA E., FOGLIA A., IANNOTTI S., "I rapporti Banca-Impresa dopo il nuovo accordo sul capitale:un'indagine territoriale", in *Questioni di economia e finanza (Occasional papers) della Banca d'Italia*, n. 6, 2007.

BERDROW I., LANE H., "International Joint Ventures: Creating Value through Successful Knowledge Management", in *Journal of World Business*, n. 1, 2003.

BERGAMI M., *L'identificazione con l'impresa*. La Nuova Italia Scientifica, 1996.

BERGER P.L., LUCKMANN T., *The Social Construction of Reality: A Treatise in the Sociology of Knowledge*, Doubleday & Company, 1966.

BERLE A.A., JR. MEANS G. C., *The Modern Corporations and Private Property*, Macmillan, 1932.

BERNOULLI D., "Specimen Theoriae Novae de Nensura Sortis", in *Econometrica*, n. 22, 1954.

BERNSTEIN P., *Più forti degli dei*, Il Sole 24Ore, 2002 (orig. *Against The Gods. The Remarkable Story of Risk*, Wiley, 1996).

BERTINI U., *Introduzione allo studio dei rischi nell'economia aziendale*, Giappichelli, 1987.

BERTINI U., "In merito alle «condizioni» che determinano il successo dell'impresa", in BERTINI U., *Scritti di Politica Aziendale*, Giappichelli, 1995.

BERTOLDI P., REZESSY S., VINE E., "Energy Service Companies in European Countries: Current Status and a Strategy to Foster Their Development", in *Energy Policy*, n. 14, 2006,.

BERTOLI G., *Crisi d'impresa, ristrutturazione e ritorno al valore*, Egea, 2000.

BERTUGLIA C.S., VAIO F., "La prospettiva della complessità nello studio dei sistemi urbani e regionali e nell'economia in generale", in *Economia italiana*, n. 2, 2009.

BESSON J.-L., DACOROGNA M.M., DE MARTIN P., KASTENHOLZ M., MOLLER M., "How Much Capital Does a Reinsurance Need?", in *The Geneva Papers*, n. 34, 2009.

BETTI F., *Value at Risk. La gestione dei rischi finanziari e la creazione del valore*, IlSole24Ore, 2001.

BHATTACHARYA S., THAKOR A.V., "Contemporary Banking Theory", in *Journal of Financial Intermediation*, n. 3, 1993.

BIANCONI R., "A proposito di gestione del rischio", in AA.VV., *Atti del Seminario «Risk Management nei Settori Strategici»*, Milano 20 ottobre 2007, www.aicq.it, 2007.

BIC LAZIO, "Problematiche dell'indotto Fiat di Cassino, proposte per la valorizzazione delle PMI e il rilancio del territorio", in *Bic Notes*, numero speciale, 2006.

BINI SMAGHI L., "Macro-Prudential Supervision", relazione a *The CEPR/ESI 13th Annual Conference on 'Financial Supervision in an Uncertain World'*, European Banking Center at Venice International University, 25-26 September 2009, http://www.ecb.int/press/key/date/2009/html/sp090925.en.html.

BINI SMAGHI L., "Has the Financial Sector Grown Too Big?", *speech at* Nomura Seminar "The Paradigm Shift after the Financial Crisis", Kyoto, 15 April 2010, http://www.ecb.int/press/key/date/2010/html/sp100415.en.html.

BIRINDELLI G., "Aspetti comparativi e limitativi della leva finanziaria", in *Credito popolare*, n.11-12, 1989.

BIRINDELLI G, CAPARVI R., *La nuova attività bancaria. Economia e tecniche di gestione*, FrancoAngeli, 2000.

BLOUNT-WHITE S., NEALE M.A., "Reservation Prices, Resistance Points, and BATNAs: Determining the Parameters of Acceptable Negotiated Outcomes", in *Negotiation Journal*, n. 4, 1991.

BOARI C., ODORICI V., "Pressioni e relazioni nel settore del riciclo del vetro", in LOMI A. (a cura di), *L'analisi relazionale delle organizzazioni*, Il Mulino, 1997.

BOGANI R., DE MARCH E. (a cura di), *Basilea 2*, Esselibri, 2008.

BOISOT M.H., "Is Your Firm a Creative Destroyer? Competitive Learning and Knowledge Flows in the Technological Strategies of the Firm", in *Research Policy*, n. 24, 1995.

BOISOT M.H, *Knowledge Assets. Securing Competitive Advantage in the Information Economy*, Oxford University Press, 1998.

BOISOT M.H., CHILD J., "Organizations as Adaptive Systems in Complex Environments: The Case of China", in *Organization Science*, n. 3, 1999.

BONAZZI G., *Storia ragionata di sociologia dell'organizzazione*, FrancoAngeli, 1987.

BONAZZI G., *Come studiare le organizzazioni*, Il Mulino, 2002.

BONAZZI G., *Storia del pensiero organizzativo*, FrancoAngeli, 2002.

BONETTI E., SIMONI M., PETRILLO C.S., "Tourism System Dynamics: a Multi-Level Destination Approach", in LAZZARETTI L., PETRILLO C.S. (eds.), *Tourism Local Systems and Networking*, Elsevier, 2006.

BONGINI P., DI BATTISTA M.L., NIERI L., PATARNELLO A., *Il sistema finanziario*, Il Mulino, 2004.

BONINI S., ZULLO R., "Venture capital e imprenditorialità. Prospettive e crescita a confronto", in BONINI S., ZULLO R., *Verso un sistema bancario e finanziario europeo?*, Ente per gli Studi Monetari, Bancari e Finanziari Luigi Einaudi, *Quaderni di Ricerche*, n. 30, 2003.

BORGHESI A., *La gestione dei rischi di azienda,* Cedam, 1985.

BORGHESI A., GAUDENZI, B., "Risk management nella supply chain", in *Sinergie*, 63, 2004.

BOWER J.L., *Managing the Resource Allocation Process: A Study of Corporate Planning and Investment*, Harvard University Press, 1970.

BOWER J.L., GILBERT C.G. (a cura di), *From Resource Allocation to Strategy*, Oxford University Press, 2005.

BOWMAN E.H., SINGH H., "Corporate Restructuring: Reconfiguring the Firm", in *Strategic Management Journal*, n. 1, 1993.

BOWMAN E.H., SINGH H., USEEM M., BHADURY R., "When Does Restructuring Improve Economic Performance?", in *California Management Review*, n. 2, 1999.

BOYD J. H., SMITH B. D., "The Evolution of Debt and Equity Markets in Economic Development", in *Economic Theory,* n. 12, 1998.

BRANDENBURGER A.M., NALEBUFF B.J., *Co-opetition*, Doubleday, 1996.
BRANDENBURGER A.M., STUART S., "Value-Based Business Strategy", in *Journal of Economics & Management Strategy*, n. 1, 1996.
BRAUDEL F., *La dinamica del capitalismo*, Il Mulino, 1981.
BRAUNCHWEILER H., "Security as a Service", in *The Geneva Papers on Risk and Insurance*, n. 7, 1978.
BRONDONI S.M., *Market-driven management e mercati globali*, Giappichelli, 2007.
BRONDONI S.M. (a cura di), *Market-driven management e mercati globali*, Giappichelli, 2007.
BRUGGER G., *La funzione finanziaria dell'impresa*, FrancoAngeli, 1979.
BRUGGER G., "Le decisioni finanziarie", in PIVATO G. (a cura di), *Trattato di finanza aziendale,* FrancoAngeli, 1983.
BRUNETTI G., "La vulnerabilità dell'impresa: una riflessione secondo l'approccio aziendale", in *Rivista Italiana di Ragioneria e di Economia Aziendale*, n. 3-4, 2003.
BRUNETTI G., CODA V., FAVOTTO F., *Analisi, previsioni, simulazioni economico-finanziarie di imprese*, Etas, 1991 (1989[1]).
BRUSA L., GUELFI S., ZAMPROGNA L., *Finanza d'impresa. Logiche e strumenti di gestione finanziaria per creare valore*, Etas, 2001 (1995[2]).
BUCKLEY W., *Sociology and Modern System Analysis*, Prentice Hall, 1967.
BURGELMAN R.A., DOZ YVES L., "The Power of Strategic Integration", in *Sloan Management Review*, n. 3, 2001.
BURKE P., *Storia sociale della conoscenza*, Il Mulino, 2002 (orig. *A Social History of Knowledge. From Gutemberg to Diderot*, Polity Press-Blackwell, 2000).
BURT R.S., *Structural Holes: the Social Structure of Competition*, Harvard University Press, 1992.
BURTON R. M., OBEL B., *Strategic Organizational Diagnosis and Design: Developing Theory for Application*, Kluwer Publishers, 1998.
BUSCARINI C., *La funzione di imprenditorialità e il comportamento strategico*, Aracne, 2008.
BUTTÀ C., "L'impatto dell'innovazione tecnologica sulle dinamiche competitive: una visione d'insieme per lo studio del fenomeno", in *Sinergie*, n. 64-65, 2004.
CAFAGGI F. (a cura di), *Il contratto di rete. Commentario*, Il Mulino, 2009.
CAFAGGI F., GALLETTI D. (a cura di), *La crisi dell'impresa nelle reti e nei gruppi*, Cedam, 2005.
CAFFERATA R., "Una interpretazione dialettica del rapporto tra organizzazione e ambiente esterno", in *Finanza Marketing e Produzione*, n. 2, 1987.
CAFFERATA R., *Sistemi, ambiente e innovazione. Come si integrano la continuità e il mutamento nell'impresa*, Giappichelli, 1995.
CAFFERATA R., *Teoria dell'organizzazione. Un approccio non contingente*, FrancoAngeli, 1984.
CAFFERATA R., MARTELLINI M., VELO D. (a cura di), *Liberalizzazioni, impresa pubblica, impresa d'interesse generale nell'Unione europea*, Il Mulino, 2007.
CALDERINI M., GRANIERI M., "La gestione della proprietà intellettuale", in GRANDI A., SOBRERO M. (a cura di), *Innovazione tecnologica e gestione d'impresa. La gestione strategica dell'innovazione*, Il Mulino, 2005.
CALOFFI A., "Le politiche per l'internazionalizzazione in chiave sistemica: un'applicazione al confronto tra sistemi di produzione locale italiani e cinesi", http://www.siepi.luiss.it/cms/media/1/20060609-Caloffi.pdf.

CANTILLON R., *Essai sur la nature du commerce in general* (Essay on the Nature of Trade in General), Frank Cass and Co. Ltd., 1959.

CAPALDO G., *Contratto aleatorio e alea*, Giuffrè, 2004.

CAPALDO P., *Capitale proprio e capitale di credito nel finanziamento d'impresa*, Giuffrè, 1967.

CAPALDO P., *L'autofinanziamento nell'economia dell'impresa*, Giuffrè, 1968.

CAPALDO P., *Reddito, capitale e bilancio di esercizio. Una introduzione*, Giuffré, 1998.

CAPRARA G., *Economia delle imprese industriali*, Giuffrè, 1971.

CAPRARA G., "L'impresa-banca osservata da un aziendalista", in *Problemi di gestione dell'impresa*, n. 24, 1998.

CAPRARA U., *Le negoziazioni caratteristiche dei vasti mercati. Principii di tecnica mercantile*, Edizioni Palatine di R. Pezzani e C., 1946 (1926[1]).

CAPRARA U., "Liquidità bancaria e controllo dell'inflazione", in *Rivista Bancaria*, 1952.

CAPRARA U., *L'economia dei finanziamenti d'impresa*, Giuffrè, 1966.

CARAMIELLO C., *L'azienda. Operazioni di gestione e "dinamica dei valori"*, Giuffrè, 1986.

CARAMIELLO C., *Indici di bilancio. Strumenti per l'analisi della gestione aziendale*, Giuffré, 1993 (Ipsoa, 1986[1]).

CARAMIELLO C., *La valutazione dell'azienda*, Giuffrè, 1993.

CARAMIELLO C., DI LAZZARO F., FIORI G. (a cura di), *Indici di bilancio. Strumenti per l'analisi della gestione aziendale*, Giuffré, 2003.

CARDIA L., "I rapporti tra finanza, imprese e risparmio", in *Relazione Annuale della Commissione Nazionale per le Società e la Borsa*, 2005.

CARIOLA A., *La misurazione sistemica delle performance d'impresa. Il ruolo della corporate governance*, Cedam, 2004.

CAROLI M., "Risorse, competenze distintive e strategia competitiva", in FONTANA F., CAROLI M. (a cura di), *Economia e gestione delle imprese*, McGraw-Hill, 2006.

CAROLI M.G., *Economia e gestione delle imprese internazionali*, McGraw-Hill, 2008.

CAROSIO G., *La riforma delle regole prudenziali. Intervento del Vice Direttore Generale della Banca d'Italia* al convegno dell'ABI (Associazione Bancaria Italiana) "Basilea 3: Banche e imprese verso il 2012", Roma, 4 maggio 2010.

CARUANA J., *Basel III: towards a Safer Financial System*, speech at the 3rd Santander International Banking Conference, Madrid, 15 September 2010.

CASCIO W.F., "Downsizing: What do We Know? What Have We Learned?", in *Academy of Management Executive*, n. 1, 1993.

CASELLI C., "Il paradigma del valore e la sua rottura: il caso del *non profit*", in *Impresa Progetto – Rivista online del Ditea*, n. 1, 2004.

CASELLI L., "La ri-legittimazione sociale dell'impresa", in *Sinergie*, n. 31, 1993.

CASELLI L., "La ri-legittimazione sociale dell'impresa", in *Sinergie*, n.61-62, 2003.

CASSANDRO P.E., *Scritti vari* (1929-1990), Cacucci, 1991.

CASSERLEY D., *Facing Up to the Risks*, Wiley, 1993.

CASTALDO S., *Fiducia e relazioni di mercato*, Il Mulino, 2002.

CASTELLINO G., *Problematica del finanziamento delle imprese,* Giappichelli, 1967.

CASUALTY ACTUARIAL SOCIETY (CAS), *Overview of Enterprise Risk Management*, CAS, 2003.

CATTANEO M., *Economia delle aziende di produzione*, Etas, 1993.

CAVALLIERI E., *Variabilità e strutture d'impresa*, Cedam, 1995.

CECCANTI G., *Gli scambi d'impresa*, Cursi, 1962.
CECCANTI G., "La razionalità della direzione per obiettivi", in *Note Economiche*, n. 3, 1974.
CECCANTI G., "Il valore della capacità organica", in *Sinergie*, n. 29, 1992.
CECCANTI G., "Dalla tecnica economica alla tecnica imprenditoriale", in *Finanza Marketing e Produzione*, supplemento al n. 4, 1994.
CECCANTI G., *Corso di tecnica imprenditoriale*, Vol. I, Cedam, 1996.
CECCANTI G., *Corso di tecnica imprenditoriale*, Vol. II, Cedam, 1996.
CECCANTI G., "Caritas in veritate. Riflessioni di un tecnico", in *Impresa Progetto – Rivista online del Ditea*, n. 2, 2009.
CECCHERELLI A., *Economia aziendale e amministrazione delle imprese*, G. Barbera, 1948.
CELLINO M., URSINO G., "VaR, modello sotto accusa", in *Il Sole 24Ore*, 20 ottobre 2007.
CHANDLER A.D. Jr, *Dimensione e diversificazione. Le dinamiche del capitalismo industriale*, Il Mulino, 1994, (orig. *Scale and Scope. The Dynamics of Industrial Capitalism*, Harvard University Press, 1990).
CHANDLER A.D. JR., *Strategia e struttura. Storia della grande impresa americana*, FrancoAngeli, 1993 (tit. orig. *Strategy and Structure: Chapters in the History of the American Industrial Enterprise*, The Mit Press, 1962).
CHIERCHIA V., "Riassetto Marks&Spencer. Il top management deve dare l'esempio. Sindacati contro il bonus per tagliare i posti", in *IlSole24Ore*, 28/04/01.
CHILD J., FAULKNER D., *Strategies of Cooperation: Managing Alliances, Networks, and Joint Ventures*, Oxford University Press, 1998.
CHRISTODOULOU P., "The Issue of Democratic Legitimacy of the Eurosystem: a Sketch", in AA.VV., *Legal aspects of the European System of Central Banks*, in *Liber Amicorum* Paolo Zamboni Garavelli, BCE, 2005.
CIAPPEI C., BRICHERI E., "Soggetti e sistemi nel contributo di Roberto Fazzi sul governo d'impresa", in *Sinergie*, n. 68, 2005,
CIBIEN M., "Gestione del rischio e normazione alla ricerca di un punto d'incontro", http://www.uni.com/uni/controller/it/comunicare/come_comunica/uec/uec_8-_2005/rm_set2005.htm, 2005.
CIOCCA P., *La moneta e l'economia. Il ruolo delle banche centrali*, Il Mulino, 1983.
CLAMPITT P., PATERNI R., *Trasformare l'incertezza in fonte di progresso*, Sistemi & Impresa, n. 5, 2004.
CLARK D., "Monte Carlo Analysis: Ten Years of Experience", in *Cost Engineering*, n. 43, 2001.
CLARK M., OLECHOWSKI C., *Economic Capital. Correlation Matrices and Other Techniques – A Survey and Discussion*, Ernst & Young, Society of Actuaries (SoA), 2008.
COASE R.H., "The Nature of the Firm", in *Economica*, n. 16, 1937.
CODA V., "Etica ed obiettivi d'impresa", in RICCABONI A. (a cura di), *Etica ed obiettivi d'impresa*, Cedam, 1995.
CODA V., *L'orientamento strategico dell'impresa*, Utet, 1995 (1988[1]).
CODA V., BERGAMIN BARBATO M., *Indici di bilancio e flussi finanziari*, Etas, 1985.
COHEN W.M., LEVINTHAL D.A., "Absorptive Capacity: a New Perspective on Learning and Innovation", in *Administrative Science Quarterly*, n. 35, 1990.
COLOMBI F., *Strategie & finanza. Modelli interpretativi e funzioni direzionali per i comportamenti finanziari dell'azienda*, Etas, 1989.

COLOMBI F., *Baricentro finanziario*, Strategie & finanza, 1995.

COLOMBI F., *Finanza condizionata e teoria del valore*, Aracne, 2003.

COLOMBINI F., *Intermediari e mercati finanziari*, Utet, 2001.

COMACCHIO A., BONESSO S., "Boundary Spanning Between Firms and Universities: an Explorative Analysis of Technological Transfer Centres in North East Italy", Convegno Euram, *Managing Diversity: European Destiny and Hope*, Lubiana - Slovenia, 14-17 maggio 2008.

COMANA M. (a cura di), *Il mercato finanziario italiano: borsa, competitività delle imprese e tutela del risparmio*, Luiss University Press, 2005.

COMANA M. (a cura di), *Banca, Credito e Rischi*, vol. 2, *Saggi in onore di Tancredi Bianchi*, Bancaria, 2009.

COMBS J.G., KETCHEN D.J. jr, "Explaining Interfirm Cooperation and Performance: Toward a Reconciliation of Predictions from the Resource Based View and Organizational Economics", in *Strategic Management Journal*, n. 20, 1999.

COMITATO DI BASILEA PER LA VIGILANZA BANCARIA, *Convergenza internazionale della misurazione del capitale e dei coefficienti patrimoniali. Nuovo schema di regolamentazione. Versione integrale*, Basilea, 2006, http://www.bis.org/publ/bcbs-128ita.pdf.

COMMISSIONE EUROPEA, *Amended Framework for Consultation on Solvency II*, 2006, http://ec.europa.eu/internal_market/insurance/docs/markt-2506-04/amended-framework_en.pdf.

CONSORZIO UNIVERSITARIO DI ECONOMIA INDUSTRIALE E MANAGERIALE (CUEIM) (a cura di), "Analisi sistemico-territoriale della filiera vitivinicola estesa italiana alla ricerca del valore specifico del modello Italia", in *Sinergie. Rapporti di ricerca, forthcoming*.

CONTI C., *L'esposizione dell'impresa ai rischi finanziari. Corporate financial risk exposure*, Egea, 1996.

CONTI C., *Introduzione al corporate financial risk management. Una chiave di lettura finanziaria per il board*, Pearson, 2006.

COPELAND T., KOLLER T., MURRIN J., *Il valore dell'impresa*, III edizione, Il Sole 24Ore, 1998.

CORBETTA P., *Metodi di analisi multivariata per le scienze sociali*, Il Mulino, 1992.

CORIGLIANO C. (a cura di), *Corporate banking, credito e finanza delle imprese. Strategie per la crescita e ruolo delle banche regionali*, Bancaria, 2006.

CORNO F., *L'etica nel governo d'impresa. Convergenza tra pensiero laico e dottrina sociale*, Guerini e associati, 2002.

CORÒ G., MICELLI S., "I distretti industriali come sistemi locali dell'innovazione: imprese leader e nuovi vantaggi competitivi dell'industria italiana", in BARBATO M., LUO H.B. (a cura di), "I distretti industriali nello scenario della globalizzazione. Italia e Cina a confronto", in *Economia italiana*, numero speciale, 2008.

CORSANI G., *La gestione delle imprese mercantili e industriali*, Cedam, 1939 (1937^{1}).

CORSI C., *I riflessi del costo dell'indebitamento sulla redditività aziendale: un modello di analisi*, Cedam, 2002.

COSTA G., NACAMULLI R. (a cura di), *Manuale di organizzazione aziendale*, Vol. I, *Le teorie dell'organizzazione*, Utet, 1997 (1996^{1}).

COSTA G. (a cura di), *Manuale di gestione del personale,* Utet, 1992.

COSTABILE M., *Misurare il valore per il cliente*, Utet, 1996.

COSTABILE M., *Il capitale relazionale*, McGraw-Hill, 2001.

COTTA RAMUSINO E., "Imprese e sistema finanziario in Italia: problemi e prospettive",

in *Sinergie*, n. 38, 1995.
COTTA RAMUSINO E., *Imprese e industria finanziaria nel processo di globalizzazione*, Giuffrè, 1998.
COTTA RAMUSINO E., RINALDI L. (a cura di), *La valutazione d'azienda*, Il Sole 24Ore, 2003.
COTTA RAMUSINO E., "Quale governance dopo la crisi? Mercato, Stato e responsabilità. Per l'avvio di un dibattito", in *Sinergie*, n. 80, 2009.
COTTA RAMUSINO E., "Il divenire della finanza tra logiche di sistema e comportamenti imprenditoriali", in *Sinergie*, n. 81, 2010.
COTTA RAMUSINO E., ONETTI A., *Strategia d'impresa*, Il Sole 24Ore, 2005.
COTTINO G. (a cura di), *Ricerca sulle partecipazioni statali. I. Studi sulla vicenda italiana*, Einaudi, 1978.
COZZI G., FERRERO G., *Marketing*, Giappichelli, 2000.
CREMASCHI S., "Sidgwick e il progetto di un'etica scientifica", in *Etica & Politica/Ethics & Politics*, n. 1, 2006.
CROTTY J.R., "Are Keynesian Uncertainty and Macrotheory Compatible? Conventional Decision Making, Institutional Structures, and Conditional Stability in Keynesian Macromodels", in DYMSKI G., POLLIN R. (eds.), *New Perspectives in Monetary Macroeconomics: Explorations in the Tradition of Hyman Minsky*, University of Michigan Press, 1994.
CULLINO R, FABRIZI C., "Tra crisi Fiat e mercati mondiali. Note sulla recente evoluzione del polo automotive torinese", in *L'industria*, n. 3, 2005.
CUOMO G., *Funzioni, strutture e strategie delle imprese commerciali complesse*, Cedam, 1984.
CYERT R.M., MARCH J.G., *A Behavioral Theory of the Firm*, Cambridge, 1992 (Englewood Cliffs, 1963[1]).
CYERT R.M., MARCH J.G., *A Behavioral Theory of the Firm*, Blackwell, 1992 (1963[1]).
D'ALESSANDRO L., *Autofinanziamento d'impresa e sua importanza nell'economia moderna*, Abbaco, 1962.
D'AVENI R., *Ipercompetizione: le nuove regole per affrontare la concorrenza dinamica*, Il Sole-24Ore Libri, 1995 (orig. *Hypercompetition: Managing the Dynamics of Strategic Maneuvering*, New York Free Press, 1994).
D'ONZA G., *Il sistema di controllo interno nella prospettiva del risk management*, Giuffré, 2008.
DAFT R.L., *Organizzazione Aziendale*, Apogeo, 2001.
DAGNINO G.B., "Governance d'impresa: l'avventura di Telecom Italia (1997-2001)", in *Economia & management*, n. 1, 2004.
DAGNINO G.B., *I paradigmi dominanti negli studi di strategia d'impresa*, Giappichelli, 2005.
DAGNINO G.B., "La dinamica del *commitment* nelle relazioni di fedeltà", in FARACI R., GALVAGNO M., GIACCONE S.C. (a cura di), *La fedeltà nelle relazioni tra impresa e mercato. Fondamenti concettuali ed implicazioni manageriali*, Giappichelli, 2007.
DAGNINO G.B., "Preface. Coopetition Strategy: Toward a New Kind of Interfirm Dynamics?", in *International Studies of Management and Organization*, n. 2, 2007.
DALLA CHIESA N., "Una teoria socio-economica dell'imprenditore", in LORENZONI G., ZANONI A. (a cura di), *Gli studi sull'imprenditorialità in Italia*, Bulzoni, 1988.
DAMODARAN A., *Investment Valuation*, Wiley Finance, 2002.
DAMODARAN A., *Finanza aziendale*, Apogeo, 2006.

DAMODARAN A., *Strategic Risk Taking: A Framework for Risk Management*, Wharton School Publishing, 2007.

DAS T., "Time-Span and Risk of Partner Opportunism in Strategic Alliances", in *Journal of Managerial Psychology*, n. 8, 2004.

DAS T.K., TENG B.S., "A Resource Based Theory of Strategic Alliances", in *Journal of Management*, n. 1, 2000.

DAS T., TENG B.S., "Trust, Control and Risk in Strategic Alliances: An Integrated Framework", in *Organization Studies*, n. 2, 2004.

DAVIDSON P., "L'incertezza e l'approccio del modello storico", in PACE D. (a cura di), *Economia del rischio. Antologia di scritti su rischio e decisione economica*, Giuffrè, 2004 (traduzione di "Uncertainty and the Historical Method Approach", in DAVIDSON P., *Money and the Real World*, Macmillan, 1972, pagg. 10-32).

DAVIDSON P., "Rational Expectations: a Fallacious Foundation for Studying Crucial Decision-Making Processes", in *Journal of Post-Keynesian Economics*, n. 2, 1982-1983, pagg. 182-198 (trad.it. "Aspettative razionali: un fondamento erroneo per l'analisi dei processi decisionali di importanza cruciale", in VISCO I. (a cura di), *Le aspettative nell'analisi economica*, Il Mulino, 1985).

DAVIS E. P., STEIL B., *Institutional Investors*, Mit Press, 2001.

DE CAPRARIIS G., GUISO G. (a cura di), *Finanza, legge e crescita delle imprese*, Il Sole 24Ore, 2004.

DE FALCO M., "La gestione delle operations in una organizzazione produttiva internazionale", in CAROLI M.G., *Economia e gestione delle imprese internazionali*, McGraw-Hill, 2008.

DE FELICE M., MORICONI M., *Sistema dei controlli interni e gestione dei rischi. Considerazioni in margine alla circolare 577/D dell'Isvap*, Associazione Amici della Scuola Normale Superiore, Istituto Italiano degli Attuari, 2006.

DE MAIO M., PATALANO C. (a cura di), *Modelli organizzativi e di controllo nel sistema bancario*, Edibank, 1995.

DEL PUNTA V., "Del profitto e della sua massimizzazione: chiose ad un convegno di studi", in *Rivista di politica economica*, n. 10, 1969.

DELERUE, H., "Relational Risks Perception in European Biotechnology Alliances: The Effect of Contextual Factors", in *European Management Journal*, n. 22, 2004.

DELLEPIANE N., "Problemi di misura della dipendenza da capitale ad onere prioritario (capital gearing) e della leva finanziaria (leverage)", in *L'impresa*, n. 2-3, 1976.

DELMESTRI G., BIANCHI BAZZI A., "Condivisione della conoscenza e sistemi premianti", in *Sviluppo & Organizzazione*, n. 196, 2003.

DELOACH J.W., *Enterprise-Wide Risk Management. Strategies for Linking Risk and Opportunity*, Pearson Education, 2000.

DEMARIA G., *Logica della produzione e della occupazione*, Malfasi, 1950.

DEMATTÈ C., *La valutazione della capacità di credito*, Vallardi, 1974.

DEMATTÉ C., "Teoria del valore: serve davvero per guidare meglio le imprese?", in *Economia & Management*, n. 2, 1997.

DEMIRGUC-KUNT A., LEVINE R., *Financial Structure and Economic Growth. A Cross-Country Comparison of Banks, Markets and Development*, Mit Press, 2001.

DEMSETZ H., "The Theory of the Firm Revisited", in *Journal of Law Economics and Organization*, n. 4, 1988.

DERMAN E., *Model Risk*, Quantitative Strategies Research Notes, Goldman Sachs, 1996.

DEZI L., *Le negoziazioni internazionali di materie prime. Implicazioni contrattuali e finanziarie*, Cedam, 1992.

DEZI L., *Le dinamiche di convergenza imprenditoriale e settoriale. Risorse immateriali, outsourcing, reti di imprese, cross-border*, Cedam, 1996.

DEZZANI F., *Rischi e politiche d'impresa*, Giuffrè, 1971.

DEZZANI F., *Il bilancio di esercizio nell'informativa esterna d'impresa*, Giuffrè, 1993.

DI BERNARDO B., RULLANI E., *Transizione tecnologica e strategie evolutive. L'impresa industriale verso l'automazione*, Cedam, 1985.

DI CHIO G., "Capitale finanziario e disciplina del credito ordinario in Italia: le Banche di interesse nazionale", in COTTINO G. (a cura di), *Ricerca sulle partecipazioni statali. I. Studi sulla vicenda italiana*, Einaudi, 1978.

DI GREGORIO A., *La valutazione della strategia*, Utet, 1996.

DI TORO P., *Sul governo dell'"azienda gruppo"*, Cedam, 2004.

DIAMANTOPOULOS A., "Modelling with Lisrel: A Guide for the Uninitiated", in *Journal of Marketing Management*, n. 10, 1994.

DIAMOND D.W., "Financial Intermediation and Delegated Monitoring", in *Review of economic studied*, n. 3, 1984.

DIAPPI L., BOLCHI P., FRANZINI L., "Urban Sustainability: Complex Interactions and the Measurement of Risk", in *Cybergeo: revue européenne de géographie*, dicembre, 2006.

DIERICK F., PIRES F., SCHEICHER M., SPITZER K. G., "The New Basel Capital Framework and Its Implementation in the European Union", in *Occasional Paper Seriesof European Central Bank*, n 42, 2005.

DILL W.R., "Environment as an Influence on Managerial Autonomy", in *Administrative Science Quarterly*, n. 4, 1958.

DI CAGNO P., *Il sistema aziendale tra rischio di impresa e rischio economico generale*, Cacucci, 2002.

DI LAZZARO F., *Il rischio aziendale. I modi per il suo fronteggiamento*, Giuffrè, 1990.

DIMAGGIO P.J., POWELL W.W., "The Iron Cage Revisited: Institutional Isomorphism and Collective Rationality in Organizational Fields", in *American Sociological Review*, n. 48, 1983.

DIMAGGIO P.J., POWELL W.W., "La gabbia di ferro rivisitata. Isomorfismo istituzionale e razionalità collettiva nei campi organizzativi", in POWELL W.W., DIMAGGIO P.J. (a cura di), *Il neoistituzionalismo nell'analisi organizzativa*, Edizioni di Comunità, 2000.

DIXON W.J., MASSEY F.J. JR., *Introduction to Statistical Analysis*, McGraw-Hill, 1983.

DONNA G., *La creazione di valore nella gestione d'impresa*, Carocci, 1999.

DONOLO C., *L'intelligenza delle istituzioni*, Feltrinelli, 1997.

DOSSENA G., "Leva operativa e leva finanziaria nello sviluppo dell'impresa industriale", in *Finanza marketing e produzione*, n. 1, 1998.

DOSSENA G., *L'impresa nel processo di governance della competizione. Riflessioni sulla competizione sleale*, Egea, 2009.

DOUGLAS M., *Come percepiamo il pericolo. Antropologia del rischio*, Feltrinelli, 1991 (orig. *Risk Acceptability According to the Social Sciences*, Routledge, 1986).

DOUGLAS M., WILDAVSKY A., *Risk and Culture. An Essay on the Selection of Technological and Environmental Dangers*, University of California Press, 1982.

DOZ Y.L., HAMEL G., *Alliance Advantage: The Art of Creating Value Through Partnering*, Harvard Business School Press, 1998.

DOZ Y., SANTOS J., WILLIAMSON P., *Da globale a metanazionale. Le strategie di successo nell'economia della conoscenza*, Il Mulino, 2004 (orig. *From Global to*

Metanational. How Companies Win in the Knowledge Economy, Harvard Business School Press, 2001).

DRAGHI M., *Politica monetaria e sistema bancario. Intervento del Governatore della Banca d'Italia*, Assemblea Ordinaria dell'Associazione Bancaria Italiana, Roma, 11 luglio 2007.

DRAGO D., "La valutazione al mercato dei portafogli di attività e di passività finanziarie: concetti e misure elementari", in FABRIZI, P.L. (a cura di), *La gestione integrata dell'attivo e del passivo nelle aziende di credito*, Giuffrè, 1991.

DRINGOLI A., *Margini sui costi e vita economica degli impianti*, FrancoAngeli, 1980.

DRINGOLI A., *Struttura e sviluppo dell'impresa industriale,* McGraw Hill, 1995.

DRUCKER P., *The Practice of Management*, Harper & Row, 1954.

DRUCKER P., *Il potere dei dirigenti*, Etas, 1967.

DUNCAN R.B., "Characteristics of Organizational Environments and Perceived Environmental Uncertainty", in *Administrative Science Quarterly*, n. 3, 1972.

DYMSKI G., POLLIN R. (eds.), *New Perspectives in Monetary Macroeconomics: Explorations in the Tradition of Hyman Minsky*, University of Michigan Press, 1994.

EDWARDS J.R., BAGOZZI R.P., "On the Nature and Direction of Relationships Between Constructs and Measures", in *Psychological Methods*, n. 2, 2000.

EINOWSKI E. D., ROEK K., "Risk Shifting Major Element in Project Finance for Renewables", in *Natural Gas & Electricity*, n. 3, 2007.

ELLSBERG D., "Risk, Ambiguity, and the Savage Axioms", in *Quarterly Journal of Economics*, vol. 75, 1961.

EMINENTE G., CUOMO G., JACCOD P., LANCIOTTI P., PEPE C., *Manuale delle simulazioni di gestione,* FrancoAngeli, 1983.

ENRIETTI A., WHITFORD J., "Quale governance dopo una monarchia? Le implicazioni della crisi Fiat a livello locale", in *Stato e mercato*, n. 1, 2006.

EPSTEIN J.M., AXTELL R., *Growing Artificial Societies: Social Science from the Bottom Up*, Mit Press, 1996.

ERZEGOVESI L., "Rischio e incertezza in finanza: classificazione e logiche di gestione", in *Alea Tech Reports*, n. 6, 1999.

ESPOSITO E., *Le imprese ad alta tecnologia. Il caso dell'industria aeronautica*, Cuen, 1996.

ESPOSITO E., *Probabilità improbabili. La realtà della finzione nella società moderna*, Meltemi, 2008.

ESPOSITO DE FALCO S., *Il potenziamento della governance nell'impresa sistema vitale*, Edizioni Scientifiche Italiane, 2003.

ESPOSITO DE FALCO S. (a cura di), *Evoluzioni e prospettive negli studi sulla governance tra economia d'impresa e diritto societario*, Edizioni Scientifiche Italiane, 2006.

EUROPEAN VENTURE CAPITAL ASSOCIATION, *Yearbook 2006,* PriceWaterhouseCoopers, 2006.

EVAN W.M., "Toward a Theory of Inter-Organizational Relations", in *Management Science*, n. 10, 1965.

FABOZZI F., MODIGLIANI F., *Mercati finanziari. Istituzioni e strumenti*. Il Mulino, 1995 (orig. *Capital Markets. Institutions and Instruments*, Prentice Hall, 1992).

FABRIZI C., *Aziende e strutture della distribuzione commerciale*, Cedam, 1974.

FABRIZI C., *Tecnica del commercio estero*, Cedam, 1976.

FABRIZI P. L., *Il credito al consumo*, Giuffrè, 1975.

FABRIZI, P.L. (a cura di), *La gestione integrata dell'attivo e del passivo nelle aziende di credito*, Giuffrè, 1991.

FABRIZI P.L., FORESTIERI G., MOTTURA P., *Strumenti e servizi finanziari*, Egea, 2003.

FACCIPIERI S., "L'analisi strategica", in RISPOLI M. (a cura di), *L'impresa industriale. Economia, tecnologia, management*, Il Mulino, 1989 (1984[1]).

FAMA E.F., JENSEN M.C., "Separation of Ownership and Control", in *Journal of Law and Economics*, n. 2, 1983.

FANFANI T. (a cura di), *Il sentiero del credito. Banca moderna, Etica e Sviluppo economico*, Associazione Bancaria Italiana, Bancaria, 2004.

FANFANI T. (a cura di), *Il sentiero del credito. La banca nell'età dello sviluppo. Ricostruzione, miracolo economico e crisi (1936-1973)*, Associazione Bancaria Italiana, Bancaria, 2006.

FARACI R., GALVAGNO M., GIACCONE S.C. (a cura di), *La fedeltà nelle relazioni tra impresa e mercato. Fondamenti concettuali ed implicazioni manageriali*, Giappichelli, 2007.

FARACI R., VAGNANI G., "I rapporti fra impresa e proprietà", in *Sinergie*, n. 73-74, 2007.

FARINA V., "Gli interessi «uso piazza»., l'anatocismo e la commissione di massimo scoperto", in VETTORI G. (a cura di), Cedam, 1992.

FAYOL H., *Direzione industriale e generale*, FrancoAngeli, 1973 (orig. *Administration Industrielle et Générale*, H. Doned-E. Pinat, 1916).

FAZZI R., *Il contributo della teoria delle funzioni e dei rischi allo studio dei comportamenti imprenditoriali*, Cursi, 1957.

FAZZI R., "Comportamenti imprenditoriali e modelli di decisione negli studi di Tecnica Economica", in AA.VV., *Studi di ragioneria e tecnica economica. Scritti in onore del Prof. Alberto Ceccherelli*, Le Monnier, 1960.

FAZZI R., "Formazione storica e prospettive degli studi sui comportamenti imprenditoriali", in AA.VV., *Studi di tecnica economica, organizzazione e ragioneria. Scritti in memoria del Prof. Gaetano Corsani*, Cursi, 1966.

FAZZI R., *Il governo d'impresa*, Vol. I, Giuffrè, 1982.

FAZZI R., *Il governo d'impresa*, Vol. II, Giuffrè, 1984.

FERRANDO P.M., "Il valore e le diverse accezioni del termine «Economia Aziendale»", in *Impresa Progetto – Rivista online del Ditea*, n. 1, 2004.

FERRER–PACCES F.M., *Nostro tempo della rivoluzione industriale*, Einaudi, 1939.

FERRER–PACCES F.M., "Acquistare o produrre?", in *L'industrialista*, n. 4, 1959.

FERRER–PACCES F.M., "Prime ricerche intorno al fattore G", in FERRER–PACCES F.M., *I sistemi d'impresa*, Li/Ed, 1974.

FERRER–PACCES F.M., *I sistemi d'impresa*, Li/Ed, 1974.

FERRERO G., *Istituzioni di economia d'azienda*, Giuffrè, 1968.

FERRERO G., *Finanza aziendale*, Giuffrè, 1985 (1981[1]).

FERRERO G., *Impresa e management*, Giuffrè, 1987.

FERRERO G., DEZZANI F., *Manuale delle analisi di bilancio*, Giuffrè, 1979.

FERRI G., *Manuale di diritto commerciale*, Utet, 1980.

FERRI M.A., SANCETTA G., "Measuring Corporate Performance: Considerations", in CONSORZIO DI ECONOMIA INDUSTRIALE E MANAGERIALE (CUEIM), *Conference Proceedings del 7th World Congress for Total Quality Management «Business Excellence. Make it happen!»*, Verona, 25-27 giugno 2002, 2 Voll., CUEIM, 2002.

FERRI N., "Alcune riflessioni in tema di funzionalità dell'impresa 'banca'", in *Rivista bancaria. Minerva bancaria (1945)*, n. 2, 1991.

FICI L., *La gestione del valore delle attività di supporto per il controllo dei costi di struttura,* Cedam, 2000.

FIORINI P., "Il concetto di rischio: tra dismisura e sistema", in *Rivista della Ssef*, Cerdef, n. 3, 2005.

FISHER R., URY W., PATTON B., *Getting to Yes. Negotiating Agreement Without Giving In*, Penguin Books, 1991 (1981[1]).

FLOREANI A., *Introduzione al risk management. Un approccio integrato alla gestione dei rischi aziendali*, Etas, 2005.

FONTANA F., CAROLI M. (a cura di), *Economia e gestione delle imprese*, McGraw-Hill, 2006.

FORAY D., *L'economia della conoscenza*, il Mulino, Bologna, 2006 (orig. *L'économie de la connaissance*, La Découverte, 2000).

FORESTIERI G., "Efficienza allocativa e criteri di valutazione dei fidi", in AA.VV., *Finanza aziendale e mercato finanziario, Scritti in onore di G. Pivato*, Giuffré, 1982.

FORESTIERI G., "Sistema finanziario e criteri allocativi: effetti sul grado di innovazione delle strutture produttive", in *Note economiche*, n. 1, 1993.

FORESTIERI G., "La specificità della funzione allocativa del sistema bancario italiano", in *Economia e politica industriale*, n. 83, 1994.

FORESTIERI G., MOTTURA P., *Il sistema finanziario*, Egea, 2005 (1998[1]).

FORESTIERI G., ONADO M., *Banche e mercati mobiliari*, Egea, 1992.

FORNARI D., *Rivoluzione commerciale e trade marketing*, Egea, 1999.

FORTUNATO S., LIVATINO M., MANTOVANO P., PECCHIARI N. (a cura di), "L'Enterprise risk management. Dal governo dei controlli alla sostenibilità dei rischi", in *Suppl. a Rivista dei dottori commercialisti*, n. 3, 2006.

FRAME J.D., *Managing Risks in Organization*, Jossey-Bass, 2003.

FREEMAN L.C., "A Set of Measures of Centrality Based on Betweenness", in *Sociometry*, vol. 40, n.1, 1977.

FREEMAN L.C., "Centrality in Social Networks: Conceptual Clarification", in *Social Networks*, n. 1, 1979.

FREEMAN R.E., *Strategic Management: A Stakeholder Approach*, Pitman, 1984.

FREEMAN R.E., EVAN W.M., "Corporate Governance: a Stakeholder Interpretation", in *Journal of Behavioral Economics*, n. 4, 1990.

FRIEDMAN M., SAVAGE L. J., "The Utility Analysis of Choices Involving Risk", in *Journal of Political Economy*, vol. 56, 1948.

FRIEDKIN N.E., "Theoretical Foundations for Centrality Measures", in *American Journal of Sociology*, Vol. 96, n. 6, 1991.

GABBI G., MATTHIAS M., "Il rischio reputazionale nei contribute di Tancredi Bianchi: appunti per una teoria", in COMANA M. (a cura di), *Banca, Credito e Rischi*, vol. 2, *Saggi in onore di Tancredi Bianchi*, Bancaria, 2009.

GAHLON J.M., GENTRY J.A., "On the Relationship Between Systematic Risk and the Degree of Operating and Financial Leverage", in *Financial Management Summer*, 1982.

GAI L., "Il rischio di concentrazione nell'ICAAP delle banche locali", in *Dirigenza bancaria*, n. 129, 2008.

GAILBRAITH J.K., *Il nuovo stato industriale*, Einaudi, 1968.

GALLINO L., *L'impresa irresponsabile*, Einaudi, 2005.

GALVANI L. ET AL., "A consulto sul debito i bondholder Telecom. Il caso dividendi con cui si confrontò anche Olimpia", in *Il Sole 24Ore. Finanza & mercati*, 23

febbraio 2008.
GAMBARDELLA A., "La reazione dei concorrenti all'innovazione tecnologica", in *Sinergie*, nn. 64-65, 2004.
GAMBARDELLA A, GIURI P., LUZZI A., "The Markets for Patents in Europe", Laboratory of Economics and Management Sant'Anna School of Advanced Sudies (LEM), Working Papers Series, n. 4, 2006.
GAMBARDELLA A., RULLANI E., "Divisione del lavoro tecnologico e media di condivisione delle conoscenze alla ricerca di nuove istituzioni", in *Economia e politica industriale*, nn. 101-102, 1999.
GARRONE N., *La scienza del commercio. Organizzazione del commercio*, Vol. I, Vallardi, 1914.
GATTI C., "Project financing e multi-project financing per lo sviluppo dei sistemi economici locali: aspetti organizzativi e finanziari", in *Finanza marketing e produzione*, n. 1, 1999.
GATTI C., *Vita, crisi e ristrutturazione di un gruppo industriale pubblico. Il caso Finmeccanica*, Cedam, 2002.
GATTI C., "La configurazione dei processi decisionali d'impresa tra rapidità e consenso", in AA.VV., *La riconfigurazione dei processi decisionali nel quadro evolutivo della competizione*, Atti del XXVII Convegno AIDEA, Università di Catania, 7-8 ottobre 2004, Giappichelli, 2005.
GATTI C., *Le negoziazioni nel governo dell'impresa. Verso un modello di analisi*, Cedam, 2008.
GATTI C., VAGNANI G., "Intelligenza, compimento e vitalità dei sistemi di sistemi. Una riflessione sull'industria finanziaria", in *Sinergie*, n. 80, 2009.
GATTI M., "La comunicazione quale strumento per l'apprezzabilità dei rischi d'impresa. Funzioni e limiti del rapporto annuale di gestione", in *Sinergie*, nn. 43-44, 1997.
GATTI M., "Fiducia e generazione di conoscenza nelle relazioni interorganizzative: il caso «ST»", in *Sinergie*, n. 50, 2000.
GATTI M., BIFERALI D., VOLPE L., "Il governo dell'impresa tra profitto e creazione di valore", in *Sinergie*, n. 79, 2009.
GAUDENZI B., *La gestione dei rischi nelle catene di fornitura*, Giuffrè, 2006.
GAUDENZI B., BORGHESI A., "Managing Risks in the Supply Chain Using the AHP Method", in *International Journal. of Logistics Management*, n. 17, 2006.
GAUGHAN P.A., *Mergers, Acquisitions and Corporate Restructurings*, Wiley, 1999.
GENCO P., "La dematerializzazione del territorio e dell'impresa: l'impresa-progetto", in *Sinergie*, n. 70, 2006.
GERVASONI A., *Finanziare l'attività imprenditoriale. Capitali privati e capitali pubblici per l'avvio e la trasmissione d'impresa*, Guerini, 1996.
GERVASONI A., RAZELLI G., *Gestire & Innovare. Modelli ed esperienze dai casi Alfa Romeo e Ferrari*, IlSole24Ore, 1990.
GERVASONI A., SATTIN F., *Private Equity e Venture Capital*, Guerini e Associati, 2000.
GHOSHAL S., "*Le cattive teorie manageriali distruggono le buone pratiche*", in *Sviluppo & Organizzazione*, n. 210, 2005 (orig. *Bad Management Theories Are Destroying Good Management Practices* in *Academy of Management Learning & Education*, n. 1, 2005).
GHOSHAL S., BARTLETT C.A., *The Individualized Corporation: A Fundamentally New Approach to Management*, HarperBusiness, 1997.

GIACCONE S.C., "Il ruolo della fiducia nelle relazioni di fedeltà", in FARACI R., GALVAGNO M., GIACCONE S.C. (a cura di), *La fedeltà nelle relazioni tra impresa e mercato. Fondamenti concettuali ed implicazioni manageriali*, Giappichelli, 2007.

GIANNESSI E., *Le aziende di produzione originaria*, Vol. I, *Le aziende agricole*, Cursi, 1960.

GIARETTA E., *Alle origini della tecnica industriale e commerciale. Uno sguardo al passato per contribuire al futuro*, Giappichelli, 2003.

GIDDENS A., *Il mondo che cambia: come la globalizzazione ridisegna la nostra vita*, Il Mulino, 2000.

GILARDONI A., DANOVI A., *Cambiamento, ristrutturazione e sviluppo dell'impresa*, Egea, 2000.

GILLE L., "La protezione della proprietà intellettuale, fattore della divisione internazionale della conoscenza", in PILATI A., PERRUCCI A. (a cura di), *Economia della conoscenza*, Il Mulino, 2005.

GIUDICI P., DALLA VALLE L., "Metodi statistici per la valutazione di un'impresa in condizioni di incertezza", in COTTA RAMUSINO E., RINALDI L. (a cura di), *La valutazione d'azienda*, Il Sole 24Ore, 2003.

GIURI P., "Innovazione, apprendimento e imitazione nelle relazioni verticali. Il caso dell'industria dei motori d'aereo", in *Sinergie*, nn. 64-65, 2004.

GLANTZ M., *Scientific Financial Management. Advances in Financial Intelligence Capabilities for Corporate Valuation and Risk Assessment,* Amacom, 2000.

GOLDSMITH R. W., *Financial Structure and Development*, Yale University Press, 1969.

GOLEMAN D., *Intelligenza sociale*, Rizzoli, 2006.

GOLINELLI G.M., *Il pert. Una nuova tecnica di pianificazione e controllo dei programmi di lavoro,* Giuffré, 1967.

GOLINELLI G.M., "Privatizzazioni, public company, buy out", in *Azienda pubblica*, n. 2, 1994.

GOLINELLI G.M., *Struttura e governo dell'impresa. Verso la formulazione di un modello quantitativo per l'analisi dei processi di sviluppo*, Cedam, 1994 (1988^1).

GOLINELLI G. M., "Economia e finanza nel governo dell'impresa", in *Sinergie*, n. 39, 1996.

GOLINELLI G.M., "Il confronto tra capitalismi nazionali; la specificità italiana", in *Finanza marketing e produzione*, supplemento al n. 4, 1999.

GOLINELLI G.M., *L'approccio sistemico al governo dell'impresa*, Vol. I, Cedam, 2005 (2000^1).

GOLINELLI G.M., *L'approccio sistemico al governo dell'impresa*, Vol. II, Cedam, 2000.

GOLINELLI G.M., *L'approccio sistemico al governo dell'impresa*, Vol. III, Cedam, 2002.

GOLINELLI G.M., "Recenti sviluppi nelle relazioni tra economia e finanza nel governo dell'impresa: spunti di riflessione", in *Sinergie*, n. 67, 2005.

GOLINELLI G.M., "Riforma del diritto societario e governo dell'impresa", Atti del Convegno su *La riforma del diritto societario due anni dopo*, Ordine dei Dottori Commercialisti di Milano, Milano, 25 gennaio 2006.

GOLINELLI G.M., "L'approccio sistemico vitale: nuovi orizzonti di ricerca per il governo dell'impresa. Introduzione alla ricerca su «Il governo dei sistemi complessi tra creazione e distruzione di valore. L'impresa e oltre l'impresa»", in *Sinergie*,

nn. 79-80, 2009
GOLINELLI G.M., *Viable Systems Approach (VSA). Governing Business Dynamics*, Kluwer, Cedam, 2010.
GOLINELLI G.M., BARILE S., SPOHRER J., BASSANO C., "The Evolving Dynamics of Service Co-Creation in a Viable Systems Perspective", relazione presentata al 13th Toulon-Verona Conference, University of Coimbra, 2-4 settembre 2010 (*forthcoming*).
GOLINELLI G.M., GATTI C., "Il pensiero di Roberto Fazzi e l'approccio sistemico al governo dell'impresa: spunti di riflessione tra debito culturale, avanzamento dottrinale e spirito del tempo", in *Sinergie*, n. 67, 2005.
GOLINELLI G.M., GATTI. M., SIANO A., "Approccio sistemico e teoria delle risorse: verso un momento di sintesi per l'interpretazione della dinamica dell'impresa", in GOLINELLI G.M., *L'approccio sistemico al governo dell'impresa*, Vol. III, Cedam, 2002.
GOLINELLI G.M., GATTI M., VAGNANI G., "Dalla struttura al sistema: elementi per una riflessione sui confini, i rapporti con la proprietà, la flessibilità e l'elasticità dell'impresa", in GOLINELLI G.M., *L'approccio sistemico al governo dell'impresa*, Vol. III, Cedam, 2002.
GOLINELLI G.M., PASTORE A., "Make or Buy? Il valore aggiunto del modello ABC-ABM", in *Esperienze d'Impresa*, n. 1, 1994.
GOMBERA P., OKOROH M., SAGOO A., "A Risk Management Model for Healthcare Facility Services Purchasers", in *Proceedings of the CIB W70 2002 Global Symposium*, 2002.
GOMPERS P., "Optimal Investment, Monitoring, and Staging of Venture Capital", in *Journal of Finance*, n. 5, 1995.
GOMPERS P., LERNER J., *The Venture Capital Cycle*, Mit Press, 2000.
GORDON L.A., LOEBA M.P., TSENG C.-Y., "Enterprise Risk Management and Firm Performance: a Contingency Perspective", in *Journal of Accounting and Public Policy*, n. 4, 2009.
GRACCHI-BIANCHI M., "Istituzioni e neoistituzionalismo", in *L'industria*, n. 1, 1995.
GRANDI A., SOMBRERO M., "Una prospettiva relazionale delle attività di R&S", in LOMI A. (a cura di), *L'analisi relazionale delle organizzazioni*, Il Mulino, 1997.
GRANDI A., SOBRERO M., "La collaborazione nello sviluppo tecnologico", in GRANDI A., SOBRERO M. (a cura di), *Innovazione tecnologica e gestione d'impresa. La gestione strategica dell'innovazione*, Il Mulino, 2005.
GRANDINETTI R., RULLANI E., *Impresa transnazionale ed economia globale*, La Nuova Italia Scientifica, 1996.
GRANDORI A., *L'organizzazione delle attività economiche*, Il Mulino, 1995.
GRANDORI A., *Organizzazione e comportamento economico*, Il Mulino, 1999 (1995[1]).
GRANDORI A., "Reti organizzative e governo delle conoscenze", in AA.VV., *Relazioni interaziendali e dinamica competitiva*, Atti del XXII Convegno annuale dell'Accademia Italiana di Economia Aziendale (AIDEA), Parma, 28-30 ottobre 1999, McGraw-Hill.
GRANOVETTER M., "The Strenght of Weak Ties", in *American Journal of Sociology*, n. 6, 1973.
GRANOVETTER M., "Economic Action and Social Structure: The Problem of Embeddedness", in *American Journal of Sociology*, n. 3, 1985.
GRANOVETTER M., "Un'agenda teorica per la sociologia economica", in *Stato e Mercato*, n. 3, 2000.

GRANT R.M., "The Resource Based Theory of Competitive Advantage: Implications for Strategy Formulation", in *California Management Review*, Spring, 1991.

GRANT R.M., "Prospering in Dynamically-Competitive Environments: Organizational Capability as Knowledge Integration", in *Organization Science*, n. 4, 1996.

GRANT R.M., "Toward a Knowledge Based Theory of the Firm", in *Strategic Management Journal*, Winter Special Issue, n. 17, 1996.

GRANT R.M., *L'analisi strategica per le decisioni aziendali*, Il Mulino, 1999 (orig. *Contemporary Strategy Analysis. Concepts, Techniques, Applications*, Oxford Blackwell, 1991).

GRAZIANI A., *Sulla teoria generale del profitto*, Fratelli Dumolard, 1887.

GREMILLET A., *Les Ratio Net Leur Utilization*, Les editions d'organisation, 1979.

GRINAKER R.L., BAN B.B., *Auditing, the Examination of Financial Statements*, Irwin, 1965.

GRINDLEY P.C., TEECE D.J., "Managing Intellectual Capital: Licensing and Cross-Licensing in Semiconductors and Electronics", in *California Management Review*, n. 2, 1997.

GRONRÖOS C., "From Marketing Mix to Relationship Marketing: Towards a Paradigm Shift in Marketing", in *Management Decision*, n. 2, 1994.

GROUP OF THIRTY, "Financial Reform. A Framework for Financial Stability", Washington, January 2009.

GUATRI L., *La valutazione delle aziende*, Giuffrè, 1981.

GUATRI L., *La valutazione delle aziende*, Egea, 1990.

GUATRI L., *La teoria di creazione del valore. Una via europea*, Egea, 1991.

GUATRI L., "Mutamenti degli scenari competitivi ed adattamento delle teorie: l'orientamento alla qualità", in *Sinergie. Quaderni*, n. 7, 1992.

GUATRI L., *Turnaround. Declino, crisi e ritorno al valore*, Egea, 1995.

GUATRI L., "La teoria del valore tra economia e finanza", in *Sinergie*, n. 39, 1996.

GUATRI L., BINI M., *La valutazione delle aziende*, Egea, 2007.

GUATRI L., MASSARI M., *La diffusione del valore*, Egea, 1992.

GULATI R., "Network Location and Learning: The Influence of Network Resource and Firm Capability on Alliance Formation", in *Strategic Management Journal*, 20, 1999.

GULATI R., NOHRIA N., ZAHEER A., "Strategic Network", in *Strategic Management Journal*, n. 21, 2000.

GUMMESSON E., MELE C., POLESE F. (a cura di), *The 2009 Naples Forum on Service: Service-Dominant Logic, Service Science, and Network Theory*, The European Institute for Advanced Studies in Management (EIASM), Capri, June 16th-19th, Italy, Giannini, Napoli, 2009.

HAIR J., ANDERSON R., TATHAM R., BLACK W., *Multivariate Data Analysis with Readings*, Prentice Hall International, 1995.

HÅKANSSON H., SNEHOTA I., "No Business is an Island: the Concept of Business Strategies", in *Scandinavian Journal of Management*, n. 3, 1989.

HALL C., "Economic Capital: Towards an Integrated Risk Framework", in *Risk*, October, 2002.

HALLER M., "New Dimensions of Risk: Consequences for Management", in *The Geneva Papers on Risk and Insurance*, n. 7, 1978.

HANNAN M.T., FREEMAN J., "The Population Ecology of Organizations", in *American Journal of Sociology*, n. 5, 1977.

HANSEN M.T., NOHRIA N., TIERNY T., "What's your strategy for managing knowl-

edge?", in *Harvard Business Review*, n. 2, 1999.
HARDY C.O., *Risk and Risk-Bearing*, University of Chicago, 1923.
HARGADON A.B., "Firms as Knowledge Brokers: Lessons in Pursuing Continuos Innovation", in *California Management Review*, n. 3, 1998.
HARREMOËS P., GEE D., MACGARVIN M., STIRLING A., KEYS J., WYNNE B., GUEDES VAZ S. (eds.), "Late Lessons from Early Warnings: the Precautionary Principle", in European Environment Agency, *Environment Issue Report*, n. 22, 2001.
HARRIS S.E. (ed.), *The New Economics*, Knopf, 1952.
HATFIELD L.J., PEARCE J.A., "Goal Achievement and Satisfaction of Joint-Venture Partners", in *Journal of Business Venturing*, n. 9, 1994.
HAYEK F.A. VON, "The Use of Knowledge in Society", in *American Economic Review*, n. 4, 1945.
HERTZ D., "Risk Analysis in Capital Investment", in *Harvard Business Review*, gennaio-febbraio 1964.
HICKS J. R., "The Theory of Uncertainty and Profit", in *Economica*, vol. 11, 1931.
HOFER C.W., SCHENDEL D.E., *La formulazione della strategia aziendale*, FrancoAngeli, 1984 (orig. *Strategy Formulation. Analytical Concepts*, West Publishing Co., 1978).
HOFFMAN W. H., SCHLOSSER R., "Success Factors of Strategic Alliances in Small and Medium-Sized Enterprises. An Empirical Survey", in *Long Range Planning*, n. 3, 2001.
HOLLAND J.H., "Sistemi adattivi complessi ed emergenza spontanea", in QUADRO CURZIO A., FORTIS M. (a cura di), *Complessità e distretti industriali*, Il Mulino, 2002.
HOLLAND J.H., *Hidden Order: How Adaptation Builds Complexity*, Addison-Wesley, 1995.
HOLTON G. A., "Defining Risk", in *Financial Analysts Journal*, n. 6, 2004.
HREBINIAK L.G., JOYCE W.F., "Organizational Adaptation: Strategic Choice and Environmental Determinism", in *Administrative Science Quarterly*, n. 3, 1985.
HUFFMAN D., "Operating Leverage, Financial Leverage and Equity Risk", in *Journal of Banking and Finance*, 1983.
HURLEY W., "On the Use of Martingales in Monte Carlo Approaches to Multiperiod Parameter Uncertainty in Capital Investment Risk Analysis", in *The Engineering Economist*, n. 43, 1998.
IANNUZZI E., *Il risk management nel rapporto banca-impresa. Strumenti per il governo e la gestione delle sofferenze bancarie*, Giappichelli, 2004.
IANNUZZI E., NIGRO C., "Roberto Fazzi tra continuità e cambiamento", in *Sinergie*, n. 68, 2005.
IANNUZZI E., SANCETTA G., RENZI A., "Un'interpretazione delle crisi del sistema finanziario", in *Sinergie*, n. 80, 2009.
INKPEN A., BEAMISH P.W., "Knowledge, Bargaining Power and International Joint Venture Instability", in *Academy of Management Review*, n. 1, 1997.
ISVAP, *Indagine conoscitiva sulle Autorità amministrative indipendenti. Audizione del Presidente dell'Isvap Giancarlo Giannini presso la I Commissione - Affari costituzionali della Camera dei Deputati*, Isvap, 19 maggio 2010.
JAMES C., "RAROC Based Capital Budgeting and Performance Evaluation: a Case Study of Bank Capital Allocation", in *Wharton-working paper*, n. 96-40, 1996.
JARC F., "Banche e mercati mobiliari in Germania", in FORESTIERI G., ONADO M., *Banche e mercati mobiliari*, Egea, 1992.

JENSEN M.C., "Value Maximization, Stakeholder Theory and the Corporate Objective Function", in *Business Ethics Quarterly*, n. 2, 2002.

JENSEN M.C., MECKLING W.H., "Theory of the Firm: Managerial Behavior, Agency Costs and Ownership Structure", in *Journal of Financial Economics*, n. 4, 1976.

JORION P., *Value at Risk. The New Benchmark for Managing Financial Risk*, McGraw-Hill, 2000.

KAHNEMAN D., SLOVIC P., TVERSKY A., *Judgement Under Uncertainty: Heuristics and Biases*, Cambridge University Press, 1982.

KALE P. SINGH H., PERLMUTTER H., "Learning and Protection of Property Asset in Strategic Alliances: Building Relational Capital", in *Strategic Management Journal*, n. 21, 2000.

KAPLAN S., "The Words of Risk Analysis", in *Risk Analysis*, n. 4, 1977.

KAPLAN R.S., NORTON D.P., *The Balanced Scorecard. Translating Strategy into Action*, Harvard Business School Press, 1996.

KAUFFMAN S.A., *The Origins of Order: Self-Organization and Selection in Evolution*, Oxford University Press, 1993.

KEITH R.J., "The Marketing Revolution", in *Journal of Marketing*, n. 3, 1960.

KENNETH C., "Can't See The Forest Because of The Decision Trees. A Critique of Decision Analysis in Survey Texts", in *Interfaces*, n. 2, 1998.

KEUL M., "The Imperative of Enterprise Risk Management in the Value-Creating Process", in *Bulletin of the Transilvania University of Brasov*, n. 51, 2009.

KEYNES J.M., *A Treatise on Probability*, Macmillan, 1921.

KEYNES J.M., "The General Theory of Employment", in *Quarterly Journal of Economics*, 1937, riprodotto in HARRIS S.E. (ed.), *The New Economics*, Knopf, 1952.

KLEIN B., Hold Up Problem, in *The New Palgrave: a Dictionary of Economics and Law*, Newman ed., 1998.

KNIGHT F. II, *Risk, Uncertainty and Profit*, London School of Economics and Political Science, 1948 (Hart, Schaffner & Marx, Houghton Mifflin Co., 1921[1]).

KOCHANSKI J.T., RUSE D.H., "Competenze e sviluppo delle risorse umane", in *Sviluppo & Organizzazione*, n. 160, 1997.

KOGUT B., "The Network as Knowledge: Generative Rules and the Emergence of Structure", in *Strategic Management Journal*, n. 21, 2000.

KOTLER P., *Marketing Management*, XI ed. a cura di W.G. SCOTT, Pearson – Prentice Hall, 2004.

KOTLER P., SCOTT W.G., *Marketing Management*, VII ed., Isedi, 1993.

KPMG, *Study into the Methodologies to Assess the Overall Financial Position of an Insurance Undertaking from the Perspective of Prudential Supervision*, European Commission, 2002.

KRAMER R.M., "The More the Merrier? Social Psychological Aspects of Multiparty Negotiations in Organizations", in BAZERMAN M.H., LEWICKI R.J. (a cura di), *Negotiating in Organizations*, Sage, 1983.

KROG G. VON, "Care in Knowledge Creation", in *California Management Review*, n. 3, 1998.

LAM A., "Embedded Firms, Embedded Knowledge: Problems of Collaboration and Knowledge Transfer in Global Cooperative Ventures", in *Organizations Studies*, n. 6, 1997.

LAM A., "Tacit Knowledge, Organizational Learning and Societal Institutions: An Integrated Framework", in *Organization Studies*, n. 3, 2000.

LAMANNA DI SALVO D., *L'influenza del fattore rischio nella gestione aziendale*, Uni Service, 2004.

LANZA A., *Imprenditorialità e capitale sociale*, Carocci, 2002.

LANZA A., SPINSANTI L., "Progetto Risk Management e Control Risk Self Assessment in RFI", in *RFI Argomenti*, n. 7, 2005.

LAWRENCE P., LORSCH J., *Organization and Environment. Managing Differentiation and Integration*, Harvard Business School Press, 1967.

LAX D.A., SEBENIUS J.K., *The Manager as Negotiator. Bargaining for Cooperation and Competitive Gain*, The Free Press, 1986.

LAZZARETTI L., PETRILLO C.S. (eds.), *Tourism Local Systems and Networking*, Elsevier, 2006.

LETI G., *Statistica descrittiva*, Il Mulino, 1983.

LEV B., *Intangibles*, Etas, 2003.

LEVY H., SARNAT M., *Optimal Investment and Financial Decisions*, Prentice Hall, 1994.

LEWICKI R.J., SAUNDERS D.M., BARRY B., *Negotiation*, McGraw-Hill, 2006 (1985[1]).

LEWIN A.Y., VOLBERDA H.W., "Prolegomena on Coevolution: a Framework for Research on Strategy and New Organizational Forms", in *Organization Science*, n. 10, 1999.

LIBERATORE L., *Elementi di scienza dell'amministrazione dell'impresa. Aspetti organizzativi e gestionali*, Cremonese, 1971.

LIGUORI M., IANNUZZI E., "Un modello di analisi per la definizione del grado di compimento dei sistemi vitali", in BARILE S. (a cura di), *L'impresa come sistema. Contributi sull'Approccio Sistemico Vitale (ASV)*, Giappichelli, 2008 (2006[1]).

LIMENTANI R., "L'evoluzione del rapporto banca-impresa: dalla «hausbank» al «financial services advisor»", in *Banca Impresa Società*, n. 1, 2003.

LIPPARINI A., "Architetture relazionali inter-impresa", in *Sviluppo & Organizzazione*, n. 153, gennaio/febbraio 1996.

LIPPARINI A. "Sistemi territoriali e comunità interorganizzative", in LOMI A. (a cura di), *L'analisi relazionale delle organizzazioni*, Il Mulino, 1997.

LIPPARINI A., *La gestione strategica del capitale intellettuale e del capitale sociale*, Il Mulino, 2002.

LIPPMAN S.A., RUMELT R.P., "Uncertain Imitability: An Analysis of Interfirm Differences in Efficiency under Competition", in *Bell Journal of Economics*, n. 13, 1982.

LOMI A. (a cura di), *L'analisi relazionale delle organizzazioni*, Il Mulino, 1997.

LOMI A., LORENZONI G., "Impresa guida e organizzazione a rete", in LORENZONI G. (a cura di), *Accordi, reti e vantaggio competitivo*, Etaslibri, 1992.

LORANCE R., WENDLING R., "Basic Techniques for Analyzing and Presentation of Cost Risk Analysis", in *Cost Engineering*, n. 43, 2001.

LORENZONI G., *L'architettura di sviluppo delle imprese minori*, Il Mulino, 1990.

LORENZONI G., "Le reti interimpresa come forma organizzativa distintiva", in LOMI A. (a cura di), *L'analisi relazionale delle organizzazioni*, Il Mulino, 1997.

LORENZONI G., "Reti di imprese ed imprenditorialità diffusa", in LIPPARINI A., LORENZONI G. (a cura di), *Imprenditori e imprese*, Il Mulino, 2000.

LORENZONI G., BADEN-FULLER C., "Creating a Strategic Center to Manage a Web of Partners", in *California Management Review*, n. 3, 1995.

LORENZONI G., LIPPARINI A., "The Leveraging of Interfirm Relationships as a Distinctive Organizational Capability: A Longitudinal Study", in *Strategic Management*

Journal, n. 20, 1999.
LORENZONI G. (a cura di), *Accordi, reti e vantaggio competitivo*, Etaslibri, 1992.
LORENZONI G., ZANONI A. (a cura di), *Gli studi sull'imprenditorialità in Italia*, Bulzoni, 1988.
LUHMANN N., "Rischio e pericolo", in LUHMANN N., *Sociologia del rischio*, Mondadori, 1991 (orig. "Risiko und Gefahr", in *Soziologische Aufklaerung*, Westdeutscher Verlag, 1991).
LUPTON D. (ed.), *Risk and Sociocultural Theory: New Directions and Perspectives*, Cambridge University Press, 1999.
LUPTON D., *Il rischio: percezione, simboli, culture*, Il Mulino, 2003.
LUTZ S., "Convergence Within National Diversity: the Regulatory State in Finance" in *Journal of Public Policy*, n. 2, 2004.
MACBETH D.K., "The Role of Purchasing in a Partnering Relationship", in *European Journal of Purchasing and Supply Management*, n. 1, 1994.
MACHLUP F., *Knowledge, Its Creation, Distribution and Economic Significance*, Vol. III, Princeton University Press, 1962.
MADHOK A., TALLMAN S.B., "Resources, transactions and rents: Managing value through interfirm collaborative relationship", in *Organization Science*, n. 3, 1998.
MAGGI B., *Razionalità e benessere. Studio interdisciplinare dell'organizzazione*, Etas, 1990.
MAINO R., MASERA R., *Impresa Finanza Mercato. La gestione integrata del rischio*, Egea, 2005.
MALINCONICO A., *Rischio di credito e modern portfolio theory. Modelli innovativi per la gestione dei prestiti bancari*, FrancoAngeli, 2000.
MANTOVANI G.M., *Rischio e valore dell'impresa. L'approccio contingent claim della finanza aziendale*, Egea, 1998.
MARCH J.G., "Exploration and Exploitation in Organizational Learning", in *Organization Science*, n. 1, 1992.
MARCH J.G, *Prendere decisioni*, Il Mulino, 1998 (orig. *A Primer on Decision Making. How decision Happen*, The Free Press, 1994).
MARCH J.G., SHAPIRA Z., "Managerial Perspectives on Risk and Risk Taking", in *Management Science*, n. 11, 1987.
MARCH J.G., SIMON H.A., *Organizations*, Blackwell, 1993 (trad. it., *Teoria dell'organizzazione*, Etas, 1995).
MARCHAL J. "The Construction of a New Theory of Profit", in *The American Economic Review*, n. 4, 1951.
MARIANI M., *Decidere e negoziare. Concetti e strumenti per l'azione manageriale*, Il Sole 24 Ore, 2004.
MARKOWITZ H., "Portfolio Selection", in *Journal of Finance*, n. 1, 1952.
MARKOWITZ H.M., *Portfolio Selection: Efficient Diversification of Investments*, Wiley, 1959.
MARRIS R., *La teoria economica del capitalismo manageriale*, Einaudi, 1972 (orig. *The Economic Theory of Managerial Capitalism*, MacMillan, 1964).
MARSELLA M., "Presentazione", in BARUFFALDI A. (a cura di), *La gestione dei rischi finanziari*, Cedam, 2000.
MASCIANDARO D., "Le 114 sorelle della Fed. La vigilanza Fed e il paradosso balcanico", in *Il Sole 24ORE*, 21 marzo 2008.
MASI F., VICINANZA M., *Emergenza, rischio e decisione: modelli della decisione*

sull'emergenza ecologica e bioetica, Guida, 2004.
MASINI M., "Il capitale proprio nelle banche", in *Lecco economia*, n. 3, 1990.
MASO S. (a cura di), *Il rischio e l'anima dell'Occidente*, Cafoscarina, 2005.
MASON E.S., "Price and Production Policies of Large Scale Enterprises", in *American Economic Review*, n. 29, 1939.
MASON J.M. *Financial Management of Commercial Banks*, Gorham & Lamont, 1979.
MASSARONI E., "Il tasso di prelievo fiscale: sua influenza sull'effetto leva finanziaria", in GOLINELLI G.M., *Struttura e governo dell'impresa. Verso la formulazione di un modello di comportamento*, 1994 (1988[1]).
MASSARONI E., "Forme, caratteri e divenire sistemico dei rapporti di fornitura", in GOLINELLI G.M., *L'approccio sistemico al governo dell'impresa*, Vol. III, Cedam, 2002.
MASSARONI E., *Il sistema logistico. Progettazione, governo e gestione della logistica e della supply chain*, Cedam, 2007.
MASTROBERARDINO P., "La governance del sistema impresa tra istituzionalizzazione e azione del soggetto imprenditoriale", in *Sinergie*, n. 81, 2010.
MASTROBERARDINO P., *L'approccio sistemico al governo dell'impresa. L'impresa della vite e del vino*, Cedam, 2002.
MASTROBERARDINO P., MAGLIOCCA P., CALABRESE G., "Riflessioni sul sistema del consumo. Alcune evidenze empiriche", in *Sinergie. Rapporti di ricerca*, n. 21, 2005.
MASTROBERARDINO P., NIGRO C., CALABRESE G., "Lobbying. Potere del soggetto e vincoli istituzionali", in *Economia e Diritto del Terziario*, n. 18, 2006.
MASTROBERARDINO P. (a cura di), *Il consumo. Assetto strutturale e dinamica sistemica*, Edizioni Scientifiche Italiane, 2005.
MASTROBERARDINO P. (a cura di), *Lobbying. Agire tra i vincoli*, Edizioni Scientifiche Italiane, 2006.
MATTEN C., *Managing Bank Capital*, Wiley, 2000 (1996[1]).
MATURANA, VARELA, *L'albero della conoscenza*, Garzanti, 1987.
MAYER C., "The Assessment Money and Banking: Theory and Evidence", in *Oxford Review of Economic Policy*, n. 4, 1994.
MCKELVEY B., "Quasi-natural Organization Science", in *Organization Science*, n. 8, 1997.
MERLANI C., *Il credito mercantile*, Giuffrè, 1956.
MERLANI C., *Lineamenti dell'impresa industriale e dell'impresa mercantile*, Cedam, 1963.
MERLANI C., *Il credito mercantile*, Giuffrè, 1964.
MERLANI C., *Lineamenti dell'impresa industriale e dell'impresa mercantile*, Cedam, 1966.
MERNA T., AL-THANI F.F., *Corporate Risk Management*, Wiley, 2008 (2005[1]).
MERRIDEN T., "A Turnaround in Progress", in *Management Review*, n. 1, 2000.
MERTON R., *Teoria e struttura sociale,* Vol. III, *Sociologia della conoscenza e sociologia della scienza*, Il Mulino, 2000.
MERTON R. C., PEROLD A. F., "Theory of Risk Capital in Financial Firms", in *Journal of Applied Corporate Finance*, n. 3, 1993.
METALLO G., "L'analisi di bilancio", in PETIX L. (a cura di), *Complementi al corso di tecnica industriale e commerciale*, Kappa, 1993.
METALLO G., *Finanza sistemica per l'impresa*, Giappichelli, 2007 (2002[1]).
METALLO G., PENCARELLI T., *I circuiti finanziari tra localismi e globalizzazione*, Giuf-

frè, 1995.

MEULBROEK L. K., *Integrated Risk Management for the Firm: A Senior Manager's Guide,* Harvard Business School Working Paper, 2002.

MICELI G., "I modelli di equazioni strutturali", in LANZA A., *Imprenditorialità e capitale sociale*, Carocci, 2002.

MIELI S., *La revisione delle regole prudenziali sul capitale delle banche. Intervento del Direttore Centrale per la Vigilanza bancaria e finanziaria della Banca d'Italia* al convegno dell'ABI (Associazione Bancaria Italiana) "Markets & Investment Banking Conference", Roma, 7 giugno 2010.

MIGLIETTA A., *Elementi e modelli per la valutazione dei valori mobiliari*, Giuffrè, 1988.

MIGLIETTA A., "Il costo e il rendimento del capitale proprio", in *Sinergie*, n. 38, 1995.

MIGLIETTA A., *La gestione dell'impresa fra competizione e valore*, Giuffrè, 2001.

MIGLIETTA A., SINGER P., DALLOCCHIO M., "La finanza a sostegno dei processi innovativi d'impresa", in *Sinergie*, n. 55, 2001.

MIKES A., "Enterprise Risk Management in Action", in *Carr discussion paper*, n. 35, 2005.

MIKKOLA J.H., SKJOETT-LARSEN T., "Early Supplier Involvement: Implications for New Product Development Outsourcing and Supplier-Buyer Interdependence", in *Global Journal of Flexible Systems Management*, October-December, 2003.

MILLER K.D., REUER J.J., "Measuring Organizational Downside Risk", in *Strategic Management Journal*, vol.17, n.9, 1996.

MINGALE L., "Il rischio d'impresa", in *Parole chiave: rischio*, Donzelli, 2000.

MINTZBERG H., *Ascesa e declino della pianificazione strategica*, Utet, 1996.

MINTZBERG H., *The Nature of Managerial Work*, Prentice Hall, 1973.

MITCHELL R.K., AGLE B.R., WOOD D.J., "Toward a Theory of Stakeholder Identification and Salience: Defining the Principle of Who and What Really Counts", in *Academy of Management Review*, n. 4, 1997.

MONDSCHEAN T., "Market Value Accounting for Commercial Banks", in *Economic Perspectives - Federal Reserve Bank of Chicago*, January-February, 1992.

MORINI S., *Probabilismo. Storia e teoria*, Mondadori, 2004.

MOLTENI L., TROILO G. (a cura di), *Ricerche di marketing*, McGraw-Hill, 2007 (2003^1).

MONTAUTI M., "L'intelligenza sistemica: una possibile cura per i mali del management", in t^0, n. 88, 2008.

MORAN P., GHOSHAL S. "Markets, Firms, and the Process of Economic Development", in *The Academy of Management Review*, n. 3, 1999.

MOTTURA P., "Nuove tendenze dell'intermediazione finanziaria: analisi dei rapporti fra intermediari e risparmiatori", in AA.VV., *Nuove tendenze dell'intermediazione finanziaria*, Egea, 1991.

MOTTURA P., "La transizione della banca da un sistema amministrato al mercato competitivo", in *Banche e banchieri*, n. 1, 1996.

MOWERY D.C., OXLEY J.E. SILVERMAN B.S., "Strategic Alliances and Interfirm Knowledge Transfer", in *Strategic Management Journal*, n. 17, Winter Special Issue, 1996.

MUELLER H., SIBERÒN J., "Economic Capital in the Limelight", in *Risk Management*, March, 2005.

MYERS S.C., MAJLUF N.S., "Corporate Financing and Investment Decisions. When Firms Have Information that Investors Do Not Have", in *Journal of Financial*

Economics, n. 2, 1984.
NACAMULLI R.C.D., "Reti di organizzazioni dinamiche e gruppi dirigenti", in PILOTTI L., POZZANA R., *I contratti di franchising. Organizzazione e controllo di rete*, Egea, 1990.
NAHAPIET J., GHOSHAL S., "Social Capital, Intellectual Capital and the Organizational Advantage", in *Academy of Management Review*, n. 2, 1998.
NAPOLI L., *La società dopo-moderna. Dal rischio all'emergenza*, Morlacchi, 2007.
NASSIMBENI G., DE TONI A., TONCHIA S., "L'evoluzione dei rapporti di sub-fornitura", in *Sviluppo & Organizzazione*, n. 137, 1993.
NELSON L., *Strategic Risk Management: New Disciplines, New Opportunities",* CFO Publishing Corp, www.cfo.com, 2002.
NELSON R.R:, WINTER S.G., *An Evolutionary Theory of Economic Change*, The Belknap Press, 1982.
NEPI A., *Project risk management. Analisi e gestione dei rischi di progetto*, Franco-Angeli, 2007.
NICITA A., SCOPPA V., *Economia dei contratti*, Carocci, 2005.
NIGRO C., "L'utilizzo del modello della rilevanza dei sovrasistemi per la valutazione delle reti di franchising" in *Esperienze d'impresa*, n. 1, 2003.
NIGRO C., "Alcune riflessioni sulla rilevanza dei rapporti intersistemici", in *Sinergie. Rapporti di ricerca*, n. 21, 2005.
NOCENZI M., *Vivere l'incertezza: sociologia, politica e cultura del rischio ambientale nelle insicurezze da inquinamento elettromagnetico*, FrancoAngeli, 2002.
NOCCO B.W., STULZ R., "Enterprise Risk Management: Theory and Practice", in *Journal of Applied Corporate Finance*, n. 4, 2006.
NONAKA I., "A Dynamic Theory of Organizational Knowledge Creation", in *Organization Science*, n. 1, 1994.
NONAKA I., "Come un'organizzazione crea conoscenza", in *Economia & Management*, n. 3, 1994.
NONAKA I., KONNO N., "The Concept of «Ba»: Building a Foundation for Knowledge Creation", in *California Management Review*, n. 3, 1998.
NONAKA I., TAKEUCHI H., *The Knowledge Creating Company. Creare le dinamiche dell'innovazione,* Guerini e Associati, 1997 (orig. *The Knowledge Creating Company*, Oxford University Press, 1995).
NONAKA I., TOYAMA R., "L'impresa che crea conoscenza", in *Sviluppo & Organizzazione*, n. 197, 2003.
NOORDERHAVEN N.G., NOOTEBOOM B., BERGER H., "Determinants of Perceived Interfirm Dependence in Industrial Supplier Relations", in *Journal of Management and Governance*, n. 3, 1998.
NOOTEBOOM B., BERGER H., NOORDERHAVEN N.G., "Effects of Trust and Governance on Relational Risk", in *Academy of Management Journal*, n. 2, 1997.
NORMANN R., *Le condizioni di sviluppo dell'impresa*, EtasLibri, 1979 (orig. *Management for Growth*, Wiley & Sons, 1977).
NORTH D.C., *Institutions, Institutional Change and Economic Performance*, Cambridge University Press, 1990.
NORTH D. C., *Understanding the Process of Economic Change*, Princeton University Press, 2005 (trad.it. *Capire il processo di cambiamento economico*, Il Mulino, 2006).
NORTHCRAFT G.B., NEALE M.A., "Dyadic Negotiation", in BAZERMAN M.H., LEWICKI R.J., SHEPPARD B.H. (a cura di), *Research on Negotiation in Organizations:*

Handbook of Negotiation Research, Vol. 3, JAI Press, 1991.

O'DELL C., GRAYSON C.J., "If Only We Knew What We Know: Identification and Transfer of Internal Best Practices", in *California Management Review*, n. 40, 1998.

OLIVER, WYTMAN & COMPANY, *Study on the Risk Profile and Capital Adequacy of Financial Conglomerates*, Oliver, Wytman & Company Llc, 2001.

ONADO M., *Economia e regolamentazione del sistema finanziario*, Il Mulino, 2008 (2004[1]).

ONETO C., "I fondi rischi e i costi futuri nel bilancio d'esercizio", in *Contabilità finanza e controllo*, n. 4, 1995.

ONIDA P., *Economia d'azienda*, Utet, 1989.

ORIANI R., "Il finanziamento dell'innovazione", in GRANDI A., SOBRERO M. (a cura di), *Innovazione tecnologica e gestione d'impresa*, Il Mulino, 2005.

ORICCHIO G., *La stima dell'aleatorietà nelle valutazioni del capitale economico d'impresa*, Giappichelli, 1994.

PACCES F.M. *vedi* FERRER–PACCES F.M.

PACE D., "Economia politica del rischio: una rilettura eterodossa", in PACE D. (a cura di), *Economia del rischio. Antologia di scritti su rischio e decisione economica*, Giuffrè, 2004.

PACE D. (a cura di), *Economia del rischio. Antologia di scritti su rischio e decisione economica*, Giuffrè, 2004.

PACI I., "Il contributo della dottrina italiana agli studi sul governo delle organizzazioni imprenditoriali", in *Sinergie*, n. 45, 1998.

PACI I., "Il contributo della dottrina italiana agli studi sul governo delle organizzazioni imprenditoriali", in *Sinergie*, n. 61-62, 2003 (1998[1]).

PAGACH D.P., WARR R.S., "The Effects of Enterprise Risk Management on Firm Performance", www.ssrn.com, April, 2010.

PAGANELLI O., *Analisi di bilancio. Indici e flussi*, Utet, 1986.

PALAZZI E., "Vincoli e opportunità di Basilea 2 per lo sviluppo delle PMI: le opinioni degli operatori economici", in *Rivista Piccola Impresa/Small Business*, n. 2, 2007.

PALOMBA G., *Metodo patrimoniale dinamico*, Strategia & Finanza, 2002.

PANATI G., "I calcoli di convenienza tecnico economica", in ARDEMANI E. (a cura di), *Manuale di amministrazione aziendale,* Isedi, 1974.

PANATI G., "Presentazione", in BORGHESI A., *La gestione dei rischi di azienda,* Cedam, 1985.

PANATI G., "Interrogativi in tema di teologia dell'imprenditorialità", in *Sinergie*, 61-62, 2003.

PANATI G., GOLINELLI G.M., *Tecnica economica, industriale e commerciale. Imprese, strategie e management*, 2 voll., La Nuova Italia Scientifica, 1991 (1988[1]).

PANCIOTTI G., "Piazze d'affari, integrazione e globalizzazione", in AA.VV., *Quali banche in Italia?*, Edibank, 1996.

PANICCIA P., *Il tempo nel governo dell'impresa industriale. Tempo e conoscenza nell'economia delle imprese*, Giappichelli, 1999.

PAOLONE G., D'AMICO L. (a cura di), *L'economia aziendale nei suoi principi parametrici e modelli applicativi*, Giappichelli, 2001.

PARK C.S., SHARP-BETTE J.P., *Advanced Engineering Economics*, Wiley, 1990.

PARRILLO F., *La funzione dei sistemi creditizi nell'economia contemporanea*, Edizioni Kappa, 1985.

PASTORE A., *I nuovi rapporti tra industria e distribuzione*, Cedam, 1996.

PASTORE A. VERNUCCIO M., *Marketing innovazione e tecnologie digitali. Una lettura in ottica sistemica*, Cedam, 2004.

PASTORE A., VERNUCCIO M., *Impresa e comunicazione. Principi e strumenti per il management*, Apogeo, 2006.

PATTI A., *Crisi di impresa e ruolo del giudice*, Cedam, 2009.

PEDERZOLI C., TORRICELLI C., *Una rassegna sui metodi di stima del value at risk (VaR)*, Dipartimento di Economia Politica dell'Università degli Studi di Modena e Reggio Emilia, 1999.

PELLICELLI A. C., *La gestione dei rischi nelle imprese*, Giappichelli, 2004.

PELLICELLI G., *Economia e direzione delle imprese*, Giappichelli, 2000.

PENCARELLI T., *Aspetti della gestione dei crediti commerciali*, Clua, 1990.

PERONA M., MIRAGLIOTTA G., "Complexity Management and Supply Chain Performance Assessment. A Field Study and a Conceptual Framework", in *International Journal of Production Economics*, n. 1, 2004.

PERRINGS C., "Rischio ambientale e responsabilità ambientale", in *Studi e note di economia – Quaderni MPS*, n. 9, 2004.

PERRINI F., "Corporate social responsibility e performance d'impresa. Un modello d'analisi della creazione di valore per la gestione delle imprese", in *Finanza, Marketing e Produzione*, n. 4, 2003.

PERRONE V., *Le strutture organizzative d'impresa*, Egea, 1990.

PERRONE V., "La rete", in COSTA G., NACAMULLI R. (a cura di), *Manuale di organizzazione aziendale*, Vol. I, *Le teorie dell'organizzazione*, Utet, 1997 (1996[1]).

PERRONE V., ZAHEER V., MCEVILY V., "The Strategic Value of Buyer-Supplier Relationships", in *International Journal of Purchasing and Materials Management*, n. 3, 1998.

PERZAS A.P., "Effects of Debts on The Degrees of Operating and Financial Leverage", in *Financial Management Summer*, 1987.

PETERS E., *Chaos and Order in the Capital Markets*, Wiley, 1996.

PETERS W., SUMMERS G., *Statistical Analysis for Business Decisions*, Prentice-Hall, 1968.

PETIX L., *Aspetti tecnici del factoring*, Guido Pastenga, 1969.

PETIX L., *Aspetti della gestione finanziaria dei gruppi*, Cedam, 1979.

PETIX L., *Aspetti tipici di analisi strategica di competizione globale e di finanza internazionale*, Cedam, 1994.

PETIX L. (a cura di), *Complementi al corso di tecnica industriale e commerciale*, Kappa, 1993.

PICIOCCHI P., SAVIANO M., MEROLA B., "ASV e concorrenza. L'impresa sistema vitale e il problema della individuazione dei concorrenti", in *Esperienze d'impresa*, Serie Speciale, S/1, 2002.

PILOTTI L., *L'impresa post manageriale. Oltre la separazione fra proprietà e controllo, fra rischio e potere*, Egea, 1991.

PILOTTI L., POZZANA R., *I contratti di franchising. Organizzazione e controllo di rete*, Egea, 1990.

PILOTTI L., RULLANI E., "Corporate governance e società della conoscenza tra teoria e prassi", in *Sinergie*, n. 73-74, 2007.

PIRONTI M., REMONDINO M., PISANO P., "Enterprise Clusters Triggered by Radical Innovation: a Modelistic Approach", in *EuroMed Journal of Business*, n.2, 2010.

PIROU G., *Economie libérale et economie dirigée*, Sedes, 1938.

PITTALUGA G.B., CAMA G., *Banche centrali e democrazia*, Hoepli, 2004.

PIVATO S., *Trattato di finanza aziendale*, FrancoAngeli, 1983.

PIVATO G., "Finanza aziendale: scorcio storico comparato. La dottrina italiana e straniera ed i relativi sostegni empirici. I contenuti attuali della disciplina e l'area di esercizio della funzione finanziaria di impresa", in PIVATO G. (a cura di), *Trattato di finanza aziendale*, FrancoAngeli, 1983.

POLANYI K., *The Great Transformation: The Political and Economic Origins of Our Time*, Holt, Rinehart & Winston, 1944.

POLANY M., *Personal Knowledge: Towards a Post-Critical Philosophy*, (corrected ed.), University of Chicago, 1962.

POLANY M., *The Tacit Dimension*, Anchor Books, Garden City, NY, 1967.

POLESE F., PROIETTI L., "L'internazionalizzazione nel business aeronautico: il challenge di Alenia Aeronautica quale global player", in ANDREANI J., COLLESEI U. (a cura di), *Atti del Sesto Congresso Internazionale sulle Tendenze di Marketing –* ESCP-EAP, Parigi 26-27 Gennaio 2007.

POPPER K.R., "Problemi, scopi e razionalità della scienza", in *Scienza e filosofia*, Einaudi, 1969.

POPPER K.R., *La conoscenza e il problema corpo-mente*, il Mulino, 1996 (orig. *Knowledge and the Body-Mind Problem. In Defence of Interaction*, Routledge, 1994).

PORRECA L., "Le alleanze nel settore aeronautico", in VICARI S. (a cura di), *Le alleanze dei settori ad alta tecnologia. Il caso dell'industria aeronautica*, Egea, 1991.

PORTALE G.B., "I 'finanziamenti' dei soci nelle società di capitali", in *Banca, borsa e titoli di credito*, I, 2003.

PORTER M., *La strategia competitiva*, Tipografia Compositori, 1982.

PORTER M.E., *The Competitive Advantage*, The Free Press, 1985.

PORTER M.E., *The Competitive Advantage Of Nations*, MacMillan, 1990.

PORTER M.E., "Towards a Dynamic Theory of Strategy", in *Strategic Management Journal*, n. 2, 1991.

POWELL W.W., DIMAGGIO P.J. (a cura di), *Il neoistituzionalismo nell'analisi organizzativa*, Edizioni di Comunità, 2000, (orig. *The New Institutionalism in Organizational Analysis*, The University of Chicago Press, 1991).

POWER M., *Risk management of Everything. Rethinking the Politics of Uncertainty*, Demos, 2004.

PRIMO BRAGA C.A., FINK C., PAZ SEPULVEDA C., "Intellectual Property Rights and Economic Development", in *TechNet Working Paper*, 1998.

PROIETTI L., "Il Nuovo Accordo di Basilea sul capitale delle banche: cultura del rischio e sistema del rating", in AA.VV., *Imprese Banche Professioni. Nuove sfide nell'era globale*, Egea, 2003.

PROIETTI L., "I sistemi di osservazione del sociale: l'esperienza di ORIMiR", in *Sinergie. Rapporti di ricerca*, n. 25, 2006.

PROIETTI L., "I molteplici significati della «governance»: verso un chiarimento in ottica economico-aziendale", in *Sinergie*, n. 73-74, 2007.

PROIETTI L., *Basilea Due: evoluzione del rapporto banca-impresa e logica del rating*, S.i.p., 2008.

PROIETTI L., *Il rischio nel governo delle organizzazioni imprenditoriali tra calcolo e arte. Principi e tecniche per l'analisi e il trattamento dei rischi*, Aracne, 2008.

PROIETTI L., "Rischio e conoscenza nel governo dell'impresa. Una analisi del «rischio di modello» nel Gruppo Alenia Aeronautica", in *Sinergie*, n. 76, 2008.

PROIETTI L., QUATTROCIOCCHI B., "Crisi e complessità dei sistemi economici e sociali: dalla sinergia al contagio", in *Sinergie*, n. 79, 2009.

PROJECT MANAGEMENT INSTITUTE (PMI), *A Guide to the Project Management Body of Knowledge (PMBOK® Guide)*, Pmi, 2004.

PRUITT D.G., *Negotiation Behavior*, Academic Press, 1981.

QUADRO CURZIO A., FORTIS M. (a cura di), *Complessità e distretti industriali*, Il Mulino, 2002.

QUATTROCIOCCHI B., *Economia e governo del sito produttivo nella prospettiva sistemica*, Cedam, 2004.

QUATTROCIOCCHI B., *Il sito produttivo tra gerarchia, mercati e territorio*, Cedam, 2008.

RAFFAELLO G., "Il caso Airbus. Nascita e sviluppo di un'impresa federale europea nel periodo 1970-2000", in VELO D. (a cura di), *L'Europa dei progetti. Imprese, innovazione, sviluppo*, Giuffrè, 2007.

RAHMAN N., "Duality of Alliance Performance", in *The Journal of American Academy of Business*, n. 1, 2006.

RAIFFA H., RICHARDSON J., METCALFE D., *Negotiation Analysis. The Science and Art of Collaborative Decision Making*, The Belknap Press of Harvard University Press, 2002.

RAIFFA H., *The Art and Science of Negotiation*, The Belknap Press of Harvard University Press, 1982.

RAIMONDO M.A., "La misurazione della fiducia negli studi di marketing: una rassegna di modelli e metodologie (1ª Parte)", in *Finanza, Marketing e Produzione*, n. 2, 2000.

RAIMONDO M.A., "I principi dell'analisi causale e la definizione dei costrutti", *I modelli di equazioni strutturali con Lisrel*, Summer School 24-28 luglio 2006.

RANALLI F., *Aree funzionali e governo d'impresa*, Aracne, 1992.

RAYNER K, *Managing Reputational Risk*, Wiley, 2003.

REA M.A., *Le imprese finanziarie*, Giappichelli, 1994.

REED R., DEFILLIPPI R., "Causal Ambiguity, Barriers to Imitation, and Sustainable Competitive Advantage", in *Academy of Management Review*, n. 15, 1990.

REISINGER Y., TURNER L., "Structural Equation Modelling with Lisrel: Application in Tourism", in *Tourism Management*, n. 20, 1999.

REITZIG M., "Strategic Management of Intellectual Property", in *Mit Sloan Management Review*, Spring, 2004.

RENZI A., *Tecnica mercantile. Trasporti – Dogane*, Hoepli, 1962 (1953[1]).

RESCINITI R., "Coordinamento, fiducia e potere nella logistica tra industria e distribuzione", in *Industria & Distribuzione*, n. 2, 2001.

RESCINITI R., *Il governo dell'integrazione logistica*, Edizioni Scientifiche Italiane, 2002.

RESTI A., "Il nuovo accordo di Basilea sulle banche: genesi, contenuti, impatti", in *Newfin working paper*, n. 1, 2005.

RESTI A., SIRONI A., *Risk Management and Shareholders' Value in Banking*, Wiley, 2007.

RICARDO D., *On the Principles of Political Economy and Taxation*, John Murray Publ., 1817.

RICCIUTI C., *Organizzazione Aziendale. Aspetti e problemi di progettazione delle strutture*, Cedam, 2003.

RICOTTA F., *L'innovazione nella politica del consumatore. Teorie ed evidenze empiri-*

che nella prospettiva sistemica, Cedam, 2004.

RICOTTA F., "Dinamiche di sistema del consumerismo in Italia", in *Mercati e Competitività*, n. 4, 2005.

RICHTER QUINN L., "ERM Embracing a Total Risk Model", in *Financial Executive*, January/February, 2005.

RIDLEY M., "The Natural Order of Things", in *The Spectator*, 7 gennaio 2009.

RISPOLI M., *Sviluppo dell'impresa e analisi strategica*, Il Mulino, 1998.

RISPOLI M. (a cura di), *L'impresa industriale. Economia, tecnologia, management*, Il Mulino, 1989 (1984[1]).

ROBERTS J., *L'impresa moderna*, Il Mulino, 2006 (orig. *The Modern Firm. Organizational design for performance and growth*, Oxford University Press, 2004).

ROMER P., "Endogenous Technological Change", in *Journal of Political Economy*, n. 98, 1990.

ROSSI G., *Il conflitto epidemico*, Adelphi, 2003.

ROSSIGNOLI B., "Banche, imprese, risparmio finanziario. Alcune notazioni sullo sviluppo della finanza", in *Rivista milanese di economia*, n. 63, 1997.

ROUGHGARDEN J., "Resource Partitioning Among Competing Species. A Coevolutionary Approach", in *Theoretical Populations Biology*, n. 9, 1976.

RUEFLI T.W., COLLINS J.M., LACUGNA J.R., "Risk Measures in Strategic Management Research: Auld Lang Syne ?", in *Strategic Management Journal*, n.2, 1999.

RUGIADINI A., *Organizzazione d'impresa*, Giuffrè, 1979.

RULLANI E., "La finanza e gli investimenti", in RISPOLI M. (a cura di), *L'impresa industriale. Economia, tecnologia, management*, Il Mulino, 1989 (1984[1]).

RULLANI E., "La teoria dell'impresa: soggetti, sistemi, evoluzione", in RISPOLI M. (a cura di), *L'impresa industriale. Economia, tecnologia, management,* Il Mulino, 1989 (1984[1]).

RULLANI E., "Divisione del lavoro e reti di imprese: il governo della complessità", in BELUSSI F. (a cura di), *Nuovi modelli di imprese, gerarchie organizzative ed imprese-reti*, FrancoAngeli, 1992.

RULLANI E., "La conoscenza e le reti: gli orizzonti competitivi del caso italiano e una riflessione metodologica sull'economia d'impresa", in *Sinergie*, n. 31, 1993.

RULLANI E., "L'Italia verso il 2000. Alla ricerca della politica perduta", in *Economia e Politica Industriale*, n. 77, 1993

RULLANI E., "Il valore per l'economia d'impresa: nuova giovinezza di una categoria tradizionale", in *Sinergie*, n. 31, 1993.

RULLANI, "Economia del rischio e seconda modernità", in MASO S. (a cura di), *Il rischio e l'anima dell'Occidente*, Cafoscarina, 2005.

RULLANI E., "Razionalità e organizzazione: teoria dell'organizzazione e teoria dell'impresa", in COSTA G., NACAMULLI R. (a cura di), *Manuale di organizzazione aziendale*, Vol. I, *Le teorie dell'organizzazione*, Utet, 1997 (1996[1]).

RULLANI E., "Il distretto industriale come sistema adattivo complesso", in QUADRO CURZIO A., FORTIS M. (a cura di), *Complessità e distretti industriali*, Il Mulino, 2002.

RULLANI E., "Le Capitalisme Cognitif: du Déjà Vu?", in *Multitudes*, n. 2, 2000.

RULLANI E., "Tra finanza e industria: liberare il «motore» dell'economia della conoscenza", in *Economia e politica industriale*, n. 123, 2004.

RULLANI E., *Economia della conoscenza*, Carocci, 2004.

RULLANI E., *La fabbrica dell'immateriale*, Carocci, 2004.

RUMIATI R., PIETRONI D., *La negoziazione. Psicologia della trattativa: come trasfor-*

mare un conflitto in opportunità di sviluppo personale, organizzativo e sociale, Raffaello Cortina Editore, 2001.

RUOZI R., "L'evoluzione del sistema finanziario italiano attraverso l'attività di Newfin", intervento al Convegno Newfin sul tema *Banche e mercati mobiliari*, Università Bocconi, 18 settembre 1995.

SABIDUSSI G., "The Centrality Index of a Graph", in *Psychometrika*, vol. 31, n. 4, 1966.

SADGROVE K., *The Complete Guide to Business Risk Management*, Gower, 1997.

SAITA F., "Allocation of Risk Capital in Financial Institutions", in *Financial Management*, vol. 28, 1999.

SAITA F., *Il risk management in banca. Performance corretta per il rischio e allocazione del capitale*, Egea, 2000.

SANCETTA G., *Gli intangibles e le performance dell'impresa. Verso nuovi modelli di valutazione e di comunicazione nella prospettiva sistemica*, Cedam, 2007.

SANDRI S., "Le operazioni di leveraged buy out: motivazioni ed esperienze", in *Rivista milanese di economia*, n. 33, 1990.

SANGUIGNI V., *Proprietà e governo dell'impresa. Verso un modello di analisi in ottica sistemica*, Cedam, 2002.

SANTESSO E., SÒSTERO U., "Fondi per rischi ed oneri, il TFR e i debiti", in *Contabilità finanza e controllo*, n. 4, 1997.

SANTOVITO S. "Il rischio e la dimensione reale e finanziaria della struttura operativa d'impresa. Il caso delle imprese di comunicazione", in SCICUTELLA M., MAIZZA A. (a cura di), *Elementi di governo e gestione delle imprese di comunicazione*, Liberrimi, 2002.

SAPIENZA H.J., "When Do Venture Capitalists Add Value?", in *Journal of Business Venturing*, n. 1, 1992.

SARACENO P., *Il governo delle aziende*, Libreria Universitaria Editrice, 1972.

SARACENO P., "Introduzione" al testo: BEER S., *L'azienda come sistema cibernetico*, ISEDI, 1973, pagg. VII-XVI (orig. *Brain of the firm. The Managerial Cybernetics of Organization*, The Penguin Press, 1972).

SARACENO P., *La produzione industriale*, Libreria Universitaria Editrice, 1976.

SARACENO P., *La produzione industriale*, Libreria Universitaria Editrice, 1978.

SARACENO P., "Banca, industrializzazione e crescita economica", in FANFANI T. (a cura di), *Il sentiero del credito. Banca moderna, Etica e Sviluppo economico*, Associazione Bancaria Italiana, Bancaria, 2004.

SARACENO P., "Sviluppo economico e banca locale. Riflessioni su un settantacinquennio di storia bancaria italiana", in FANFANI T. (a cura di), *Il sentiero del credito. La banca nell'età dello sviluppo. Ricostruzione, miracolo economico e crisi (1936-1973)*, Associazione Bancaria Italiana, Bancaria, 2006.

SARTORI G., *La politica: logica e metodo in scienze sociali*, Sugarco, 1979.

SASSI S., *Il sistema dei rischi d'impresa*, Vallardi, 1940.

SASSO C., "Fondi rischi specifici e fondi rischi generici nel bilancio", in *Le società*, n. 8, 1996.

SAY J.B., A *Treatise on Political Economy: or the Production, Distribution and Consumption Of Wealth*, Augustus M. Kelley, 1803.

SCALFARI E., "Chi ha munto la vacca dei nostri telefoni", in *La Repubblica*, 21 settembre 2006.

SCHEIN E.H., *Organizational culture and leadership*, Jossey-Bass, 1985.

SCHEIN E.H., *Cultura d'azienda e leadership*, Guerini e Associati, 2000 (orig. *Organ-*

izational Culture and Leadership, Jossey-Bass, 1988).
SCHELLING T.C., *The Strategy of Conflict*, Harvard University Press, 1980 (1960[1]).
SCHERER F.M., *Industrial Market Structure and Economic Performance*, Houghton Mifflin, 1980.
SCHIAVONE F., *Conoscenza, Imprenditorialità, Reti*, Cedam, 2008.
SCHILLING M.A., *Gestione dell'innovazione*, McGraw-Hill, 2005.
SCHUMPETER J.A., *History of Economic Analysis*, Oxford University Press, 1954.
SCIARELLI S., *Il processo decisorio nell'impresa*, Cedam, 1967.
SCIARELLI S., *Il sistema d'impresa*, Cedam, 1985.
SCIARELLI S., "La leva finanziaria nelle politiche di marketing", in AA.VV., *Scritti in onore di L.Guatri*, Giuffré, 1988.
SCIARELLI S., *Economia e gestione delle imprese*, Cedam, 1997.
SCIARELLI S., "La produzione del valore allargato quale obiettivo dell'etica nell'impresa", in *Finanza, Marketing e Produzione*, n. 4, 2002.
SCIARELLI S., *Fondamenti di economia e gestione delle imprese*, Cedam, 2004.
SCICUTELLA M., MAIZZA A. (a cura di), *Elementi di governo e gestione delle imprese di comunicazione*, Liberrimi, 2002.
SCITOVSKY T., "A Note on Profit Maximization and Its Implications", in *Review of Economics and Statistics*, n.1, 1943.
SCOTT J., "Economic Capital: at the Heart of Managing Risk and Value", in *Balance Sheet*, n. 3, 2002.
SCOTT J., *L'analisi delle reti sociali*, Carocci, 2003.
SEBENIUS J.K., "Negotiation Arithmetic: Adding and Subtracting Issues and Parties", in *International Organization*, n. 2, 1983.
SEITZ N.E., *Capital Budgeting and Long-Term Finance Decisions*, The Druyden Press, 1994.
SELLERI L., *L'impresa e il rischio. Introduzione all'enterprise wide management*, Pubblicazioni dell'ISU Università Cattolica, 2006.
SEN A., "The Profit Motive", in *Lloyds Bank Review*, n. 147, 1983.
SHACKLE G.L.S., *Expectations in Economics*, Cambridge University Press, 1949.
SHAPIRO C., "Navigating the Patent Thicket: Cross Licenses, Patent Pools, and Standard-Setting", relazione presentata al *National Bureau of Economic Research Conference*, Washington DC, 11 aprile 2000.
SHAPIRO R., *Toward Effective Supplier Management: International Comparisons*, Harward University Working Paper, 1985.
SHIMPI P., *Integrating Corporate Risk Management*, Swiss Re New Markets, 2001.
SHWARZ M., THOMPSON M., *Divided We Stand. Redefining Politics, Technology and Social Choice*, University of Pennsylvania Press, 1990 (trad.it. *Il rischio tecnologico. Differenze culturali e azione politica*, Guerini e Associati, 1993).
SIANO A., *Strategie d'impresa: l'analisi dell'ambiente competitivo di concezione moderna*, Cedam, 1995.
SIANO A., BASILE G., CONFETTO M.G., "Il ciclo risorse-capacità-competenze nell'approccio sistemico vitale", in BARILE S. (a cura di), *L'impresa come sistema. Contributi sull'Approccio Sistemico Vitale (ASV)*, Giappichelli, 2008 (2006[1]).
SICCA L., "Alcune riflessioni sul metodo per una revisione dei principi dell'economia aziendale", in *Finanza Marketing e Produzione*, n. 2, 1992.
SICCA L., "Evoluzione degli studi di economia d'impresa e dei metodi di ricerca", in *Finanza Marketing e Produzione*, n. 4, suppl., 1994.

SICCA L., *La gestione strategica dell'impresa*, Cedam, 2003.

SICCA L., IZZO F., *La gestione dei processi di turnaround. Un caso esemplare: la Pirelli S.p.A.*, Edizioni Scientifiche Italiane, 1995.

SILVA F., RAMELLO G., "Il mercato delle idee", in *Economia e politica industriale*, n. 101-102, 1999.

SIMON H.A., *Il comportamento amministrativo*, Il Mulino, 1958 (rist. 1993; orig. *Administrative Behavior*, Macmillan, 1947).

SIMON H.A., "Conferenza tenuta a Stoccolma", l'8 dicembre 1978, in occasione dell'assegnazione del Premio Nobel per le Scienze Economiche, in "La formazione razionale delle decisioni nelle organizzazioni aziendali", in *Causalità, razionalità, organizzazione*, Il Mulino, 1985.

SIMON H.A., "A Mechanism for Social Selection and Successful Altruism", in *Science*, n. 250, 1990.

SIMON H.A., *The Sciences of the Artificial*, The Mit Press, 1996.

SIMON H.A., "Altruismo ed economia: una breve esposizione", in SIMON H.A., *Scienza economica e comportamento umano*, Edizioni Comunità, 2000 (orig. *Model of Bounded Rationality*, vol. 3. *Empirically Grounded Economic Reason*, Massachusset Institute of Technology, 1997).

SIMONE C., FAGGIONI F., "Le declinazioni della complessità. Ordine, caos e sistemi complessi", *Sinergie*, n. 79, 2009.

SIMONE C., *La Resource Based View e la Knowledge Based View dall'ottica atomistica a quella interaziendale*, Aracne, 2004.

SIMONIN B.L., "Ambiguity and the Process of Knowledge Transfer in Strategic Alliances", in *Strategic Management Journal*, n. 20, 1999.

SIMONS R., *Sistemi di controllo e misure di performance*, Egea, 2004.

SINGER P., *Economia e finanza nell'impresa «general contractor»*, Cedam, 1995.

SIRONI A., *Rischio e valore nelle banche. Risk Management e Capital Allocation*, Egea, 2005.

SIRONI A., MARSELLA M. (a cura di), *La misurazione e la gestione del rischio di credito. Modelli, strumenti, politiche*, Bancaria, 1998.

SLOVIC P., *The Perception of Risk*, Earthscan, 2000.

SLOVIC P., FISCHHOFF B., LICHTENSTEIN S., "Why Study Risk Perception?", in *Risk Analysis*, n. 2, 1982.

SMITH A., *An Inquiry into the Nature and Causes of Wealth of Nations*, Methuen and Co. Ltd., ed. Edwin Cannan, 1904 (orig. 1776).

SMITHSON C., "Idee di capitale economico", in *Class notes. Risk Italia*, n. 3, 2007.

SMULLEN J., *Risk Management for Company Executives*, Pearson Education, 2000.

SMUTNIAK J., "Living Dangerously: A Survey of Risk,", in *The Economist*, January 24, 2004.

SNOW C.C., HREBINIAK L.G., "Strategy, Distinctive Competence and Organizational Performance", in *Administrative Science Quarterly*, n. 25, 1980.

SOCIETY OF ACTUARIES RISK (SOA), *Specialty Guide on Economic Capital*, SoA, 2004.

SODA R., *Reti tra imprese*, Carocci, 1998.

SOLOMON E., *Finanza aziendale*, Il Mulino, Bologna, 1972.

SOROS G., *La crisi del capitalismo globale,* Ponte alle Grazie, 1999.

SPENCER M.H., SIEGELMAN L., *Managerial Economics. Decision Making and Forward Planning*, Homewood, 1964.

SPENDER J.C., "Making Knowledge the Basis of a Dynamic Theory of the Firm", in

Strategic Management Journal, n.17, Winter Special Issue, 1996.

SPRANZI A., *Ammortamento e autofinanziamento*, Giuffrè, 1968 (1967[1]).

SPRIANO P., "Pessimismo dell'intelligenza, ottimismo della volontà. Come quella «massima» arrivò fino a Gramsci", in *Il Corriere della Sera*, 29 ottobre 1984.

SRIVASTAVA J., CHAKRAVARTI D., RAPOPORT A., "Price and Margin Negotiations in Marketing Channels: An Experimental Study of Sequential Bargaining under One-Sided Uncertainty and Opportunity Cost of Delay", in *Marketing Science*, n. 2, 2000.

STARK J., "EMU – Weathering the Perfect Storm", *speech at the German-British Chamber of Industry & Commerce*, London, 25 June 2009, http://www.ecb.int/-press/key/date/2009/html/sp090625.en.html.

STIGLITZ J., "Cari colleghi, scendete a terra. La teoria delle aspettative razionali è stata un flop, ritoccarla non basta", in *Il Sole 24Ore*, 21 agosto 2010.

STRAßBERGER M., "Risk Capital Allocation in Trading Divisions of Financial Institutions", Working Paper, Friedrich Schiller University of Jena, 2004.

STROH P.J., "Enterprise Risk Management at Unitedhealth Group", in *Strategic Finance*, July, 2005.

STUART MILL J., *Principles of Political Economy*, Longmans, 1848.

STUART T.E., "Interorganizational Alliances and the Performance of Firms: A Study of Growth and Innovation Rates in a High Technology Industry", in *Strategic Management Journal*, n. 21, 2000.

SUTHERLAND J.W., "Toward an Array of Phenomenological Ideal-Types fo the Social Sciences", in *International Journal of General Systems*, n. 1, 1974.

TAGI G., "Riflessioni sulle relazioni tra la funzione di finanziamento e quella di controllo del capitale proprio", in *Finanza marketing e produzione*, n. 3, 1991.

TAGLIAGAMBE S., "Soggetti individuali e soggetti collettivi: il nodo della relazione tra individui e imprese", in *Sinergie*, n. 72, 2007.

TAGLIAGAMBE S., USAI G., *Organizzazioni. Soggetti umani e sviluppo socio-economico*, Giuffrè, 1999.

TAGLIAGAMBE S., USAI G., "Soggetti umani e soggetti collettivi nell'impresa e oltre l'impresa", in *Sinergie*, n. 79, 2009.

TALEB N.N., PILPEL A., "I problemi epistemologici del risk management", in PACE D. (a cura di), *Economia del rischio. Antologia di scritti su rischio e decisione economica*, Giuffrè, 2004.

TAMINO G., "Il rischio degli esseri viventi", in MASO S. (a cura di), *Il rischio e l'anima dell'Occidente*, Cafoscarina, 2005.

TEECE D.J., "Come trarre profitto dall'innovazione: implicazioni per l'integrazione, la collaborazione, gli accordi di licenza e le politiche pubbliche", in TEECE D.J. (a cura di), *La sfida competitiva. Strategie per l'innovazione*, McGraw-Hill, 1989.

TEECE D.J., "Competition, Cooperation and Innovation", in *Journal of Economic Behavior*, n. 18, 1992.

TESSITORE A., *Redditività dell'impresa in periodi di inflazione*, Cedam, 1979.

THE JOINT FORUM, *Trends in Risk Integration and Aggregation*, Bank for International Settlements, 2003.

THOMPSON J.D., *L'azione organizzativa*, Isedi, 1988 (orig. *Organizations in Action*, McGraw-Hill, 1967).

THOMPSON L.L., *The Mind and Heart of the Negotiator*, Pearson, 2005 (2001[1]).

TOBIN J., "On the Efficiency of the Financial System", in *Lloyds Bank Review*, n. 153, 1984.

TONELLI G., "Valutare e gestire il rischio migliorando il processo decisionale", in *Quaderni di management*, n. 28, 2007.
TORCIVIA S., *La determinazione del ROE*, Giuffrè, 1990.
TORLUCCIO G., PELLICCIONI G., "Il fenomeno del multiaffidamento: implicazioni e caratteri evolutivi recenti", in CORIGLIANO C. (a cura di), *Corporate banking, credito e finanza delle imprese. Strategie per la crescita e ruolo delle banche regionali*, Bancaria, 2006.
TRACOGNA A., "Outsourcing strategico e imprese «virtuali». Vecchi e nuovi «terzismi» nel mercato globale", in *Sinergie*, n. 63, 2004.
TREMONTI G., *Economia sociale di mercato?*, Università Cattolica del Sacro Cuore, Milano, 2008.
TRICHET J.-C., "A Paradigm Change for the Global Financial System", remarks at the International Colloquium "Nouveau Monde, Nouveau Capitalisme", Paris, 9 January 2009, http://www.ecb.int/press/key/date/2009/html/sp090109.en.html.
TRICHET J.-C., "Systemic Risk", the Clare College, University of Cambridge, 10 December 2009, http://www.ecb.int/press/key/date/2009/html/sp091210_1.en.html.
TROTTA C., "Integrated Risk Management: opportunità e vantaggi", in *Quaderni di management*, n. 28, 2007.
TSANG E.W.K., "Transaction Cost and Resource-based Explanations of Joint Ventures: A Comparison and Synthesis", in *Organization Studies*, n. 1, 2000.
TURBAN E., MEREDITH J., *Management*, Jackson, 1990 (orig. *Fundamentals of Management Science*, Business Public, 1988).
UNIONCAMERE DEL VENETO, "Il nuovo accordo di Basilea sul capitale delle banche. Inquadramento metodologico e potenziali impatti sulle PMI in termini di assorbimento patrimoniale", in *Quaderni di ricerca*, n. 5, 2005.
USAI G., *L'efficienza nelle organizzazioni*, Utet, 2000.
USEEM M., "I manager e gli azionisti istituzionali", in *Sviluppo e organizzazione*, n. 176, 1999.
VACCÀ S., "Le partecipazioni azionarie e i rapporti contrattuali nella formazione dei gruppi aziendali", in *Il Risparmio*, luglio, 1960.
VACCÀ S., "L'ambiente come forza produttiva", in *Politica ed economia*, n. 10, 1983.
VACCÀ S., "L'economia di impresa alla ricerca di una identità", in *Economia e politica industriale*, n. 45, 1985.
VACCÀ S., RULLANI E., "Oltre il modello classico di impresa multinazionale", in *Finanza Marketing e Produzione*, n. 2, 1983.
VACIAGO G., VERGA G. (a cura di), *Efficienza e stabilità dei mercati*, Il Mulino, 1995.
VAGNANI G., *Ambiente fisico e dinamiche d'impresa: verso la formulazione di un modello di analisi*, Cedam, 2005.
VAGNANI G., GOLINELLI G.M., PASTORE A., "I rapporti tra sistema istituzionale e imprese nella creazione dei mercati dei permessi di emissione", in CAFFERATA R., MARTELLINI M., VELO D. (a cura di), *Liberalizzazioni, impresa pubblica, impresa d'interesse generale nell'Unione europea*, Il Mulino, 2007.
VALDANI E., "Dalla concorrenza all'ipercompetizione, dall'evoluzione alla coevoluzione", in *Economia & management*, n. 3, 1997.
VALDANI E. (a cura di), *Enciclopedia dell'impresa. Marketing*, Utet, 1995.
VALLINI C., "L'evoluzione degli Studiosi di economia e gestione delle imprese", in *Sinergie*, n. 67, 2005.
VAN HORNE J. C., *Teoria e tecnica della finanza d'impresa*, Il Mulino, 1984.
VANONI E., "Funzione attiva del credito nei programmi di sviluppo economico nazio-

nale", in *Bancaria*, vol. 11, 1955.

VARALDO R., "Dall'impresa localizzata all'impresa radicata", in *Sinergie*, n. 36-37, 1995.

VARALDO R., "Gli assetti verticali delle imprese: note di riflessione", in *Sinergie*, n. 45, 1998.

VARALDO R., DALLI D., "Le relazioni strategiche tra industria e distribuzione", in *Sinergie*, n. 19, 1989.

VE H., "Gender Differences in Rationality, the Concept of Praxis Knowledge and Future Trends", in GUNNARSON E., TROJER L. (eds.), *Feminist Voices on Gender, Technology and Ethics*, Luleå University of Technology, Centre for Women's Studies, 1994.

VELO D. (a cura di), *L'Europa dei progetti. Imprese, innovazione, sviluppo*, Giuffrè, 2007.

VELO D., "Dall'Europa dei progetti all'unione economica. Lo sviluppo della grande impresa europea di interesse generale", in VELO D. (a cura di), *L'Europa dei progetti. Imprese, innovazione, sviluppo*, Giuffrè, 2007.

VENANZI D., "La relazione rischio-rendimento. Un'analisi empirica sul caso italiano", in *Sinergie*, n. 38, 1995.

VENANZI D., *La scelta della struttura finanziaria. Teoria ed evidenza empirica*, Utet, 1999.

VENANZI D., BISIRRI G., *Decisioni di investimento e di finanziamento. Materiali applicativi*, Giappichelli, 2007.

VICARI S., *L'impresa vivente. Itinerario di una diversa concezione*, Etas, 1991.

VICARI S., *La creatività dell'impresa*, Etas, 1998.

VICARI S., "Soggetti o sistemi? Osservazioni sulla natura dell'impresa", in *Sinergie*, n. 72, 2007.

VICARI S. (a cura di), *Le alleanze nei settori ad alta tecnologia: il caso dell'industria aeronautica*, Egea, 1991.

VINCENZINI M., "Una rilettura della funzione di produzione dell'attività di intermediazione finanziaria", in VINCENZINI M., TREQUATTRINI G.L. (a cura di), *Profili di innovazione istituzionale dell'intermediazione finanziaria*, Cedam, 1998.

VINE E., "An International Survey of the Energy Service Company (ESCO) Industry", in *Energy Policy*, n. 5, 2005.

VISCO I. (a cura di), *Le aspettative nell'analisi economica*, Il Mulino, 1985.

VITALE M., "Nelle aziende manca una cultura della sicurezza", in *Il Sole 24 Ore*, 11 dicembre 2007.

VOLPATO G. (a cura di), *La gestione d'impresa*, Vol. I, Cedam, 2003.

VOLPATO G., "Introduzione metodologica", in VOLPATO G. (a cura di), *La gestione d'impresa*, Vol. I, Cedam, 2003.

VOLPATO G., "La storia del processo di scientificazione dell'azione umana", in VOLPATO G. (a cura di), *La gestione d'impresa*, Vol. I, Cedam, 2003.

VOLPATO G., *Concorrenza impresa strategie. Metodologia dell'analisi dei settori industriali e della formulazione delle strategie*, Il Mulino, 2008 (1986[1]).

VULPES G., "Credito e imprese: il grado di multiaffidamento in Italia: determinanti e caratteristiche di governance delle imprese" , in *Bancaria*, n. 3, 2006.

WALTON R.E., MCKERSIE R.B., *A Behavioral Theory of Labor Negotiations: An Analysis of a Social Interaction System*, McGraw-Hill, 1965.

WARSH D., *La conoscenza e la ricchezza delle nazioni. Una storia dell'indagine economica*, Feltrinelli, 2007.

WASSERMAN S., FAUST K., *Social Network Analysis*, Cambridge University Press, 1998.
WEBER M., *Economia e società*, Edizioni di comunità, 1980.
WEICK K.E., *Organizzare. La psicologia sociale dei processi organizzativi*, Isedi, 1993 (orig. *The Social Psychology of Organizing*, McGraw-Hill, 1979 (1969[1])).
WEICK K.E., *Sensemaking in Organizations*, Sage, 1995.
WESTON F., "What M & M Have Wrought", in *Financial Management*, n. 18, 1989.
WESTON J.F., BRIGHAM E.F., *Finanza aziendale*, Il Mulino, 1974, (orig. *Essentials of Managerial Finance*, Holt, Rinehart & Winston, 1971).
WHITTINGTON R., *What is Strategy - And Does it Matter?*, Thomson Learning, 2002.
WILLET A. H. *The Economic Theory of Risk and Insurance*, Philadelphia University Press, 1951.
WILLIAMSON O.E., *Markets and Hierarchies: Analysis and Antitrust Implications*, The Free Press, 1975.
WILLIAMSON O.E., *Le istituzioni economiche del capitalismo*, FrancoAngeli, 1987 (tit. orig. *The Economic Institutions of Capitalism: Firms, Markets, Relational Contracting*, The Free Press, 1985).
WILLIAMSON O.E., "Opportunism and Its Critics", in *Managerial and Decision Economics*, n. 14, 1993.
WILLIAMSON O.E., *I meccanismi del governo*, FrancoAngeli, 1998 (tit. orig. *The Mechanisms of Governance*, Oxford University Press, 1996).
WILLIAMSON S.D., "Costly Monitoring, Financial Intermediation and Equilibrium Credit Rationing", in *Journal of Monetary Economics*, n. 2, 1986.
WINTER S., "Economic Natural Selection and the Theory of the Firm", in *Yale Economic Essays*, n. 4, 1964.
WINTER S.G., "Conoscenza e competenze come risorse strategiche", in TEECE D.J. (a cura di), *La sfida competitiva. Strategie per l'innovazione*, McGraw-Hill, 1989.
WONNACOTT T.H., WONNACOTT R.J., *Introduzione alla statistica*, FrancoAngeli, 1998 (orig. *Introductory Statistics*, Wiley, 1998).
YOUNG H.P., "Negotiation Analysis", in YOUNG H.P. (a cura di), *Negotiation Analysis*, The University of Michigan Press, 1991.
YOUNG P., TIPPINS S., *Managing Business Risk: an Organisation-Wide Approach to Risk Management*, Amacom, 2001
ZACK M.H., "Managing codified knowledge", in *Sloan Management Review*, n. 4, 1999.
ZAHEER A., MCEVILY B., PERRONE V., "Does Trust Matter? Exploring the Effects of Interorganizational and Interpersonal Trust on Performance", in *Organization Science*, n. 2, 1998.
ZANDA G., *La grande impresa. Caratteristiche strutturali e di comportamento*, Giuffré, 1974.
ZANDA G., "L'evoluzione della cultura aziendale nel corso dei tempi", in *Dirigenza bancaria*, n. 128, 2007.
ZANDA G., *Il governo della grande impresa nella società della conoscenza*, Giappichelli, 2009.
ZAPPA G., *Il reddito di impresa*, Giuffré, 1950.
ZAPPA G., *Le produzioni nell'economie delle imprese*, vol. I, Giuffrè, 1956.
ZAPPA G., *Le produzioni nell'economia delle imprese*, vol. III, Giuffrè, 1956.
ZARTMAN I.W., "Negotiation as a Joint Decision-Making Process", in *Journal of Conflict Resolution*, n. 4, 1977.

ZIINO O., *Le leve aziendali. Considerazioni critiche e spunti di analisi*, Giappichelli, 1996. ACOCELLA N., *Fondamenti di politica economica. Valori e tecniche*, Nuova Italia Scientifica, 1997 (1994[1]).

ZINGALES L., "L'evoluzione del settore finanziario in Europa e le sfide per il sistema italiano", in DE CAPRARIIS G., GUISO G. (a cura di), *Finanza, legge e crescita delle imprese*, Il Sole 24Ore, 2004.

ZUCCHELLA A., *Progetti di investimento ed innovazione strategica, organizzativa e finanziaria: la competizione internazionale nei servizi di pubblica utilità*, Giuffrè, 1996.